INHALT:

KYKLADEN

Transport KYKLADEN

Allgemeine Tips:

INHALT:

Unterkunft

Essen und Trinken

Sport

Literatur/Karten

INSEL SYROS

Insel Gyaros

INSEL PAROS

INSEL ANTIPAROS

INSEL NAXOS

INHALT:

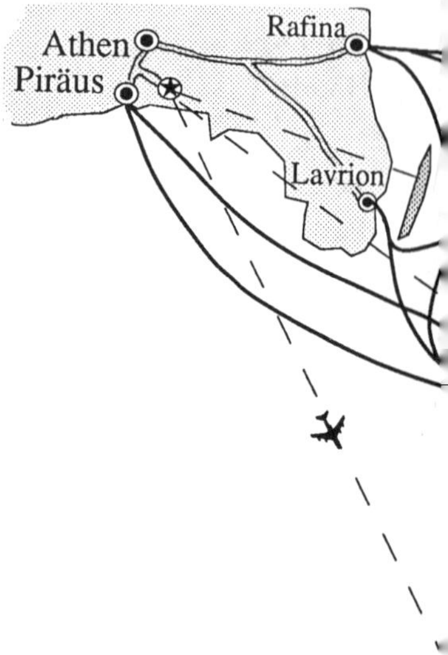

Kykladen-Verbindungen:

die eingetragenen Verbindungen gelten für den Sommerfahrplan.

BEACHTEN: speziell bei den Schiffsverbindungen kann es Routenänderungen geben!

Beständig seit Jahren sind die Hauptrouten:

WEST-KYKLADEN:
von Piräus via (Syros) - Serifos-Sifnos - (Kimolos) nach Milos.
Sowie: Rafina - Kythnos - Serifos - Sifnos (Kimolos)- Milos.

OST- KYKLADEN:
von Piräus und Rafina nach: Syros -Paros - Naxos - Ios - Santorini. Sowie: ab Insel Naxos nach Amorgos

NÖRDL. KYKLADEN:
von Rafina - Andros - Tinos - Mykonos.
Sowie: Lavrion - Kea

INHALT:

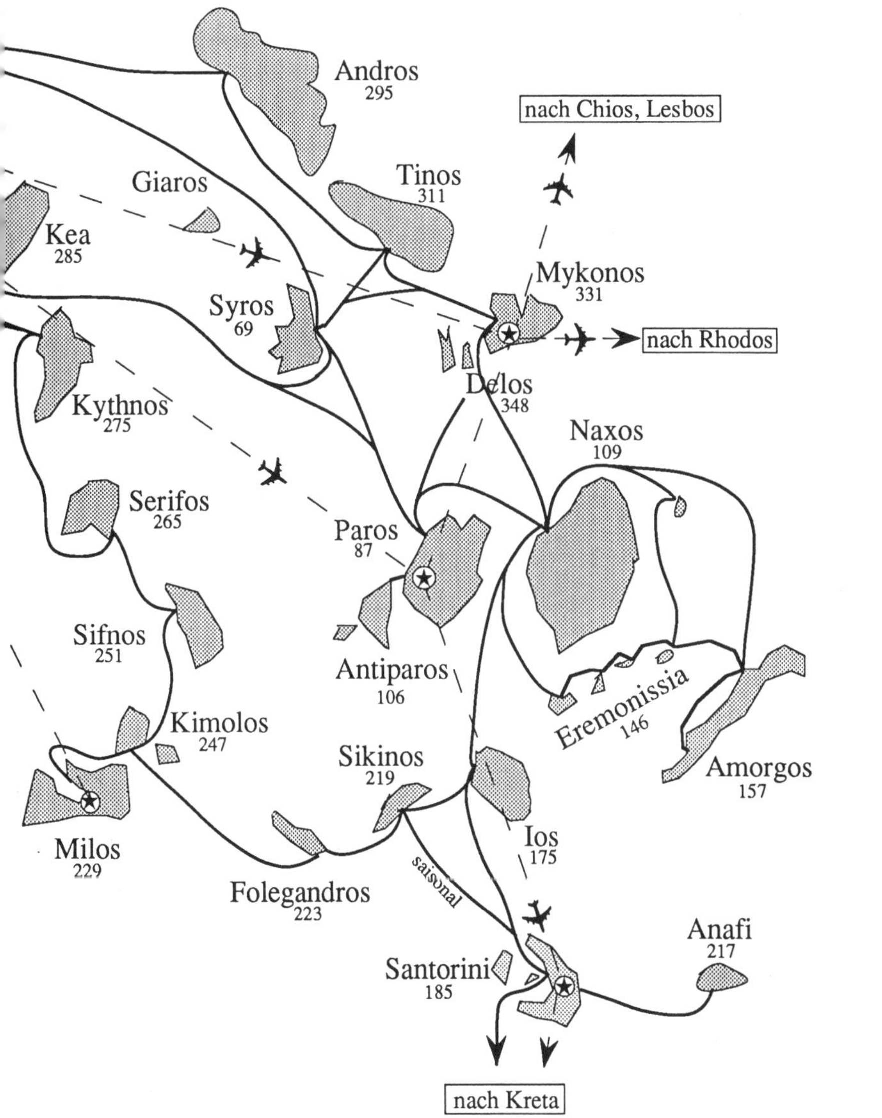

KYKLADEN

Nr. unter der jeweiligen Insel = Textbeginn der Insel

INHALT:

INHALT:

INSEL ANDROS

INSEL TINOS

INSEL MYKONOS

INSEL DELOS

SCHREIBWEISE: vorweg: es gibt keine festen Übertragungsregeln von der griechischen in die lateinische Schrift. Dies bedeutet, daß ein und der selbe Ort (z.B. Chorefto/im Pilion - genauso richtig "Horefto im Pelion) geschrieben ist.

Hinzu kommt, daß insbesondere bei abgelegenen griechischen Dörfern oft 3 oder mehr verschiedene Schreibweisen üblich sind, die oft komplett abweichen, - Beispiel Insel Naxos: das Dorf Koronis schreibt sich genauso richtig als Koronida und Komaki, - noch extremer: Engares = Egares und Mitria, - oder: Tripodes = Viales. Bei zu großen Abweichungen haben wir dies in Kasten zu Beginn z.B. des Naxos Kapitels aufgelistet.

Ebenso weichen bei Inselkarten die Höhenangaben der Berge oft um 3o m und mehr voneinander ab.

Handwerkszeug

★ KARTEN: als derzeit beste ÜBERSICHTSKARTE zum Bereich der Kykladen gilt die bei Freytag & Berndt/Wien erschienene "KYKLADEN", Maßstab 1 : 15o.ooo. Sie ist trotz des Maßstabes erstaunlich genau, jeodch nicht immer update, was Straßenführung aber die auch Frage der Asphaltierung oder Schotterpiste betrifft. Trotzdem derzeit die beste Übersicht, ca. 12 DM.

DETAILKARTEN: hier haperts massiv! Aus militärischen oder welchen Gründen auch sonst gibt es kein Kartenmaterial, welches unseren Ansprüchen in Sachen detailgetreuer Wiedergabe, aber auch Höhenlinien, Pfaden, exaktem Küstenverlauf etc. entspricht. - Siehe auch Seite 67

Das, was an Inselkarten im Handel ist, operiert teilweise grob mit dem Farbpinsel zu Bergen, - Dörfer, Kirchen oder andere Orientierungspunkte oft um 5oo Meter oder mehr verschoben, vielfach keine Höhenlinien (oder diese miserabelst wiedergegeben) etc.

Der griech. Marktführer "Tobis", der eine Reihe der Kykladen abdeckt und teils auch vorab in der BRD erhältlich ist, ist vielfach noch die bessere Wahl. - In Eigenregie erstellte Inselkarten, die einigermaßen ausreichen: praktisch nur die Sifnos Karte. Weitere Details siehe Inseltexte/Kapitel "Karten".

★ Tourist INFO Die deutschsprechenden Länder (Deutschland, Österreich, Schweiz) stehen an erster Stelle in der Griech. Fremdenverkehrsstatistik. Analog sind die Fremdenverkehrsbüros recht gut mit Material bestückt. Adressen:

DEUTSCHLAND:	ÖSTERREICH:	SCHWEIZ:	ATHEN:
Pacellistraße 2	Kärntner Ring 5	G. Kellerstr. 7	Sytagma Square, in
8ooo München 2	1o15 Wien	8oo1 Zürich	der National Bank of
Tel.: (o89) - 22 2o 35	Tel.: 52 53 17	Tel.: 32 84 87	Greece, im Stadtzentrum

Vor Ort in Griechenland sind offizielle Tourist- Infostellen Rarität: in Athen (Adr. siehe oben), - ansonsten "dienen" in den Feriengebieten weitgehend private Agenturen mit Infos. Klartext: viel Eigeninteresse.

ANREISE:

① 

PER FLUG: für reinen Kykladen- Urlaub allen anderen Verkehrsmitteln vorzuziehen! In der Zeit Ostern bis Herbst gibts Direktflüge nach PAROS - SANTORINI - MILOS und MYKONOS. Preisgünstig, allerdings rechtzeitig buchen! Details siehe unser Flugkapitel... Seite 11

(2) 

PER ZUG/BUS: sehr ermüdend bei gut 3 Tagen (Süddeutschland) oder mehr pro Richtung! Wer Liegewagen nimmt: die paar Mark Einsparnis stehen kaum im Verhältnis zum Direktflug von ca. 3 Std.!
Details siehe .... Seite 17

(3) 

PER AUTO: wenns irgend wie geht: zu Hause lassen! Bei der Kleinräumigkeit der Inseln ist es vor Ort eher Balast. Zunächst stressig in Anreise bei überfüllten Alpenpässen, teuer auch bei Überfahrten zu Kykladeninseln.
Details siehe .... Seite 20

(1) 

FLIEGEN

Ausgesprochen günstige Angebote von GRIECHENLAND-REISEVERANSTALTERN, die Direkt- Jets ab BRD, Österreich einsetzen. Bedingung: Flug plus vor Ort Angebot. Kann alles sein von Luxushotel bis Ferienquartier oder gar Campingplatz.

PREISE: je nach Saison ab ca. 55o DM retour, im Angebot verschiedener Reiseveranstalter. Direktflüge gibts ab München und anderen BRD-Städten nach MYKONOS und SANTORINI (Alternative, sofern voll: Kreta, Rhodos, Kos, Samos, Lesbos und Athen). - Ab Österreich (Salzburg und Wien) werden im Direktflug die Inseln PAROS und MILOS angeflogen.

ANGEBOTE der verschiedenen Veranstalter vergleichen! Bei der Griech. Fremdenverkehrszentrale gibts ein Heftchen mit allen Griechenland- Reiseveranstaltern (nennt sich "Urlaub in Griechenland, Reiseveranstalter- Ferienziele"), kann einige Mark sparen!

Es lohnt sich, auch die Anzeigen des Reiseteils von Tageszeitungen (z.B. Süddeutsche, FAZ, Welt, Zeit) zu studieren, teils sehr günstige Angebote. Gilt auch für Billigflugbüros (Anzeigen in den jeweiligen Stadtzeitungen!).

FLUGZEIT z.B. ab München bis Santorini/Mykonos im Direktflug knapp 3 Std. Direktflüge ab Frankfurt bis Athen ca. 3 Std.

BUCHUNG: in jedem Fall empfehlenswert, möglichst frühzeitig zu buchen! Die Region der Kykladen gehört zu den schönsten Gebieten Griechenlands und ist entsprechend schnell ausgebucht. Dies gilt zu Terminen Anf. Juni bis tief in den September nicht nur für die Flugverbindungen in den Kykladenbereich, sondern auch für die dortigen Hotels.

Vergl. Kapitel "Unterkunft": auch zur HS kommt man in der Regel per Privatzimmer klar. Wer jedoch Flug & Hotel will, sollte für die Kykladen spätestens vor Ostern buchen!

ISLAND-HOPPING: im Angebot von ISTS/München: man bucht Kykladenflug plus Hotelcoupons für Nachbarinseln und schlägt sich auf eigene Faust per Regionalfähren durch. - Nach derzeitigen Bestimmungen sind jedoch sogenannte "Gabelflüge" (also beispielsweise Hinflug nach Santorini - retour ab Mykonos) noch nicht zulässig. Vermutlich Frage der Zeit, wann auch diese Bestimmung "aufweicht", Reiseveranstalter bzw. Reisebüros diesbezüglich fragen!

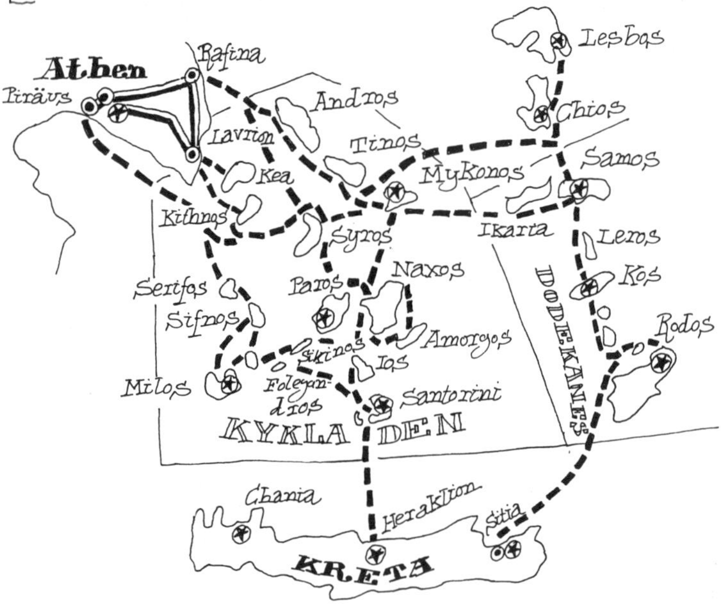

Airports im Kykladenbereich sowie Dodekanes und Kreta bezügl. innergriech. Flugverb. siehe auch Seite 31 — Fährverbindungen siehe auch S. 27

Der DIREKTFLUG ab BRD/Österreich auf eine der Kykladeninseln bringt als Vorteil die schnellste und bequemste Anreise. Gemäß derzeitigen Bedingungen muß Flug plus Pauschalangebot gebucht werden. Das kann durchaus auch ein Privatquartier oder Campingplatz sein.

Ob man dies nutzt, oder sich auf eigene Faust vor Ort durchschlägt, bleibt jedem selber überlassen. Beispielsweise möglich: Flug nach Santorini und auf eigene Faust weiter. Sollten Kykladenflüge ausgebucht sein, kann man auch auf Airports im Bereich des Dodekanes oder auf Kreta zurückgreifen.

HANDLING:

* SANTORINI- AIRPORT: zentral auf der östlichen Kykladenachse: im Sommer tägliche Schiffsverbindung rauf nach Ios, Naxos, Paros, Syros. Aber auch auf den Seitenzweigen mehrmals/Woche nach Folegandros, Milos, - sowie via Naxos nach Amorgos.

  Achtung: der Santorini- Airport liegt am östlichen Kraterhang der Insel. Im Umkreis/Airport die meisten Preiswert-Unterkünfte der Reiseveranstalter, die zwar über Strand verfügen, vielfach jedoch Taxi zum Airport wegen fehlender Busverbindung benötigen.

  Die schönsten Inselorte, Santorini (=Thira) und Oia liegen am Westrand des Vulkan-Kraters. Hier jede Menge an Privatquartieren, Superblick über den Krater und von Lage sicher schöner als die neu errichteten Unterkünfte unten am Meer beim Airport. Zudem laufen ab Kraterinneren die Fähren; sie sind ab Thira per Bus erreichbar. Alle Details siehe Santorini- Text!

* MYKONOS- AIRPORT: zentral im nördlichen Kykladenbereich, um auch Inseln wie Tinos, Andros, Syros und Naxos zu erreichen. Vom Airport in den Hauptort problemlos per Bus. Zur HS dort jedoch erhebliche Unterkunftsprobleme, Details siehe Mykonos- Text!

* PAROS- AIRPORT: nicht nur als Insel lohnend, - zugleich optimal im Zentrum der Kykladen mit häufiger Schiffsverbindung zu den Nachbarinseln Syros, Mykonos, Naxos. Im Sommer auch Querverbindung via Sikinos zur westl. Kykladenkette (Serifos bis Milos).

  Zudem gute innergriech. Flugverbindungen als Drehscheibe nach Mykonos, Santorini (Rodos, Kreta) und Athen. Die Insel Paros wird derzeit von Reiseveranstaltern im Direktflug nur ab Österreich angeboten. Für Süddeutsche/Raum München u.U. keine schlechte Idee: rüber nach Salzburg, bzw. Wien ("Flieg & Spar") und weiter mit österreich. Reiseveranstalter nach Paros. Selbes gilt für:

* MILOS - AIRPORT: südlichste Insel der West-Kykladenkette, derzeit im Direktflug nur von österr. Reiseveranstaltern bedient. Milos ist (aus welchen Gründen auch immer!) trotz guter Strände bei weitem (auch zur HS) nicht so überlaufen wie andere Kykladeninseln. Zudem zur HS gute Schiffsverbindungen im westl. Kykladenbereich, teils auch rüber nach Santorini.

* ATHEN: siehe separates Kapitel Seite 14

* KRETA: als Ausweich- Airport, sollten Kykladenflüge ausgebucht sein. Häufige Direktflüge ab BRD, Österreich, Schweiz nach Heraklion/Kreta, welches im Sommer alle 1 - 2 Tage Schiffsverbindung mit Santorini besitzt, sowie im Sommer 3 mal pro Woche Flugverbindung (4o Min.)

* RHODOS: Ausweich-Airport: Als die Insel der griech. Ägäis mit dem höchsten Pauschalurlauber- Aufkommen besitzt Rhodos die meisten Direktflüge von Reiseveranstaltern, somit auch zur HS noch Chance für kurzfristiges Angebot.

  Allerdings besitzt Rhodos keine Direkt- Schiffsverbindung mit den Kykladen. Auch per innergriech. Flug zur HS nur 3 mal/Woche Flugverbindung mit Paros, - jedoch mehrmals tägl. Jet nach Heraklion/Kreta. Weiter siehe "Kreta".

* SAMOS/KOS: im Sommer Direktverbindung von Griechenlandreiseveranstaltern ab

BRD. Ab Samos Schiff ca. 8 Std. nach Mykonos, bzw. 1 - 2 mal/Woche Flug.

* LESBOS- AIRPORT: Direktflüge von Griechenland- Reiseveranstaltern ab BRD. Auch wenn die Insel Lesbos weit nördl. vom Bereich der Kykladen liegt: ab Lesbos tägl. abends Abfahrt einer Direktfähre, die Athen am nächsten Morgen erreicht.

✶ ATHEN:

bietet als KYKLADEN-EINSTIEG den Vorteil der meisten Flüge ab Mitteleuropa (sowohl Charter wie Linie): Insbesondere zur absoluten Hochsaison, wenn Kykladen-Direktflüge ausgebucht sind, findet man auf der Strecke nach Athen immer noch irgendwie Platz (sei es Charter oder verbilligte Linienflugtickets, Tips siehe dort!).

Nicht nur zählen die Athen- Charters zu den billigsten nach Griechenland (Einsparung gegenüber Kykladenjets je nach Saison und Angebot ab ca. 5o - 1oo DM), auch wird Athen ganzjährig bedient.

Außerdem bringt der Einstieg via Athen die Möglichkeit, noch 1 oder 2 Tage in der Metropole für den in jedem Fall lohnenden Besuch des Nationalmuseums, Akropolis etc. einzubauen.

ATHEN- AIRPORT: Achtung, alle internat. Flüge (Linie wie Charter), die nicht von der Olympic Airways bedient werden, kommen im nördlich der Landepiste gelegenen EAST- AIRTERMINAL an. - Nur die internat. Olympic Airways Maschinen, sowie die innergriech. Flugverbindungen gehen ab OLYMPIC TERMINAL, der im Süden der Landepiste liegt.

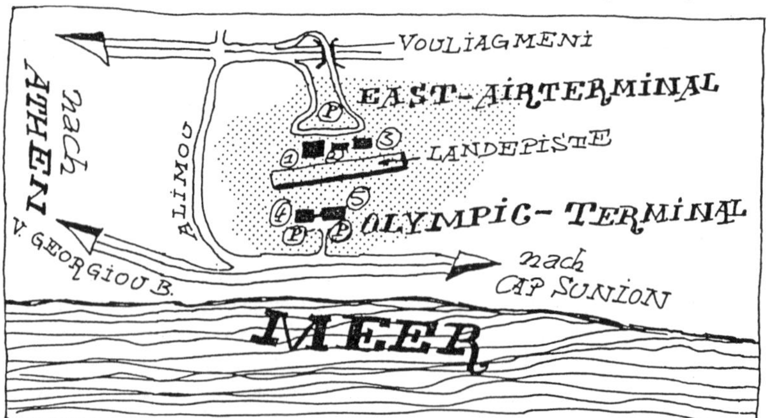

Macht den Gesamt- Transfer schon etwas lästig: wer z.B. mit Lufthansa oder Charterflug in Athen ankommt - und zu Inseln weiterfliegen möchte, muß die weit auseinanderliegenden Terminals wechseln. Hierfür gut 1 Std. rechnen, sofern man nicht auf ein Taxi rückgreift.

① ABFLUG
② CHARTER
③ ANKUNFT
④ OLYMPIC - NAT.
⑤ " - INTERNAT.

Zusätzlich gibt es einen Flughafenbus, der beide Terminals ca. 1 mal/ Stunde verbindet (zwischen 5 Uhr und 24 Uhr) und anschließend weiter zum Hafen Piräus fährt.

*KLARTEXT DIRKETFLÜGE: in Zeitkalkulation benötigt ein Direktflug München - Santorini per Charter eines Reiseveranstalters knapp 3 Std.

Wer dagegen via Athen fliegt, benötigt erheblich mehr Zeit und muß u.U. noch mit Übernachtung in Athen rechnen:

1.) München - Athen ca. 2 1/2 Std., plus:
2.) Gepäckauschecken im Eastterminal, Transfer zum Olympic Terminal = selbst mit Taxi nicht unter 1 Std., sicherheitshalber aber knapp 2 Std. kalkulieren.
3.) Olympic Terminal: Eincheckzeit gut 1 Std. vor Abflug des innergriech. Fluges weiter zur Insel.
4.) Flugzeit Athen - Santorini, sofern Zwischenstop in Paros rund 2 Std.

Zusammen 1) bis 4) = 6 1/2 - 7 Stunden. Die o.g. Rechnung basiert darauf, daß es umgehend ab Athen weitergeht. Dies ist jedoch nicht die Regel (vergl. unser Kapitel "Innergriech Flüge"). Zwar häufig nach Paros und Mykonos, seltener dagegen nach Santorini.

Weiteres Handicap: wenn der Jet ab Mitteleuropa relativ spät am Nachmittag in Athen eintrifft, erreicht man vielfach keinen Anschlußflug mehr und muß übernachten.

WER knapp mit Urlaubszeit liegt (2 Wochen oder weniger), - sollte daher nach Möglichkeit auf einen Direktflug Bereich/Kykladen zurückgreifen!

*KLARTEXT FÄHREN: ab Airport (siehe oben) Busverbindung nach PIRÄUS. Geht zwar wegen relativ kurzer Entfernung in den Abendstunden, sowie vor 6 Uhr früh als Verbindung relativ flott. Zu Zeiten des Stoßverkehrs sollte man jedoch mindestens 1 Std. kalkulieren. Ein Taxi kann wegen Kürze der Entfernung preiswert sein (vorab Tarif vereinbaren, bzw. auf exakte Einstellung des Taxameters achten!) und spart die Warterei auf die Abfahrt des Busses.

Während die Kreta- und Rhodos Fähren abends Piräus verlassen, gehen die Fährverbindungen zu den Kykladeninseln weitgehend ab Piräus am Vormittag bis frühen Nachmittag. Sofern Linien- wie auch Charterflüge Athen erst am Nachmittag erreichen, wird hier Übernachtung in Athen nötig. - Zusätzliches Problem sind fast monatliche Änderungen der Abfahrtszeiten. -

Achtung: wer auf dem Rückweg von den Kykladen Athen und einen dort abgehenden Charterflug erreichen möchte: vielfach massive Verspätung der Schiffe!

Extra- Zeit benötigen die Fährschiffe ab **RAFINA** und **LAVRION**: zunächst ab Airport nach Athen rein und zu den Busterminals nach Rafina bzw. Lavrion. Alle Details zu innergriech. Fährverbindungen siehe Seite 27

Unterm Strich ist ATHEN als Zielairport sinnvoll, wenn man 2 oder mehr Wochen Zeit hat. Also nach Ankunft des Fliegers Athen erkundet (bei der Gelegenheit auch: Weitertransport per Fähre...) - und insbesondere auch hintenraus Reserven besitzt:

Beispielsweise, wenns Rückflugverspätungen ab Kykladenairports, bzw. Verspätungen im Fährbetrieb gibt. Je nach Insel sollten 1 - 2 Tage das Minimum sein!

LINIENFLÜGE:

Der Normaltarif z.B. München - Athen liegt retour bei 1.4oo DM. Zunächst für Geschäftsleute gedacht, - gibts für Urlauber billigere Angebote:

* **FLIEG & SPAR**: auf allen Linienflügen nach Athen. Kostet z.B. ab München bis Athen retour ca. 8oo DM, ab Hamburg ca. 1.ooo DM, - im Angebot ab 17 deutschen Städten, aber auch ab Österreich und Schweiz.

  Bedingungen ab BRD: Flugtermine sind vorab fest zu buchen; nachträgliche Umbuchung des Termins nur gegen Aufpreis (ca. 1oo DM) und nur vor Antritt der Reise möglich. Gültig ist das Ticket bis zu 3 Monaten, mindestens muß aber zwischen Hin und Rückflug ein Sonntag liegen.

* **STUDENTEN** unter 3o Jahren (mit gültiger Immatrikulationsbescheinigung) erhalten auf die Normaltarife 55 % Rabatt. Dies entspricht in etwa den "Flieg & Spar"- Tarifen, jedoch ohne die dortigen Einschränkungen.

  Sowohl können Flugtermine beliebig umgebucht werden, wie auch beliebig Zwischenstops auf der Strecke BRD nach Griechenland eingelegt werden, z.B. in Rom oder in Jugoslawien. Bedingung: kein Umweg zur Direktroute. -

  Weiterer Vorteil: das Ticket wird wie ein Normalticket einer Liniengesellschaft gehandhabt. Bei den rund 2.ooo Flugkilometern z.B. München - Athen kosten die wenigen Extra- Km zu inner-griechischen Inselairports nur minimalen Aufpreis!

* **IT- TARIFE**: gültig für Jedermann. Gemäß Bestimmung muß das ausstellende Reisebüro bzw. der Reiseveranstalter Flug plus vor Ort Leistung anbieten. Kann im Extremfall ein Billighotel sein, was den Gesamtpreis entsprechend drückt und in Regionen von "Flieg & Spar" kommt.

  Je nach Reisebüro/Reiseveranstalter sogar inkl. Features wie Zwischenstop (z.B. auf der Route München - Athen in Dubrovnik/Jugoslawien). Ein cleveres Reisebüro weiß, die IT- Tarife im Rahmen ihrer Gültigkeit möglichst optimal zu nutzen...

* **OSTBLOCK- AIRLINES**: allenfalls für Berliner und Wiener interessant (über dortige Billigflugbüros).
  Ab Berlin/West vom Busbahnhof Funkturm für ca. 15 DM/Person rüber zum Airport Schönefeld/Ostberlin. Weiter per "Interflug", "Malev" etc. nach Athen, was wegen Zwischenstops unterwegs Zeit kosten kann.

  Für Westdeutsche rechnet sich der Umweg in der Regel nicht, - für Wiener gibts in dortigen Billigflugbüros Routen ab Wien via Budapest im Angebot. Abchecken, in wieweit Reiseveranstalter nach Paros oder Milos im Direktflug günstiger sind - als Ostblock- Airlines im Umweg via Sofia und Budapest nach Athen mit Ziel!

Die Kykladen- Anreise per ZUG/SCHIFF benötigt knapp 1 Woche retour und lohnt sich rein zeitlich nur dann, wenn man mindestens 3 Wochen Urlaub hat. Der Streß in sommerlich heißen und überfüllten Zügen ist ein Thema für sich!

Es gibt im Prinzip 3 Routen:

1.) Balkanstrecke via Jugoslawien:

Ab München bis Athen rund 35 - 4o Std. Zusammen mit der Fähre Piräus - Kykladen (nach Insel Naxos z.B. ca. 8 Std. pro Richtung) und Warterei auf die Abfahrt der Fähre ist man schnell auf knapp 3 Tage pro Richtung.

ATHEN: es gibt vom Bahnhof Züge nach Piräus. Die häufigere Verbindung ist jedoch die Metro, die man ab Station Attiki (siehe Karte nächste Seite!) erreicht und die zwischen 5 Uhr und 24 Uhr alle 5 Min. runter nach Piräus zum Hafen fährt (Karte siehe Seite 19/29). Da viele der Kykladenfähren Piräus am Vormittag verlassen, kann je nach Ankunft des Zuges eine Übernachtung in Athen nötig werden, wenn die gewünschte Fähre schon weg ist.

PREISE: München - Athen in der 2. Klasse einfach ca. 18o DM (hin + rück ca. 36o DM). Je nach Abfahrt der Züge ist man 2 Nächte "an Bord", es empfiehlt sich daher unbedingt ein Liegewagen (ca. 25 DM, retour ca 5o DM), oder besser Schlafwagenabteil (ca. 125 DM in der 2. Klasse/ 3-Bettabteil, retour ca. 25o DM). Platzkartenpflicht. Beides, Platzkarte und eventueller Liegewagen/Schlafwagenplatz sollte man sich für Hochsaisontermine möglichst 3 Wochen im voraus besorgen.

Die paar Mark Ersparnis per Zug (insbesondere, wenn man noch Liege- oder Schlafwagen nimmt!) stehen in keinem Verhältnis zu preisgünstigen Flügen, die die Strecke in rund 3 Std. erledigen und somit wertvolle Urlaubstage einsparen.

Anders sieht die Rechnung aus, wer über genügend Urlaubszeit verfügt: per normal bei der DB (ÖBB, SSB) gekauftem Zugticket sind beliebige Fahrtunterbrechungen für Zwischenstops unterwegs zulässig. Damit wird nicht nur die Anreise stressfreier, auch kann man (z.B. auf der Strecke München - Athen): via Wien - Budapest/Ungarn - Belgrad/Jugoslawien für geringen Aufpreis fahren (im Zugticket vorher die Route festlegen!), insbesondere Wien und Budapest lohnen für einen Zwischenstop sehr!

2.) via Italien:

Zug bis Ancona/Italien und hier auf die Fähre nach Patras/Griechenland. Liegt mit ca. 2oo DM * pro Strecke preislich kaum teurer als die Balkanroute via Jugoslawien. Vorteil: statt "Rumhängen" im stickigen Balkanexpress hat man auf dem Schiff erheblich mehr Bewegungsfreiheit und kann u.U. in den Schiffs-Swimmingpool. Zudem reduzieren sich die 35 - 4o

* zugrunde gelegt: reguläres Bundesbahnticket München - Ancona, plus Deckspassage Strintzis- Line (Kabine ca. 4o DM extra) auf der Strecke Ancona - Patras, sowie Bus Patras - Athen

Std. im Balkanexpress auf ca. 12 Std. Zug für die Strecke München - Ancona.

Schiffstickets der "Strintzis-Line" bei allen größeren Reisebüros/BRD, Schweiz,Österreich. Vorbuchen für Kabinen zur HS nötig, - wer dagegen nur Deckspassage will, kann dieses Ticket auch direkt im Hafen vor Abfahrt des Schiffes kaufen (dort ca. 15 % billiger als BRD).

TRANSALPINO- bzw. TWENTOUR - TICKETS: für Jugendliche unter 26 Jahren auf fester Strecke. Bringt nochmals ein paar Mark Ersparnis gegenüber normalem Ticket:

z.B. München - Athen (via Jugoslawien): ca. 17o DM einfach
München - Brindisi - Schiff- Patras - Athen: ca. 18o DM einfach
München - Ancona - Schiff - Patras - Athen: ca. 165 DM einfach (damit billigste und zugleich bequemste Griechenland Anreise für Leute unter 26 per Zug/Schiff!)

Erhältlich sind die "Transalpino-Tickets" in Transalpinobüros, die "Twentour- Tickets" bei der DB. - Österreicher fragen bei "Ökista", Schweizer bei "SSR".

SENIOREN erhalten mit dem "RAIL EUROP S"- Pass auf allen DB- Strecken sowie innergriech. Strecken 5o %, sowie auf jugoslawischen und österreichischen Strecken 3o % Ermäßigung, eine Anschaffung, die sich bezahlt macht.

3.) via jugoslawischer Küste:

In den Sommermonaten fährt 2 mal/Woche ein Küstendampfer der "Jadrolinja" von Rijeka im Norden zwischen den tausenden, der Küste vorgelagerten Inseln runter nach Igoumenitsa/Nordgriechenland. Als Verbindung landschaftlich lohnend, allerdings haben die Preise der "Jadrolinja" in den letzten Jahren kräftig angezogen: Deckspassage ca. 22o DM einfach. Hinzu kommt das Zugticket bis Rijeka plus der Bus Igoumenitsa - Athen. Unterm Strich pro Richtung rund 3oo DM.

ATHEN: die Fernzüge aus Jugoslawien kommen im Larissa- Bahnhof (siehe Karte) an, hier auch TOURIST- BÜRO mit Athen- Gratisstadtplan und Infos für Unterkunft. Vorsicht vor Schleppern, die vielfach bereits schon mehrere Stationen vor Athen in den Zug steigen und ihre Etablissements anbieten: Sofern man nicht in höchster Not ist, sollte man nie blindlings zuschlagen, sondern vorher sich die Zimmer ansehen!

Der daneben liegende Peloponnes-Bahnhof (Fußgängerbrücke über die Gleise) bedient die Strecken zur Peloponnes, u.a. auch Patras. - Warum auch immer die Athener Stadtväter beim Bau ihrer Metro keine Station direkt vor dem Bahnhof eingerichtet haben, steht in den Sternen. Sei es drum: die nächstliegende Metrostation ist ATTIKI. Dafür geht die Metro flott via Omonia Square zum Monasteraki im Herzen der Plaka unterhalb der Akropolis (und weiter nach Piräus direkt zum Schiffsanleger der Fähren).

Das HAUPT- TOURISTBÜRO liegt am Syntagma Square Ecke Stadiou in der National Bank of Greece und ist nützliche Anlaufstelle in Sachen Abfahrt der Fähren, die ihre Abfahrtszeiten oft monatlich ändern.

NATIONALMUSEUM: unbedingt lohnend, praktisch alle wichtigen archäol. Funde Griechenlands sind hier ausgestellt, u.a. die von Akrotiri/Insel Santorini und Insel

Delos. Wer die Metro nimmt: liegt genau zwischen den beiden Metrostationen Omonia und Victoria. Ab hier ca. 1o Min. zu Fuß, somit auch gut ab Piräus während eines Inselrundtrips als Zwischenstop und Besuch realisierbar! Achtung: das Museum ist Mo. geschlossen! Ansonsten Di. - So. derzeit nur ca. 9 - 14.3o Uhr offen, ändert sich häufig!

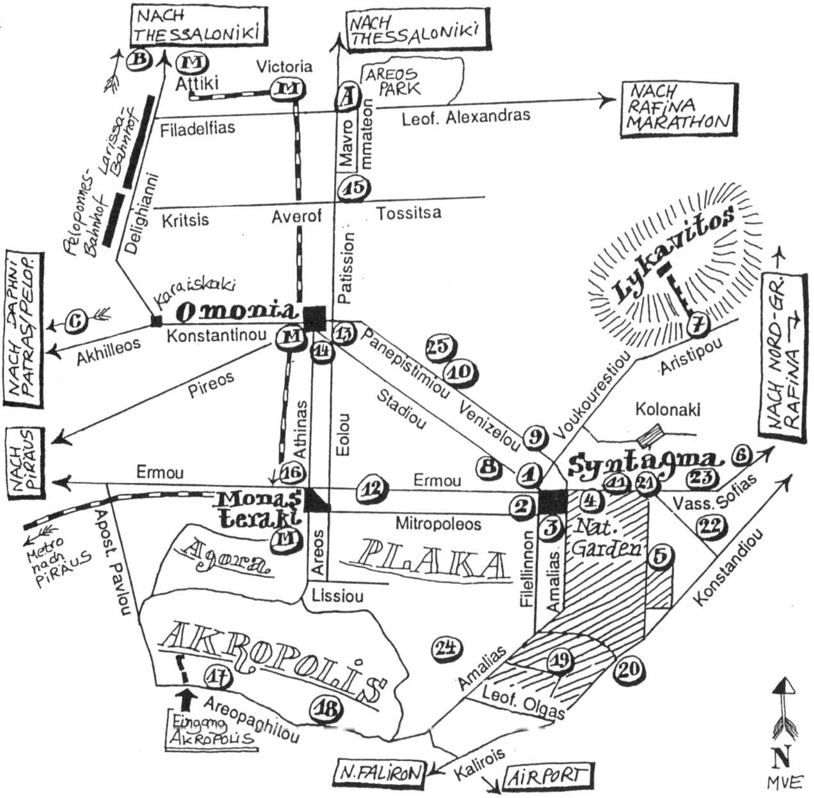

ATHEN- ZENTRUM

1 Tourist Büro
2 Postamt Syntagma
3 Olympic Airways
4 Parliament
5 Präsidenten Palast
6 Brit. Botschaft
7 Talstation Lykavitos
8 National Museum
9 Österr. Botschaft
1o Universität
11 Ägypt. Botschaft
12 Kirche Kapnikarea
13 Hauptpost
14 Telefon 24 Std.
15 National Museum
16 Flohmarkt
17 Odeon H. Atticus
18 Dionysius Theater
19 Exheb. Zappeion
2o Athen Stadion
21 Benaki Museum
22 Byzant. Museum
23 Kykladen Museum
24 Folklore Museum
25 Stadtmuseum

A Busse: nach Cap Sunion, Rafina
B Fernbusse: 26o, Lission Street
C Fernbusse: 1oo, Kifissou Street
M Metrostationen — Metrolinie

Eigenes Auto bringt auf den kleinen Inseln wenig, - siehe Kapitel "Transp." Seite 23. Zudem Zeitverlust bei der Anreise gegenüber Flug. Es hat für die Anreise (wenn überhaupt) nur Sinn, wenn man längeren Urlaub hat und noch andere Teile Griechenlands mitbesucht.

Im PRINZIP hat man für die Anreise per Auto 2 Möglichkeiten:

1.) BALKANAUTOBAHN via Jugoslawien:

München - Athen: 2.2oo km, 2 - 3 Tage. NON-STOP-FAHRER, die sich abwechseln, schaffen es auch in 25 Std. Ist aber nicht gerade zu empfehlen! Die Straße - die "Rallyestrecke für Gastarbeiter" gilt als eine der gefährlichsten Straßen Europas! Zerknitterte Autowracks und Kreuze mit Kränzen alle paar Kilometer am Straßenrand!

Die Strecke ist im jugoslawischen Bereich nur teilweise als Autobahn ausgebaut. Der Rest: stinknormale Landstraße, zudem im Abschnitt bis NIS extrem voll. Im Sommer mischen sich überladene Urlauberfahrzeuge mit übermüdeten Balkan-Nonstopfahrern und hin und wieder krachts.

Insbesondere der sehr monotone Abschnitt Dubrovac - Belgrad ist für Unfälle berüchtigt, die meisten Unfälle wegen Übermüdung, schlechtem Zustand der Fahrzeuge, auf Landstraßenabschnitten aber auch wegen riskanten Überholmanövern.

ROUTE: Schlüsselpunkt für die Routenplanung sind die Alpenpässe:

Wer den Einstieg über München/Salzburg wählt, hat zwar durchgehende Autobahn bis fast zur österr./jugoslawischen Grenze (Wurzen- bzw. Loiblpass). Die Tauernautobahn (gebührenpflichtig, ca. 3o DM) auf österr. Seite ist jedoch in der Hochsaison stauanfällig, gilt auch für den Raum München zu den Terminen des jeweiligen Ferienanfang und-Endes.

Wer als Einstieg München umgeht und die durchgehende Autobahn Regensburg - Wels/Österreich (bei Linz) wählt, kommt zwar bis hier auch zur Hochsaison recht flott durch. Im Anschluß (via Loeben - Graz) bis zum österr./jugosl. Grenzübergang Spielfeld/Maribor jedoch nur teilweise als Autobahn ausgebaut. Der Rest schlängelt sich als Landstraße durch die Berge und ist zur HS entsprechend voll.

Ab Maribor entweder Landstraße nach Zagreb zum Autoput. Oder: reizvolle Variante (um den satten Autoput-Verkehr zu umgehen): ab Maribor Landstraße entlang der jugosl./ungarischen Grenze via Novisad nach Belgrad. Braucht Zeit, ist jedoch nicht so voll.

Andere Variante: umgeht Alpenpässe gänzlich und ist an Km nur geringer Umweg: Autobahn bis Wien, rüber nach Ungarn. Fast durchgehend bis Budapest Autobahn, die Stadt sehr lohnend für Zwischenstop. Dann durch über die ungarische Tiefebene runter nach Szeged/Grenze. Visum für Ungarn nötig, Details siehe Seite 33.

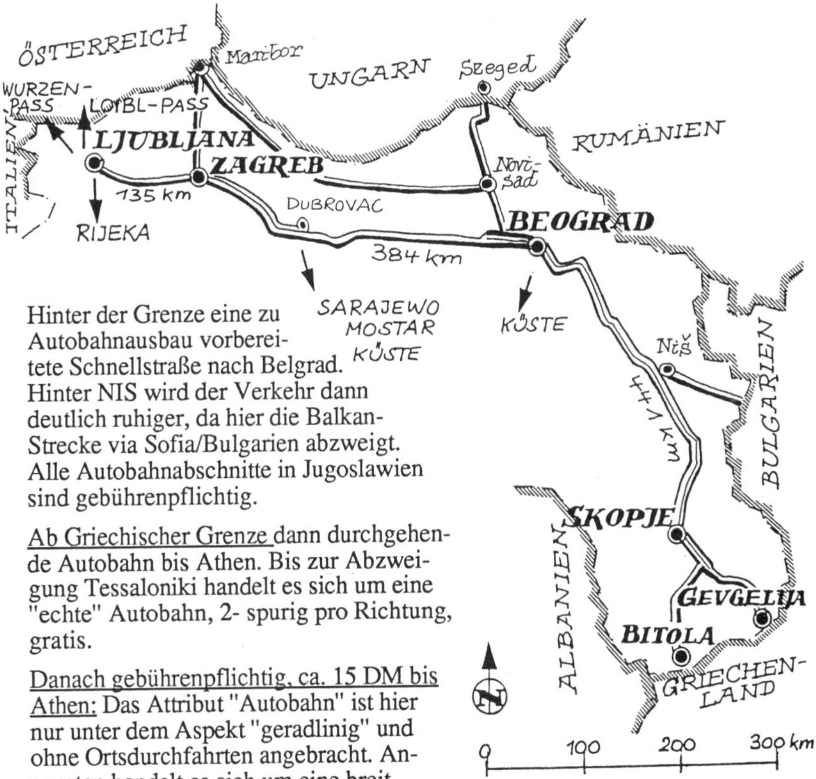

Hinter der Grenze eine zu Autobahnausbau vorbereitete Schnellstraße nach Belgrad. Hinter NIS wird der Verkehr dann deutlich ruhiger, da hier die Balkan-Strecke via Sofia/Bulgarien abzweigt. Alle Autobahnabschnitte in Jugoslawien sind gebührenpflichtig.

Ab Griechischer Grenze dann durchgehende Autobahn bis Athen. Bis zur Abzweigung Tessaloniki handelt es sich um eine "echte" Autobahn, 2- spurig pro Richtung, gratis.

Danach gebührenpflichtig, ca. 15 DM bis Athen: Das Attribut "Autobahn" ist hier nur unter dem Aspekt "geradlinig" und ohne Ortsdurchfahrten angebracht. Ansonsten handelt es sich um eine breit ausgebaute Landstraße, 1 Spur pro Richtung, plus Ausweichstreifen rechts der Spur. Gemäß griech. Verkehrsregeln ist es Pflicht, hier auf die Ausweichspur zu wechseln, wenn ein Schnellerer überholen will...

2.) via ITALIEN:

führt die bequemere und an Auto-Kilometern kürzere Anreisestrecke: z.B. München - Ancona durchgehende Autobahn (81o km), dort aufs Schiff, das einen in 2 Nächten und 1 Tag an Bord nach Patras/Peloponnes bringt. Von hier noch 22o km Autobahn bis Athen.

Ein Komfort, der Geld kostet. Zunächst mal Autobahngebühren in Italien und teurer Sprit (auch wenn man sich Benzingutscheine besorgt), dann fürs Schiff:

★ FÄHREN ab Venedig, Ancona, Bari, Brindisi und Otranto. Preisvergleich lohnt: nicht immer muß die kürzeste Fährüberfahrt in Gesamtrechnung auch die billigste sein. Wer die 58o -Extrakilometer (Ancona - Brindisi) fährt, benötigt Sprit, Autobahngebühren und Zeit (Hotelübernachtung).

Aber auch die Preise der Fähren untereinander: die eine Schiffslinie hat zwar billige PKW- Transportpreise, dafür hohe Personentarife und umgekehrt. So kann es durchaus sein, daß man ab dem nördlich gelegenen Ancona in Gesamtrechnung billiger als ab Brindisi fährt. Abgesehen davon sind Faktoren wie Zeit und Bequemlichkeit ein sicher auch nicht zu unterschätzender Faktor!

STRECKEN:

* Venedig - Piräus ("Adriatica")
* Ancona - Patras ("Karageorgis Line", "Strintzis Line" und "Minoan Line")
* Bari - Patras ("Venturis Line")
* Brindisi - Patras ("Adriatika, HML" und "Fragline")
* Otranto - Igoumenitsa (Nordgriechenland ("R-Line")

★PROSPEKTE der einzelnen Fährlinien gibts ab Frühjahr in den größeren Reisebüros, allerdings nicht imnmer komplett; speziell Prospekte der preisgünstigeren Fährlinien fehlen oft. Diese übers Griechische Fremdenverkehrsbüro (Frankfurt, München, Zürich, Wien). Ich selber bin oft und gerne mit der Strintzis Line gefahren!

★TICKETS: über jedes größere Reisebüro. Unbedingt den betreffenden Termin mit "o.K." und Stempel/Unterschrift im Ticket bestätigen lassen. Vor allem auch rechtzeitig vor Abfahrt (gemäß Reedereibestimmungen) im Hafen erscheinen, sonst besteht kein Anspruch auf Mitnahme.

★UMBUCHUNGEN: prinzipiell möglich, sofern Platz, aber mit viel Rennerei verbunden (Kontaktadressen Griechenland sowie Italien im Prospekt der Reederei). Geht zwar auch telefonisch, dann aber keine Bestätigung im Ticket mit eventuellen Folgen...

HAUPTSAISON

Hinwärts Ri. Griechenland ab Anfang Juni bis ca. Ende August. -
Retour ab Griechenland nach Italien: Mitte Juni bis Mitte September.

Bei Mitnahme eines eigenen PKWs, aber auch für Kabinen mindestens 2 Monate vorab buchen!

VOR- NACHSAISON

Bringt für PKW- Fahrer nicht nur den Vorteil generell billigerer Frachttarife, sondern auch höhere Chance für kurzfristige Buchungen, wie auch Terminumänderungen.

ACHTUNG: ganzjährig nach Griechenland verkehrt nur die HML (Brindisi - Patras), die Adriatica (Venedig - Piräus) und die Karageorgis Line (Ancona- Patras).

Via Italien braucht man für die Strecke München - Athen je nach Fährhafen 2 1/2 - 3 Tage. Die Preise für die Fähre (2 Personen/Kabine plus PKW) liegen je nach Saison, Fährhafen und Kabinenklasse etc. grob um 5oo DM einfach.

Infos zu Geschwindigkeitsbeschränkungen und speziellen Verkehrsregeln der einzelnen Länder siehe Seite 33 - 37.

Transport KYKLADEN

1 Mit dem Auto

Wie bereits in den Vorkapiteln beschrieben, ist (für einen Besuch ausschließlich der Kykladen) die Autoanreise teuer: ab Piräus kommen dann nämlich noch saftige Transportpreise auf den innergriechischen Fähren. Dies um so mehr, wenn man Inselspringen plant: nix mit 1 mal Ticket kaufen und "Zwischenstops unterwegs einlegen": jede Teilstrecke muß extra gekauft werden. Beim Besuch von 3 oder 4 Inseln im mittleren Kykladenbereich kommt man ab/bis Piräus schnell auf 3oo DM!

Sie ist mit rund 3 Tagen ab BRD pro Richtung bis zur betreffenden Insel langwierig. und in den Sommermonaten stressig. Sie verkürzt gegenüber dem Flug den Urlaub um gut 1 Woche.

Ein Gesamtaufwand von Zeit und Geld, der in keiner Relation zum Nutzwert vor Ort steht! Auf der Insel MYKONOS ist das eigene Auto definitiv ein Klotz am Bein: zur Saison werden alle Strände ständig mit Badebooten bedient. - Auf der INSEL IOS: kaum Straßen, - auf der Insel AMORGOS: die Transinsularstraße zwischen den beiden Hauptorten in extrem schlechtem Zustand, der das Auto ramponiert, sofern nicht Geländewagen... - Auf der Insel PAROS werden die wichtigen Orte mit Inselbussen bedient etc. Und wenn ein fahrbarer Untersatz einem vor Ort nötig erscheint, gibts auf allen Inseln Mopedverleih.

INSELSTRASSEN: zum Zustand siehe unsere Karte zum Beginn des jeweiligen Inselkapitels (═ = Asphalt, ═ = Erdpiste). Zur Förderung der Infrastruktur wird kräftig asphaltiert, schickt uns bitte Infos zur Aktualisierung!

Prinzipiell sollte man präventiv fahren: auf Schotterpisten längeren Bremsweg einkalkulieren, kann sonst insbesondere in Kurven zu fatalen Folgen führen! - Viele der Orte sind für PKWs komplett gesperrt, insbes. die Bergdörfer mit ihren engen Gassen, und am Ortseingang nicht selten nur wenige Parkplätze.

TANKSTELLEN: rechtzeitig nachtanken, bei kleineren Inseln vielfach nur am Ortsausgang des Hafens! Oft auch an Wochenenden geschlossen!

MIET- Moped, -Mofa, -Motorrad:

Neben Badebooten beliebtestes Transportmittel der Urlauber auf den Kykladen. GRUND: sie sind relativ billig, ca. 15 - 25 DM/Tag je nach Insel und Größe der Maschine. Außerdem eine schöne Sache, "open air" in der sommerlichen Hitze Griechenlands!

Nennt sich "Rent a Scooter": auf größeren Inseln stehen sie zu Hauf am Hafen und warten auf Anmieter. Allerdings ist auch jede Menge an Ärger vorprogrammiert, wenn man folgende Präventivmaßnahmen nicht beachtet:

★ Die technische WARTUNG der Kisten liegt oft im Argen: die Vermietungssaison ist kurz, in rund 3 - 4 Monaten müssen die Kisten Geld machen. Der eine oder andere Vermieter spart sich hier "Unkosten" in Wartung, und Ersatzteile in Griechenland sind teuer!

Wenn die Maschine unterwegs bockt, klemmt oder streikt (und kein Eigenverschulden vorliegt), ist zwar der Vermieter derjenige, der für die Reparatur aufkommen muß. Gilt auch für Reifenpannen! Meist ist er weit weg vom Ort der Panne, hat keine Zeit oder anderweitig beschäftigt.

Kann sein, muß aber nicht: seriöse Vermieter halten ihre Kisten in Schuß und sind auch bei Pannen schnell mit firmeneigenem Fahrzeug vor Ort, um zu reparieren, bzw. für Rücktransport zu sorgen. Vorab klären, was bei Pannen passiert! Wenn sich der Vermieter um klare Auskünfte drückt oder hinter "Sprachverständigungs-Schwierigkeiten" versteckt, ist zunächst mal Vorsicht geboten. Insbesondere aber in jedem Fall:

★ Vor der Anmietung die Maschine in allen Details prüfen: Bremsen, Reifen, Gangschaltung etc., am besten bei einer kurzen Probefahrt!

★ Weiteres Problem: vielfach werden die Maschinen von Leuten angemietet, die zu Hause einen PKW fahren und nur wenig bis keine Erfahrung in motorisierten Zweiradmaschinen besitzen, also die Dinger nur unkomplett in techn. Zustand prüfen können...

★ Sofern der Vermieter bei Anmiete den PASS als "Sicherheit" verlangt: Finger weg! Endet vielfach so, daß man bei technischen Pannen den Pass erst dann zurückbekommt, wenn man den Schaden (z.B. gerissenes Zugseil) zu vielfachem Aufpreis beglichen hat, - ein Schaden, für den man im Grunde nicht verantwortlich ist. Abhilfe: Polizei, Sprachprobleme, Läuferei und Ärger...

★ MIETBEDINGUNGEN genau studieren! Das Kleingedruckte (im übelsten Fall ausschließlich in Griechisch) kann beinhalten, daß man für die Reparatur bei technischen Defekten voll verantwortlich ist.

Prinzipiell: nie Verträge unterschreiben, die derartige Paragraphen enthalten, - und sowieso: nie rein griechische Verträge unterzeichnen! Wenn hier Griechen Geld mit der 2- Radvermietung an Urlauber machen, sollte eigentlich ein deutschsprachiger Vertrag verlangt werden, zumindest aber ein klarer englischer!!

★ VERSICHERUNGSSCHUTZ prüfen: es soll Fälle geben, wo griech. Vermieter von

Moped, Mofa etc. für die Maschinen überhaupt keinen Versicherungsschutz besitzen. Bei einem Unfall sind beide dran: der Vermieter, aber auch der Mieter. Unterm Strich ist der Urlaub im Eimer...

✶ FAHRZEUGE:

- MOFAS am billigsten, Vorteil daß sie sich simpel bedienen lassen. Speziell für die Kykladen sind sie jedoch recht PS-schwach, um die steilen Bergstrecken zu bewältigen. (Sofern es sich nicht um "raufgetrimmte" Maschinen handelt, und die sind gefährlich, da das Bremssystem nicht mehr der Geschwindigkeit entspricht!
- VESPAS: beliebt als Zweisitzer, aber nicht ungefährlich wegen hohem Schwerpunkt, wer die Maschinen nicht gewohnt ist. Für Erdpisten (und diese gibts viele auf den Inseln, beispielsweise runter zu Stränden etc.) sind sie sicher die falsche Wahl: beim kleinen Reifendurchmesser erhöhte Sturzgefahr, speziell bei Bodenwellen und Spurrillen!
- 5o ccm- Maschinen: die "Mittelklasse", meist als 2- Sitzer. Kräftig im meist gebirgigem Inselinneren und seinen Serpentinenpisten. Wer diese PS- Klasse nicht zu Hause gefahren hat: vorsichtig rantasten; die Klasse mit den meisten Unfällen.
- GELÄNDEMASCHINEN: mit großen und breitstolligen Reifen eigentlich die optimale (und teuerste) Klasse! Leider lassen ungeübte Urlauber die Sau raus und radieren sich per Sturz die Haut. U.a. auch deswegen sollte man die Maschinen vor Anmiete besonders genau auf technischen Zustand prüfen!

✶ STURZHELM ist in Griechenland Pflicht, steht bei den Vermietern oft aber nur als "Dekoration" in 2 bis 3 facher Ausführung im Geschäft rum. Selbst wenn es ihn bei der Anmiete gibt, wird er von Urlaubern ungern getragen, da die Hitzeentwicklung unterm Helm tagsüber zu groß ist.

Beachten: wenns kracht, erhebliche Körperschäden, - abgesehen davon wird man bei Unfällen (auch wenn kein Eigenverschulden vorliegt) in der Schadensregulierung mitbeteiligt, wenn man keinen Helm getragen hat!

✶ KLEIDUNG: sicher Superfeeling, bei mediterraneer Wärme "open air", sprich "oben ohne" zu fahren. Selber schuld, wer mit bloßem Oberkörper fährt: der Fahrtwind lässt die intensive Sonneneinstrahlung nicht mehr fühlen. Danach liegt man mit sattem Sonnenbrand außer Gefecht. Offener Oberkörper bei Stürzen ist separates Thema...

✶ FAHRTECHNIK: häufige Unfallursache sind überhöhte Geschwindigkeit und fehlende Beherschung der Maschine. Bremswege in Kurven (speziell auf Schotterwegen) werden unterschätzt. Wer keine Erfahrung auf Zweiradmaschinen besitzt, sollte lieber eine Nummer kleiner anmieten und die Kisten mit dezentem Gas bedienen...

In den Sommermonaten gibt's alljährlich jede Menge an Unfällen. Die Hilfeleistung und Abwicklung zählt, wie uns Botschaftsangehörige berichteten, zu ihren sommerlichen Haupt-"Beschäftigungen". Die Krankenhäuser Griechenlands o.K., - aber meist recht weit weg vom Unfallort.

MIETWAGEN:

Gibts auf den meisten der Kykladeninseln (Details siehe Inseltexte!), sind in der Regel aber extrem teuer: 1oo DM pro Tag für einen Mittelklassewagen keine Seltenheit! Der in diesem Zusammenhang gewährte Tarif ohne "Kilometerbegrenzung" ist bei der Kleinräumigkeit ein Witz!

Vor dem ANMIETEN (bzw. PKW- Übernahme) zusammen mit dem Vermieter genau die Funktionen des Fahrzeuges prüfen (Blinker, Licht, Bremsen etc.), sowie Beschädigungen am Fahrzeug (Beulen, Kratzer etc.) im Protokoll notieren und gegenzeichnen lassen, damit man später nicht haftbar gemacht wird.

Eine möglichst umfangreiche VERSICHERUNG z.B. Vollkasko ist in jedem Fall zu empfehlen, da die Griechen meist unterversichert sind.

INSELBUSSE:

Bedienen in der Regel den Hafenort mit der Chora, teils auch Strände. Alle Details siehe entsprechende Inseltexte unter "Inseltransport".

Außerhalb der Sommermonate seltenere Abfahrten. Sie sind in ihren Fahrplänen ausschließlich den Bedürfnissen der Inselbewohner angepasst. Wichtige Strecken mehrmals am Tag, z.B. Hafen - Chora (=tradit. Hauptort in den Inselbergen).

Insbesondere auf kleineren Inseln und bei Verbindungen, die nur 1- 2 mal/Tag stattfinden, sind sie oft ab Bergdörfern Richtung Hafen orientiert (wo sich die Geschäfte oder meist auch Inselverwaltung befindet): also Abfahrt früh am Morgen, damit unten die Geschäfte erledigt werden können. Dann retour ins Bergdorf, wo der Bus bis zum nächsten Tag stehenbleibt. Kann sein, muß aber nicht und hängt von der Infrastruktur der jeweiligen Insel ab.

Abfahrt Hafen in der Regel dort, wo die Fähre anlegt. Auch sind die Fahrpläne an die Ankunfts- und Abfahrtszeiten der Fähren angepasst. Den Inselbus kann man ansonsten auf Inselstrecken per Handzeichen stoppen (sofern er nicht voll ist). - Die Fahrpläne nicht immer zweisprachig, speziell auf abgelegenen Inseln teils rein griech. Hierzu griechische Schriftzeichen am Endes des Bandes. - Die Fahrpreise sind geschenkt (je nach Länge der Strecke ca. 1- 5 DM).

Unterm Strich ist der Inselbus eine schöne Möglichkeit, die betreffende Insel hautnah und ohne "Stinkmobils" wie Mietwagen- Moped etc. zu erleben, benötigt jedoch genaue Fahrplanabstimmung und -Check vorab, wer Wanderungen etc. vorhat.

TAXI:

Existiert auf jeder Insel, allerdings je nach Größe der Insel nur in limitierten Quantitäten. Auf größeren Inseln wie Naxos, Paros etc. sind die Taxistände Nähe Fähranleger/ Hafen.

Auf Mini- Inseln sind die dortigen 2 oder 3 Inseltaxis schnell ausgebucht. Gilt für Fahrten zu Fähr- Ankunft/Abfahrt auf allen Inseln. Wer für die Fähre aufs Taxi rückgreifen will, sollte daher rechtzeitig telefonieren (Hotel, bzw. Taverne). Die entsprechenden Telefonnumern sind dort bekannt.

Vielfach gibts kein Taxameter, bzw. wird dieses auf Nebenrouten (Erdpisten) zu Recht nicht eingeschaltet, da diese wegen Fahrzeug-ramponierung einen "Sondertarif" benötigen. Teils sind diese Forderungen fair, beispielsweise wenn für eine saumiese 15 km Erdpiste fürs Fahrzeug 15 DM verlangt werden (und der Taxifahrer noch solo zurückfahren muß),- teils gibts aber auch touristischen Ripp-Off auf Tip-Top Asphaltpisten zwischen Hafen und Chora/6 km a 2o DM.

Um hier unnötige Meinungsverschiedenheiten nach Fahrtende zu vermeiden: vorab Preis fixieren und sich auf ein Papier aufschreiben lassen, wenns Sprachprobleme gibt.

INSEL-FÄHREN:

Trotz der neuen Internat. Airports auf SANTORINI, MILOS, PAROS und MYKONOS, die im Direktflug Urlauber reinkarren, sind die Schiffsverbindungen nach wie vor "Nabel" untereinander und zur Metropole Athen.

Die Überfahrt kann je nach Wetterbedingungen sehr "rauh" werden, gehört aber unbedingt zu einem echten Erleben der KYKLADEN!

(1) Die meisten Verbindungen in den KYKLADEN- RAUM gehen sternförmig ab **PIRÄUS**. Zwei traditionelle Achsen:

* die eine verbindet Athen/Piräus mit den östlichen Kykladen: Syros - Paros - Naxos - Ios - Santorini.

* die andere verbindet die westlichen Kykladen: Piräus - Syros - Serifos - Sifnos - Kimolos - Milos.

Eine 3. Achse: Piräus - Syros/Tinos - Mykonos. Mit Querverbindungen:

Mykonos- Naxos. Auch im südlichen Bereich gibts zwischenzeitlich Querverbindungen Ios/Santorini rüber nach Milos.

(2) Seit einigen Jahren expandiert **RAFINA**: ein kleinerer Fährhafen an der Ostküste Attikas und rund 3o km per Landstraße von Athen. Dieser Hafen bediente ursprünglich die vorgelagerte Südspitze Euböas, sowie die Insel-Kette Andros - Tinos - Syros - Mykonos.

Da es wegen massivem Verkehrs-Chaos im Raum Athen einiges an Zeit benötigt, sich zu den Fähren nach Piräus "durchzuwühlen", - hat RAFINA einen Teil der Fährverbindungen auch in den südlichen Kykladenbereich übernommen: über die 3o km Landstraße nach Rafina ist man vielfach schneller als per Stoßverkehr nach Piräus. Ab Rafina:

* traditionell die Route Rafina - Andros - Tinos - Syros - Mykonos
* Rafina - Syros - Paros - Naxos - Ios - Santorini (Anafi - Amorgos)
* Rafina - Kithnos - Serifos - Sifnos - Kimolos - Milos

(3) Das kleine Nest **LAVRION** an der Ostküste Attikas, Nähe Cap Sunion bedient die vorgelagerten Insel Kea und Kithnos.

Verbindungen

* Ab **Athen Airport** zum Hafen **Piräus**: Taxi oder Bus, Details siehe siehe Seite 14.

  Etwas komplizierter wirds, wer ab Airport zum Hafen **Rafina** oder **Lavrion** will: zunächst Bus in die Stadt, dort Abfahrt Ecke Leof. Alexandras/Patission, siehe Karte Seite 14/19. Benötigt Zeit, wer also per Flug in Athen ankommt, dürfte mit Schiffen ab Piräus besser bedient sein, da Piräus als Hafen schneller zu erreichen ist.

* Ab **Athen/Zentrum bzw. Bahnhof**: zum Hafen **Piräus** am schnellsten und häufigsten mit der Metro (zwischen 5 Uhr früh und 24 Uhr alle 5 Min.). Als Verbindung sehr bequem, da die Metro direkt am Hafen endet, siehe Karte nächste Seite!). Achtung: in Gegenrichtung, wer mit der Fähre in Piräus ankommt: die Metro ist im großen Eckhaus siehe unsere Piräus Karte (C) "versteckt".

  Ab Athen/Zentrum bzw. Bahnhof nach Rafina bzw. Lavrion: siehe Karte Seite 19.

PIRÄUS- TIPS: Direkt von der Endstation der Metro sind schon die Schiffe zu sehen, am Hafen (6) Gebäudekomplex mit sämtlichen Schiffs-büros. Bei Infos, es gäbe "heute keine Abfahrt mehr", im nächsten Büro fragen! Derartige Auskünfte beziehen sich nur auf die Reederei, - nicht aufs gewünschte Ziel!

FAHRPLÄNE: ändern sich im innergriech. Fährbetrieb laufend, teils sogar monatlich. Dies sowohl was die Abfahrtszeiten, - teils sogar die Routen betrifft. Grund siehe unten!

TIP: im Tourist Büro/Athen am Syntagma Square gibts handabgezogene Waschzettel gratis, die die neuesten Fährabfahrten enthalten. Verzeichnet ist der Name des Schiffes und die Route.

Wer vorab Infos will: von der Griech. Fremdenverkehrszentrale (Deutschland, Österreich, Schweiz) alljährlich ein Gratisheft mit Fähren, - hier allerdings nicht alle verzeichnet und (logisch): nur grobe Häufigkeit. Wer Genaues vorab will, besorgt sich den "Key Travelguide". Erscheint allmonatlich, erhältlich u.a. bei "Hellas Orient Reisen" Frankfurt, München für ca. 12 DM plus Porto. Tel.: (o89) - 555 o53 bzw. (o69) - 2o 736.

VERSPÄTUNGEN: fast auf 15 Min. genau verlassen die Großfähren für Rhodos, Kreta und Chios den Hafen Piräus. Im Kykladenverkehr sind dagegen Verspätungen von 4 - 5 Std. durchaus drin. Dies hat verschiedene Gründe: einmal werden eine Vielzahl an Inseln unterwegs angelaufen. Wenn sich bereits in einem Hafen die Verladung von Waren verzögert hat, wirkt sich dies auf die Abfahrtszeit aller folgenden Inseln aus.

Des weiteren sind Pannen wegen Schiffsmotor drin, und/oder Privates (verlängerter Schwatz am Hafenkai etc.). Hinzu kommt, daß die Ägäis nicht nur zur Zeit der Frühjahr- und Herbststürme, sondern das ganze Jahr über für Tage sehr bewegt sein kann. Wenn

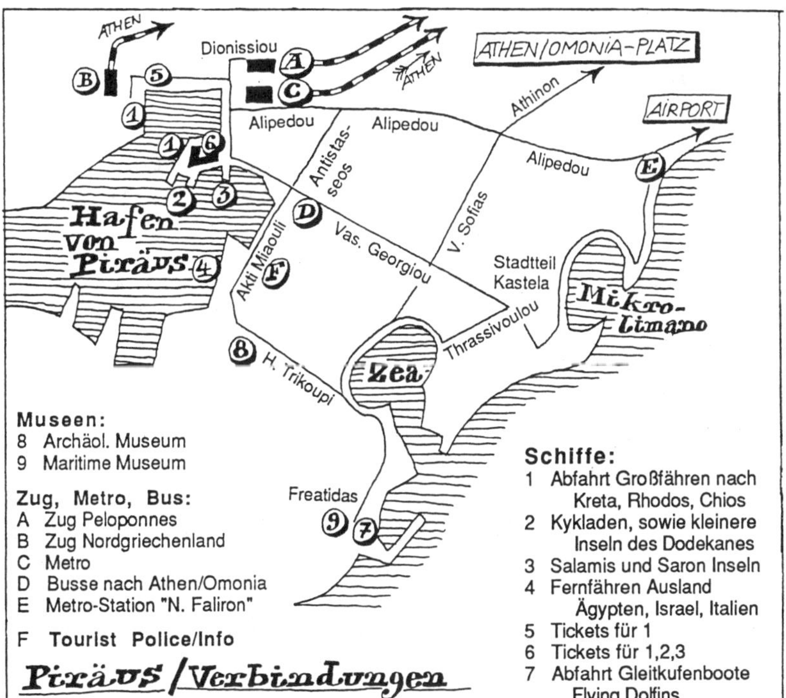

Piräus / Verbindungen

das Schiff für mehrere Stunden im Hafen festliegt (vergl. auch S. 46), verschiebt das ebenfalls den Schiffsplan komplett.

Dieser wird dann im darauffolgenden Monat mit neuen Schiffsplänen "aktualisiert".

Wer einen Charterrückflug gebucht hat: nach Möglichkeit bereits am Vortag auf der betreffenden Insel (bzw. Athen) eintreffen. Vor allem sollte man auch abgelegene Inseln mit seltenen Verbindungen nicht auf die letzten Tage des Ägäis- Rundtrips einbauen!

★**ROUTEN**: beständig seit Jahren sind die Traditionsrouten siehe "Inselfähren" (1 - 3), Vorkapitel! Häufige Änderungen gibts jedoch auf den Nebenrouten wie Sikinos, Folegandros, Anafi, sowie auf Querverbindungen zwischen der West- und Ostkykladen Achse. Grund: sie sind vom Staat speziell subventioniert. Wenn der Staat andere Routen subventioniert, schalten die Reeder analog.

★**PREISE**: nach wie vor in Decksklasse und Relation zur Entfernung geschenkt. Z.B. Piräus - Santorini (1o - 12 Std.) nur ca. 3o DM! Wer per Rucksack reist, sollte das Billigste, die Decksklasse nehmen: hier reisen die Griechen, viel Flair, und in lauen Sommernächten schön, den Schlafsack an Deck unter dem Sternenhimmel auszurollen. Allerdings warmen Pulli einpacken; nachts wirds an Deck auch im Hochsommer kühl.

Die Decksklasse hat zudem den Vorteil, daß es nicht ganz so stickig ist, wie in der verrauchten 2. oder 1. Klasse unter Deck.

Schlafkabinen gibts im Kykladenverkehr nur auf längeren Strecken, zusammen mit der Bedingung, 2. Klasse zu buchen. Ist zwar immer noch billiger als der Flug (sofern vorhanden), mit letzterem ist man jedoch schneller und bequemer.

Restaurant ist prinzipiell an Bord: griech. Kaffee, Bier, Snacks, - in der Regel aber nichts Größeres. Es ist üblich, daß man sich bei längeren Strecken Proviant selber mitbringt und zusammen mit den Drinks von der Bar im Restaurant verzehrt. Wer zu Seekrankheit tendiert: in jedem Fall Pillen mitnehmen; die ägäische See kann sehr rauh sein!

★**PKW**: ist zwischenzeitlich saftig teuer geworden. Piräus- Santorini ca. 1oo DM für Mittelklassewagen einfach. Selbst kürzere Strecken wie Piräus - Syros kommen auf rund 8o DM! Pro Strecke muß man separat zahlen. Retour ab Piräus kommen bei 3 oder 4 Inseln schnell 3oo oder mehr DM allein für den PKW-Transport zusammen!

Abgesehen davon kann der eigene PKW zur Hochsaison zum erheblichen Klotz am Bein werden: Wenn die Fähre recht voll ist, finden Decks- Passagiere finden immer noch irgendwie Platz, während der PKW am Hafen stehenbleibt!

★**VORBUCHEN**: für Deck nicht nötig. Für Kabinen in der HS reicht in der Regel 2 - 3 Tage vorab. - Vorbuchen ist nur in Griechenland und direkt bei der Reederei möglich.

★**EXTRA- SPEZIAL:** um den Tourismus speziell abgelegener Inseln anzukurbeln, gibt es auf einigen Fährverbindungen in der Vor- und Nachsaison (April/Mai und Sept./Okt.) Gratisverbindungen. Infos: Griech. Fremdenverkehrszentrale.

★**KAIKIS**: bedienen heute nur noch den regionalen Badebetrieb (Inselhauptort zu Inselstränden), sowie als recht teure Ausflugsboote zu Nachbarinseln. Details siehe Text!

Der innergriechische Flugverkehr wird ausschließlich von der OLYMPIC AIRWAYS bedient. Die Flugrouten gehen sternförmig ab ATHEN, neuerdings auch im Sommer eine Reihe an Querverbindungen im Kykladenbereich.

AIRPORTS im Kykladenbereich nur siehe Karte. Weitere Airports befinden sich in Bau auf der Insel Naxos und Syros.

* MYKONOS: im Sommer Drehscheibe für den Verkehr nach Santorini, nach Rhodos sowie Lesbos/Chios und Insel Kreta (Heraklion).

* PAROS: ähnlich wie Mykonos im Sommer sehr dichte Verbindung ab Athen. Weiter 3 x/Woche nach Rhodos, Santorini und Kreta.

Geflogen wird auf den Hauptstrecken, z.B. nach Santorini mit Jets, ansonsten im Kykladenbereich mit kleineren Propellermaschinen. Zumindest was landschaftliches Erlebnis betrifft, sind die Propeller kein Nachteil: auf der Athen - Mykonos Strecke (rechts sitzen!) gehts geruhsam zunächst über die Ostspitze Attikas: unten Cap Sunion mit seinem Tempel, dann

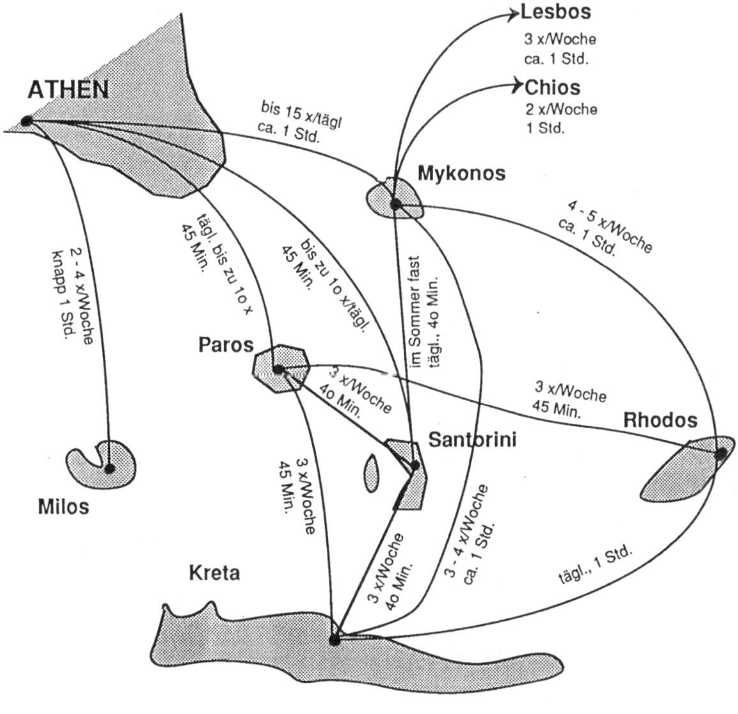

übers glitzernde Meer und den vielen Inselkuppen! - Ausgesprochen schön auch der Flug nach Santorini, sofern der Pilot eine Runde über den Vulkankrater fliegt!! - Ähnlich die Strecke Mykonos- Santorini: ein Superflug, zunächst rechter Hand die Insel Delos mit Ausgrabungen, dann zwischen den Gebirgsinseln Naxos/Paros durch, über Ios nach Santorini!!

* Die **PREISE** für innergriechische Flüge im Kykladenbereich liegen in etwa bei denen innerdeutscher: z.B. die ca. 25o Flugkilometer Athen - Santorini ca. 1oo DM einfach, sparen aber rund 1o Std. Schiffsüberfahrt!

* **ZWISCHENSTOPS** z.B. auf Paros (bei einem Flugticket Athen - Santorini) - und wie sonst bei Linienflugtickets möglich - geht bei innergriechischen Flügen nicht. Hier muß jede Flugstrecke separat gekauft werden, was die Sache verteuert.

* **PÜNKTLICHKEIT**: in Relation zu den Fähren gut, - sofern das Wetter keinen Strich durch die Rechnung macht. Dabei sind die Propeller, wie sie fast ausschließlich im Innerkykladen- Verkehr eingesetzt werden, erheblich anfälliger, als Jets.

* **PLATZRESERVIERUNG:** nach dem Motto, wer zuerst kommt... In der Regel zunächst das Ticket beim nächsten Olympic Airways Büro kaufen und dort per o.K. den Termin im Ticket eintragen lassen. Nachträgliche Terminumbuchungen sind möglich, sofern Platz.

  Beachten: bei den kleinen Kykladenpropellers der Olympic sind die wenigen Plätze in der Maschine schnell weg. Man sollte daher so früh wie möglich buchen!

  Im Prinzip kann man innergriechische Strecken auch in Deutschland, Österreich, Schweiz in jedem größeren Reisebüro bzw. direkt bei den Vertretungen der Olympic Airways kaufen. Zwar pro Flugstrecke rund 1o - 15 DM teurer (wegen anderer Wechselkurs- Modalitäten), ein Aufpreis, der sich jedoch lohnen dürfte.

  Check-In: 45 Min. vor Abflug am Flugschalter erscheinen, sonst riskiert man, daß der reservierte Sitz an jemand anderen vergeben wird. Auch die, im Ticket eingedruckten Bedingungen für Reconfirmation beachten:

* **RECONFIRMATION:** wer "o.K." im Ticket hat, muß dieses in örtlichem Olympic Airways Büro 3 Tage vor Abflug nochmals bestätigen lassen. Andernfalls wird riskiert, daß man die Reservierung verliert.

* **NON SHOW GEBÜHR**: wer einen gebuchten und mit o.k. bestätigten Flug nicht antritt, riskiert Strafgebühr. Damit will man erreichen, daß die Maschine auch voll den Airport verlässt.

* **OLYMPIC BUS** ab allen von der Olymic Airways angeflogenen Airports gibts eine Olympic Busverbindung in die Stadt, zum dortigen Olympic Büro. Ebenso in Gegenrichtung ab Büro zu Olympic Abflügen. Der Buspreis mit ca. 1 - 2 DM/Person recht günstig.

SONDERSERVICE: ab Athen Airport Helikopterservive chartern für kapitalkräftige Kunden, - praktisch zu allen Inseln, auch solchen, die keine reguläre Flugverbindung besitzen. Je nach Länge der Strecke gut einen Tausender (DM) für 4 Leute.

Allgemeine Tips

★ EINREISE:

PERSONALAUSWEIS reicht sowohl für Griechenland, wie auch für die Durchreise Österreich, Schweiz, Italien, sofern man nicht länger als 3 Monate bleibt. Trotzdem ist es sinnvoll, Personalausweis und PASS mitzunehmen (z.B. wenn man im Hotel den Pass abgeben muß, steht man nicht ohne Papiere da), jedoch nicht unbedingt erforderlich.

Für Jugoslawien (bei Aufenthalt max. 3o Tage) reicht ebenfalls der Personalausweis, ansonsten Pass. -

UNGARN: Pass nötig, außerdem ein Visum, welches es entweder bei der Ungarischen Botschaft, Sachsenring 38, 5ooo Köln gibt (Tel.: o221) - 336.o7o. Bearbeitungszeit kann im Sommer, wenn man den Pass per Post schickt, bis zu 3 Wochen dauern. Oder: bei der Durchreise in Wien bei der dortigen ungarischen Botschaft. Liegt in der Nähe der Oper, Wien 1. Bezirk, Bankgasse 4 - 6 (Tel.: 63 26 31), nur Mo. - Fr. am Vormittag offen, das Visum dort in der Regel innerhalb des Vormittages ausgestellt.

Das Transitvisum kostet z.Z. ca. 45 DM + 2 Passfotos, für Hin+Rücktransit ca. 75 DM + 4 Passbilder. Gültigkeit 48 Std.

Das Touristenvisum für 3o Tage kostet 75 DM + Passbilder, gültig 3o Tage.

Auto-Touristen bekommen das Visum auch an der Grenze. Es empfiehlt sich aber, um lange Wartereien zu sparen, das Visum bereits vorher zu besorgen. Wer mit dem Zug einreist: kein Visum an der Grenze!

★ GRIECHENLAND

EINFUHR: zollfrei sind Waren für den persönlichen Gebrauch ("personal-belongings"), die selbstverständlich wieder ausgeführt werden müssen. Sowie Geschenke bis Gesamtwert von 7oo DM.

Als zollfrei gelten weiterhin, jeweils 1 mal/Person: Fotoapparat mit "vernünftiger" Menge an Filmmaterial, Filmkamera, Fernglas, tragbares Kofferradio mit Kassettenspieler, Reiseschreibmaschine, Sport- und Campingausrüstung, Fahrrad.

Wertvollere Gegenstände des persönlichen Gebrauchs, z.B. Videokamera, tragbares Fernsehgerät (bitte beachten: in Griechenland SECAM/Ost Farb-TV-System), sowie 2. Filmkamera etc. sind zwar zollfrei, müssen jedoch bei der Einreise deklariert werden und werden je nach Zöllner im Pass eingetragen, wobei sie bei der Ausreise wieder ausgeführt werden müssen. Gilt auch für Surfbretter.

Für die Mitnahme von CB- Funkgeräten, Autofunkgeräte, Waffen etc. gelten Sonderbestimungen; beim jeweiligen griech. Konsulat erfragen!

AUSFUHR: Reiseproviant (Lebensmittel) bis zu 1o kg sind zollfrei. Reiseandenken bis zum Maximalwert von 8oo DM müssen nicht verzollt werden.

ANTIQUITÄTEN dürfen prinzipiell nicht aus Griechenland ausgeführt werden. Dies gilt jedoch nicht für die Nachbildungen von Kunstwerken, sowie für Gegenstände (wie Webteppichen, Holzdrucken, Bildern etc.), die in heutiger Zeit angefertigt wurden.

ZOLL Österreich, Schweiz, Italien, Jugoslawien:

Wer mit dem Zug/Auto durchreist. Folgende Bestimmungen gelten für Leute, die keinen Wohnsitz im betreffenden Land haben:

Generell: zollfrei sind Sachen des persönlichen Gebrauches, sowie 1 Fotoapparat inkl. "angemessenem" Filmvorrat, Filmkamera, Kofferradio, Fernglas. In Sachen Alkohol und Tabak siehe Tabelle unten.

Bezüglich Mitbringseln und Geschenken dürfen zollfrei eingeführt werden in Österreich bis Wert 1.ooo ÖS - Schweiz bis 5o/1oo SF - Italien bis 523.481 Lire - Jugoslawien: Geschenke für Personen in Jugoslawien sind zu verzollen.

In Sachen **ALKOHOL und TABAK** gelten im Verkehr EG- Staaten (siehe Italien, BRD, Griechenland) - und den Nicht- EG Mitgliedern (Österreich, Schweiz, Jugoslawien) folgende Regelungen:

	Mengen, die abgabefrei eingeführt werden dürfen pro Person*	
	EG-Staaten	andere Länder
TABAK:		
Zigaretten	3oo Stück	2oo Stück
oder Zigarillos	15o Stück	1oo Stück
oder Zigarren	75 Stück	5o Stück
oder Tabak	4oo g	25o g
ALKOHOL. GETRÄNKE:		
mit mehr als 22 Vol % Alkohol	1,5 l	1 l
plus: weniger als 22 Vol %	5 l	2 l

* MINDESTALTER in der Regel 17 bzw. 18 Jahre. - Mengen, die darüber liegen, müssen verzollt werden.

✶ Devisen:

GRIECHENLAND

Vorab: die griech. Drachme tauscht sich in Griechenland am günstigsten!

Man sollte daher nur einen "Notgroschen" an Drachmen mitbringen. -

Ebenfalls empfiehlt es sich, verbliebene Drachmen nach Beendigung des Urlaubs im Land selber abzustoßen. Außerhalb gibt's wesentl. schlechteren Kurs.

OFFIZIELL ist derzeit die Einfuhr von Drachmen auf 25.000 beschränkt, die Ausfuhr auf 1o.000, jeweils in maximaler Stückelung von 1.000 Dra.-Scheinen. Dies sind Beträge, die als "Notgroschen" in jedem Fall für Urlauber ausreichen dürften.

Fremdwährung, also nichtgriech. Bargeld darf ohne Limits ein- und ausgeführt werden. Beträge im Gegenwert über 1.000 US $ müssen jedoch bei der Einreise angegeben werden. Beim Geldwechseln in Griechenland muß man die betreffenden Belegquittungen bis zur Ausreise aufheben.

ITALIEN

Auch hier tauscht sich die Lire im Land selber günstiger. Geldwechselstellen bei der Anreise via Italien z.B. direkt an der Grenze/Brenner. Dort auch TCI- Büro für Benzingutscheine (vergl. Seite 37).

OFFIZIELLE Bestimmungen: Ein-Ausfuhr ausl. Währung unbeschränkt, Beträge über 7.000 DM müssen jedoch deklariert werden. Ausfuhr Lire max. 1.000.000.

JUGOSLAWIEN

Der jug. Dinar im Land am günstigsten, wobei man nur in offiziellen Wechselstuben tauschen darf... Euroschecks nur in Banken. Rücktausch von Dinar in heimische Währung (DM/ÖS/SF) in Jugoslawien nicht möglich, daher rechtzeitig verbrauchen.

OFFIZIELLE Bestimmung: Ein- und Ausfuhr ausländ. Bargeldes unbeschränkt. Einfuhr jug. Dinar jedoch nur bis 8o.000 pro Kalenderjahr.

ÖSTERREICH: Keine Limits ausländischen Bargeldes bei Ein/Ausfuhr. Export von Schilling jedoch auf 5o.000 beschränkt.
SCHWEIZ: keine Limits.

*PKW:

Für den PKW genügt in Italien, Österreich, Ungarn, Jugoslawien und Griechenland der nationale FÜHRERSCHEIN (Schweizer brauchen internationalen Führerschein), der KFZ-SCHEIN, sowie für Italien, Jugoslawien und Griechenland die GRÜNE VERSICHERUNGSKARTE.

Die Einreise mit eigenen Fahrzeug klappt in der Regel problemlos, wenn die Papiere stimmen. Bei Ausreise dagegen an der griech. Grenze (speziell auch in ital. Fährhäfen) häufig Drogenkontrollen mit Polizeihunden. Herzliche Bitte: auf allen Balkanrouten definitiv Hände weg von jeglichen Drogen; selbst geringfügiger Haschischbesitz kann zu empfindlichen

Gefängnisstrafen führen! Nicht nur auf Balkanstrecken, auch in Griechenland ist es keinesfalls ein Kavaliersdelikt, wenn man mit Kokain oder Hasch erwischt wird!

Wer nicht mit seinem eigenen, sondern einem geliehenen PKW nach Griechenland fährt, benötigt eine Vollmacht des Besitzers, die vom ADAC (ÖAMTC, TCI) oder Griech. Konsulat bestätigt sein muß. Das entsprechende Formular gibt's dort!

Den PKW im Ausland einer dort wohnenden Person zu überlassen, ist verboten!

✶ GESCHWINDIGKEITSBESCHRÄNKUNGEN:

Bei der vielen Unfälle, die es wegen überhöhter Geschwindigkeit gegeben hat, wird speziell auf den Durchgangsrouten Österreich, Schweiz und Jugoslawien (z.B. Autoput) häufig kontrolliert. Drastische Strafen!

Italien: wer außerhalb von Ortschaften die zulässige Geschwindigkeit um mehr als 2o km/h überschreitet, wird schnell 3oo bis 1.6oo DM los! Die ital. Polizei führt die Kontrollen nur in Stichproben durch (gilt speziell auf Autobahnen), weswegen besonders bundesdeutsche Urlauber mit massiver Überschreitung durchbrettern. Wer allerdings in eine Falle reintappt, wird sofort kassiert.- Griechenland: Kontrollen hier speziell im Bereich der Autobahn Korinth - Athen, aber auch Thessaloniki - Athen!

	Österreich	Schweiz	Italien	Jugosl.	Ungarn	Griechenland
innerhalb von Ortschaften *	5o km/h	5o km/h	5o km/h	5o km/h	6o km/h	5o km/h
Landstraßen	1oo km/h	8o km/h	9o km/h	8o **	8o km/h	8o km/h
Autobahnen	13o km/h	12o km/h	12o ***	12o km/h	12o km/h	1oo km/h

* sofern nicht anders ausgeschildert

** auf Straßen Nr. 1 - Nr. 99: 1oo km/h

*** Unterschiedliche Regelung: werktags 12o km/h. An Wochenenden (beginnt Fr. Nacht 24 Uhr bis So. Nacht 24 Uhr), sowie an gesetzlichen Feiertagen und an, vom Staat verordneten speziellen Tagen (z.B. Ostern, Weihnachten etc.) gilt 9o km/h. Da die Regelung in den letzten Jahren mehrfach umgeändert wurde, empfiehlt es sich, vor Fahrtbeginn nochmals über den aktuellen Stand zu informieren!

✶ GURTANLEGEPFLICH, für Motorradfahrer HELM! - ALKOHOL: o,5 Promille in Griechenland und Jugoslawien, - o,8 in Österreich und o,o in Italien, Ungarn!!

✶ SPEZIELLE VORSCHRIFTEN GRIECHENLAND: in Städten bei ausreichender Beleuchtung Standlicht fahren. Kreisverkehr hat Vorfahrt. Hupen ohne Grund (auch wenn sich niemand dran hält!) in Städten verboten. - Vorsicht bei Falschparken im Zentrum von Athen: vielfach werden ruckzuck einfach die Nummernschilder abmontiert. Bei verrosteten Schrauben wird die Beißzange tätig. An der Windschutzscheibe klemmt ein Zettel, wo man die Nummernschilder wiederbekommt. In jedem Fall verbunden mit viel Lauferei und Ärger. Eine Unsitte, die zwischenzeitlich auch auf Thessaloniki und die Hafenbereiche Volos, Patras, Kavala und Igoumenitsa übergegriffen hat.

Benzin-Gutscheine:

Erhältlich für JUGOSLAWIEN. Ersparnis bei Normal, Super und Diesel jeweils ca. 5 % des normalen Kaufpreises.

In ITALIEN einmal im Kalenderjahr ein nach Zielregionen gestaffeltes Kontingent an verbilligtem Benzin, dazu je nach Ziel Gratisgutscheine für die gebührenpflichtigen Autobahnen. Gilt nicht für Diesel!

Erhältlich bei ADAC, ÖAMZC, TCI, an der Grenze beim ACI und an allen Autobahnen und den großen Staatsstraßen. Italien ist in vier Zonen aufgeteilt, die Gutscheine gelten nur für das jeweilige Gebiet. Nur in Norditalien kann man mit den Gutscheinen direkt tanken, sonst Umtausch in Coupons fällig (bei den örtlichen ACI-Büros). Ersparnis je nach Ziel zwischen ca. 55-21o DM. Die Gutscheine sind auf Lire ausgestellt, Geltungsdauer 2 Jahre, innerhalb dieser Zeit auch Rückerstattung möglich.

GRIECHENLAND: zur Zeit keine Gutscheine bei hohen Benzinpreisen und ohnehin florierendem Tourismus.

Wegen niedriger OKTAN-WERTE im Normalbenzin von Jugoslawien und Griechenland wird empfohlen, Super zu tanken. Glücklich, wer einen DIESEL fährt: in allen drei Ländern sehr billig.

★ Botschaft BRD:

Für den Notfall: ATHEN, Stadtteil Amaroussio: in der 1o, Vass. Sofias Street. TEL.: (o1) - 7 79 16 15 bis 19

Generalkonsulat in THESSALONIKI, Odos Karolou Diehl 4a, TEL.: (o31) - 23 63 15. 22 49 11

JUGOSLAWIEN:
Botschaft BRD: 11 ooo Belgrad, Ulica Kneza Milosa 74-76, Tel.: (o11) -64 57 55
Generalkonsulat: 41.ooo Zagreb, Brigada 64, Tel.: (o41) - 51 92 oo und 51 74 21

ITALIEN:
Botschaft BRD: in Rom, Via Po 25c, Tel.: (o6) - 86 o3 41 / 5
Generalkonsulate: Genua, Via San Vincenzo 4/28, Tel.: (o1o) - 59 o8 41
Mailand, Via Solferino 4o, Tel.: (o2) - 655 44 34
Neapel, Via Crispi 69, Tel.: (o81) - 68 33 93
Palermo, Via Emerico Amari 124, Tel.: (091) - 58 33 77 und 59 12 45

UNGARN:
Botschaft BRD in Budapest: Izso Utca 5, Budapest XIV, Tel.: 224 2o4

ÖSTERREICH:
Metternichgasse 3, 1o3o Wien, Tel.: (o222) - 73 65 11 bis 18 , - Generalkonsulate in *Graz, - *Innsbruck, - *Salzburg und *Linz.

★ Geldsachen:

GRIECH. WÄHRUNG ist die "Drachme", der mit altgriechischen Philosophen verziert ist. GELDWECHSELN: in Griechenland günstiger! Auch sollte man nicht verbrauchte Drachmen nach Beendigung des Urlaubs noch in Griechenland selber umtauschen; außerhalb gibt's schlechteren Kurs.

Mit welchem Geld reisen?

Im Vergleich zu Süditalien, welches auf selben Breitengraden liegt, ist Griechenland relativ sicher. Selbst ein im Hotelzimmer liegengelassener Geldbeutel würde in den meisten Fällen dem Touristen unversehrt zurückgegeben werden. Wenn Klau, - so hauptsächlich untereinander, also z.B. in Billighotels, auf Campingplätzen etc. (Abhilfe: keine Wertsachen offen rumliegen lassen).

Welches Geldmittel, ist daher persönliche Entscheidung. Die meisten Leute reisen mit BARGELD und haben als "stille Reserve" EUROSCHECKS in der Tasche.

① BARGELD: Geldwechsel in Banken (neuerdings auch Post) zum offiziellem Kurs. Weiterhin in Geldwechselstuben, hier den Kurs vergleichen, manchmal gibt den offiziellen Kurs, manchmal ein paar Drachmen weniger.

Wenn's brennt, z.B. am Wochenende, tauschen auch größere Hotels, Souvenirshops etc. Allerdings zu schlechterem Kurs, da sie am Geschäft ein paar Drachmen mitverdienen wollen.

② EUROSCHECK: ist in Griechenland in größeren Städten und Tourismusgebieten durchweg bekannt und häufig im Einsatz. Der Euroscheck (gedeckt bis 4oo DM/Scheck) läßt sich sowohl zur Zahlung größerer Rechnungen (z.B. Hotels, Automieten etc.) einsetzen, - wie auch rein als Mittel, um an griech. Bargeld zu kommen.

Eingetauscht werden Euroschecks von allen wichtigen griechischen Banken, - so National Bank of Greece - Commercial Bank - Ionian and Popular Bank - Commercial Credit Bank of Greece und von den Postämtern.

Beachten: Der Euroscheck ist in Drachmen auszustellen. Genau der Betrag, der auf dem Scheck in Drachmen steht, ist von der griech. Bank auch auszuzahlen, Abzüge in Griechenland sind gemäß Euroscheckabkommen nicht zulässig. Wer hier übervorteilt wird, läßt sich den Filialleiter geben, - ansonsten Beleg des Abzuges aufheben und zu Hause der eigenen Bank zur Rückerstattung vorlegen.

Der Scheck geht dann an die eigene Bank, von der man die Euroschecks bekommen hat. Diese berechnet für den Umtausch pro Scheck maxim. 1,75 % des Scheckbetrages (bei umger. 4oo DM Scheck = ca. 7 DM Umtauschgebühr), - im Minimum aber 2,5o DM. Es empfiehlt sich daher, Euroschecks nur über höhere Beträge auszustellen.

Weiterhin: der Umtausch Euroscheck zu Drachmen-Bargeld läuft nach dem Devisenkurs. Dieser ist (in Griechenland) günstiger als der Sortenkurs*. Bei Scheckbeträgen z.B. umgerechnet 4oo DM liegt man daher per Euroscheck trotz Spesen fast genauso günstig, wie wenn man der Bank DM- Bargeld gibt, um dafür Drachmen zu bekommen.

Nach Schließung der Banken lassen sich Euroschecks vielfach in Tourismusgebieten auch bei Privatunternehmen (Hotels, Souvenirshops etc.) gegen Drachmen eintauschen. Allerdings Vorsicht! Vielfach saftige Abzüge, die in den Sektor privater "Unternehmergewinne" fallen und zu Hause nicht rückklagbar sind.

Bezahlung von Hotelrechnungen etc. per Euroscheck läuft in der Regel seriös. Wer diesen Bezahlungs- Weg plant, sollte jedoch vorher mit dem Hotelier besprechen, daß es bei Bezahlung per Euroscheck keine Abzüge gibt!

(3) TRAVELLERSCHECKS: Tip für Vorsichtige und Leute, die zu besonderer Schusseligkeit neigen.

Während man beim Euroscheck als Besitzer und Kontoinhaber bei Schäden mitbeteiligt wird (z.B. ein Fremder klaut die eigenen Schecks, fälscht Unterschrift und hebt Geld ab), - gibts bei Travellerschecks Komplettersatz.

Travellerschecks kauft man vorab bei der heimischen Bank. Eintauschen kann man sie in den wichtigen griechischen Banken (siehe oben) und den Postämtern, beim Umtausch ist eine geringfügige Bearbeitungsgebühr fällig. Mit gewissen Schwierigkeiten sind Travellerschecks auch eintauschbar bei größeren Hotels, Souvenirshops. Dort allerdings vielfach saftige Umtauschgebühren.

Hauptsächlicher Nachteil der Travellerschecks: sie sind vorab zu kaufen, beispielsweise kauft man 5o.ooo Dra. Wenn diese verbraucht sind, ist Sense. Beim Euroscheck dagegen gibts 1o Blankoschecks...

(4) CREDIT-CARDS so nützlich sie für Besserverdienende in anderen Bereichen Europas für sind: in Griechenland nur limitierter Einsatz.

* (Sortenkurs = Bargeldumtausch, - Devisenkurs = Euroscheck gegen Bargeld)

⑤ POSTSPARBUCH: nix geht in Griechenland.

⑥ GELDNACHSCHUB per POST: Anruf in der Heimat. Die telegraphische Geldanweisung dauert je nach Region in Griechenland 1 - 3 Werktage. Der Betrag geht ans vorher bestimmte Postamt und wird in Drachmen ausgezahlt.

* Öffnungszeiten:

BANKEN: Geöffnet normalerweise von 8- 14 Uhr (Mo-Fr) geöffnet. Einige dieser Banken, vor allem in stark frequentierten Touristengebieten, sind zur Sommersaison länger, teils sogar auch am frühen Abend geöffnet.

Die meisten **GESCHÄFTE** sind während der griechischen Siesta zwischen 14.3o-17 Uhr geschlossen. Die größeren Warenhäuser in Athen schließen gegen 18 Uhr, die kleineren Geschäfte, besonders Lebensmittelgeschäfte etc. sind meistens bis 2o.3o offen, - je nach Bedarf aber auch länger.

In ATHEN: kompliziertes Öffnungssystem. Wenn der Beauty Shop z.B. den Rolladen schon unten hat, gibt's im Weinshop durchaus noch Ouzo zu kaufen. Prinzipiell sind alle Geschäfte morgens offen, nachmittags aber an einigen Wochentagen geschlossen. Laufend Neuregelungen!

In Tourismusgebieten zur Saison sind Geschäfte (z.B. Lebensmittel, Souvenir etc.) oft bis spät in den Abend geöffnet, je nachdem wie es sich lohnt. Einheitliche Ladenschlußgesetze existieren in Griechenland nicht.

SCHIFFSBÜROS: über die normalen Öffnungszeiten hinaus auch zur Ankunft/Abfahrt des betreffenden Schiffes geöffnet, - sofern das Büro der Reederei gehört. Deckspassagiere können die Tickets auch an Bord kaufen.

MUSEEN/ARCHÄOL. STÄTTEN: Achtung, Museen oft Mo. zu. Leider gibt's bei den Öffnungszeiten von Museen und Archäol. Ausgrabungstätten laufend Neuregelung der Öffnungszeiten. Wer knapp mit Zeit (beispielsweise auf einem Athen Abstecher fürs Archäol. Museum) ist, sollte sich unbedingt vorab beim Griech. Fremdenverkehrsamt Frankfurt erkundigen, damit man nicht vor verschlossenen Türen steht.

KIOSKE: Eine griechische Spezialität. Sie stehen in den größeren Städten an fast jeder Straßenecke, in kleineren Orten auf der Hauptplatia bzw. am Hafen. Hier bekommt man von Zigaretten ("Pallas") über Postkarten, Briefmarken, Schreibmaterial, Sonnenbrillen, Taschenlampen zu Süßigkeiten und Zeitschriften so ziemlich allen Kleinkram. Viel Flair, abgesehen davon ist der Kiosk für die Griechen wichtiges Kommunikationszentrum, für das, was im Ort "intern" läuft... Rotes Telefon für Ortsverbindungen!

«O.T.E.» Telefonieren:

Telefonate von Griechenland nach Deutschland (Schweiz/Österreich), - aber auch innergriechische Telefonverbindungen stoßen immer wieder auf Engpässe: Folge: jeder wählt so lang, bis er die Verbindung hat, wodurch die Leitungen noch mehr verstopft werden. Auch lassen Fernverbindungen (sie laufen über Funk) oft in Tonqualität zu wünschen übrig, sprich Rauschen, teils Echo oder sehr leise...sorry for bad news...

Insbesondere am frühen Abend zu den Haupttourismusmonaten Juni, Juli, August kann es zu erheblichen Wartezeiten vor den OTE- Kabinen kommen, wenn jedermann nach Hause telefonieren will.

Die Telefonverbindungen werden nicht von der Post, sondern einer eigenen Company, der **OTE**, durchgeführt, die in den größeren Orten eigene Gebäude hat, in ganz kleinen Insel- oder Festlandsdörfern jedoch meist mit dem Postamt zusammenhängt. Man wählt dort ab Telefonkabine und rechnet dann mit dem Mann am Schalter ab.

Direktwahl ab Griechenland nach

BRD	oo 49 + Stadt (erste Null weglassen) + Teilnehmer
Schweiz	oo 41 "
Österreich	oo 43 "

Direktwahl ab BRD, Schweiz, Österreich nach Griechenland:
oo 3o + Stadt (erste Null weglassen) + Teilnehmer

- TIPS: Wer knapp bei Kasse ist, kann ab Griechenland zu Hause einen "Lockruf" durchführen und sich zurückrufen lassen. Geht auch via OTE- Telefonkabine. Zur Hochsaison lässt man sich jedoch besser im Hotel rückrufen, da die Leitungen sehr verstopft und Wartezeiten bis zu 1/2 Std. oder mehr drin sind.

- Telefonzellen (abgesehen von OTE) sind in Griechenland nach wie vor Rarität. Die Zellen, die internat. Telefonverbindungen ermöglichen, sind mit einem rotorangen Streifen gekennzeichnet. Ihre Funktionstüchtigkeit ist unterschiedlich: die Palette reicht vom gefräßigen Typus, der Münzen schluckt ohne die Leitung freizugeben - bis hin zum Gratistelefon.

- Weitere Möglichkeiten: das "rote Telefon" in Kiosken für Regionalgespräche (geringer Aufschlag, keine internat. Gespräche), - Telefonieren ab Reiseagenturen (saftige Aufschläge!) - und Telefonieren ab Hotel: zwar bequemer, da die Warterei vor der OTE-Zelle entfällt, aber auch teurer, da der Hotelier für seinen Service mitverdienen möchte.

- UNHÖFLICH: griechische Familien zwischen 14 und 16 Uhr (=Siesta) anzurufen. Dafür abends länger möglich, d.h. bis ca. 21.oo Uhr. Der Grieche meldet sich am Telefon übrigens nicht als erster, sondern wartet, bis der Anrufer seinen Namen nennt. Ausnahme: Hotel-Rezeption, Behörden, Flugbüros etc.

In Griechenland herrscht eine wahre Telefonitis. Erinnere mich noch an einen Morgen im Hellenikon-Airport Athen, wo mindestens 8o Leute vor einem Schalter eines Olympic-Inlandfluges warteten, weil der Olympic-Mann gerade (wohl schon 15 Min oder so) weg war zum Cafe-Trinken.

Permanent das Telefon, und die Griechen mit wahrer Freude über den Counter-Tisch rüber zum Telefon gelangt "Hier Olympic Airways" auf griechisch, - "nein, kein Flug im Moment. Nein! Woher rufen Sie uns an? Ach, Heraklion, eine schöne Stadt, meine Tante..."

* Auch der Telefonverkehr zwischen den Inseln geht per Funk. Deutlich sichtbar jeweils auf einem der höchsten Inselgipfel der O.T.E.- Parabolspiegel. Da die Anlagen nicht nur installiert, sondern auch gewartet werden müssen, geht eine Erdpiste rauf und Tip für Superpanoramablick!

In der Vorwahl-Nummer sind öfters mehrere Inseln zusammengefasst (siehe Tabelle!). Wer ab Griechenland telefoniert: unten stehende Vorwahl (z.B. Syros) o2 81 + Tel. Nr. des gewünschten Teilnehmers. - Wer ab Ausland, also BRD, Schweiz, Österreich telefoniert: oo 3o + 281 (=Syros; Null immer weglassen!) + Nummer des Teilnehmers.

INSEL	VORWAHL	INSEL	VORWAHL	INSEL	VORWAHL
Amorgos.....	o2 85	Kea............	o2 88	Tinos..........	o2 83
Andros........	o2 82	Kimolos......	o2 87	Santorini.....	o2 86
Anafi..........	o2 86	Kythnos......	o2 81	Serifos........	o2 81
Antiparos....	o2 84	Milos..........	o2 87	Sifnos.........	o2 84
Delos..........	o2 89	Mykonos.....	o2 89	Sikinos.......	o2 86
Folegandros..	o2 86	Naxos.........	o2 85	Syros..........	o2 81
Ios.............	o2 86	Paros..........	o2 84	**ATHEN....**	**o1**

* Mini-Inseln (z.B. Gyaros oder Anydros) besitzen entweder kein Telefon, oder sind an die nächst größere Insel angeschlossen (z.B. die Eremonissia- Inseln an Naxos: o2 85).

* Telefonnummern: wer beispielsweise einen Freund, der gerade auf einer Nachbarinsel Urlaub macht, anrufen möchte, - bzw. auf Nachbarinsel Hotel vorreservieren, - hat die Wahl, entweder sich durchs griech. Telefonbuch durchzuwühlen. Oder besser: einen engl. bzw. deutsch sprechenden Hotelportier bitten, daß er die Nummer raussucht.

Wer ab BRD (Schweiz, Österreich) nach Griechenland telefonieren möchte und Tel.-Nummer braucht (z.B. von einem Hotel): Auslandsauskunft anrufen. Nur wenn alle Stricke reißen: die Griech. Fremdenverkehrszentrale (Frankfurt, München, Zürich, Wien) hat ein Verzeichnis sämtlicher griechischer Hotels mit Telefonnummern.

* Telefonieren von Mini- Nestern: hier bedient meist das Kafeneion am Hauptplatz das Dorf mit Telefon und Post. Selbstverständlich verlangt der Kafeneionbesitzer einen geringen Aufpreis für seinen Service. Wohl nicht die Stelle, wo man längere Ferngespräche in die Heimat führt, - so doch nützlich als Notnagel, beispielsweise wenn der letzte Bus weg ist, um sich ein Taxi ranzutelefonieren.

TELEGRAMME: ebenfalls über "O.T.E.". Extrem billig im innergriechischen Verkehr. Für die Hinterlassung von Nachrichten der billigste

Weg, - denn wenn der Betreffende erst lang im Hotel gesucht werden muß, vergeht viel Zeit.

Post "TAXYΔPOMEION"

Die Briefkästen sind gelb, wie auch bei uns. Briefmarken bekommt man übrigens in Griechenland auch an den Kiosken und in Geschäften, die Ansichtskarten verkaufen. - Das Postamt ist in größeren Inselorten ein eigenes Gebäude, in Mini-Dörfern übernimmt die Taverne bzw. das Kafeneion am Dorfplatz den Dienst.

POSTLAGERNDE SENDUNGEN: "Poste Restante" auch in Griechenland möglich. Auf Inselpostämtern kein Problem, da es pro Ort nur ein Postamt gibt, - in den Großstädten wie Athen, Thessaloniki etc. geht der Brief automatisch ans Hauptpostamt (sofern kein spezieller Vermerk).

Tip: wer nach Post fragt, auch unter Vornamen suchen lassen, da auch in Griechenland oft üblich, daß der Nachname vorangestellt wird.

BEFÖRDERUNGSZEIT ab Griechenland: sehr unterschiedlich, ob Athen oder Mini-Insel, Vorhandensein eines Airports oder Kaiki, - vor allem auch interne Postprobleme... Ab größerem Ort, also z.B. Athen, Thessaloniki, Korfu, Heraklion etc. dauerts bis Deutschland ca. 4-7 Tage trotz täglicher Flugverbindung und genereller Beförderung per Flugzeug. Ab Inselpostämtern sollen Briefe und Ansichtskarten schon mal 3 Wochen unterwegs gewesen sein...

Postkarten brauchen meist länger als Briefe, - gelegentlich kommen beide überhaupt nicht an. Wichtige Sachen wie z.B. Filme etc. daher besser nicht per Post schicken. In dringenden Fällen: LUFTFRACHT per Olympic oder Lufthansa ab Athen. Mindestgewicht 3 kg bei ca. 7o DM. Alternative: "Datapost" privater Unternehmen. Geht ähnlich schnell, kann aber billiger kommen, da kein Mindestgewicht vorgeschrieben ist. Bezüglich Adressen vorab in der Heimat im Branchenverzeichnis erkundigen.

Strom:

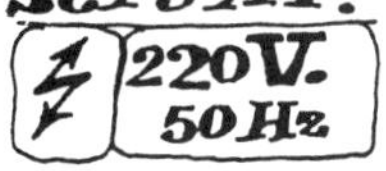

Wer Radio, Rasierer etc dabei hat: in Griechenland fast durchweg 22o Volt/5oHz. Nur noch gelegentlich auf Dörfern des Landesinneren oder kleineren Inseln: 11o Volt/ Gleichstrom. In jedem Fall aber diese Spannung auf den innergriechischen Schiffen. Auch bei den internationalen Flugzeugen wird man in der Bordtoilette diese Spannung antreffen. Als Stecker passen unsere Stifte in die griech. Stromlöcher, sofern es sich nicht um Schukostecker sondern die (an Radios, Rasierern etc.) üblichen Flachsteckern handelt!

WASSER ist auf den Inseln wegen Regenarmut ein echtes Problem! Zum Teil kommt es aus Brunnen und ist wegen Inselcharakter häufig stark salzig, - zum Teil auch "matte Tropfen" aus der Dachzisterne, deren Wasser in der Tageshitze vor sich hinbrütet. In den Sommermonaten, wenn es praktisch keinerlei Regenfälle auf den Kykladen gibt, - stammt es entweder aus den Brunnen (siehe oben!), oder wurde kostspielig mit Tankschiffen rangekarrt.

Derartiges Wasser eignet sich allenfalls zum Zähneputzen, sollte jedoch nicht in größeren Mengen getrunken werden, um Magenverstimmungen zu vermeiden.

Als **Trinkwasser** gibts auf den Inseln sogenanntes "Mineralwasser" in 1,5 Liter Flaschen in dortigen Lebensmittelgeschäften. Leider sind sie aus Plastik und nicht gerade umweltfreundlich, da sie kaum verrotten. Insbesondere wahllos in die Landschaft geworfen, verschandeln sie zudem die schöne Inselnatur. Vergl. auch Kapitel "Umwelt/Müll"!

Einigermaßen gut gehts in Sachen Regenwasser noch der relativ großen Insel NAXOS mit ihren hohen Berggipfeln, in denen sich im Winter die Wolken fangen und deren Hochebenen (z.B. bei Chalkio/Filoti) in ihren Böden das Wasser "halten". Somit die Insel auch in den kargen, regenlosen Sommermonaten noch einigermaßen mit Wasser versorgen.

Besonders schlecht gehts den kargen Kykladeninseln wie z.B. MYKONOS, IOS oder SANTORINI. Zugleich die Inseln, die in den Sommermonaten die höchsten Quantitäten an Urlaubsgästen verzeichnen.

Dusch- Origien: Man kann sich vorstellen, welche Wassermengen ein Mykonos, im Sommer mit allein rund 8o Hotels und einer Unzahl an Privatquartieren benötigt. Analog Insel Santorini etc. Nicht ohne Grund ist der Wasserpreis auf den Kykladen rund 4 - 5 mal so teuer wie in der BRD.

Viele Billighotels und Privatquartiere stellen in den Sommermonaten daher stundenweise den Wasserhahn ab, um Geld zu sparen. Mag zwar ärgerlich sein, wenn man sich gerade unter der Dusche eingeseift hat und das Wasser wegbleibt. Abhilfe: vorab sich beim Hotelier nach den "Wasser-Terminen" erkundigen! Und herzliche Bitte: mit Wasser sparsam umgehen; es ist auf den Kykladen ein kostbares Gut!

✶KLIMA/ GÜNSTIGSTE REISEZEIT

Die griechischen "WINTER"-MONATE (Anfang Nov. - Ende Febr.) bringen den KYKLADEN das, was sie dringend brauchen: vereinzelte bis (siehe z.B. Naxos) sporadisch starke Regenfälle.

Eine Jahreszeit der diesig kühl-feuchten Luft bei Temperaturen um 6 - 1o Grad. Wenns ganz arg geht, gibts sogar Schnee: das rangiert dann aber als Sensation, vergl. das berühmte Foto vom verschneiten Hafen Mykonos.

Unterm Strich sind die Kykladen kein Winter- Urlaubsziel wie beispielsweise das auf nördlicherem Breitengrad liegende Mallorca. Ausgenommen weniger Hafenhotels ist alles dicht, zudem reduzierter Fährbetrieb. Der Urlaubsbetrieb beginnt:

OSTERN: erste Charter- Direktflüge ab Mitteleuropa, die Tavernen- und Hotelbesitzer noch ausgeruht. An Vegetation wohl schönste Jahreszeit: der Ginster an den Hängen in voller Blüte, die Felder grün, die Lufttemperaturen noch nicht so brütend heiß wie im Hochsommer. Sie liegen tagsüber bis ca. 2o Grad, allerdings nachts noch empfindlich kalt. Wegen ständiger Winde, insbes. exponierten Lagen: unbedingt dicker Pullover Jeansjacke etc.! - Nix mit Baden: Wassertemperaturen um 13 - 14 Grad!

Für die Zeit direkt um Ostern rechtzeitig Flüge vorbuchen! Hat sich zwischenzeitlich als "Geheimtip" und in Ausnutzung der Osterschulferien für den Kykladenbesuch rumgesprochen Auf eigene Faust kommt man zwar mit Unterkunfts-Beschaffung klar, - mit kurzfristiger Buchung von Direktflügen kann´s jedoch schwierig werden.

FRÜHJAHR (Mitte März bis Ende Mai): optimale Reisezeit, wer nicht auf Baden steht, sondern die Inseln in ihrer Natur, beispielsweise auf Wanderungen erleben möchte. Die Tagestemperaturen angenehm ohne die brütende Hitze des Hochsommers, keine Probleme mit Unterkunft. Eine Zeit der Ruhe, aber auch billiger Flugpreise auf Direktrouten.

Allerdings reduzierter Fahrplan der Inselfähren, die zudem Probleme mit den Frühjahrstürmen der Ägäis haben. Zeitlich daher genügend flexibel und mit Reserven reisen!

HOCHSAISON (Anfang Juni bis tief in den September): verläuft analog der Schulferien und hat seinen Höhepunkt in der Zeit: Mitte Juni, Juli, bis Ende August.

VORTEIL: alles voll in Betrieb: Tavernen, Mopedvermieter, Discos etc., aber auch die Badekaikis quer zwischen den Inseln und zu abgeschiedenen Inselbuchten. Ebenso Busse zu Stränden. - Wer Remmi-Dmemi sucht, beispielsweise in der Chora von Ios oder auf Mykonos, Kontakte etc., dürfte in dieser Jahreszeit am besten bedient sein. Zudem die häufigsten Fähr- aber auch Flugverbindungen.

NACHTEIL: schwierig, kurzfristig an preisgünstige Flüge zu kommen. Auch im Sektor Unterkünfte erhebliche Engpässe, Details und Tips siehe Kapitel "Unterkunft". Auch auf, ansonsten abgelegeneren Inseln zu dieser Zeit dickes Remmi-Demmi; definitiv nix mit "Einsamkeit"!

BADEN: Ab Anfang Juli besitzt die Ägäis im Kykladenbereich Temperaturen um 24 Grad, entsprechender Betrieb an den Stränden. Mittags brütende Hitze über dem ausgedorrten Land bei Luft-Temperaturen bis 4o Grad und mehr.

SEPTEMBER/OKTOBER: der Hauptbetrieb, aber auch die mittagliche Hitze klingt gegen Mitte September ab: Das Meer von der sommerlichen Hitze immer noch bis Anfang Oktober hinein auf ca. 24 Grad angewärmt.

Im Grunde die optimale Zeit für den Besuch der Kykladen, wer Baden mit Inselerkundungen verbinden möchte. Die letzten Charterflüge, aber auch größeren Hotels schließen Ende Oktober.

ÄGÄIS- STÜRME: anfällig sind zwar besonders Frühjahr und Herbst, - es muß jedoch das ganze Jahr über mit Winden gerechnet werden, die so kräftig sind, daß sie die Schiffspläne komplett durcheinander werfen. Sie können auch im Sommer so große Stärke erreichen, daß selbst die Großfähren die Abfahrt verschieben.

Gilt insbesondere für die kleineren Fähren, wie sie den Raum der Kykladen bedienen. In dem Zusammenhang mehrere Möglichkeiten: Fähre "überspringt" Hafen, weil das Anlegen am Hafenkai wegen Wellen (und "Ranwerfen an den Kai") zu gefährlich wäre. Oder aber: Fähre hat bereits festgemacht und wartet erst mal die härteste Periode der Winde ab...

Kann 4 - 5 Stunden dauern, was im Anschluß den Fährplan komplett durcheinanderwirft. Einer der Gründe, warum es im Ägäisbereich praktisch monatlich neue Fahrpläne für die Inselfähren gibt. Es handelt sich hier um eine "Anpassung" auf den aktuellen Stand.

KLARTEXT in Sachen INSELSPRINGEN: weniger Problem auf Inseln, die häufig von Fähren angelaufen werden. Auch wenns einen Ägäis- Sturm gibt, gehts danach irgendwie nach relativ kurzer Zeit weiter. - Verhängnisvoll kanns dagegen in Reiseplanung auf kleineren Inseln werden, wenn sie nur 2 - 3 mal/Woche angelaufen werden, - insbesondere wenn die Fähre wegen Sturm die Insel ausklammern muß...

AUSRÜSTUNG/KLEIDUNG:

Ein warmer PULLOVER, Jacke etc. sollte in jedem Fall im Reisegepäck sein. Abends wirds kühl. Darüber hinaus tagsüber bei Besteigungen von Inselgipfeln viel Wind und kühlere Temperaturen in Höhen von 7oo - 1.ooo m, die im Kykladenbereich häufig erreicht werden.

Schönes Souvenir sind die griechischen Pullover aus Schafswolle, die es zwischenzeitlich auf praktisch jeder Insel und in jedem Souvenirshop gibt. Die Preise sind billiger, als was man in Mitteleuropa zahlen würde. Auch ist Handeln üblich (auf stark touristischen Inseln wie Mykonos, Santorini etc. gut 1o - 15 %). Zugleich Qualität überprüfen!

Realistische Preise orientieren sich sowohl an Maschendichte, aber auch Wollqualität. So schön die Dinger aussehen und sich bei abendlichem Tavernenbesuch im windgeschützen Hafen als "wärmend" bewähren: Für Inselgipfel-Besteigungen sind sie wegen ihrer groben Strickart meist 2. Wahl. Je gröber die Masche desto mehr friert man, weil der Wind durchbläst!

Gutes SCHUHWERK, wer Wanderungen vorhat. Die Insel-Pfade sind steinig. So bequem ansonsten der Turnschuh Marke Adidas, Puma bis xy ist, auf derartigen Pfaden sind solide Wanderschuhe die bessere Wahl! Von zu Hause mitbringen; vor Ort auf den Inseln praktisch nicht erhältlich! Badesandalen bewähren sich bei steinigen Inselstränden.

BLUSEN/HEMDEN: durch die Bank reine Baumwollsachen einpacken! Optimal beispielsweise T- Shirt, Jeans etc. und bei Hitze angenehm zu tragen, - Nylon, Polyestersachen lässt man besser komplett zu Hause!

SONNENSCHUTZ: Cremes etc.gibts auch vor Ort. Wer auf eine spezielle Marke eingeschworen ist, bringt sie sich von zu Hause mit. Für Wanderungen breitkrempigen Hut!

KLEINKRAM: ein Reisewecker ist nützlich für Inselspringen, wenn Fähren, Flüge oder Insebusse früh am Morgen losgehen. - Insellektüre für lange Abende, Schachspiel etc.!

Alles Weitere, von Nadel bis Faden, Schreibpapier, Zahnpasta, Unterwäsche, Zahnstocher, Batterie bis Kuli gibts auch vor Ort.

ÄRZTL. VERSORGUNG:

Medizinische Versorgung: Inselärzte und Apotheken. Selbstverständlich kann man auf Inseln mit rund 1o.ooo Einwohnern keine Krankenhäuser im Stil bundesdeutscher oder der Athens erwarten!

Wenn der Zahn drückt oder Spezielles anliegt: ab mit der nächsten Fähre nach Athen!

In gravierenderen Fällen wird der Helikopter von Olympic Airways angefordert, der in rund 1 Std. Direktflug zum Athener Spezialkrankenhaus bringt.

Die offiziellen Helikopter- Landeplätze befinden sich in exponierter Lage auf Hügeln oder Bergkuppen (Grund: leichter anzufliegen). Selbstverständlich landen in akuten Notfällen und bei starkem Wind die Helikopter nicht auf den offiziellen Plätzen, sondern wählen durch Berghänge windgeschützte Privatfelder von Bauern.

Während die Inselapotheken in der Regel mit gängigen Medikamenten gut bestückt sind, ist ein anderes Problem die Sprache. Apotheker und Ärzte sprechen in der Regel zumindest Englisch; ein griech./deutsches Lexikon kann im Notfall jedoch nützlich sein.

MÜLL/UMWELT:

Es ist eine Unsitte in Griechenland, daß man selbst für kleinste Einkäufe (die Zigarettenschachtel, der Coladrink etc.) in den Geschäften eine Plastiktüte in die Hand gedrückt bekommt. Papiertüten, wie in den USA, sind in Griechenland weitgehend unbekannt.

Der Kram wird hemmungslos in die Landschaft geworfen, bzw. auf Schiffen von Bord. Nach kräftigen Ägäis Winden kommt der ganze Müll von Plastik- Mineralwasserflaschen - Shampoo etc. wieder an Land, und die Plastikeinkaufstüten hängen wie die Riesenkondome einer Konsumgesellschaft in den Büschen.

Eindeutige Schuldzuweisung, wer hier das größere Dreckschwein in Sachen Müll ist, der Grieche oder der Urlauber, - ist nicht möglich. Vielfach beobachtet, selbst der gebildete griech. Klerus kippt seinen Müll aus dem Kloster den Berg runter. Zumindest als Urlauber und Gast in Griechenland sollte man Vorbild setzen:

* sofern man die Wahl hat: keine Getränke in Plastikflaschen oder Aludosen kaufen. Plastiktüten generell ablehnen! Wenn der Grieche im Geschäft Deutsch spricht, mit entsprechendem Kommentar, warum (Papiertüten sind übrigens genauso stabil wie Plastiktüten)!
* Bei Getränken möglichst die Marke wählen, die in Pfand- Glasflaschen abgefüllt ist. Wenn Einweg- Glasflaschen, nie in die Landschaft werfen! Zwar schädigt Glas als Naturprodukt (aus Sand) nicht chemisch die Natur (siehe Plastik), zerbrochenes Glas ist jedoch kaum noch aus dem Sand oder Kies der Strände zu entfernen.

  In Sachen Aludosen sei darauf hingewiesen, daß sie aus Bauxit hergestellt werden (z.B. Guayanas und Brasilien/Südamerika), wobei immense Elektrizität nötig ist, die in dortigen Ländern durch gigantische Staudämme gewonnen wird. Stauseen, die große Landstriche unter Wasser setzen und die Natur schädigen.

  So sinnvoll Aluminium in verschiedenen Industriezweigen ist, als Getränkeverpackung ist Alu definitiv verzichtbar!!!
* Zwar ist kaum zu erwarten, daß demnächst griech. Gesetze kommen, die den Plastik- und Alu- Unsinn verbieten. Bei rund 7 Mill. Touristen, die pro Jahr nach Griechenland kommen und zur Saison Hauptgetränkekonsumenten sind, hat man jedoch Steuerungsmöglichkeiten, - sofern genügend Leute mitmachen!
* Müll gehört in die Tonne (vielfach von den Griechen am Strand aufgestellt). Wenn sie voll ist, bitte die Sachen nicht daneben legen; der Wind treibt den Dreck in die Landschaft. Sondern mitnehmen, ins Hotel bzw. Campingplatz zum dortigen Abfalleimer. Selbes gilt, wenn keine Mülltonne vorhanden ist.

UMWELTSCHUTZ steckt in Griechenland leider noch in den Anfängen. Daß es mit der massiven Luftverschmutzung/Großraum Athen so nicht weitergehen kann, ist zwar den meisten Griechen klar, für andere Probleme fehlt vielfach noch das Bewußtsein: so wird nach wie vor hemmungslos mit Dynamit und feinmaschigen Netzen gefischt. Die Ägäis, früher reich an Fischen, selbst Hummer und Krabben, - ist heute weitgehend leer. Normaler Fisch wird vielfach aus der Türkei, von Israel und Zypern importiert, Edelfische (Hummer etc) sogar aus Afrika und Südamerika (Chile) eingeflogen. Ebenfalls kümmert man sich nicht um die Schonzeiten, so daß sich die Fischbestände der Ägäis nicht mehr regenerieren können.

Ein weiteres Thema ist die Wasserverschmutzung: durch die Ägäis läuft die Hauptschiffahrtsroute von Istanbul kommend aus dem Schwarzen Meer. Nicht nur Wasserbelastung durch Rohöl und Müll, der hemmungslos über Bord geworfen wird. Auch von Landseite fließen heute rund 85 % aller Abwässer ungereinigt ins Meer. Zwar gehört der Bereich der Kykladen zu den saubersten Gewässern des Mittelmeeres. Mag damit zusammenhängen, daß es dort keine Siedlungs-Ballungsräume und (außer Syros) keine Industrie gibt. Für viele Griechen ist es daher uneinsichtig, hier Umweltschutzmaßnahmen durchzuführen. Eines muß jedoch klar gesehen werden: bereits geringe Mengen an Gift, die ins Meer geleitet werden, gelangen in die Nahrungskette: der Mensch ißt sie mit dem Fisch!

Artenschutz: besonders gefährdet sind die Mönchsrobben. Nach Schätzung der Wissenschaftler gibt es auf der Welt nur noch 5oo Exemplare, die Meeressäugetiere sind daher vom Aussterben bedroht. Es gibt sie heute nur noch in Griechenland (z.B. Insel Kefalonia und nördl. Mykonos), sowie an ganz wenigen anderen Stellen des Mittelmeeres. Ihre Bestände reduzieren sich von Jahr zu Jahr. Herzliche Bitte: verzichtet auf Fahrten mit Ausflugsbooten zu den Brutstätten der Mönchsrobben!! Sie werden durch die Boote gestört, suchen ihre angestammten Plätze nicht mehr auf, wodurch die Zeugung von Nachkommen gefährdet ist!

Meeresschildkröten: ebenfalls vom Aussterben bedroht, haben ihre Nistplätze jedoch nicht im Kykladenbereich. Ausführliche Infos von

"Greenpeace", 2ooo Hamburg 11, Hohe Brücke 1. Rückporto beilegen, besser aber gleich Spende zur Unterstützung der Greenpeace- Arbeit!

KIRCHEN und KLÖSTER

Speziell die Kykladen sind reich an kleinen, weißgekalkten Kapellen, sowie größerer Klöster. Allein auf der Insel Tinos gibt es rund 3oo Kirchen und Kapellen, besonders reich bestückt auch die Insel Paros (im Landesinneren), Sifnos und Santorini. Sie befinden sich nicht selten in fantastischer Lage oberhalb des Meeres: ein Ort der Ruhe und inneren Harmonie, bei großartiger Synthese zwischen Land und Weite des Meeres. Elemente für innere Meditation, die uns in unserem schnellebigen und hektischen Mitteleuropa vielfach verloren gegangen sind!

Andere Kapellen liegen direkt an der Hafeneinfahrt und dienten, bzw.

dienen teils heute noch den Fischern und Seeleuten der Kaikis für ein kurzes Gebet, bevor es raus in die rauhe Ägäis geht.

Die berühmteste Kapelle der Kykladen dürfte die "Paraportine" in Mykonos/Ort sein: in ihrer blendendweißen, asymetrisch verschaltelten Architektur wirkt sie wie eine Kinderburg aus Schnee, Besichtigung möglich.

Ansonsten sind die Kirchen und Kapellen heute verschlossen und nicht zugänglich. Leider mußte der Klerus zu dieser Maßnahme greifen: im Inneren enthalten sie oft sehr wertvolle Ikonen, aber auch Votivgaben der Gläubigen. Im Zusammenhang des, ab Ende der 7o-er Jahre ansteigenden Kykladentourismus war es wiederholt zu Diebstählen gekommen. Insofern läuft heute auch mit "den Schlüssel beim Dorfpriester abholen" in der Regel nichts mehr: Schlüssel ja, aber nur mit Priester (sofern der Zeit hat!)

Für den **BESUCH** wird eine angemessene Kirchenspende erwartet. Kleidung: ordentlich: nix mit Shorts oder Badehose/Bikini. Bei Frauen Beine und Busen keusch bedeckt, wie dies die griech. orthodoxe Kirche mit ihrem strengen Sittenkodex fordert. Beides (Kirchenspende und Kleidung) gilt auch für den Besuch der vielen:

KLÖSTER: das berühmteste und von Lage sicher auch schönste dürfte "Chryssovitissa"/Insel Amorgos sein (siehe Seite 163). Als riesige weiße Festung ist es in den, praktisch senkrecht abstürzenden rotbraunen Fels der Südostküste reingebaut. Die Klosterpforte extrem eng, daß voluminöse Leute Schwierigkeit haben, reinzukommen. Darüber Pechnasen, mit dem Angreifer angewehrt werden konnten. Im Untergeschoß praktisch fensterlos, in oberen Stockwerken die Fenster gerade Schießscharten-groß. Die gesamte Angelegenheit 3oo m oberhalb des Meeres, eine Szenerie, die ihresgleichen sucht!

Die Gründungslegende der einzelnen Kykladen- Klöster wiederholt sich. In der Regel wird berichtet, daß eine Ikone in einer Inselbucht an Land geschwemmt wurde und den "Anstoß" zur Klostergründung gab. Variante: fromme Nonne/Mönch kommt mit Ikone an Land.

Errichtet wurden die Klöster immer oberhalb des Meeres und in Festungsbauweise. Durch den Fleiß der Mönche, die Elementares in Kultivierung der kargen Inseln durch Terrassenanbau beitrugen und für Einkünfte sorgten, - aber auch durch die Frömmigkeit der Inselbewohner (sprich Spenden) sammelte sich schnell einiges an Wertgegenständen in den Klöstern an.

Ein Kloster zu "knacken" galt daher bei den Piraten, die ab ca. 12. Jhd. die Ägäis verunsicherten, als "höchstes der Gefühle". Dabei ging es weniger darum, Kunstschätze einzusammeln; allein die Tatsache reichte, daß in diese viel Gold und Silber eingearbeitet war.

Im Rahmen fortschreitender Waffen-Technik wurden selbst Superfestungen wie "Chryssovitissa" mehrfach geknackt und im Anschluß von den Mönchen mühsam und in noch höherer Festungs- Perfektion wiederaufgebaut.

CHRYSSOVITISSA war eines der reichsten und einflußreichsten Klöster der Kykladen. Selbst Mitte des 19. Jhds. lebten noch rund 1oo Mönche in den Klosterzellen. Dem Kloster gehörten an Ländereien rund die Hälfte der Insel Amorgos sowie die Inselgruppe der Eremonissia.

Andere KYKLADEN-KLÖSTER (praktisch auf jeder Insel mehrere) liegen weniger spektakulär, hatten in ihrem Inselbereich jedoch ähnliche wirtschaftliche, religiöse und politische Bedeutung. Allen gemein ist, daß sie im 2o. Jhd. starken Schwund an Mönchen/Nonnen aufweisen.

Vielfach sind es nur noch 1 oder 2 Personen (zudem in hohem Alter!), die diese ehemals wohlhabenden Klostergebäude pflegen, - insbesondere aber auch bereit sind, in dieser absoluten Einsamkeit zu leben. Dem jungen Priesternachwuchs erscheint zumindest der Dienst für die Gemeinde in lebendigen Hafenorten, Chora etc. sinnvoller, - als sich hier in totaler Kloster-Einsamkeit als Mönch auf Gott zu konzentrieren.

Spätestens in 1o - 15 Jahren wird sich der griech. Staat um einen Erhalt des "CHRYSSOVITISSA" bemühen müssen, welches unter Denkmalsschutz als "Nationalmonument Griechenlands" gestellt wurde.

Andere, weniger architektonisch bedeutende Klöster sind teils velassen und im Verfall begriffen, - oder aber halten sich am Leben, indem sie die ehemaligen Mönchsklausen an Touristen vermieten (siehe "Kloster Kastrianis"/ Insel Kea, Seite 291).

Ein Spezialfall ist die INSEL TINOS: Die Ikone der Panagia Evangelistra im Hafenort gilt als "wundertätig", bei ähnlicher Funktion wie Lourdes/ Südfrankreich und entsprechend dickem Wallfahrtstourismus. Analog ist auch das oberhalb in den Inselbergen gelegene Kloster Kechrovouniou (ein Festungsbau mit Minidorf, gewundenen Gassen im Inneren) heute selbst Ende des 2o. Jhds. gut mit Nonnen bestückt. Unterm Strich das wohl florierendste Kloster Griechenlands, neben denen der Mönchsrepublik Athos.

Unterkunft

Vorweg: wer zur absoluten HAUPTSAISON (Mitte Juni bis Anf. Sept.) reist, muß im Kykladenbereich mit nicht unerheblichen Engpässen bei HOTELZIMMERN rechnen.

Grund: die Kykladen entwickelten sich in den letzten Jahren zu einem der beliebtesten Gebiete Griechenlands für Inselferien. Dies wegen der vielfach schönen Inselorte (z.B. Naxos/Hafen, Thira/ Santorini etc.) und der Tatsache, daß die Ägäis im Kykladenbereich mit das klarste Wasser besitzt!

HOTELS:

Das Bettenangebot stammt in Quantität vielfach noch aus früheren Jahren. Große 3oo-Bettenpaläste sind im Kykladenbereich zum Glück die Minderheit. A-Klasse Hotels nur auf wenigen Inseln.

In der Regel findet man pro Insel je nach touristischer Bedeutung mehrere B-Klasse Hotels, - das Hauptkontingent jedoch in der der C bis E Klasse.

★**A- Klasse**: kann, - wie auch folgende Klassifizierungen, ein dehnbarer Begriff sein, - abhängig von der Bedeutung der Region, aber auch der eventuellen Kontakte des Besitzers... Preise DZ je nach Saison ab ca. 15o DM aufwärts. Derzeit auf Mykonos und Syros: 2, - auf Santorini: 4, - auf den Inseln Naxos, Paros und Tinos: 1 Hotel.

★**B- Klasse**: angewandte Kriterien in Griechenland sind zumeist Service, saubere, komfortable Zimmer mit entsprechender Größe, Privatbad, Tel. und sonstiges "Umfeld" im Servicebereich des Hotels, z.B. Restaurantbetrieb, und/oder Strand- Sportangebot. DZ je nach Insel ab 6o DM aufwärts, zur HS aber ca. 1oo DM und mehr.

★**C- Klasse**: quantitativ (zusammen mit **D-Klasse**) die meisten Hotels im Kykladenbereich. Es handelt sich durch die Bank um kleinere Hotels mit 1o bis rund 25 Zimmer, die in der Regel im Hafenbereich, an Stränden oder in Orten des Inselinneren liegen. Oft sind es Traditionshotels, die schon seit Jahrzehnten bestehen und einfach, aber zweckmäßig eingerichtet sind und sich in Privathand befinden. Oder aber in Gebieten touristischer Expansion: neu gebaute, kleinere Hotels, ebenfalls in Privathand.

C-Klasse ist ein dehnbarer Begriff, der in der Regel ein sauberes Hotel beinhaltet mit mittelgroßem Zimmer (sprich einmal ums Bett allein rum), eigenem Bad mehr oder weniger eng, teils nur Duschkabine hinter der Tür, die sich erst öffnen lässt, wenn der Duschende sich am Waschbecken vorbeizwickt. Kann sein, muß aber nicht. Preise liegen je nach Saison und Region bei ca. 3o - 5o DM.

★**D- Klasse**: Billighotel, meist ohne eigenes Bad im Zimmer: sprich Gemeinschaftsbad auf dem Gang. Bei Dorfhotels im Inselinneren keine schlechte Wahl, wer´s billig will (vielfach dort auch die einzige Wahl!), - in Hafenorten oft 3. Wahl! Die Preise fürs DZ variieren stark je nach Jahreszeit und Lage: als Minimum 18 DM - rauf zu ca. 3o DM.

★**E- Klasse**: geht fließend über in den Begriff "Privatquartiere" und ist im Kykladen-Bereich nicht unbedingt das Schlußlicht! Beispielsweise auf der Insel Santorini rund 5o

Unterkünfte der E-Klasse: für mich auf dieser Insel die schönste Unterkunftsform! Sie liegen fast ausschließlich im Hauptort Thira sowie Oia und dort am Kraterhang. Die Zimmer einfach, aber sauber. Und vom Balkon Superblick über den Krater, großartig bei Sonnenuntergang!

Auch auf der Insel Mykonos im Haupt- und Hafenort jede Menge an E- Klasse. Meist in Kykladenhäusern des Ortsinneren, Blick nur von den "oberen Rängen" (Häuser, die oberhalb der Hafenbucht gelegen sind, bzw. von Dachterrassen). Genau die Zimmer vorher inspizieren; öfters "Ripp-off" was Preis in Relation zu Leistung betrifft!

Insel Ios: Spezialfall. Als die Kykladeninsel mit den meisten Discos teilt sich der Tourismus in die kapitalkräftigere Gruppe, die B- und C-Klasse logieren (vorwiegend Hafen; nur wenige C- Klasse in der Chora und dort wegen Nähe zu Discos oft laut). - Und in, mal grob umschrieben, "Fun-People" meist der Rucksackklasse, die oben in den Altstadtgassen der Chora High Life machen. Hier die meisten Unterkünfte E-Klasse in der Altstadt.

Insel Syros: ebenfalls Spezialfall. Als Verwaltungsinsel der Kykladen gibts im Hauptort Ermoupolis eine Reihe an E-Klasse Unterkünfte, die zunächst den Inselgriechen als Unterkunft bei z.B. Behördengang dienen, zur Saison aber auch von Rucksacktouristen mit limitierter Reisekasse gern als Billigunterkunft genutzt werden.

Die DZ Preise der E-Klasse liegen normalerweise in Griechenland saisonunabhängig bei ca. 15 - 2o DM. Im Bereich der Kykladen sind sie jedoch stark von Auslastung, Saison aber auch Lage der Zimmer abhängig: sie beginnen auf Santorini bei guter Krater-Lage mit Blick in der VS bei ca. 2o - 25 DM, rauf bis zu ca. 4o DM in der HS, wobei dort auch die Auslastung der Fülle der Zimmer eine Rolle spielt. Klartext: bei ungenügender Auslastung lässt sich über den Zimmerpreis handeln, zur HS läuft nix mit Handeln. Ähnlich die Situation auf Mykonos, Ios: HS - Preise bis ca. 35 DM je nach Lage.

HS- TERMINE (Anf. Juni - ca. Ende Sept./Hauptinseln): wer die Kykladen zu dieser Zeit bereist, - sollte entweder flexibel sein: Also rechtzeitig auf der betreffenden Insel per Flug oder Schiff eintreffen, - notfalls auch auf Privatquartier ausweichen! Oder, sofern auf Hotel fixiert:

* VORRESERVIEREN: Bei Hotels der A, B, teils auch C- Klasse ist dies durch Reisebüros möglich, bzw. selber das Hotel anschreiben bzw. anrufen und um Rückbestätigung bitten. Ob das klappt, ist zumindest ab C- Klasse separate Frage.
* ODER: Flug plus Pauschalangebot (Hotel) eines Griechenland- Reiseveranstalters buchen. Kann zur HS oft billiger sein, als wenn man sich auf eigene Faust durchschlägt: Der Reiseveranstalter bekommt Rabatte aufs Hotel und verpackt Flug plus Hotel als Paket. Je nach Veranstalter sind auch Flug + Billigquartier z.B. "Ferien-Villa" möglich. In der Regel ist man auf dieses, aus dem Katalog ausgewählte Quartier dann für 1 - 2 Wochen fixiert.
* Einige Veranstalter bieten preisgünstige Pakete für Flug plus Hotelcoupons für Inselspringen an. Prüfen, was passiert, wenn man wegen Schiffsverspätungen nicht rechtzeitig das betreffende Inselhotel erreicht.

VOR- NACHSAISON: in der Regel auf eigene Faust bei Hotels problemlos, allerdings zu einigen Inseln nur reduzierter Schiffsfahrplan. Für Inselspringen mit genügend Reservezeit kalkulieren.

Sämtliche HOTEL-ÜBERNACHTUNGSPREISE (nicht jedoch die der E- Klasse und der Privatquartieren) unterliegen der Kontrolle der staatl. Tourismusbehörde und müssen jedes Jahr neu genehmigt werden. In Hotelzimmern bis zur D- Klasse müssen die Preise an der Zimmertür angeschlagen und per Stempel, Unterschrift aushängen. Der Besitzer darf fürs dort aufgelistete Zimmer (z.B. 2- Bettzimmer) keine zusätzlichen Aufpreise verlangen, außer denen, die im Extra der Liste angeführt sind. In Vor- und Nachsaison kann man je nach Auslastung der Hotels Rabatte aushandeln.

✦ PRIVATZIMMER:

Im Kykladenbereich weit verbreitet. In Tourismusgebieten wie Mykonos, Ios, Santorini, aber auch den Hauptorten vieler anderer Inseln vermietet oft jedes 2. Haus. Ausgeschildert: "Rooms to Let". Auch zur HS besteht in der Regel Chance auf ein Zimmer; man sollte jedoch frühzeitig am Tag auf der betreffenden Insel eintreffen, damit man genügend Zeit hat, notfalls bei ausgelastetem Hauptort auf andere Alternativen zurückzugreifen. Preise siehe Vorkapitel.

✦ APPARTEMENTS/FERIENHÄUSER:

Zunehmend beliebte Urlaubsform bei Familien mit Kindern. Schlafraum plus eingerichtete Küche. Das breiteste Angebot derzeit auf der Insel SANTORINI und im Küstenbereich Nähe Airport.

Unterm Strich keine schlechte Idee, im Angebot z.B. ISTS/ München, Scharnow, weitere siehe Gratis-Liste "Reiseveranstalter" des Griech. Fremdenverkehrsbüros.

✦ JUGENDHERBERGEN und "YOUTH HOSTELS":

Offizielle, dem Jugendherbergswerk angeschlossene gibt's nur sehr wenige in Griechenland (vergl. Liste des Verbandes): hier ist Mitgliedsausweis nötig, Altersbeschränkung und Aufteilung nach Geschlechtern.

Clevere Griechen haben die Idee aufgegriffen: läuft unter dem Begriff "Youth Hostel", in Konzept analog mit Schlafsälen. Kostenpunkt ca. 5 DM/ Person, noch billiger auf dem Dach, wo man unter'm griechischen Sternenhimmel den Schlafsack ausrollt. Kein Mitgliedsausweis nötig, keine Altersbeschränkung. Details siehe Hauptteil des Bandes.

✦ CAMPINGPLÄTZE:

Auf PAROS: z.B. 7 Stück, ebenfalls auf anderen Kykladeninseln siehe Hauptteil des Bandes. - **WILDCAMPEN** ist generell verboten, auch wenn es immer noch auf einigen Inseln praktiziert wird.

HINWEIS: nicht nur Wildcampen ist strikt verboten, auch offenes Lagerfeuer! Das im Sommer ausgedorrte Land, speziell die Sträucher mit ihren Harzen, brennen wie Zunder. Wer hier erwischt wird, selbst wer nur beim Anlegen eines Lagerfeuers beobachtet wird, wandert umgehend ins Gefängnis. Die Strafen sind drakonisch; im besten Fall längere

Untersuchungshaft, und bei gutem (teuren) Anwalt hohe Geldstrafe bei Verweisung des Landes und Verbot, Griechenland für mehrere Jahre zu betreten...

IM FREIEN SCHLAFEN (sprich am Strand Schlafsack ausrollen), ist ebenfalls verboten, und die örtliche Polizei schnell zur Hand. Gründe: wer schafft den Müll weg, Verdienstausfälle in örtlichem Übernachtungsangebot. Ausnahmen bestätigen leider noch die Regel: z.B. Insel IOS: dickes Disco-Angebot für Zielgruppe Rucksackler. Der Gewinn der Disco Besitzer steigert sich, je mehr Rucksackler die Discos frequentieren... Besteht zu hoffen, daß sich auch hier zukünftig die Griechen gegenüber Kommerzinteresse durchsetzen. Vergl. unser Ios- Text, S. 182.

Essen und Trinken

Wer "rustikale" Küche mag (saftiger Hammel bzw. Fisch über Holzkohlenfeuer bruzzelnd, mit vielen Gewürzen überstreut!), für den ist die Griechische Küche die Beste in Europa. Hängt auch viel mit der Atmosphäre zusammen: gemütliche Hafentavernen, wo man in lauen griechischen Nächten draußen am Wasser sitzt. Das beginnt damit, daß der Wirt einen mit in die Küche nimmt und dort die Deckel der Töpfe lupft, aus denen die verlockendsten Düfte entsteigen. Hier stellt man sich das Essen zusammen.

So zumindest die griechische Tradition, die man nach wie vor auf dem Land sowie in Athen und den weiteren Provinzstädten und Dörfern (abseits der Touristen-Lokale) findet.

Ansonsten hat der Tourismus einiges in Urlaubsgebieten verändert: Statt Topfgucken: 4-sprachige Speisekarte. Nix mit "Topfschnuppern", vielfach auch die Gerichte auf o8/15- Sachen wie "MEATBALLS" - "SOUFLAKI" und "GREEK SALAD" reduziert.

Die griech. Küche hat lange Tradition: man sagt, daß der erste Berufskoch seine Heimat in Griechenland hatte. Die Berufsköche flüchteten vor den Piraten in die Klöster, und hier bekamen sie zum Unterschied statt schwarzer Mönchshüte weiße Mützen. Demnach wurden also auch die ersten weißen Kochmützen in Griechenland getragen.

Sie setzt sich international zusammen: die Spaghettis kommen von den Italienern, "Moussaka" (Auberginenauflauf) aus Arabien, die Knoblauch-Begeisterung aus dem Inneren des Balkans - und unser König Otto brachte sich nach Griechenland sein bayrisches Bier mit. Nach griech. Tradition beginnt die Mahlzeit mit dem Aperitif, z.B.

OUZO (starker Anisschnaps) oder, je nach Gegend auch "Tsikoudia" oder "Raki" (Nationalgetränk Kretas, das den Mann vom Jüngling unterscheidet!).

OUZO wird aus der zweiten Traubenpressung gewonnen (die erste ist für den Wein). Mit kaltem Wasser vermischt schmeckt das recht gut. Vorsicht aber, die Sache nach Seemannsart unverdünnt direkt reinzukippen. Angeblich verarbeiten Leber und Nieren den Anisschnaps langsamer, und immer wieder passiert es, daß Matrosen, die am Vorabend gesoffen haben, am nächsten Morgen beim Genuß reinen Wassers in einen zweiten Vollrausch verfallen!

Dazu werden "MEZEDES" gereicht, ja nach Gegend ein Stückchen Tintenfisch, oder "Marides" (kleine Fische, die man in einem Stück ißt), oder gekochte "Garnelen", bzw. verschiedene Muschelarten. Bzw: "Keftedes" (Klöße aus Lamm- oder Kalbfleisch), oder "Dolmadakia" (gewürzte Klöße aus Hackfleisch und Reis, die in Wein- oder Krautblätter gewickelt sind). Im Anschluß serviert der Wirt das HAUPTGERICHT, je nach Gegend verschieden: Fischgerichte vorwiegend im Küstenbereich und auf Inseln, - leckere Fleischsachen im Landesinneren. Nie eine ausgefeilte Goumet- Küche wie in Frankreich oder Italien, so doch eine Küche, die von Herzen kommt und durch ihre vielfältigen Kräuter schmeckt.

So zumindest die Tradition. Die Realität liegt heute in Tourismusgebieten etwa in der Mitte dazwischen, Auswahl der wichtigsten Gerichte:

VORSPEISEN:

Tsatsiki	lecker, Knoblauch mit Joghurt, Zwiebeln und Gurken
Dolmadakia	Reis mit gewürztem Hackfleisch in Wein- oder Krautblättern
Oktopus	Polypenarme in kleinen Stückchen zerschnitten, in Öl, Essig, Pfeffer und Kräutern (z.B. Oregano) eingelegt. Kann je nach Fähigkeit des Wirtes ein Leckerbissen sein! Varianten: über Holzkohlenfeuer gegrillt, mit Olivenöl, Oregano und Zitrone, - oder: Oktopus in Weißweinsoße, Öl,
mit	Zwiebeln und Tomaten gedünstet und heiß mit Salz und Pfeffer serviert...
Rosiki	Russischer Salat
Spetsofai	Speziell Pilion Region, Auberginen mit Tomaten, Wurstscheiben, grünen Paprikaschoten in Olivenöl

HAUPTGERICHTE/FLEISCH:

Lamm- (Arni) und Hammelfleisch (Arnáki) dominieren in Griechenland als Fleischgerichte, in der Regel butterweich (speziell bei Kochgerichten wie "Stifado", siehe unten), jedoch Vorsicht mit eventuellen Knochensplittern, wenn der Metzger nicht sauber gearbeitet hat. - Kalbs- und Rindfleisch seltener, vorwiegend Festland.

Zu einem Hauptgericht gehört in der Regel eine Beigabe (Spinat, Bohnen, kleine Zwiebelstückchen etc. sowie Kartoffeln), die je nach Taverne/Restaurant entweder autom. mitserviert werden, oder aus der Vitrine zusätzlich ausgewählt werden müssen.

Souflaki	Fleischspieß. Kann lecker sein, aber auch zäh zwischen den Zähnen hängen. Die Zitrone gehört dazu, ebenso Gewürze, Kräuter und dazwischengelegte Zwiebelstückchen. Preise und Größe unterschiedlich, analog der Sättigungsgrad.
Gyros	Fleisch, mit großem Messer vom beheizten Drehspieß in Scheibchen runtergeschnitten, mit versch. Kräutern gewürzt, zusammen mit Zwiebeln,

Tomaten, Petersilie etc. und in der Regel sehr lecker!
Wird entweder als Beigabe zu Hauptgerichten serviert, - oder als Snack im V-förmig gerollten Papiertütchen (zusammen mit Zwiebelscheiben und Soße), - bzw. in eingeschnittener Semmel, bzw. "Pita"-Fladenbrot.

Stifado — gekochtes Lammfleisch, mit Nelken und Zimt gewürzt, zusammen mit Zwiebelscheiben und Gemüsebeigaben, sowie Kartoffeln.

Sikoti — Leber vom Grill. Beigaben in der Regel: Kartoffeln, Gemüse, Zwiebeln und gedünstete Tomaten

Arní súwlas — Lamm am Spieß über offenem Holzkohlenfeuer, beständig mit Olivenöl und Zitronensaft "befeuchtet", Salz, Pfeffer und Kräuter.

Arní psitó mé patátes — Lammkeule, mit Knoblauch gespickt, Zitronensaft, Salz, Pfeffer, im Rohr gebraten und mit Tomaten und Kartoffeln serviert.

Paiothaki — Lammkotelett über Grill

Prizola — Kalbskotelett vom Grill

Keftedes — Frikadellen (der Bayer sagt: Fleischpflanzerl), bzw. der Grieche gegenüber Touristen "meat balls". In der Regel nicht gegrillt, sondern gekocht, die Qualität sehr unterschiedlich, von äußerst langweilig bis lecker, wenn entsprechend gewürzt wurde (Knoblauch, Kräuter etc.)
Gibt's in Varianten, z.B. zusammen mit Reis in Paprika eingefüllt und zählt hier zu den Billiggerichten

Moussaká — Auflauf aus geschlagenen Eiern, Auberginen, Hackfleisch, Nudeln und geschmorten Kartoffeln. Preis und Geschmack je nach Region sehr verschieden. Schmort ähnlich wie die Reis-Hackfleisch gefüllten Paprikaschoten den ganzen Tag auf dem Blech.

HAUPTGERICHTE/FISCH:

Das Problem sind hier weitgehend durch Dynamit und engmaschige Netze leergefischte griechische Gewässer. Die Auswahl beschränkt sich heute auf wenige Fischlein, plus Polypen und Kalamares.

Wo größere Auswahl in den Kühltruhen der Tavernen und Restaurants besteht, haben die Tierchen oft eine weite Reise hinter sich. Der Lobster beispielsweise aus Chile/Südamerika, Kanada etc., - Scampis kommen nicht selten aus Grönland, Edelfische aus Zypern, Afrika etc. Analog sind für derartige Tiere hohe Preise fällig. Wir verzichten hier auf Auflistung der griech. Namen, da sie in den Tavernen/Restaurants sowieso mehrsprachig auf der Speisekarte erscheinen, bzw. in der Kühlvitrine zu besichtigen sind.

SALAT:

"Greek Salad" gehört zu jeder griechischen Mahlzeit, herrlich erfrischend und relativ preiswert. Inkl. Tomaten, Zwiebeln, Peperoni, Oliven, Blattsalat und FETA (weißer Schafskäse). Angemacht mit Olivenöl, Essig, Pfeffer und Salz und Kräutern (z.B. Oregano).

BROT (Psomí) gehört zur Mahlzeit wie neró (Wasser) zum Kaffee. Serviert wie im Süden Europas üblich als weißes Stangenbrot. Das Brot wird dabei wie Besteck benutzt, zum Auftunken von Soßen, z.B. von Salat. - Paximádi: ideal für Wanderer, nicht jedoch auf dem Tavernentisch. Steinhart hält es sich bis zu 1/2 Jahr und länger, bei Bedarf wird es mit Trinkwasser aufgeweicht und essbar. - Pita: Fladenbrot, vielfach in Zusammenhang mit Gyros serviert.

Die Mahlzeit beschließt man mit OBST (Orangen, Mandarinen, Äpfeln), im Sommer Wassermelonen, Feigen, Trauben etc.

Die RECHNUNG kommt in der Regel auf der Kaffeeuntertasse, flott hingekritzelt, teils wird auch per Kuli auf der Plastiktischdecke abgerechnet, die dann zusammen mit den Essensresten zusammengerollt und weggeschafft wird. Überprüfen kann nicht schaden, in der Regel Aufpreis fürs Gedeck und Brot. Ebenso ist Trinkgeld in Aufrundung der Summe bzw. 3 - 5 % üblich. (Vergl. auch nächste Seite, "Hauptmahlzeiten/Bezahlung")

✶Getränke:

Zum Essen wird gemäß griech. Tradition normalerweise Leitungswasser in der Karaffe serviert. Auf den Kykladen (siehe auch Kap. "Trinkwasser") nicht selten ein abgestandener, salziger Tropfen. Im Normalfall bestellt man besser Mineralwasser.

BIER ("bira") ist wichtigstes "Begleitgetränk". Es wurde von deutschen Brauern bei Staatsgründung eingeführt, Marke "Fix", - die heute noch existiert, - wobei aber Marken wie "Henninger" und "Lööö-wenbräu" heute dicker mit der Pfote in Griechenland steht. Auch holländische und dänische Marken sind in den griechischen Raum eingedrungen.

Ob hier nach deutschem Reinheitsgebot gebraut wird, oder chemische "Korsetts" zur Haltbarkeit und im Rahmen der EWG verwendet werden, wäre ein lohnendes Thema für Umweltmagazine! Verpackung: 1/2 Liter in wiederverwendbaren Glasflaschen gibt es. Bitte jegliche Einwegverpackung wie Aludosen etc. ablehnen, Grund siehe Seite 48

SOFTDRINKS: das Übliche von Cola bis"Einheimisches"mit teils recht passablen Sachen wie Orangen- Limo, die höheren Fruchtsaftanteil haben kann (nicht muß) und dann etwas besser schmeckt.

WEIN: Es dominieren Flaschenweine (Weiß/Rot), die die diversen Großabfüller des Festlandes auf die Inseln bringen. "Achaia Patras" dürfte der Markführer im Flaschenfüllen sein, es gibt weitere. Durchtesten: die Geschmackspalette reicht von trocken-herb bis extrem süßlich. Derartige Weine sind durchaus trinkbar, exquisite "Supertropfen" jedoch Rarität.

Darüber hinaus gibt es Inselweine vom Fass, jedoch nur regional pro Insel erhältlich. Berühmt sind die von Santorini: Bekanntlich liefern vulkanische Böden besonders reichhaltige und intensive Weine. Man sollte sich an derartige Tropfen jedoch langsam "rantasten"; sie können bei abendlichem Übergenuß zu erheblichem Kopfweh führen!

BRANDY: gibts als Marke "Metaxa", die zu Recht Weltruf erlangt hat, - aber auch in Eigenproduktion regionaler Brennereien: hier wenn möglich vom Fass kaufen! - LIKÖR: verschiedene Inseln besitzen ihren eigenen Likör, Spezialität auf Naxos z.B. ein Bananenlikör.

OUZO: der traditionelle Schnaps. Leitet mit Minigläschen das Essen ein und beendet selbiges. In sofern ok., Vorsicht bei Übergenuß!

✶ Mahlzeiten:

1.) FRÜHSTÜCK: prüfen, vielfach ist es im Hotelübernachtungspreis inkl. Es besteht aus Weißbrot, Marmelade und griech. Kaffee (wer will: mit Milch). Nescafé-Freaks werden zwar auch in Griechenland befriedigt, jedoch nicht in jedem Hotel. - Eier werden je nach Hotel zusätzlich berechnet, - gilt auch für Sonderwünsche wie Omletts, Joghurt etc. Mit Käse- bzw. Wurstplatten kann man nicht unbedingt rechnen.

Jaúrti	γιαουρτι	Joghurt
" me sáchari	με σαχαρη	" mit Zucker
" mé méli	με μελι	" mit Honig (lecker!)
awgá mátja	αυγα ματια	Spiegeleier
awgá vrastá	αυγα βραστα	gekochte Eier
omlétta	ομλεττα	Omlett
rizógalo	ριζογαλο	Reispudding
psomí	πσομι	Brot
ghála	γαλα	Milch
kafés	καφεσ	Kaffee

verschiedene Kaffee-Arten siehe separates Kapitel "Cafe"!

ZAHLEN:
1 éna
2 dhío
3 tria
4 teséra
5 pénde
(wer sich mehr Eier zum Frühstück bestellt: weitere ZAHLEN, am Ende des Buches)

Die Frühstückszeiten liegen ähnlich wie in Hotels anderer europ. Länder: nach 1o Uhr ist oft dicht! - Wer später aufwacht: entweder Nachlieferung gegen Aufpreis, oder ab in die nächste Milchbar, Konditorei, Bäckerei oder sonstwo, wo´s Frühstücksähnliches gibt.

2.) HAUPTMAHLZEIT: im Sommer, wo die meisten Kykladenbesucher den Tag am Strand verbringen, nimmt man sich für mittags einen Snack mit, bzw. stärkt sich in einer Strandtaverne. Die Hauptmahlzeit dann abends: Der Betrieb beginnt gegen 19 Uhr und erstreckt sich bis tief in die Nacht.

Stoßzeiten in Tourismusgebieten die Zeit ca. 19.3o - 21 Uhr, wo man sich oft schwertut, einen freien Tisch zu finden. Andererseits wird es einem auch bei komplett vollen Tischen nicht übel genommen, wenn man den Abend nach Beendigung des Essens am Tisch fortsetzt bei Wein oder anderen Getränken.

Anders in abgelegenen Tavernen des Inselinneren und Bergdörfern: Oft ist hier bereits 21 Uhr die Küche dicht. Gilt auch für die Hafentavernen in der absoluten Vor- oder Nachsaison.

✶BESTELLEN: entweder per Speisekarte, die in Tourismusgebieten 4- sprachig ist, oder man geht in die Küche bzw. an die Kühltheke, wo Fische etc. ausgestellt sind. Bezüglich der Speisekarten: da der Druck von rund 5o Speisekarten und separat für nur 1 Restaurant teuer ist, denkt man in Griechenland praktisch. Es wird einfach alles, was an Speisen in Griechenland gang und gäbe ist, in der Karte aufgenommen und in hoher Auflage (=preiswert) gleich für viele Tavernen gedruckt. Dort, wo der

Wirt dann in die Speisekarte Preise reinschreibt, hat er diese Gerichte in der Regel auch verfügbar.

★ Das GEDECK (Auftischen des Bestecks, sowie Brot) wird in der Rechnung mit einer Pauschale extra berechnet. Das Besteck kommt (ausgenommen in Teuer-Restaurants) im Körbchen: jeder bedient sich selber. Auch wird es zwischen den einzelnen Gerichten nicht ausgetauscht.

★ BEILAGEN: beachten, wer sie bestellt, bekommt sie in normalen Tavernen - und wie in Griechenland üblich, tellerweise (z.B. 1 Teller Bohnen, 1 Teller Gemüse etc.). Eine zunächst ungewohnte Sitte, die sich aber so fortsetzt, daß man durchaus zu mehreren von ein und dem selben Teller ißt. Ebenso ist es nicht unhöflich, wenn man sich für eine Flasche Bier 2 Gläser bestellt und gemeinsam die Flasche leert.

★ BEZAHLEN: (siehe auch vorherige Seite!): zwar haben sich die Tavernenwirte in Tourismusgebieten inzwischen daran gewöhnt, daß die Deutschen in geradezu penibeler Exaktheit die Rechnung auseinanderteilen und separat pro Person bezahlen. Sie horchen höflich zu, selbst dann noch, wenn der Pocket-Taschenrechner zum "Ausdividieren" rausgekramt wird...

Dem Griechen ist derartiges Verhalten aber fremd. Für ihn ist das Essengehen eine Sache des gemeinsamen Genusses, und hierzu gehört, daß man selbstverständlich abwechselnd die Tischrunde einlädt. Wer sich die Philosophie überlegt, die hinter dieser griech. Tradition steht: im Grunde nachahmenswert!

Hier wird "deutsch bezahlt" wurde zwischenzeitlich zu einem stehenden Begriff in der griech. Sprache. Ebenso ist den Griechen das andere Extrem fremd: die bei deutschen Tischrunden üblichen "Streitereien" nach einem genüsslichen Abend, "wer nun die Rechnung bezahlt"... Immerhin gibts spätestens am nächsten Tag jede Menge Chance für Revanche!

★ Das Kafenion

Treffpunkt der Männer und Kommunikationszentrum. Griechische Frauen haben keinen Zutritt, wohl aber Touristinnen. Die Kafenions befinden sich traditionell am Hafen, bzw. Dorfhauptplatz, bzw. liegen hübsch in engen Kykladengassen der Inselnester.

Im Sommer kleine Tischchen unter schattenspendenden Bäumen, deren Stamm weiß gekalkt ist gegen Ungezieferbefall. In den kälteren Wintermonaten zieht man sich ins Innere des Kafenions zurück. Je nach Kafenion gibts Kuchenleckereien, die aus der naheliegenden Konditorei bzw. Bäckerei kommen, - neuerdings auch Nescafe, der im Sommer kalt und mit Zucker serviert wird.

Hauptbestandteil (nach Kommunikation) ist aber der griech. Kaffee. Er ist im Grunde eine türkische Angelegenheit: Zubereitung in kleinen Töpfchen, in denen das Wasser und das Kaffeepulver zusammen über'm Feuer gekocht werden. Die Türken waren lange Zeit Beherrscher Griechenlands, aber bitte niemals nach "türkischem" Kaffee fragen.

vari glikos	stark und süß	metrios vrastos	leicht und wenig Zucker
metrio	stark, mit wenig Zucker	glikis vrastos	leicht und süß
sketos	stark, ohne Zucker	diplo	ein doppelte Portion.

"ΚΑΦΕΝΙΟΝ"	Cafe
"ΚΑΦΕ–ΟΥΖΕΡΙΑ"	Cafe + Ouzo (Mezedes)
"ΚΑΦΕ–ΜΠΑΡ"	Cafe + Mezedes
"ΠΑΝΤΟΠΩΛΕΙΟΝ"	Kolonialwarengeschäft mit Cafe
"ΓΑΛΑΚΤΟΠΩΛΕΙΟΝ"	Milchladen mit Joghurt etc.
"ΖΑΧΑΡΟΠΟΛΑΣΤΕΙΟΝ"	Konditorei + Cafe

SPORT

BADEN

Im Bereich der Kykladen nicht nur mit das klarste und sauberste Wasser des Mittelmeers. GRUND: es gibt kaum bis keine größeren Städte, zudem (ausgen. Syros) keine Industrie.

Wenns trotzdem an den Stränden Dreck geben kann, resultiert dies aus fehlendem Umweltbewußtsein der Griechen (Plastikmüll hemmungslos z.B. über Bord der Schiffe; wird bei starken Winden an die Strände getrieben) und der Tatsache, daß wichtige Handelsschiffsrouten durch den Raum verlaufen. Zunehmende Belastung auch durch die Urlauber, denen es an Umweltbewußtsein fehlt: zurückgelassene Flaschen, Dosen etc.

STRÄNDE: Steine, Feinkies, teils auch Sand. Die besten Strände (Sand) beispielsweise auf PAROS (Bucht von Naoussa), - auf NAXOS (Süd-west-Küste), - MYKONOS und MILOS. Alle Details siehe Inselbeschreibungen/Hauptteil.

Die Wassertemperaturen liegen je nach windgeschützter Lage der betreffenden Badebucht ab Juli bei ca. 24 Grad, Baden ist (ohne speziell abgehärtet zu sein) von Anf. Juni bis Mitte Okt. möglich. Als bester Monat für Badeferien gilt der September.

Wer kann, kommt nicht während der Sommermonate Juli und August, wo alle Leute Ferien haben und die Tage extrem heiß sind.

Widerspricht nach wie vor der Moralvorstellung der Griechen, ist zwischenzeitlich aber an speziellen FKK-Stränden (die abseits von größeren Siedlungen liegen) erlaubt. Bitte nur hier hüllenlos! Nehmt Rücksicht, selbst "oben-ohne" verletzt die vielfach noch streng religiös erzogenen Griechen.

Wird immer beliebter in Griechenland bei teils optimalen Buchten, wie z.B. in der Nordbucht der Insel Paros/Naoussa, - von der Szenerie großartig im Kraterinneren/ Insel Santorini und weitere siehe einschlägige Surfliteratur.

Bei der Fülle noch unentdeckter bzw. unerforschter antiker Unterwasserschätze ist in vielen Teilen Griechenlands das Tauchen strikt verboten und wird entsprechend bestraft.

Ausführliche Liste wo Tauchen erlaubt ist (auch in Bezug auf Tauchschulen und Nachfüllmöglichkeit von Flaschen) gibt es bei der Griech. Fremdenverkehrszentrale.

Bei - für Mittelmeerverhältnisse - extrem klarem Wasser der Ägäis, ist nicht nur Tauchen, sondern insbesondere auch SCHNORCHELN ein äußerst schöner und beliebter Urlaubssport.

Wer noch nie geschnorchelt hat: Ausrüstung gibt es preiswert in Griechenland selber. Als Tauchmaske ist die simpelste Form die empfehlenswerteste: Glasbrille von Nase bis zu den Augenbrauen, und der Schnorchel separat, ohne Ball. Flossen sollten die gesamte Fußunterfläche bedecken bis zum Knöchel, da sie gegen Seeigel und auf Stein zusätzlichen Schutz bieten. Die Größe der Flossenfläche wählt man je nach Muskelkraft.

HARPUNIEREN ist streng verboten. Auch wenn die "Waffen" gelegentlich in den Geschäften herumstehen: laßt die letzten Fischlein, die in der Ägäis herumschwimmen, in Ruhe!

Insbesondere die Ägäis mit der Vielzahl ihrer Inseln und lohnenden Ankerbuchten zählt zu einem der schönsten und beliebtesten Segelreviere des Mittelmeeres. Detailinformation über Jachtcharter von der Griechischen Fremdenverkehrszentrale.

Tennisplätze besitzen nur ganz wenige (meist A- oder B-Klasse) Hotels der Kykladen. Schade! Bei der Griechischen Fremdenverkehrszentrale gibts eine Liste derjenigen Hotels, die über eigene Tennisplätze verfügen. Öffentliche, also auch für Nicht- Hotelgäste benutzbare Plätze existieren derzeit im Kykladenbereich nicht.

Praktisch jede der Kykladeninseln bringt Wanderungen von 1 - 2 Std. hin zu Ganztageswanderungen. INSEL SANTORINI: traumhaft schön am Spätnachmittag bei Sonnenuntergang der Höhenwanderweg von Thira nach Oia am Rand des Vulkankraters, lohnend auch die Besteigung des Inselgipfels Prof Ilias. - Eine breite Palette an Wandermöglichkeiten insbesondere auf den INSELN SIFNOS, NAXOS, TINOS und AMORGOS. Alle Details siehe Text/Inselbeschreibungen!

*Beste Jahreszeit für Wanderungen auf Kykladeninseln ist der Mai. Dann sind die Temperaturen noch nicht so brütend heiß wie in den Hochsommermonaten Juni/Juli/ Aug. und das Land noch nicht so ausgedorrt (Blütenreichtum). Allerdings mit dem

Nachteil noch recht kalter Wassertemperaturen um 13 - 15 Grad! - Wer Wandern mit Baden kombinieren will, sollte die Zeit Mitte Sept. bis Anf. Okt. wählen: Schön, wenn man während einer Wanderung sich in einsamer (da abgelegener) Badebucht zwischendurch erfrischen kann! -

✶ **Wanderungen** früh am Morgen beginnen! In der Regel (vergl. z.B. Insel Tinos) fahren die ersten Insel-Busse ab Hafen recht früh gegen 6 Uhr rauf in die Bergdörfer des Inselinneren. Wer die Wanderung dann gegen 7 oder 8 Uhr beginnt: eine angenehme Zeit da es noch frisch-kühl ist. Unterwegs kaum bis kein Schatten.

✶ **Ausrüstung**: guter Sonnenschutz (breitkrempiger Hut, Sonnencreme) ist Pflicht, wer sich unterwegs nicht einen satten Sonnenbrand, - Stich holen will! Eine Sonnenbrille bei dem gleißenden Licht kann für die empfindliche Netzhaut zusätzlichen Schutz darstellen. - Gutes Schuhwerk und zwar leichte, atmungsaktive Wanderschuhe. Sie sollten eine gute Sohle haben (da die Pfade steinig sind) und über den Knöchel reichen, um dem Fuß Halt zu geben. - Hose: z.B. Jeans als Schutz gegen dorniges Gestrüpp, - Baumwollhemd, T- Shirt etc. Generell kein Polyester, Nylon etc.!

Unterkühlung, so paradox es klingt, ist anderes Problem auf Wanderungen. Man kommt schnell ins Schwitzen. Außerdem herschen bei Bergbesteigungen und/oder Trails, die im Kykladenbereich zwangsläufig in größere Höhen raufführen, starke Winde. Es gehört auch im Sommer ein engmaschiger Pullover mit ins Wandergepäck, am besten noch zusätzlich eine leichte Jacke, die vor Wind schützt. - Wasserflasche aus leichtem Plastik, Alu etc., - bei längeren Wanderungen Kompaß, sowie Verpflegung, Schweizermesser etc. - Zum Transportieren: leichter, kleiner Nylonrucksack.

✶ **Orientierung**: ein echtes Problem. Einmal gibt es keine sauberen Wanderkarten für die Kykladen (so wie wir das für z.B. die europ. Alpen gewohnt sind). Das was man an Inselkarten erhält, ist grober Machart, nicht selten selbstgestrickt; Höhenangaben wie Höhenlinien fehlen, zudem selbst im Verlauf der Inselsstraßen und Lage der Orte oft sehr ungenau.

Man muß damit leben, hat zumindest jedoch als kleinen "Vorteil", daß es meist recht wenig Vegetation gibt, - man sich also bei längeren und schwierigeren Wanderungen einigermaßen nach Kompaß und Landmarken wie Buchten grob orientieren kann. Dies sofern es um Höhenwegen oder Besteigungen von Inselgipfeln geht, - nicht aber bei Trails, die in Tälern verlaufen und sich dort verzweigen. (Gilt z.B. für Insel Sifnos und Naxos). In Karten sind derartige Verzweigungen oft schlecht, ungenau oder garnicht verzeichnet.

Weiteres Problem: die Ziegen- und Eselspfade verzweigen sich vielfältig in der Landschaft. Weder gibts Wegmarkierungen, noch gar Wegweiser an den Abzweigungen. Die Pfade dienen nun mal den Bedürfnissen der Bauern und Hirten, nicht aber denen der Urlauber und Wanderer. Analog bedeutet bei Abzweigungen ein breiterer und besser ausgetrampelterer Pfad nicht unbedingt, daß es sich hier um den Hauptweg handelt: vielfach endet dieser hinter einer Bergkuppe bei einem Schafpferch, Hütte etc. und danach ist Sense. Zumindest ist dann der Grund klar, warum er mehr ausgetrampelt war... Ab hier oft nur noch Querfeldeinkraxelei.

Mit den fehlenden Wegmarkierungen muß man bei Inselwanderungen im Bereich der Kykladen leben und sollte daher mit in Orientierung leichteren Sachen wie Bergbesteigungen oder Höhenwanderwegen beginnen. Das Problem ist hier eher die Kondition; immerhin gehts von Meereshöhe in wenigen Km schnell rauf auf 7oo oder mehr Metern!

Schwierigere Wanderungen, z.B. der Trail auf Insel Sifnos von Apollonia nach Vathi sollte nur der, in unwegsamem Gelände erfahrene Wanderer unternehmen. Hier sind zu den offiziellen Wanderzeiten noch Extrazeit für das Verlaufen hinzuzurechnen, was Verpflegung aber auch Zeitreserve durch früh begonnene Wanderung betrifft. Vorab Inselbus- Fahrplan studieren, wann ab Zielpunkt der Wanderung der letzte Bus retour fährt!

Im Lauf der Zeit wird man gewisses Fingerspitzengefühl bei Abzweigungen entwickeln: z.B. kann viel Schafs- und Ziegenmist auf einem abzweigenden Pfad ein Indiz sein, daß er zu einem stärker frequentierten Schafspferch führt, also Sackgasse. - Eselsmist dagegen, speziell in Verbindung mit Bonbonpapier, Zigarettenschachtel etc. kann ein Indiz sein, daß es sich hier um den Hauptpfad handelt.

Breitere Pfade bei Abzweigung in einsamem Gelände führen vielfach zu Tierpferchen oder Anwesen: Es ist zu berücksichtigen, daß heute Anfang der 9o-er Jahre praktisch alle Inseldörfer mit Straßen verbunden sind. Der Inselgrieche greift daher, wenn er vom Dorf A nach Dorf B will, in der Regel nicht mehr auf die traditionellen Querverbindungspfade zurück (schmal, zugewuchert), sondern benutzt das Auto bzw. den Inselbus.

Kann sein, muß aber nicht, wobei die spezielle Trailsituation (wenn sie beispielsweise die Dörfer gegenüber Umweg der Straße abkürzt), aber auch der betreffende Busfahrplan zu berücksichtigen ist.

✗ **Information vor Ort**: im Ausgangsdorf der Wanderung z.B. das Kafenion. Nach "monopati" (Fußweg) von A nach B fragen! Der Inselgrieche denkt den bequemeren Weg, sprich Auto und weist den Wanderer gern auf die Asphalt- bzw. Schotterpiste.

Zu berücksichtigen auch: die früheren Verbindungspfade zwischen den Dörfern des Inselinneren waren oft auch der Optimalweg für die später nachplanierte Straßenverbindung. In derartigen Fällen wird der ehemalige Trail von der neuen Straße vielfach geschnitten, der Trailanschluß ist schwer zu finden. Wegen geringem Verkehr können auch diese Straßen, zumal wenn sie in Panoramalage hoch über dem Meer verlaufen (wie z.B. Insel Serifos, Chora nach Kallitsos), schöne Wanderungen darstellen.

Unser KYKLADEN- REISEFÜHRER enthält rund 1oo Wanderungen und dürfte damit zugleich in deutscher Sprache einer der umfassendsten Führer zu Wandern im Bereich der Kykladen sein. Aus o.g. Gründen können wir jedoch nur den groben Trailverlauf und Zeitbedarf liefern. Wir freuen uns jederzeit über ergänzende Leserbriefe!

Organisierte Wanderreisen:

Athena Reisen Adenauerallee 1o 2ooo Hamburg 1 Tel.: (o4o) - 35 12 57	CVJM- Reisen GmbH Im Druseltal 8 35oo Kassel Tel.: (0561) - 3o87o	Diogenes Reisen Oosstr. 1 b 7517 Waldbronn Tel.: (o7243) - 62 o4	Fahrtenring Unterer Seeweg 3 813o Starnberg Tel.: (o8151) - 3o 57
Baumeier Wanderreisen Residenzstr. 18 8ooo München 2 Tel.: (o89) - 23 5o 81	Delphi Reisen GmbH Kaiserstr. 116 75oo Karlsruhe 1 Tel.: (o721) - 2o 9o4	Geos Reisen Jakoberstr. 15 89oo Augsburg Tel.: (o821) 35 536	Studiosus Reisen Luisenstr. 43 8ooo München 2 Tel.: (089) - 5oo 6oo

Griechenland ist reich an HÖHLEN, auch im Bereich der Kykladen. Zu den interessantesten zählen hier die Meeresgrotten der Insel MILOS an der Südwestküste, aber auch Nordküste bei Filakopi/Apollonia. -

Die Zeushöhle am gleichnamigen Inselgipfel (1.oo1 m) der Insel NAXOS gilt der Sage nach als Geburtsstätte des Götterbosses, bringt aber als Höhle selber wenig Spektakuläres. Auf der Insel SERIFOS die "Koutalá"-Höhle mit Tropfsteinen und kleinerem See im Inneren, allerdings schwer zu erreichen und nicht erschlossen. - Dicken Besucher-Strom erfährt dagegen die Tropfsteinhöhle der Insel ANTIPAROS, was sich leider auch auf den Zustand der Höhle ausgewirkt hat: erste Zapfenabbrecherei bereits Ende des 17. Jhds. und dies über die Jahrhunderte hinweg. -

Literatur-Hinweis: Die Höhlen Griechenlands, von Anna Petrocheilou, Ekdotike Athenon S.A., Athen 1984. Reich bebildert, die wichtigsten Höhlen mit Plan, Text Deutsch, leider nur in Griechenland erhältlich.

Literatur:

Aus der Fülle an Literatur zu Griechenland generell seien exemplarisch Bücher herausgegriffen, die sich auf den Kykladenbereich beziehen.

1.) Zum Einstimmen:

"DIE GRIECHISCHEN INSELN", Ernle Bradford, erschienen im Prestel-Verlag München, flüssig geschrieben. Aufzeichnungen eines Griechenland-Erlebnisses per Yacht, mit geschichtlichem Background. Liest sich gut und macht viel Vorfreude, wenn man auf die Inseln will! 42 DM.

MERIAN, Heft 2 /Febr. 1982 "Kykladen": bei 12,8o DM preiswert, jede Menge schöner und für die Reise motivierender Fotos, feuilletonistische Texte zu einzelnen Themen.

2.) Bildbände:

"KYKLADEN", erschienen in der "Collektion Merian". Vorweg: es gibt viele Bildbände zur Ägäis mit unterschiedlicher Fotoqualität, - dieser jedoch ist excellent! Sowohl was künstlerische aber auch Abbildungsqualität betrifft. 24 DM

"GRIECHENLAND, DIE INSELN", Richard Speich, Emmanuela de Nora, hervorragend in Text und Fotos, erschienen im Bruckmann-Verlag München, der für seine ausgezeichneten Fotobände berühmt ist, 68 DM.

3.) Geschichte, Kunstgeschichte, Architektur:

"GRIECH. INSELN 2/KYKLADEN" von Ingeborg Lehmann, erschienen im Schroeder Verlag, Leichlingen bei Köln. Geschichte und Kultur, ausgezeichnet und hierzu penibel bis ins letzte Detail. Knapp 6oo Seiten, 39,8o DM

Knaurs Kulturführer "GRIECH. INSELN": Hardcover, viele Farbfotos, im A- Z System aufgebaut. Behandelt werden praktisch alle Inseln Griechenlands, sowohl auf der Ionischen Seite wie im Bereich der Ägäis. Sightseeing gemischt mit Geschichtlichem, Archäologischem und Kunstgeschichtlichem. 325 Seiten, 32 DM

GRIECH. ARCHITEKTUR: heißer Tip, derzeit allerdings nur in Griechenland erhältlich ist die im Verlag "Melissa" erschienene Reihe "Griech. Tradit. Architektur". Jeweils eine Insel, ca. 1oo Seiten in übergroßem Din A 4- Format, erschienen: Kreta - Santorini - Andros - Keos - Tinos - Naxos.

"DIE GRIECH. INSELN", Evi Melas, erschienen in der Reihe DuMont Kunstführer, Köln. Das rund 5oo seitige Werk behandelt eine Vielzahl griechischer Inseln (auch über den Bereich der Kykladen hinaus. 38 DM

4.) Sport, Sonstiges:

"HAFEN UND ANKERPLÄTZE GRIECHENLANDS - BAND 2", Delius Klasing Verlag Düsseldorf. Hervorragend gemacht und unabdinglich für alle Sportschiffer. Band 2 behandelt den Bereich der Kykladen, darüber hinaus die Küste Attikas, Südeuböa, Levitha und Astypalaia. 224 Seiten, 15o Pläne, 39 DM.

GRIECH. KÜCHE: es gibt eine Vielzahl an Büchern. Unser Tip: Gräfe & Unzer Verlag: "Griechisch Kochen", 29,8o DM. Einführung in die Küche der einzelnen Regionen, einfache, aber raffinierte Rezepte, schöne Fotos.

5.) Karten:

"MICHELIN/GREECE": Maßstab 1 : 7oo.ooo, dürfte derzeit eine der besten Übersichtskarten für Gesamtgriechenland sein. Übersichtlich kartographiert: Arbeitet nicht nur die Hauptstraßen klar raus, die gegen Nebenstraßen abgesetzt sind. Zudem sind landschaftlich besonders schöne Strecken markiert. 11,8o DM

"KYKLADEN", Maßstab 1 : 15o.ooo, erschienen bei Freytag & Berndt. Derzeit die wohl nützlichste Übersichtskarte der Region. Sehr übersichtlich kartographiert, Straßen deutlich hervorgehoben, allerdings nicht immer update. Zweisprachig beschriftet, trotzdem Tip, ca. 12 DM

Mit DETAILKARTEN zu den einzelnen INSELN siehts schlecht aus: Das, was es derzeit im Handel gibt, wurde vielfach in Eigenregie hergestellt und entspricht nicht dem Standard, den man sonst von Detailkarten gewohnt ist: also in der Regel keine Höhenlinien. Kann soweit gehen, daß gar die Berge grob mit Farbe hingekleckst sind oder komplett fehlen, Orte an bis zu 1 km oder mehr verschobener Stelle eingetragen wurden, existierende Straßen fehlen oder falsch eingetragen sind und vieles mehr wie nicht exakter Küstenverlauf etc.

Insel- "Detail"- Karten gibts auf den Inseln selber in den dortigen Schreibwaren- bzw. Souvenirshops. Zum Teil auch als Importware in Deutschland, Österreich, Schweiz.
Die offiziellen geographischen Karten sind militärische Verschlußsache.

Insel Syros

Das Verwaltungszentrum der Kykladen, zentral im Archipel zu Athen gelegen. Die Inselhauptstadt ERMOUPOLI ist mit 14.ooo Ew. die größte Stadt aller Kykladen- Inselhauptorte. Optisch schön in weiter Bucht gelegen, die Häuser am Hang die Bergkuppe nach ANO SYROS raufgebaut. In der Hafenbucht Schiffswerft.

Der NORDEN weitgehend unerschlossen, der SÜDEN und WESTEN mit einer handvoll Stränden. Quer über die Insel (Berge bis ca. 4oo m) viele

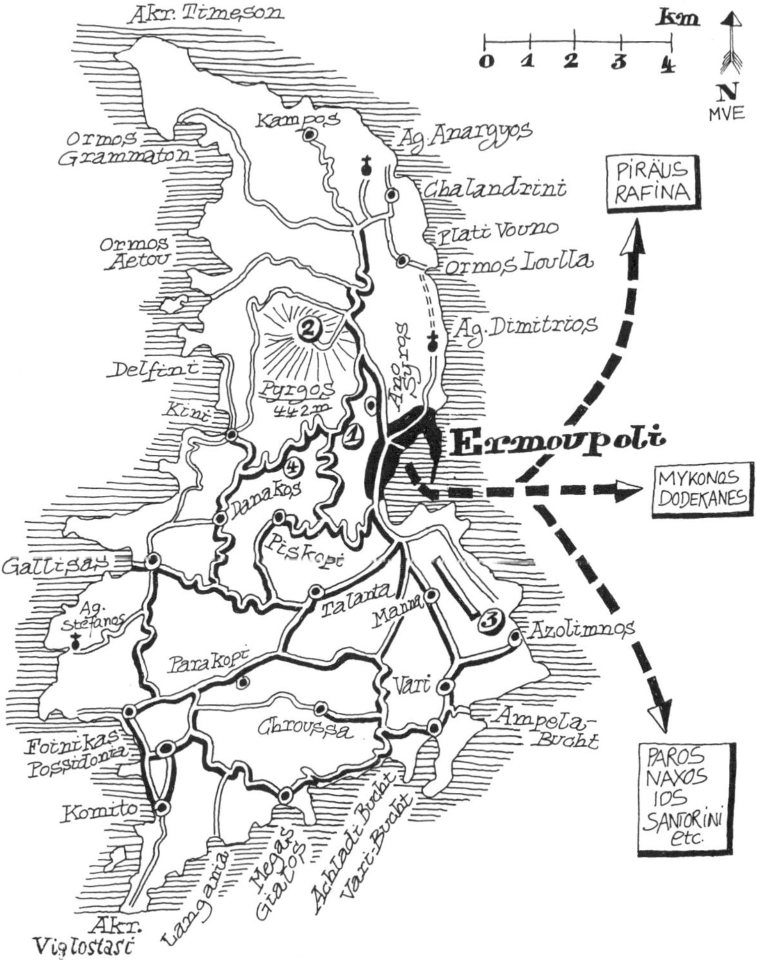

Serpentinenstraßen mit schönem Panoramablick.

Syros lebt vorwiegend von Landwirtschaft, den in Ermoupoli gelegenen Behörden und Verwaltungen, sowie vom Schiffsbau. Auch wenn die meisten der Piräus- Kykladen Schiffsverbindungen via SYROS verlaufen und hier einen Stop machen: - kein Tourismus im Stile hochkarätiger Kykladen- Inseln wie Mykonos, Paros, Santorini oder Naxos.

Verbindungen

Syros hat durch die zentrale Lage erstklassige Verbindungen innerhalb der Kykladen.

Piräus- Syros: ganzjährig mit mehrmals täglicher Verbindung. Die Überfahrt dauert ca. 4 1/2 Std., ca. 25 DM/ Person und mittlerer PKW ca. 8o DM. Die Schiffe fahren je nach Route weiter nach Tinos, Mykonos, - oder die Südroute via Paros, Naxos, Ios Santorini. Je nach Fahrplan, der in der Ägäis teils monatlich oder häufiger wechselt auch Anafi, Amorgos, Folegandros.

Ebenfalls sind ab Syros je nach gerade gültigem Fährplan (vergl. Seite 29) auch Querverbindungen nach Samos, selbst Limos im nördlichen Bereich der Ägäis möglich.

Rafina - Syros: Alternative zu Piräus. Rafina an der Ostküste Atticas hat den Vorteil für Autofahrer, daß sie sich nicht durch den Großstadt- Moloch Athen bis Piräus durchwühlen müssen. Auch für Leute ohne eigenes Auto gibts auf der Strecke ab Athen häufige Busverbindungen bis Rafina.

Überfahrt Rafina - Syros ca. 4 1/2 Std., je nach Zwischenstops 5 - 6 Std., ähnliche Preise wie ab Piräus. Leute ohne eigenes Auto fahren ab Piräus bequemer, da schneller per Metro ab Athen zu erreichen. Dafür ab Rafina häufig Nachtfähren.

Die Rafinafähren bedienen u.a. auch die Inseln Tinos, Mykonos, sowie andere, kleinere Kykladeninseln (je nach Fahrplan wechselnd), - die somit ebenfalls ab Syros erreichbar sind.

Derzeit (bei Redaktionsschluß) kein Airport auf SYROS, aber im Bau und kurz vor Fertigstellung. Er liegt rund 1 km südlich der Inselhauptstadt Ermoupoli.

Mit eigenem Auto ist man auf der Insel ohne Frage flexibler und von Busfahrplänen unabhängig. Zudem ist der PKW-Transport wegen der Nähe zum Festland noch einigermaßen billig. Andererseits kommt man per Inselbussen weitgehend auch klar und kann sich für Bereiche, die der Inselbus nicht bedient, auf der Insel ein Mietmoped besorgen.

Alle Busverbindungen ab Ermoupolis/Hafen. Insgesamt gute Verbindung zu den Stränden der West- und Südküste nach Possidonia, Vari, Foinikas, Galissa, Megas Gialos, Kini - und natürlich rauf nach Ano Syros.

Vermietung von Mopeds/Motorrädern im Hauptort Ermoupoli. Die meisten Vermieter entlang der Ufer-Promenade; die Preise bewegen sich für einen Einsitzer bei ca. 25 DM/Tag, - Zweisitzer ca. 35 DM/Tag.

Autovermietung wird teuer! "Rent a Car Mar y Sol" in Ermoupoli vermietet nur im Sommer und stellt sich pro Tag und Fahrzeug ca. 1oo DM vor.

KARTEN: derzeit wohl die brauchbarste ist die "Toubis Syros", Maßstab 1 : 34.7oo, erhältlich in Shops Ermoupoli. Grobe Andeutung der Bergketten, die Straßen klar rausgearbeitet, aber in Frage der Asphaltierung nicht immer update. Beispielsweise fehlt auch die Strecke rauf zum OTE- Turm auf dem Pyrgos, von wo man einen der schönsten Inselpanoramablicks hat!

Unsere Syros- Übersichts- Skizze erhebt zwar keinen Anspruch auf Vollständigkeit, - wurde aber von unserem Recherchteam weitgehend abgefahren. Für ergänzende Infos per Leserbrief sind wir dankbar.

GESCHICHTE: bedeutendste Fundstelle aus der Frühgeschichte der Grabungsfund CHALANDRINI im Norden der Insel. Datiert ca. 3. Jahrtausend v. Chr., dürfte für den Nicht- Archäologen jedoch wenig Spektakuläres bringen.

Attische Ionier gründeten in der heutigen Ermoupoli- Bucht ca. 1.ooo v. Chr. eine Siedlung, - zur hellenistischen Zeit schloß sich Syros nach dem Sieg bei Salamis den Athenern an. - Zur Venezianishen Epoche ab 12oo n. Chr. Besitztum der Herren, die ab Naxos regierten. Da die Insel im Gegensatz zu anderen Kykladeninseln über keine Reichtümer (wie Marmor - Naxos, oder Bodenschätze z.B. Serifos, Milos) verfügte, war sie bis hinein ins 19. Jhd. relativ bedeutungslos.

Zu Beginn der Staatsgründung (1834) des heutigen Griechenlands entwickelte sich SYROS zunächst zu einer der wichtigsten Inseln für den Schiffsbau (neben Mykonos). Besonderer Vorteil die große und geschützte Hafenbucht des heutigen Ermoupoli mit ihrer Westlage. Insbesondere bestand Athen damals bei Staatsgründung aus rund 2.ooo Einwohnern (!). Als dann Mitte des 19. Jhds. die ersten Dampfschiffe den Warentransport per früherer und schwerfälligerer Segelschiffe ablösten, waren die Werften der Insel die ersten Griechenlands, die Dampfschiffe bauten (1855).

Die Eisengießereien und Walzwerke von Syros fertigten nicht nur für den Schiffsbau, sondern lieferten auch Maschinen oder andere aus Eisen hergestellte Teile bis in den Westen der Türkei, sowie im gesamten Balkanraum. Bis zur Jahrhundertwende befanden sich die meisten der griech. Industriebetriebe (auch Druckereien, Gerbereien, Textilbetriebe etc.) auf Syros, gaben tausenden von Menschen Arbeit und der Insel hohen Reichtum.

Dabei war die Insellage zu einem Zeitpunkt, als es noch kein Auto gab, kein Nachteil, da der Warenverkehr damals am bequemsten per Schiff lief.

Bis zur Jhd.-Wende war Ermoupoli der wichtigste Hafen und die 2. größte Stadt Griechenlands. Alle wichtigen Schiffslinien liefen via Syros, parallel wurden Lagerhäuser errichtet, Banken und Versicherungsunternehmen siedelten sich an, Krankenhäuser und Schulen wurden gebaut.

Zugleich wurde Syros ab Staatsgründung Verwaltungshauptstadt der Kykladen. Wegen der damaligen Bedeutung der Insel und ihres Reichtums konnten berühmte Architekten gewonnen werden, - so z.B. Ziller aus Bayern, der 1876 - 1881 das monumentale Rathaus von Ermoupoli baute, heute Wahrzeichen der Inselhauptstadt. Ende des 19. Jhds. /Anfang 2o. Jhd. wurde Syros zu wichtiger Bunkerstation für Kohle.

Aus dieser Epoche des Reichtums stammen noch viele Herrschaftshäuser der Stadt. 1893 wurde der Kanal von Korinth eröffnet, der der Schiffahrt den Umweg um die Südspitze der Peloponnes für die Zufahrt in die Adria ersparte. Athen gewann zunehmend an Bedeutung (zur Jhd.- Wende bereits rund 12o.ooo Einwohner), analog sein Hafen Piräus.

Beides, - die kürzere Verbindung östl. Mittelmeer via Kanal von Korinth - aber auch die zunehmende Expansion von Athen/Piräusd als Stadt, Hafen und Wirtschaftsmetropole reduzierten zunehmend die Bedeutung der Insel Syros.

WIRTSCHAFT: Syros ist heute mit seinen Treibhäusern im Süden der Insel wichtiger Lieferant der Metropole Athen für Frühgemüse und Tomaten (neben Kreta). Industrie: die Schiffswerft von Ermoupoli, sowie Kleinindustrie in der Hafenstadt (z.B. Textil). Darüber hinaus Beschäftigung durch Verwaltung und Justiz. Im Vergleich zu anderen Kykladeninseln verfügt Syros über die geringste Abwanderungsrate und ist die wohlhabendste des Archipels.

★ Ermoupoli/Ano Syros (14.ooo Einw.)

Ausgesprochen schön, wenn das Schiff in die weite Bucht von Ermoupoli einfährt: Quer über die Bucht das Häusermeer mit seinen beiden Hügeln, an denen die Stadt dicht an dicht raufgebaut ist. Superszenerie insbesondere per Abendfähre, wenn sich die Lichter der Stadt in der Bucht widerspiegeln!

Ermoupoli, in dem heute rund 6o % der Inseleinwohner leben, bietet das Bild einer aktiven und lebendigen Provinzhauptstadt. Eine Stadt mit viel Flair! Auch wer keinen längeren Aufenthalt auf Syros vorhat, sollte auf Kykladen-Rundtrips zumindest 1 Tag Zwischenstop wegen Ermoupoli einlegen!

Tourist INFO Staatliches Touristbüro direkt an der Fähranlege (siehe Karte, Nr. 2), - ein weiteres privates (Karte, Nr. 7) befindet sich an der Uferpromenade "Teamwork". Beide vermitteln auch Privatzimmer

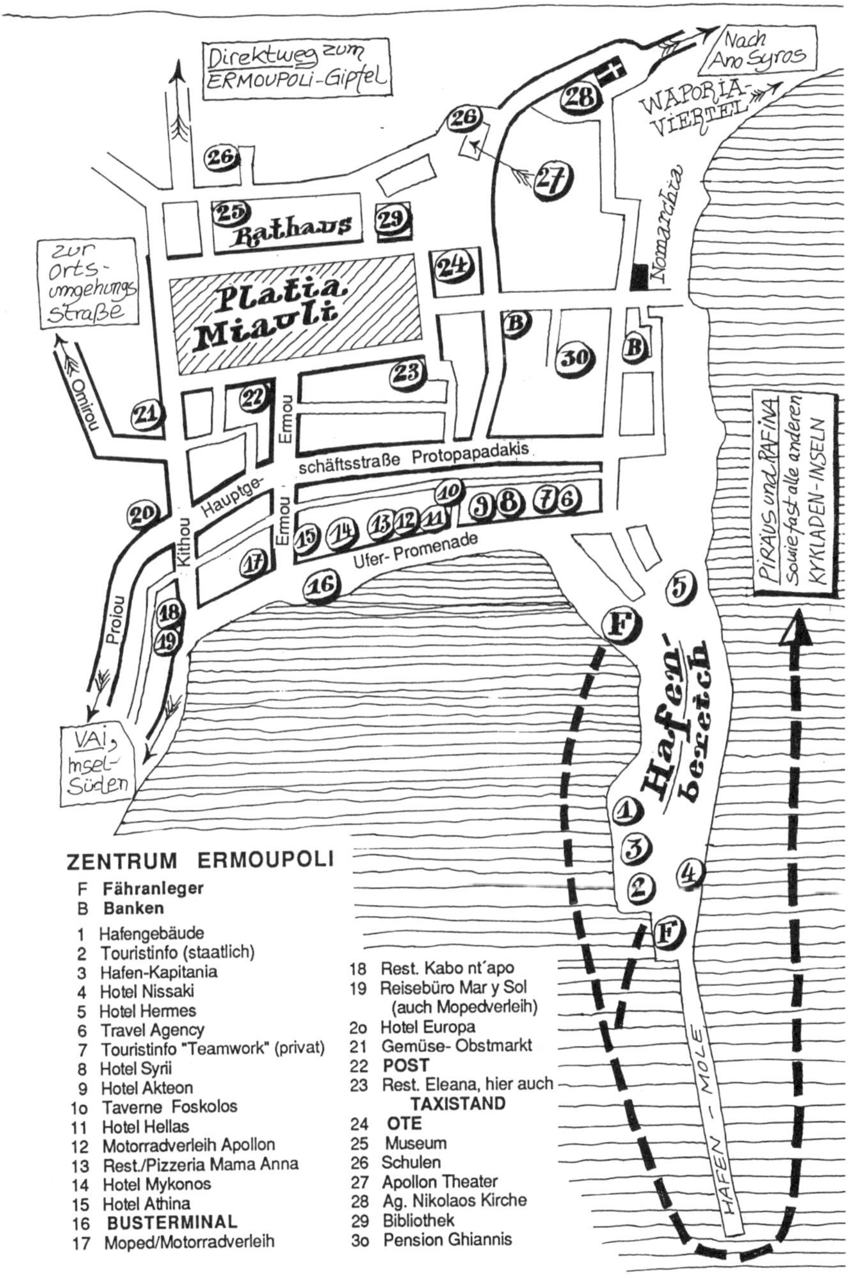

ZENTRUM ERMOUPOLI

F **Fähranleger**
B **Banken**

1 Hafengebäude
2 Touristinfo (staatlich)
3 Hafen-Kapitania
4 Hotel Nissaki
5 Hotel Hermes
6 Travel Agency
7 Touristinfo "Teamwork" (privat)
8 Hotel Syrii
9 Hotel Akteon
1o Taverne Foskolos
11 Hotel Hellas
12 Motorradverleih Apollon
13 Rest./Pizzeria Mama Anna
14 Hotel Mykonos
15 Hotel Athina
16 **BUSTERMINAL**
17 Moped/Motorradverleih
18 Rest. Kabo nt´apo
19 Reisebüro Mar y Sol (auch Mopedverleih)
2o Hotel Europa
21 Gemüse- Obstmarkt
22 **POST**
23 Rest. Eleana, hier auch **TAXISTAND**
24 **OTE**
25 Museum
26 Schulen
27 Apollon Theater
28 Ag. Nikolaos Kirche
29 Bibliothek
3o Pension Ghiannis

Car- und Motorbikerent: Apollon-Motorbikes an der Uferstraße: Einsitzer ca. 25 DM/Tag, Zweisitzer ca. 35 DM/Tag; Benzin extra. Hier auch Privatzimmer, ca. 2o-3o DM.

Rent a Car Mar y Sol: verleiht nur im Sommer, ca. 1oo DM/Tag. Touren nach Tinos-Mykonos-Delos, ca. 5o DM, Übernachtung möglich.

"Hotel Europe": Liegt an der Durchgangsstraße, 28 Zimmer, davon 7 mit Seeblick. Ein Hotel mit History: 1861 als erstes Krankenhaus der Kykladen eröffnet, bis 1958 in Funktion. 1968 wurde es komplett restauriert und als Hotel eröffnet. Schöner Innenhof mit Grünpflanzen. Die meisten Zimmer sind um den Innenhof mit Arkaden gruppiert. Die Einrichtung mit grauer Möblierung, z.T. neu renoviert, Teppichböden. Privatbad, aber klein mit Dusche neben Sitzklo (spritzt), Besitzer sollte mal in Dusch-vorhänge investieren! DZ je nach Saison immerhin 6o - 7o DM!

"Hotel Athina": An der Uferpromenade gelegen, steile Holztreppe rauf bei strapaziertem Teppichbelag, hoher Gang mit grünen Türen zu den Zimmern: hoch und einfachst eingerichtet, im Zimmer kein Waschbecken. Der Gemeinschaftsraum besitzt TV und Balkon mit Hafenblick. 1o DZ bei 4 Gemeinschaftstoiletten und 2 Duschen, das DZ ca. 25 DM.

"Hotel Mykonos": Traditionelles Hafenhotel, 3 Stock, von angedeuteten "Zinnen" bekrönt beim Busterminal an der Uferpromenade. Der Eingang über eine Seitengasse. Über eine steile Holztreppe gehts rauf in den ersten Stock zur Rezeption. In allen Zimmern Waschbecken, wer Glück hat, erwischt Zimmer Nr. 4: das Prachtzimmer des Hotels, sehr groß, Holzfußboden und Balkon zum Hafen! Ansonsten kleinere Sachen, aber sauber und bei ca. 28 DM DZ relativ preiswert. Nur wenige Zimmer, die zur HS und nach Ankunft der Fähre schnell ausgebucht sind!

"Hotel Hellas": Altes Hafenhotel in einer Seitenstraße zur Uferpromenade, rauf in die Rezeption über steile Treppe. Alte, hohe Räume mit Holzdecken und Linoleumböden. Im Gang ein Eisschrank für alle. Nur 2 Zimmer der insges. 1o Zimmer besitzen Hafenblick und sind entsprechend schnell ausgebucht. Ansonsten alle Zimmer mit eigenem Waschbecken, - 2 primitive Toiletten im Zwischenstock, 1 heiße Dusche (rund 2 DM pro Vorgang), das DZ bei 2o DM billig.

"Hotel Aktaeon": neben Hotel Syrii und Nähe des Fähranlegers. Der weiß gekalkte Steinbau ist durch die Beschriftung "Xenodoxeion Akteon" am Balkon erkennbar, über Treppe rauf in den 1. Stock, Rezeption. Tip sind die 4 Zimmer mit Hafenblick. Insgesamt hohe, alte Räume mit Waschbecken und uralten Kleiderschränken. Im Zimmer Waschbecken. Das Haus hat lange Tradition als früheres Feudalhaus, im 2. Stock großer Aufenthaltsraum. Die 1o DZ/Gemeinschaftsbad, mit ca. 22 DM preiswert, insbesondere, wenn man die Zimmer mit Hafenblick erwischt.

"Hotel Syrii": daneben, 12 Zimmer, direkt an der Hafenmole. Statt Normaltreppe gehts per Marmor rauf, auch die Zimmer mit Marmorböden, Wasserrohre frisch auf die Wand montiert. 12 Zimmer mit eigener Toilette, Tel., einfach möbliert. Wer ein Zimmer zur Hafenfront bekommt: o.K. Ansonsten bei ca. 35 - 4o DM je nach Saison "leicht überbezahlt".

"Hotel Hermes": Direkt am Hafenkai, superpompöse ca. 2o m breite Marmorstufen führen rauf ins Innere. Was von außen an Gebäudearchitektur und Repräsentation fast eine wichtige Bank, Rathaus oder sonstigen Verwaltungsbau vermuten lässt, hat uns in seinem Inneren nicht befriedigt. Den Schleiflacksesseln der Lobby täte nach unserem Geschmack ebenso eine Renovierung gut, wie den Teppichen und den Zimmern. Sie sind geräumig, besitzen teils Privatbad und teils große Balkons. DZ ohne Bad ca. 4o DM, mit ca. 5o DM.

"Hotel Nissaki": Moderner 4- Stock Betonbau direkt am Fähranleger, gute Parkmöglichkeit. 42 Zimmer mit Toil., teilweise defektes Mobiliar (bei unserem Check fehlten Griffe), aber große Balkone mit schöner Aussicht. DZ ca. 45- 55 DM ohne Frühstück.

"Hotel (Pension) Vourlis": Altes, 2-stöckiges Herrenhaus in schönem Garten, ca. 4o m oberhalb des Meeres. Das Haus wurde 1886 gebaut und 1984 renoviert. Der Besitzer ist stolz auf eine Hotel- Auszeichnung von 1985 und insgesamt zu Recht! Der Stil des Syros- Hauses wurde beibehalten, dezent feudal mit Ahnenbildern, Stilmöbeln, tip- top sauber. Ob einem die Einrichtung liegt, ist Geschmacksfrage. 6 Zimmer (groß, schöner Meeresblick), 1 Suite. Das DZ je nach Saison ca. 6o - 9o DM, die Suite bis zu ca. 11o DM.

"Hotel (Pension) Ghiannis": Nähe OTE, 13 Zimmer. Zwei getrennte Häuser (= 2 Eingänge), mit schönem Innengarten, wo das Frühstück serviert wird, abends Musik. Keine Waschbecken in den Zimmern, große, saubere Gem.-Toil. 13 DZ ca. 2o- 3o DM.

PRIVATZIMMER: Vermittlung über Touristbüros am Hafen. Insbesondere im Ortsinneren gibts eine ganze Reihe an Privatquartieren und Billigpensionen, die im Schnitt bei ca. 2o - 25 DM fürs DZ liegen. Vielfach in alten Syros Häusern mit hohen Räumen, Holzdecken, - und in den höheren (und weiter vom Hafen entfernten) Lagen teils Superblick über die Bucht!

Je nach Service des Besitzers gibts teils neben Eisschrank und Küche auch die Waschmaschine zur freien Benutzung.

Im Grunde die optimale Übernachtungswahl in Ermoupoli, da die Hotels (siehe oben) vielfach keinen besseren (oft aber schlechteren) Service bei zudem höheren Preisen bieten. TIP: wer auf derartige Unterkünfte aus ist, sollte nach Möglichkeit die Frühfähre nach Syros nehmen, am Abend sind die Zimmer zur HS vielfach ausgebucht.

Wer früh am Tag kommt, hat die Chance, selbst im Ort rumzusuchen, die Sachen persönlich zu inspizieren. Bei Abendfähren insbes. zur HS. jedoch besser auf die Vermittlungsbüros am Hafen (Reiseagenturen und Touristbüros, siehe Karte) zurückgreifen.

RESTAURANT KABO NT'APO: an der Uferstraße, hoher Raum, Holzbalkendecke, Galgen an der Wand. Große übersichtliche Auslagenvitrine (Fisch!) im Innern.

RESTAURANT MAMA ANNA: alle griechischen Spezialitäten und Pizza. Reichhaltig und gut.

Weitere gute Lokale: Eleana, Foskolos. Im Bereich des Hauptplatzes Miaouli eine KAFENIONS, schön unter Mimosenbäumen und Palmen.

Im Stadtinneren viele weitere, oft in den Gassen versteckte Tavernen, wo es sich preiswert essen lässt bei noch original griech. Küche.

STADTBESICHTIGUNG: Macht Spaß, eine ungemein lebendige Stadt mit viel Atmosphäre (vergl. auch Kapitel Geschichte!)

Entlang der UFERPROMENADE die wichtigsten Hafenbüros, aber auch Tavernen. Für Yachtbesitzer ist Ermoupoli/Syros ein beliebtes Winterquartier, da es umfangreiche Serviceeinrichtungen auch für Yachtreparaturen gibt. - Im Südteil der Bucht die Docks der Neorion Schiffswerft, heute Hauptarbeitgeber der Insel. Durch günstige Preise dient sie nicht nur innergriech., sondern auch vielen ausl. Reedern zur Frachtschiff-Reparatur.

Hauptgeschäftsstraße ist die zur Uferstraße parallel verlaufende PROTOPADAKI. Achtung: Einbahnregelung; wer´s Auto dabei hat, lässt es besser außerhalb stehen: sowieso im Ort kaum Parkmöglichkeit! Dahinter der Hauptplatz MIAOULI mit dem 1876 - 1881 gebauten Rathaus. Im nördl. Teil des Rathauses und über eine Seitengasse (siehe Karte: Nr. 25) zu erreichen das ARCHÄOLOG. MUSEUM (Eintritt frei, Ausgrabungsfunde von Chalandriani im Inselnorden, aber auch anderen Inseln aus der kykladischen Epoche). Neben dem Rathaus die INSELBIBLIOTHEK. (Besuch interessant, teils schöne alte Wälzer!). -Knapp dahinter, straßenaufwärts das 1862 von dem franz. Architekten Chableau erbaute APOLLO THEATER. Es ist im Stil der Mailänder Scala nachempfunden.

Die Gassen führen zum HERMES Viertel, es war bis zur Jhd.- Wende das Wohnviertel der Reeder und sonstigen Unternehmer, die auf der Insel ihre Geschäfte tätigten. Schöne Wohnhäuser mit prächtigen Fassaden.

Inselhauptspezialität und allgemein in Griechenland geschätzt ist das LOUKOUMI, das auf der Insel produziert wird:

Wer mit offenen Augen durch die engen Gassen von Ermoupolis bzw. Ano Syros streift, begegnet immer wieder diversen 1-2 Mann-Betrieben, wo in einem kleinen Raum das Gemisch von Stärke, Wasser, Zucker und Zitronensäure unter hoher Temperatur gekocht und auf Blechen zum Erkalten gebracht und anschließend mit Puderzucker bestreut wird. Verfeinert werden diese Gelèe-Würfel unter Zugabe von Mandeln, Pistazien, Nüssen, Zitronat und Orangeat. In kleine Kartons verpackt, werden sie in alle Teile Griechenlands versandt.

Eine weitere Spezialität sind CHALBAS (ein Mandelgebäck mit Eiern, Zucker und Honig, hergestellt auf Oblaten), sowie das berühmte SYROS- NOUGAT .

Ab Platia Miauli und am Apollon- Theater vorbei erreicht man die Ag. Nikolaos Kirche: sie wurde Ende des 19. Jhds. für die Seeleute gebaut, in der vorgelagerten Grünanlage das Denkmal eines Freiheitskämpfers. Die Straße verläuft dann hoch über der Küste zwischen alten Herrenhäusern, die früher griechischen Reedern gehörten. Dieses Viertel nennt sich "BAPORIA" (Waporia= Dampfschiffe") unter Hinweis auf die bedeutende Ära des 19. Jhd. Beachte: die schönen Giebelfassaden der Häuser. Am Ende des Viertels Wegweiser nach Ano Syros.

Wer zu Fuß auf den **ERMOUPOLIS** bzw. **ANO SYROS- HÜGEL**

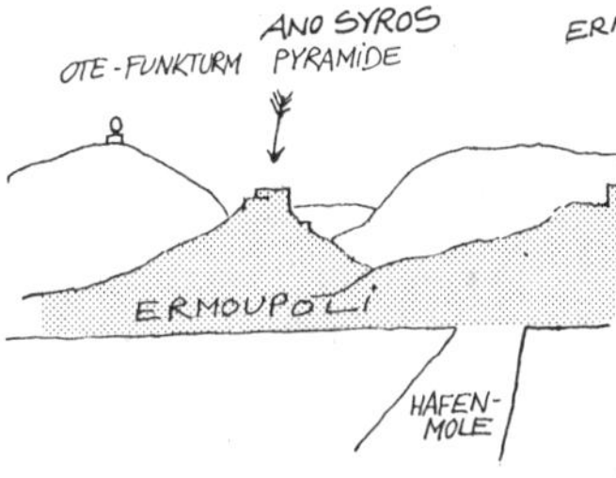

will, braucht zumindest im Hochsommer und Hitze etwas Kondition: es geht ziemlich steil rauf.

Beide Gipfel sind von der Hafenmole gut auszumachen: der linke, spitzere die Ano Syros- Pyramide, - rechts Ermoupolis. Die Stadt ist praktisch bis zur Spitze beider Hügel vollgebaut.

ERMOUPOLIS: zu Fuß ca. 3o Min., der kürzeste (und steilste) Aufstieg beginnt hinter dem Rathaus (vergl. unsere Karte). Hier den Weg beständig geradeaus den Berg rauf. Auf dem Gipfel die orthodoxe Ag. Anastasis Kirche, schattige Bank unter Bäumen und Superblick über die Bucht.

Ab Ermoupolis- Pyramide führt die Straße zunächst steil abwärts durch das mittlerweile weitgehend besiedelte Tal auf der Ostseite des Ano Syros Hügels zu einem Parkplatz unterhalb (und anschließend weiter in den Insel-Norden). Vom Parkplatz gehts durch enge Gassen steil rauf in den Ort Ano Syros:

BUS: häufige Verbindungen ab Ermoupoli/Hafen rauf nach Ano Syros.

EIGENES AUTO: da fast der gesamte Bereich ab Hafen bis rauf nach Ano Syros mit Häusern bebaut und mit Straßen bedient ist, - führen analog viele Wege rauf. Eine der Möglichkeiten, wie im Vorkapitel beschrieben ab Platia Miauli, am Apollon Theater und Ag. Nikolaos Kirche vorbei durchs "Baporia"- Viertel, dann mit "Ano Syros" ausgeschildert. Sollte prinzipiell aber kein Problem sein, da der Ano Syros Gipfel markant genug ist mit seinem oben liegenden Ag. Georgios- Kloster.

ANO SYROS: im 13. Jhd. durch die Venezianer gegründet und Inselhauptstadt bis 183o. Die heutige Einwohnerzahl ist schwierig festzulegen, da der Ort praktisch nahtlos mit Ermoupoli übergeht. Wer hier oben wohnt, kann sich glücklich schätzen: von den Häusern am Berghang vielfach Superblick über die Hafenbucht und Weite der Ägäis. Bei klarem Wetter reicht der Blick bis zu den Nachbarinseln Tinos, Andros, Mykonos und Naxos!

Auch wenn viele der Häuser am äußeren Berghang neueren Baujahres (sprich 2o. Jhd.) sind, gibts im Ortsinneren jede Menge labyrinthähnlicher Gassen mit Torbögen, Treppchen und schönen Kykladenhäusern im alten Stil. Ano Syros ist im Ortsinneren um den Gipfel nur zu Fuß begehbar, auf der Bergspitze (18o m über dem Meer) die Ag. Georgios Kirche und das ehemalige Kapuziner- und Jesuiten- Kloster. Super-Panoramablick! Die venezianische Festung, die auf dem Gipfel gebaut war, existiert nicht mehr. In der Kirche schönes Marmorbecken und Reliefs aus dem Jahre 1757, Teile des Kirchenneubaus wurden 1834 an die alten Klosterbauten angefügt.

Der Besuch von Ano Syros lohnt in jedem Fall. Raus aus dem lebendig hektischen Ermoupoli herrscht hier oben fantastische Ruhe und klare Luft. Wenige Tavernen, Unterkunft nur Privatzimmer.

INSEL- NORDEN:

Weitgehend unbewohnt, eine einsame Berglandschaft. Eigenes Fahrzeug bzw. Mietmoped nötig, da keine Busverbindung nördl. von ANO SYROS. Wer wandern will, nimmt den Bus bis Ano Syros, zugleich aber auch guten Sonnenschutz, Essen und Trinken, da praktisch keine Dörfer.

Die asphaltierte Straße nach ANO SYROS führt weiter steil ansteigend nordwärts bis zur **Abzweigung**: links eine Stichpiste auf den 442 m hohen PYRGOS mit OTE Funkstation: der beste Insel- Panoramablick. Nicht nur auf die Hafenbucht, bei klarem Wetter reicht der Rundblick weit über den nördlichen Kykladenbereich (Kea - Mykonos - Andros - Naxos - Sifnos).

Eine weitere Piste ab o.g. Abzweigung umrundet nördlich den Pyrgos und führt zur Kini Bucht im Inselwesten: gebirgigster und wildester Teil der Insel. Tiefe Täler, nur an vereinzelten Gehöften Feldanbau, ausgesprochen wenig Vegetation, vorwiegend Schadzucht.

Ab o.g. Abzweigung geht die Asphaltstraße in Serpentinen wenige km weiter nordwärts und spreizt sich dann in Schotterpisten auf: Rechts nach CHALANDRIANI, wo eine kykladische Siedlung aus dem 3. Jh.tausend v. Chr. gefunden wurde. Nur zu Fuß (ca. 3 Std. ab Ano Syros, bzw. Taxi zu erreichen). Kurz vor Chalandriani rechts eine Piste nach Plati Vouno und weiter runter an den Ormos Loulla. -

Weiter nordwärts (siehe Karte!) führt eine Erdpiste bis zum Bauerngehöft KAMPOS, im nördlichen Bereich der Insel das einzige Gebiet, - eine weitere, extrem schlechte Piste führt in den äußersten Inselnorden zum ORMOS GRAMMATON.

KIRCHE AG. DIMITRIOS: ca. 1 km nördl. von Ermoupoli, an der Ostküste. Schöner Ausflug zu Fuß (ca. 3o Min. pro Richtung), bzw. mit eigenem Fahrzeug über eine Piste zu erreichen. Die byzantinische Kirche liegt ca. 5o m oberhalb der Steilküste. Eine Pistenverbindung rauf zum Ormos Loulla ist geplant.

Südwärts umrundet eine Asphalt- Serpentinenstraße den Pyrgos und führt weiter nach KINI/Westküste. Besonders schöner Ermoupoli- Blick siehe unsere Inselkarte: Nr. 2. Ebenso kommt man ab Abzweigung, siehe Karte über die Höhenketten oberhalb des Ortes wieder runter nach Ermoupoli.

* Auch wenn weite Bereiche des Inselostens (ab Höhe Kini) und Südens per häufiger Busverbindungen erreicht werden können, - lohnt sich die Anmiete eines Miet-Mopeds für einen Tag, um die Bergketten oberhalb von Ermoupoli zu befahren:

Immer wieder Superpanoramablicke, man kann Stops zum Genießen bzw.

Fotographieren einlegen, was bekanntlich per Linienbus nicht geht. Allerdings die Kiste sehr vorsichtig fahren: zwar wenig Verkehr, so wird doch in Kurven gern geschnitten. Unbedingt präventiv fahren; abgesehen davon ist der Schutzhelm in Griechenland Pflicht!

* Wer die Nordpisten der Insel mit Mietmoped/Motorrad fährt, sollte die Kiste nicht nur auf eventuelle Defekte (Reifen, Kupplung, Gasseil etc.) vorab untersuchen: oben im Inselnorden kaum Hilfe bei Pannen. Insbesondere sollte man auch keine Vespas oder ähnliche Fahrzeuge mit kleinem Raddurchmesser anmieten, die sich auf schlechten Pisten schwer fahren lassen und Sturz-gefährdet sind.

INSEL - SÜDTEIL:

Relativ dicht besiedelt, auch im Inselinneren. Ein Großteil der Straßen, die sich in endlosen Serpentinen über die Bergketten ziehen, sind asphaltiert. An der buchtenreichen Süd- und Westküste eine Reihe ehemaliger Fischernester, die sich zu kleineren Badeorten entwickelt haben. Die Strände sind passabel, es gibt im Kykladenbereich jedoch bessere.

BUSSE fahren ab Ermoupoli/Hafen ca. alle 1 - 2 Stunden: nach (Kini) - Gallisas - Foinikas - Posidonia. Teils fahren sie weiter nach Megas Gialos - Vari und von hier direkt retour via Manna nach Ermoupoli.

Eine weitere Busroute pendelt 5 mal am Tag ab Ermoupoli via Manna - Vari nach Megas Gialos und selbe Strecke retour.

ERMOUPOLI ⋙➤ WESTKÜSTE/Kini: es geht quer über die Bergketten des Inselinneren. Obwohl nur ca. 3 km Luftlinie muß man zunächst entweder nordwärts über Ano Syros hinaus und am Berghang des Pyrgos (OTE- Turm) in scharfer Kehre retour am Hang südwärts (vergl. unsere Inselkarte!). Oder: ab Ermoupoli/Hafen zunächst in großem Südschlenker Ri. Piskopi, aber bei der Abzw. (siehe unsere Karte) nordwärts, wo man auf die Serpentinenpiste trifft, die die Insel über die Bergkette und Pass rüber nach Kini überquert.

Das kostet Zeit! Mit dem Inselbus eine endlose Kurbelei, - mit eigenem Fahrzeug eine sehr lohnende Strecke (egal ob Nord- oder Südschlenker) und Superpanoramablick zunächst auf die Hafenbucht von Ermoupoli, - später nach dem Pass auf die Westküste und Kini-Bucht.

Nach dem Pass an der Straße das Kloster AG. VARVAS, hoch über der Kini- Bucht. Wird noch von 2 Nonnen und Mönch bewohnt. Schule für Waisenkinder, die auch an Webstühlen ausgebildet werden. Im Kloster kleine Verkaufsausstellung.

TIP: auf der Fahrt von Ermoupoli mit eigenem Fahrzeug einen Abstecher im Bergdorf **PISKOPI** einplanen! In der kargen Landschaft mit wenigen Büschen und Bäumen ist der Ort eine Oase mit parkähnlichen Gärten und alten Herrschaftsvillen. Hier oben, knapp unterhalb des 319 m hohen Prof. Ilias lagen die Sommerresidenzen der Reeder und reichen Händler Ermoupolis des verg. Jhds. Üppige Vegetation mit Agaven, Pinien, Zypressen und Palmen zwischen Feigenanpflanzungen.

Kini (25o Einw.)

Die Bucht an der Westküste besitzt einen 15o m grob Kiesel/Sandstrand, der immerhin noch als bester der Insel gilt. Landschaftlich schöne Badebucht mit Tavernen am Wasser, teils Sonnenschutz durch Tamarisken (sowie Sonnenschirmen), Tretboot-Verleih. Links gehts über einen bebauten Felsvorsprung zu einer weiteren kleinen Sandbucht, nur zu Fuß zu erreichen. Landein in Gartenlandschaft verstreute, 2- stöckige Häuser.

"**Hotel Elpida**": 2-stöckiges, modernes Gebäude, 5o m vom Strand. Kleine Zimmer (zur Straße sehr laut) um einen zentralen Raum angeordnet, kleiner Balkon, ausreichend großes Bad. Im Tiefparterre Bar und Frühstücksraum, dunkel aber mit kl. Natursteinen verblendete Säulen. Der Raum wurde früher als Disko genutzt, als Relikt noch eine komplette Wand mit Schallplattenhüllen vollgepflastert. Über der Straße ein Garten mit Hollywoodschaukeln. Grenadabäume, Rhizinus, Oliven, insgesamt recht schöne Anlage! 12 DZ ca. 35- 45 DM.

TONY'S BAR: Frühstück, Lunch und Dinner (Fisch). Sitzterrasse direkt am Wasser.

TAVERNE KENTRON: Liegt am Ende der Straße am Wasser. Verrauchter Innenraum, aber luftige Außenterrasse. Fischspezialitäten zu günstigen Preisen.

Gallisas (auch "Galessas" oder "Galissas" geschr.) (3oo Einw.)

Kleiner, beliebter Sommerbadeort an der Westküste mit 3oo m langem Sandstrand, pinienbewachsen. Der Bus von Ermoupoli nach Gallisas benötigt auf der Südroute via Talanta ca. 2o Min., tagsüber alle 1 - 2 Std.

Südwestl. an der langgestreckten Bucht von Gallisas liegen zwei weitere, kleinere 5o -m Kieselstrände, die nur zu Fuß in 2o bzw. 3o Min. erreicht werden können.

"**Hotel Françoise**": Mitten im Ort, ca 3oo m vom Strand. Modernes, 2 stökckiges Gebäude (1981 eröffnet). Die Zimmer teils mit Holzbalkon, teils durchlaufender Balkon, der vom Nachbarn durch Glaswand abgeteilt ist. Die Rezeptionstheke geht in die Bartheke über, TV Raum und langgestreckter Speiseraum. Die Zimmer sauber, mit (allerdings relativ kleinem) Privatbad. Der Besitzer war bei unserem Check sehr flink und aktiv. Geplant ist, das Hotel um ein Stockwerk zu erhöhen. Derzeit eines der angenehmsten Hotels außerhalb von Ermoupoli und im Angebot von Pauschalveranstaltern (Flug + Hotel) recht preiswert. Wer auf eigene Faust kommt, zahlt fürs DZ jedoch je nach Saison ca. 4o - 6o DM.

"Hotel O Petros": Etwas abseits vom Strand, 8 Zimmer mit Waschbecken, 2 mit Bad, Parkplatz nebenan. Große Räume, dunkle Möbel. Zwei kleine Betonhäuser, durch Balkon verbunden, Vorgarten mit Blumen. Familienbetrieb. DZ ca. 25- 35 DM je nach Saison.

Viele weitere Pensionen und Privatquartiere.

Camping Yianna: 2oo m zum Strand, abseits der Straße in einem Gartengelände mit viel Schilf. Die Plätze unter Mattendächern, Tamarisken. Es gibt eine Cafeteria, einen Minimarkt, Waschraum, heiße Duschen. Vermietung von Zelten ca. 2 - 3 DM/Nacht, die Camping-eigene Disco kann von Leuten, die auf dem Platz übernachten, kostenlos benutzt werden.

Wildcampen im Wäldchen am Strand ist verboten. Der 2. Campingplatz von Gallisas war zeitweilig geschlossen, da er gemäß Behördenbestimmungen nicht genügend Toiletten vorweisen konnte.

GREEN DOLLAR-BAR/TAVERNE: Direkt am Parkplatz des Strandes gelegen, mit Terrassenbetrieb. Treffpunkt einheimischer Motorradfahrer.

Gegenüber ein SELFSERVICE-RESTAURANT mit Außensitzgelegenheit (nur 2 - 3 Monate im Jahr offen).

5o m landeinwärts an der Straße RESTAURANT DISCOPOLOS. Abends mit bunten Lampen beleuchtete Außensitzgelegenheit und geschäftstüchtigem Besitzer.

Circa 1oo m vom Strand CAFETERIA JOHNNY'S PLACE, gegenüber vom Minigolf. Beliebte Frühstücksterrasse.

Am Hotel Françoise TAVERNE-CAFETERIA CORAL. - TAVERNE NIKOS, gegenüber Hotel Françoise. Sehr beliebtes und gut besetztes Terrassenrestaurant. Es gibt auch Pizzen.

RESTAURANT STEKI: neben Hotel Françoise, mit gr. Parkplatz und überdachter Außenterrasse. Derzeit bestes Restaurant am Platz. Wein aus großen Fässern. Gute griech. Küche, reichhaltig.

DISCO APHRODITE: Neben Hotel O Petros an der Straße gelegen, mit schönem bepflanztem Innenhof und hoher Empore. Jazzmusik.

Bucht von Possidonia/Foinikas:

Größte Bucht an der Westküste. Bereits zur Blütezeit der Insel Syros, verg. Jhd. diente sie als Sommerresidenz, einige Villen in Possidonia zeugen noch von der damaligen Epoche. Strände: teils Sand, allerdings schmal. Hotelpreise insbes. in Possidonia recht hoch.

Insgesamt hat uns die Bucht nicht besonders überzeugt. Bei Syrioten ist sie im Sommer, spez. an Wochenenden äußerst beliebt (vermutlich deswegen, weil die Badegelegenheiten drüben in Ermoupoli nicht besonders sind...).

Am Nordende der Bucht: **FOINIKAS** (auch "Phinikas" geschrieben, bzw. "Phoinix" in Anlehung, daß sich hier früher eine phönizische Siedlung befand). Rund 3oo Einw., im nördlichen Buchtende Hafenmole, anschließend entlang des Ufers Tavernen. Anfangs kein Strand, später (südlich) schmales Uferband mit Sonnenschutz durch Tamarisken und im Wasser wenig schöne, große Betonplatte.

"**Hotel Finikas**": Moderner Betonbau, liegt an einem Hügel hinter Restaurant Panorama. 13 Zimmer, 7 mit Bad. Großes, verglastes Restaurant. DZ mit Bad ca. 35 DM, ohne Bad etwas billiger.

"**Hotel Olympia**": An der Strand-Uferstraße gelegenes, zweistöckiges Gebäude, langgestreckt mit 4o Zimmern. Vorn mit kleinem Balkon und Buchtblick. Die Zimmer sind funktional eingerichtet, sauber und mit Kiefernholzbetten, Privatbad, das DZ je nach Saison ca. 4o - 5o DM.

"**Hotel Cyclades**": Direkt an der Strand-Uferstraße, mit Parkplatz. 1o Zimmer (ohne Balkon), 3 Appartements in Separatbau. Zimmer sind groß, mit Steinfußboden und gr. Bad. Großes Restaurant über den Zimmern. Appartements großzügig aufgeteilt mit volleingerichteten Küchen. DZ mit Bad ca. 3o-35 DM, App. für 4 Pers. ca. 7o DM, für 2 Pers. ca. 5o DM.

Vermietung von **Privatzimmern** über Tavernen.

RESTAURANT HOTEL CYCLADES: einfacher, großer Raum mit Terazzofußboden, Holzdecke, schmiedeeiserne Lampen. Grünpflanzen, Außenterrasse. Griech. und Fischgerichte, sehr gut, reichhaltig und preiswert.

RESTAURANT PANORAMA: Etwas erhöht gelegen, schöne, weinumrankte Terrasse mit Blick über die Bucht. Große Glasveranda mit Terazzoboden. Verschiedene Fischspezialitäten.

Die Häuser von Foinikas verstreuen sich landein in Gartenlandschaft. Der Ort geht fast "nahtlos" über in **POSSIDONIA** (ca. 4oo Einw.), Buchtmitte. Wird auch "Delagrazia" genannt, beliebter Sommeraufenthaltsort der Syrioten. Nördl. und südl. der hier ins Meer reinragenden Landzunge (milit. Sperrgebiet) zwei schmale Sandstrände teils mit Tamarisken.

"**Hotel Eleana**": am Ortseingang (Straße von Vari) und etwas abseits vom Strand. Modernes, mehrstöckiges Gebäude, durch braune Holzbalkons abgesetzt. Für den Zeitvergleich zwischen Athen, London und New York gibts über der Rezeption 3 Uhren. Über eine Marmortreppe gehts zum Restaurant (ordentlich), die Gänge zu den Zimmern mit indirekter Fußbodenbeleuchtung und seitlichen Bullaugenleuchten. Unter anderem im Gang auch eine dezent beleuchtete Gipsstatue der Venus von Milo. Die Zimmer mit TV und Kühlschrank und Privatbad. Über den Geschmack der Einrichtung, speziell der Suites lässt sich streiten. Das DZ bewegt sich je nach Saison immerhin von ca. 45 bis rund 1oo DM.

"Hotel Possidonion": Modernes 3- stöckiges Gebäude an der Uferstraße mit davorliegendem 5o m langen Sandstrand und Tamarisken. Die Zimmer mit Rundumbalkon und Meeresblick, sind sauber, braune Holzbetten, Tel, Radio und Privatbad. - Zusätzlich gibts Bungalows, verschachtelte weiße Hauskuben, von denen allerdings nur ein Teil Meeresblick besitzt. Im Hoteltrakt ca. 2o Zimmer, zusätzlich ca. 4o Zimmer in den 3 Bungalowkomplexen. Das DZ ca. 6o - 7o DM

"Hotel Delagrazia": Flachbau am Beginn der Halbinsel, davor Sandstrand. Die Zimmer mit Bad, alle zur Seeterrasse hin, mittelgroß, Terazzoböden, Standardmöbel. Im 1. Stock riesige Terrassen. Einfaches Restaurant mit großem Fenstern und Buchtblick, große Außenterrasse mit Bar. Reception mit kl. Fernseher. DZ ca. 55- 6o DM.

Im Ort Vermietung von Privatquartieren.

Südlich des Ortes, ab Hotel Delagrazia führt eine 1 km lange Schotterpiste runter nach KOMITO. Rund 1oo m Kieselstrand, Sonnenschutz durch Busch- Strauchwerk am Ufer. Derzeit als Bucht noch unerschlossen.

Megas Gialos

Südküste, der kleine Ort liegt oberhalb der Gialos- und Bounta Bucht.

"Hotel Akrotiri": direkt an der Hauptstraße, 15o m hinter dem Hotel kleiner Sandstrand, bzw. 25o m zum Sandstrand in der Bucht unterhalb des "Hotel Alexandra". Das 2- stöckige Gebäude besitzt Balkons, die Zimmer mit Kachelböden und kühl blau gestrichenen Betten, im Eck Wandhochschrank und Privatbad. Restaurant mit großer Terrasse und Meeresblick. Einfach, aber sauber, 21 DZ, je nach Saison 4o - 6o DM.

"Hotel Alexander", modernes 3- stöckiges Gebäude mit Umlaufbalkon, vornraus Meeresblick. Große Zimmer mit Kunststoffböden, Betten und Möbel einfach, Bad gefließt mit Duschwanne. Pluspunkt ist der Sandstrand mit Tamarisken direkt vor dem Hotel, das DZ je nach Saison ca. 45 - 6o DM.

Von MEGA GIALOS führt die Südküstenstraße am Meer entlang oberhalb zerklüfteter Buchten. Immer wieder alleinstehende Villen und Ferienhäuser. Nach rund 3 km und kurz vor VARI in der ACHLADI- Bucht:

"Hotel Emely": Weißer Bau direkt am Wasser, Zufahrt von der Küstenstraße runter an die Bucht über eine steile Betonpiste. 9 Zimmer, meist zum Strand, sehr einfach möbliert, DZ mit Toil. ca. 3o DM, ohne Toil. ca. 25 DM.

"Hotel Achladi": Neben Hotel Emely, 1o Zimmer mit Bad, freundliche Besitzer. DZ ca. 35 DM. Nebenan einfache Taverne.

Vari (7oo Einw.)

Der Ort liegt rund 1 km oberhalb der beiden Südbuchten Vari und Ampela. Derzeit erschlossen ist die enge Vari Bucht mit einer Reihe von Ferienvillen, sowie kleinerer Hotels und Tavernen. Als Ort angenehm ohne klotzige Sachen, passabler Strand.

"Hotel Kamelo": einfaches, aber noch für Syros Strände preiswertes Hotel. Der Name setzt sich aus den drei besitzenden Geschwistern Kathrin, Meus und Lorenzo zusammen. Typisches Strandhotel, kompakt und in Dimension noch familiär griechisch. Unten breite Terrasse mit Markise, Rest. "Bollas", griech. Küche und Karaffenwein. Die Zimmer groß, sauber, Privatbad. DZ ca. 35 - 45 DM je Saison. Tretbootverleih und Windsurfen.

"Hotel Romantica": Circa 5o m vom Strand, gute Parkmöglichkeiten. 3o geräumige Zimmer mit großem Balkon, Terazzoböden. Restaurant mit Terrasse, Blick zum Wasser. Bar und Fernsehraum. Jedes Stockwerk hat Aufenthaltsraum und gemeinsamen Eisschrank. DZ ca. 35- 45 DM.

"Hotel Domenica": Flachbau direkt am Wasser und Straße, die in den Ort reinführt. Das Haus 2 Stock, vornraus Balkon und Buchtblick. Große Zimmer mit dunklen Möbeln, Linoleumboden, Tel. und Privatbad. Besondere Erwähnung verdient das Restaurant im Erdgeschoß: breite Fensterfront mit Buchtblick und familiärer Küche. Die äußerst charmante und lebendige Wirtin spricht nicht nur fließend Französisch, sondern prägt mit ihrer Persönlichkeit das Haus. Angenehm! 25 Zimmer, das DZ je nach Saison ca. 35 - 45 DM.

Taverne am Strand: JOSSI FAKI, sehr zu empfehlen.

Disco Karavelle, in Strandnähe. - 2 km oberhalb Vari, etwa 4 km Richtung Ermoupolis vielgelobter Nightclub Neveida (21.3o-3 Uhr) mit griechischer Musik, Familienbetrieb. Außenterrasse mit Gartenanlage, auch Innenbetrieb.

AZOLIMNOS: Südostküste unterhalb des Airport- Neubaus. Eine zerklüftete Bucht mit 5o m- Sandstrand, kleiner Anlegemole für Boote und 3 Tavernen.

Von CHROUSSA (auch "Hroussa" geschrieben) schöner Blick auf die Südküste, speziell Vari Bucht. Der Ort liegt an den südlichen Ausläufern der Insel- Bergkette siehe unsere Insel-Karte.

INSEL GYAROS:

In der Ägäis nördl. von Syros, zwischen Andros und Kea. Gehört verwaltungsmäßig zu Syros, heute Schafweiden. In der Antike war es Verbannungsinsel, auch in den Jahren der Militärjunta 1966 - 1974 diente die Insel selbem Zweck.

Eine äußerst karge und felsige Insel, die praktisch aus nur einem, steil aus dem Meer aufragenden Berggipfel von 489 m besteht. Das Gefängnis liegt unten an einer Meeresbucht. Ein langgestrecktes Gebäude. Die Insel ist heute unbewohnt.

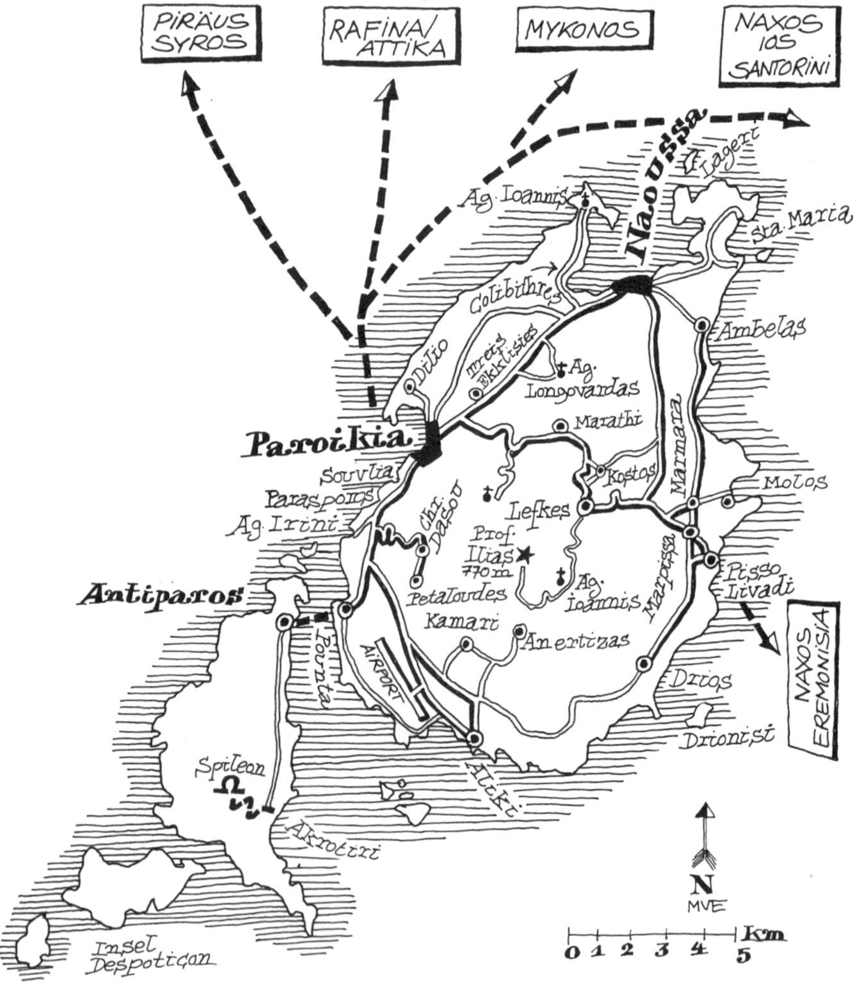
PIRÄUS SYROS
RAFINA/ ATTIKA
MYKONOS
NAXOS IOS SANTORINI
Naoussa
Lageri
Ag. Ioannis
Sta. Maria
Colibithres
Ambelas
Dilio
Treis Ekklisies
Ag. Longovardas
Marathi
Paroikia
Souvlia
Paraspoігs
Ag. Irini
Kostos
Marmara
Molos
Lefkes
Chr. Dasou
Prof. Ilias 770 m
Ag. Ioannis
Marpissa
Pisso Livadi
Antiparos
Petaloudes
Kamari
Anertizas
Pounta
AIRPORT
Drios
NAXOS EREMONISIA
Drionisi
Aliki
Spileon
Akrotiri
Insel Despotigon
N
MVE
0 1 2 3 4 5 Km

Insel Paros

Tip für Leute, die gern baden, denn hier liegen die wohl schönsten Strände der Kykladen!

Sehr hübsche Hauptorte: NAOUSSA und PAROIKIA, beide in weißer Kykladenarchitektur, letzteres mit venezianischem Touch. Landschaftlich ungemein reizvoll, bergig mit weiten Ginsterflächen, mannshohen Agaven und vielen fruchtbaren Tälern mit Melonenfeldern, Feigen und Olivenbäumen. Viel Landwirtschaft.

Im Norden bei Naoussa: Sanddünen und ausgetrocknete Salzseen, - bei Lefkes: Marmorstollen aus der Antike, die man mit der Taschenlampe erforschen kann und ein Tal mit exotischen Schmetterlingen.

Verbindungen von/nach Paros

SCHIFF: von/nach Piräus im Sommer tägl. 4 - 5 mal, an einigen Wochentagen noch häufiger. Das Direktschiff benötigt ca. 6 Std., meist aber Zwischenstop in Syros.

Die Route Piräus via Mykonos nach Paros im Sommer tägl., ca. 8 1/2 Std. (interessant, wer auf Mykonos Zwischenstop einlegen will, oder via Mykonos mit Umsteigen den Dodekanes anbinden will).

Weiterhin Rafina (Nähe Athen) - Syros - Paros, ca. 5 1/2 bis 8 Std. je nach Schiff. Im Sommer tägliche Verbindungen. Als Fährverbindung sinnvoll für Leute mit eigenem Auto, die ab Mittel/Nordgriechenland nach Paros wollen: umgeht den Verkehrsknäuel Athen/Piräus!

Ab Paros täglich mehrere Verbindung via Naxos - Ios nach Santorini, Fahrzeit je nach Schiff 4 - 6 Std. (ab Ios besteht mehrmals/Woche eine Umwegroute via Sikinos - Folegandros nach Santorini).

Ab Paros 1 - 2 mal/Woche in kleinen Booten (nur begrenzter PKW-Transport) nach Amorgos via Eremonisia- Inseln (Details siehe dort). Ansonsten PKW- Fähre nach Naxos, dort Umsteigen in Direktschiff nach Amorgos (Details siehe Amorgos).

ACHTUNG: nicht alle Fähren haben Autotransport. HAFEN: für alle Fähren Paroikia, einige legen zusätzlich in Naoussa an.

AUTO: Nötig ist die Mitnahme des eigenen Autos nicht (außer man hat das Surfbrett oder anderes sperriges Gut mit dabei): sehr gute Infrastruktur auf der Insel per Bus und Badeboote! Vergl. "Insel Transport"!

REGIONAL- VERBINDUNGEN:

ANTIPAROS: rund 6 mal täglich ab Hafen/Paroikia. Billiger und etwas schneller: Bus ab Paroikia nach Pounta und dort Fähranschluß.

AUSFLUGSVERBINDUNGEN: mit Kaikis im Sommer, sofern Bedarf täglich nach Naxos und Ios, sowie nach Delos und Mykonos Abfahrt jeweils ab Paroikia/ Hafen. Start gegen 8 Uhr, Rückkehr 18 Uhr.

Weiterhin ab Pisso Livadi (Paros Ostküste): im Sommer Kaikis rüber nach Naxos Ort.

Fahrten zu diversen Inselstränden/Paros und zur Tropfsteinhöhle auf Antiparos (siehe dort) bitte im Hafen in Erfahrung bringen. Preisvergleich kann sich lohnen.

FLÜGE: mit Olympic Airways mehrmals täglich von und nach Athen, sowie täglich nach Rhodos, bzw. 3 x/Woche nach Heraklion/Kreta.

Der Paros- Flughafen liegt in der Nähe von Pounta, Flughafenbus der Olympic Airways nach Paroikia.

Charterflüge ab Mitteleuropa nach Paros derzeit nur mit "Lauda-Air" ab Österreich (Salzburg/Wien).

Insel Transporte

BUSSE: ausgezeichnete Verbindungen zu allen Orten der Insel. Abfahrt ab Hafen Paroikia, in der Regel warten die Busse auf Anschluß/Fähre im Hafen.

Paroika nach NAOUSSA, im Sommer alle 3o Min., - im Winter ca. alle 1 - 2 Std., Fahrzeit ca. 2o Min.

Weiterhin Paroikia nach DRIOS via Marathi, Kostos, Lefkes, Pisso Livadi. Keine Inselumrundung per Linienbus, denn der Abschnitt Drios - Aliki ist in schlechtem Straßenzustand.

Paroikia - ALIKI wird als separate Stichstrecke via Pounta (Fähranleger für Antiparos) bedient.

Die Fahrscheine sind nicht mehr extrem billig, wie Anfang der 8o-er Jahre, da die Benzinpreise in Griechenland massiv gestiegen sind, aber immer noch im Vergleich zu Mitteleuropa recht günstig. Man sitzt eingequetscht zwischen dicken Griechinnen, und die Hühner legen währenddessen unter den Sitzen Eier. Aber nur in der Vorsaison, - im Hochsommer sitzen statt der Hühner Touristen im Bus. So eine Busfahrt ist aus zwei Gründen sehr zu empfehlen: 1.) Überblick über die Insel, - 2.) Kontakte anknüpfen, denn Paros ist bei Junggesellen beider Geschlechter sehr beliebt für Individualurlaub.

Inselrundfahrten mit Agenturen ca. 2o DM, Beginn 1o Uhr, Dauer etwa 7 Std. inkl. Zwischenstops für Besichtigungen und Baden.

Automieten: Ein ganzer Schwung Vermieter in Paroikia, ca. 6o - 8o DM/Tag, oft auf der Basis unbegrenzter Kilometer, Sprit geht selbstverständlich extra.

Moped-Mieten: schöne Sache bei der Wärme. Florian Hugentobler schrieb uns hierzu: "sehr lohnend ist es, mit dem Moped an einem sehr früh begonnenen Tag um die Insel zu fahren. Tip: von Vorteil sind Mopeds mit möglichst großen Rädern wegen der "Straße" im Süden der Insel. Benzin und Zeit reichen gut für einen Tag. Zum krönenden Abschluß des Tages kann man sich bei einem Bad in der Bucht von AGIA IRINI den Staub abwischen und dabei den herrlichen Sonnenuntergang über den nördlichen Felsen von Antiparos genießen!" Preise liegen bei ca. 12 - 18 DM/Tag (Ein/Zweisitzer).

Ergänzend sei darauf hingewiesen, daß jedes Jahr auf Paros viele Unfälle wegen unvorsichtiger Fahrweise passieren. Allzugut sind die Mopeds nicht versichert, und wenns kracht, steht einiger Ärger ins Haus. Daher sehr vorsichtig fahren (z.B. in Kurven, bei Überholmanövern etc.)!!

Tankstellen in allen größeren Orten.

Fahrrad: wäre bei relativ flachen Küstenstraßen auch für nicht Trainierte eine feine Sache. Leider tut sich relativ wenig, Vermietung derzeit nur in Paroikia um die 8 - 1o DM/Tag.

Esel nur mit Führer (ca. 1o - 15 DM/Std.) zum Schmetterlingstal (siehe dort).

KARTEN: beste die Toubis "Paros", erhältlich in Souvenirshops auf der Insel. Reicht für den Normalgebrauch aus und ist in Kartographie übersichtlich. Im Inselinneren um den Prof. Ilias zeigt sie Fußpfade.

Verschiedene Schreibweise von Ortsnamen: zwar nicht ganz so krass wie auf Naxos. Trotzdem gibts immer wieder Abweichungen: Parikia = Paroikia, Pounta = Pounda, Diros = Dirou, Agii Pantes = Agioi Pantes, Marpissa = Tsipidos etc.

★ Paroikia (Paros-Stadt) — ca. 3.ooo Einw.

Weiße Kykladenwürfel-Häuser auf einer Bergkuppe, malerische Gäßchen. Paroikia ist die größte Stadt auf Paros und Anlegehafen der Fährschiffe aus Piräus. Im Bereich der Hafenzeile die Büros der Schiffahrtslinien und zahlreiche Hotels, Restaurants und Bars. Im Inneren des Ortes Boutiquen: griechische Woll-Strickpullover für ca. 5o DM (handeln!) und schöne Silberarbeiten. Paroikia ist im Sommer sehr überlaufen, also Rummel und Kontakte für den, der das sucht! - Wichtige Anlaufstelle das:

Tourist INFO

Touristinfo in der Windmühle. Offen 8-15 und 15.3o-23 Uhr. Hier gibt es Adressen von Privatzimmern.

Die meisten Hotels, aber auch Privatzimmer liegen im Hauptort Paroikia. Ähnlich wie auf anderen, zentral per Charterjet erreichbaren Inseln der Kykladen (Mykonos, Ios, Santorini) ist es zur absoluten Hochsaison (Mitte Juni bis Mitte Aug.) trotz der Menge an Hotels schwierig, ein Zimmer zu finden.

Zumindest auf Paros die Chance, daß Ausweichmöglichkeiten bestehen, z.B. im Inselinneren Lefkes oder Ostküste. Das Touristbüro/Windmühle Paroikia hilft. Wer zur HS ohne Zimmerreservierung kommt, sollte nach Möglichkeit eine Fähre wählen, die recht früh Paros erreicht!!

IN HAFENNÄHE
(= Aufpreis und nicht immer zu empfehlen):

"Hotel Gregory", zentrale Lage am Hauptplatz, große Terassen, unten Cafeteria. Für die recht engen Zimmer mit Privatbad sind je nach Saison ca. 3o - 45 DM zu zahlen.

"Hotel Parko": Im Zentrum in Hafennähe. Nur wenige Zimmer, mit gemeinsamer Toiletten- und Duschanlage. Einfachst möbliert. DZ ca. 17 - 3o DM, Dusche kosten extra, kein Frühstück.

"Hotel Kypreo", Nähe Hotel Parko, Gemeinschaftstoiletten und Bad. Sollte der Toilettendeckel fehlen, ermäßigt sich der Preis nicht: ca. 35 DM zur HS.

"Hotel Oasis", direkt am Fährhafen, das ganze Jahr offen. 2o Zimmer, Privatbad, Balkon. Unruhige Lage, die Bedienung erschien uns etwas unpersönlich. DZ zur Saison ca. 5o DM!

"Hotel Kontes", in der Nähe der Fähranlegestelle, ganzjährig geöffnet. 35 Zimmer mit Toil., teilweise Balkon. Unruhe durch den Hafen, nicht unbedingt unser Tip! DZ ca. 33 DM.

IM ORTSZENTRUM:

"Hotel Dina", DZ ca. 3o-35 DM DM mit Waschgelegenheit (kein Bad), im Ortszentrum an der Haupteinkaufsgasse. Altes Haus mit Blumen im Innenhof. Von zentraler Lage, Preis und Ambiente ein Tip, - bei nur rund 1o Zimmern aber meist ausgebucht.

NORDÖSTL. VOM ZENTRUM:

"Hotel Irene": Neueres Hotel an der östl. Uferstraße/Strand gelegen. Zi. mit Toil., Balkon, teils zum Meer, Kiefernmöbel. Kleiner Innenhof mit Blumen, hübsche Terrasse. Rezeption mit ansprechendem Fichtenmobiliar und Kamin. DZ ca. 35 - 6o DM je nach Saison.

"Hotel Argo": An östl. Uferstraße und direkt am Strand. Rund 4o Zimmer mit breiten Betten, dicke Wollvorhänge, ansonsten Standard. Bar, Snackbar im Haus. Insgesamt o.K., DZ ca. 4o - 55 DM, Frühstück ca. 3 DM.

"Hotel Arian Xenon": Circa 15o m vom östl. Strand in einer Seitenstraße gelegen, relativ neu. Zimmer mit Toil., Tel., teils Balkon. Bequem eingerichtet, gemütlich. Frühstücksgarten im Atriumstil mit Granatapfelbäumen. Sehr zu empfehlen! DZ ca. 3o - 45 DM, Frühstück ca. 3 DM.

"Hotel Apollon", mehrere Block, bzw. rund 3oo m östl. vom Fähranleger. Liegt am Sandstrand und ist mit mannshohen Gipsfiguren, Stuckdecken, grausilbrigen

Polstermöbeln mit Schnitzwerk, Spiegeln etc. auf entsprechenden Spezialgeschmack gestylt. DZ ca. 5o - 7o DM je nach Saison.

"Hotel Alkyon", direkt an der Uferstraße und östl. Strand gelegen. 2o Zimmer einfachst möbliert mit kleiner Toilette und Privatdusche. Bei unserem Check war niemand in der Rezeption und kam erst nach langem Warten; die Pässe und Zimmerschlüssel lagen frei rum. Der Frühstücksraum mit Plastikdecken. Das DZ zur HS immerhin runde 55 DM.

"Hotel Asterias", direkt an der öst. Uferstraße, ein 2 stöckiges Gebäude, in den Aufenthaltsräumen Natursteinböden, dunkle Holzmöbel, schöner Blick auf Bootshafen. Die Zimmer einfach/zweckmäßig eingerichtet, PVC- Böden, Bad und Tel. Von den 36 Zimmern haben 14 Seeblick. DZ in der VS/NS ca. 3o DM, in der HS ca. 45 DM.

SÜDWESTL. VOM ZENTRUM:

"Hotel Xenia": auf dem Hügel St. Ana an Steilküste gelegen mit alter, neben dem Hotel stehender Windmühle. Ca. 3o Zimmer mit Toilette, Tel., Balkon. 5 Zi. ohne Seeblick. Die Bar bunt möbliert mit offenem Kamin, viel Schmiedeeisen-verzierung, kein Restaurant. DZ ca. 5o - 7o DM, je nach Saison.

"Hotel Nikolas", modernes, 4 stöckiges Gebäude oberhalb einer Felssteilküste (ca. 15 m), ans Xenia angrenzend. Fähnchen "locken" bzw. flattern im Wind auf dem Dach. Zimmer o.K., zweckmäßig eingerichten, wenn auch klein. Die Aufenthaltsräume erschienen uns, abgesehen von Plastiktischdecken reichlich nüchtern. Zu kleinem Strand ca. 5o m. Lift, eigener Hotelbus, das DZ. zur HS ca. 55 DM.

"Hotel Aegeon": An der Umgehungsstraße zum Flugplatz gelegen. Von den Balkonen Blick über die Dächer von Paroikia. Rund 4o Zimmer mit Toil., Tel., Balkon. Möbliert mit Polstermöbeln, Lampenschirme mit Fransen, Bar durch große Falttür von der Rezeption abgeschirmt. Eine Westerntür zum Frühstücksraum ergänzt das Ambiente mit kleiner Terrasse. Lift im Haus. DZ ca. 4o - 6o DM, je nach Saison.

"Hotel Paros Bay": Besonderer Tip! An der Straße nach Pounta 3 km von Paroikia entfernt. Fußweg zum Zentrum 1,5 km = 2o Min. Bar neben der Rezeption mit Rundbögen und runder Sitzanlage um Tisch in der Mitte des Raumes. Weitere steinerne Sitzplätze mit handgewebten Sitzauflagen; schöner Wandteppich neben zahlreichen Ikonen. Aparter Frühstücksraum mit handgewebten Tischdecken und dazu passenden Vorhängen ausgestattet. Alles im griechischen Stil. Hoteleigener Bus. DZ ca. 65 DM (HS).

WEITERE IM ORTSBEREICH:

"Hotel Dilion Xenon": Rund 15 Zimmer mit Toilette, Telefon, nur 3 Zi. ohne Balkon. Frühstücksraum "apart" eingerichtet, mit Bänken wie ein 1. Klasse-Speisewagen. DZ ca. 27 - 4o DM, Frühst. ca 4 DM.

"Hotel Galinus" und "Hotel Louiza": Am Rande des Zentrums (ca. 1o Min. vom Hafen), nebeneinanderliegend, gleiches Management. Es gibt rund 5o Zimmer mit Toil. in beiden Etablissements, rund die Hälfte mit eigenem Balkon. Als Zielgruppe steuern die (deutsch sprechenden) Besitzer anscheinend die Rucksackler an. Zu zahlen ist je nach Saison fürs DZ ca. 3o - 45 DM, Frühstück geht nochmal extra. Wenn die Zimmer nicht voll werden, also in VS und NS, sollte man handeln und/oder Anderes vergleichen.

"Hotel Akropolis", gegenüber Galinus & Louiza. 1o Zimmer einfach eingerichtet, mit Gemeinschaftsdusche, aber sauber. DZ ganzjährig ca. 25 DM. Somit Billigtip in Vor- und Nachsaison. Zur HS in der Regel ausgebucht.

"Hotel Margarita", Nähe Galinus & Louiza, 7 Zimmer mit Toil., Balkon, einfach eingerichtet. Ca. 4o - 35 DM.

✶ PRIVATZIMMER im Ort um die 15-3o DM, je nach Saison. Information in der Windmühle am Hafen.

Camping KOULA: Am nördlichen Strand direkt am Ortsrand von Paroikia an der Uferstraße gelegen. Minimarket, Restaurant mit Selfservice und einer Terrasse zur Uferstraße. Platz für 2oo Zelte; zur Saison werden oft aber wesentlich mehr Gäste aufgenommen: dann krachen die Nähte und die Toiletten na ja... Kochgelegenheit in Gemeinschaftsküche mit angrenzender Sitzgelegenheit. Stehklosetts, Kleiderwaschbecken sehr einfach.

Camping PARASPOROS: An der Straße nach Pounta, 2 km südlich von Paroikia. Eigener Busservice zum Hafen. Bus wartet an jeder Fähre. Entfernung zum Strand "Delphin" 3oo m. Mit schöner Grünanlage, Duschanlagen relativ sauber, Toiletten ohne Sitzdeckel, Wäschewaschen möglich. Minimarket, Restaurant mit überdachter Sitzgelegenheit u. Selfservice. Sitzmöglichkeiten um Gemeinschaftsküche (eigener Gaskocher erforderlich).

Camping AGIA IRINI: 4 km von Paroikia abseits Straße nach Pounta gelegen. 2 km Anfahrt über staubige Schotterstraße. Sehr primitive Anlage, jedoch an schönem und sauberem Strand gelegen. Essen billig u. gut.

RESTAURANTS finden sich im Hafenbereich und an der Strandpromenade sehr zahlreich. Auf die Teller schauen, Preise und Speisekarte (soweit vorhanden) studieren und dann selbst entscheiden. Hier einige Tips:

Restaurants mit günstigen Preisen an der östlichen Uferstraße: "PALM TREE CAFE": neben Hotel Asterias, schöner Blick aufs Meer, Selfservice. - "AIOLOS", von der Terrasse Blick zum Wasser. Speisen an der Theke ausgestellt. Hauptgericht ab ca. 1o DM. - "PIZZERIA CYCLADES" neben Hotel Astorias, günstig für Frühstück, Spaghetti, Pizza und Hühner. - "POSEIDON": 5o m vom östlichen Strand gelegen. Einfach, jedoch günstige Preise. "TAVERNA KATHERIN": östlicher Strand. Überdachte Terrasse, immer gut besetzt, mittlere Preise.

"PAROSTIA": Das wohl beste Restaurant im Ort, direkt im Zentrum an der Einkaufsstraße gelegen. Schönes Gartenrestaurant im Anschluß an den Innenraum. Preise nicht gerade niedrig, sehr aufmerksame Bedienung. Tip: Wildes Kaninchen mit Zwiebel (Stifado).

"TAVERNE TAMARISKO": In einer Seitenstraße im Zentrum zu finden (von einem Deutschen geführt). Viele Tische in nett angelegtem Garten unter Weintrauben. Preise angemessen, Gerichte schmackhaft.

"TAVERNE EVKALIPTOS": Besonders von Griechen gelobt, an der Umgehungsstraße zum Flugplatz gelegen. Nicht sehr gemütlich, da Großbetrieb. Gute griechische Spezialitäten, für Paroikia wirklich preisgünstig.

"LOBSTER HOUSE", auf Lobster und Shrimps spezialisiert, teuer, - "CREPERIE BISTRO BALCONY", gemütlicher Aufenthaltsraum plus Dachterrasse. Im Ortszentrum, spezialisiert auf Cocktails, Crepes, Jazz und Klassische Musik. - "MAY TEY", Chinarestaurant einer Vietnamesin. Angenehm, mal was anderes als Griech. Küche zu essen! Mittlere Preise. - "HIBISKUS", am Meer mit schönem Blick. Excellent gewürzte griechische Gerichte, man sitzt schön unter Hibiskus, gehobene Preise.

Disco

Diskotheken und Bars im Hafenbereich und in der Altstadt zuhauf, für jeden Geschmack etwas dabeim. Z.B.: Diskothek "Studio 54", "Magic", "Disco Smile" etc.

Für einen Drink am Abend immer gut: The Balcony in der Lochagou.

SEHENSWÜRDIGKEITEN

Die HAFENBUCHT, wo auch die Fähren anlegen, befindet sich am nordöstl. Rand der Altstadt. An der Windmühle (2) und Olympic Airways (3) vorbei kommt man zur Kirche KATAPOLANI (auch "Ekatontapiliani = Hunderttorigegenannt), Karte (1o).

Eine der Hauptsehenswürdigkeiten von Paros. Die Kreuzkuppelkirche entstand im 4. Jhd. auf den Fundamenten des Herakles Tempels, wobei antike Bauelemente wie Marmor und Säulen des Tempels in den Kirchenbau verwendet wurden.

In späteren Jahren unter Kaiser Justinian I. (527 - 565) kam eine 3 schiffige holzgedeckte Basilika hinzu, die auch Emporen für die Frauen erhielt.

Sehenswert der auf 2 Säulen ruhende Marmoraltar, das Taufbecken mit Marmorstumpf und ein kleines Museum mit Priestergewändern, alten Kirchenbüchern, Mobiliar und Ikonen.

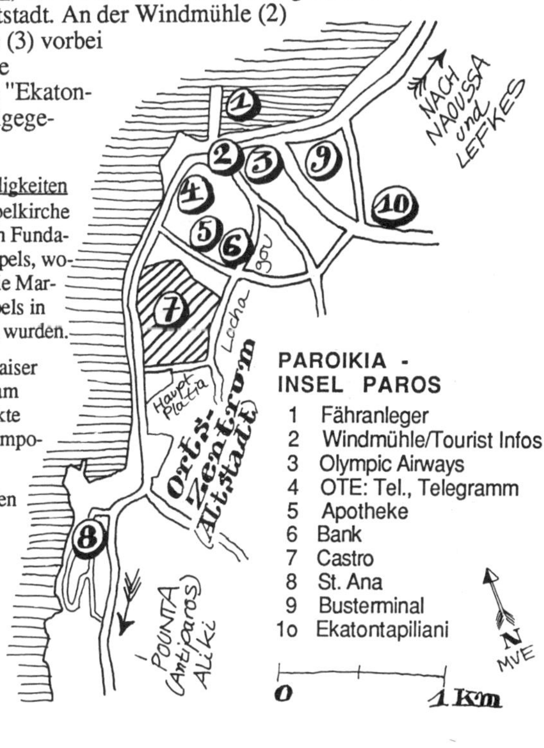

Das ARCHÄOLOGISCHE MUSEUM hinter der Katapoliani Kirche mit Ausgrabungsfunden von Paros und Antiparos ab 4.ooo v. Chr. Wichtigstes Ausstellungsstück ist ein Fragment des "Parium", eine beschriftete Marmorplatte (262 v. Chr.), die den Archäologen Aufschluß in Form Geschichtsschreibung gab. Weiterhin ein römisches Mosaik, das man bei Ausgrabungen im Bereich der Katapoliani Kirche freilegte.

Die Stadt überragend: der KASTRO-HÜGEL (7), auf dem ursprünglich die Venezianische Burg stand. Heute findet man dort die KONSTANTINKIRCHE mit der blauen Kuppel. Aber auch innen ist die Kirche beeindruckend mit ihren wertvollen Holzschnitzereien und den Ikonen. Eine der reichsten Kirchenschatzsammlungen der Ägäis.

Das Ortszentrum von Paroikia ist für den Verkehr gesperrt. Ab Windmühlen-Turm rechts am Castro vorbei die Uferpromenade, links die Haupt Einkaufsgasse LOCHAGOU mit jeder Menge an Souvenirshops und Boutiquen. Abends knüppeldicker Fußgängerverkehr, auch Tavernen (insbes. um Haupt Platia).

Baden: An der gesamten Strandpromenade Sandstrand, mit Kiesel vermischt, Bäume spenden Schatten. Ziemlich voll, aber Transportmöglichkeit zu anderen Inselstränden (Naoussa!) oder nach Antiparos, alle Details siehe dort!

Die Ausgrabungsstätte DELION im Norden der Hafenbucht nur etwas für sehr Kulturbeflissene: 1,5-stündiger Fußmarsch, um dann nur die Fundamente eines Tempels zu sehen. Lohnt sich vorwiegend wegen schönem Blick auf Paroikia und bei klarem Wetter rüber bis Delos/Mykonos! Um sich den langen Fußmarsch zu sparen: mit dem Bade- Kaiki ab Paroikia rüber zur Nordseite der Bucht, dann noch ca. 2o Min. zu Fuß pro Richtung.

SCHMETTERLINGSTAL PETALOUDES: Auf der Straße Richtung Airport (ca 1 km nach der Abzweigung nach Pounta) ein Wegweiser ins Schmetterlingstal. Für Motorisierte der beste Weg.

Der Trip ins "Butterfly- Valley" wird von vielen Agenturen in Paroikia angeboten und findet in der Regel motorisiert per Bus statt. Per Esel geht auch, Travel Agency beim Hotel Gregory: zunächst 1 Stunde Ritt hinwärts, dann 1 Stunde Aufenthalt und 1 Stunde retour, Preis ca. 15 DM/Person.

Der - geringe - Eintritt lohnt sich: in einem umzäunten Park mit riesigen Bäumen flattern Tausende von hübschen Faltern rum. Allerdings nur im Sommer (Juni- Sept.), denn im Winter sind sie Raupen. Es gibt zudem praktisch nur eine Sorte an Schmetterlingen. Wir haben den leisen Verdacht, daß der geschäftstüchtige Besitzer der Mutter Natur hier etwas nachgeholfen hat...

Weiter entlang der Westküste siehe Seite 102

Insel- Nordteil

Im Bereich um NAOUSSA und der Nordostspitze die besten Strände der Insel! Im Sommer laufend Busverbindung Paroikia - Naoussa.

Bei der Fahrt nach Naoussa kommt man nach etwa 1 km an die Ausgrabungsstelle TREIS EKKLISIES, wo die Fundamente einer frühchristlichen Basilika gefunden wurden. Fundstücke sind im Archäologischen Museum von Paroikia zu sehen.

Nach weiteren 3 km rechts Abzweigung zum KLOSTER LANGOVARDA. Wandmalereien des 17. Jhs., schön geschnitzte Altarwand, interessante Bibliothek.

✶ Naoussa ca. 1.2oo Einw.

Schönster Ort der Insel! Liegt an der 5 km breiten Nordbucht, die excellente Sandstrände und Fels besitzt, - Naoussa selber mit schneeweißen Kykladenhäusern, engen verwinkelten Gassen und hübschem Fischerhafen, in dem die Kaikis dümpeln.

Die Hafeneinfassung mit Marmorplatten belegt. Dahinter beginnt das enge Gassenlabyrinth der Altstadt mit weißem Kopfsteinpflaster, vielen kleinen Balkons und Gewölbe-ähnlichen Durchgängen. Gemütliche kleine Kafenions und viele Kykladenkirchlein aus dem 17. Jhd.

BYZANT. MUSEUM: mit Werken von Ikonenmalern aus Kreta und Paros/12. und 13. Jhd. Das Museum wurde 1964 in der Kirche St. Nichlas Monstratos eingerichtet. Neben Kirchengerät und Holzschnitzereien auch römische Skulpturen, ein russisches Kirchengemälde von 17o2 und Wandfresken der heute verfallenen byzantinischen Kirche Protoria.

Von den Ruinen der alten Windmühlen schöner Rundblick über die gesamte Naoussa Bucht! - Das Postamt, ein Häuschen mit zwei Balkons und Markisen wie aus einer Spielzeugschachtel liegt am Ende des Hauptplatzes. Hier auch Geldwechsel und Ansichtskartenverkauf.

Tourist INFO

Tourist Office: Irene Hamilothoris, am Kleinen Hafen. Vermittlung u.a. von Privatzimmern, sowie Buchungsmöglichkeit für Ausflüge nach Naxos, Santorin, Mykonos-Delos

Einkaufen: Lebensmittel im Minimarkt von Nikos am Kleinen Hafen, - sowie Lebensmittelgeschäft von Manolis Sifneos.- Buchhandlung: 1oo m vom Hauptplatz, Zacharias Roussos. - Am Hauptplatz eine Wäscherei, eine weitere etwas abseits in der Nähe Hotel Atlantis.

im Sommer laufend nach PAROIKIA, Fahrzeit ca. 2o Min.; wer will, kann sich an der Abzweigung zum Colimbithres Strand raussetzen lassen. Letzter Bus nach Paroikia gegen 2o

Uhr. - Die Strecke an die Ostküste/Pisso Livadi ist seltener per Bus bedient: im Sommer ca. 3 mal/Tag.

Daß NAUOSSA wegen der excellenten Strände im Bereich der Bucht und Inselnordspitze "entdeckt" und voll an Urlaubsgästen ist, liegt auf der Hand. Seinen Reiz hat es dadurch nicht eingebüßt, auch wenn um die Altstadt zwischenzeitlich moderne Neubauviertel in Kykladenarchitektur entstehen.

Die Bucht gilt zugleich als bestes Windsurfparadies der Ägäis und lockt alljährlich viele Windsurfer (insbesondere aus Österreich). Eine Frage der Zeit, wann hier Europameisterschaften stattfinden...

Discos: mehrere im Bereich der Ortseinfahrt Lefkes- Naoussa, sowie im Ortsinneren "The Cave Disco".

"**Hotel Manto (Mando)**": An der Ausfahrtstraße nach Pisso Livadi am Hang gelegen, 3oo m (1o Min) zum Sandstrand. Zimmer mit Toilette und Balkon (Sitzgelegenheit), teils Meeresblick. Einrichtung sehr einfach. Im 1. Stock große strohgedeckte Terrasse mit Blick auf's Meer. Moderner Bau, von Blumen umgeben. Parkplätze vorhanden. Guter Service; der Besitzer spricht Deutsch und Englisch. DZ ca. 27 - 35 DM; Frühstück ca. 3,5o DM, es kann nachgefaßt werden. Für Velbinger-Reisende 1o% Ermäßigung auf Übernachtung.

"**Hotel Kalypso**": Direkt am Strand. Sehr großer, gemütlicher Frühstücksraum mit blumenreichem Innenhof. Terrasse vor dem Haus. Wunderschöne Halle mit Aufgang zu den Zimmern. Es wird Deutsch gesprochen. Empfehlenswert! DZ ca. 25 - 4o DM, je nach Saison; Frühstück ca. 3 DM.

Das Hotel hat eine Bar (gemütlich), jedoch kein Restaurant. Ganz in der Nähe eine gute Alternative: Bobby's Taverne.

"**Hotel Swiss Home**": Direkt an der Straße nach Paroikia gelegen. Zi. mit Toil. u. Balkon mit Blick zum Meer. Hotelhalle geschmackvoll eingerichtet, die Zimmer nicht so toll. 25o m zum Strand. DZ ca. 4o - 55 DM. Hotel-Restaurant "Chez Lucien".

"**Hotel Atlantis**": Liegt am kleinen Hafen. Rund 3o Zi. mit Toil., Tel.und Balkon, größtenteils mit Seeblick. Die gesamte Innenarchitektur apart mit Rundbogenfenstern, gemütliche Bar, auch Garten-Service. Kein Restaurant. DZ ca. 4o - 5o DM.

"**Hotel Galini**": Am Rande des Zentrums Richtung Paroikia gelegen. Eingang über Außentreppe. Alle Zimmer mit Toil., teilweise mit Balkon: Blick auf's Meer oder über den Ort. Einfach und sauber. DZ ca. 23 - 3o DM. Kein Frühstück.

Kein Restaurant, jedoch unmittelbar daneben Taverna Psariana (mittlere Preise).

"**Hotel Cavos**": Modernes Hotel direkt am Meer mit Badebucht. Rund 2o Zimmer mit Toil. u. Balkon, meist Meeresblick. Gemütlicher Frühstücksraum mit Terrasse und herrlichem Ausblick. Kein Restaurant. DZ ca. 4o - 45 DM, Frühstück ca. 3,5o DM.

"**Hotel Mary**": An der Straße nach Paroikia hoch am Hang abseits gelegen. Zi. mit Toil. und Balkon. Gepflegte Anlage mit vielen Blumen und Meeresblick. Gemütlicher Aufenthaltsraum. DZ je nach Saison ca. 35- 5o DM, inkl. Frühstück. Bei Vorlage von Velbinger Führer 1o % Rabatt.

"Hotel Minoa": Im Zentrum gelegen. Zimmer mit Toil., Tel. und Balkon. Eine holzverkleidete Bar grenzt an die Rezeption. Schön ausgestatteter Restaurant-Innenraum, außen stroh-überdeckte Terrasse. Allgemein empfohlenes Restaurant (eins der besten der Insel). DZ ca. 4o DM inkl. Frühstück.

"Hotel Castello": Schönes, einfaches Hotel in Strandnähe. Zimmer mit Toil. und Balkon mit Meeresblick.

"Hotel Kouros": Kurz nach der Abzweigung Richtung Colybithres von der Straße nach Paroikia gelegen. Zimmer mit Aircondition, Toil. und Balkon. Bar mit ansprechenden Steinmosaiks, Restaurant mit Terrasse. Sehr gepflegte Anlage im kykladischem Baustil, von hohem Schilf abgeschirmt. Bungalows vor dem Hotel, Richtung Strand. Hotel ist 15o m vom Strand entfernt. Weitere schöne Sandstrände an der Straße nach Colybithres, ideal für Windsurfer. DZ ca. 45 - 6o DM.

"Hotel Hippocampus", derzeit das größte Hotels des Ortes. 7oo m vom Zentrum, rund 65 Zimmer, fast alle mit Meeresblick. Das moderne, am Hang gelegene Gebäude in Wabenstil, farbig bemalt, kleiner Sandstrand beim Hotel, Tischtennismöglichkeit, DZ. ca. 55 - 65 DM je nach Saison, vorwiegend von Pauschalveranstaltern genutzt.

"Hotel Naoussa", hoch über dem Meer an Steilküste gelegen, schöner Ausblick. Alle 12 Zimmer mit Seeblick und Balkon. In der Eingangshalle altes Grammophon und wahllos zusammen gewürfelte Möbel, auch das Mobiliar der Zimmer recht altmodisch. DZ mit Privatbad ca. 35 - 4o DM.

An der Straße Naoussa - Paroikia an der Abzweig. nach Colybithres hat das Hotel eine großflächig angelegte Bungalowanlage, pro Zimmer/Nacht der relativ hohe Preis von rund 85 DM.

"Hotel Piperi", direkt neben Hotel Mary, 8 Bungalows mit Küche und Eisschrank. Voll eingerichtet, jedoch sehr einfach. Der sehr kontaktfreudige Besitzer ist ein Schotte aus Inverness, es gibt Bungalows für 4 und 2 Personen je nach Saison ca. 35 - 5o DM.

5o m unterhalb der Bungalowanlage die Bar "Tuesday" (gleicher Besitzer). Hübsch angelegt, Tische in weiß gekalkten Mauernischen, preiswert, sehr zu empfehlen!

"Pension Spanopoylos": Links der heranführenden Umgehungsstraße (Einbahn) abseits des Ortes gelegen. Ruhig, empfehlenswert. DZ mit Toilette bzw Ferienwohnung für 3 Personen, Küche mit gr. Eisschrank, Zwei-Plattenkocher. Preis: ca. 25 DM.

Camping Naoussa Colibithres: In der Nähe des berühmtesten Inselstrandes (8o m), an der Abzweigung nach Colibithres, 3 km von Naoussa entfernt. Minimarket, gutes Restaurant mit schattiger Terrasse, Kochmöglichkeit in einer Allgemeinküche. Platz für ca. 25o Zelte/Campmobile, zur Saison allerdings rappelvoll. Es fehlt an Schatten und ins Wasser gehts ewig flach rein...

Die Restaurants am Hauptplatz und am Kleinen Hafen zwar mit schönem Blick, der aber mit auf der Rechnung erscheint.

"CHRISTOS": Im Zentrum hinter der Post, exklusiv, in einem wunderschönen Innenhof (Garten). Gehobene Preise, dafür ausgezeichnete Speisen.

"MINOA": (Hotel-Restaurant) In Innenhof und auf Terrasse. Griechische

Gerichte, solide Preise, freundliche Bedienung. Sehr zu empfehlen!

"TRIA ASTERIA": Vis-a vis der Tankstelle im Grünen gelegen, eigenwillige Einrichtung. Die Gerichte sehr phantasievoll zusammengestellt und excellent (z.B. Tomatensuppe mit Basilikum, Salbei Fleischtopf, Honigmelone mit Eiscreme und Aprikosensauce etc.), Tip!

Für Eilige: SCHNELL-RESTAURANT neben Hotel Atlantis - Souvlaki, Hamburger etc., sehr einfach.

Um Naoussa die schönsten Strände der Insel, zu erreichen per Kaiki, das im Sommer häufig verkehrt ab Hafen Naoussa. Glasklares Wasser in schönen Buchten!

1.) COLIBITHRES- STRAND: gegenüber von Naoussa auf der westl. Seite der Bucht. Per Kaiki im Sommer Pendelverkehr, aber auch via Straße zu erreichen. Wer den Bus Naoussa - Paroikia nimmt, gibt dem Fahrer Bescheid und lässt sich am südl. Ende der Bucht raussetzen (billiger als das Kaiki).

Sandige Einbuchtungen neben Rock-Szenerie: riesige Felsen, wie von Gletschern flachgewaschen. 2 Tavernen, viele Agaven. In der Nähe eine Kaiki-Werft und ein Kloster, hinter dem nackt gebadet wird (Ag. Ioanis- Strand). Leider kein Schatten. Wenn man über die Felsen auf die offene Meerseite rüberlauft (ca. 1o Min.): wilde Felsenküste, - gut zum Schnorcheln. Klares Wasser.

2.) LAGERI- STRAND: nordwestlich von Naoussa, aber noch in der Nordbucht, - zu Fuß ca. 4o Min. ab Naoussa, - im Sommer auch Kaikis. Dem Strand vorgelagert eine Felsinsel, die durch eine breite Sandbank mit dem Ufer verbunden ist (ca. 2oo m FKK).

3.) SANTA MARIA- STRAND: einer der schönsten Strände der Insel: feinsandig, eine langgezogene Bucht, - dahinter dünig mit Büschen bewachsen. Unter Wasser in der Bucht sollen Häuser-Ruinen liegen, mit unserem "Schnorchel-Besteck" nichts gefunden, Einheimische fragen! Durchaus denkbar wäre es, daß hier etwas liegt, da bei Erdbeben in der Antike Teile der Insel unter den Meeresspiegel sanken. So liegt ein Teil des antiken Paroikia z.B. im heutigen Hafenbecken unter Wasser.

Bus ab Naoussa, 5 km bis Santa Maria, bzw. Kaiki um die Nordspitze rum. Wegen den Winden, die ständig durch die Meeresstraße zwischen Paros und Naxos wehen, sehr beliebt bei Windsurfern! Nördlich der Santa-Maria Bucht ein Salzteich, den Sommer über meist ausgetrocknet, sowie am Meer weitere Badebuchten.

Wer will, kann ab Santa Maria Strand an der Küste entlang 4 km bis Ambelas wandern. Schöne Strecke durch einsame Gegenden, die Küste hier vielfach mit Fels.

4.) MONASTERY- STRAND: ein herrlicher Felsenstrand mit wenigen Sandstreifen, beim Kloster Ag. Ioannis. FKK allgemein üblich. Eine kleine Taverne, Getränke und kleine Speisen. Im Sommer Kaiki-Verbindung, retour ca. 3 DM.

Automieten: Naoussa Rent A Car: Tel. o284/516oo (Privat 51o41), jap. Jeep tgl. ca. 75 DM, km frei.

Budget: Jeep tgl. 55 DM, km frei. Motorrad je nach Größe ca. 15 - 3o DM, km frei.

Fahrräder: pro Tag ca. 1o DM
Moped: pro Tag ca. 35 DM

Fest: Am 23. August wird die Verschleppung der Inseljungfrauen in Szene gesetzt: wie in alten Zeiten kommen die vermeintlichen, lampionbehängten Seeräuber-Kaikis. Wupps dich, und schon sind die hübschesten Inselfrauen draußen auf der hohen See! - Wenn sie dann wieder retour gebracht werden, beginnt das Fest mit viel Musik und Wein, sowie Tanz.

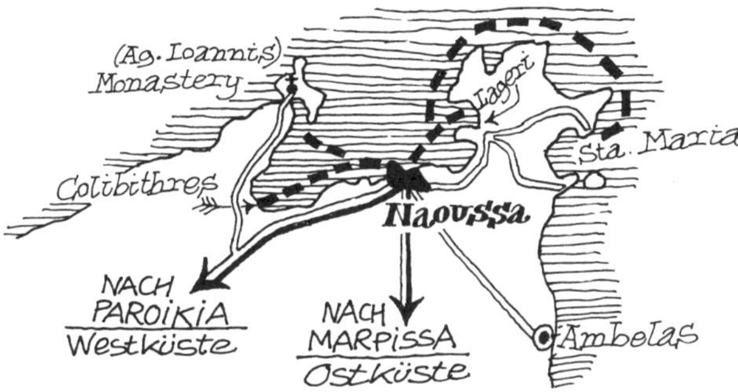

★ Ostküste/Strände

Richtung Pisso Livadi, ist der nächste schöne Ort der kleine Fischerhafen

AMBELAS an schönen Sandstränden. Ein ruhiger Ort, ideal um dem üblichen Parosrummel zu entfliehen, aber nur über schlechte Straßen zu erreichen.

Unterkunft kein Problem, 3 Hotels, verschiedene Privatunterkünfte. Tip: "Minimarkt": Mitten im Grünen, 1oo m zum Strand. 5 Ferienwohnungen, voll ausgestattet mit Küche und Eisschrankaus. Nette Besitzer. Preis ca. 2o - 4o DM, je nach Saison/ Ausstattung.

"Hotel Helen", Neubau, direkt am Strand. Knapp 1o Zimmer und 1o Appartements. Sehr sauber, modern, aber einfach. Freundliche Besitzer, zur Saison ca. 35 DM.

"Hotel Christiana", am Strand, knapp 2o Ziummer mit Toilette und windgeschütztem Balkon. Tochter spricht gut Englisch, Besitzer ist Fischer und nimmt seine Gäste gelegentlich mit. Restaurant mit großer Terrasse zum Meer, jeden Abend gibts frischen Fisch. Kraken hängen auf der Leine. DZ zur Saison ca. 35 DM.

"Hotel Ambelas", 2oo m vom Strand. Rund 2o Zimmer mit Toil. und Balkon bzw. Terrasse. Einfachst möbliert, aber sauber und empfehlenswert. DZ ca. 3o DM.

RESTAURANT des Hotel Ambelas (7o m davon entfernt). Eine Kuriosität - eine zur Taverne umgebaute griechisch-orthodoxe Kapelle mit Kerzenbeleuchtung, dazu Folkloremusik im Gartenrestaurant! Nette

Bedienung, preiswertes und gutes Essen, vorzüglicher Wein.

Zurück zur Hauptstraße und weiter Ri. Pisso Livadi. Immer wieder schöner Blick auf den Sund und die Westküste von Naxos mit seiner weiß herüberleuchtenden Hauptstadt. Die Straße zieht sich durch das Campos Marmara, eine landwirtschaftlich genutzte Ebene.

MARMARA (4oo Einw.), mit schönen, alten Häusern und vielen Kirchen, in der Umgebung viel Paros-Marmor.

Von Marmara 2 km schlechte Schotterstraße zum MORLOS Strand. Schöner, langer Sandstrand in einsamer Bucht, Wenige Privatzimmer und schöner Blick auf den, aus der Küstenebene hochsteigenden 229 m Granithügel Kephalos mit Kloster St. Anton. Aufstieg ca. 4o Min., schöner Rundblick insbes. auf Nachbarinsel Naxos!

MARPISSA (auch "Tsipidos" genannt, 5oo Einw.), etwa 2 km von Marmara. Der Ort liegt auf einem Hügel und ist noch relativ ursprünglich. Besonders schön die Hausaufgänge, die mit buntbemalten Töpfen und Blumenstöcken geschmückt sind, viele Kirchen (Wandmalereien), Windmühlen und die Ruinen einer venezianischen Burg aus dem Jahre 15oo.

"Hotel Afendakes": An der Hauptstraße gelegen. 1o Zi. mit Bad, DZ ca. 6o - 65 DM. 2 Appartements (4 Betten) ca. 7o DM.

Im Ort Tankstelle, Supermarkt und Privatquartiere. Der Bus Paroikia - Pisso Livadi - Dirou kommt am Ort vorbei. Zum Strand gut 2 km.

Pisso Livadi

Besonders von griechischen Familien gern besuchter Urlaubs-, und Badeort. Flacher, schattiger Sandstrand in kleiner Bucht.
Noch besser, weil nicht so voll: 8 Fußminuten entfernt in LOGARAS, hier aber nur wenige Unterkunftsmöglichkeiten.

"Pension Andromachi": Direkt am, mit Tamarisken bestandenen Strand. Im Erdgeschoß Rest. unter gleicher Leitung. Rezeption, Bar und Frühstücksküche als ein Raum, aber schöne Terrasse zum Meer, die in die Terrassen der Zimmer übergeht. DZ freundlich, mit Bad, ca. 25 - 5o DM je nach Saison.

"Pension Marpissa": sehr schöne Lage am Hang über dem Strand. Saubere Zimmer mit Waschbecken u. Telefon. Gemeinschafts Duschen und Toiletten. Herrlicher Blick über den Ort, vom einfachen Frühstücksraum Blick zum Hafen.
Freundlicher, englischsprechender Besitzer. DZ ca. 22 - 28 DM, mit Velbinger-Führer 1o% Rabatt.

"Hotel Lontos": Etwas abseits vom Strand am Hang. Netter Frühstücksraum mit gekachelten Tischen und Bar. Es wird Englisch gesprochen. Zimmer mit Toil., Tel. u. sehr schmalem Balkon. DZ ca. 24 - 3o DM, Frühstück ca. 3 DM.

"**Hotel Leto**": über dem Meer gelegen. Zi. mit Toil. und Balkon, zum Meer hin, windgeschützt, und herrliche Aussicht über die Bucht. Im Zimmer abgeteilt, kleine Kochstelle für Campinggaskocher mit Geschirrspüle. Kleiner Frühstücksraum in der Rezeption, keine Terrasse. DZ ca. 25 - 35 DM, Frühstück ca. 3 DM.

Außerdem 1 Appartement für 2 Pers. mit eingerichteter Küche ca. 5o - 6o DM, je nach Saison. - Das Hotel hat eine Dependance 5 Min. entfernt:

"**Pension Loupis**": schöner Garten, sehr nette Besitzer, es wird Englisch gesprochen. Zimmer mit gemeinsamen Duschen und Toiletten und einer Küche zur Eigenbereitung des Frühstücks. DZ ca. 15 - 25 DM.

"**Hotel Dimaras**", etwas abseits, hoch über der Bucht. 9 saubere Zimmer mit Toil. und Balkon. Meeresblick teils durch davorliegendes Haus genommen. DZ ca. 3o DM.

"**Hotel Corali**", schön über der Bucht gelegen und deswegen Tip, DZ ca. 3o DM.

Im Ort Pisso Livadi zudem viele **Privatquartiere**, - am Logares Strand weitere **Pensionen** (mit "Rooms to let" ausgezeichnet).

Camping Kafkis: Liegt sehr schön unterhalb des Klosters Ag. Antonios. Freundliche Besitzer. Minimarkt, Bar, Restaurant mit Selfservice und schöner Außenterrasse. 2 Küchen für Campinggaskocher. Saubere Toil. Platz für ca. 115 Zelte und 15 Campmobile.

Verschiedene Restaurants, etwa gleiche Kategorie: "PISSO LIVADI": günstige Preise für Fische und griech. Gerichte.- "BOLAS": gute Küche u. günstige Preise. - "GEORGE": bekannt für Fisch u. griech. Speisen. - "VROCHAS": direkt am Wasser mit Terrasse, immer bestens besucht.

Ausflugsboot zur Insel Naxos (Ag. Anna Sandstrand), Platz für 5o Pers. Preis ca. 5 DM/Pers.

Drios

ca. 1oo Einw.

In der Drios-Bucht wunderschöner, 1,5 km langer Sandstrand Chrysi Akti, der den Beinamen "Golden Beach" zu Recht trägt. Hier auch eine Windsurfschule

"**Hotel Avra**": Direkt am Strand gelegen, Zimmer mit Toil. und Balkon. DZ ca. 25 - 3o DM, kein Frühstück.

"**Hotel Dryos**": Neben Hotel Avra (unter dem gleichen Dach) am Strand. Zimmer mit Gem.-Toil. DZ ca. 15 - 25 DM, kein Frühstück.

"**Hotel Apolafsis**": An der Steilküste direkt über dem Strand gelegen, mit herrlicher Gartenanlage. Ist im Reiseprogramm von Attika-Reisen/ München und Kreutzer aufgenommen. DZ ca. 4o - 5o DM, inkl. Frühstück.

"**Hotel Julia**": Liegt am Meer und über dem Strand. Neben Zimmern mit Toil. und Balkon, Ferienwohnungen mit voll eingerichteter Kochstelle und Eisschrank. DZ ca. 25

- 35 DM je nach Saison, Frühstück ca. 3,5o DM. Ferienwohnungen ca. 4o - 55 DM.

"Hotel Amarilis": Direkt am Golden Beach gelegen, etwa 3o Zimmer, viele mit Seeblick, einfach möbliert. Sehr nette Bar und Restaurant mit freundlicher, quicklebendiger Besitzerin. DZ ca. 25 - 4o DM je nach Saison.

"Hotel Golden Beach": Über 3o Zimmer, Restaurant mit Terrasse, originäre griechische Speisen. Höfliche, aufmerksame Besitzerin. DZ ca. 35 - 45 DM, Frühstück ca. 3 DM.

"Hotel Ivi": Neben Bushaltestelle, wenige Zimmer mit Balkon. Sehr gutes Restaurant im Erdgeschoß, Gartenterrasse im 1. Stock. DZ ca. 25 - 3o DM, Frühstück ca. 3 DM.

"Hotel Anezina": Gegenüber vom Hotel Ivi, Zimmer mit Toil., Tel. und Balkon. Das Anezina hat eine Bar und ein empfehlenswertes Restaurant mit großer Terrasse. Man sitzt unter Orangen- und Zitronenbäumen im Garten. Im selben Gebäude auch ein Supermarkt. Der hoteleigene Minibus holt angekündigte Gäste direkt am Hafen Paroikia oder vom Flugplatz ab. DZ ca. 25 - 35 DM, Frühstück ca. 3,5o DM.

Einige wenige, gute Restaurants: "ANESINA", und "KOSTAS": gute Fisch- und griech. Gerichte zu günstigen Preisen. Beide gegenüber der Bushaltestelle.

Einfach eingerichtet, aber gut, die beiden im Hoteltext erwähnten Restaurants im "Hotel IVI" und "Hotel ANEZIA"

Ein weiteres preiswertes und viel besuchtes Restaurant liegt direkt am Strand, neben Hotel Avra.- In der "Bar Lake", gibt es eine Biergarten.

Die Straße ist noch bis zu dem kleinen Ort Kampos ausgebaut, dann abenteuerliche Pistenzustände. Alyki, Pounta, Marathi und Lefkes besser von Paroikia aus zu erreichen.

★ Westküste: Paroikia ⋙→ Pounta ⋙→ Aliki/(Airport)

Die Asphaltstraße führt in 1 - 2 km Entfernung zur Küste, mehrere kleine bis mittlere Strände mit Bademöglichkeiten, teils auch Campingplätzen:

* SOUVLIA Strand (nennt sich auch "Delfin-Strand"): liegt ca. 1 km südlich von Paroikia, knapp neben der Straße. Kleine Bucht mit Taverne und Alternative zu dem Stadtstrand von Paroikia.

* PARASPOROS- Strand: gut 2 km südl. von Paroikia, Sandstrand. Zu erreichen: ab Paroikia den Aliki-Bus nehmen und dem Fahrer Bescheid geben. Dann noch ca. 5 Min. zu Fuß ans Meer.

* AGIA IRINI: gut 3 km südl. von Paroikia Abzweigung zum Agia Irini, ab Abzweigung noch gut 1 km schlechte Piste. Die zwei Sandbuchten liegen zwischen Fels eingerahmt, jeweils 15o x 4o m, kleines Kirchlein. Ins Wasser gehts sanft rein, die nördl. Bucht mit Bäumen, die südl. mit Palmen. Hier in Agia Irini liegt auch der schönste Campingplatz der Insel, der gleichnamige "Agia Irini". (Alle Details siehe Paroikia!)

Details zum Schmetterlingstal (Petaloudes) siehe Seite 94.

Die Straße zum AIRPORT/POUNTA führt auch nach Aliki. Etwa 5 km nach Paroikia Abzweigung nach rechts, Richtung:

Pounta

8 km ab Paroikia, kleines Fischernest an der Meeresstraße zu Antiparos. Nur wenige Häuser, einfache Taverne. Eine kleine Kirche steht auf der Fähranlegestelle. Die offene oder geschlossene Türe wurde früher zum Zeichengeben für den Fährmann benutzt, heute ist die Angelegenheit "modernisiert" mit stündlicher Fährverbindung, die Busanschluß mit Paroikia hat.

"**Holiday Sun Hotel**": knapp 6o Zimmer, modernes Hotel am Strand. Geschmackvoll mit Holzmöbeln eingerichtet, die Hälfte der Zimmer mit Blick zum Meer und Antiparos. Breites Sportangebot, auch kinderfreundlich (Basketball, Kinderspielplatz, genauso wie Tennis). DZ ca. 85-13o DM für Vollpension, je nach Saison.

Sandstrand vor dem Hotel, ansonsten ist der übrige Strand von Pounta steinig. Von daher gibt es derzeit keine weitere Unterkunftsmöglichkeit im Ort.

Aliki

Fischerhafen mit Sand, teils Kiesstrand, 4oo m lang 1o-2o m breit. Morgens kommt Leben auf, wenn die Fischer mit ihrem Fang zurückkehren und die Katzen sich für Abfälle versammeln. Tagsüber Aktivitäten durch die Windsurf und Segelschule "Albatros" (deutsche Besitzer Karin und Edgar Deimel).

Auskunft über: Reisebüro Mando-Tours in Paroikia, Uferpromenade, Tel. 22o1o u. 218oo bzw. in Deutschland (Nov. - März) Dümpelstr. 2 c, 85oo Hagen 1, Tel. o2331/5o215.

Booteverleih mit Segelschein und nach Probefahrt möglich (4o DM/Std., bzw. 13o DM/Tag). Organisierte Touren möglich, schön zum Beispiel der Tagestrip nach Drios bzw ein 2-tägiger Ausflug zur unbewohnten Miniinsel Despotico, wo in einem Zelt übernachtet wird und ein Abendessen am Feuer mit Wein und Frühstück geboten wird für ca. 7o DM (Minimum 6 Pers.). Auf der Insel schöne Sandbucht. Weitere Touren nach Absprache.

"BALKONY": Etwas abseits, auch von Einheimischen sehr geschätzt. Speisen ab 21 Uhr auf der Terrasse mit herrlicher Aussicht. Fleischspieß und Fischspezialitäten werden sehr empfohlen.

"CÓSTA": Der Besitzer ist als Octopus-Spezialist angeblich bekannt bis Athen. Es gibt vorwiegend Fisch.-Weitere: "POSEIDON", schön zwischen Blumen,-"Daphne", Tip wegen guter Küche. - An der Pizzeria "PANORAMA", ab 19 Uhr angeblich die beste Pizza der Insel.

"**Hotel Afroditi**": Etwas abseits vom Strand mit freundlicher Wirtin. Ein sauberes zweistöckiges Gebäude, alle Zimmer mit Balkon. Meist besetzt durch Vickinger-Reisen (Hagen) und Jugendreisecenter München. DZ ca. 25-3o DM ohne Frühstück.

"**Pension Appollon**": Ebenfalls direkt am Hafen, einige Zimmer mit Meeresblick. Restaurant mit schöner, teils schattiger - teils sonniger Terrasse. DZ ca. 3o DM in HS. Zur VS und NS kann bei den Zimmerpreisen gehandelt werden!

✶ Inselinneres:

Paroikia ⋙➤ Marathi(Marmorbrüche)⋙➤ Lefkes

die asphaltierte 18 km Trans- Inselstraße Paroikia - Lefkes - Pisso Livadi passiert unter anderem die antiken Marmorstollen MARATHI (Taschenlampe mitnehmen!) und den größten Ort des Inselinneren LEFKES. Mehrmals tägl. Busverbindung.

Mehrmals tägl. Busverbindung. Ab Paroikia führt die Asphaltstraße zunächst kurz durch Gartenlandschaft und schlängelt sich dann in die Inselberge hinauf. Rund 5 km ab Paroikia:

Marmorbrüche aus der Antike:

Wer eine Taschenlampe dabei hat, kann die Gänge mit festen Schuhen erforschen. Warme Kleidung erforderlich und gutes Schuhwerk: innen rutschig und kalt!

Der Eingang zu den unterirdischen Stollen liegt kurz hinter dem Dorf Marathi bei einer Brücke (ausgeschildert: "Quarrys Marathi"). Ab der Abzweigung 15o m bis zu einem Parkplatz, der sich bei verlassenen Arbeiterhäusern befindet (der Steinbruch war bis 1844 in Betrieb; Marmorbeschaffung für das Grab von Napoleon).

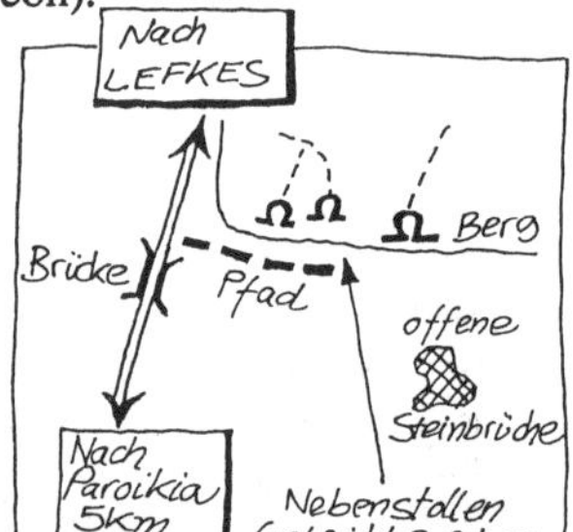

Von der Hauptstraße aus ist der Eingang der antiken Stollen nicht zu sehen, liegt links unterhalb der Arbeiterhäuser (ca. 2oo m entfernt). Man muß zu den Eingängen ziemlich steil hinuntersteigen.

Es gibt 2 Hauptstollen, die sich etwa 15o m steil in den Berg hineinbohren und sich dann nocheinmal aufgabeln. Man kann den linken Hauptstollen hinuntergehen bis zum Ende, wo sich der Stollen T-förmig aufteilt: rechten nehmen, über viele Treppen rauf und später etwas klettern. Fast an der selben Stelle kommt man wieder ans Tageslicht.

Der Marmor von Paros war zur Antike einer der begehrtesten und sehr durchsichtig: Lichtdurchlässigkeit bis zu einer Dicke von 3,5 cm!! Der berühmte italienische Carrara-

Marmor hat beispielsweise eine Lichtdurchlässigkeit von "nur" 2,5 cm (kann man ausprobieren, indem man die Taschenlampe hinter ein Steinchen hält!)

Daß derartig transparenter Marmor erstklassiges Rohmaterial für Statuen lieferte, liegt auf der Hand - ebenso wie die Tatsache, daß die Bearbeitung äußerstes Geschick erforderte. Je durchsichtiger Marmor ist, desto schwieriger ist es für den Künstler, die endgültige Wirkung seiner Statue vorherzusehen.

Nach weiteren 3 km Abzweigung zum unten liegenden Dorf KOSTOS (ca. 3oo Einw.) Liegt schön zwischen Weinbergen, Öl- und Feigenbäumen, private Unterkunftsmöglichkeiten, Taverne und Busverb. nach Paroikia sind vorhanden. (Weiterhin: Querverbindung per Schotterstraße rüber an die Straße Lefkes - Naoussa).

Weiter auf der Hauptstraße knapp 2 km liegt hinter einem Höhenrücken in 2oo m Höhe zwischen Olivenbäumen das Bergdorf:

Lefkes (5oo Einw.)

Ausgesprochen hübsch und noch viel von seiner Ursprünglichkeit. Im vergangenen Jhd. war es die Inselhauptstadt, bis zu 3.ooo Menschen lebten hier.

Bei der Rast von der Terrasse des einzigen Hotels großartiger Blick über das Dorf, das sich am Hang mit seinen weißgekalkten Häusern wie ein Amphitheater ausbreitet. Die große, 183o gebaute Marmorkathedrale steht etwa in der Mitte auf der imaginären Bühne dieses Freilichttheaters.

Am Hauptplatz gibt es ein altes Kafenion und ein kleines Heimatmuseum.

Λεφκεσ liegt genau im Mittelpunkt der Insel; für Motorisierte und Wanderer der ideale Ausgangsort, die Insel zu erobern und zu entdecken. Ein Plattenweg, jahrhundertealt, zieht sich direkt zur Ostküste. Busverbindung Paroikia - Lefkes im Sommer 8 mal tägl.

Auf den Höhen rund um Lefkes weisen zahlreiche Ruinen von Windmühlen darauf hin, daß hier ein Zentrum für Getreideanbau bestand. Heute ist nur noch 1 Windmühle in Betrieb. Während im verg. Jhd. hier rund 3.ooo Menschen lebten, die vorwiegend ihr Einkommen als Bauern, Händler, teils auch in den Marmorbrüchen fanden, - hat sich die Einwohnerzahl heute heute durch Land- und Inselflucht auf gut 5oo reduziert.

Viele junge Dorfbewohner haben sich der harten Arbeit - wie sie der Getreideanbau auf terrassenförmigen Feldern erfordert - durch Auswanderung nach Athen, nach USA oder Australien entzogen: dort ließ sich erheblich mehr Geld verdienen. Noch macht der Ort mit seinem weißen sauberen Kalkanstrich einen wohlhabenden Eindruck. Aber der Schein trügt, wenn man registriert, daß in den steilen und gewundenen Gassen sich wohl viele Touristen bewegen, man jedoch nur selten einen Einwohner zu Gesicht bekommt.

Nach Einbruch der Dunkelheit legt sich paradiesische Ruhe über den Ort, König wer im neuerbauten "Hotel Xenia" ein Zimmer bekommen hat!

"**Hotels Xenia**": Eine wunderschöne Hotelanlage, von der man eine sehr gute Rundsicht hat. Die 14 Zimmer sind in Kiefer gehalten, mit Toil. und Balkon. 8 Zimmer gehen zum Ort hin, von 2 x 2 Zimmern hat man seitlichen Blick bis Naxos.

Der Besitzer bringt seine Gäste mit eigenem Hotelbus zu jedem Punkt der Insel.

Im dazugehörigen Restaurant eine ausgezeichnete genuine Küche. Besonders zu empfehlen: "Gefüllte Taube" und "Kaninchen mit Zwiebel". DZ ca. 35 - 5o DM, Frühstück ca. 3 DM.

Wandern: Ein jahrhundertealter, byzantinischer Plattenweg zieht sich über 1,5 km hinunter zur Ostküste. - Oder 3o Min. zu Fuß zum Kloster Kaparos, welches auch über eine 2 km Piste erreicht werden kann.

Liegt oberhalb des Ortes Lefkes in einem paradiesischen Garten mit Nußbäumen, Feigen, Pflaumen, Granatapfelbäume, Kirschen und, und, und...

Ab Lefkes eine gut ausgebaute 6 km Straße zum höchsten Gipfel der Insel: dem PROF. ILIAS (77o m). Sowohl die Straße wie auch Gipfel bieten schöne Ausblicke. Im Sept. sind die flachliegenden Rebstöcke voll mit weißen und blauen Traubengehängen.

Auf dem Gipfel die Klosterkirche Ag. Ilias und riesige Funkanlage. Weiter Panoramarundblick: Naxos - Mykonos - Sifnos - und an klaren Tagen bis Santorini!

Der Gipfel kann auch von Paroikia erreicht werden: 2 1/2 bis 3 Std. via Kalgogeria zum Kloster Christou Dasou und dann weiter zum Gipfel. - Weitere Möglichkeit: Bus ab Paroikia Ri. Aliki, aber bereits in Kamari aussteigen, um über Anertizas auf den Gipfel zu kommen. Der idyllische Ort Kamari ist umgeben von vielen Oliven- und Granatapfelbäumen, niedrigen Weinreben und Getreidefeldern im Terrassenanbau.

★Insel Antiparos

Die Insel Antiparos ist eine der kleinsten Kykladeninseln (35km²) deren 65o Einwohner fast alle in dem gleichnamigen Hauptort leben. Seit einigen Jahren hat der Tourismus auch hier verstärkt Einzug gehalten, doch so hektisch wie anderswo ist es noch nicht.

Bemerkenswert die kleinen, aber sehr schönen Strände und vor allem die Tropfsteinhöhle in der Nähe der Akrotiri-Bucht.

Zu erreichen ist die Insel von Paroikia und Pounta. Von Paroikia aus fahren kleine **Passagierschiffe**, Zeiten im Hafen erfragen, Fahrzeit ca. 45 Min.

Die Autofähre von Pounta braucht nur etwa 1o Min., Abfahrten stündlich von 8^{2o} - 19^{2o} Uhr, in Gegenrichtung nach Pounta letzte Fähre 19 Uhr. Preis für einen PKW mit 2 Personen ca. 1o DM. Busse von Paroikia nach Pounta stündlich, Anschluß an die Fähre.

Achtung: nicht von Paros aus herüberschwimmen! Trotz der geringen Entfernung ist das auch für geübte Schwimmer gefährlich, wegen der heimtückischen Strömung!!

Unterkunft im Ort **Antiparos** (an der Nordspitze), weitere Siedlungen und Unterkünfte gibt es nicht.

"Hotel Chryssi Akti": Direkt am Hafen gelegen, sauber und zu empfehlen. Die Zimmer mit Toil. und Balkon. DZ ca. 3o - 35 DM, Frühstück ca. 3 DM.

"Hotel Mantellana": Neben Chryssi Akti, etwa 35 Zimmer, zur Hälfte mit Toil. Im 1. Stock Terrassen oder Balkons. Wunderschöne Terrasse zum Hafen, aber kein Essen, nur Drinks. DZ ca. 25 - 35 DM, Frühstück ca. 3 DM.

"Hotel Anargyros": Am Hafen bei der Fähre. Selfservice-Restaurant mit Terrasse zum Hafen. DZ ca. 3o - 35 DM.

Eine Dependance liegt 1oo m abseits am Ufer, ohne Komfort.

"Hotel Filioalis/Koralli": 5o m von der Uferstraße und 1oo m vom Strand entfernt. Kleines, gemütliches Restaurant. Speisen an der Theke ausgestellt. Der Besitzer spricht Englisch.

Camping Antiparos: Etwa 1 km vom Hafenort, nur über schlechte Schotterstraße zu erreichen. Wenn sich größere Gruppen angemeldet haben, werden sie vom Besitzer mit einem Bus von der Fähre abgeholt. Die wohl größte Campinganlage der Kykladen (2ooo m^2, Platz für 4oo Zelte) ist sehr sauber und windgeschützt. Die Größe fällt jedoch nicht unbedingt auf, weil er optisch unterteilt ist in einzelne durch hohe Büsche getrennte Areale. Moderne Trinkwasseraufbereitung, saubere Duschen und Toiletten (teils Sitztoiletten). Der Strand Ag. Ioannis Theologos hat einen FKK-Teil.

Nettes Selfservice-Restaurant mit Außenterrasse, günstige Preise. Minimarkt und Bar.

Mehrere gute Restaurants in der Nähe des Hafens. Im Ortsinneren immer gut besucht, die Taverne "THE STARS". Am Ortsrand, in schönen Gärten gelegen, die Tavernen "SENORES" und "BONOS", mit griech. Spezialitäten (Oktopus, gegrillt oder eingelegt).

SEHENSWERTES

Vom Hafen die Hauptstraße entlang zum Hauptplatz der Insel (es gibt keine Straßennamen). Hier schöner Eukalyptusbaum bei einer Konditorei,

Treffpunkt der Einheimischen wie der Touristen am Abend. Nebenan die Kirche AG. NIKOLAOS, gegründet im 16.Jh., mit zahlreichen Ikonen und Holzschnitzereien.

Durch Bogendurchgänge vom Hauptplatz aus zum VENEZIANISCHEN KASTRO, erbaut 144o. In der Mitte des Kastros eine kleine, leider verschlossene, Kirche.

Der Ort Antiparos ist zwar relativ klein, aber hübsch in seiner Kykladenarchitektur. Der Rest der Insel staubig, kahl, unbewohnt.

Schöne, allerdings nicht sehr breite Sandstrände in 1oo - 2oo m Radius um den Ort und an der Nordspitze. Schatten durch Bäume, - der FKK Strand ab Hafen ausgeschildert.

Attraktion auf Antiparos ist sicher die Tropfsteinhöhle **SPILION**. Zu erreichen entweder per Bus über Kaiki entlang der Küste bis Bucht Akrotiri. Hier zu Fuß bergan gute 1 Std., wer die Strecke ab Ort Antiparos macht: hinwärts bis Höhleneingang ca. 2 1/2Std. wobei die letzten 3o Min. ziemlich steil ansteigen.

Ob sich der Besuch lohnt, sei jedem selber überlassen. Zumindest gibts im Sommer massenweise "Durchgangstourismus", der per Ausflugsbussen bis fast vor den Höhleneingang geschleust wird.

Hier steht eine kleine Kapelle (Ag. Ioannis) mit vielen Insignien an der Wand. Im Inneren der Höhle nach der Eingangshalle früher per Seil runter in den 5o m tiefer gelegenen Hauptteil der Höhle. Heute steigen die Stöckelschuhdamen und Bermudashort- Herren bequem über Stufen runter. Auch können leider die Tropfsteine bei Weitem nicht so schnell nachwachsen, wie sie abgebrochen werden. Wenn das so weitergeht, beleuchten die Punktstrahler bald glatte Wände...

Die Geschichte der Höhle beginnt mit erstem Zapfenabbrechen bereits der Begleiter des Höhlenwiederentdeckers Marquis de Nointel (1673). Auch im 2. Weltkrieg, wo die Höhle Partisanen als Unterschlupf diente, wurden Zapfen abgebrochen. (Je nachdem, welche Touristengruppe heute durch die Höhle geführt wird, sind es andere Übeltäter gewesen: mal italienische Truppen, mal engl. Marinesoldaten, mal die Deutsche Wehrmacht...)

Auch den Russen, die 177o - 1774 auf der Insel waren, wird Zapfenknackerei angelastet.

Zwischenzeitlich bereits ein ganzer Schwung Discos, eine neben dem Campingplatz, weitere am Ortsrand.

Insel Naxos

(448 qkm, 15.000 Einw.)

Wenn man mit dem Schiff in den Hafen von NAXOS/ORT einläuft: weiße, kubisch ineinander verschachtelte Häuser am Hügel hinauf bis zum venezianischen Kastell: Kykladen- Architektur par excellance!

Am Horizont eine Kette wilder, brauner Berge, die in nur runden 5 - 7 km ab Meer bis auf 1.000 m Höhe ansteigen! NAXOS ist nicht nur die größte

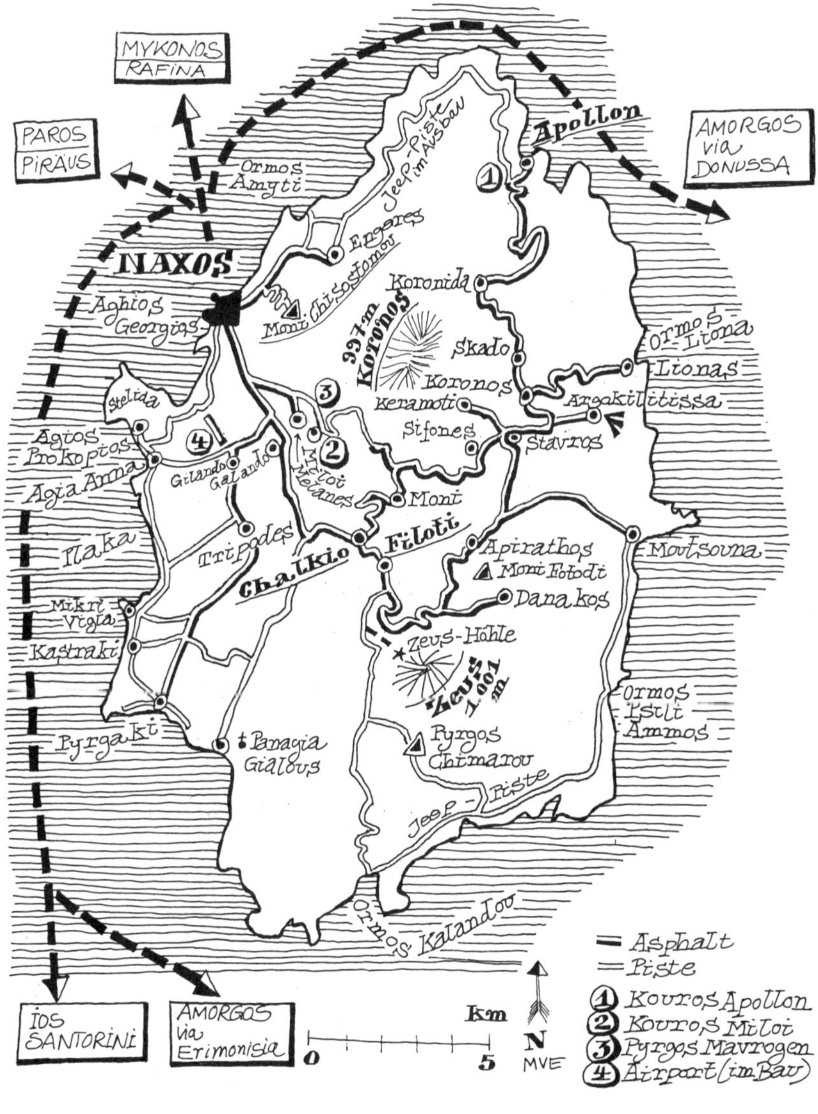

und gebirgigste Insel der Kykladen. In den hohen Bergketten fangen sich die Wolken: sprich Niederschläge, die weitgehend im Winter und in den Hochtälern zwischen dem Zeus (1.oo1 m) und dem Koronos (997 m) runtergehen und mit ihrem Reservoire auch die Tiefebene um Naxos/Ort bewässern. Somit zugleich auch die fruchtbarste Insel der Kykladen.

Jede Menge interessanter Wanderungen im Inselinneren, - aber auch excellente Strände südlich des Hauptortes.

Verbindungen

In den Sommermonaten von PIRÄUS mit Personen & PKW-Fähre mindestens 1 x/Tag (via Paros, Syros), Fahrzeit ab Piräus bis Naxos runde 8 Std./ca. 22 DM. Die Schiffe fahren täglich (im Sommer) weiter nach Ios und Santorini (plus ca. 3 Std.). Von Naxos nach Mykonos je nach Saison 3 - 4 mal/Woche.

Weiterhin ab RAFINA//Festland nach Naxos. Die Schiffe fahren via Syros und Paros, Fahrzeit je nach Schiffstyp 7 - 1o Std., Preise ähnlich denen der Strecke ab Piräus. Der Fährhafen Rafina ist ab Athen per Bus zu erreichen, auch für Leute mit eigenem Auto spart er die Durchfahrt und den Stoßverkehr in Piräus. Details siehe Kapitel "Fährverbindungen", Seite 27. Auch die Rafina - Fähren fahren in der Regel ab Naxos weiter nach Ios und Santorini.

Naxos - Amorgos: ca. 3 mal pro Woche ein Schiff mit PKW- Transport, rechtzeitig Fahrkarten besorgen: nur wenig Mitnahmemöglichkeit! Die Überfahrt dauert mit der PKW Fähre ca. 3 Std.

Darüber hinaus gibts eine kleine Fähre (nur Personenmitnahme), die ab Naxos die Mini- Inseln Erimonisia abfahren und deren Route in Amorgos endet.

Während der Monate April, Mai, sowie Sept./Okt. gabs bisher kostenlosen Fährtickets auf den regulären Personenfähren von Naxos nach Iraklia, Schinoussa, Konfounissa und Amorgos. Eine Kreation des Griechischen Fremdenverkehrsministerium, um den Fremdenverkehr auf diesen südlich von Naxos gelegenen Inseln anzukurbeln.

SIGHT- SEEING- TRIPS: in den Sommermonaten mit Agenturen in Naxos/Ort nach Mykonos, Delos im Eintagestrip für ca. 3o DM, bzw. nach Paros für ca. 15 DM/Person, - Ios für ca. 17 DM und Santorini für ca. 35 DM/Person. Details siehe Reisebüros Naxos/Ort.

Rund 1 km südlich von Naxos/Ort befindet sich in einem (im Sommer) ausgetrocknetem Salzsee ein Jet- Airport im Bau. Fertigstellung wird aber noch rund 1- 2 Jahre dauern. Soll nach Fertigstellung der größte Airport der Kykladen werden.

Während andere Inseln im Bereich der nördlichen Ägäis (z.B. Skiathos, Lesbos, Limnos, Chios, Samos etc.) seit langem ihren eigenen Airport haben, - fehlt auf Naxos (der größten und am dichtesten besiedelten Insel der Kykladen!) ein Airport.

Derzeit Flugverbindung mit Olympic Airways nur über PAROS und MYKONOS. Weiter mit dem Schiff. Beide werden ab Athen täglich mehrmals angeflogen. Mykonos hat dabei häufigere Flugverbindungen, aber schlechtere Schiffsverbindungen weiter nach Naxos.

Der Flug Athen - Paros ist somit die bessere Wahl. Flugzeit 45 Min., das Schiff rüber nach Naxos braucht lediglich 1 Std. Kann aber durchaus sein, daß das Schiff schon weg ist, wenn das Flugzeug ankommt. Dann eventuell mit kleinem Kaiki übersetzen, - oder aber mit dem spät abends aus Rafina kommenden Dampfer nach Naxos.

Wer einen Charterjet ab Deutschland gebucht hat, 3 Möglichkeiten: Mykonos, - Paros und Santorini. Wobei die letzten beiden wegen (im Sommer) täglichen Schiffsanschlüssen die bessere Wahl für Naxos sind.

★ **Karten:** die derzeit beste ist 4-farbige "NAXOS" (Maßstab 1 : 63.7oo) von Toubis/Athen, die es praktisch in allen Souvenirshops auf Naxos gibt. Der Straßenzustand ist einigermaßen richtig (mit Einschränkungen!), außerdem sind die Pyrgi (für Naxos typische Hausturm- Festungen), - die Kouri (unvollendete Marmorstatuen),Badestrände, Archäologisches und Unterkunftsmöglichkeiten im Inselinneren verzeichnet. Kostenpunkt knapp 2 DM und für alle Inseltrips (trotz nicht unerheblicher Mängel der Karte) unabdinglich.

Es gibt auch Karten in griechischer Sprache. Straßenführung und Kilometerangaben stimmen selten überein. Oft finden sich auch verschiedene Schreibweisen für Ortsnamen:

Tripodes = Vivalos	Chalkio = Halki
Engares = Egares bzw. Mitria	Apollonos = Apollonia bzw. Apollon
Korono = Wothri	Lionas = Hontros
Koronis – Koronidia bzw. Komiaki	Apiranthos = Apirathos
Filoti = Philotion	Tsikalario = Tsingalario

Für die höchste Erhebung, den Berg ZEUS gibts noch Namen wie Zia, Zas, Zefs und Oxia., - Der Inselhauptort heißt oft auch CHORA, - ebenfalls bei Klöstern und Kirchen finden sich immer wieder verschiedene Schreibweisen.

Die Liste lässt sich beliebig verlängern. Wir verwenden daher im NAXOS - Teil die Schreibweise der Toubis- Karte, da man mit dieser reisen wird (solang´s noch nichts besseres gibt!), und um einheitlich zu bleiben.

★ **Feste:** Naxos ist wie kaum eine andere Insel der Kykladen reich an Regionalfesten. Finden vorwiegend im Inselinneren statt und während der Sommermonate.

1. Juli: Volksfest in Sangri, - 14. Juli: Fest des Heiligen Nikodimos in Naxos Chora, -

17.Juli: Volksfest in Koronos, - 25.Juli: Volksfest in Aghia Ana, - 26. Juli: Volksfest in Kastraki, - in der ersten Augustwoche Fest zu Ehren des Gottes Dyonisos in Naxos Chora, - 6. August: Volksfeste in Galando, Glinedo, Damanias und Danakos, - 15. August: Fest der heiligen Jungfrau in Filoti, - 29. August: Volksfest in Apirathos, - 8. Sept.: Volksfest in Potamia, - 14. September: Volksfest in Kastraki- Tripodes.

Da die Termine genau in die Haupt- Touristenzeit fallen, kann dies zusätzliche Zimmer- Engpässe bedeuten. Gleichzeitig wird aber auch mit vielen Privatzimmern ausgeholfen.

Naxos Ort

auch "Chora" genannt, ca. 5.ooo E.

In seinem Altstadtviertel, das sich steil zur Venez. Festung hinaufzieht: einer der schönsten Inselorte der Kykladen:

In der weiten Küstentiefebene mit ihren Agaven, Bambus und Ackeranbauflächen erhebt sich direkt am Meer und Hafen ein rund 2oo m Berg, an dem sich die weißen, kubischen Kykladenhäuser von Naxos- Ort raufstaffeln.

Eine Altstadt in ihrem Gassengewirr, die noch intakt ist. Enge, weiß getünchte Gässchen, zu schmal für Autos, - Torgänge und Treppchen, dazwischen im Halbdunkel kleine Geschäfte und Tavernen, - Obstgeschäfte unter Torbögen: eine Atmosphäre, fast wie in orientalischen Altstadtvierteln.

Oben am venez. Kastell weiter Blick über das Tiefblau der Ägäis. Eine wohltuende Ruhe und Stille, nach der Hektik unten an der Hafenpromenade. Jasmin in den Gassen, und die Treppchen zum Oberstock oft farbig angestrichen.

Auch wenn moderne Häuser in Betonskelettbauweise unten am Hafen vorgebaut wurde: hier spielt sich der Kommerz ab: Souvenirshops, Tavernen, aus denen es vom Holzkohlengrill rausduftet und vorne ganze Galerien von Mietmopeds.

Wahrzeichen von Naxos: ein riesige Marmortor neben dem Hafen auf der vorspringenden Halbinsel "Palatias", Rest eines unvollendeten Apollotempels, der im 6. Jhd. v. Chr. angelegt wurde.

Anteile der Tempelfundamente sind heute noch erhalten. Die im 6. Jhd. n. Chr. in die Tempelruine hineingebauten christliche dreischiffige Basilika stürzte später bei einem Piratenangriff ein. Ihre Bauelemente wurden im 13. Jhd. von den Venezianern zum Bau ihres Kastells auf der Hügelkuppe benutzt.

Über der Altstadt: die venezianische Festungsanlage mit massiv- dicken Mauern und verwinkelten Gässchen. Angelegt 12o7 von den Venezianern unter Marco Sanudo. Von den 7 Rundtürmen im Bereich der Außenmauern des "Kastros" ist nur noch einer (Höhe ca. 13 m, Mauerdicke 1 m) erhalten. Innerhalb des Kastros befindet sich ein mächtiger Wohnturm, der Sommaripa- Palast, sowie an die 4o kleinere Kirchen, die aber fast alle

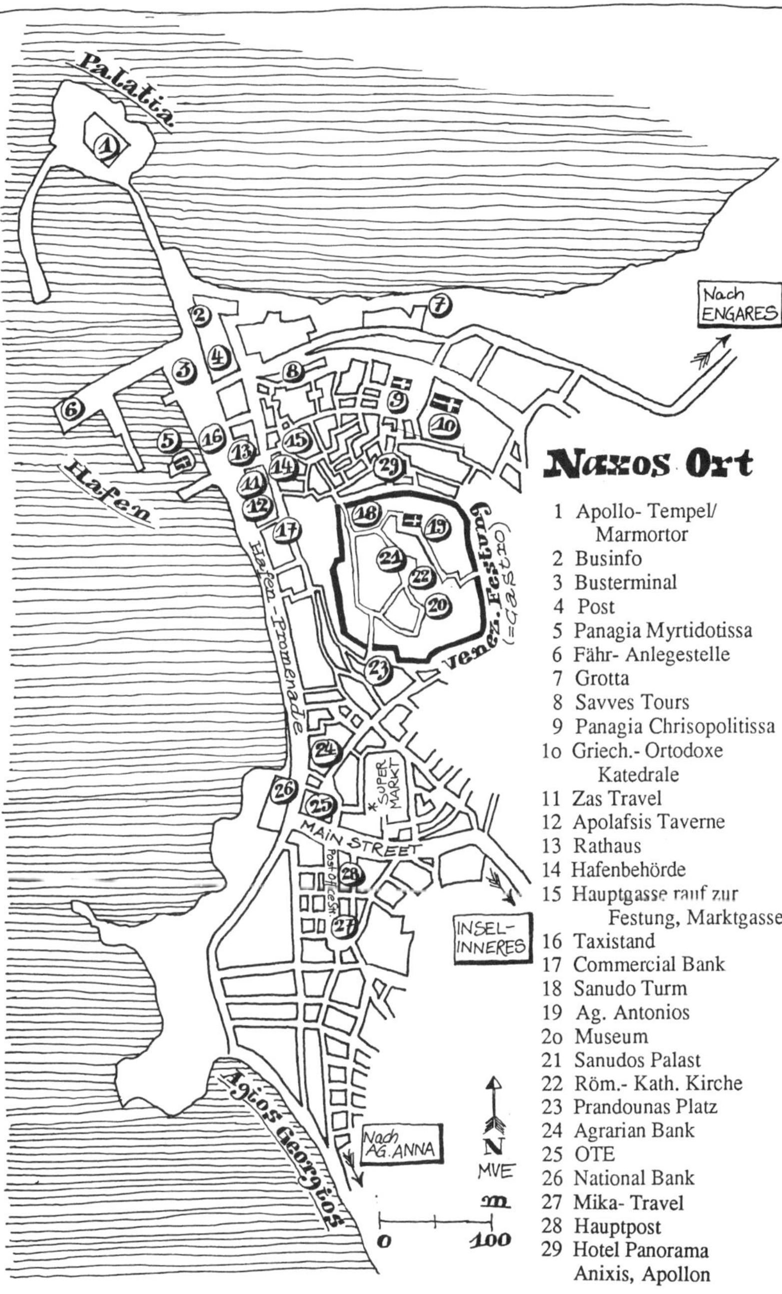

Naxos Ort

1 Apollo- Tempel/ Marmortor
2 Businfo
3 Busterminal
4 Post
5 Panagia Myrtidotissa
6 Fähr- Anlegestelle
7 Grotta
8 Savves Tours
9 Panagia Chrisopolitissa
1o Griech.- Ortodoxe Katedrale
11 Zas Travel
12 Apolafsis Taverne
13 Rathaus
14 Hafenbehörde
15 Hauptgasse rauf zur Festung, Marktgasse
16 Taxistand
17 Commercial Bank
18 Sanudo Turm
19 Ag. Antonios
2o Museum
21 Sanudos Palast
22 Röm.- Kath. Kirche
23 Prandounas Platz
24 Agrarian Bank
25 OTE
26 National Bank
27 Mika- Travel
28 Hauptpost
29 Hotel Panorama Anixis, Apollon

geschlossen sind, da man Angst vor Kirchenraub hat.

Im Gebäude des ehemaligen Jesuitenklosters heute das Archäologische Museum (geöffnet tägl. 8.45 - 15 Uhr, So. 9.3o - 14.3o Uhr) mit Idolen und Gefäßen aus der Kykladenkultur. Daneben Goldarbeiten, Schmuck, Reliefs, Torsos und Löwenköpfe. Im Außenbereich des Museums ein schönes Bodenmosaik (zeigt Entführung der Europa durch Zeus als Stier).

Das heutige Naxos expandiert kräftig. Derzeit in der Stadt rund 5.ooo E. Kräftige Bautätigkeit besteht besonders raus in die südliche Tiefebene, die sehr fruchtbar ist, Baumbus, riesige Agaven wie in Mexico und Felder mit Fruchtanbau.

Geschichte

Gemäß mythologischer Erzählungen sei Naxos von den Thrakern besiedelt worden, die Reben mitbrachten, um Wein anzupflanzen. Ihr Weingott Dionysios hätte hier auf Naxos die hübsche Königstocher Ariadne geheiratet, Tochter des sagenumwobenen und mächtigen Königs Minos von Kreta.

Archäologisch nachgewiesen ist, daß Naxos seit früher Bronzezeit (3.2oo - 2.7oo v. Chr.) besiedelt war, wie Funde (z.B. Zylinderpyxiden) beweisen.

Ca. 2.ooo v. Chr. kam Naxos unter minoischen Einfluß von Kreta. Reste einer Ansiedlung aus dieser Zeit wurden nordöstl. der Inselhauptstadt bei Grotta (teilweise an Land, teils unter Meer) gefunden. Die Einwohner waren als geschickte Seefahrer bekannt und galten als beste Schiffsarchitekten ihrer Zeit: Sie hatten eine besondere Bauweise erfunden: - die "Tropis", eine Art hölzerne "Wirbelsäule", die die Schiffe besonders seetüchtig machte und vorallem größerere und stabilere Schiffe lieferte, die geeignet waren, schweren Marmor übers offene Meer zu transportieren.

Mit dieser Entdeckung,- und bei den reichen Marmorvorkommen auf der Insel wurde Naxos bald zur wichtigsten Macht im Kykladenbereich. Ihre Bewohner exportierten ihren Marmor bis an die Küsten von Frankreich und Spanien. Reste der Kykladischen Kultur wurden in Italien, Frankreich, auf Sardinien, Sizilien und den Balearen gefunden.

Die Naturkatastrophe des Vulkanausbruch SANTORINI (ca. 1.5oo v. Chr. mit gewaltigem Asche- und Steinregen über viele hundert Km, See- und Erdbeben, - sowie riesiger Flutwelle) beendete nicht nur die Minoische Kultur, sondern auch das florierende Naxos und die Kykladische Kultur.

Nach einer Periode archaischer und dorischer Besiedlung wurde NAXOS ab ca. 1.ooo v. Chr.durch die IONIER besiedelt und erlebte eine neue, wie auch kulturelle Blütezeit: ab 7. bis 6. Jhd. v. Chr. Zentrum des Kykladischen Inselbundes, der im Rahmen des attischen Bündnisses (Athen) Handelskontakte bis rüber nach Sizilien und zu den dortigen Kolonien unterhielt.

Angeblich lebten zu dieser Zeit auf Naxos 1oo.ooo Menschen (heute ca. 18.ooo !). Wenn die Zahl stimmt: gewaltig, und signifikant für die damalige Bedeutung der Insel, berücksichtigt man, daß Naxos an seiner breitesten Stelle gerade ca. 3o km misst! Stadtgründung durch die Ionier an der Stelle der heutigen Inselhauptstadt.

Grund für die erneute Blüte war wieder,- neben der zentralen Lage innerhalb der Kykladen und ihre Fruchtbarkeit : das seefahrerische Know How seiner Bewohner und die reichen Marmorvorkommen auf der Insel:

Damals wurde Delos zum wichtigsten Kulturzentrum der Kykladen - und Naxos lieferte mit seinen Bildhauerwerkstätten bedeutende Werke wie die Löwen von Delos (aber auch die Statue der Nikandre in Athen und die Sphinx in Delphi).

Damalige Bildhauertätigkeit ist heute noch und nach 2.5oo Jahren auf Naxos zu sehen in den **KOURI** (monumentale Jünglingsstatuen in Marmor), die halbfertig bei Apollon (im Inselnorden) und bei Flerio (Inselmitte) rumliegen, da man nachträglich Risse im Marmor feststellte - bzw. diese bei der Bearbeitung beschädigt wurden. Details siehe Text "Inselinneres"!

583 v. Chr. verhalf der Athener Tyrann PEISISTRATOS dem Adeligen LYGDAMIS zur Alleinherrschaft über Naxos. Lygdamis ließ auf der Palatia- Halbinsel nördlich der Hafenbucht einen riesigen Apollon- Tempel bauen. Das Marmor- Eingangstor mit einer Höhe von knapp 8 m (= fast 3-stöckiges Wohnhaus) suchte für damalige Verhältnisse Vergleiche in der ägeischen Inselwelt und dürfte als Prestige- Objekt für den Reichtum und die Bedeutung der Insel gedacht gewesen sein.

Der Tempel blieb unvollendet, da Lygdamis 524 v. Chr. gestürzt wurde. Im Gegensatz zu den meisten anderen Kykladeninseln verteidigte sich Naxos 5o1 v. Chr. erfolgreich gegen einen Angriff der Perser und hielt sogar einer 4- monatigen Belagerung stand. Der Vergeltungsschlag erfolgte 11 Jahre später: die Perser verwüsteten die Inseldörfer und versklavten die Bewohner.

Mitte des 2. Jhd´s. v. Chr.: Angliederung an Rom, - 4oo n. Chr. an das oström. Reich (Byzanz). Das Christentum soll sehr früh durch den Apostel Johannes von der Insel Patmos nach Naxos gebracht worden sein.

Während des 4. Kreuzzuges (12o2 - 12o4) mußten die Byzantiner Naxos an die Venezianer übergeben: im Jahre 12o7 wurde von dem venezianischen Herzog MARCO SANUDO das Herzogtum Naxos gegründet. Sanudo, - offiziell in Sachen "Handel" beschäftigt, - inoffiziell eher als "Pirat" zu klassifizieren, - wußte Naxos sehr wohl strategisch zu werten: fruchtbarste Insel der Kykladen, strategisch günstig im Zentrum der Kykladen gelegen. Zudem der Hügel oberhalb des Hafens, von dem man klar die gefährlichen Bereiche wie Nachbarinsel Paros und den Schiffahrtsweg einsehen (und verteidigen) konnte.

Was lag also näher als der Bau einer wuchtigen Festung oben auf dem Hügel, - die Macht der Venezianer über NAXOS blieb bis 1566, als die Türken Zugriff im Ägeisbereich nahmen (siehe auch unser KRETA- Band!).

PYRGI (Festungstürme, sing.: "pyrgos"): über die gesamte Insel verteilt, - dienten während der venezianischen Herrschaft als Beobachtungs- und Festungsturm gegen eventuelle Piratenangriffe. Die Pyrgi nahmen bei Gefahr Inselbewohner auf. Nachrichten bezüglich eventueller Angreifer wurden per Rauchzeichen von Pyrgos zu Pyrgos weitergegeben.

Die bekanntesten und noch erhaltenen sind : Apeirantos (bei Apirathos), - Belonga (bei Galando), - Cheimavos (bei Filoti), - Barozzi (bei Halki) und Castro Apano (zwischen Potamia und Halki).
Im Anschluß an die Griech. Revolution 1821 wurden die Kykladen und Naxos von Griechenland übernommen.

Das **heutige Naxos** verzeichnet trotz seiner Fruchtbarkeit hohe Abwanderungsquoten; in Athener Fabriken oder in "Germania" lässt sich mehr verdienen als auf den Feldern der Insel oder im Fischfang vor den Küsten, die weitgehend sowieso durch das verbotene Dynamitfischen leergefischt sind. Durch den Bau des Insel- Jet- Airportes südlich der

Hauptstadt erhofft man sich zusätzliche Ankurbelung des Tourismusgeschäftes.

Tourist INFO durch die Tourist Polizei, - vorwiegend aber durch private Reisebüros, die neben Insel- Touren auch Schiffstickets verkaufen und Privatzimmer anbieten:
Kondylis Cruises, - Kykladikon, - Latinas, - Zas Travel (unser Karte, Nr. 11),eigentlich recht gut! - Savves Tours (unsere Karte, Nr. 8), stark besonders im Ausflugsprogramm, - Naxos Intern. Tours, - Mika Tours (unsere Karte, Nr. 27) und Proto Travel.

Infoschriften: "This Summer in Naxos" und "Summer Naxos", beide gratis und mit Werbung finanziert. Ganz gut wegen ihrem Naxos- Stadtplan, in dem einige der gängigen Hotels und Shops eingezeichnet sind.

Geldwechsel: neben den Banken (siehe unser Naxos- Stadtplan) wechseln Hotels und Schiffsagenturen bei längeren Öffnungszeiten und zu teils besseren Kursen.

Post Post: siehe unsere Karte/Nr. 28, - OTE (Telefon) siehe Karte/ Nr. 25

HOTELS

Bis auf wenige Ausnahmen liegen alle in Naxos Ort , sowie an der Bucht von Ag. Prokopios und Ag.Anna . Weitere Hotelneubauten sind für die südl. anschließenden Strände in Planung. Wird aber noch einige Jahren dauern...

1.) Naxos Ort:

im Ortszentrum entlang der Hafenpromenade nördlich und südlich des Castro ein ganzer Schwung zum Teil recht brauchbarer Hotels. Vorteil: man ist mitten im Geschehen. Der fehlende Strand wird durch einen häufig zum Prokopios- Strand fahrenden Bus ausgeglichen:

"Hotel Coronis"(C): direkt an der Hafenpromenade und bei der OTE. Wer Glück hat und ein Zimmer vorn raus bekommt, sagenhafter Blick vom Balkon auf die Nachbarinsel Paros. Alle Zimmer mit Privattoilette und Heizung, DZ in der VS und NS ca. 35 DM, in der HS ca. 45 DM, Frühstück jeweils inkl.

Besitzer vermittelt über sein Reisebüro auch Privatzimmer, DZ. ca. 15 - 25 DM

"Hotel Aegean" (C): nähe Hafenpromenade und hinter Hotel Coronis gelegen. 2o Zimmer mit Privat- Toil. und Balkon, teilweise auch Seeblick. DZ in der VS und NS ca. 28 DM, in der HS ca. 42 DM

"Hotel Oceanis" (E): gegenüber der Hafenmole. Die Zimmer teils mit Privatbad, teils mit Gemeinschafts-Bad und -Dusche. Hinten raus Blick aufs Kastell, nach vorn herrlicher Blick übers Meer. Das Hotel erinnert an ein kleines Hotel in Paris- Montmartre, ist originell, müßte aber mal wieder renoviert werden.

Der Preis richtet sich nach VS und HS, sowie ob mit Bad- ohne Bad und bewegt sich zwischen 22 und 3o DM fürs Doppel, wobei Frühstück nicht inkl. ist.

"Hotel Hermes" (D): direkt am Beginn der Hafenpromenade. Die Zimmer gehen zur Straße bzw. in einen Hinterhof und muffeln etwas. Alter Kasten mit altmodischer Einrichtung. Mit Privatbad DZ ca. 22 - 3o DM je nach Saison, Frühstück extra.

"Hotel Grotta (C): das schönst gelegenste Hotel von Naxos/Ort. An der Ausfallsstraße von Naxos Ri. Inselinneres und völlig ruhig auf einem Hügel gelegen. Vom Balkon bzw. Frühstücksraum herrlicher Panorama- Blick aufs Meer und die Altstadt von Naxos und dem Torbogen des Apollotempels.
2o Zimmer mit Toil., davon 15 mit Balkon. Modern eingerichtet mit freundlichen Kiefernholz- Möbeln. DZ in der VS/NS ca. 33 DM, in der HS ca. 45 DM, Frühstück geht extra.

"Savvas Hotel" (E): nördl. unterhalb des Castros gelegen (bei der Griech.- Orthodoxen Katedrale, unsere Karte, Nr. 1o). Die 12 Zimmer mit Toil., Radio, Tel., Balkon, teilweise überdachte Dachterrasse, Blick zum Castro. Der Aufenthalts- und Frühstücksraum ganz holzgetäfelt, holzintegrierte Bar. In den Händen der Lufthansa. Insgesamt ein Tip! DZ in der VS/NS ca. 3o DM, in der HS ca.4o DM, Frühstück separat.

"Mathiassos Village" (B): supermoderne Anlage am Ortsrand und direkt an der Hauptausfallsstraße ins Inselinnere. Meeresblick gibts keinen, dafür Blick aufs Castro. Große kalte Halle bei der Rezeption, die uns an eine Flughafenhalle erinnerte, Sitzpolster blau überzogen. 1o4 Bungalowzimmer mit Toil., Radio und Tel. Auch die Architektur der Häuser konnte uns nicht gerade an phantasievoller und gemütlicher Gestaltung überzeugen. Einen Swimmingpool gibts auch; er ist durch eine Mauer von der Hauptstraße getrennt. DZ mit Frühstück saftige 7o DM. Dürfte das derzeit teuerste Hotel von Naxos sein; hier logieren vorwiegend Pauschaltouristen, die ihr Hotel aus dem Prospekt auswählen...

"Hotel Ana" (E): am Rande der Altstadt, südlich unterhalb des Castro gelegen. Nur 6 Zimmer (mit und ohne Privatbad). Besitzerin ist sehr freundlich. Wegen seiner Sauberkeit sehr zu empfehlen, auch wenn an der Ausfahrtsstraße Ri. Inselinneres gelegen. DZ je nach Saison ca. 24 bis 3o DM.

2.) Naxos/Altstadt:

nur wenige Hotels (denn der Großteil der Altstadt ist nicht für PKW befahrbar, was aber wichtig für das Funktionieren eines Hotels ist), - dafür aber viele gemütliche Privatquartiere in alten originalen Inselhäusern und teils mit großartigem Blick (Details siehe Kapitel "Privatzimmer"!)

Folgende Hotels sind in Betrieb, Lage siehe unser Naxos-Stadtplan/Nr. 29

"Hotel Anixis" (D): auf der Rückseite der Burg gelegen, 18 Zimmer mit Toiletten, herrlichen Terrassen und Blick zum Meer, Hafen und Torbogen. Von Lage und Sauberkeit zu empfehlen! DZ je nach Saison ca. 25 - 35 DM.

"Hotel Panorama"(D): das schönste Hotel unterhalb der Burg (neben Hotel Anixis), 18 Zimmer teils mit Privatbad bzw. der Rest mit tip-top sauberen Gemeinschaftsbädern. Von den Terrassen bzw. Zimmern herrlicher Blick über die Chora und den Hafen. Kuriösität: ein Zimmer mit Aussicht nach 3 Seiten. Hübscher Frühstücksraum im Untergeschoß. Es wird Französisch und Englisch gesprochen. Sehr zu empfehlen! Preise DZ je nach Saison und mit/ohne Privatbad zwischen ca. 2o und 3o DM.

"Hotel Apollon"(C): 19 Zimmer, wurde renoviert.

"Hotel Dionysos" (D): Liegt im alten Stadtteil von Naxos, nördl. unterhalb der Burg. Wegweiser ab Hafen per Pfeil, ca. 5 Min. zu Fuß rauf. Eine Art "Jugendherberge", vermietet wird pro Bett. Ca. 5 DM/Person, die Zimmer aber bei unserem Check grauenhaft dreckig, schmuddelig, Fliegen etc.

"Hotel Renetta"(C):neben der Taverna Bakaliarakia unterhalb der Burg gelegen, allerdings südl. (nähe Nr. 24/unsere Karte). Gegenüber dem Hoteleingang eine kleine sehenswerte Ein-Mann Bäckerei! 11 Zimmer, davon 4 mit Balkonterrasse, sehr sauber, freundliche Wirtin und sehr zu empfehlen. Preise je Saison ca. 2o - 3o DM fürs DZ.

3.) Naxos/Ortsteil Ag. Georgios:

die Expansion von Naxos/Ort fand vorwiegend im Süden und Ri. Ag. Georgios Strand statt. In diesem Bereich liegen auch die meisten C- bis E-Klassehotels von Naxos/Ort, sowie viele Privatzimmer.

Der Ag. Georgios Strand ist reichlich schmal und daher in der HS ziemlich überfüllt. Zu Fuß ins Ortszentrum von Naxos je nach Lage des Hotels 1o - 15 Min. Unterm Strich: in diesem Ortsteil aber die meisten und modernsten Hotels der Mittelklasse.

"Hotel Gallini"(D): Besitzer ist der Bürgermeister von Naxos. Gleich am Strand und ruhig gelegen. Älteres Hotel, 14 Zimmer mit Privatbad und Balkon. Schöner Blick zum Meer. DZ je nach Saison ca. 25 DM - 4o DM, Frühstück inkl.

Außerdem neues Anbauhotel mit schönem Frühstücks und Aufenthaltsraum. Alles in ländlichem Stil gehalten. Blick zum Meer, Kapelle im Vordergrund. DZ je nach Saison 33 - 45 DM. Bei Vorzeigen des Velbinger- Führers gibts 1o % Rabatt.

"Hotel Argo"(E): 1oo m vom Strand. 16 Zimmer mit Privatbad, größtenteils mit Balkon. Viele Zimmer mit Seeblick. Gemütliche Zimmer mit hellen Kiefernmöbeln und Vorhängen, schön auch der sehr geschmackvoll eingerichtete Frühstücksraum mit Kamin im Tiefparterre.

Das Besitzerehepaar (Grieche und Schwedin) sprechen Deutsch und Englisch. Uns ist unverständlich, warum dieses Hotel in die Gruppe E eingestuft wurde, - ein besonderer Tip für Leute, die angenehme Atmosphäre suchen! DZ je Saison ca. 25 - 35 DM. Wer den Velbinger- Führer vorzeigt, bekommt 1o % Rabatt.

Unter gleichem Management "Villa Argo" direkt hinter dem Hotel. 11 Zimmer mit Toilette und Balkon, Preise siehe oben!

"Hotel Syrianos"(E): abseits vom Strand gelegen, 9 Zimmer mit Toilette. Bei unserem Check etwas schmuddelig und der Besitzer für unseren Geschmack etwas zu aufdringlich und geschäftstüchtig. DZ je Saison ca. 27 - 35 DM.

"Hotel Soula"(E): unweit des Strandes (7o m), gute Parkmöglichkeit. 22 Zimmer mit Privatbad. Die Dachterrassenzimmer besonders luftig mit schönem Blick; gemütlicher Frühstücksraum. DZ je Saison ca. 25 - 4o DM inkl. reichhaltigem Frühstück. Als Hotel empfehlenswert. Der freundliche und quicklebendige Besitzer spricht gut Deutsch. Hotelbus.

"Hotel Elisabeth"(D): neben Hotel Akrogiali, 5o m zum Strand. Die 1o Zimmer mit Privatbad, Tel. und Balkon. Wenige Zimmer mit Meeresblick, Besitzerin für unseren

Geschmack etwas unfreundlich und zu geschäftstüchtig. Siehe auch Preise: DZ je Saison ca. 3o - 45 DM, dies bei D- Klasse.

"Hotel Akrogiali"(C): **5o m vom Strand, 16 Zimmer mit Privatbad und Balkon. Viele Zimmer mit Blick über Bucht. Frühstück wird in den Zimmern serviert, Besitzerin spricht Deutsch, Englisch und Französisch. DZ ca. 3o - 4o DM.**

"Hotel St. George"(D): direkt am Strand, schöne Veranda am Meer unter Tamarisken 11 Zimmer mit Privatbad, Balkon. Einfach, aber sauber. DZ ca. 25 - 33 DM je Saison.

"Hotel Hara"(D): 2oo m zum Strand. 8 Zimmer mit Privatbad und Balkon, teils schöner Blick. Jeweils 2 Zimmer haben auf dem Gang einen gemeinsamen Eisschrank. DZ je Saison ca. 2o - 27 DM. Kein Frühstück.

"Hotel Barbouni" (C): 1oo m vom Strand. 16 Zimmer mit Privatbad und Tel., davon 14 mit Balkon. Für die Gäste gibts Selfservice aus der Kühlbox (logo: gegen Bezahlung!). Von Zeit zu Zeit Grill- Abende, sehr freundlicher Besitzer. DZ je Saison ca. 25 - 35 DM.

"Hotel Sphinx"(C): 9o m vom Strand. Besitzer Italiener, der Marmor auslegte und überall im Blickfeld antike Vasen aufstellte (alle im Meer gefunden, mit Muscheln bewachsen). Frische Blumen auf den Tischen, in der Bar ein offener Kamin. DZ je Saison ca. 35 - 45 DM.

"Hotel Glaros" (C): angenehme Architektur im Kykladenstil, direkt am (hier allerdings sehr schmalen) Strand. 14 Zimmer mit Privatbad, Radio und Tel., davon 11 mit Seeblick. Schöne Frühstücksterrasse zum Meer. DZ je nach Saison ca. 25 bis 35 DM.

"Hotel Nissaki" (C): auf dem Felskap nähe Beginn des Ag. Georgios Strandes. Die 2- stöckige moderne Anlage hat einen freundlichen Frühstücksraum, DZ je Saison relativ teuer bei ca. 4o - 45 DM. Das Management baut eher auf Zusammenarbeit mit Pauschalveranstaltern, wo die Sache ab rund 8oo DM/Woche inkl. Flug ab München zu haben ist.

In gleichem Management und zu ähnlichen Preisen das C- Klasse **"Hotel Delphin",** 8 Zimmer mit Privatbad. Nähe Strand.

"Hotel Iliovasilema"(C): 1oo m zum Strand. 21 Zimmer mit Privatbad, teils auch Balkon. Fahnenstangen oben auf dem Dach dekorieren den ansonsten sachlichen Zweckbau in 3 Stockwerken, - bzw. in den Zimmern ein ganzer Schwung von Lampen. DZ gehoben bei Preisen um 3o - 4o DM je Saison.

"Aeolis Hotel"(C): 1oo m zum Strand, 29 Zimmer mit Privatbad und Balkon. Der 3 stöckige Bau ist abgestuft, im Erdgeschoß Gärtchen, die Zimmer relativ klein.DZ je Saison ca. 25 - 35 DM.

"Hotel Kymata"(C): freundlicher Besitzer, sehr gemütlicher Aufenthaltsraum im ländlichen Stil, 1oo m zum Strand, DZ ca. 3o - 4o DM.

"Hotel Ariadne" (B): 3oo m zum Strand, 24 Zimmer, teils mit Privatbad. DZ variiert je Saison und mit/ohne Bad bei gehobenen Preisen im Dreh ab ca. 3o DM bis ca. 5o DM. Nicht unbedingt unser Tip!

"Naxos Beach"(B): ca. 2 km außerhalb der Stadt und Ri. Agios Prokopios Strand gelegen. Bushaltestelle vorm Hotel. Die Zimmer sauber, mit Privatbad und Tel. und Radio. Schwarz gebeizte, rustikale Holzmöbel in den Aufenthaltsräumen. DZ je Saison um 4o - 45 DM, vorwiegend von Pauschaltouristen frequentiert und hier ab ca. 85o

DM/Woche inkl. Flug ab München zu haben. Von der Ausstattung sicher ein Tip, - was die Lage betrifft, braucht man für abendlichen Besuch (Diskos, Tavernen etc.) in Naxos/Ort entweder das Taxi oder einen Mietwagen. Denn der letzte Bus fährt ca. 18 Uhr.

4.) Privatzimmer:

gibts in Naxos/Ort jede Menge. Liegen preislich zwischen ca. 15 - 25 DM fürs Doppel und je Saison. Alternative für den, der preiswert reisen will. Liegen vorwiegend

a) in der Altstadt. Dort zum Teil heißer Tip in alten Naxos- Häusern mit Blumen- Gärtchen, buntgestrichenen Treppchen und oft fantastischem Blick vom Zimmer bzw. Dach auf den Ort und die Nachbarinsel Paros!

Teilweise wird auch das Flachdach und open-air zum Ausrollen des Schlafsacks vermietet, fällt allerdings in den Bereich des Eigen-Recherchs (und wird nicht unten am Hafen vermittelt). Dies bevorzugt im Bereich der Altstadt, Zugang ab Hauptplatz/Unsere Karte Nr. 13 und dort in den Gassen rauf zum Castro. ("Rooms to let/rent"- Schilder)

b) im Bereich Ag. Georgios: modernere Zimmer, die ihren Zweck erfüllen und den Vorteil der Strandnähe bringen.

Die Privatzimmer werden über Büros an der Uferpromenade vermittelt, auch über die dort liegenden Reisebüros. Wer auf eigene Faust suchen will: der Besitzer des Hotel Oceanis (direkt gegenüber Hafenmole) hat Gepäckaufbewahrung für ca. 5o Pfennig/Tag, geöffnet 8 - 22 Uhr.

5.) Appartements:

gibts auf Naxos, sind derzeit aber noch in der Minderheit und teuer: "Mouries Apartements": liegen rund 1oo m vom Ag. Georgios Strand entfernt, 55 qm mit voll eingerichteter Küche ca. 5o - 75 DM je Saison und pro Tag, wochenweise vermietet über "Hotel Aegean"/Hafenpromenade.

"Aspra Spitia Apartements": an der Straße Ri. Inselinneres und reichlich weit vom Strand entfernt (ca. 1 km). Eigenes Auto nötig, bzw. Bus nach Ag. Prokopios nehmen. In allen Appartements Tel. und Farb- TV, sehr geräumige Küchen, Schlaf- und Wohnräume. Es gibt einenTennisplatz. Je nach Größe und Saison zwischen 5o/Tag (3- Pers. App.) und 15oDM/Tag (8- Pers. App.), wochenweise vermietet. Außerdem gibts ein Handballfeld, Basketball- und Tennisanlage. Lebensmittel werden zu Supermarktpreisen angeliefert. Buchungsadresse: "Aspra Spitia"/ Naxos.

6.) Camping:

"Naxos Camping": 1,5 km außerhalb am Stadtrand und Ag. Georgios Strand gelegen. Über eine schlechte Straße zu erreichen, stündl.Bus-

verbindung, allerdings nur bis ca. 19 Uhr Mit kleinem Restaurant und Self Service. Nach Befragung der Gäste Essen preiswert und gut. Einige Bambusüberdachungen für die Zelte. 1o Toiletten. manchmal unsauber, wenn kein Wasser läuft.Kritik gabs in Leserbriefen zur lauten Disko-Musik im Restaurant, sowie zum Strand, der nicht allzu sauber sei.
Pro Person ca. 3 DM, das eigene Zelt gratis. In begrenzter Anzahl kann man auch Zelte mieten.
Praktisch ist der direkt vor dem Campingplatz haltende Bus Naxos - Ag. Anna, der einem (wohlgemerkt tagsüber) beim Rangieren hilft.

Inselspezialitäten: neben den typischen griechischen Gerichten wie "Argato" (Bauernomlett mit Wurst und Kartoffeln) oder "Dolmadakia" (Weinblätter mit Reis und Fleisch) werden in den Tavernen der Chora und an den Stränden auf Holzkohlefeuer gegrillter Oktopus mit Uzo angeboten. Vielfach werden auch Faßweine aus der Inselproduktion ausgeschenkt (trockene Rot- und Weißweine). Obwohl Naxos die Heimat des Weingottes Dionysios ist, jedoch nichts Superexcellentes. Aus Apollon an der Nordspitze kommt der süßliche "Apollon- Wein". Naja ...

Wer mit dem Wagen da ist, unbedingt ein paar Dosen Naxos- Marmelade einpacken! Lohnt sich, und gilt auch für die

Spezialität von Naxos, den leckeren Bananenlikör. Man kann ihn in den Cafe- Bars entlang des Hafens probieren. Hauptspezialität von Naxos ist aber der "Kitron-Likör" (auch "kitero" genannt), der aus den Blättern und Früchten des Zitronenbaums stammt. Wird sowohl herb wie auch süß angeboten. Es gibt Sorten mit 45 % Alkohol und (1o % Zucker), - sowie 5o%-igen mit 2o % Zucker. Ausprobieren, was besser ist!

Auch zahlreiche Käsearten werden hier produziert: z.B. "Mizirthra" (weißer Schafskäse), - der "Xinothira" und der milde "Anthotyro", sowie ein mehrere Jahre gelagerter und an Parmesan erinnender Käse. Es gibt mehrere Käsereien, in denen der Käse reift:

Eine der größten in Naxos- Chora ist die Käserei von Antonios Tziblakis in der Papavasiliou (= Main Street) nicht weit vom Hotel Hermes an der Ausfahrtsstraße nach Filoti. Der Besucher sollte nicht versäumen, die neben dem Laden in einem großen Raum gelegenen Reiferegale voll Käse anzusehen. Im Käseladen kann man auch ausgezeichneten Bananen- und Kiterolliköre sowie auf Naxos hergestellte Marmelade kaufen.

Restaurants:
"REST. FAROS" am Beginn der Hafenstraße, von Deutschem geführt. Guter Mittags- und Abendtsich. - "TAVERNA VASSILIS": älteste Taverne von Naxos Chora, in der Altstadt und Hafennähe gelegen (Ag. Nikodemos Street, unser Naxos-Plan nähe Nr. 15). Streitet sich ihren Ruf "älteste zu sein" mit der gegenüberliegenden "TAV. LUCULLUS" , Dekor von der Jhd.- Wende. In beiden ist man noch bemüht, original- giech.

Küche (mit Topfgucken etc.) anzubieten. - "TAVERNA CASTRO": direkt unterhalb des Castros (siehe unser Naxos- Plan, nähe Nr. 23), ist bei Naxos- Besuchern sehr beliebt wegen schönem Blick und guter Küche. unsere Leser kritisieren, daß manchmal die Musik vom Tape zu laut eingestellt sei, was die Atmosphäre stört. Über die Küche gehen die Meinungen auseinander. Unterm Strich: lohnt sich in jedem Fall wegen seiner Lage! -

"REST. NICOS" im 1. Stock über der Commercialbank (unsere Karte/Nr. 17). Teils sitzt man auf den Stufen, die zum Castro raufführen, - teils in der offenen Veranda/1. Stock über der Bank mit schönem Blick auf Meer, Hafen und die Inselkette von Paros. Auf Fisch spezialisiert. Nikos rühmt sich, daß er eine eigene "Fangflotte" (sprich Kaikis) zur Beschaffung des Fisches unterhält. - "REST./GRILL APOLAFSIS", direkt beim Hafen mit Sitzterrasse im 1. Stock. Vorallem interessant, da hier im Hafenbereich abends einiges los ist! - "KARNAGIO LALOS", am Beginn der Hafenpromenade direkt am Wasser, spezialisiert auf Fisch vom Holzkohlegrill. -

"TAVERNA BAKALIARAKIA", in der Oberstadt südl. des Castro gelegen (nähe Hotel Renetta und OTE, unser Plan/25). Man sitzt schön in kleinem Garten, der von Pergola überdacht ist. Grillspezialitäten. Im Sommer allerdings knallvoll und schwierig, nach 19 Uhr Platz zu finden. - "MANOLIS" in der Altstadt nähe "Vassilis", lecker der Octopus Salat in Öl und Essig, sowie warmer (!) Thunfischsalat. Allerdings nicht allzuviel Auswahl, ein Leser warnt vor dem zähen Souflaki ("danach habe ich nie mehr Souflaki bestellt"). - "REST.MELTEMI" in unmittelbarer Nähe von Lalos am Ende der Hafenpromenade. nach wie vor Tip. - "VEGGERA" nähe Nat. Bank, spezialisiert auf Steaks.

"PUB BAVARIA", wie uns Isa Frauke schrieb "der Besitzer ist aus Ägypten und bereitet ägyptische Fleischbällchen zu. Im allgemeinen aber eher ein Abend- und Nachtlokal, in dem laufend Videofilme gezeigt werden, z.T. sehr gute." Nähe Post Office Str.

"TAV. KAVURI", direkt am Strand Ag. Georgios. Bekannt für gute und preiswerte Küche, unser Researchteam war beim essen sehr zufrieden.- "ELLI", siehe unser Plan nähe Nr. 7 (Rest./Cafeteria), direkt am Meer und schön für den Abend, wenn das Wasser aus der Dunkelheit über dem Meer ranspült...

BOUZOUKI- LIFEMUSIK im o.g. "Elli", sowie im "PAPALAGOS", letzteres nicht mit der Disco-Bar "Papagallo" zu verwechseln!

FAST- FOOD: setzt sich leider auch auf Naxos durch in Form "Katerina´s Burger", Post Office Street. - EIS: in der Gelateria gegenüber der OTE.

CAFETERIAS: "Florins" nähe Nat. Bank, - "Kolonaki", Main Street und "Mathiassos", Hafenpromenade.

"DISCO ROCK" auf der Halbinsel Palatia und neben dem Marmortor. Dröhnt abends ganz schön rüber.- "PAPAGALLO", fungiert eher in Mischung aus Video bis Disco Bar. Besser haben uns die Discos am Ag. Georgios Strand gefallen, "IN" und "FLISVOS". Weitere.

Shops:

Die Hauptstraßen von Naxos in Sachen "Einkaufen" sind die

HAFENPROMENADE, auch Paralia genannt (abends für den Verkehr gesperrt), - die
MAIN STREET (Papavasiliou Street) und die diese kreuzende
POST OFFICE STREET.

Sowie die angrenzenden Parallelgassen und Straßen.

Bücher, Zeitschriften/Karten, Pläne:

"Kessini", Main Street, - "Melissinos" und "Vithoulkas", beide Hauptplatz am Hafen, wo man den Toubis- Naxos Plan bekommt, deutsche Zeitungen und Zeitschriften, sowie inlimitierter Auswahl auch deutsche und englischen Taschenbücher.

Lebensmittel und Alkohol:

Größter Supermarkt ist der von "Mathiassos" an der Hafenpromenade, aber bitte nicht Dimensionen wie in Deutschland erwarten! - Die beste Auswahl an alhoholischen Getränken bei "Fragoudaki Bros.", weitere Hafenbereich und Main Street.
Naxos Produkte wie z.B. der "Kitron-Likör", Marmeladen, eingelegte Früchte bei "Mathiassos", sowie "Margariotou" (Naxos- Käsebutter), beide Hafenpromenade, - Käsespezialitäten bei "Tsiblakis" in der Main Street.

Souvenirs/Kunstgewerbe/Filme:

Eine Reihe von Shops im Bereich Hafenpromenade und Seitengassen. Vorwiegend Ledersachen und Schmuck. Filme sind erheblich teurer als bei uns, aufs Verfallsdatum achten!

Apotheken (Pharmacies):

offen während der normalen Geschäftsöffnungszeiten, "Dellarocas" am Hauptplatz, - "Kavoura", in der Main Street. Hier bekommt man auch Kosmetika und Sachen wie Sonnenmilch etc. Wie bei uns, abends: Hinweisschild, welche Apotheke Nachtdienst hat.

Der Stadtbadestrand re. und li. der Mole zur Palatia- Halbinsel steinig und kaum disskutabel. Allenfalls interessant, wenn man auf die Abfahrt der Fähre nach Athen wartet und kurz nochmal ins Wasser springen will. **Nicht gerade sauber!**

★ Etwas besser: AG. GEORGIOS, am südlichen Ortsrand und ca. 15 Min.

zu Fuß vom Hafen. Grau- brauner Sandstrand, es geht ziemlich flach rein, gelegentlich Tanganschwemmungen und nicht in allen Bereichen sauber. Zwar rund 65o m lang, aber sehr schmal: 2 - 2o m und im Sommer hoffnungslos überfüllt, da es jede Menge Hotels und Pensionen in diesem Stadtteil gibt.

Wie uns Andreas Jäger zu Recht schrieb: "der Hauptort Naxos ist in den letzten Jahren (ich war ´81 schon da) 3 mal so groß geworden. Wirklich erstaunlich, was sich auf der Insel so tut, überall ist der große Bauboom ausgebrochen."

Und die Expansion fand vorwiegend in diesem Stadtteil von Naxos statt; weitere Bautätigkeit steht zu erwarten, wenn der neue Airport in Betrieb genommen wird, - was aber noch einige Zeit dauern wird.

Der westliche Teil vom Ag. Georgios mit schattigen Tamarisken, einer Reihe von Tavernen und Wassersportangebot. Führend ist "FLISVOS": das Angebot reicht von Windsurfing über Segeln bis Wasserski. Im Sommer gibts Badeboote von Ag. Georgios rüber zur Nachbarinsel Paros.

Die besseren Strände AG. ANNA und PLAKA BEACH: eine Fußstunde südlich des Ortes. Vorbei an der kleinen Halbinsel Stelida. Grobe, aber relativ saubere Sandstrände. Dahinter vom Meer abgetrennte Lagunen, die von Schilf bewachsen sind.

★ BUCHT VON AG. ANNA/ AG. PROKOPIOS:

In der Hochsaison ähnlich viel los wie am Ag. Georgios Strand. Es gibt in der Bucht von Ag. Anna/ Ag. Prokopios zwischenzeitlich einen ganzen Schwung an E- Klasse Hotels, die im Dreh von ca. 2o DM (Vorsaison) und 25 DM (Hauptsaison) fürs Doppel liegen, teils mit Privatbad und Gemeinschaftsküche, die von den Gästen benutzt werden kann.

Im "Hotel Kavouras" (Zimmer einfach aber sauber, - DZ je Saison zwischen ca. 15 und 25 DM), - gewährt der Besitzer in der Vor- und Nachsaison allen Personen, die den Velbinger- Führer vorzeigen, 1o % Ermäßigung. Es wird Deutsch gesprochen. Zum Hotel gehört ein Restaurant mit griechischen Spezialitäten. Ausgezeichnete Fleischspeisen, da der Schwiegersohn, der Metzger in Naxos ist, die besten Fleischstücke fürs Hotel beschafft.

Unterm Strich ist Ag. Anna/Ag. Prokopios Tip, - wer nicht auf Naxos Ort fixiert ist. Zudem in Übernachtung erheblich preiswerter. Es gibt einen Schwung an Tavernen, - unser Recherchteam empfiehlt "Taverna Katharina" am Strand von Ag. Prokopios. Spezialität: Ziege. - Im Hotel Gorgona gibt es Self Service, Lesertip "unbedingt Omletta mit Chips probieren! Abends öfters großes Buffet". In beiden Orten viele Privatquartiere.

Verbindungen: stündlich Bus von Naxos/Ort, der via Ag. Georgios und entlang der Küste fährt. Letzter Bus gegen 19 Uhr. Also nix mit Nightlife Naxos, wer in Ag. Prokopios/Ag. Anna logiert. Inwieweit sich das Nightlife lohnt, - sei dahingestellt: notfalls die knapp 6 km retour per Fuß (=1 Std.) und den Rotwein im Gepäck...

Es gibt 2 Routen: die direkte führt zunächst parallel zum Ag. Georgios Strand, am Naxos Beach und Naxos Camping vorbei. Von hier über einen Damm, der einen ausgetrockneten See begrenzt (im Winter voll mit Wasser, viele Wasservögeln). Weiter über einen Schotterweg, der die 15o m hohe Halbinsel Stelida abschneidet, rüber zum Ag. Prokopios/Anna- Strand. Zusammen ca. 6 km.

Die andere führt in weitem Bogen ab Naxos Ort nach Gilando (Asphalt). Kurz vor dem Ort zweigt eine Teerstraße rechts ab und erreicht über Gilando das Nest Ag. Arsenios und weiter auf teils betonierter, teils Staubpiste bis Ag. Anna. Zusammen ca. 15 km. Der Bus nimmt die Direktroute, da kürzer und schneller.

Camping: "Maragas", etwa 6oo m von Agia Anna und direkt am Plaka Strand. Mit Supermarkt, heißen Duschen, Sicherheitsbox in der Reception, um Wertsachen abzulegen. Motorrad-Verleih. Stündl. Busverbindung, im Sommer Kaikiverbindung mit Naxos/Ort. Pro Person im Juli/August ca. 6 DM, Zelt 2 DM. Platz sehr sauber, Zeltplätze teilweise überdacht. In der Nähe zwei Tavernen.

Der gesamte Küstenabschnitt AG. ANNA bis runter PYRGAKI liefert die besten Badestrände der Insel. Endlose, grobkörnige Sandstrände. Die Sache befindet sich derzeit in Erschließung. Hotelkomplexe etc.

Stichstraßen führen vom Dorf TRIPODES zum Plaka- Strand, sowie runter nach Pyrgaki. Eigenes Fahrzeug nötig oder per "zu Fuß". Privatquartiere in Mikri Vigla und Kastraki. - Dieser rund 15 km lange Strandbereich inkl. Dünen und fruchtbarem, schönen Inland ist derzeit nur per Bus nach PYRGAKI zu erreichen: 4 x/tägl., Fahrzeit knapp 1 Std., Markbeträge.

★ **PYRGAKI:** 1 km Bucht im Südwesten der Insel. Die Fahrt von Naxos Ort geht durch fruchtbare Tiefebenen mit Bambus und Anbaufeldern. Knapp vor Pyrgaki die unfertigen Gebäude eines Bungalow- Hotels an Steilküste. Da der damalige Bauherr nach Regierungswechsel in politische Ungnaden fiel: Stornierung des Baus... -

Probleme gabs auch beim Bau und Betrieb des Bungalow- Pyrgaki-Hotels: Streitigkeiten der Besitzer sollen angeblich die kommerzielle Nutzung des 64- Bungalow- Komplexes lähmen. Die Anlage verkommt. Definitiv zu bedauern, denn die Lage ist fantastisch.

Pyrgaki mit seiner Sandbucht ist Tip für 1- Tagesausflug per Bus: früh am Morgen runter und abends retour. Tavernen, aber derzeit noch sehr simpel.

Das Inselinnere

Ungemein lohnend: die Bergkette des Inselinneren steigt in nur wenigen Kilometern vom Meer auf bis zu 1.ooo m. Schlängelige Inselstraßen, und in den Hochtälern zwischen den Bergen fruchtbare Anbaugebiete, insbesondere um Filoti/Chalkio.

Nur die nördliche Hälfte der Insel ist wasserreich und fruchtbar und somit besiedelt. Hier regnet es im Winter ausgiebig, wobei das höchste Bergmassiv Zeus (Zas) eine Wolkenbarriere bildet. Interessant insbesondere auch für Wanderungen! Wilde, an einigen Stellen dicht bewachsene Berge, - die Wandertrails führen teils durch dichte Vegetation, besonders an den Berghängen, teils aber auch superkarge Mittelmeer-Gebirgslandschaften.

Dagegen ist die südliche Hälfte der Insel fast menschenleer und nur von wenigen, schlechten Schotterpisten durchzogen. An Vegetation superkarg. Für diesen Teil braucht man in jedem Fall die Wanderstiefel oder einen geländegängigen (Miet-) Jeep, Motorrad. Dafür aber einsame und schöne Felsbuchten zum Schnorcheln, Tauchen und Unterwasser- Fotographie.

Insel Transporte

Entweder mit eigenem PKW (bzw. Mietwagen, -Mietmotorrad), - oder INSEL-BUS, der allerdings auf den meisten Routen nicht zu häufig fährt.

Bus: Abfahrt: Naxos/Ort beim Hafen . Alle Angaben für die Sommermonate und pro Richtung, - außerhalb der HS seltener. Die Fahrpreise sind Markbeträge. Der Bus also der billigste Weg, die Insel kennenzulernen, aber auch zeitlich der unflexibelste.

Ziel	Häufigkeit	Tips/Infos
Apollonas	4 x tägl.	Die Hauptstrecke durchs Inselinnere von Naxos. 54 km, wegen sehr kurviger Straße: 2 1/2 Std. Achtung: Bus fährt ab Chalkio teils die Strecke via Apirathos, - teils via Moni
Ag. Prokopios	stündlich bis 19 Uhr	morgens hinwärts und abends retour in der HS
Ag. Anna	stündl. bis 19 Uhr	ist der Bus extrem voll!
Tripodes	4 x tägl.	Zum Plaka Beach ca. 3 km.
Pyrgaki	4 x tägl.	Die südlichste Busstrecke. Wer zum Kastraki-Strand will: Busfahrer Bescheid geben, ca. 4 km vor Pyrgaki Abzweigung und ca. 5oo m zum Strand.
Engares/Galini	2 x tägl.	Wandermögl. nach Kindaros, aber schwierig
Melanes	2 x tägl.	"Einstieg" für den Besuch der Kouri, besser aber: Bus nach Kourounochori (2 x tägl.)
Apirathos	4 x tägl.	An der Straße Naxos - Apollon. Schönes Bergdorf. Details Inselbeschreibungen.
Chalkio/Filoti	5 x tägl.	im Herzen des Inselinneren. Tavernen und guter Ausgangspunkt für viele Wanderungen u.a Besteigung des höchsten Inselberges Zeus (Zas)
Kindaros	3 x wöchentl.	Alternative: tägl. Bus nach Moni, dort schöne Wanderung, bzw. Bus bis Melanes + Wander.
Danakos	3 x wöchentl.	Alternative: Bus Naxos - Apollon (tägl.) und bei der Abzweigung nach Danakos aussteigen. Bis Danakos knapp 2 km. Lohnende Wanderungen in der Region.
Potamia	1 x wöchentl.	Im Inselinneren. Alternative tägl. Bus nach

Chalkio, aber bereits nach ca. 8 km in Sangri Nähe Kirche Ag. Mamas aussteigen, schöne Wanderung über Kato und Ano Potamia nach Chalkio. Retour mit dem Abendbus nach Naxos/Ort.

Fahrpläne hängen bei der Busabfahrtsstelle/Hafen Naxos

Autovermietung: kostet pro Tag ohne KM-Begrenzung ca. 8o DM für die kleinen, geländegängigen Suzukis (Vorteil: oben offen, Nachteil: kein Gepäckfach), - oder Japan. Limosinen, kleine Toyotas, Mazdas etc., die bei ca. 6o DM/Tag ohne Km- Begrenzung billiger sind.

Rent A Buggy	(gegenüber Telefon OTE),	Tel.: 23 414
The Jeep	Paralia, Hafenpromenade	Tel.: 23 359
Maganari	Paralia, Hafenpromenade	Tel.: 23 o42

Motorradvermietung: keine "Lambrettas" mieten, Vespas etc. Die kleinen Räder sind nicht nur schlecht für Schotterpisten, sondern auch gefährlich! Sinnvoll: geländegängige Off-Road Maschinen. Moped kostet ca. 13 DM/ Tag, - Motorrad ca. 2o DM/Tag.

Antonis Flerianos	hinter der Naxian Travel Agency	Tel.: 22 216
Theoharis		Tel.: 23 9oo
Katsaras	Post Office Street	Tel.: 23 o67

Ebenso vermieten eine Reihe von Hotels in Naxos Ort Mopeds/Motorräder.

Achtung: die letzte Tankstelle bei Inseltrips in Chalkio (Halkio). Unser Recherchteam hat ein verzweifeltes Pärchen oben im Raum Apollon mit dem Moped an der Straße getroffen, denen der Sprit ausgegangen war - und konnten nicht helfen, da sie selber mit einem VW- Golf/Diesel unterwegs waren...

Bei dem dünnen Busverkehr kann Spritausfall fatal werden. Es steht aber zu erwarten, daß bei der weiteren touristischen Erschließung der Insel zukünftig eine Tankstelle nach Apollon hinzu kommt.

Trampen: auf Naxos möglich, aber schwierig, da wenig Autos.

Tours: kann eine Alternative zum Mietwagen/Mietmoped sein, - wer knapp mit Zeit ist und sich auch nicht mit einem eventuell verkehrsuntüchtigen Fahrzeug belasten will.

Andreas Jäger schickte uns folgenden Bericht: "Naxos Tours und Zas Tours bieten 2 x/ Woche (in der HS , Anm. der Red.) eine deutsch/engl./franz. Fahrt über die Insel nach Apollon an. Auf der Hinfahrt Halt in Chalkio, wo eine Kirche besichtigt wird und in Apirathos, wo es ein 1-Zimmer-Museum mit historischen Funden zu besichtigen gibt. Interessant ist allerdings der alte Barbier, der direkt gegenüber des Museums die jungen Touristen rasieren möchte.

Auf der Rückfahrt nochmals Halt an einer Kirche. Dauer der Fahrt 8 Std. Liegt preislich bei rund 7 DM/Person nicht allzuviel über dem Inselbus nach Apollon retour. Zudem erfährt man auf der Fahrt auch eine Reihe interessanter Sachen über die Insel."

Selbstverständlich werden auch die berühmten Kouri besichtigt, sowie insgesamt 5 Orte der Insel.

Es fragt sich, ob der Preis auch zukünftig gehalten wird. Zudem gibts teure und billige Tour- Veranstalter auf der Insel. Zu den teuren gehören vorallem die Tours, die man ab Deutschland vorbuchen kann, - die aber auch größeres und detaillierteres Programm anbieten, teils mit wissenschaftlicher Führung. Unterm Strich (was die 8 DM- Billigtrips betrifft): natürlich wesentlich schöner, die Sache auf eigene Faust zu machen und unterwegs noch kleinere oder größere Wanderungen einbauen.

in den Sommermonaten von Naxos Ort ein Badeboot rüber nach Ag. Anna- Strand, - sowie rüber vom Ag. Anna Strand zur Nachbarinsel Paros. Es handelt sich um Kaikis der Fischer.

Weiterhin gibts im Sommer bei gutem Wetter ein Boot, das einmal um die Insel fährt. Als Trip sehr lohnend! Boot hält unterwegs an einsamen Buchten zum Baden (1-Tagestrip, guten Sonnenschutz mitnehmen!).

Schiffsausflüge nach Delos: ca. 15 DM, zu buchen über Exc. Kondylis Cruises, Naxos Ort (Tel.: 22 372/ 22 8285)

Taxis: auch wenns Taxameter gibt, sind Überlandfahrten eine preisliche Verhandlungssache. Aufpreis wird bei schlechten Straßen (Schotterpisten fällig). In der HS Handeln allerdings schwierig, wenn der Taxifahrer eh ausgebucht ist. Und dann seine Kiste nur gegen kräftiges Aufgeld über schlechte Piste bewegt. Wer sich für Wanderungen vom Taxi an bestimmter Stelle abholen lassen will: klappt in der Regel zuverlässig.

Haupttaxistand in Naxos/Ort: am Hafen. TEL.: 22 444

★ Kloster Moni Chisostomou

ca. 3/4 Std., lohnende Fußwanderung wegen der wirklich schönen Aussicht auf den Naxos Ort und die Nachbarinseln Syros - Paros - Ios. Besonders schön am Spätnachmittag, wenn die Sonne über dem Meer zwischen den Nachbarinseln untergeht!

WEG: vom Hafen/Naxos die Straße Ri. Engares (siehe unserer Naxos-Stadtplan), nach ca. 1 km zweigt rechts eine Erdstraße zum Kloster rauf, das deutlich am Hang als kleiner, weißer Festungsturm zu sehen ist.

Gegründet wurde das Nonnenkloster Anfang des 17 Jhd. Es ist um eine Quelle gebaut; der an den Hang geklebte Turm hat nur wenige Fenster. Zusätzlichen Schutz gegen Angreifer bot eine Pechnase direkt über der Eingangstüre. Die Nonne, die heute hier noch ihren Dienst tut, hat zwar nicht mehr die Probleme eventueller Piratenangriffe. Dafür aber den massiven Ansturm von Touristen aus dem nahen Naxos/Ort.

Man sollte ihr daher ihre Ruhe lassen und nicht an der Klosterpforte klingeln! Selbst wenn geöffnet wird: die berühmte Ikone von Johannes des Täufers gibts in jedem Fall nicht zu sehen! Der Weg zum Kloster lohnt auch so - wegen dem grandiosen Rundblick!

(1) Wer will, kann die Wanderung zu einem kleinen Rundtrip ausdehnen: also nicht mehr den selben Weg retour nach Naxos/ Ort. Dauert als Rundwanderung ca. 3 Std. ab/bis Naxos:

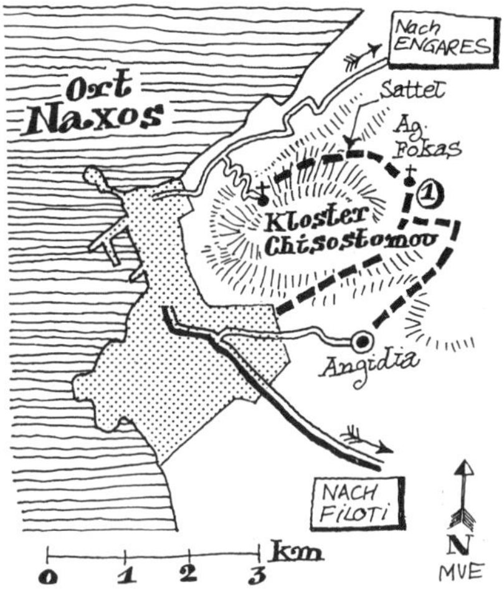

Pfad ab Kloster M. Chisostomou Ri. Ost am Berghang entlang, es geht stetig bergauf, knapp am Berghang halten und Superpanoramablick! Nach ca. 1 km: Sattel, nach weiteren ca. 5oo m die kleine Kapelle Ag. Fokas.

Ab hier entweder oben am Hang entlang mit schönem Panoramablick retour nach Naxos/Ort: die kürzere Strecke und vom Blick her schöner.Leicht zu finden, da man Naxos Ort vor sich hat. - Oder rüber nach Angidia, von wo aus eine Erdstraße nach Naxos/Ort führt.

★ Engares Tal

8 km ab Naxos/Ort an der Nordostküste. Die fruchtbare Ebene ist das Hauptanbaugebiet für Zitrusfrüchte. Die Straße ist zwar asphaltiert, aber reichlich reparaturbedürftig wegen vieler Loch- Aufbrüche. Als Strecke o la la, - ab Engares dann eine wilde Schottererdpiste rauf in den äußersten Norden/Apollon, die selbst für geländegängige Fahrzeuge kaum befahrbar ist, aber ausgebaut werden soll...

(2) Der Naxos Bus nach Engares fährt tägl. 2 x. Ab Engares ist eine 4 Std.-Wanderung rüber nach Kindaros möglich, die weitgehend dem in der "Toubis"-Karte eingezeichnetem Feldweg und entlang eines größeren Baches folgt (rechts des Baches). Das Tal ist äußerst fruchtbar, im Frühjahr gibts sogar auf halber Strecke einen kleinen Wasserfall, das Wasser des Baches versorgt Naxos. Wegen der, für Kykladen-Verhältnisse sehr dichten Vegetation ist der Trail reizvoll. Im ersten Teil ab Engares viele Obstgärten, später im Talboden dichtes Buschwerk.

Man verlässt Engares auf einem Weg, der zunächst links des Bachbettes verläuft und diesen nach ca. 4oo m beim Pyrgos Branduna (schönes Wappen über der Eingangstür) überquert und dann für ca. 2 km rechts in ca. 5o - 1oo m Höhe zum Fluß weitergeht, wo er rechts dann bei einer Brücke steil die Berge rauf abzweigt nach Kindaros. Streckenweise sehr dornig, daher gutes Schuhwerk nötig! Auch schwierig zu finden wegen diverser abzweigender Tierpfade.

Ein weiteres Problem für den ansonsten sehr lohnenden Trail sind die schlechten Verkehrsverbindungen ab Kindaros: lediglich 3 x/Woche Bus nach Naxos. Es ist also durchaus drin, daß man ab Kindaros nochmals den Rucksack schultern muß für die ca. 4,5 km Straße bis Moni (tägl. Bus nach Naxos via Chalkio). Wer den Trail macht: wir freuen uns über Infos!

③ Alternative: ab Engares Straße (ca. 3 km) rüber nach Kourounochori, um den Besuch Engares mit den Kouri bei Miloi (siehe nächstes Kapitel!) zu verbinden. Ob sich das Entlangtrippeln auf einer Erdpiste lohnt, sei dahingestellt. Könnte aber Möglichkeit sein, um ungünstige Busabfahrtszeiten zu beiden Orten günstiger zu verbinden. (Abfahrtszeiten in Naxos/Hafen überprüfen!) - Für den Autofahrer/Motorradfahrer ist es eine interessante Querverbindung.

Baden am Ormos Amyii: keine Alternative, da sehr steinig und kein Schutz vor Wind und Wellen.

★ Melanes- Tal

Das fruchtbare Tal ist vorallem lohnend wegen der beiden Kouri, in Marmor gemeißelte Statuen von Jünglingen (siehe Kapitel "Naxos/ Geschichte"). Sie sind zwar mit ca. 6,5 m kleiner als der Kouros oben an der Nordküste bei Apollon, aber besser erhalten und von der Lage schöner. Sie liegen in üppigen Gärten, - seit 2.5oo Jahren! Damals war Naxos wichtigster Lieferant von Marmorstatuen, u.a. für die Heiligtümer von Delfi und Delos.

Bus: tägl. 2 x ab Naxos nach Kourounochori, einem schön gelegenen Bergdorf mit knapp 2oo E. und 8 km ab Naxos/Ort. Abklären, ob der Bus weiterfährt über Miloi (1o km ab Naxos) und Flerio nach Kindaros.

Die Kouri liegen kurz hinter dem Dorf Miloi, dem Busfahrer Bescheid geben und beim Schild "Kouros" aussteigen. Von hier ein ca. 8oo m langer Weg runter bis zu einem Gartengrundstück mit Oleanderbäumen. Der Weg ist leicht zu finden, da er markiert ist. Über einen Fußpfad gehts in eine üppig bewachsene Gartenanlage bis zu einem einzeln stehenden Gehöft mit Brunnen.

Eine dort lebende alte Frau bietet Kaffee und Wein sowie selbst gefertigte Halsketten an. Sie führt die Besucher dann an der Mauer des Paradiesgartens entlang zu einer Ummauerung, wo der Kouros liegt. Das rechte Bein ist gebrochen, vermutlich der Grund, warum die Steinmetzarbeiten vor 2.5oo Jahren nicht beendet wurden.

Die Region war in der Antike der wichtigste Marmorsteinbruch von Naxos. Über einen 1o Min. - Pfad, der durch die Reste des antiken Steinbruchs und aufwärts führt, geht es zu einem 2. Kouros. Allerdings schlechter erhalten, es fehlen beide Unterschenkel.

Diese sogenannten "Flerio- Kouri" gelten als früheste Werke griechischer Monumental-Plastik. Die Wissenschaft glaubte zunächst, daß es sich wegen der monumentalen Größe um Apollo- Statuen handeln müsse.

Neuere Forschungen gehen davon aus, daß die Bildhauerwerkstätten von Naxos sowohl Riesenstatuen zur Verehrung des Gottes Apollon fertigten (siehe der 9 m- Kouros von Apollon/ Nordspitze-Naxos), - alsauch "kleinere" Statuen in Höhe um 6 m, die auf Gräber von früh verstorbenen jungen Männern der Oberschicht gestellt wurden.

Typische Merkmale dieser archaischen Kunstwerke (7oo - 5oo v. Chr.) sind das vorgestellte linke Bein, die geballten Fäuste, die Kraft demonstrieren sollen, sowie die vorgewölbte Brust.

Von den Statuen selber sollte man sich nicht zuviel erwarten, da sie nicht nur unfertig sind. Auch hat der Zahn der Jahrtausende an ihnen "genagt",

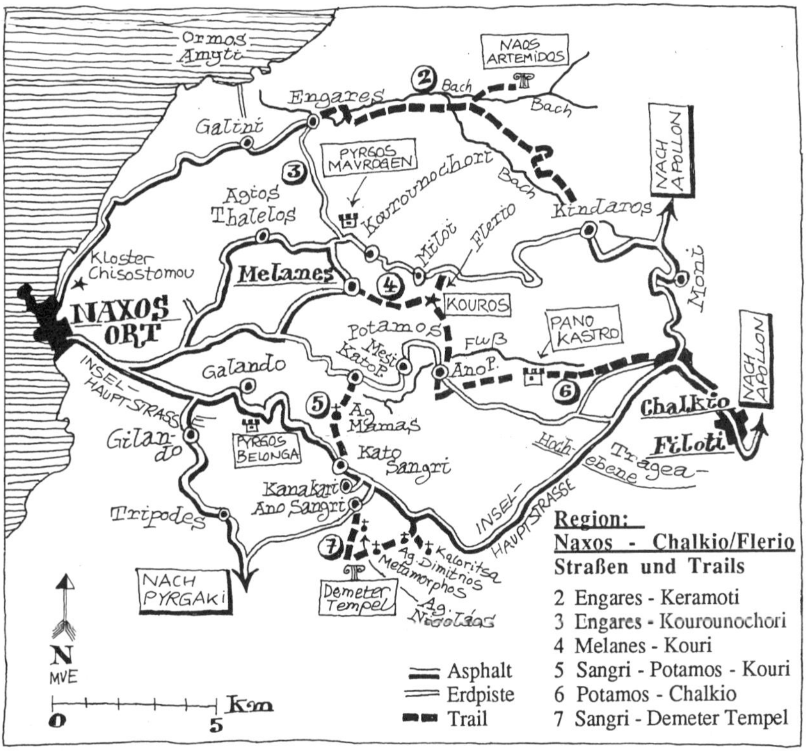

sie sind stark verwittert. Was jedoch sehr lohnt ist die schöne Lage!

Mit eigenem Fahrzeug benutzt man die neu geteerte Straße ab Naxos Ort, die via Ag. Thaleleos zu dem in der Höhe oberhalb des Tales gelegenen Dorf Melanes führt. Ist in der Toubis- Naxos Karte derzeit fälschlich noch gelb eingezeichnet (gelb = Erdpiste, was nicht stimmt).

Als Strecke landschaftlich schön: führt am Hang entlang durch kahle Berglandschaften. Ca. 1,3 km nach Ag. Thaleleos: Abzweigung, rechts gehts gehts rauf per Asphalt nach Melanes. Jedoch linke Abzweigung nehmen, die weiter via Kourounochori und Miloi nach Kindaros führt.

Rund 2oo m nach der Abzweigung weitere Abzweigung: (links nach Engares, rechts nach Kourounochori, schönes Bergdorf mit dem 4-stöckigen Pyrgos Mavrogen, einem der größten und wichtigsten von Naxos. Nach weiteren ca. 2 km, am Ort Miloi vorbei erreicht man das Hinweisschild "Kouros": Abzweigung, und rechts den Berg runter über eine Schotterpiste, 7oo m zu oben beschriebenen Privatgarten. Hier können allerdings nur ca. 2 - 3 Autos abgestellt werden, und definitiv keine Chance für Wohnmobilfahrer!

Mit eigenem Fahrzeug ist der Kouri- Besuch ein 1/2 Tagestrip. Man kann die 3,5 km weiterfahren bis KINDAROS. Derzeit noch Schotter aber landschaftlich lohnend rauf zu dem hoch in den Bergen gelegenen Dorf. Von hier gehts über eine gut ausgebaute Asphaltstraße weiter bis MONI (an der Inselhauptstraße Naxos - Apollon)

Ohne eigenes Fahrzeug kann man je nach Busverbindungen Glück haben und die Sache in einem 1/2 Tag realisieren. Bei schlechten Verbindungen gibts je nach Busfahrplänen folgende Varianten:

④ - Bus nach Melanes. Sofern er nicht die Strecke via Ag. Thaleleos fährt: ab Melanes schöne 1 Std. Wanderung vom Dorf entlang des Hanges zu den Kouri. Da die Talhänge aber dicht landwirtschaftlich genutzt sind, gibt es viele seitlich abzweigende Pfade und daher nicht leicht zu finden (im Gegensatz zu unserer Wanderung 1, wo weitgehend das Ziel Naxos/Ort im Blickfeld ist). Dies gilt sicher nicht für die in Gärten versteckten Kouri. Abhilfe: unterwegs Bauern fragen nach "KOURI"...

Leichter: wenn der Bus via Ag. Thaleleos fährt. Notfalls ab Abzweigung (siehe oben!) oder Kourounochori die restl. ca. 2 km zu Fuß entlang der Straße trippeln. Ist zwar nicht so angenehm, aber vom Blick doch ganz schön . Und zudem sauber ausgeschildert bis Kouri.

③ - Bus nach Engares und dann zu Fuß ca. 3 km über die Straße nach Kourounochori. Von hier nochmals ca. 2,5 km zu den Kouri. Zwar nicht das Gelbe vom Ei, aber Möglichkeit, beide Busse (nach Engares und nach Kourounochori/Miloi) miteinander zu kombinieren, wenn die Anschlußzeiten schlecht sind.

⑤ - Sehr lohnende Wanderung von Sangri (an der Inselhauptstraße Naxos/Ort - Chalkio) über die byzantinische Kirche Ag. Mamas und Potamia zu den Kouri. Details siehe "Naxos - Chalkio - Apollon".

★ Naxos ⟿ Chalkio/Filoti ⟿ Apollon

Die Hauptverbindung quer durchs Inselinnere und rauf zur Nordküste/ Apollon. Wenn auch schmale Landstraße, so ist sie doch durchgehend asphaltiert und landschaftlich sehr lohnend.

Sie berührt die wichtigsten Siedlungsgebiete im Inselinneren und ist gleichzeitig Ausgangspunkt für schöne Wanderungen, aber auch seitlicher Stichpisten an die ansonsten unerschlossene Ostküste von Naxos.

Bus: tägl. 4 x bis Apollon/Nordküste, - bzw. 5 x bis Chalkio/Filoti- Inselinneres. Da der Bus wegen der sehr kurvenreichen Bergstrecken im Inselinneren und runter an die

Nordküste für die rund 5o km 2 1/2 Std. braucht: unbedingt den Frühbus ab Naxos/Ort nehmen, wenn man den Trip bis Apollon in einem Tag retour realisieren will.

Durch die 4 Busse am Tag lässt sich zwar der Besuch von Apirathos einbauen, indem man einen Bus überspringt. Mehr an Stops und Abstechern ist aber per Bus und in einem Tag nicht drin, - zumal es außer in Apollon derzeit keine Hotels im Inselinneren gibt (teils jedoch Privat- Quartiere, z.B. in Chalkio).

Bei knapp 3 DM pro Strecke bis Apollon zugleich aber die billigste Lösung, um das Inselinnere "anzuschnuppern". Wer Geld sparen will und auf den Bus Rückgriff nimmt, - fährt am 1. Tag rauf bis Apollon, baut den Kouros und Baden oben ein - und fährt bei späteren Inseltrips nochmals Teilstrecken, - z.B. nach Filoti (für die Wanderung zum Inselgipfel Zeus).

Eigenes Fahrzeug: die erheblich flexibelere Lösung. Egal ob Auto oder Mietmoped: unbedingt vortanken, denn die letzte Tankstelle ist derzeit in Chalkio! Und vorsichtig fahren; die Bergstrecken im Inselinneren sind insbesondere für Zweiradfahrer sehr unfallträchtig, wer mit heißem Reifen um die Kurven donnert!

⇩ AB NAXOS/ORT gehts zunächst durch die fruchtbare Livadi- Tiefebene um die Inselhauptstadt. Die Felder sind mit Bambus- Schilf als Windschutz umgrenzt, Anbau von Getreide, Kartoffeln etc., an den kargen Berghängen viele Agaven. Nach 6 km:

GALANDO (37o E.) in baumloser Landschaft mit Agaven, Buschwerk und Getreidefeldern. Der Ort liegt auf den ersten Hügelausläufern der Bergketten des Inselinneren, großartiger Blick auf die Tiefebene und Naxos! Oberhalb des Ortes: der verlassene Pyrgos Belonga (in der Toubis- Karte als "Mpelonia" eingezeichnet), daneben ein kleines Kirchlein, ebenfalls verlassen, aber mit schönem Reliefwappen der Venezianer über dem Eingang.

Die Straße windet sich die Berge rauf und überquert einen kleineren Pass nach SANGRI (1o km ab Naxos). Das Dorf, in Karten teils auch als Sagkrion eingezeichnet, hat ca. 4oo E. und besteht aus den Ortsteilen Kato Sangri, - Ano Sangri und Kanakari, die gestaffelt am Hang liegen.

Ab Kato Sangri blickt man über Terrassenfelder in ein Tal mit den weiß gekalkten Häusern von Kato Potamia. - Kato Sangri ist Ausgangspunkt für schöne Wanderungen (siehe auch Karte 2 Seiten vorher!):

⇨ Direkt beim Ort geht links ein abwärts verlaufender Pfad zum byzantinischen Kreuzschiff- Kirchlein Ag. Mamas (9. Jhd.). Am besten fragt man die Leute in Kato Sangri nach dem Weg "Ag. Mamas". Das Kirchlein liegt landschftlich schön in einem Garten, der leider aber verwahrlost ist. Die Tür der Kirche ist weg, und im Inneren grau zerfallende Wände. Oberhalb der #Kirche ein ehemaliger Bischofspalast, war zur Zeit der Piratenangriffe und venezian. Inselherrschaft zeitweilig Bischofssitz. Retour zur Hauptstraße ca. 15. Min. -

⑤ WANDERUNG: Sangri - Ag. Mamas - Potamia - Kouri von Miloi: lohnend wegen schöner Landschaften, insgesamt ca. 4 Std.

Erster Teil ab Sangri bis Ag. Mamas siehe oben. Ab Kirchlein rüber nach Kato Potamia ca. 1 km. Die Strecke war mal ausgezeichnet mit grünen Pfeilen, heute eine Verwitterungsfrage. Dürfte aber an Orientierung nicht schwierig sein, da weitgehend Potamia im Blick liegt. Wenn nicht: Hanghöhe halten, weder links über den Bergrücken rüber (=Blick auf Naxos/Ort), - noch rechts ins Tal runter. In Kato Potamia gibts eine einfache Taverne, der Ort gliedert sich in 3 Stufen am Tal runter (Mesi und Ano Potamia) zum Fluß und ist mit einer ca. 1,5 km langen Erdstraße verbunden, die man durch Pfade abkürzen kann.

Ab Potamia - (welches mit einer Piste nach Naxos/Ort und nach Chalkio verbunden ist, allerdings nur sehr seltene Busverbindungen(!) und kaum Chance zum Trampen) - weiter zu den Kouri von Miloi. Der Pfad beginnt knapp oberhalb von Ano Potamia und Bachlauf. Ca. 2 km, war mal rot mit Punkten markiert...

Dieser Trailabschnitt ist schwieriger zu finden, da man nicht wie im ersten Trailabschnitt bis Potamia den Ort im Blickfeld und die querlaufende Straße als "Auffang" hat: die Kouri liegen reichlich versteckt in Gärten!

Als generelle Richtung: ständig Nord. Und Hirten fragen nach "Kouri Miloi" (teils auch als "Kouri Flerio" bekannt). Wer auf Nr. etwas sicherer gehen will, läuft den Gesamttrail in Gegenrichtung, also ab Kouri nach Potamia und weiter nach Sangri. Die Gegenrichtung hat zudem den Vorteil, daß man auch in Busverbindungen flexibler ist: Morgenbus nach Kouri. Retour am Spätnachmittag ab Sangri: Bus (Chalkio - Naxos) häufiger!

6 WANDERUNG: Ano Potamia - Chalkio: ca. 3 km, 2 - 3 Std. via Direkttrail über den Berg Tsikalario, lohnend wegen Superblick vom Berggipfel, wo die venez. Festung Pano Kastro liegt.

Ano Potamos ist mit Chalkio über eine Erdpiste verbunden, die in weitem Südbogen um den Tsikalario rumführt. Der Aufstieg ab Ano Potamia ist etwas beschwerlich, da sehr steinige Kraxellei. Höhenunterschied ca. 2oo m, oben bei der verfallenen Festung (nicht mehr viel übrig!) Superblick über weite Teile des Ostens von Naxos. Die Venezianer hatten nicht umsonst hier eine Festung errichtet, die zugleich strategisch weite Meeresteile überblicken konnte.

Oben vom Berg sieht man nicht nur die Ostküste der Insel Naxos und die vorgelagerten Nachbarinseln wie Paros, - sondern auch Chalkio und den Weg dorthin. Als Trail somit wegen klarer Orientierungspunkte leicht zu finden.

TIP: Für den Trail unbedingt warme Sachen mitbringen (oben auf dem Festungsberg oft sehr windig wegen freier Lage - und bei immerhin 4oo m oberhalb des Meeres kühl!), - guter Sonnenschutz (Hut, Sonnencreme) da weitgehend Vegetation fehlt, sowie gutes, solides Schuhwerk.

Die Wanderung lässt sich schön als 1/2- Tagestrip kombinieren: Frühbus ab Naxos bis Sangri, welches man gegen 9.3o Uhr erreicht. Dann zu Fuß rüber via Ag. Mamas - Potamia nach CHALKIO/FILOTI. Dort am späten Mittag Essen in einer der Tavernen und retour mit dem Bus nach Naxos/Ort, um am Spätnachmittag nochmals ins Wasser zu springen...

Oder Kombination dieser Wanderung mit den Kouri von Miloi, siehe Karte Nr. 3 / 4 !

Von KATO SANGRI geht die Straße in vielen Serpentinen runter ins fruchtbare Hochtal nach ANO SANGRI. Der Ortsteil liegt seitlich der Hauptstraße und wird ab Bushaltestelle über eine ca. 5oo m Erdpiste erreicht. Lohnt als Abstecher: im ehemaligen byzantinischen Kloster wurde ein kleines Museum eingerichtet mit den traditionellen Inselmöbeln, aber auch Kleidung und Werkzeugen.

Die Region um Ano Sangri ist reich an byzantinischen Kapellen, eine der schönsten mit reichhaltigen Fresken: die Kirche Ag. Nicolaos (1o. bis 13. Jhd., ca. 15 Min. südl. von Ano Sangri zu Fuß).

(7) Die WANDERUNG ab Ano Sangri via dieser Kirchen und zum Demeter- Tempel ("Naos Dimitris"), - wie sie gelegentlich in Naxos Publikationen als 4 Std. Rund- Wanderung empfohlen wird, kann man sich sparen, da die Kirchen geschlossen sind. Auch, was den Demetertempel betrifft, der eingezäunt ist, und wo über den Zaun nur Steinfragmente zu sehen sind...

Daß die meisten Kirchen auf der Insel geschlossen sind, sollte man den Leuten von Naxos nicht übel nehmen: die Gefahr von Zerstörung der Fresken und Klau von Ikonen ist einfach zu groß. Schließlich kann man nicht zu jedem dieser Kirchleins einen Wärter hinstellen!

Kurz nach der Abzweigung Ano Sangri/Bushaltestelle rechter Hand das Turmkloster Stavros (geschlossen). Ab hier beginnt ein Weg rauf zum Höhlenkloster Kaloritsa am gleichnamigen 5oo m hohen Kaloritsa. Ist zwar auch zu, aber von oben schöner Rundblick. Der Aufstieg dauert ca. 1/2 Std. und lohnt.

SANGRI»»CHALKIO: landschaftlich schöne Strecke. Überall an den Berghängen Anbauterrassen und weiß gekalkte Ortschaften mit Kirchen, weite Olivenhaine im Talgrund, vereinzelt Agaven.

★ **CHALKIO:** ein langgestrecktes Straßendorf, das sich durch Gartenlandschaft zieht und fast nahtlos in den nächsten Ort **FILOTI** übergeht. Zusammen ca. 1.7oo E. und größte Siedlung im Inselinneren. Filoti liegt höher und näher am höchsten Inselgipfel Zeus, es hat mehr Tavernen und ist der bessere Stützpunkt für Wanderungen.

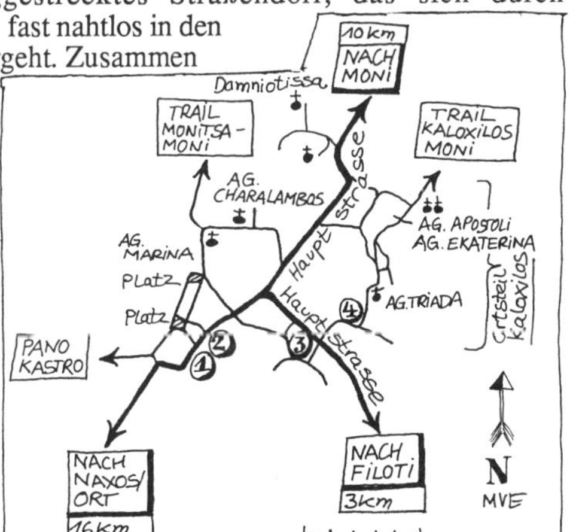

Chalkio
1 Protronis Kirche 3 Pyrgos Makropoliti
2 Pyrgos Grazia 4 Ölmühle

Chalkio ist wichtiger Straßenkreuzungspunkt in der Tragea- Hochebene, - beide wirtschaftliches Zentrum der wichtigsten Anbauregion im Inselinneren.

Kurz nach der Ortseinfahrt/Chalkio rechts die weiß getünchte Kirche Prototronis (9. Jhd.) mit alten Fresken. Die Kirche ist jedoch meist verschlossen. Gleich dahinter und gut von der Hauptstraße zu sehen der Pyrgos Grazia, der wegen des Wappens über dem Eingangstor auch "Barozzi- Schloß" genannt wird. Ein venezianischer Adelssitz aus dem 17.

Jhd.- Achtung: letzte Tankstelle in Chalkio/Filoti!

Bus: nach Naxos/Ort 5 x tägl., ca. 1 Std., nach derzeitigem Fahrplan geht der letzte Bus retour gegen 19 Uhr, aber nochmal abprüfen! - nach Apollon/Nordküste: 4 x tägl./ca. 1 1/2 Std. Achtung: Bus fährt teils via Moni - teils via Apirathos!

Unterkunft: Privatquartiere in Filoti. Viele gibts jedoch nicht, und von daher zu überlegen, ob man beim Standquartier Naxos/Ort bleibt.

Ausflüge: ab Chalkio zur venez. Bergfestung Pano Kastro. Sehr lohnend wegen Super-Panoramarundblick! Beschrieben im Vorkapitel (6) als Wanderung Ano Potamia - Chalkio. Kann man aber auch bequem als Abstecher von Chalkio machen: raus aus dem Ort siehe unsere Chalkio- Ortsskizze. Von hier noch ca. 1 km, allerdings rauf mit ca. 1 Std. rechnen , da kräftige Kraxelei und sehr steinig! Der Aufstieg lohnt sich aber sehr!

Mopedfahrer oder Leute mit eigenem Auto können sich die "Anfahrt" reduzieren via Piste nach Chimarros, sparen sich allerdings nicht allzuviel Zeit, da der aufwendigere Teil die Besteigung ist.

Einen schöneren Naxos - Rundblick hat man eigentlich nur noch vom Gipfel des Berges ZEUS (Besteigung ab Filoti, Details siehe dort!), - allerdindings auch wesentlich beschwerlicher und zeitaufwendiger.

★ **FILOTI:** Bergdorf am Rande des Talkessels und unterhalb des Inselgipfels ZEUS. Hübsch am Hang gebaut, an der Ortsdurchfahrt der Hauptplatz mit schattigen Tavernen und Läden. Hier nach Privatzimmern fragen! Die Gegend ist reich an Gärten, Olivenhainen, und der Ort werktags ungemein geschäftig für seine Größe mit rund 1.3oo Einwohnern!

(10)

ZEUS- BESTEIGUNG: bis zum Gipfel ab Filoti ca. 1 - 2 Std. - als Rundtour ca. 3 - 4 Std. Man sollte sich einen möglichst klaren Tag raussuchen, der Rundblick vom 1.oo1 m hohen Gipfel - zugleich auch höchstem der Kykladen! - ist grandios.

Warme Sachen einpacken; oben in 1.ooo m Höhe ist es kalt und windig! Und guten Sonnenschutz!! Nicht nur Sonnencreme, sondern auch breitkrempigen Hut oder Handtuch in Turbanform über´m Kopf!

Der kürzeste und leichteste Aufstieg geht ab Kirchlein Ag. Marina an der Straße Filoti - Danakos. Busfahrer Bescheid geben, sofern man sich in der glücklichen Lage befindet, daß gerade ein Bus fährt!

Ansonsten einen von den täglichen Bussen Filoti - Apirathos nehmen und sich an der Abzweigung nach Danakos absetzen lassen. Dann noch ca. 4oo m auf der Straße und weitere ca. 3oo m bis zum Kirchlein Ag. Marina, welches oberhalb der Straße nach Danakos auf einem deutlich sichtbaren Pass liegt.

Von hier auf den Gipfel zuhalten: der Pfad ist in sofern klar, da der Gipfel den Orientierungspunkt liefert. Bei Abzweigungen im Zweifelsfall immer die höherführende nehmen!

Bei klarem Wetter reicht der Blick vom Gipfel zwar nicht bis zur

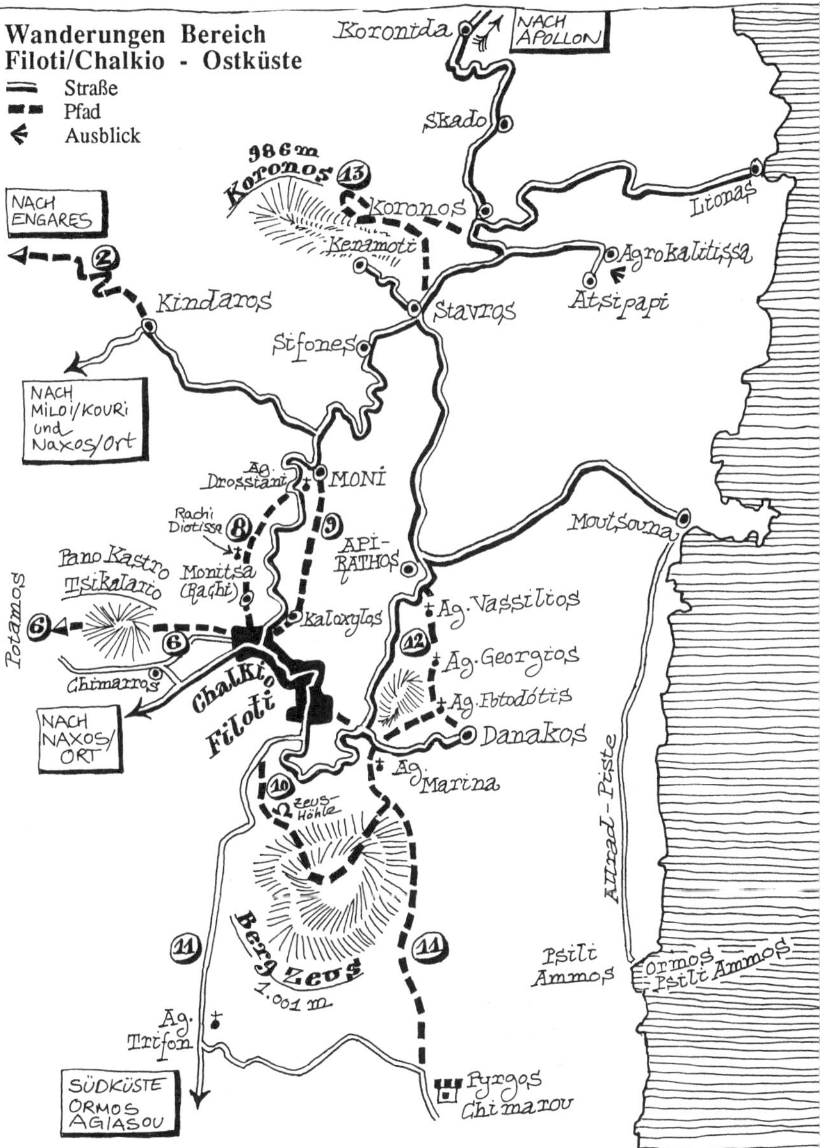

2 Wanderung Kindaros (S. 129)
6 Ano Potamia-Chalkio (S. 134)
8 Chalkio - Ag. Drossiani (S. 14o)
9 Chalkio - Ag. Drossiani via Kaloxglos (S. 14o)
10 Wanderung zur Zeus-Höhle (S. 136)
11 Filoti - Pirgos Chimarou (S. 138)
12 Filoti - Danakos - Apirathos (S. 141)
13 Stavros - Koronos-Massiv (S. 141)

Kleinasiatischen Küste, das wäre etwas zu viel verlangt. So doch über alle umliegenden Kykladen- Eilande: von Mykonos im Norden - über Amorgos und umliegende Erimonisia - Santorini und Ios im Süden - Paros im Westen sowieso und wenns gut geht bis rüber nach Milos!

Abstieg entweder über selben Trail retour, der bequemste und kürzeste Weg. Oder man läuft den Rundtrail via West nach Filoti: im Nordwesten - und vom Gipfel sichtbar eine ca. 25o m Steilwand mit unterhalb liegendem Geröllfeld. Die Steilwand umgeht man in großem Bogen, um zum Geröllfeld zu gelangen.

Zeus- Höhle: gemäß der griechischen Sage soll hier der Götterboß geboren worden sein. Um diese Ehre streiten sich aber eine Reihe weiterer Höhlen Griechenlands. Die Höhle (in neueren Karten auch als "Spileo Aria" bzw. "Agria" eingezeichnet) liegt im Bereich des Nordwesthanges und unterhalb der Steilwand.

Sie ist etwas schwierig zu finden, da der Eingang sehr klein und daher unauffällig versteckt liegt. Wer sie verpasst, versäumt nicht viel: in der Regel ist sie mit Brettern verrammelt und zu. Archäologen haben im Inneren Tonscherben gefunden, die belegen, daß die Höhle in prähistorischen Zeiten von Menschen besucht wurde.

Heute: schlammig- glitschig, rund 2oo m tief und ohne Taschenlampe nicht ungefährlich. Außer Fledermäusen gibts nichts Spezielles. Man kann sich daher den Besuch und Führer ab Filoti (den einige schlecht recherchierte Reiseführer empfehlen) sparen!

Ab Geröllfeld bergab Ri. Nordwest. Hier trifft man auf die von oben zu sehende Piste (siehe unsere Karte!), die auf die Asphaltstraße nach Filoti führt.

★ SÜDSPITZE INSEL NAXOS: eine der wohl einsamsten Inselpisten führt durch kahles Stein- und Macchia- Land runter in den äußersten Süden der Insel.

Ab Abzweigung Asphaltstraße (ca. 7oo m südl. Ortsausgang Filoti) sinds noch bis zum Ormos Kalandou runde 15 km.

Wegen der extremen Lage sehr beliebt bei den Moped- Fahrern. Man sollte jedoch über gute Fahrpraxis verfügen: wenn´s einen beutelt, keinerlei Hilfe, da dieser Inselteil unbesiedelt ist. Sprit vortanken, Essen und Getränke mitnehmen! Und guten Sonnenschutz! Bloß nicht "open air" mit nacktem Oberkörper (sei es Mann oder Frau!) fahren! Nicht nur der Busen wird britzerot. Die Anmiete einer ENDURO ist keine schlechte Idee. In jedem Fall aber keine Vespa mit kleinen Reifen!

Die Strecke ist (im Gegensatz zur Piste an der Nordwestküste - zwischen Engares und Apollon) auch mit PKW möglich, sofern dieser über genügend Bodenfreiheit verfügt und man die Reifen vorsichtig über die scharfkantigen Steine fährt.

(11) PYRGOS CHIMARROU: der einzige Festungsturm der Insel in Rundbau. Er ist erstaunlich gut erhalten, ca. 15 m hoch und in perfekter Steinbearbeitung aus Marmor fugenlos aufeinandergefügt. Im Gegensatz zu den viereckigen venezianischen Pyrgi wurde er ca. 4. Jhd. v. Chr. von griechischen Inselherren angelegt und überwachte den südöstlichen Inselteil. Gefahr wurde per Rauchsignal an andere Inselteile weitegegeben.

Zu erreichen: über die Piste Ri. Ormos Kalandou , - Abzweigung nach ca. 4 km bei der Kirche Ag. Tryfonas links ab und weitere ca. 2,5 km. - Lässt sich per Wanderung am Osthang des M. Zeus und in Rundtour realisieren. Insgesamt ab/bis Filoti aber eine harte 15 km- Wanderung durch karge Landschaften bei knalliger Sonne, für die man mit 5 - 7 Std. rechnen muß. Ist nicht nur anstrengend, sondern macht man besser per Motorrad oder Auto!

DANAKOS: asphaltierte Stichpiste zu einem Bergdorf, das an den östlichen Ausläufern des Inselmassivs und oberhalb des Meeres liegt. Per Bus läuft die Verbindung nur 3 x/Woche - mit eigenem Fahrzeug aber lohnender Abstecher. Ab Parkplatz oberhalb des Ortes gehts weiter nur zu Fuß und die Treppchen in den Ort runter.

Chalkio/Filoti ➳ Apollon/Nordküste:

ca. 4o km, streckenweise extrem kurvenreich und zeitaufwendig, aber lohnend! Der BUS braucht ca. 1 1/2 Std., was für sich spricht - und wer die Sache mit eigenem Fahrzeug macht, sollte vorsichtig fahren!

Die erste Teiletappe bis STAVROS geht sowohl via Moni - wie auch via Apirathos. Beide Strecken lohnen, weswegen man mit eigenem Fahrzeug hinwärts die eine und rückwärts die andere fährt.

a) via MONI, lohnend wegen der Panagia Drossiani kurz vor Moni und der Möglichkeit zu Abstechern nach Kindaros.

b) via APIRATHOS: das Bergnest gehört zu einem der schönsten der Insel. Stop lohnt.

Beide Strecken treffen sich beim Kirchlein Nähe des Ortes Stavros (siehe Karte), sind in etwa gleichlang und landschaftlich ähnlich lohnend.

★ a) via MONI:

Der erste Teil bis Moni sehr kurvenreich und noch alte Straße, aber Asphalt und gut ausgebaut. Kurz vor Moni bzw. rund 2 km Straße nach Chalkio liegt rechts leicht überhöht und etwas versteckt in einer Rechtskurve die wohl älteste Kirche der Insel AG. DROSSIANI (6. Jhd.). Obwohl hier nur schlechte Parkmöglichkeit besteht, sollte man die Besichtigung dieser kleinen Kirche nicht versäumen.

Die in der Regel verschlossene Kirche war bei unseren Recherchen zufällig offen, da sie gereinigt wurde. Ansonsten gibts am Eingang eine Klingel, nach deren Benutzung angeblich innerhalb von 1o - 15 Min. ein Beauftragter zum Öffnen kommt. Die Kirche enthält u.a. die ältesten Wandmalereien der Insel, wahrscheinlich aus dem 6. und 7. Jhd., die ungewöhnlich gut erhalten bzw. restauriert sind.

⇨ Wandern: die rund 3 km raus aus der Hochebene von Chalkio, rüber nach Moni lohnen als Wanderung. Sowohl parallel rechts wie links zur Straße möglich, Einstiegspunkte in Chalkio siehe unsere Karte. Als Wanderung insofern schwierig, da es jede Menge seitlicher Pfadabzweigungen gibt, da die Gegend dicht besiedelt ist:

(8) Der linke geht via Monitsa (in Karten auch als Rachi eingezeichnet), welches nach ca. 1o Min.erreicht wird. Nach dem Dorf und noch innerhalb der Ebene geht man auf die nordwärts sichtbare Bergnase rauf, oben das Kirchlein Rachi Diotissa. Man sieht unten die Chalkio - Moni Straße, die sich auf der anderen Talseite den Hang raufwindet. Ab Kirche Rachi Diotissa Höhe halten und Ri. Nordost zur Kirche Ag. Drossiani (siehe oben!), die man durch Überquerung der Straße erreicht.

Schwierigkeit auf dieser Trailvariante ist weniger, nach MONI zu kommen. Denn wenn man sich bei Pfadabzweigungen generell Ri Nord/mit leichter Ostabweichung hält, kreuzt man irgendwo die Straße - und Moni oben am Hang ist markanter Orientierungspunkt.

Aufstieg von Ag. Drossani rauf nach Moni. Der Pfad kürzt die weiten Westserpentinen der Asphaltstraße ab. Insgesamt ca. 1 1/2 Std. Wanderung mit Stops und schönen Rückblicken auf die Tragea- Hochebene, - besonderes von Ag. Diotissa.

(9) Die Alternative rechts zur Chalkio- Moni- Straße ist schwieriger zu finden. Man verlässt Chalkio ab Hauptstraße/Pyrgos Makropoliti via Ölmühle (siehe unsere Karte Chalkio) und geht durch den Ortsteil Kaloxilos. Aufpassen: wenn man die Einheimischen nach "Moni" fragt, wird einem in der Regel der Weg zur Hauptstraße gedeutet. Orientierungspunkt ab Kaloxilos für den Trailbeginn sind die beiden Kirchlein Ag. Apostoli und Ag. Ekaterina am Ortsausgang Kaloxilos, die man links passiert.

Der folgende Pfad steigt in Ri. Nord- Nordost den Hang rauf,- als Richtung generell bis Moni einzuhalten. Viele seitliche Abzweigungen. Oben dann Moni im Blickfeld und ab hier dann leichter zu wandern. Insges. ebenfalls ca. 1 1/2 Std. bis Moni mit Stops und schönen Rückblicken auf die Tragea Hochebene.

MONI ist malerisch am Hang gelegen. Es gibt eine Taverne mit Aussichtsterrasse, die auch Privatzimmer vermietet. Vor vielen Häusern liegt noch griffbereit das Tragegestell für den Hausesel, der auch in den schmalen Gässchen des Ortes seine Spuren hinterlässt...

Ab MONI neu ausgebaute und relativ breite, aber kurvenreiche Straße weiter Richtung Nord und Stavros.

Rund 5oo m nach Ortsausgang Moni links ab die Straße nach Kindaros (bis hier asphaltiert). Landschaftlich großartig, führt weiter über Miloi- Kourounochori nach Naxos/Ort. Details siehe "Melanes- Tal".

Bzw. rechts die Asphaltstraße rauf nach Stavros - Apollon. Die Straße passiert die Geisterstadt SIFONES. Durch deutsche Besatzungstruppen im 2. Weltkrieg komplett ausgerottet, die bei Bekämpfung von Partisanen alle Einwohner erschossen haben. Seither nicht wiederbesiedelt. Liegt in einer Linkskurve, links 2o m unterhalb der Straße (kein Ortsschild), terrassenförmige Anlage, verlassene Häuserruinen, zwischen denen die Ziegen weiden...

Die neu angelegte Teerstraße - anfangs noch steigend - windet sich am Berg entlang, bis sie dann wieder abwärts zur kleinen Kapelle STAVROS führt. Von hier Superblick auf die Bucht vom Ormos Moutsouna.

KERAMOTI: ab Wegkreuzung Stavros über eine neu asphaltierte enge Straße (ca. 1 km) zu erreichen.Das Dorf liegt tief unten in einer Schlucht und am Fuß des knapp 1.ooo m hohen Koronos Massivs. Das Dorf selber bringt relativ wenig, wohl aber die Strecke. Ginstersträucher und Disteln säumen die Straße, im Frühjahr sicher einmalig schön.

② = siehe Karte! (TRAIL)
⇩ = entlang Hauptroute
⇨ = Abstecher

(13) KORONOS- MASSIV: am besten von Stavros aus zu erreichen, wo Aufstieg via Nordflanke möglich ist, aber schwierig und extrem hart. Ca. 4 Std., im Sommer extreme Sonne, da Vegetation und Schatten fehlen, - zugleich kalt wegen starken Winden an der offenen Nordflanke. Im Frühjahr und Herbst oft Wolken- verhangen. Der Nordhang ist für den Aufstieg die bessere Wahl insofern, da er flacher abfällt.

★ **b) via Apirathos:**

Straße geht ab Filoti zunächst in Serpentinen südwärts, um unterhalb des Inselhauptgipfels ZEUS rauf nach Nord zu schwenken. Die Strecke hat weitgehend Bergcharakter und ist fast schöner als die Alternative via Moni.

⇨ Knapp 3 km (via Straße) nach Filoti: Abzweigung rechts und in Serpentinen zum Bergdorf DANAKOS. Mit eigenem Fahrzeug problemlos realisierbar. Ansonsten nur sehr sporadische Busverbindung. Liegt oberhalb eines Tales, die Straße endet auf Parkplatz oberhalb des Dorfes. Weiter runter nur zu Fuß über Treppchen und in schmalen Gassen. Es gibt eine Minitaverne.

(12) Als Wanderung insges. ca. 3 km ab Filoti bis Danakos, wobei man ab Filoti zunächst die langen Süd- Schleifen der Straße abkürzt steil bergauf. Auf die Hauptstraße landet man wieder bei der Abzweigung Danakos. Weiter über die Ag. Fotodoti (Festungsbau eines kleineren Klosters vermutl. aus dem 15. Jhd.). nach Danakos. Als Weg relativ leicht zu finden, da es durch sehr karge Berglandschaften geht. Ca. 1 1/2 Std., wer weiter rauf nach Apirathos läuft: insgesamt ca. 3 1/2 Std.

Verpflegung mitnehmen, da es durch total unbewohnte Landschaften geht!

⇩ Die Filoti - Apirathos- Hauptstraße geht ab Abzw. Danakos rauf auf einen Pass und weiter zum, am Hang gelegenen APIRATHOS. Der Pass ist Tip besonders am Spätnachmittag bei Sonnenuntergang und Superblick über die Insel sowie rüber nach Paros! Genügend Fotomaterial kann nicht schaden!! Insgesamt ca. 8 km zwischen Filoti und Apirathos via Straße.

APIRATHOS: ob es schönstes Inseldorf von Naxos ist, - wie vielfach behauptet, - sei dahingestellt. Zumindest von der Lage super! Straße geht in weiter, ansteigender Rechtskurve um den Ort. Parkplatz auf Hanghöhe. Weiter in den Ort nur zu Fuß. Enge Steingässchen, grau und hoch oben an den Hang im Berg- Inselinneren geklebt.

Die Bewohner besiedelten Apirathos während der türkischen Herrschaft auf Kreta und waren weitgehend Kretaflüchtlinge. Als Überbleibsel der venezianischen Zeit sieht man noch viele Löwen des Heiligen Markus an zahlreichen Portalen alter Herrschaftshäuser.

Die Bevölkerung lebt heute neben Landwirtschaft vorwiegend vom Tourismus: Web- und Häkelarbeiten. Feine Tischdecken 0,5 qm ca. 60 DM mit gehäkelten Säumen. - Im Ort auch ein kleineres Museum mit praehistorischen Funden aus der Kykladenkultur.

⇨ ABSTECHER OSTKÜSTE: Oberhalb von Apirathos Abzweigung runter an den Ormos Moutsouna. Keine Busverbindung, eigenes Fahrzeug nötig. Wer weiter runter, südwärts will, zum Ormos Psili Ammos: am besten geländegängiges Motorrad wegen extrem schlechter Piste!

Die Straße bis Orm. Moutsouna überwindet in 1o km einen Höhenunterschied von 6oo m runter ans Meer. Zunächst geht es vorbei an einem verlassenen Marmor- Steinbruch, später an Schmirgelminen, ebenfalls verlassen. Überall stehen vor sich hingammelnde LKW´s, verrostete Maschinen und Werkzeug rum. Die Straße ist wegen vieler Schlaglöcher in schlechtem Zustand, aber als Strecke wildromantisch. Auch mit Trampen schiebt sich wenig, da praktisch Null- Verkehr!

Moutsouna kann man als Ort vergessen, - ohne jeglichen Flair. Lagerschuppen und eine Verladerampe neben einem Ministrand weisen darauf hin, daß hier das Schmirgelgestein der Minen verladen wurde.

Weitere kleinere Buchten in Ortsumgebung, meist Steinstrände, - die gesamte Strandregion wenig einladend. Wer will, kann über die 7 km Piste südl. an der Küste bis zum Ormos Psili Ammos fahren. Als Piste sehr "rustikal", das Wasser im Ormos aber sehr klar. Essen und Trinken mitbringen!

⇩ Die Straße von APIRATHOS rauf in den äußersten Norden von Naxos trifft bei STAVROS auf den Parallelzweig via Moni. Nach weiteren 3 km:

das Bergdorf KORONOS. Bis zum vergangenen Jahrzehnt war es Zentrum des Schmirgelabbaus von Naxos. Viele der Bergarbeiter lebten hier. Der landschaftlich super gelegene Ort liegt hoch oben am Hang in 6oo m Höhe und hat fantastischen Panoramablick. Es gibt eine Taverne, heute hat der Ort noch ca. 7oo E., die meisten, vorallem jüngeren sind ausgewandert, seit der Schmirgelabbau eingestellt wurde.

⇨ Abstecher/ARGOKILITISSA: unbedingt lohnend wegen Superblick über die Ostküste von Naxos. Nicht umsonst steht hier eine Radarstation. Die Straße beginnt südl. von Koronos, ist asphaltiert, aber eng. Nach ca. 1,5 km wird der kleine Ort Argokilitotissa erreicht, Superblick von der Ortskirche auf Küste und vorgelagerte Inseln. Kein Bustransport!

⇨ Abstecher Ostküste/ORMOS LIONAS: als Abstecher interessant, aber eigenes Auto/Motorrad nötig, da es keinen Bustransport gibt. Über sehr steile Serpentinen gehts per rauer Asphaltstraße runter ans Meer. Rechts und links immer wieder Stollen tief in den Berg; das geförderte rot-graue Schmirgelgestein liegt an der Straße rum, wie auch jede Menge an verrosteten Maschinen.

Häufig hängen noch die Materialseilbahnen vollgefüllt mit Gestein in der Landschaft des engen Tales. Das aus Korund und Hämatit bestehende Schmirgelgestein war schon in der Antike als Polierstoff bekannt . Glückliches Zusammentreffen für die Insel Naxos als Hauptlieferant an Marmorstatuen für den hellenistischen Kulturkreis!

Seit die elektische Herstellung von Korund aus Bauxit erfunden wurde, deklinierte der Schmirgelabbau auf Naxos und wurde letztlich im vergangenen Jahrzehnt völlig eingestellt.

LIONAS unten an der Bucht war (neben Moutsouna) wichtigster Ausfuhrhafen. Zu beiden Seiten der engen Bucht die Häuser an den Hang geklebt. Das Wasser der Hafenbucht ist extrem klar, hat jedoch nur Mini-Steinstrand. Schöne Minitaverne.

Die Straße ab Koronas nach Apollon/Nordküste schlängelt sich in 65o m Höhe durch einsame Berglandschaften. SKADO wird in enger Ortsdurchfahrt passiert und nach kurvenreicher Bergstrecke KORONIDA, die höchste Inselsiedlung von Naxos in 7oo m Höhe. Die Umgebung des Ortes ist dicht bewachsen, und auf terrassenförmigen Anbauflächen Obstgärten und Weinreben. Im Ort: "Taverna Keramioti" mit gutem Hauswein und selbst produziertem Käse!

11 km von Koronida nach Apollon an der Nordküste. Die Straße geht in engen Serpentinen durch steil abfallende Küstentäler runter ans Meer.

★ Apollon (ca. 8oo E.)

Endpunkt der Buslinie von Naxos/Ort im äußersten Norden der Insel. Eingerahmt von den hohen Inselbergen ist hier ein schmaler Küstenstreifen frei mit Anbaugärten. Das Wasser ist sehr klar, kleine Sandbuchten, meist aber steiniger Strand.

Der Ort expandiert stark, vorwiegend wegen Naxos- Tourismus und dem Anreiz des nördlichsten Ortes. Aber auch wegen nicht schlechten Badebedingungen und wohlgemerkt dem "anderen" Kouros! Was noch Mitte der 7o-er Jahre von uns als "nicht umwerfend" gewertet werden mußte, hat sich inzwischen aufgepäppelt: zumindest 1 oder 2 Tage "Standquartierwechsel" rauf nach Apollon lohnen!

Unterkunft: neben zahlreichen Privatquartieren im Ort gibts derzeit 2 Hotels: "HOTEL EOLOS" zwischen Hauptstraße und Steinstrand. 17 Zimmer, teils mit Meeresblick. Das einfache und etwas farblose Hotel mit Zimmern, die bei unserem Besuch etwas muffelten. Ca. 3o DM/DZ mit Privatbad. - Und das

"HOTEL KOUROS" an der südöstlicheren Ortsbucht. Steht derzeit noch in - mit Bambus und Büschen abgetrennten Wiesen am Meer. Ca. 2oo m vom Ortszentrum. Der Besitzer ist stolz darauf, vieles in Eigenbau errichtet zu haben: bei der Größe des 3-stöckigen Bauwerkes nicht unbeachtlich - und freut sich auf deutsche Gäste... (wie sollte es auch anders sein, wenn nach harter Arbeit der Verdienst her muß!).

Ist derzeit das mit Abstand beste Quartier in Apollon. Sehr sauber. Die Zimmer mit Balkon (Blick a) Ri. Meer - b) Ri. Inselberge) beides schön! DZ mit Privatbad ca. 25 DM.

Essen: mehrere Tavernen im Ort. Gut die "Taverna Marina" nähe Hotel Kouros: reichlichhaltiges Essen bei vernünftigen Preisen. Spezialitäten: Bergziege und Fisch. Weitere im Hafenbereich.

Ausflüge: die meisten Ausflügler ab Naxos/Ort nach Apollon kommen wegen dem Kouros oberhalb vom Ort. Vorweg: der Besuch der Kouri von Miloi (Details siehe dort!) ist lohnender, da von der Lage her schöner und besser erhalten.

Der Kouros von Apollon ist jedoch mit ca. 11 m größer. Eine gigantische

Marmorstatue, die vor 2.5oo Jahren unvollendet hier liegen blieb. Zu erreichen ab Ortsausgang Apollon (Straße nach Chalkio/Filoti) - dort kleines Hinweisschild auf breite Treppe, die zum 2o m höher gelegenen Kouros hinweist.

Direkter ab Apollon/Ort und Pfad zu erreichen, siehe Karte.

Archäologen vermuteten zunächst, daß es sich hier um eine Darstellung des Gottes Apollo handelte wegen der monumentalen Größe. Da der Kopf der Statue aber in Arbeitsbeginn Ansätze eines Bartes trägt, geht man heute von einer Darstellung des Weingottes Dyonisius aus.Während der Bearbeitung ist es zu einer Beschädigung im Kopfbereich gekommen, weswegen die Statue unbearbeitet liegenblieb.

Baden: die nördlich des Ortes gelegene Bucht gilt als die bessere. Bei den geringen Entfernungen kein Problem.

Retour nach Naxos/Ort via WESTKÜSTE nur mit Allradfahrzeug oder Enduro. Der derzeitige Pistenzustand lässt noch sehr zu wünschen übrig und ist für normale Fahrzeuge kaum befahrbar. Zieht sich hoch oberhalb des Meeres und erreicht nach ca. 7 km die angewitterte Märchenburg Ag. Pyrgos, eine alte Klosterfestung. Heute Wohnhaus mit gackernden Hühnern. - Nach weiteren 5 km die Bucht Ormos Abram mit kieseligem Strand und Schilfbewachsung. Hier nur wenige Häuser, Pension "Efthimis" mit preiswerten Privatzimmern und Taverne am Strand. Dann noch ca. 12 km Durststrecke bis ENGARES, wo wieder eine Asphaltpiste beginnt. Details siehe dort! -

Erimonisia Inseln

Auch die "KLEINEREN KYKLADEN" genannt: eine Gruppe von Mini-Inseln zwischen Naxos und Amorgos. "Einsam" (wie die Übersetzung Erimonisia heißt) sind sie zur HS nicht mehr, - auch wenn die relativ seltenen Schiffsverbindungen und das limitierte Übernachtungsangebot größere Tourismusmassen fernhalten.

Höhepunkt ist die Inselrundwanderung auf DONOUSA mit schönen Stränden - und die Besteigung des 419 m hohen Papas auf der Insel IRAKLIA mit Superrundblick auf die Inseln der zentralen Kykladenwelt.

← Naxos/Ort

Nur die 4 größeren Inseln (Donousa, Koufonisi, Shinoussa und Iraklia) werden angelaufen, wobei Personen und Waren mit Landungsbooten ein- und ausgeschifft werden, - mit Ausnahme Iraklia. (Sowie die Insel Donoussa, sofern von der "Skopelitis" angelaufen).

Fährschiff ab Piräus, in den Sommermonaten 1 - 2 mal/ Woche, legt aber nicht auf allen Inseln an.

Weiterhin der kleine Dampfer "Skopelitis", 1 - 2 mal/Woche im Sommer, legt an allen 4 Erimonis- Inseln an, - auf seinem Rundtrip zwischen den Inseln Mykonos - Amorgos - Erimonisi - Paros - Naxos - Mykonos.

SKOPELITIS: die kleine Fähre hat Platz für höchstens 2 Autos und 1 - 2 Motorräder. Bei der Größe der Erimonisi- Inseln und fast völlig fehlender Straßen hat die Mitnahme eines eigenen Fahrzeuges sowieso keinen Sinn.

Für die Überfahrt eigene Verpflegung mitnehmen! An Bord gibts nur Cafe, Dosengetränke und Kekse.

Trail, -Pfad

Schiffsverbindung

Straße, Piste

∴ Archäologische Fundstelle

NACH PAROS:
Piso Livadi Seite 100
NAXOS Seite 109

N
MVE

0 5 10 km

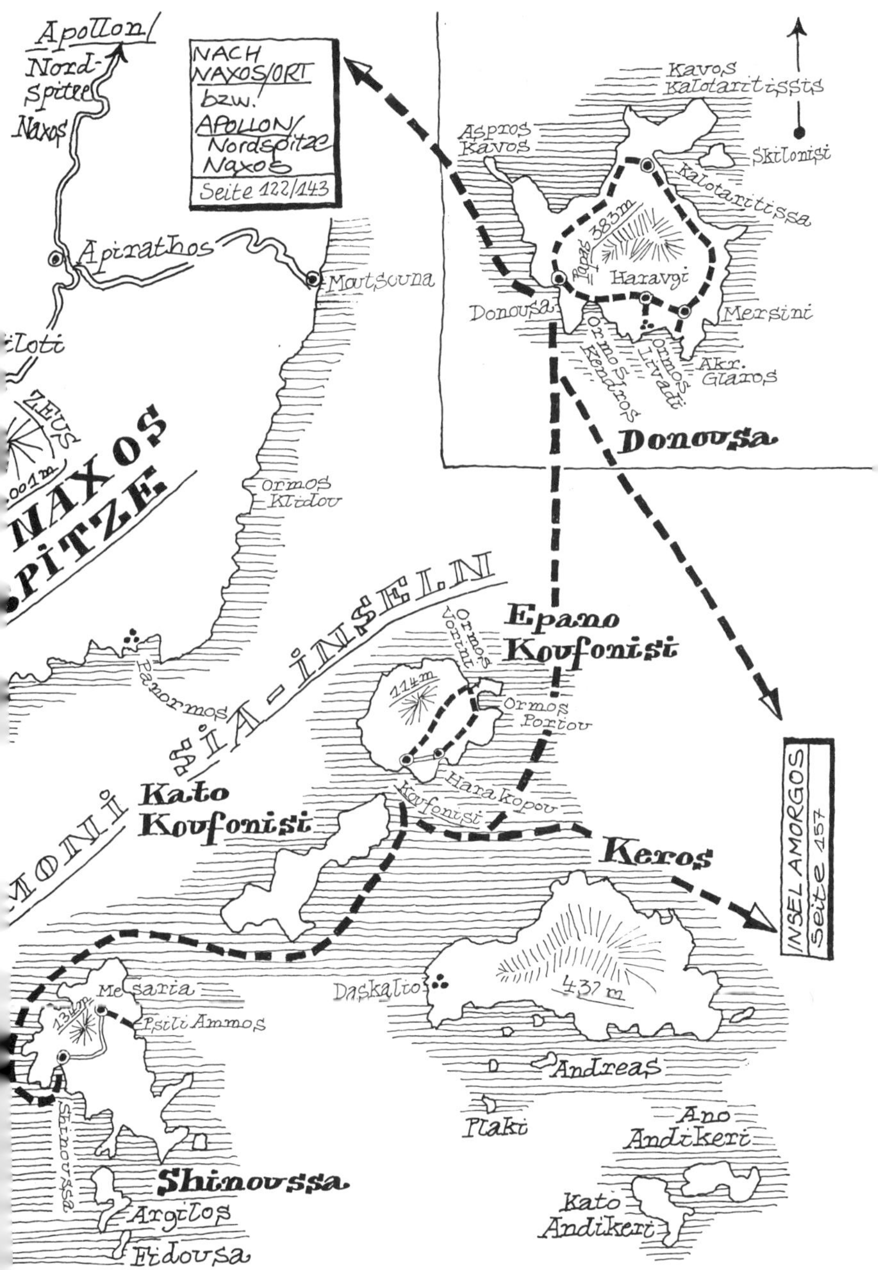

Apollon/ Nord-Spitze Naxos
NACH NAXOS/ORT bzw. APOLLON/ Nordspitze Naxos
Seite 122/143
Kavos Kalotaritissis
Aspros Kavos
Skilonisi
Kalotaritissa
Papas 383m
Haravgi
Donousa
Mersini
Ormos Kendros
Ormos Livadi
Akr. Glaros
Donousa
Apirathos
Moutsouna
ZEUS
1001 m
NAXOS
SPITZE
Ormos Klidou
Ormos Vorini
Epano Koufonisi
SIA-INSELN
Panormos
114 m
Ormos Portou
Harakopou
Koufonisi
Kato Koufonisi
Keros
INSEL AMORGOS Seite 157
Daskalio
437 m
Mesaria
Psili Ammos
Shinoussa
Andreas
Plaki
Ano Andikeri
Kato Andikeri
Shinoussa
Argilos
Fidousa

Fahrzeiten: von Amorgos/Katapola bis Insel Donousa ca. 1 Std. (bei ca. 5 - 1o Min. Stop in Aegali, dem 2. Hafen von Amorgos im Nordosten). Dann ca. 1 Std. runter zur Insel Koufonisi, ca. 35 Min. bis zur Insel Shinoussa, ca. 1o Min. nach Iraklia und rund 1 Std. 15 Min rüber nach Piso Livadi/Insel Paros. Von Paros fährt die "Skopelitis" weiter nach Naxos (ca. 35 Min.) und in 1 1/2 Std. rauf nach Mykonos.

Achtung: die Strecke der "Skopelitis" variiert, vorab Fahrpläne abchecken! Nur die Strecke zwischen Naxos und Amorgos ist für Personen gratis (Subventioniert vom griech. Fremdenverkehrsministeriums, um die Inseln wirtschaftlich durch Förderung des Tourismus zu stärken), - wer in Piso Livadi/Ostküste Insel Paros aussteigt, zahlt eine Pauschale von ca. 6 DM, während die nach Naxos weiterreisenden Passagiere gratis fahren.

Unterm Strich braucht man für den Besuch der Erimonisi wegen der seltenen Verbindungen entsprechend Zeit. Wer alle 4 wichtigste Inseln besuchen will: sicher 2 Wochen... Dies siebt den Massentourismus aus.

Die seltenen Fährverbindungen bedeuten aber auch, daß man beim Besuch von nur 1 Insel unter Umständen dort bis zu 1 Woche festhängt. Kann ermüdend werden bei einer Insel, die einem nicht zusagt. Durchschnittliche Größe der Erimonisia- Inseln ca. 5 - 8 km: das sind Dimensionen, die man spätestens in 2 - 3 Tagen kennt.

Wir haben beispielsweise einen Schweizer getroffen, der sehr begeistert von Donousa war und im Anschluß Shinoussa besuchte, wo er 8 Tage festhing. Sein Kommentar: 2 - 3 Tage hätten für Shinoussa ausgereicht...

Abwechslung gibts praktisch keine: In den wenigen Tavernen ist abends relativ früh Schluß. Andererseits: Manche der Privatquartiere haben noch herrlich rauchendes Petroleum Licht wie zu Großmutters Zeiten. Nachts mit der Taschenlampe über die "Gassen", wenn man am Strand noch einen Rotwein anstoßen will. Zudem: da Straßen weitgehend fehlen, gibts kaum Autos.

Ein "Paradies" mit Einschränkungen: kaum Vegetation, daher tagsüber glühend heiße Strände. Die meisten Inseln mit Trinkwasserknappheit, sprich: salziges Zisternenwasser. Selbstverpflegung aus den wenigen Lebensmittelgeschäften ist nicht nur überdurchschnittlich teuer, - zugleich auch nur geringe Auswahl

Es sind vorwiegend Rucksackler, die die Erimonisi besuchen. An erster Stelle in Beliebtheit rangiert Donousa, dann Iraklia (wegen Gipfelbesteigung), - dann Koufonisi und Shinoussa.

Verschiedene Schreibweise und Namen (Auswahl):

Donousa	Dounoussa (Insel)
Koufonisi	Kouphonissi, Koufonission (Insel)
Iraklia	Ag. Georgios, Agh. Gheorghios (Insel Iraklia)
Iraklia	Hora, Panagia (Insel Iraklia)
Shinoussa	Skinoussa, Panagia (Insel Shinoussa)
Ormos Mourto	Ormos Livadia (Insel Iraklia)

✶ Insel Donousa (14 qkm, 15o Einw.)

Schöne Insel- Rundwanderung und einsame Buchten mit excellenten Stränden. Problem ist das limitierte Angebot an Unterkünften, auch wenn´s Privatquartiere gibt. Da die Insel sowohl von Naxos mit Ausflugsboote, wie auch von Amorgos erreicht werden kann und als Tip rangiert, - steht Ausbau der Übernachtungs Infrastruktur zu erwarten.

Nördlichste der Erimonisia Inseln und östlich der Insel Naxos vorgelagert. Der Inselberg "Papas" geht in nur wenigen Km vom Meer auf beachtliche 383 m rauf. Zumindest im Frühjahr und Herbst gibt es Regenfälle, wenn sich die Wolken im hohen Inselberg fangen.

Donousa ist eine der fruchtbarsten der "Kleinen Kykladen": viele Gärten und Anbauterrassen, die von Mauern oder Bambusschilf umfriedet sind. Es gibt Brunnen und Quellen, die auch im Hochsommer herrlich klares Bergwasser liefern.

Angebaut werden Melonen, Tomaten, Auberginen, Bohnen, Gurken, Zwiebeln und Katoffeln. An Obst gibts Äpfel, Birnen und Pfirsiche, im Herbst Weintrauben.

Die Insel Bevölkerung lebt vorwiegend von Viehzucht und Landwirtschaft. Viele sind jedoch nach Athen oder andere größere Städte Griechenlands ausgewandert, da sich hier mehr verdienen lässt als mit Landwirtschaft oder Viehzucht auf einer abgelegenen Kykladeninsel.

DONOUSSA/Hauptort (ca. 8o Einw.): von der felsigen Hafenbucht mit Betonmole ziehen sich die Häuser den Hang rauf. Kafenions und Tavernen, sowie kleinere Lebensmittelgeschäfte, deren Angebot jedoch abgesehen von landwirtschaftlichen Produkten limitiert ist.

Übernachtung: derzeit nur Privatquartiere (ca. 2o DM), in der HS extreme Engpässe, da zu den Feriengästen noch die Einheimischen kommen. Die meisten Häuser zu dieser Zeit von Familienmitgliedern belegt, die, nachdem sie die Insel verlassen hatten, nun von Athen oder anderswo ihre Ferien im Kreis ihrer Inselverwandten verbringen. Als Alternative bleibt nur das Wildcampen im Schlafsack an einem der Strände, was derzeit noch geduldet wird.

Verbindungen: Ausflugsboote ab Naxos, - sowie die Fähre ab Amorgos siehe "Verbindungen" im Einleitungskapitel "Erimonisi- Inseln".

Geldwechseln: schwierig bis unmöglich, in Tavernen probieren. - **Telefon**: existiert in Benutzung auch für Gäste.

Der Trinkwasserbedarf wird aus Brunnen gedeckt, teils auch aus Zisternen, mit denen Regenwasser aufgefangen wird. Auf der Höhe am östlichen Ortsrand kleines, weißgekalktes Kirchlein mit blauer Kuppel und einem Glockenturm überm Eingang. Östlich des Ortes landwirtschaftliche Anbauflächen.

RUNDWEG UM DIE INSEL: eine der Hauptattraktionen von Donousa. Lohnt sich wegen schöner Küstenlandschaften, aber auch excellenter Stränden unterwegs.

Gutes Schuhwerk nötig, Sonnenschutz, sowie Verpflegung für den kompletten Trail. Für die mitgeführte Wasserflasche gibts unterwegs genügend Quellen.

Zeitbedarf: mindestens 1/2 Tag einkalkulieren inkl. diverser Badestops. Die Richtung im Uhrzeigersinn ist unserer Ansicht nach schöner, da man bereits nach ca. 1 Std. an dn schönen Sandstrand von Kaloritissa kommt und sich erstmal im Wasser relaxen kann...

Der Eselspfad verlässt den Hafen Ri. Nord. Es geht zunächst entlang einer Wasserrinne (im Sommer ausgetrocktet) bergan; die vorspringende Inselnase ASPROS KAVROS lässt man links liegen. Völlig einsames Gelände.

Der Pfad folgt oberhalb und parallel der Steilküste der Nordwestbucht, bis man nach ca. 1 Std. Wanderung unter sich die kleine Ansiedlung KALOTARITISSA an der Nordostbucht der Insel Donoussa sieht. Das Dorf liegt schön an Supersandstrand und zwischen Bäumen. Die Bucht ist durch den Halbinselfinger Kalotaritissis begrenzt, vorgelagert das Felseiland Skilonisi.

Der Pfad schlängelt sich zwischen Feigen und Olivenbäumen an die Bucht runter. Die Bewohner leben von Landwirtschaft, Viehzucht und Fischerei. Daneben stellen die Frauen auf einfachen Webstühlen Tücher und Decken her. Zahlreiche Backöfen an den Häusern zeigen, daß hier das Brot noch selber gebacken wird. An Süßwasserbrunnen kann man seinen Wasservorrat ergänzen, bzw. im Dorf Ziegenkäse kaufen.

Nach Verlassen des Ortes Ri. Süd zieht sich der Weg noch ein Stück durch die Ebene, um schließlich am Rand der höchsten Inselerhebung (Papas, 383 m) anzusteigen. Der einsame Weg, auf dem man höchstens einem Bauern oder einem Hirten begegnet, zieht sich nun in gleicher Höhe an landwirtschaftlich genutzten Terrassen vorbei zur kleinen Siedlung MERSINI. Unterhalb des Ortes eine Quelle zwischen Platanen mit herrlich kaltem Wasser!

Von Mersini entweder in engem Tal zwischen Gartenterrassen runter zur Strandbucht. Oder entlang des Hanges des Papas in ca. 3o Min. rüber westwärts zum dritten Inseldorf HARAVGI (Charaugi). Die Häuser gestaffelt am Hang und terrassenförmige Anbauflächen bis runter zum Sand-Steinestrand der Livadibucht, wo eine praehistorische Siedlung (9. - 8. Jhd. v. Chr.) freigelegt wurde.

Die Livadi- Bucht kann man auch ab Strandbucht unterhalb von Mersini erreichen, allerdings eine beschwerliche Kletterpartie; bequemer gehts über den Hauptpfad auf halber Hanghöhe zwischen Mersini und Haravgi, siehe oben!

Ab Hargavi zieht der Weg westwärts, vorbei an einem Brunnen mit Schöpfeimer in ein fruchtbares Tal mit kleinen Anbauflächen. Danach schlängelt sich der Pfad aufwärts zu einer Windmühle (heute noch zum Getreidemahlen genutzt) und anschließend abwärts durch Anbauflächen zum schönen Sandstrand der KEROS- BUCHT (Ormos Kendros). Ab hier nur noch kurze Wegstrecke leicht bergan bis zur Kirche der Hafensiedlung Donoussa.

Noch eine Bitte: es ist obligatorisch, daß man bei Wildcampen am nächsten Morgen seinen Platz tip-top sauber verlässt. Konservendosen gehören weder ins Meer noch in die Landschaft, - sondern ausgewaschen und in den Rucksack, wo sie den Wandersmann nicht weiter an Gewicht belasten. Gilt auch für jegliche Plastik, egal ob Tüte oder Mineralwasserflasche. Den Müll dann in die Tonne in Donousa/Hafen, oder wo sonstwo Abfalleimer stehen. Begraben von Müll bringt bekanntlich in Mittelmeerländern wenig.

✶ Koufonisi Inseln

(Epano Koufonisi: 8 qkm, 25o Einw.)
(Kato Koufonisi: 4,5 qkm, ca. 1o E.)
(Insel Karos: 15 qkm, unbewohnt)

Attraktion auf EPANO KOUFONISI sind seine Strände. Auch mit Unterkunftsmöglichkeit steht´s etwas besser aus als auf Donoussa. -

Das sich südwestlich anschließende KATO KOUFONISI ist nur von Viehzüchtern genutzt, die weitgehend ihr Haus auf der Hauptinsel E. Koufonisi haben und in Booten rüberkommen.

EPANO KOUFONISI ist die reichste der Erimonisia- Inseln. Seine Bewohner leben vorwiegend vom Fischfang. Ankerplatz der Boote ist der wind- und wellengeschütze 25o m breite Sund im Süden der Insel. Hier liegt der

gleichnamige Inselhauptort KOUFONISI (ca. 1oo E.), der zugleich Fährhafen ist. Von seiner Architektur nicht gerade superattraktiv, so doch "Verwaltungs-Zentrum" (auch für die südöstl. vorgelagerte Insel Keros) und tagsüber relativ "geschäftig". Es gibt neben mehreren Tavernen auch eine kleine Krankenstation.

Der Ort ist stolz auf sein kleines Elektrizitätswerk, das zwar bisherige Öl- und Gaslampen eliminierte und den Tavernen Musikboxen brachte, - zugleich aber auch die Lebensqualität der Insel steigerte. Inwieweit es jedoch als "Fortschritt" anzusehen ist, wenn im Inselkraftwerk rares und teures Erdöl zur Stromgewinnung verbrannt wird, statt vorrangig auf Solarenergie zu setzen, - sei dahingestellt.

Immerhin: viele Häuser haben parallel bereits ihre eigene Solarenergie auf dem Dach und ihren Wassertank. Süßwasser ist auf E. Koufonisi äußerst knapp, da die Insel weder über höhere Inselgipfel verfügt, die im Frühjahr oder Herbst Wolken zum Abregnen bringen (höchste Erhebung 114 m), - noch umfangreichere Vegetation, die etwaige Regenfälle im Boden hält.

Unterkunft/Hauptort: derzeit 2 Pensionen sowie eine Reihe an Privatquartieren. Übernachtung primitiv mit dem Problem des knappen bis fehlenden Wassers. Während der HS kann es zu ähnlichen Übernachtungsengpässen kommen, wie auf Donoussa beschrieben.

Verbindungen: siehe Einleitungskapitel "Erimonisa- Inseln"!

Geldwechseln: keine Bank, eventuell in Tavernen. Telefon: OTE im Inselhauptort.

Lebensmittel/Essen: mehrere Tavernen im Hauptort, in der HS dauert das "Nightlife" etwas länger als auf anderen Erimonisia- Inseln, sprich Remidemmi vom Casettdeck mit Watt- Power. Die Lebensmittegeschäfte etwas besser bestückt als die auf Donoussa, sowie eigene Bäckerei.

Eine 1 km Erdpiste verbindet den Inselhafen mit HARAKOPOU an der PHINIKAS BUCHT im Südosten der Insel. In der kleinen Ansiedlung Privatquartiere und ein Restaurant, das auch Zimmer anbietet. Von der Restaurantterrasse schöner Blick zum Strand und zur Nachbarinsel Keros. Am Wochenende allerdings laut wegen Lifemusik bis tief in die Nacht.

Die Phinikas- Bucht mit mehreren guten Sandstränden. Der Pfad geht rauf entlang der Ostküste zur PORIOU- BUCHT mit schönem Sandstrand, der bisher nicht erschlossen ist. Weiter in Abkürzung des nordöstlichen Halbinselfingers zur VORINI- BUCHT an der Nordküste. Sie hat Kieselstrand, ist von Felsen umgrenzt. Baden wegen hoher Wellen oft nicht möglich.

Retour zum Inselhauptort über einen Pfad quer über die Insel (ca. 45 Min.), der zwischen den Steinumfriedungen verlassener Anbaufelder durchführt. Guter Sonnenschutz nötig (Hut etc.), da es kaum Vegetation gibt.

KATO KOUFONISI: die langgestreckte Insel wird von Hirten nur vorübergehend besucht. Schaf- und Ziegenzucht. Bei der Fährüberfahrt nach Shinoussa sieht man im mittleren Inselbereich einige Steinhäuser, Hauptanlegestelle der Insel.

INSEL KEROS: mit 432 m die höchste der Erimonisi- Inseln. Sie dient als Weideland für Ziegen und Schafe. Früher wohnte an der Nordwestküste eine Viehzüchterfamilie, ansonsten keine Siedlung, die dauerhaft bewohnt ist.

An der Westspitze wurden Gräber der frühen Kykladenkultur (2.8oo - 2.3oo v. Chr.) gefunden. 2 Marmoridole ("Harfenspieler" und "Flötenspieler") heute im Nationalmuseum Athen.

✶ Insel Shinoussa

(6,5 qkm, ca. 25o E.)

Zwischen Koufonisi und der größten Insel des Archipels, Iraklia gelegen. Attraktion: Strände.

Hauptort: PANAGIA: liegt oberhalb der Mersinia- Bucht im Südwesten der Insel. Vom Hafen, wo mit Landungsbooten ausgeschifft wird, gehts zu Fuß ca. 15 Min. in den Ort rauf. Rund 18o Einwohner, Taverne und kleinere Lebensmittelgeschäfte mit limitiertem Angebot.

Übernachtung: Privatquartiere im Ort, teils noch mit Petroleumlampe, teils aber mit hauseigenem Stromgenerator, der bei Bedarf angestellt wird. Übernachtung trotz Privatquartier teuer. Wasserprobleme auf der regenarmen und nur 134 m hohen Insel. Am Ende der Bucht des Hauptortes Panagia Hotel,

Verbindungen: siehe Einleitungskapitel "Erimonisia- Inseln".

Geldwechseln: keine Bank im Ort, wenn in Tavernen, so zu schlechtem Kurs!

Ein Traktor- Verbindungspfad führt über die Insel zwischen Steinmauern von Anbaugärten in ca. 3o Min. durch kahles Land nach MESARIA im Nordosten der Insel. Ca. 8o E., - Pfad runter zur schönsten Inselbucht PSILI AMMOS.

✶ Insel Iraklia

(18 qkm, ca. 14o Einw.)

Größte der Erimonisi- Inseln und nach Donousa auch interessanteste. Schönster Inselstrand: LIVADI an der Ostküste, - lohnende Besteigung des Inselgipfels PAPAS (418 m) mit Super- Panoramablick.

AG. GEORGIOS (in anderen Karten auch"Iraklia"), ca. 75 Einwohner,- ist Inselhafen an der gleichnamigen Bucht. Karge Felslandschaft mit Sandstränden, in den Tavernen Vermittlung von Privatquartieren.

Übernachtung: sowohl im Hafen (siehe oben), - wie auch im ehemaligen Inselhauptort PANAGIA unterhalb des Inselgipfels Papas. Die besseren Chancen jedoch unten am Hafen. Derzeit gibts nur Privatquartiere, die sehr einfach eingerichtet sind und teilweise noch Petroleumlampen haben.

Essen: in beiden Orten Tavernen mit begrenztem Angebot. **Geldwechseln**: in den Tavernen probieren, allerdings schlechter Kurs.

Verbindungen: siehe Einleitungskapitel Erimonisia- Inseln.

Ab Inselhafen geht ein 4 km Weg landein nach PANAGIA (Iraklia) im Inselinneren. Zunächst rüber zur LIVADI- BUCHT an der Ostküste mit dem besten Strand der Insel: eine rund 2oo m lange und 5o m breite Sandbucht, schattenlos, seitlich von kargen Hügeln eingerahmt.

Oberhalb der Bucht die Ruine eines verfallenen venezianischen Kastells. Aufstieg lohnt wegen schönem Rundblick zu den Nachbarinseln und zur Südspitze von Naxos. Im Inneren der Burg verfallene Häuser der Amorger, die diese im 19. Jhd. errichteten.

Von der Livadi- Bucht steigt der Weg leicht an, Richtung Inselgipfel: ca. 3o Min. zum ehemaligen Inselhauptort PANAGIA (Iraklia), in dem nur noch ca. 5o Einwohner, vorwiegend alte Leute wohnen. Viele Häuser sind wegen Auswanderung verlassen. Es gibt ein Kafenion und Tavernen, wo man nach Privatquartieren fragen kann.

Ab Panagia sehr lohnender Aufstieg zum Gipfel des PAPAS. Ein Saumpfad geht in ca. 1 Std. rauf zur Gipfelkirche in 419 m Höhe, die dem Propheten Elias geweiht ist und Ziel von Pilgern zum Kirchenfest am 2o. Juli.

Vom Gipfel Super- Panoramablick, nicht nur auf die Erimonisia- Inseln, sondern in 36o Grad von Naxos- Paros - Ios und bei klarem Wetter bis Santorini im Süden !! Ein Äquivalent an Kykladen- Rundblick gibts ansonsten nur vom ZEUS/Insel Naxos, der zwar mit 1.ooo m höher, - jedoch wegen seiner Höhe eher von Wolken verhüllt ist. Zudem ist der Papas auf Iraklia zentraler gelegen und bringt als "Extra" noch den imposanten Zeus!

Ein anderer Pfad führt von PANAGIA westlich am Hang des Papas entlang zu zwei Höhlen, die oberhalb der Voukaria Bucht liegen. In der größeren, die dem heiligen Johannes geweiht ist, findet jedes Jahr am 29. August ein Höhlenfest zwischen Stalagtiten und Stalagmiten statt.

Ab Höhle geht ein Hirtenpfad oberhalb der Westküste zum Hafenort Ag. Georgios: Nach rund 15 Min. erreicht man die kleine, vertreut auf einem Hügel gebaute Siedlung AGIOS ATHANASIOS. Die wenigen Häuser sind von Kakteenhecken eingezäunten und von Terrassenflächen umgeben, auf denen Weizen, Gerste und Gemüse angebaut wird. Vereinzelt auch Feigen- Oliven- und Mandelbäume. Das Trinkwasser ist hier so knapp, daß es mit Eseln mühsam von weit hergeholt werden muß.

Über einen steinigen, abwärts führenden Pfad in 3o Min. runter zum Hafen Ag. Georgios.

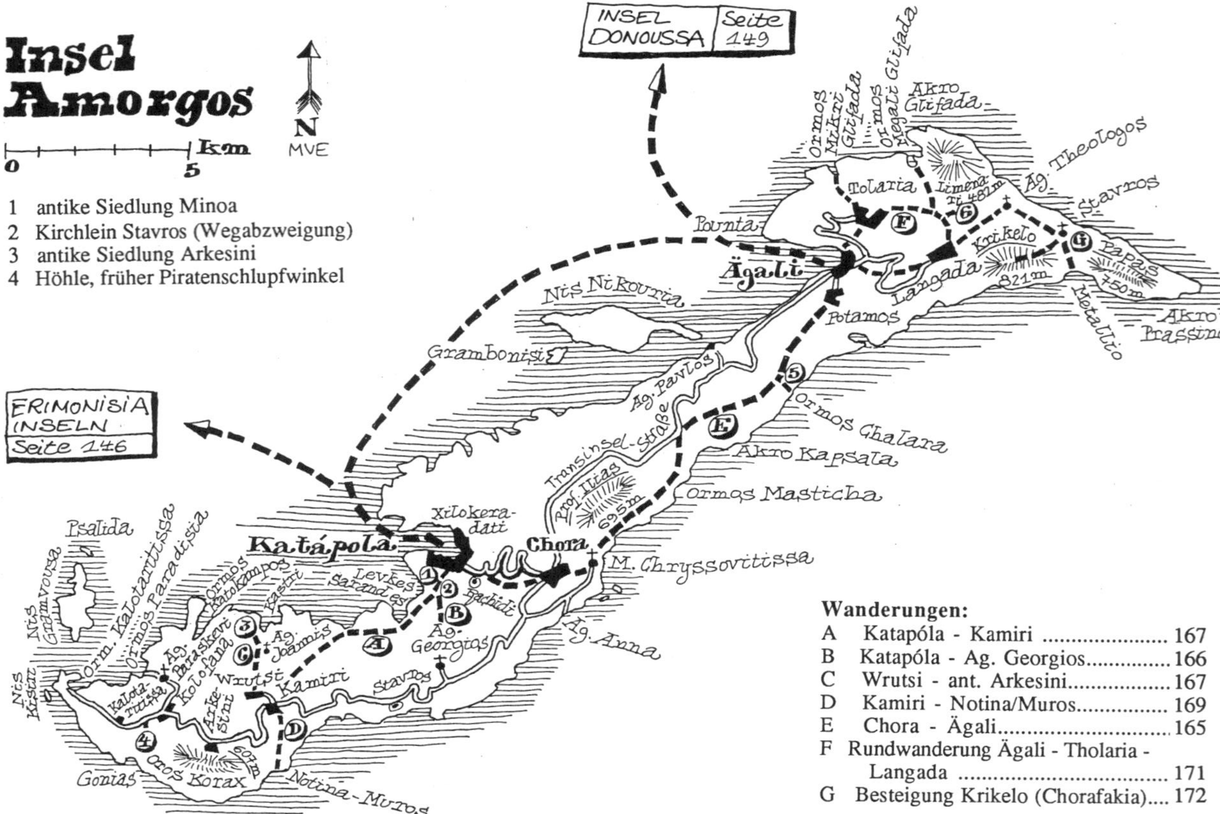

1 antike Siedlung Minoa
2 Kirchlein Stavros (Wegabzweigung)
3 antike Siedlung Arkesini
4 Höhle, früher Piratenschlupfwinkel

Wanderungen:

A Katapóla - Kamiri 167
B Katapóla - Ag. Georgios.............. 166
C Wrutsi - ant. Arkesini.................. 167
D Kamiri - Notina/Muros............... 169
E Chora - Ägali............................ 165
F Rundwanderung Ägali - Tholaria - Langada 171
G Besteigung Krikelo (Chorafakia).... 172

Insel Amorgos

(134 qkm, ca.1.8oo Einw.)

Wilde Landschaften mit teils 5oo m senkrecht abfallenden Felssteilküsten. Ein schmales "Handtuch" im Tiefblau der Ägeis, - runde 31 km lang, aber an seiner breitesten Stelle nur max. 6 km. Im Nordosten der Insel steigt der höchste Inselberg KRIKELO in nur 1,5 km vom Meer auf 821 m.

Auch wenn es vereinzelte Badebuchten gibt, liegt der Hauptreiz der Insel eher in seiner kargen, herben Landschaft. Sehr schöner ehemaliger Inselhauptort CHORA, der in seiner Lage zu einem der schönsten der Kykladen zählt. Ideale Insel zum Wandern.

Verbindungen

im Sommer ca. 3 mal pro Woche ab Piräus Personen/PKW-Fähre über eine ganze Reihe kleinerer Inseln unterwegs wie Folegandros, Koufonisi, Donousa, aber auch Naxos, Paros, Milos und Syros. Der Fahrplan wechselt laufend, ebenso auch die Route und die Fahrthäufigkeit pro Woche. Daher besser kurzfristig im Touristbüro/Athen, Syntagma- Platz fragen nach den neuesten Daten.

Die Fähre kann ab Piräus je nach Route bis zu 24 Std. auf See sein, bis sie Amorgos erreicht. Es ist daher zu überlegen, ob man unterwegs - beispielsweise auf Naxos einen Zwischenstop einlegt. Die Strecke zwischen Naxos und Amorgos ist für Personen gratis.

Zusätzlich fährt die kleine "Skopelitis" ab beiden Amorgos- Häfen (Katapóla und Ägali) im Sommer 1 - 2 mal/Woche über die Erimonisia-Inseln nach Naxos und Paros. Sie legt auf allen "größeren" Inseln der Erimonisia an und braucht entsprechend Zeit. Als Strecke lohnend, auch zum Relaxen an Bord bei der schönen Fahrt zwischen der Inselgruppe.

Die "Skopelitis", -um den Rundtrip tagsüber zu schaffen,- legt in der Regel sehr früh am Morgen (meist 6 Uhr) in Katapola/Amorgos ab und braucht rund 5o Min. bis zum östlich gelegenen Amorgos- Inselhafen Ägali. In der Regel fährt das Schiff dann erst mal rauf nach Donousa vor der Nordostküste von Naxos. Auf der Strecke großartiger Sonnenaufgang im Osten über der noch kühlen Ägeis- Luft. Dann gehts retour, die Südwestküste der Insel Naxos am Horizont, via der restlichen Erimonisia- Inseln und rüber nach Paros - Naxos/Ort.

Allerdings sollte man seefest sein, denn das Meer östlich von der Südspitze der Insel Naxos kann sehr rauh sein, und die "Skopelitis" ist eine Nußschale von Dampfer und pflügt sich tapfer durch die anrollenden Wellen.

Bei schönem Wetter dagegen und ruhiger See kann man sich an Bord herrlich sonnen.

Auch bei der "Skopelitis" ändern sich Route und Fahrpläne, daher vorab checken! Naxos - Amorgos für Passagiere gratis. Weitere Details siehe "Erimonisia- Inseln".

STRASSEN AUF AMORGOS:

Ob sich die Mitnahme eines Autos lohnt, sei dahingestellt: die fertiggestellte 15 km Schotter-Verbindungsstraße zwischen den beiden Hafenorten KATAPOLA und ÄGIALI befindet sich zwischen Chora und Ägali in sehr schlechtem Zustand. Sie ramponiert das eigene Fahrzeug. Derzeit keine Busverbindung. Der Verkehr zwischen den beiden Hafenorten läuft nach wie vor per Schiff entlang der Küste: im Sommer Kaikis, sowie ganzjährig die Fähre. Weitere Details siehe Seite 160

Katapóla - Chora (6 km) ist asphaltiert, Busverbindung. Klammert man die schlechte Verbindungsstraße zwischen Chora nach Ägali aus, - so sind ab Katapóla lediglich 22 km in den Südwesten der Insel für den PKW befahrbar, - ab Hafen Ägali sogar nur ca. 6 km!

In Ägali das Auto auszuladen lohnt sich deshalb nicht, auch wenn dies prinzipell möglich ist. Zudem geht die Rampe der Mole im Hafen Ägali ziemlich steil rauf und kann das Fahrzeug ramponieren. Abgesehen davon: die 6 km Piste führen zu den Bergdörfern Tholaria und Langada, die man wesentlich schöner per Eselspfad und Wanderung erreicht!

Auch für Katapóla und den Südwesten der Insel lohnt die PKW- Mitnahme per Fähre nicht. Zwar fährt der Inselbus nur 1 mal am Tag bis Kolofana nähe Westspitze. Dafür aber ca. stündlich rauf in die Chora, und es gibt jede Menge schöner Wanderungen! Details siehe Inselbeschreibung!

Abgesehen davon spart der Verzicht auf den eigenen PKW die teuren Fährpassagekosten bis Amorgos und man ist flexibler, wieder von der Insel zu kommen: für einen Passagier ist immer Platz an Deck, während das Auto warten muß , wenn die Fähre voll ist.

Wer trotzdem sein Auto mitnimmt: genügend Reservebenzin vortanken, da es derzeit keine offizielle Tankstelle auf der Insel gibt. Lediglich im Ort Katapóla gibts Benzin aus dem Fass mit unklarer Oktanzahl. Keine Autovermietung auf Amorgos.

Amorgos ist eine der abgelegensten Inseln der Kykladen. Keine Flugverbindung, die nächsten regulär angeflogenen Airports liegen auf der Insel Paros und Santorini.

Paros ist dabei wegen Schiffsverbindungen die bessere Wahl. Für Notfälle gibts oberhalb der Chora/Amorgos einen Hubschrauberlandeplatz.

Karten: unabdinglich für Inselwanderungen. Die 4 farbige "Amorgos" von den Issias Bros ltd./Athen kann man vergessen, da sie sehr ungenau und unkomplett in Straßen und Pfaden ist. Einziges Plus: Chora- Stadtplan, den man aber nicht unbedingt braucht.

Derzeit beste ist die von Dr. Georg Perreiter, Wöglham 1o, D- 8211 Vachdorf: s/w mit Höhenlinien und Wanderwegen. Sie kann unter obiger Adresse bezogen werden, bzw. ist in der Regel in Katapóla erhältlich. Für Amorgos- Wanderungen ist sie unabdinglich, da es zur Insel keine offiziellen topographischen Karten im Handel gibt.

Auch auf Amorgos sehr unterschiedliche Schreibweise der geographischen Namen, - Auswahl:

Krikelo	Chorafakia	Wrutsi	Vroutisis
Ägali	Egialis	Kalafona	Kolofana
Pounta	Punda, Akrotiri	Rahidi	Rachidi
Chryssovitissa	Chososwrotissa	Levkas	Finikia, Finikes
	Chozoviotissa	Langada	Ägiali, Egiali
	Chozobiotissa	Chora	Hora

★ Katapóla (ca. 5oo Einw.)

der Haupthafen der Insel, schön in einer Bucht zwischen den Hügelhängen gelegen. Bester Stützpunkt auf der Insel in Bezug auf Tavernen und Unterkunft, - auch wenn der Inselhauptort CHORA oben in den Bergen von seiner Architektur und Lage mehr bringt.

UNTERKUNFT:

"Hotel Minoa": an kleinem Platz beim Hafen rückwärtig gelegen. Nur 1o Zimmer, mit Dusche und Balkon und schön eingerichtet mit integrierten Sitzgelegenheiten aus Stein. Im Hotel ein Restaurant (vorwiegend Pizza) und eine Cafeteria. Von der schattigen und erhöhten Terrasse Blick zum Hafenplatz und Bushaltestelle. Doppel ca. 28 DM.

"Hotel Amorgo": direkt an der Uferstraße zwischen Hafeinkai und Strand. Einfach, aber freundlicher Besitzer, der sein Hotel weiter ausbaut. 1o Zimmer mit Dusche und Privatbad, - 3 davon mit großer Terrasse und Hafenblick, geräumig! Doppel ca. 25 DM, - unsere Wahl während unserer Amorgos- Recherchen.

"Pension Amorgos": direkt am Hafenkai. Im Erdgeschoß befindet sich eine Bäckerei, die je nach Tageszeit entsprechend raufduftet. 15 Zimmer, zwei davon mit Privatbad und Balkon, - der Rest mit Gemeinschaftsbad. Einfach und sauber. In der Vor- und Nachsaison ca. 15 DM/Doppel, in der HS ca. 2o DM, die Zi. mit Privatbad Aufpreis.

Keine Frühstücksmöglichkeit im Haus, - jedoch ums Eck im dortigen Kafenion. Hier sollte man aber keine Marmelade bestellen, da sonst erhebliche Wespenplage.

"Camping Amorgos": an der Bucht 7o m von Hafenpromenade nach der Abzweigung der Straße rauf zur Chora. Der Platz ist Gemeindeeigentum und wird während der Sommermonate von deutschen Studenten betreut. Die einfache Anlage bietet kaum Schatten, die angepflanzten Bäume sind noch zu jung. Keine Camping- Taverne, es werden jedoch kleinere (und recht leckere) Sachen in der Rezeption gebrutzelt... Außerdem gibts Müsli und frisch gepresste Fruchtsäfte.

4 Duschen und 8 Toiletten (derzeit). Übernachtung pro Person ca. 3 DM, keine Zeltgebühr.

Privatunterkünfte: gibts einige in Katapóla, Vermittlung durch die Besitzer im Hafen bei Ankunft der Fähre. Ansonsten in Tavernen fragen.

Im nördlichen Teil der Katapóla- Bucht/Ortsteil Xilokeratidi liegen:

"Hotel Georgos Prekas": direkt am Uferweg, 6 Zimmer mit Privatbad und teils loggiaähnlichem Balkon mit Buchtblick. Doppel ca. 2o DM, HS.: ca. 25 DM. Unten im Erdgeschoß ein Restaurant, derzeit unter anderer Leitung:

das "WITZENOS", schön unter schattigen alten Bäumen, direkt am Wasser mit Blick auf die Anlegestelle von Katapóla. Gute griechische Küche, sehr preiswert. Stamm- Taverne unseres Recherchteams, - kann sehr empfohlen werden!

Privatquartiere: auch im Ortsteil Xilokeratidi: gleich bei den ersten Häusern an einem kleinen, baumbestückten Platz Hinweisschild "ROOMS", Weg rechts 15o m zu Rasenfläche mit grau/braun gestrichenem Haus. Die Zimmer sind primitiv, ohne Ausblick und die Übernachtungspreise leicht überhöht. Folge: auch in der absoluten HS und bei Zimmerengpässen sind hier gewöhnlich noch Zimmer frei...

Mehrere Tavernen im Ort. Die derzeit besten: "MOYRAGIO", direkt an der Fähranlegestelle. zwar nicht viel Auswahl, aber täglich wechselnde Gerichte, deswegen sind die Speisen immer frisch. Excellent, sofern auf der Speisekarte: Kalamari! Und: "WITZENOS" im Ortsteil Xilokeratidi, siehe oben! - Entlang der Uferpromenade Katapóla weitere; - leider auch geschäftstüchtige Griechen, die sich mit Nescafe und Hamburger deutschsprachigen Touristen anbiedern.

LEBENSMITTEL: Versorgung ist in Katapóla besser als im nördl. Hafen Ägali, mehrere Kolonialwarengeschäfte.

ORTSSTRAND westl. an Katapóla in der Bucht anschließend ein kleines Sandband mit Sonnenschutz durch Tamarisken. Da der Ort klein ist: relativ sauberes Wasser. - Der 2. Ortsstrand liegt am nördlichen Buchtufer, ca. 15 Min. ab Xilokeraditi. - LEFKES- BUCHT (siehe Karte) zu erreichen über einen Pfad, ca. 15 Min. Als Strand einigermaßen sauber, aber nicht optimal. Der Pfad setzt sich fort zum ORMOS SARANDES: relativ dreckig, grobe Steine (ca. 1/2 Std. ab Katapóla).

Der beliebteste Strand: AG. ANNA an der Südostküste: Bus ab Katapóla via Chora: Fels & Steine. Weitere Strände an der Südwestspitze, Details siehe dort!

Post und **OTE** im Ort Katapóla.

Verbindungen: der Inselbus, ein uralter Dodge fährt in den Sommermonaten je nach Wetter und Bedarf stündlich von KATAPÓLA rauf in die CHORA und weiter zum AG. ANNA Strand. Wie uns ein Leser schrieb "nur der Busfahrer weiß, wann er fährt". -

Einmal am Tag Bus von Katapóla runter in den Südwesten der Insel bis KALOTARITISSA kommt am Abend wieder retour. Fahrpreise sind geschenkt.

Auch wenn die Straße ab Chora rauf in den Nordosten/ÄGIALI fertig ist, fährt kein Bus. Sei es wegen dem schlechten Pistenzustand, oder weil kein Bedarf besteht. Zumindest der Taxifahrer verlangt unter Hinweis der schlechten Piste satte 35 DM für die 15 km. Da läuft man besser zu Fuß (alte Straße = zu Pfad zugewuchert) benutzen und stramme Marschzeit von ca. 5 Std.

Oder nimmt das Kaiki, das in den Sommermonaten entlang der Küste von Katapóla nach Ägali fährt, - bzw. wartet auf den Fährdampfer.

KATAPOLA erstreckt sich landein in einem schmalen Tal mit Gemüsegärten, Oliven und Feigenbäumen. Rauf in die Insel- "Hauptstadt" CHORA entweder über die asphaltierte Piste, die sich in 6 km steil in Serpentinen auf knapp 4oo m raufwindet, - oder per Pfad, der die Serpentinen abkürzt und je nach Kondition rund 1 Std. zu Fuß dauert.

Egal ob per Straße oder Pfad: in jedem Fall großartig! Zunächst aus dem Tal vom Katapóla raus. Die Straße passiert den kleinen Hügelort RAHIDI, am Elektrizitätswerk vorbei und durch fruchtbare Felder rauf in die Berge mit vielen Serpentinen.

Nachdem ein Bergrücken passiert wird: großartiger Blick auf die Amorgos- Chora mit ihren weißen Häusern, die an den Hang geklebt sind.

★ Chora (35o m/ ca. 3oo E.)

von Reisenden oft als schönster Ort der Kykladen beschrieben. Sei dahingestellt: Naxos oder Mykonos bringen an Kykladen- Architektur sicher mehr, da sie besser in Stand gehalten sind. Allerdings auch mehr verfremdet durch reingebaute Tavernen, Shops etc.

Die Amorgos Chora ist ursprünglicher, - leider aber auch verfallener, da das Geld zur Renovierung fehlt. Türen und Fensterläden hängen oft nur noch an Nägeln im Stein. Bunte Fensterläden, Türen oft zweigeteilt ähnlich Pferdekoppeln und nur mit Stock verriegelt.

Hier oben in 35o m Höhe erheblich kühlere Luft, - ab und zu Geschirrklappern und das Gackern der Hühner. Die komplette Chora ist ausschließlich nur zu Fuß zugänglich. Enge Gassen, teils mit Treppen, schattig und windgeschützt. Einige Häuser haben blumengeschmückte Freisitze auf kleinen Dachgärten.

In der Hauptgasse, die mit Schieferplatten gepflaster ist, Kafenions und Tavernen. Am Ortsende das idyllisch gelegene Postamt an schattigem Platz mit Bänken (Tel. und Geldwechsel).

Übernachtung: nur Privatquartiere, in Tavernen fragen! Ist besonders schön, wenn man mit dem Vermieter vereinbaren kann, daß man auf seinem Hausdach den Schlafsack ausrollen darf: sternenklarer Ägeishimmel, und herrliche Ruhe, wenn die letzten Gäste aus Katapóla den Ort verlassen haben... Superblick bis rüber nach Naxos!

Kunstgewerbe: "To Kouti" (Die Schachtel) von einem Deutschen, der sich in der Chora niedergelassen hat und schönen Schmuck von Ohrringen über Armreifen, Halsketten, Ringen zu Lederarbeiten anbietet.

Zwischen 2 Kirchen in Seitengasse befindet sich die Werkstatt eines alten Griechen, der Schattenspielfiguren aus Pappkarton stanzt, die geschichtlichen Hintergrund haben. Das Schattenspiel (Karagossis) hatte in Griechenland seine Blütezeit, - ähnlich anderer Regionen in Europa - zur Zeit um die Jhd.- Wende und bevor das Kino kam. Die Schattenspielfiguren wurden ursprünglich aus Leder gestanzt, Karton ließ sich jedoch feiner bearbeiten, oft mit Trachten aus allen Regionen Griechenlands versehen.

In ganz Griechenland soll es heute nur noch 2 Künstler geben, die diese Tradition pflegen. Der Künstler sucht, wie er uns berichtete, einen Nachfolger, der die Tradition hochhält.Wegen dem Seltenheitswert sind diese Figuren sicher eines der ausgefallensten Mitbringsel aus Griechenland. Beim hohen Sammlerwert sind die geforderten Preise ab 25 DM eher billig.

Im Gegensatz zu den Schrott- Allerwelts- Souvenirkitschgeschäften in der Hauptgasse - sollte man in seiner Werkstatt von jeglichem Handeln absehen! Er betreibt sein Handwerk der Tradition wegen und freut sich insbesondere auch über Fotographen, die seine Werke und das griechische Karagossi in ausländischen Publikationen der Nachwelt wach halten. Bitte als Dank Fotos und Publikationen zusenden!

"Keramik from Amorgos": ist, wie der Name erahnen lässt, vorwiegend für Touristen gedacht. Der Grieche an der Töpferscheibe fertigt jedoch neben "Auftragsgeschmack" gute Keramik zu billigen Preisen.

Im Gawra- Turm (18. Jhd.) kleines, archäologisches Museum (nur im Juli/August offen). Wegen der früheren Bedeutung der Amorgos- Chora gibts im Ort mehr als 3o kleine Kirchen. Die meisten jedoch wegen Gefahr des Kirchenraubs geschlossen. Die Chora ist beherrscht vom venezianischen Kastell (weitgehend verfallen). Auf die Überreste wurden Windmühlen gesetzt, heute ebenfalls nicht mehr in Benutzung.

Geschichte:

Wie Funde aus der frühen Kykladenkultur zeigten, ist Amorgos bereits im 3. Jahrtausend. v. Chr besiedelt gewesen. Aus dieser Zeit stammen mehrere fast 1,5 m große Marmoridole, während auf anderen Kykladeninseln Marmoridole dieser Größe nicht bekannt sind.

Die Forschung erwägt daher einen Kulturzusammenhang und enge Bindung mit den Kulturen Kleinasiens und des Vorderen Orients zu dieser Epoche. In wieweit damals ein Kulturaustausch zwischen den Amorgern und beispielsweise den Ägyptern stattfand, die ähnliche Statuen dieser Größe oder noch größer fertigten, ist jedoch nicht sicher.

Die Amorgos- Siedlung MINOA, von der auch antike Geschichtsschreiber berichten, deutet auf eine Besiedlung durch die Minoer von Kreta hin (ca. 2. Jahrtausend v. Chr.).

In der hellenistischen Zeit schloß sich Amorgos seit Sieg der Athener /Seeschlacht von Salamis gegen die Perser (48o v. Chr.) an Athen an. Berühmt war es zu dieser Zeit wegen seiner durchsichtigen Frauengewänder, die die Amorger aus Flachs fertigten. Die Stoffe waren purpur gefärbt und liefen unter dem Namen "Amorgina", was letztlich auch der Insel den Namen gab. Ein Fummel, den später auch die Römer liebten...

Während des Römischen Imperiums war Amorgos wegen seiner Lage Verbannungsinsel.

Ab 11. Jhd. n. Chr. gehörte die halbe Insel, aber auch viele Minieilande der Erimonisia zum Besitztum des Klosters CHRYSSOVITISSA. Im 13. Jhd. übernahmen die Herzöge von Naxos (siehe dort) die Macht. In diese Zeit fällt der Bau des venezianischen Kastells in der Chora von Naxos. Wachtürme, die auf der Insel errichtet wurden, sicherten die Seewege um die Insel und Wachposten meldeten feindliche Schiffe.

Zur Piratenzeit war Amorgos wichtiger Stützpunkt wegen seiner exponierten Lage und dem Feature der Superbucht des heutigen Katapóla, die zur bestgeschütztesten der Kykladen gehört. Die meisten der Inselbewohner flüchteten nach Kreta und Naxos.

Seit Mitte dieses Jahrhunderts ist die Bevölkerung wegen karger Lebensbedingungen von ca. 3.ooo E./195o kontinuierlich zurückgegangen, - bis Ende der 6o-er Jahre auf ca. 1.5oo Einwohner, die ihre Einkünfte vorwiegend aus Viehzucht und Fischerei bezogen. Unter dem Aspekt, - auch der Kargheit und Abgelegenheit der Insel bringt jedoch die Fabrik in Athen oder beispielsweise der Gastarbeiterjob in Mitteleuropa erheblich höhere Einkünfte, was zu starker Auswanderung führte.

Die griechische Regierung erhofft sich durch Ankurbelung des Tourismus (beispielsweise Gratis- Schiffsticket zwischen Naxos und Amorgos) eine Förderung der Inselwirtschaft. In Folge kamen (vorwiegend) Rucksacktouristen, wobei die lange und beschwerliche Anreise nach Amorgos positiv filtert.

1 Bus- Endhaltestelle
2 Busstop
3 Bank
4 Post, OTE Telefon
5 Rathaus, Hauptplatz
6 Kastell
7 K. Tis Theotokou (Hauptkirche)
8 Pfad zum Kloster Chryssovitissa

Der BUS fährt vom Busstop (unterhalb der Chora, siehe Karte) weiter zum AGIA ANNA Strand. Es geht in steilen Serpentinenpisten runter ans Meer. Bus- Wendestelle ca. 5o m oberhalb des Strandes: Schotter + Felsküste, seitlich FKK.

KLOSTER CHRYSSOVITISSA: von der Lage sicher eines der schönsten Klöster auf griechischen Inseln. Am Steilufer der Südostküste gelegen und wie ein Adlernest ganz eng an dem rotbraunen Felssteilabfall geschmiegt.

Zugang entweder über den Pfad ab Chora in ca. 45 Min., oder per Piste, die in ca. 25o m Meereshöhe von der Strecke zum Ag. Anna Strand links abzweigt. Endet nach weiteren ca. 3oo m auf einem Wendeplatz, auf dem allerdings nicht allzuviele

Autos geparkt werden können. Von hier kurzer Fußweg zu Kloster. An der Pforte steht, daß man das Kloster nicht in Shorts und nicht mit unbedeckten Armen betreten werden darf. Im Winter wird das Kloster um 7.3o Uhr geöffnet, - im Sommer bereits um 5 Uhr. Mittagsruhe ist zwischen 14 und 17 Uhr, die durch Besuch nicht gestört werden darf.

Die Gründungslegende erzählt von einer Frau, die um 1.ooo n. Chr. an der Kleinasiatischen Küste 3 Ikonen ins Meer warf, um sie vor dem Zugriff von Barbaren zu retten. Eines der Bilder wurde an den Berg Athos gespült, ein anderes Bild trugen die Wellen an die Küste von Amorgos, dort, wo heute das Kloster steht.

Richtiger dürfte jedoch die Version sein, daß die Ikone im Boot übers Meer kam, von einer Frau nach Amorgos gebracht, da sie in ihrer Heimat die Zerstörung der Ikone befürchtete. - Eine weitere Version spricht davon, daß Mönche aus Khozeva in Palestina die Ikone nach Amorgos brachten.

Die Ikone zeigt die heilige Jungfrau Khozoviotissa und kann in der Klosterkapelle besichtigt werden. Es wird ihr wundertätige Kraft zugesprochen. Verschiedene Votivbilder um die Ikone dokumentieren, daß sie Krankheiten heilte. Außerdem habe sie in Notzeiten Wasser der Insel Amorgos gebracht und das Kloster sowohl vor Angreifern geschützt, wie auch vor herabfallenden Steinen geschützt, die sich gelegentlich aus der darüberliegenden Felssteilwand lösen.

Die Ikone ist alljährliches Ziel einer Wallfahrt am 21. November. - Unterhalb dieser Ikone hängt die Ikone des St. George. Gemäß der Legende sei sie von einem Leprakranken bei Balsamkräutern gefunden worden, die den Leprakranken heilten.

Im 11. bis 19. Jhd. war das Fels- Kloster eines der reichsten der Kykladen. Mitte des 19. Jhd´s besaß es an Ländereien die Hälfte der Insel Amorgos sowie der Erimonisi Inseln , die auf Initiative der Mönche kultiviert wurden. Es soll zeitweilig bis zu 1oo Zellen für ebensoviele Mönche besessen haben. Zwischen dem 11. und 16. Jhd. wurde es mehrfach in Piratenangriffen zerstört und wiederaufgebaut. (Vergl. auch die Pechnase über der Eingangstüre, ein kleines Loch in der Wand mit rausführender Rinne, über die die Mönche heißes Pech auf die, vor der Tür stehende Piraten oder sonstige unerwünschte Gäste rausfließen ließen).

In Architektur handelt es sich um ein typisches Festungskloster: im unteren Bereich fensterlosen Wänden, die sich beinahe nahtlos in die Felssteilwand integrieren. Dies in einer Perfektion, wie kaum ein anderes Festungskloster Griechenlands. Die Architektur nutzt hier eine, an dieser Stelle befindliche höhlenartige Einbuchtung der Felswand.

Der Mönch, der durchs Kloster führt (und als letzter hier die Stellung hält), ist bereits in den 7o-ern. Ein Obulus für die Führung wird nicht nur erwartet; er sollte zudem je nach Kapitalkraft des Gastes möglichst hoch ausfallen, da Führungen heute die einzige Möglichkeit sind, das Kloster bautechnisch zu erhalten.

Andere Einkünfte hat das Kloster heute nicht mehr; die Ländereien mußten in Ermangelung von Mönchen, die es bewirtschaften, aufgegeben werden. Wer sich mit der Erhaltung von Baudenkmälern beschäftigt hat (das Gemäuer des Klosters ist immerhin bis zu 8oo Jahre alt!), - weiß, daß die Erhaltung immens kostenintensiv ist.

Ohne Frage handelt es sich bei dem Kloster Chryssovitissa um eines der bedeutensten Klosterbaudenkmäler auf Griech. Inseln. 1o DM nach der Führung sind eine feine Sache, - ein höherer Betrag wäre jedoch besser...

In dem Zusammenhang ist es dem Mönch auch hoch anzurechnen, daß er trotz seines hohen Alters tagaus- tagein im Sommer Touristen durchs Kloster führt. Ohne seinen Einsatz wäre es dem Verfall bedroht.

Über steile Marmortreppen gehts ab schmaler Klosterpforte rauf in die höher gelegenen Geschosse des Festungsklosters. In alter Tradition bekommt der Gast frisches Wasser, Honiggebäck und Kaffee angeboten, bevor ihm das Kloster gezeigt wird. Die Kapelle liegt im höchsten Teil des Klosters, davor eine Terrasse mit großartiger Aussicht. Überall erkennt man Boden und Mauerdefekte, entstanden durch Felsbrocken, die von den überhängenden Wänden immer wieder herabfallen.

Sehr lohnend ab Kloster und oberhalb der Süd- Steilküste der Insel und ca. 27o m oberhalb des Meeres nach ÄGALI, dem 2. Inselhafen im Nordwesten.

Als Wanderung hart, ca. 6 Std. einkalkulieren, Trinkwasser und Essen mitnehmen, - guter Sonnenschutz und Schuhwerk. Aber landschaftlich großartig! Der Pfad, der nicht immer klar ersichtlich ist, folgt zunächst ab Kloster in ca. 27o m Höhe oberhalb des Meeres für ca. 2,5 km die Steilküste; linker Hand der knapp 7oo m hohe PROFITIS ILIAS.

Ca. 5oo m nach dem Ormos Masticha, bzw. 2 km nach Kloster Chryssovitissa biegt der Pfad landein, steigt 7o Höhenmeter die Küste rauf, wo er auf die Schotterpiste Chora - Ägali trifft, die er jedoch nach wenigen Metern wieder rechts verlässt. Es geht für ca. 5 km weitgehend entlang des Inselkamms Ri. Nordost bei großartiger Aussicht über weite Inselteile nach POTAMOS, welches oberhalb in 25o m Höhe über der Ägali- Bucht liegt.

Etwa auf halber Strecke (siehe Karte 5) zweigt ein Pfad über die Hügelkuppe steil runter zum schönen ORMOS CHALARA (Erfrischung durch Baden, knapp oberhalb des Steinstrandes und zwischen engen Felsen gibts eine Quelle). Die Abzweigung allerdings schwierig zu finden: wie auf Amorgos generell: weder Wegmarkierung, - in diesem Bereich zudem keinerlei Siedlung, sodaß man Leute fragen könnte. Daher sich grob an der Amorgos- s/w- Karte von Dr. Georg Perreiter/ D- 8211 Vachdorf orientieren, die die Höhenlinien einzeichnet hat und derzeit beste für Amorgos sein dürfte!

Leichter zu finden ist die Strecke in Gegenrichtung, also ab Ägali: der Aufstieg nach Potamos problemlos, da im Blickfeld. Ab hier und Ortsende klarer Pfadbeginn, außerdem kann man Leute fragen. Insbesondere geht der Problempunkt/Orientierung beim Auftreffen auf die Ägali- Chora-Transinselstraße leichter: dort, wo die Transinselstraße in Rechtskurve abbiegt, beginnt der Pfad links über den Bergkamm rüber zur Südküste. Rest- Strecke bis Kloster Chryssovitissa leicht zu finden, da der Pfad stetig in ca. 27o m Höhe über Meer die Küste verfolgt: rechts der Prof. Ilias, links das Meer.

In Ägali Übernachtungsmöglichkeit und Tavernen, sowie im Sommer Kaiki- Verbindung mit Katapola. Details siehe dort.

Südwesten der Insel:

Einsame Berglandschaften, beherrscht vom Südwestgipfel der Insel, dem rund 6oo m hohen OROS KORAX. An seiner Nordflanke die Inseldörfer Kamiri, Wrutsi und Arkesini mit Anbauterrassen. Teils gute Strände.

Ohne eigenes Auto schwierig zu erreichen. Der Inselbus in den Süden fährt (im Sommer) nur 1 x Tag bis zum Dorf Kalotaritissa. Inkl. diverser Stops braucht er für die Schlängelstrecke ca. 2 Std., obwohl nur 22 km. Sofern er - wie bisher hinwärts am Morgen in Katapóla losfährt und abends wieder zurück nach Katapóla immerhin Möglichkeit. Siehe auch "Kombis" mit Wanderungen ab Kamiri nach Katapóla, folgender Text!

Wer mit eigenem Auto fährt: schlechte Pisten und unbedingt in Katapóla vortanken; unterwegs keine Nachtankmöglichkeit, wer knapp mit Sprit im Tank ist!

Per Straße gehts zunächst in Serpentinen rauf in die CHORA, und dort in Südumfahrung oberhalb der Süd- Steilküste in rund 37o m oberhalb des Meeres nach STAVROS (siehe Karte!).

Kurz vorher (nach Überquerung des Bergrückens ab Chora und ca. 4 km) Abzweigung zum alten Nonnenkloster AG. GEORGIOS. Ist geschlossen, da es keine Nonnen mehr gibt, die im Kloster leben. Gelegentlich kommt ein Mönch, der turnusmäßig sämtliche geschlossenen Klöster auf Paros, Naxos und Amorgos versorgt; unter anderem bewässert er die Gärten und kümmert sich um die hier grasenden Schafe und Ziegen.

Wer (viel!) Glück hat - der Fall bei unserem Recherchteam! - kann das Kloster besichtigen: der gerade anwesende Mönch zeigte die Innenräume und zündete die Öllampen in der Klosterkapelle an. Neben einem Gobelin und zahlreichen Ikonen ein Rundbogen mit zwei gut erhaltenen Fresken. Im Altarraum hängen uralte Meßgewänder.

Etwas oberhalb des Klosters steht die Ruine eines Venezianischen Wachturms.

STAVROS: ein Gehöft, in dem angeblich ein Holländer lebt, der den Hof und Doppelkapelle renovierte, von unserem Recherchteam aber nicht angetroffen wurde. Über etliche Kilometer zieht sich die Schotterpiste als Höhenweg durch eine kahle Berglandschaft und am Bergkamm entlang.

Die steilen Hänge zum Meer runter sind mit Dornengestrüpp bewachsen. Immer wieder großartige Ausblicke aufs Meer, - sowohl zur Nord- wie auch Südküste. Im September viele Büsche mit Blüten, die denen unserer Alpenrosen ähneln.

Nach 11 km (ab Katapóla): KAMIRI (65 Einwohner). An der Straße Kafenion und gutes Fischrestaurant ("Psaropoula"). Über eine Stichstraße (1 km) kommt man nach WRUTSI (8o Einwohner), wo ein Pope die gegenüber der Ortskirche liegende Poststation versorgt und die Telefonverbindungen herstellt. Kafenion. Ein 1 km Pfad führt von Wrutsi runter an die Nordküste zum Kastri- Strand (Steine, etwas verschmutzt durch Anschwemmungen).

Links oberhalb des Kastri- Strandes liegt auf einem Felsporn die antike Siedlung Arkesini (1.Jhd. v. Chr. von den Naxern gegründet und später auch von Römern genutzt). Zu sehen ist heute nicht mehr viel; ein breiter Steinpfad mit Mäuerchen rechts und links erreicht den steilen Fels, oben kleine Kapelle und Superblick übers Meer.

WRUTSI ist direkt über einen Pfad ab Katapóla zu erreichen, der südl. des Buchtendes den Ort verlässt (siehe Karte!) und linkerhand die archäologische Ausgrabungsstätte MINOA passiert. Als Wanderung lohnend, für die ca. 6 Km (Katapóla - Wrutsi) braucht man je nach Kondition und Stops, um den Blick zu genießen rund 2 Std., bzw. plus ca. 45 Min., wenn man noch Arkesini retour einbaut.

Als Rundwanderung sehr lohnend und bequem in 1 Tag zu schaffen: vorab in Katapóla erkundigen, wann der Bus ab Kamiri retour fährt. Wenn´s mit der Rückfahrt nicht klappt: kein Beinbruch! Dann läuft man auf der Südküsten- Piste von Kamiri die ca. 5 km rüber nach CHORA, sehr lohnend wegen Superblick über Küste und Südwesten der Insel Amorgos. Im Grunde eigentlich schade, die Strecke im Bus zu fahren!

Unheimlich schön, abends in der Chora einzutrudeln, Sonnenuntergang und Rotweinflasche auf Dachterrasse eines Privatquartiers...

Ausrüstung: gutes Schuhwerk, Sonnenschutz, Trinkwasser und Essen. Letzteres gibts zwar auch in Wrutsi, allerdings nur in sehr limitierter Auswahl. Und die Dr. Perreiter-Amorgoskarte, die in ihren Höhenlinien ausreicht, um den Trailverlauf zu finden.

Trailbeginn am südöstlichen Ortsende von Katapóla (Leute nach "Minoa" fragen, bzw. in der Dr. Perreiter- Amorgos- Karte klar eingezeichnet!), dann den Berg, der die Bucht im Süden begrenzt rauf auf ca. 2oo m, vorbei an 2 kleinen Kirchen. Nach ca. 25 Min. Anstieg erreicht man den Bergrücken, auf dem die kleine Kirche Stavros steht.

Hier zweigt ein kleiner Seitenpfad rechts ab, ca. 2oo m zu den wenigen, noch erkennbaren Mauerresten der antiken Stadt MINOA. Teilweise wurden Steinelemente der Siedlung für die Errichtung von Feldmauern zweckentfremdet. Die Mauerreste sollen nicht nur von der minoischen Ansiedlung, sondern auch von der hellenistisch- und römischen Zeit stammen, wie auch von frühchristlichen Kirchen, die an dieser Stelle errichtet wurden.

Der Besuch von MINOA lohnt in jedem Fall wegen großartigem Rundblick auf die Hafenbucht von Katapóla, sowie das Bergnest Chora mit dem dahinterliegenden Prof. Ilias und der kleinen weißen Inselkirche. Draußen im Tiefblau der Ägeis die Insel Keros/Erimonisi.

Retour von Minoa zum Kirchlein Stavros (siehe oben!). Hier entscheidet sich der weitere Trailverlauf. Wer will, kann links im Tal aufsteigen und in ca. 4o Min. rüberwandern via Ag. Georgios- Kloster (siehe oben!) zur Südküstenstraße und dort in ca. 3 km zur Amorgos- Chora.

Oder ab Stavros- Kirchlein rüber nach Levkes - Ormos Sarandes - Wrutsi. Die beiden Strände unterwegs (Lefkes/Finikes und Sarandes) gehören insbesondere nach windreichen Tagen nicht zu den saubersten, ermöglichen unterwegs aber Erfrischung. Keine Übernachtungsmöglichkeit, - weder in Wrutsi, noch in Kamiri oder dem neuen Arkesini.

Die Straße von Kamiri erreicht nach ca. 2,5 km das Bergnest ARKESINI (ca. 7o Einwohner, 3oo m) und direkt unterhalb des OROS KORAX (6o7 m), der von hier aus bestiegen werden kann. Superblick über den Westteil der Insel!

Die Piste geht weiter bergab, an verstaubtem Buschwerk vorbei und erreicht nach ca. 2 km KOLOFANA (7o Einwohner) mit Krämerladen und Taverne. Der Bus fährt noch bis zu einem Wendeplatz nähe der Kirche Ag. Paraskevi (Kirchenfest 26. Juli), - von wo er am späten Nachmittag wieder zurück nach Katapóla fährt.

Von der Ag. Paraskevi ca. 2oo m runter in die Bucht PARADISIA. Die Badebucht hat einen kleinen Sand- Steinstrand und rechts an der steilen Bergwand einen betonierten Kai zum Festmachen von Booten.

Nähe Buswendeplatz geht eine andere Straßenpiste zur Westspitze der Insel Amorgos. Sie ist zunächst gut befahrbar bis zum Dorf KALOTARITISSA, wo der Weg an einem Steilstück fast nicht befahrbar ist.

Nach der Ortsdurchfahrt wird der Weg besser und führt abwärts zum malerischen ORMOS LIIWEROS, wo zwischen den Felsen das gestrandete Schiff "Olympia" liegt. Noch 1 km zum ORMOS KALOTARITISSA mit gutem Sandstrand. Der kleine und gut geschützte Naturhafen diente früher Piraten als Unterschlupf, später Schmugglern. Heute Fischerhafen mit wenigen Booten.

Die vorgelagerte Insel NIS GRAMVOUSSA besitzt an ihrer Südseite einen Topstrand, der mit Booten sowohl vom Ormos Paradisia wie auch Kalotarissia erreicht werden kann. Warnung: auch wenn die Entfernung ab Ormos Kalotaritissa kurz ist, nicht rüberschwimmen! Starke Strömung!!

Über die Landbrücke beim Ormos Kalotaritissa erreicht man in wenigen Metern den Stein/Felsstrand der Westspitze mit vorgelagertem Inselchen Nis Kisiri.

Trotz superenger Ortsdurchfahrt in Dorf Kalotaritissa lohnt sich die Fahrt in eigenem Auto bis zur Westspitze. Inwieweit sie sich per Inselbus lohnt, ist eine Zeitfrage; denn ab Buswendestelle / nähe Ag. Paraskevi sinds immerhin noch retour ca. 4 km zu Fuß. Dies bei Nordküstenstränden, die nach starken Ägeiswinden nicht zu den saubersten zählen.

Die Chancen, ein Boot rüber zur Insel Gramvoussa zu finden, stehen daher besser ab Ormos Paradisia. Der andere Top- Strand im Westen von Amorgos liegt unterhalb der Steilküste/ Kamiri und über einen Pfad zu erreichen: NOTINA/MUROS an der Südküste: grobkörnig bis Kies, aber sauber, schöne Felsplatten. Runterwärts ab Kamiri schnell, ca. 25o Höhenmeter sind zu überwinden, - rauf: entsprechend anstrengend.

Ostteil der Insel:

Hier liegt der 2. Hafen von Amorgos: ÄGALI. Der Ort hat Unterkunftsmöglichkeit, Tavernen und versorgt die Bergdörfer Langada, Tolaria. Im Ostteil von Amorgos zugleich der höchste Inselgipfel KRIKELO mit beachtlichen 821 m direkt ab Meer!

Der Bau der Straßenverbindung KATAPOLA - ÄGALI sollte dazu dienen, die beiden Inselteile in Infrastruktur miteinander zu verbinden. Sie ist jedoch ab Chora so schlecht, daß derzeit keinerlei Busverbindung besteht. Nachdem wir bei unseren Recherchen mit unserem Fahrzeug (Golf) in den ersten 3 km mehrfach mit der Bodenwanne aufsaßen, haben wir aufgegeben.

Die Piste dürfte mit Geländefahrzeugen und LKW's befahrbar sein. Ansonsten geht der Verkehr nach wie vor per Schiff entlang der Küste. Also in den Sommermonaten 3 x/Woche per Fährschiff, das ca. 3o Min. braucht, - zusätzlich in den Monaten Juli bis August Kaikis, die allerdings unregelmäßig und nach Bedarf verkehren (ca. 5 DM).

Wer nicht warten will und sich privat ein Kaiki mietet, zahlt bis zu 8o DM retour für den Trip. Nur größere Kaikis fahren, da die Nordküste von Amorgos sehr rauhe See besitzt. Alternative ist die sehr lohnende, zugleich aber auch anstrengende Wanderung von Chora nach Ägali, Details siehe "Chora".

Ägali (ca. 7o Einw.)

Hafennest, das am Touristenboom Katapólas so viel wie möglich mitprofitieren will: Tavernen, 1 Disco und Souvenirshops in der Prärie. Die Häuser oberhalb von Strand und Anlegekai wahllos und ohne Planung hingewürfelt.

Ägali besitzt den längsten Sandstrand der Insel, mit Tamarisken. Am Strand stehen noch die Mauerreste römischer Thermen. Im Nordwesten der Hafenbucht schließen sich weitere an, der erste mit Sand, danach Kiesbucht, dann Steinstrand.

UNTERKUNFT

"Hotel Mike": am Ende des Hafenkais als mehrstöckiges Haus am Ortsrandes. 1o Zimmer, davon 2 mit Toilette, der Rest mit Gemeinschaftsbad, sauber. Davon gehen 6 Zimmer zum Meer, haben Balkon und schönen Blick über Hafen und Bucht. Das Hotel ist nur im Juli und August geöffnet, heute ein altes, etwas verkommenes Gebäude, hat wahrscheinlich früher zur gehobenen Klasse gehört. Im Treppenaufgang großes Schiffsmodell und darunter handgroße, örtlich gefundene Muscheln. Doppelzimmer mit Bad ca. 25 DM, ohne ca. 22 DM.

"Hotel Laki": 6oo m abseits vom Hafen am Ende des Uferwegs direkt am Sandstrand gelegen. In einem Garten zwischen vielen Bäumen liegen die etwas einfach ausgestatteten Reihenunterkünfte, die zudem keinen Blick aufs Meer besitzen. Im Haupthaus gibt es ein gepflegtes Restaurant mit Blick von einer schönen Holzveranda aufs Meer, teils von Bäumen verdeckt. Im Restaurant griechische Spezialitäten, besonders zu empfehlen ist ein mit Zucker und Zimt bestreutes Ölgebäck.

25 Zimmer, 2o davon mit Privatbad. Die Übernachtungspreise variieren je nach Saison und ob das Zimmer Privatbad besitzt zwischen ca. 17 und 22 DM.

"Hotel Aguas": gleich hinter der Hotelanlage "Laki" und an der Schotterstraße nach Tholaria, 1oo m vom Strand entfernt. 1o Zimmer mit Privatbad und Blick über einen Weingarten zum Meer. Das Hotel ist das neueste im Ort; wenns mit Gästen gut läuft, wird weitergebaut... Doppel ca. 2o DM, ab 15.1o. wird das Hotel für die Wintermonate geschlossen.

Privatunterkünfte gibts, allerdings nicht sehr viele. In den Kafenions im Ort fragen!

Zelten: unweit der Strandtamarisken liegt ein provisorisch eingerichteter Campinplatz, dem Bäume fehlen. Primitive Duschen und Waschgelegenheiten sind vorhanden. Die Camper, die wir sahen, campten aber direkt am Strand und benutzten vom Campingplatz nur die Toiletten und Waschgelegenheiten.

Im Ort gibts mehrere kleine Läden, ein Lebensmittelgeschäft und einen Metzger. Prinzipiell ist die Versorgung in Katapóla erheblich besser.

Von mehreren Kafenions war das Kafenion in der kleinen Gasse hinter dem Hotel Mike immer gut besucht. Am westlichen Ende des Hafenkais, dort wo ein Treppenweg raufsteigt: mehrere kleine Tavernen, die recht preisgünstig sind. Gut hat uns "CORALI" gefallen, wo man auf einer erhöhten Terrasse schön sitzt, Blick über die Bucht. Die Taverne ist auf Fisch spezialisiert, im Juni und August gibts preiswert Langusten. - Gut und billig auch das "O KRITIKOS" nahe Hafenmole, Kalamares und Souflaki.

Verbindungen: im Sommer ca. 3 mal/Woche mit der Personen/Passagierfähre nach Piräus. Fahrplan und Häufigkeit wechseln laufend, daher vorab prüfen. In der Regel besucht die Fähre auch Inseln der Erimonisi sowie Naxos. Zusätzlich der kleine Dampfer "Skopelitis", der Amorgos mit den Erimonisi Inseln, Paros und Naxos verbindet.

3 mal/Woche im Sommer Personen/PKW- Fähre nach Katapóla/Amorgos, Fahrzeit ca. 3o Min. Wer das Auto dabei hat (für Ägali definitiv unnötig!!) sollte sehr vorsichtig

vom Schiff rangieren, sehr steile Rampe zur Hafenmole! Fährtickets gibts im kleinen Geschäft an dem Uferkai. Dort auch Telefon und Post.

Ausflüge ab Ägali:

In ca. 25 Min. zu Fuß erreicht man über einen steilen Eselspfad den südl. oberhalb der Bucht gelegenen Ort POTAMOS. Ca. 13o Einwohner und Superblick über die Ägalibucht zur vorgelagerten Insel Nikuria, sowie nach Naxos und Keros.Hier beginnt der Pfad, der früher über das Kloster Chryssovitissa (siehe dort!) die einzige Verbindung mit Chora herstellte. (Die neu angelegte Schotterpiste führt von Ägali zunächst unten an der an der Küste entlang und steigt bei der Insel Nikura in die Berge rauf). In der Mitte des Ortes Potamos, der von Anbauterrassen umgeben ist, liegt die Ortskirche, die eine blaue Kuppel und 2 Glockentürme besitzt.

Die oberhalb des Ägali- Hafens in ca. 27o m Höhe liegenden Bergdörfer THOLARIA und LANGADA sind durch 2 Serpentinenstraßen ab Ägali zu erreichen, jeweils knapp 3 km. Zu Fuß ist´s erheblich kürzer über die alten Eselpfade, die den Hafen mit den Bergdörfern verbinden und die Serpentinen abkürzen:

Schöne Rundwanderung, für die man sich einen bequemen Tag Zeit lassen sollte, um zu relaxen, Blick zu genießen und in Kafeneions rumzuhängen, - auch wenn die Sache sich an reiner Wanderzeit in ca. 3 Std. durchziehen lässt.

Bevor man in Ägali nach einem sättigendem Frühstück aufbricht: am besten nochmal ins Wasser; zwar kann man später auf dem Trail auch per Abstecher runter an eine der beiden Glifada- Buchten an der Nordküste. Deren Wasser ist allerdings nicht so sauber wie die Ägalibucht.

Man verlässt Ägali am nördl. Buchtende. Hier zweigt rechts ein alter Treppenweg ab, der die Fahrstraße kreuzt und an einer Kapelle vorbei steil auf -wärts führt. Links die Serpentinenpiste, - rechts schöner Blick auf die landwirtschaftlich genutze Talebene von Ägali, die Anbauterrassen an den Berghängen und im Hintergrund die Klosterkirche Panagia Epanochori.

Nach knapp 1 Std. erreicht man das Bergnest THOLARIA (185 Einw.). Der Ort liegt auf einem Bergrücken , sauber weiß gekalkte Häuser, die von der blauen Kuppel der Ortskirche überragt sind. Neben 2 Kafenions gibts auch eine Taverne, die im Sommer lecker gewürztes Ziegenfleisch auf dem offenen Holzkohlegrill zubereitet. Von der schattigen Terrasse schöner Panoramablick auf die Bucht von Ägali.

Hier oben in 27o m Höhe herrlich klare Luft. Die Gassen des Ortes haben teils schöne Blumenornamente auf ihren Fußwegplatten. Nach Nord zieht sich ein 1,5 km Pfad zunächst den Berg rauf und dann steil runter in die enge Bucht des ORMOS MIKRI GLIFADA. Völlig einsam,

Bademöglichkeit, allerdings nach Tagen mit viel Wind nicht unbedingt sauber.

Nordwestlich, nicht weit vom Ort Tholaria befindet sich auf einem, von Schluchten umgebenen Bergsporn die antike Stadt "Agiali" (Bigla). Gemäß archäologischer Funde soll sie von der archaischen Zeit bis hinein zur Zeit der Römer bewohnt gewesen sein. Von der Lage großartig, aber im unwegsamen Gelände schwierig zu finden, am besten einen Führer in Tholaria nehmen.

THOLARIA - LANGADA: ca. 45 Min. über einen steinigen Pfad, der weitgehend auf selber Höhe entlang des Talkessels verläuft. Macht wegen dem Blick runter in die Bucht viel Freude. (Nach ca. 2o Min. links Abzweigung eines Pfades, der steil runter zur Bucht Megali Glifada führt mit Bademöglichkeit).

Kurz nach dieser Abzweigung (ca. 25o m) eine weitere links und Ri. ost in ca. 4oo m zur Kirche PANAGIA EPANOCHORI (Exohoriani), wo am 15. August ein großes Kirchenfest stattfindet (Maria Himmelfahrt), wobei auch Mädchen vom Dorf Langada Volkstänze in ihren Trachten mit spitzenumrandeten Kopftüchern vorführen.

LANGADA: ca. 23o Einw., die weißen Häuser ziehen sich am Hang rauf, Höhenlage des Ortes zwischen 24o und 28o m. Rechts und links Anbauterrassen, die teils von Büschen und Olivenbäumen begrenzt sind.

Im westlichen und unteren Ortsteil ragt eine Felsnadel heraus, auf der ein weiß gekalktes Haus steht. Am Ortseingang führen Stufen zu einer Höhlenkirche unterhalb eines steilen Felsens hinauf, die man in wenigen Min. erreicht. Die kleine Höhle, in die der Kircheninnenraum gebaut ist, soll während der Piratenzeit den Inselbewohnern als Versteck gedient haben. Von der davor liegenden Terrasse hat man eine überwältigende Rundsicht. - Im Ort mehrere Kafenions mit schönem Blick über die Ägali Bucht. Keine Übernachtungsmöglichkeit.

Ab Langada ist die Besteigung des 821 m hohen Chorafakia möglich, Details siehe dort.

Langada - Ägali/Hafen: die Schotterpiste schlängelt sich in Serpentinen den hang runter, der alte Pfad kürzt ab: raufwärts ca. 45 Min, - runter ca. 2o - 3o Min.

Besteigung des CHORAFAKIA: mit 821 m höchster Inselgipfel von Amorgos. Eine der lohnensten Wanderungen auf der Insel mit wilden Berglandschaften. Ca. 5 -6 Std. retour ab Ägali/ Hafen via Langada direkt. - Bzw. via der im Vorkapitel beschriebenen Rundwanderung Ägali - Tholaria - plus 1 Std.

Ausrüstung: gutes Schuhwerk, Sonnenschutz (breitkrempiger Hut etc.), aber auch wärmender Pullover und Windjacke. Während es im Sommer mittags unten in der Ägali- Bucht 3o - 4o Grad im Schatten hat, - wehen oben in 7oo - 8oo m kalte Winde.

Wer dann noch ins Schwitzen kommt beim steilen Aufstieg, kann sich eine saftige Erkältung holen.

Trinkwasser und Essen sowieso. Die Flasche füllt man sich in Langada im Kafenion nach, bevor es an den Aufstieg geht.

Karte: Dr. Perreiter- Amorgoskarte. Auch wenn sie s/w ist: zumindest an den Höhenlinien kann man sich grob orientieren.

Ausgangspunkt ist LANGADA. Man verlässt den Ort in seinem höher gelegenen Teil Ri. Ost und am Hang des Chorafakia entlang, stetig aufwärts und ca. 1 1/4 Std. bis zum Kloster AG. THEOLOGOS in rund 45o m Höhe. Großartige Lage. Teile der Kirche wurden aus Milos-Marmor gebaut, im Inneren Fresken, die Kirche aber in der Regel verschlossen.

Nun beginnt der schönste Teil des Trails: auf einem herrlichen Bergpfad mit Alpincharakter gehts in ca. 1 Std. rauf zur Kapelle STAVROS, die in 75o m Höhe über dem Meer liegt. Eine der schönsten Wanderetappen auf Amorgos: links unten das tosende Meer und rechts die steilen Felswände des Chorafakia. Bei gutem Wetter reicht der Blick rüber bis Ikaria und Patmos vor der türkischen Küste!

Stavros ist eine kleine Kapelle, drum herum ein paar Ställe von Schaf und Ziegenhirten. Ebenfalls liegt noch Material rum von der alten Bauxitmine Metallio südl. unterhalb des Chorafakia.

Von der Kapelle gehts Ri. West in ca. 3o Min. zum Gipfel. Kein Pfad, Orientierungspunkt ist der Gipfel. Oben grandioser Rundblick über Amorgos und viele ihrer Nachbarinseln.

Bauxitmine Metallio: der Pfad ab Stavro, der steil an die Südküste runterführt, ist nicht ungefährlich. Seit 1943 sind die Arbeiten in der Mine wegen Unrentabilität eingestellt. Nicht nur als Kraxellei sehr anstrengend: zunächst ca. 5oo Höhenmeter runter, dann wieder rauf (denn einen Weg entlang der Steilküste gibts nicbt!).

Zudem ist auch der Besuch der alten Stollen äußerst gefährlich! Die Einheimischen warnen eindringlich vor dem Besuch!!!

Insel Ios

Landschaftlich schöne Insel, die sich jedoch voll im Besitz des Massen-Rucksacktourismus befindet, - zumindest was Hafen, Chora und Milopotamos- Strand betrifft. In der CHORA jede Menge an Discos und Musik-Bars.

Dies führte dazu, daß die Insel auch für eine weitere Gruppe attraktiv wurde: nämlich diejenige der Yachtbesitzer. Während die eine Gruppe unten am Hafen die Hummer knackt (und das Kapital hierfür besitzt), - räckelt sich die andere am Milopotamos- Strand in der nächsten Bucht. Beide Gruppen mischen sich abends in den Chora- Discos und Bars...

Das "andere Ios" beginnt hinter den Bergen: schöne Wanderungen und einsame Strände, die dort beginnen, wo beschwerlicher Anmarsch nötig ist.

Verbindungen ab/nach Ios

Im Sommer fast tägl. Verbindung per Auto/Personenfähre ab Piräus und Rafina via Syros, Paros, Naxos, Ios und weiter nach Santorini. Überfahrt nach Santorini 1 1/4 Std., nach Naxos knapp 2 Std.

Die Schiffsbüros unten am Hafen verkaufen jeweils nur die von ihnen vertretenen Schiffslinien. Sollte also am betreffenden Tag angeblich kein Schiff mehr fahren: im nächsten Büro probieren!

Weiterhin: im Sommer 3 - 4 mal pro Woche mit kleineren Dampfern, die in der Regel keine PKW´s mitnehmen, - rüber nach Sikinos (Überfahrt rund 4o Min.) - Folegandros (weitere ca. 1 Std.). Die Verbindung ist wetteranfällig; genügend Reservezeit!

Private Unternehmer (Acteon Travel, Plakiotis Travel) bedienen den Ios- Maganari Strand. Zugleich per Kaikis 1- Tagestrips einmal um die Insel Ios (mit Stops an entlegenen Stränden), aber auch Trips zu den Stränden der Nachbarinseln.

Von der Mitnahme eines eigenen PKWs ist abzuraten: einmal gibt es kaum Straßen. Abgesehen davon fährt auf der Serpentinenstraße Hafen - Chora ein Linienbus. Die Strecke Chora - Ag. Theoditis Strand wird im Sommer mit Badebussen befahren. Wozu sich also auf dem schlechten Feldweg das Fahrzeug ramponieren! Außerdem gibt es keine offizielle Tankstelle auf der Insel!!

Nächste Airports: Santorini und Paros. Entsprechende Transferzeiten einkalkulieren: zunächst Airport - Hafen. Zudem sind die Schiffsabfahrtszeiten in der Regel alles andere als pünktlich! Unter Umständen wird Zwischenübernachtung nötig.

Kein Auto- und Fahrradverleih auf der Insel, - lediglich Mopeds unten am Hafen, sowie oben in der Chora.

KARTEN: derzeit keine brauchbare Ios Karte im Handel.

★Gialos

Hafen von Ios. Bei der Einfahrt in die 1,5 km lange Schlauchbucht grüßt vom rechten Felsufer die aus dem 17. Jhd. stammende IRINI- Kirche mit vielen Gewölben und 2 Glockentürmen.

Im Bereich des Anlegekais alle wichtigen Einrichtungen wie Bäckerei, Lebensmittel-

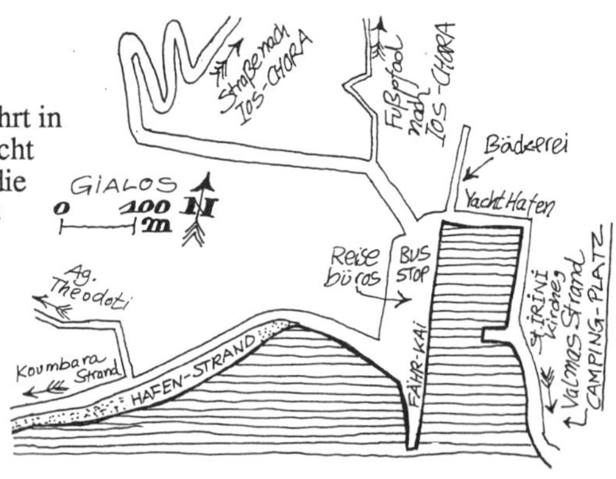

geschäfte, Reisebüros, Bus- Terminal und Tavernen. Auch die meisten Hotels und Tavernen liegen in diesem Bereich.

UNTERKUNFT/ IOS:

WILDCAMPEN ist verboten, ebenso strikt der Drogenkonsum. Die Polizei geht speziell bei Drogensachen radikal vor: Knast bis hin zu umgehender Ausweisung aus Griechenland. Oder: Strafverfahren in Griechenland, - kann sich inkl. Untersuchungshaft über Monate hinziehen!

Auch wenn Wildcampen am Milopotamos Strand zur absoluten HS. wiederholt geduldet wurde: fair gegenüber den Einheimischen ist diese Übernachtungsform nicht, da diese im Anschluß den Dreck wegräumen müssen. Dies ohne finanzielle Gegenleistung! Siehe auch Text "Milopotamos"!

PRIVATZIMMER: gemäß vorwiegend jugendlicher IOS- Besucher besteht das Haupt- Zimmerkontingent der Insel in Privatzimmern. Sie befinden sich fast ausschließlich im Hauptort CHORA, wo fast jedes Haus Zimmer vermietet. Sie sind einfachst eingerichtet (Bett, Gemeinschaftsdusche).

Preise richten sich nach Angebot und Nachfrage: in der Hauptsaison können sie bis zu 2o DM/Person(!) betragen, - in der Vor- und Nachsaison lässt sich wegen Überkapazität handeln (normalüblich hier ca. 8 - 1o DM/ Person ohne Handeln).

HOTELS: vorwiegend im Hafen Gialos, wenige im Hauptort Chora sowie am Milopotamos Strand. In der Hauptsaison ohne Vorbuchung kaum Chance für ein Zimmer, - zwischen Ostern und Ende Mai, sowie Oktober o.k. wer in Wahl flexibel ist. Außerhalb dieser Zeit sind viele Hotels geschlossen.

CAMPINGPLÄTZE: in Gialos und am Milopotamos. Zur absoluten Hochsaison sind sie einzige Ausweichmöglichkeit und dann knallvoll, dicht auf dicht.

GiaLos

"**Hotel Flisvos**": Modernes, komfortables Hotel, direkt an der Yachtanlegestelle des Hafens. 14 Zimmer. Gebaut im Kykladenstil, das wohl komfortabelste Hotel im Hafenort Gialos. Geräumige Zimmer mit Kiefernmöbel, vorn raus Terrassen für jedes Zimmer mit schönem Blick auf die Hafenbucht. DZ ca. 45 - 6o DM.

"**Hotel Sea Brize**": Etwas unpersönlicher und langweiliger Bau, innen wie außen. Direkt beim Busstop. DZ ca. 3o - 4o DM.

"**Hotel Fragakis**": Direkt bei der Fähranlegestelle, hat uns nicht besonders überzeugt. Die augenfällig exponierte Lage (für jeden deutlich zu sehen, der mit dem Schiff ankommt!), drückt sich dann im Zimmerpreis aus: DZ ca. 3o - 5o DM je nach Saison.

"**Hotel Acteon**": Direkt am Yachthafen, im Haus des gleichn. Reisebüros. Nur wenige Zimmer, keine Aussicht zum Hafen. DZ ca. 25 - 3o DM, ohne Frühstück.

"**Hotel Coralli**": Liegt an der Strandpromenade, unweit vom Hafen. 23 Zimmer, die sehr gepflegt und gefällig eingerichtet sind. 19 davon haben große Terrassen mit Meeresblick, nettes Restaurant. DZ ca. 3o - 55 DM je Saison.

"**Hotel Leto**": Das Hotel liegt am Ende des ca. 5oo m langen Gialo- Strandes. Bungalow Anlage, Zimmer einfach aber sauber mit Privatbad. Snackbar mit Terrasse; Swimmingpool. Blick auf Hafen und Strand.

Für Leute, die mit Velbinger reisen gibt der Besitzer Ermäßigung: in HS 1o %, in ZwS 2o % und in NS 3o %. DZ ca. 3o - 5o DM, je nach Saison.

"**Bungalow Anlage des Hotels Delphin**" Am Ende des Strandes, nahe Hotel Leto. 6 Bungalows (4 x 2 Pers. und 2 x 4 Pers.), voll ausgestattet mit Küche, Herd und Eisschrank. Preise: 75 - 9o DM, je nach Saison.

"**Hotel Helena**": 2oo m vom Strand entfernt an der Straße, die zur Theodoti- bzw. Koumbara Bucht abgeht. 2o Zimmer, Gemeinschafts-Toiletten, Duschen werden extra berechnet, insgesamt nicht unser Geschmack. DZ ca. 15 - 2o DM, gilt auch für das daneben liegende und dem gleichen Besitzer gehörende "**Hotel Galini**".

"**Hotel The Brothers**": (den Haien von Ios gehörend) und weit vom Strand weg, in einem einsamen Tal gelegen. Unserem Recherchteam wurde nicht nur Auskunft über Preise, sondern auch Besichtigung eines Zimmer verweigert. "Abschlepper" vom Hotel, versuchen Touristen am Hafen ins Hotel zu bewegen.

"**Hotel Armadores**": Liegt rund 5 Min zu Fuß oberhalb des Yachthafens (Straße vom Busstop an der Bäckerei den Berg rauf). Man ist damit etwas abseits vom Rummel, einfachst eingerichtete Zimmer, die meisten aber mit Balkon und Blick zum Hafen. DZ erschient uns mit ca. 3o - 4o DM etwas überhöht.

"**Hotel Ilios**": Etwas oberhalb des Hafens am alten Treppenweg nach Chora gelegen. Die Zimmer geräumig, im Kykladenstil eingerichtet, große Terrasse mit Hafenblick. Freundliche und faire Betreuung der Gäste, abends Musik und ausgezeichnete Drinks, empfehlenswert! DZ ca. 2o - 3o DM.

"**Hotel Violetta**": 4oo m vom Hafen entfernt, an der Straße nach Chora Busstop). 1o große Zimmer, 5 vorn raus mit schönem Hafenblick, der Rest hinten auf die Felswand. DZ ca. 3o - 4o DM. Im selben Haus: "**Pension Kostas**": 1o Zimmer geräumig, freundlich und sauber, alle mit Terrasse und Meeresblick. DZ ca. 27 - 3o DM.

"**Hotel Homers Inn**": 5oo m vom Hafen entfernt an der Straße rauf in die Chora. 3o Zimmer, viele mit Balkon, teils schöner Blick über die Hafenbucht. Sehr gepflegte, stilvolle Anlage, Parkplätze an der Vorderseite. DZ ca. 4o - 45 DM.

Zusätzlich zu diesen Hotels eine Reihe von Privatzimmern, die entweder bei Ankunft des Schiffes angeboten werden, - oder Vermittlung in den Reisebüros am Hafen.

"Camping Ios": Am Yachthafen, Richtung Irini Kirche. Platz für ca. 2oo Zelte, schattig. Minimarkt, Restaurant, Küche für Gaskocher. 4o Toiletten und Duschen. Zum Baden an dieser Stelle ungünstig (verschmutzt).

GIALO: in der Hafenbucht westl., ein rund 5oo m langer Sandstrand. Relativ sauber, nur direkt in Hafennähe Schmutzränder. Relativ wenig Schatten, Hotels, Bars und

Tavernen vorwiegend im 1. Teilstück Nähe Hafen.

KOUMBARA- STRAND: zu erreichen auf der Straße, die am Gialo Strand entlang führt, weiter über einen hohen Bergsattel, der die Hafenbucht begrenzt. Derzeit eine schlechte Schotterpiste bzw. 2o Min. zu Fuß. Der Strand sauber, Sand, Tavernen. Nacktbaden wird geduldet.

VALMAS- STRAND: ab Yachthafen am Campingplatz vorbei und dem Wahrzeichen der Hafenbucht, der Irini Kirche zum Valmas Strand. Leider durch Rucksacktouristen (Strandschläfer) weitgegehend verunreinigt.

Ein ganzer Schwung im Hafenbereich von Gialos: "FRAGAKIS", gut für Fischgerichte, - "REST. IOS": Uferpromenade, relativ preiswert, - "CORALI": Uferpromenade, teuer aber gute Küche, - "TAVERNA ANDREAS": an der Straße rauf zur Chora, gute griech. Küche und Fisch zu annehmbaren Preisen, - "SNACKBAR MARINA": neben Hotel Mare Monte, gut besucht und preiswerte Snacks in Selbstbedienung.

BARS: "FROG" am Ende des Yachthafens in Gartenanlage, - "SKIPER´S", direkt an der Uferpromenade des Yachthafens Richtung Campingplatz noch vor Hafenpolizei, - "PIRAT BAR" am Hauptplatz, - "DISCO MY WAY" am Gialo Strandbeginn etwas zurückversetzt. Open Air Disco.

BUS: ab Hafen Gialos rauf ins Bergdorf CHORA über eine asphaltierte Serpentinenpiste. Außerhalb der Hauptsaison Busse zu den Fährabfahrten, - während der Hochsaison laufend Busse zwischen ca. 7 Uhr früh und 22 Uhr nachts. - Wer zu Fuß rauflaufen will: siehe unsere Gialos- Karte ein Fußpfad, ca. 2o Min.

★Chora/ IOS: **Inselhauptort, ca. 1.5oo Einw.**

Liegt oberhalb des Hafens zwischen fast kahlen Inselbergen und ist zusammen mit Gialos einzige Siedlung auf der Insel.

In seiner Architektur ausgesprochen hübsch: die weißen Kykladenhäuser ziehen sich am Hang rauf um eine Felsspitze. Am oberen Ortsrand, knapp unterhalb des Gipfels die riesige Chremiotissa Kirche mit ihrer blauen Kuppel. Oben auf der Bergspitze die Nikolaus Kapelle: Superpanoramablick, besonders schön bei Sonnenuntergang.

Der Ort selber mit engem Gassengewirr, verwinkelt, Treppchen und Torbogen, nur den Fußgängern reserviert. Die Gassen ausgestorben bis ca. 19 Uhr, dann gehts rund! Die Hauptgasse besteht vorwiegend aus "Snacks"/Souflakis, Discos und Musikbars.

Massives Gedrängel und dröhnende HiFi Boxen von Jazz bis Punk. Jede Menge an Suff und "Happiness", nicht unbedingt mein Geschmack! Leserbrief: "obwohl ich kein Discopüppchen bin, hier gehts rund..." Sprachen: von US- Kaugummi über Skandinavier zu Franzosen und Deutschen.

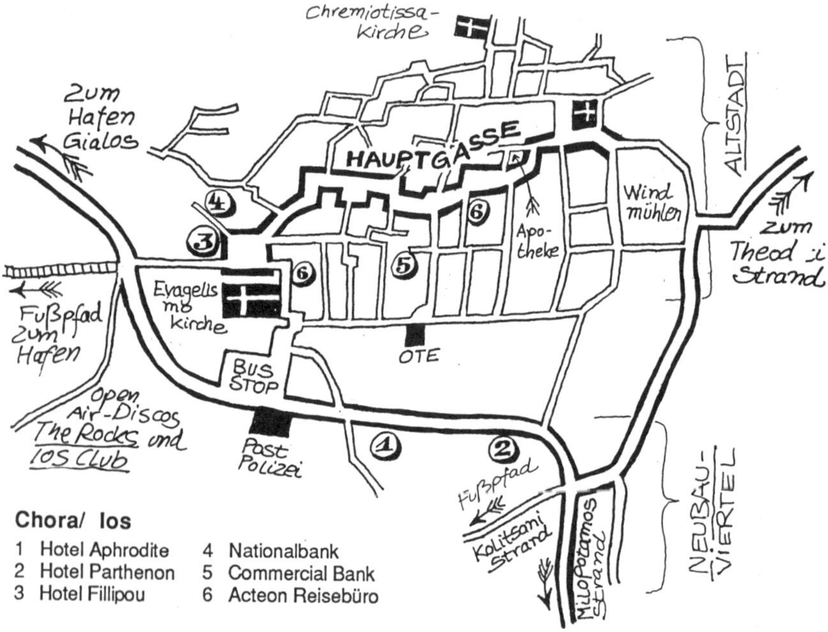

Chora/ Ios

1 Hotel Aphrodite
2 Hotel Parthenon
3 Hotel Fillipou
4 Nationalbank
5 Commercial Bank
6 Acteon Reisebüro

Ob die Ios- Chora einem liegt, muß jeder selber entscheiden. Zumindest an Kontakten mangelts zur Hochsaison nicht. - Lecker die Eisdiele von Michael Xanthos/ Hauptgasse, dessen Milchshakes und vorzügliches Nußeis auf der Zunge zergehen. -

MUSIK- BARS: u.a. "Village" am Hauptplatz. Das "Satisfaction", - das "Kalimera"(gute Drinks von Tia Maria bis Banana Brandy) und das "Why Not" (mit Videos und teuren Drinks) nebeneinander in der Hauptgasse.-

"Stranger", "Homers" und "Ifesto" Nähe der Windmühlen. - "The Jazz Club" nähe Nationalbank in der Hauptgasse mit Musik von D. Brubeck, S. Grapeli, H. Hancock etc.

DISCOS: "69" oberhalb des Hauptplatzes/Altstadt, - "Underground"/ Hauptgasse. - Die meisten Discos liegen aber an der Straße, die am Busstop zwischen Altstadt und Neuauviertel vorbeiführt, Ortsausgang Richtung Milopotamos Strand: z.B. "Scorpio" (eine der größten Discos, verhältnismäßig teuer), sowie die Openair Disco "Fanari" (High Life, bis die Sonne wieder aufgeht), - das "P.N." (gute Drinks) und das "Up Down" (beide direkt neben Hotel Parthenon) und weitere.

"The Rocks" und "Ios Club", 2 Open Air Discos auf einem kleinen Hügel oberhalb des (zum Hafen runterführenden) Fußpfades: im "Ios Club" gibts von 19 - 21 Uhr klassische Musik zum Sonnenuntergang, danach Pop. Von der Lage her Spitze, Superblick auf Chora und die Buchten und das Meer!

UNTERKUNFT: fast jedes Haus vermietet Privatzimmer. Im Hochsommer teils schwierig, Zimmer zu finden, da einige Leute so scharf auf Ios sind, daß sie gleich wochenweise die Zimmer gegen 1o % Rabatt mieten.

Trotzdem dürfte es wegen der Fülle an Zimmer immer irgendwie möglich sein, an ein Bett zu kommen (im Ort angeschlagen "Rooms for rent", oder von den Besitzern bei Ankunft der Fähre im Hafen angeboten, bzw. über die Ios- Reisebüros).

Neben vielen Privatzimmern gibts Hotelunterkünfte. Allerdings: sehr ruhig dürfte die Nacht im Hochsommer nicht werden...

"**Hotel Parthenon**", etwas oberhalb der Hauptstraße, gegenüber der Alt-Stadt und des Ortskernes. Üppige Tapetendekoration mit Landschaften; von den Zimmern teilweise Blick auf die Chora. Zwei Discos gleich neben dem Hotel ersetzen das Radio im Zimmer, DZ ca. 3o - 45 DM je Saison.

"**Hotel Aphrodite**", gegenüber der Chora, neben Busstop. Zimmer einfach eingerichtet, nur teils Ausblick auf die Altstadt. DZ ca. 3o - 6o DM je Saison.

"**Hotel Georgios und Irene**", hoch oben am Hang gegenüber der Chora. Schöne Frühstücksterrasse mit Blick. Einrichtung errinnert jedoch eher an Mr. McDonald. DZ ca. 35 - 5o DM je Saison. Tip wegen Lage.

"**Hotel Philippou**", am Platz hinter Evangelismo Kirche. Zimmer einfach, kein Blick. DZ ca. 3o - 4o DM je Saison.

✶Milopotamos Strand

Hauptbadestrand, rund 2 km südlich der Chora, im Sommer stündlich Busse (bis ca. 23 Uhr), die von Gialos via Chora den Strand erreichen.

Der Strand selber rund 1,5 km lang, 1oo m breit. Feiner Sand, allerdings leider wiederholt von Glasscherben zerbrochener Bier- und Weinflaschen durchsetzt, Relikte nächtlicher Gelage.

Tagsüber braten hier zur Hochsaison bis zu 3.ooo Leute in der brütenden Hitze. Daß sowas nicht ohne Rückstände bleibt, liegt auf der Hand, bzw. dokumentiert sich in der hygenischen Qualität des Strandes:

Es fehlt an sanitären Einrichtungen; die Toiletten der rund 5 Tavernen reichen für diese Menschenmassen bei weitem nicht aus. Nachts im Schutze der Dunkelheit für viele Leute (speziell nach Alkoholgenuss) weniger ein Problem, - tagsüber weichen viele bei Not ins Wasser aus...

Schatten gibts zudem nur im südlichsten Zipfel, und hier nur wenige Bäume.

Alles in allem kaum "einer der besten Strände Griechenlands", wie dies ein deutscher Kleinverlag seinen Lesern vorgaukelt. Zumindest in seiner Bemerkung, der Milopotamos sei "Stranderlebnis" mag er ungewollt recht haben: Milopotamos ist bekannt für viele Diebstähle, speziell der hier aufgestellten Tramperrucksäcke.

Thema Wildcampen: am Milopotamos strikt verboten und durch Polizeirazzien kontrolliert. Daß diese Kontrollen während der absoluten Hochsaison oft lascher ausfallen, - und die bis zu 1.ooo Schlafsäcke und mehr anwachsenden Kolonien verschonen - mag mit der Lobby der Disco- und Musikbar Besitzer in der Chora zusammenhängen. Sie sind an möglichst vielen zahlenden Gästen in ihreren Discos und Musikkneipen interessiert.

Ein weiteres Problem ist die Müllabfuhr. Sie wird bei diesen Menschenmassen spätestens nach Ende der Saison fällig. Eine Aktion, die Unkosten verursacht, und für die sich die Disco- und Musikbar Besitzer (vielfach Athener Geschäftsleute) nicht unbedingt immer verantwortlich fühlen.

Der direkt am Strand gelegene Zeltplatz SOULLI ist weniger zu empfehlen, da kaum Schatten.- Besser "CAMPING STAR" an der Hauptstraße. Schattige Zeltplätze, besserer Service auch in Restaurant.

HOTELS: entsprechend des ausgedehnten Milopotamos-Strandnachtlebens zur HS keine Garantie für Nachtruhe.

"Ios Palace": am Ende des Strandes auf einer Anhöhe. Exclusives Hotel in weißblauem Kykladen Styling. Pflanzen- und Blumen geschmückte Hochterrasse mit SW- Pool, sowie Liege und Sitzgelegenheiten. Von der Hotelterrasse und den Zimmern (Privattoilette, Tel., Balkon) guter Überblick über die Bucht. DZ je nach Saison ca. 55 - 7o DM.

"Hotel Delfin" am Ende des Strandes (Buswende), neben Ios Palace. Viele Zimmer mit Meeresblick. Preiswertes Restaurant im Untergeschoß.

"Hotel Aegeon", 25o m von der Bushaltestelle entfernt. Von den 16 Zimmern haben 12 See- und Strandblick. Saubere, moderne Anlage in einem Areal, das von Steinmauer umgrenzt ist. Freundliche Wirtsleute. Wegen günstiger Preise und schöner Lage zu empfehlen, zur HS aber meist ausgebucht. DZ je nach Saison ca. 25 - 3o DM.

"Hotel Marcos Beach": an der Schotterstraße zum Souli Campingplatz. Moderner Hotelkasten, dem Renovierung gut stehen würde. Große Zimmer, einfach eingerichtet mit Strandblick. Dachbar mit großer Terrasse und Blick zum Strand. DZ je Saison ca. 25 - 3o DM, somit recht preisgünstig.

ALTERNATIVSTRAND KOLITSANI: liegt rund 2 km westl. des Milopotamos, kann aber ab Milopotamos nur per Kaiki, - bzw. ab Chora nur über einen Fußpfad erreicht werden: Beim Ortsausgang Chora an der "Scorpio-Disco" ab und Trampelpfad den Berg abwärts. Bei einem Bauernhaus nach ca. 6oo m biegt man in die Bucht ab, die hier bereits zu sehen ist. Außer einer Privatvilla keine weiteren Gebäude am Strand. Feiner

Sand, sauberes Wasser, Felsen am Rand. Hier aber das Problem rumliegenden Campermülls.

★ Restliche Insel:

Fast aller Tourismus konzentriert sich auf den Bereich Gialos - Chora - Milopotamos. Der Rest der Insel ist praktisch unbewohnt, karg felsig in seinen Landschaften und bis auf wenige Pisten unerschlossen.

PROFITIS ILIAS: 514 m, eine Piste führt ab Chora zum Gipfel, wo eine Radarstation liegt. Lohnend wegen Panoramarundblick über die Insel Ios, Buchten und (bei klarem Wetter) weiter Ägäis Rundblick. Zu Fuß ab Chora ca. 1 1/2 Std.

PYRGOS: 713 m, höchster Inselgipfel. Von der Abzweigung der Piste auf den Prof. Ilias geht ein Pfad zunächst westlich: Nach ca. 1 Std. Wanderung erreicht man eine Kammhöhe, dort rechts rauf zum Gipfel. Oben die, aus byzantinischer Zeit stammende Klosterkirche Ag. Ioanou (verschlossen).

Vom Pyrgos Gipfel führt der Pfad weiter zur **KALAMOS BUCHT** runter. Wanderzeit ab Pyrgos Gipfel ca. 1 1/2 Std., bzw. ab Chora ca. 3 Std. pro Richtung. Wegen der Unbequemlichkeit und Länge der Wanderung gibts auch zur HS kaum Leute unten am Kalamos Strand. Essen und Wasser mitbringen!

Die oberhalb der Bucht am Berghang gelegene Ag. Ioannis Kalamos Kirche hat ihr Panagia Fest am 15. Aug.; Kaikis fahren ab Gialos Hafen bereits am Vortag rüber zur Kalamos Bucht. Ansonsten kaum Leute.

THEODOTIS BUCHT: einziger Strand an der Ostküste, der per Piste erschlossen ist. Zur Hauptsaison (Juli - Aug.) fahren je nach Bedarf 1 bis mehrmals tägl. Badebusse rüber.

Eine Erdpiste, die das Fahrzeug fordert. Beginnt als 2 Pisten: die eine ab Gialos Hafen, die andere oben ab Chora, - beide treffen sich und führen über die Bergketten des Inselinneren.

Auf der "Passhöhe" (ca. 35o m) sehr schöner Blick auf die Chora und das Meer. Kurz danach öffnet sich dann ein Tal mit Blick auf den unten liegenden, einsamen Theodotis Strand. Serpentinenpiste an den Strand runter, die gewisse Fahrkunst erfordert.

Am Strand (Kies,- Sand) sehr klares Wasser, allerdings offen zum Meer und bei stärkerem Wind entsprechender Wellengang. Beim Strand eine Taverne, versorgt mit einfachen Gerichten (Spaghetti mit Fleischsauce). Excellent das selbstgebackene Brot, es gibt Oliven und trockenen, scharfen Ziegenkäse. Man sitzt gemütlich unter Weinlaub, auch die Küche ist einen Blick wert!

In der Bucht noch Reste eines alten Viaduktes und eines Turmes aus der hellenistischen Zeit. Südl. und rund 3oo Höhenmeter oberhalb der Badebucht Überreste des venezianischen Kastells Paleokastro (Katakorfa).

HOMER GRAB: kurz nach der Passhöhe (siehe oben!) und bevor sich die Straße runter zum Theoditis Strand schlängelt, geht rechts (nördl.) eine Piste ab. Der Weg ist sehr schmal, aber für Fahrzeuge wie VW Golf befahrbar. Führt ab Abzweigung ca. 3 km durch verkarstete Landschaft und endet bei einem kleinen Bauerngehöft.

Hier beginnt ein Pfad östl. am Erimitis (417 m) vorbei in rund 1,5 km zu den Gräbern, die am Talhang oberhalb der Plakatos Bucht liegen. Während der russischen Besatzung der Kykladeninseln besuchte der holländische Kapitän Pasch van Krien, der in der russischen Flotte diente, 1775 den nördlichen Küstenabschnitt von Ios. Oberhalb der Plakatos Bucht entdeckte er mehrere antike Gräber und deklarierte eines davon als das Grab Homers (8. Jhd. v. Chr.).

Es ist verständlich, daß der Eingang mit seinen beeindruckenden Marmorquadern bei der Inselbevölkerung die Meinung implantierte und fixierte, daß es sich hier zweifelsfrei um das Grab Homers handeln müsse. Spätere archäologische Untersuchungen haben jedoch eindeutig ergeben, daß die Gräber aus jüngerer Zeit stammen, und es sich somit nicht um das Grab Homers handelt.

In den Sommermonaten organisierte Kaikifahrten um die Insel zur Plakatos Bucht mit Besuch der Gräber: ab Bucht einen kurzen Anstieg im Tal aufwärts. Ist bequemer als die Alternative Eselsritt ab Chora in 2 1/2 - 3 Std. via Piste zum Bauerngehöft siehe oben! Zu Fuß muß man ab Chora mit gut 1/2 Tag retour rechnen, kann sich aber die Strecke bis zur Abzweigung in der HS per Badebus Theoditis abkürzen.

PSATHIS STRAND, an der Ostküste. Der Sandstrand gilt als einer der besten der Insel. Viele Bäume und Frischwasserquelle. Keine Siedlung, derzeit keine Tavernen. Zu erreichen nur per Kaiki, bzw. per Wanderung quer durchs Inselinnere: zunächst ab Chora auf gleichem Weg wie zum Pyrgos- Gipfel. Nach ca. 1 Std. ab Chora und Erreichens des Bergsattels zweigt links ein Pfad zur Psathis Bucht ab. Insgesamt rund 2- 3 Std. pro Richtung ab Chora. Im Sommer gelegentlich Badeboote ab Gialos Hafen, wegen Inselumrundung um die Nordspitze ist das Schiff aber gut 1 1/2 Std. unterwegs...

Bei der Ag. Ioanis Psathi- Kirche (liegt oberhalb der Bucht) am 29. August das größte Kirchweihfest der Insel. Auch hier fahren bereits am Vortag Kaikis rüber. Ansonsten auch zur Hochsaison kaum Leute in der Bucht wegen komplizierter und unbequemer Erreichbarkeit.

MAGANARI STRAND, Südküste. Mehrere flache und saubere Sandstrände, die durch Felshalbinseln in kleine Buchten aufgeteilt sind. Es gibt Wasserski, Tretboot und Surfverleih sowie das oberhalb am Hang gelegene "Bungalow Hotel Maganari" (31 Bungalows und Suites, schöner Blick auf die Bucht. DZ ca. 5o - 6o DM). Derzeit 2 Tavernen, nur Sommerbetrieb.

Zur Saison tägl. Kaikiverbindung ab Gialos Hafen, Fahrzeit 1 Std. Zu erreichen auch per Pfad ab Milopotamos Strand entlang der Küste in ca. 2 1/2 Std.

Insel Santorini

Von landschaftlicher Szenerie eine der großartigsten Inseln der Ägäis! Es handelt sich um einen erloschenen VULKAN im Meer, dessen rotbraune Kraterwände bis zu 360 m aus dem tiefblauen Meer aufsteigen.

Ins Innere des Vulkans kann man per Schiff von 2 Seiten einfahren, - die Ränder des Vulkans flach abfallend, - mit Gärten (auch Wein) flach zu den Rändern, dort schwarze Lavastrände.

Durch den 2 mal/wöchentlichen Direkt Charterjet ab München entwickelte sich die Insel in den vergangenen Jahren zur Schickeria- Insel.

Der hübsche Inselhauptort THIRA mit seinen weißen Gassen und Cafes direkt zum Kraterrand, - insbesondere aber auch die vielen Privatzimmer, die in den Kraterfels reingebaut sind, mit ihren weißen Terrassen und großartigem Blick ins Kraterinnere - machen die Insel in jedem Fall für den Besuch lohnend! Nach Möglichkeit die Hauptsaison meiden!

Verbindungen ab/nach Santorini

FLUG: im Sommer täglich mit Olympic Airways in Jets Typ Boeing 737 zwischen Athen und Santorini, sowie 3 x/Woche Santorini nach Heraklion/Kreta. Weiterhin gibts Propellerverbindungen von Santorini fast tägl. (45 Min.) nach Mykonos, sowie 3 x/Woche nach Paros. Rechtzeitig reservieren, die kleinen Propellermaschinen mit nur wenigen Sitzplätzen sind schnell ausgebucht!

Einfaches Ticket Athen - Santorini ca. 1oo DM, Flugdauer ca. 45 Min., analog Santorini nach Heraklion. Die Strecke Athen- Santorini gehört zu einem der schönsten Flüge in der Ägäis, besonders die Landung auf Santorini, wenn man über dem Krater fliegt!

CHARTERFLÜGE: Direktverbindung München - Santorini knapp 3 Std. Buchung auf Basis "Pauschalarrangements" ist möglich, z.B. sogenannte (und preiswerte) "Campingflüge" oder Flüge in Verbindung mit preiswertem Privatzimmer.

Auch wer nicht auf Santorini bleibt, hat von hier aus eine gute Ausgangsbasis, da zentral in der Ägäis gelegen. Zudem gute Verbindungen mit dem regulären Passagierdampfer im östl. Kykladenbereich rauf nach Ios, Naxos, Paros, Syros, Mykonos.

Transferzeiten beachten: der Airport liegt an der Ostküste der Insel; per Taxi muß der Kraterrand zum Haupthafen Athinos überquert werden. Dauert inkl. Checkout Airport, Gepäck- und Taxibeschaffung gut 1 Std. oder mehr. Zudem ist der Anschlußfahrplan der Schiffe mit Verspätungen behaftet. In der Regel 1 Übernachtung auf Santorini nötig.

SCHIFF: Passagier-und Autofähre ab PIRÄUS/ ATHEN via Syros - Paros - Naxos - Ios im Sommer praktisch täglich, in Vor- und Nachsaison 3 - 4 mal/Woche.

Die Dampfer von Piräus benötigen laut Fahrplan 1o Std., kommen aber häufig erst nach 12 - 13 Std. an. Wer Kontakt sucht, fährt Decksklasse, da man gerade auf dieser Strecke mit Trampern aus aller Welt im Sommer in Kontakt kommt. - In der 2. Klasse und inkl. Kabine kommt man fast auf die Preise des Direktfluges.

Variabel und saisonbedingt: Santorini - Folegandros - eventuell weiter (je nach gerade gültigem Fahrplan) via Kimolos nach Milos mit Anschluß auf der westl. Kykladenkette rauf nach Piräus. Achtung: auch im Sommer nur seltene Abfahrten, kein PKW-Transport und bekannt für Verspätungen!

Weiterhin: reine Personenfähre Santorini - Kreta, nur im Sommer, Überfahrt ca. 6 Std.

Die ankommenden Schiffe fahren vom Meer aus ins Kraterinnere. Landschaftlich großartig, wenn der Kapitän bei Überfahrt über den Unterwasser- Kraterrand die Fahrt drosselt und man in den Kratersee mit seinen steilen, rotbraunen Wänden hineinfährt...

* Hafen für die Schiffe mit PKW- Transport ist **ATHINIOS**, 6 km südlich vom Hauptort Thira gelegen. Unten an der Mole keine Übernachtungsmöglichkeit. Sofern unten am Hafen "Schlepper" warten, die Zimmer oben in Thira anbieten = der Ort ist in seinen Privatzimmern nicht ausgelastet! In jedem Fall die Zimmer persönlich ansehen, bevor man den Zuschlag gibt!

BUS ab Mole (steht für die Fähre parat) ca. 8 DM rauf in den Hauptort THIRA, raufwärts ca. 1/2 Std. über eine steile Serpentinenstraße den Kraterrand rauf, oben dann die Höhe haltend in den Hauptort. - In Gegenrichtung, also runter in den Hafen gehts in halsbrecherischem Tempo schneller. Die Busfahrer lassen die Kiste bis auf 8o km/h auf die Kurven zurollen, steil am Kraterrand runter und drinnen im Bus die Passagiere wie Ölsardinen eingequetscht.

Bei Kurven wird erst knapp vorher abgebremst, so daß sich die Kiste quietschend in die Reifen legt, und es einem beim Blick aus dem Fenster senkrecht runter reichlich flau wird. Erstaunlicher Weise hält sich die Unfallrate jedoch in Grenze...

Alternative TAXI: steht ebenfalls parat, kostet aber seinen Preis. Sinnvoll, wenn man sich zu mehreren den Preis teilen kann. Zumindest kann man mit dem Fahrer übers Tempo reden.

* Der alte Hafen **SKALA** liegt direkt unterhalb des Ortes Thira. Er wird heute fast ausschließlich von den vielen Kreuzfahrtschiffen genutzt, die Santorini anlaufen. Das Wasser ist hier so tief, daß ankern nicht möglich ist. Die Schiffe werden an großen Haltebojen verankert und die Passagiere mit Landungsbooten zur Mole ausgeschifft.

  Die Mole von SKALA wird zugleich von den Ausflugsbooten zu den Inseln im Kraterinneren genutzt, - sowie von Regionaldampfern, die keinen PKW-Transport besitzen und vorwiegend die umliegenden Inseln wie Anafi und Folegandros bedienen.

Ab MOLE/SKALA gibts keine Straßenverbindung. Rauf nach Thira entweder per Eselspfad, und zwar per Eselsrücken: gelegentlich kreischen gereifte Kreuzfahrtdamen auf, wenn das liebe Vieh leicht pendelt. Es geht nämlich an fast senkrechter Wand den Pfad rauf, - 57o Stufen. Der Esel will ca. 25 DM/Person.

Für komfortbewußtere Kreuzfahrer gibt´s zwischenzeitlich auch eine Kabinen- Seilbahn: Preis wie der Esel ca. 25 DM, Fahrzeit 5 Min. Tragseil = Zugseil. Die Bahn fährt zunächst fast senkrecht die Steilstrecke rauf (nichts für Ängstliche!) - Der Esel ist sicher der "naturverbundenere" Anstieg. Nicht nur, weil er während des Anstieges immer wieder hinten was abwirft, - auch seitlich hat man den besseren Ausblick auf den großartigen Krater!

Wer den Nervenkitzel liebt, benutzt die Seilbahn in Gegenrichtung, - zunächst runter in den Krater, um dann schwankend per Esel wieder raufzureiten! Die Talfahrt der Seilbahn ist ohne Frage die aufregendere Richtung: zuerst gerade und dann wie ein Lift fast senkrecht den Kraterrand runter .

Die Santorini- Seilbahn dürfte eine der wildesten Europas wegen ihrer Streckenführung darstellen. Bisher ist noch nichts passiert, da man sich an die Grundregel gehalten hat, den Betrieb an windigen Tagen nicht durchzuführen. - Bez. Eselspfad gelten spezielle "Verkehrsregeln". Egal welche Situation: der Esel hat immer Vorfahrt! Wer dies nicht beachtet, wird etweder an die Kraterwand oder ans Mäuerchen runter zum Kraterinneren abgedrängt. - Wer abends ankommt: mit Gepäck rauf in den Ort, schweißtreibend!

KARTEN: "Toubis/Santorini" gibt handfeste Übersicht (Straßen, Orte und Archäologie). Auf der Rückseite grober Ortsplan/ Hauptort und Archäologische Santorini- Ausgrabungen, die ausreichen. Insgesamt die empfehlenswertere Karte, auch wenn sie im Detail Mängel hat.

In Insel- Darstellung schlechter, in den Ortsplänen Oia und Thira jedoch besser die blaue griech. Karte (sorry: no-name bezügl. Herausgeber). Beide in Shops Hauptort , sowie Oia, Kamari und Perissa erhältlich.

★ Thira (ca. 1.4oo Einw.)

Hauptort der Insel, erstreckt sich langflächig am Kraterrand. Entlang der Hauptgasse jede Menge an Kunstgewerbe- und Souvenirshops.

Wenn man in die Tavernen und Kafenions hineintritt: nach wenigen Metern Tische bald das Fenster: Superblick auf das Vulkankraterinnere tief unter einem! Ein Höhenwanderweg entlang des Kraterrandes. Jede Menge an abgestufter Terrassen und weiß gestrichener Mauern und Kirchleins. Besonders abends großartig bei Sonnenuntergang.

"**Hotel Atlantis**": vor rund 25 Jahren das einzige größere Hotel der Insel. Gebaut in Arkadenstil hoch über dem Vulkankrater sowie dem Hauptort. Superblick von den Frontzimmern über Altstadt und Caldera, - aber auch Sonnenaufgänge und - Untergänge. Schade, daß die Innenräume auf Grund Beratung eines US- Innenarchitekten jetzt in Styling (nach unserem Geschmack) etwas einem Krankenhaus ähneln...

Die gesamte Anlage ist sehr gepflegt, DZ je nach Saison und Lage des Zimmers (inkl. Privatbad) zwischen ca. 12o und 15o DM

"**Hotel Kavalari**", direkt am Kraterrand zwischen Hotel Atlantis und Panorama gelegen. 17 Zimmer, davon 8 mit Blick auf den Vulkankrater. Wegen seiner günstigen Preise im Verhältnis zu anderen Hotels zu empfehlen. DZ zwischen 5o und 6o DM.

"**Hotel Panorama**", mehrstöckiges Gebäude direkt am Kraterrand. 2o Zimmer mit Privatbad. fast alle Zimmer haben den herrlichen Blick auf den Krater. Tip wegen Lage! DZ ca. 7o - 85 DM. je Saison.

"**Hotel Theoxenia**", an der Gasse, die am Kraterrand entlang führt. 15 Zimmer mit Toilette und Balkon, jedoch nur von einem Zimmer echter Blick auf den Krater. Preise erscheinen etwas überhöht, DZ ca. 55 - 65 DM.

"**Hotel Kallisti Thira**", am Ortsrand in teilweise unbebautem Gelände. Keine Aussicht. 5o Zimmer mit Privatbad und Tel., teils auch Balkon. Plus ist der relativ schöne Innenhof. Ansonsten kaum attraktiv mit z.B. Flaschenlager vor der Tür in Blickwinkel. DZ ca. 6o - 75 DM

"**Hotel Santorini**", mitten im Ort an Durchgangsstraße, von Lage nicht unbedingt hübsch. 24 Zimmer, Preise erschienen uns etwas überhöht.

"**Hotel Tataki**", ca. 3 Min. ab Busterminal. Sauber, DZ ca. 3o - 45 DM.

"**Hotel Aphrodite**", nördl. Ortsrand, Zimmer nur mit Blick zur Ostseite, einfach möbliert aber sauber. DZ ca. 3o - 45 DM.

"**Hotel Thira**", am Nordende des Ortes Richtung Oia, Parkmöglichkeit an der unterhalb gelegenen Straße.9 Zimmer, Räume einfach und schlicht möbliert; die Dusch-Toiletten sehr klein aber sauber. Doppelzimmer je Saison ca. 35 - 45 DM.

"**Hotel Assimina**", mitten im Ort neben Archäol. Museum und Jugendherberge, einfachst möbliert, DZ ca. 4o - 5o DM, anscheinend bezahlt man die zentrale Lage mit.

"**Hotel Pelikan**", neben dem Hauptplatz in Seitenstraße mitten im Ort gelegen. Das unscheinbare Äußere des Hauses lässt nicht das komfortable Innenleben vermuten. Großer Aufenthaltsraum mit flachen Rundbögen und abgerundeter Holzbar. Dicht von Reisegesellschaften frequentiert; für Einzelgäste relativ hohe Preise, DZ in der HS ca. 1oo DM

"**Hotel Lucas**", unterhalb des Kraterrandweges gelegen. 18 Zimmer mit Toil. und Balkon bzw. große Terrassen zur Caldera. Keine Parkmöglichkeit, über Treppen zu erreichen. Die Zimmer einfach aber ordentlich. Für die Lage sehr peisgünstig, DZ ca 35 - 4o DM je Saison.

"**Hotel Palladion**", außerhalb des Ortes an der Hauptstraße Ri. Süden. Langbau mit Arkadenterrasse, in der Mauerumfriedung großer Parkraum. Das Hotel wird von alteingesessenen Santorianern geführt, der Frühstücksraum ist mit altem Familienmobiliar ausgestattet. Vorhänge und Wandgehänge handgehäkelt mit altgriechischen Motiven. Zimmer mit Standardeinrichtung, sauber. DZ preiswert, ca. 3o - 35 DM je nach Saison.

✶ Hotels im angrenzenden Ort FIROSTEFANI

"**Hotel Antonia**", liegt abseits ohne Aussicht, hat aber schöne Umgebung. Preise mit ca. 55 DM in HS etwas hoch.

"**Hotel Sofia**" im Ortsinneren, saubere Zimmer und von der Terrasse schöner Ausblick aufs Hinterland. Auf der ebenerdigen Terrasse stehen riesige Amphiolen und ein großer Grillofen. DZ ca. 35 DM.

"**Hotel Mylos**", im Ortsinneren am Kraterrand gelegen. Zwar nur wenige Zimmer, 6 davon aber mit herrlichem Blick auf die Caldera. Relativ kleine Zimmer, im Untergeschoß befindet sich ein Getränkelager. DZ ca. 25 -35 DM

"Hotel Kafieres", im Ortsinneren am Kraterweg gelegen. 1o Zimmer, teils mit Privattoiletten. DZ ca. 3o - 35 DM

"Hotel Galini", schön am Kraterrand gelegen, alle Zimmer und Bar, sowie der kleine Frühstücksraum haben Aussicht auf den Vulkankrater. DZ ca. 4o - 55 DM je Saison.

"Grotto Villas", unterhalb des Ortes in der Felswand gelegen. Voll eingerichtete Appartements, wegen seiner einmaligen Lage sehr zu empfehlen, unterschiedliche Preise je nach Ausstattung der Appartements.

★ Unterkünfte am Kraterrand in IMEROVIGLI

Der Ort liegt 1 km nördlich von Thira an der höchsten Stelle des Grates (3oo m) und schließt direkt an den Ort Firostefani an. Hier wurde einst von den Venezianern 12o7 die Festung Skaros gebaut, deren Ruinen beim Erdbeben 1956 fast völlig zerstört wurden.

Man kann den Ort sowohl über die Fahrstraße erreichen oder auch über einen Gratweg, der zwischen Thira und Imerovigli am Kamm entlang läuft. Von diesem Pfad genießt man eine einmalige schöne Aussicht runter in den Vulkankrater und über das, in der Sonne funkelnde Meer. Besonders schön auch die Sonnenuntergänge über der Caldera!

In Imerovigli liegt das 1596 gebaute Nonnenkloster FIRO STEFANI, heute noch 3 Nonnen, schöne Klosterkirche mit Kuppelbau, geschnitztem Altar und Bischofsgemälfden.

"Hotel Katerina", direkt am Kraterhang gelegen. Die Zimmer in den Berg als Höhlen gebaut mit nur wenig Licht. Nur von der Gemeinschaftsterrasse und der darunter liegenden Terrassenbar Skaros hat man einen herrlichen Blick auf Vulkan und Krater. DZ ca. 4o - 55 DM je Saison.

"Skaros Villas", in der Steilwand der Caldera gelegen. Traditionelle in Fels eingebaute Appartements mit großen Terrassen, die Räume in traditionellem Stil eingerichtet. Werden ganzjährig vermietet, ca. 15o DM pro Suite.

WARNUNG: in der Hauptsaison (Anf. Juni bis Mitte/Ende August) sehr schwierig, Hotelzimmer in Thira, umliegende Orte und Oia zu finden!! Eine Vorbuchung (z.B. Flug & Hotel) sehr sinnvoll!

WASSERKNAPPHEIT: daß es in Thira und sogar den noch höher gelegenen Orten wie Firostefani und Imerovigli in den absolut trockenen Sommermonaten Wasser gibt, ist den Tanklastwagen zu verdanken, die mit Schläuchen die Dachzisternen auffüllen.

Dies erklärt auch den hohen Wasserpreis auf Santorini (3- 4 mal so hoch wie BRD!). Unter diesen Umständen könnte es einigen Reisenden eventuell leichter fallen, ihre Duschorgien etwas einzuschränken! So schaltet z.B. die Jugendherberge im Hochsommer stundenweise das Wasser ab, um Geld zu sparen. Soll vorgekommen sein: Gäste hatten sich gerade unter der Dusche eingeseift; just in diesem Moment wurde das Wasser abgestellt...

✶ Privatzimmer:

Speziell der Hauptort Thira, aber auch Oia verfügen über eine Vielzahl an Privatzimmern. Sie liegen meistens im Altstadtgassen Gewirr der weißen, kubischen Kykladenhäuser am Kraterhang.

Sie sind in den Berg hineingebaut, vornraus mit weißen Terrassen: traumhaft schöner Blick über das vom Meer gefüllte Kraterinnere und weit übers Wasser zum Horizont, wo im Dunst Nachbarinseln liegen.

Die Zimmer kühl, weiß gekalkt mit gewölbten Zimmerdecken wie griechische Kapellen. Bei Ankunft des Schiffes unten im Hafen warten in Vor- und Nachsaison bereits die Privatzimmervermittler, die teils sogar gratis PKW- Transport rauf zu ihren Zimmern anbieten. Zwar praktisch, hat aber den Nachteil, daß man die Zimmer und ihre Lage nicht vorab sehen kann.

Preise: in Vor und Nachsaison für Privatzimmer ca. 2o - 25 DM fürs Doppelzimmer, - in dieser Zeit kann es je nach Auslastung schwierig sein, nur für 1 Nacht zu buchen.

In der Hauptsaison (Anf. Juni bis Mitte/Ende August) extrem schwierig, Privatzimmer zu finden. Gilt für Thira und Oia, sowie in Imerovigli, Firostefani! In HS Preise bis zu 4o DM für das Doppelzimmer möglich!

Wie Leser uns schrieben, besteht eventuell Möglichkeit, auf diversen Hoteldächern in Thira gegen Gebühr zu schlafen (wobei man die Gemeinschaftsdusche des Hotels benutzen kann), - bzw. Ausweichen bis Messaria im Inselinneren nötig! Zumindest von relativ guter Bus- Infrastruktur (im Sommer häufige Verbindungen) kein Problem.

✶ Jugendherberge:

Oberhalb der Durchgangsstraße nach Oia im Ortsteil Kontochori (ca. 1o Min. von der Bushaltestelle) an der Kirche "Ag. Elefterios" über eine Treppengasse erreichbar.

6o Doppelstockbetten plus Schlafgelegenheit auf dem Dach. Für die Übernachtung zahlt man ca. 5 DM/Person. Wie Leser schrieben, wird oft das Wasser abgestellt, es sei bei Übernachtung auf Hoteldächern in Thira hiermit besser bestellt.

Eine zweite Unterkunft im Stil Jugendherberge ("Youth Hostel Kamares") befindet sich im Zentrum von Thira, ca. 4oo m vom Busstop entfernt direkt neben Archäol. Museum. (Kein Jugendherbergsausweis nötig!)

Wegen der zentralen Lage im Ort ist sie in der HS schnell ausgebucht, nur ca. 3o Betten. Pro Person ca. 5 DM, dazu gibts Schlafmöglichkeit auf dem Dach. Wie der Leiter, Spiros Marins stolz berichtet, gibts im Sommer auf dem Dach Discoparties. Dort auch Snackbar und Cafeteria plus schöner Blick über den Vulkankrater aufs Meer!

Der Ort THIRA fasziniert immer wieder von Neuem; es macht Spaß, durch die engen verwinkelten Gassen zu schlendern und in einem der Cafes oder Restaurants mit Blick über den Vulkankrater zu relaxen.

Immer wieder zieht es einem zum Kraterwanderweg, er führt direkt an der Vulkankraterwand von Thira rüber nach Oia. Traumhaft schön insbesondere am Abend, wenn im Westen über dem Kratersee im Westen die Sonne untergeht... (siehe auch Kapitel "Ausflüge/Wandertips")

Shops:

In den Hauptgassen von Thira, die mit ihren Treppchen und krummen, durch Arkaden überbrückten Gassen und Boutiquen fast schon an einen orientalischen Basar erinnern, - wühlen sich im Hochsommer die Menschenmassen. Der Ort ist 1oo % auf Tourismus eingestellt, die Saison beginnt ab Ostern und geht tief in den Oktober.

Der Kunstgewerbe- und Souvenirhandel blüht: Die weißen Häuserwürfel sind behängt mit farbigen, bedruckten Tüchern und Textilien, - unzählige Boutiquen, Souvenir-, Juwelier- und Kunsthandelsgeschäfte.

Griechische Pullover je nach Größe ca. 5o DM, Kinderpullover ca. 35-4o DM. Sehr schön sind auch die handgewebten Teppiche, Wandbehänge, Kissenbezüge und Schmuck. Gelegentlich gibts schöne Schachspiele in Holzschnitzarbeit, insgesamt dominieren jedoch o8/15-Sachen.

Ausgenommen weniger griechischer Waren (Teppiche, Pullover, Schmuck etc.) wird viel importiert. Die Lieferanten sitzen rund um in der Welt (speziell Indien, für Kitsch bis von Hongkong), - zudem jede Menge aus der griechischen Kitsch-Fabrikproduktion für Allerweltsgeschmack a la "Adonis-Brieföffner", "Zeus in Gips", nachgemachte Ikonen etc.

Handeln ist angebracht, die Preise (auch für Solides wie Pullover etc.) oft überhöht. Bevor man kauft, zunächst in verschiedenen Geschäften das Preisniveau ausmachen (variiert stark!).

In Konditoreien gibt es den leckeren Santorini - Kuchen: kleine schwarze Würfelstückchen. - Lohnend auch in Lebensmittelgeschäften der hausgemachte und schwere Santorini- Rotwein. Er stammt aus der Santorini- Rebe; bekanntlich (siehe Vesuv. Aetna/Italien) führen Weinreben auf den sehr fruchtbaren Lavaböden zu schweren und sehr leckeren Weinen, die man jedoch in Maßen genießen sollte!

RESTAURANTS

TAVERNEN findet man mehrere im Ort, alle recht gut. Einige RESTAURANTS liegen direkt am Kraterrand mit sagenhaftem Blick, besonders wenn die Sonne untergeht!

Das Preisniveau ist gemäß dickem Santorini Tourismus entsprechend hoch im Vergleich zu anderen Inseln.

"REST. LOUCAS" mit einmaligem Blick über die Caldera und Vulkan. Den Blick zahlt man mit recht hohen Preisen für die Gerichte, jedoch gute Küche. - "REST. KAFETERIA KASTRO", gemütlich in einem Innenhof ohne Blick.- "REST. KATRIN", herrliche Sitzterrasse. Griechische und internationale Küche. - "REST. FANTASIA", gleich neben Hotel Loukas und unterhalb des Kraterweges gelegen. Wunderschöne Sitzterrasse und Blick, am Abend griechische Life- Musik. -

"REST. LESCHI", direkt am Steilhang, Superblick auf Vulkankrater! Excellente "Spezial- Mousaka" mit viel Fleisch. Im Gegensatz zu anderen Restaurants ist den Besitzern der Erfolg nicht zu Kopfe gestiegen: sie sind im Preis noch einigermaßen (für Santorini Verhältnisse) zivil. -

"REST. SELENE", Internationale Küche. - "REST. CAMILLE STEFANI", griechische und internationale Küche. Mit gemütlichen Ecksitzbänken und surealistischen Bilder an den Wänden. - "TAVERNE BABIS" sehr voll, aber besonders gute Beefsteaks und Souflaki, am Kratersteilhang mit schönem Blick. - "TAVERNE TO AKTAION" am nördlichen Ortsende, Tip, - "REST. NICHOLAS" (Erythrou Stavrou 338, Nähe Archäolog. Museum), eines der besten Restaurants in Thira. Abends früh da sein, sonst steht man Schlange!

Bars und Discos

"BAR PALIA KAMENI" direkt am Kraterrand gelegen mit herrlichem Ausblick von der Terrasse. - "TROPICAL BAR" direkt am Kraterrand neben Hotel Panorama gelegen. Vom überdachten engen Rundbalkon schöner Ausblick. - "FRANCO'S CLASSICAL MUSIKBAR" von großer Markise überdachte Sitzterrasse am Kraterrand (fugengekalkter Boden) mit herrlichem Blick zum Vulkan. - "DISCO BAR TOWN CLUB" Innenraum mit Stoffhimmel und weißen Möbeln ausgestattet. - " DISCO ENIGMA" - "DISCO MUCH MORE".

Insel Transporte

Bei guten Busverbindungen in den Sommermonaten und relativ kleinen Abmessungen der Insel lohnt sich die Mitnahme (per Fähre) eines eigenen Fahrzeuges kaum. Außer man macht Griechenland per mehrmonatigem Rundtrip in eigenem Fahrzeug!

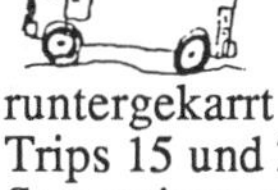

BUS: ab Hauptplatz Thira (Platia Theotokopoulou) zu den Schiffsabfahrten/Hafen Athinios. Rechtzeitig da sein! Der Bus ist schnell voll, fährt die Tour aber mehrfach, bis alle runtergekarrt sind. Runter gehts schneller, gestoppt auf verschiedenen Trips 15 und 2o Min. Nix für empfindliche Naturen, es geht knallhart die Serpentinen an der Kraterwand runter.

Häufig am Tag (Sommersaison) nach Kamari, Perissa, Oia und Akrotiri (Ausgrabungsstätte). Busverbindung zu den Stränden im Sommer etwa stündlich bis 21 Uhr. In der Vor- und Nachsaison etwa alle 1 1/2 bis 2 Std. Am Hauptplatz Schwarzes Brett mit den Abfahrtszeiten der Busse.

Airportbus ab Thira: Olympic Airways, ca. 2 DM/Person, bedient jedoch nur deren Flüge nach Paros, Mykonos, Athen und Heraklion/Kreta.

TAXI: Telefonische Reservierung per 22 492, der Taxistand befindet sich 5o m vom Busterminal. Leider bekommen Santorini- Touristen oft "Sonderpreise". Abhilfe: vorab in der Hotelrezeption etc. nach regulärem Preis erkundigen und diesen vorab mit dem Taxifahrer ausmachen!

AUTOVERLEIH: teurer Spaß. Mit ca. 9o DM für Mittelklasse-PKW und Tag rechnen. Vermietung z.B. über das Reisebüro Atlantis (am Hauptplatz Thira) bzw. bei Budget Rent a Car nähe Olympic Airways Büro/ Thira. Im Sommer gibts Engpässe.

MOPEDVERLEIH: eine Knatterkiste für 1 Person ca. 2o DM/ Tag, für einen Zweisitzer ca. 35 DM, jeweils ohne Km-Begrenzung.

Unbedingt vorab Zustand des PS- Esels überprüfen! Der schlechte Zustand gab oft Anlass zu Beschwerden. Klartext: man hängt unterwegs fest, niemand hilft. Griechische Unsitte: einige Vermieter verlangen den Pass als Sicherheit. Wenn dem so, besser Finger weg vom Vermieter! Denn bei anschließenden technischen Defekten (z.B. gerissenes Gasseil) wird der Pass oft nur zurückgegeben, wenn man den Defekt zahlt...

Nie ohne Sturzhelm fahren, in Griechenland Pflicht! Nie oben ohne = massiver Sonnenbrand und bei Stürzen entsprechende Blessuren!

Trotz dieser Nachteile gibts im Moped- und Motorrad Verleih im Hochsommer erhebliche Engpässe auch auf Santorini.

Tours:

Verschiedene TRAVEL AGENTUREN bieten Rundtrips auf der Insel an, auch zu Archäologischen Stätten (preiswerter auf eigene Faust per Linienbus zu erreichen!), - sowie zu den Inseln im Inneren des Vulkankraters, **NEA KAMENI** und **PALAIA KAMENI**.

Die Inseln sind Zentrum des, unter Wasser liegenden Santorini- Vulkans. 17o7 tauchten Palaia Kameni in einer Eruption aus dem Wasser des Kraterinneren. Schwarze, nach Schwefel stinkende Lavabrocken und viele Fumarolen. Beide Inseln wachsen seither, weitere Details auch S. 212

Zu Fuß kommt man bis an den Kraterschlund (King George II). Schwarz = Lava, - Grün = schwefelhaltiges Gestein, - Weiß = Bimsstein. Baden an der Inselküste möglich, durch heiße Quellen angewärmt. Das Wasser wie auch die Luft stinkt nach faulen Eiern (Schwefeldämpfe).

FAKTEN: Nea Kameni mit max. Höhe 13o m, schwarze Asche und Lava. Die Insel entstand bei einer Eruption 1925, - eine Reihe späterer Eruptionen ergaben die heutige Gestalt. Dämpfe und Gas aus diversen Fumarolen. - Palea Kameni: maximale Höhe

1o3 m, ein Parallelauswurf des Santorini Meereskraters.

Für den Besuch beider Inseln ist gutes Schuhwerk nötig, da scharfe Lavakanten!

INSEL THIRASIA (9 qkm) und westlicher Kraterrand. Die Insel ist von rund 3oo Einwohnern besiedelt, Strom gibts weitgehend nur per Aggregat, - im Zuge des Santorini Tourismus jetzt auch mehrere Tavernen, die im Sommer offen sind.

Die Überfahrt geht praktisch nur noch per Tour, sowohl ab Thira/Skala, aber auch ab Armeni/unterhalb Oia. Erste Boote gegen 9 Uhr früh, der Rundtrip beinhaltet auch die Vulkaninseln im Kraterinneren. Das Thirasia Remmi-Demmi (zumindest im Hauptort Manolas, siehe unten!) beginnt gegen 1o Uhr und endet gegen 17 Uhr. Obwohl in Sichtweite zum rummeligen Thira - hat man dann das Gefühl, in einer anderen Welt zu sein.

THIRASIA erscheint wie ein Spiegelbild von Santorini/Hauptinsel: Der 295 m hohe Grat fällt ebenso wie Santorini steil zum Kraterinneren ab. Nach West hat Thirasia einen sanft abfallenden Hang zum Meer. Auf dieser Inselseite werden Wein, Weizen und Kichererbsen angebaut.

Der Hauptort MANOLAS (17o E.) wird vom darunterliegenden Hafen per Steintreppen erreicht. Es gibt auf der Insel keinerlei Straßen, keine Hotels sondern nur eine handvoll an Privatquartieren.

Von Manolas schöner Rundwanderweg (1 Std.) zu den Orten POTAMOS (11o E.) - AGRILLIA (15 E.), - lohnend auch die Wanderung am östl. Kratersteilrand über Ag. Charalampos nach Koimisi. Schönster Badestrand: RIVA.

Insel-Trips/Santorini:

1.) Krater- Höhenweg: ab Thira rund 3 Std. (mit Stops) bis OIA im Norden. Die wohl schönste Wanderung auf der Insel. Superblick, besonders schön abends. Retour per Bus, vorab die Fahrzeiten abchecken! Siehe Seite 196

2.) **Mit dem Bus nach Pyrgos**, von dort auf der Asphaltstraße oder dem alten Eselspfad zur höchsten Erhebung der Insel, PROFITIS ILIAS . Bei klarem Wetter Superinselblick, - auch weit über die Ägäis zu Nachbarinseln im Norden (Naxos, Paros), im Westen bis Milos und im Süden bis Kreta.

Aufstieg ab Pyrgos ca. 45 Min., bzw. Straße bis Gipfel. Zu Fuß weiter an die Ostküste, Kamari bzw. Perissa, insgesamt je nach Route ab Pyrgos bis Ostküste 3 - 4 Std. Neben Kraterhöhenweg (siehe 1) schönste Wanderung auf der Insel! Möglichst am frühen Morgen beginnen; später wirds heiß, Details .... Siehe Seite 203

3.) Fahrt mit Bus nach Akrotiri mit Besichtigung der Ausgrabungsstätte und dann zu Fuß teilweise entlang am Krater in 3 Std. zurück nach Thira. Sollte der Weg bei großer Hitze zu anstrengend sein, kann man mit dem Bus abkürzen. Seite 212

4.) Von Perissa an der Südküste entlang über Agios Georgios zum Vlychada-Hotel und von dort nach Megalochori 3 -4 Stunden. Seite 208

Die STRÄNDE: befinden sich fast ausschließlich an der flacher abfallenden Ostküste. Selbst wer sein Standquartier oben im Hauptort Thira oder in Oia aufgeschlagen hat: wegen der kurzen Inselentfernungen und guten Busverbindungen kein Problem, schnell mal ein erfrischendes Bad zu nehmen.

Allerdings: Santorinis Badestrände bestehen fast ausschließlich aus schwarzer Lava; teils Sand, oft aber scharfkörniger Lavakies. Als reine Badeinseln gibt es bessere im Bereich der Kykladen: z.B. Paros, Mykonos oder Naxos.

Die wichtigsten Strände Santorinis sind KAMARI und PERISSA (siehe folgende Texte, "Ostküste"). - Kleine Badebuchten zwischen Fels mit guten Schnorchelmöglichkeiten dagegen unterhalb von OIA (siehe "Insel-Nordteil").

INSEL - NORDTTEIL:

Wichtigster Ort: OIA, direkt am Kraterrand. Ähnlich schöne Kykladenarchitektur am Kratersteilhang wie der Hauptort Thira, - als Ort jedoch kleiner und auch zur HS etwas weniger rummelig.

KRATER- HÖHENWEG: eine der schönsten Wanderungen auf Santorini! Besondere Anforderungen in Schuhwerk etc. existieren nicht. Er führt fast beständig auf ca. 3oo m Höhe oberhalb des Meeres am Steilabfall des Vulkankraters. Großartig am Spätnachmittag wenn über dem, in der Sonne glitzernden Meer der Blick bei klarem Wetter über das Innere des Vulkankraters weit raus zum Horizont reicht.

Nachbarinseln im Dunst, die weißen Kubenhäuser von Thira und später Oia im Blickfeld. An Szenerie gibts kaum eine schönere Stelle in der Ägäis: für die ca. 6 km sollte man sich 3 Std. Zeit lassen inkl. Stops zum Relaxen, Fotos und die Landschaft zu genießen.

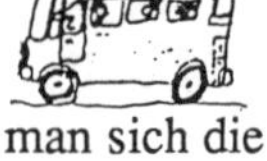

Im Sommer ca. 1o mal/Tag (8 - 22 Uhr) zwischen Thira und Oia. Wie uns Joachim Röttger schrieb:"die Fahrt von Thira nach Oia über die enge Bergstraße ist ein Erlebnis: Wenn man sich die Randböschung wegdenkt, entsteht der Eindruck, man fliege über die grünen Wiesen und Felder. Wir haben die Fahrt gleich zweimal gemacht"...

Die schmale Teerstraße (16 km) windet sich durch Lava- und Bimsstein, Blick (im Gegensatz zum Krater- Höhenweg) vorwiegend auf die Ostküste. Vegetation: Feigen, Kakteen und Weinanbau.

★ Oia (ca. 45o E.)

Wichtigstes Dorf im Norden der Insel, auch "IA" geschrieben. Das Erdbeben von 1956 richtete erheblichen Schaden an. Viele haben damals das Dorf verlassen: Mörtelspuren am Hang, und das Haus verschwand im Meer, - Kirchenruine auf der Landspitze, als hätte die Erde erst vorgestern gebebt...

Ab 7o-er Jahre dann intensive Restaurierungsarbeiten, - u.a. durch Deutsche, die aus Oia das machten, was für viele heute als das schönste Dorf der Insel gilt!

Die weißen Häuser teils wie Felsnester in die Steilwand reingebaut. Enge, malerische Gassen und kleine Kapellen mit Ikonen. Hier auch ein MARINEMUSEUM: Gallionsfiguren, alte Schiffsmodelle und Bilder (offen 11 - 12 und 16 - 17 Uhr). In der Hauptgasse, die am Kraterrand entlang läuft, drängen sich Läden mit Modeschmuck, Lederwaren und Textilien.

Das kleine POSTAMT des Ortes liegt direkt am Kraterrand mit herrlichem Blick über die Caldera und weißgekalkten Kykladenhäuschen.

Abseits des Ortes an der Fahrstraße kleiner Supermarkt.

Hotels/ Pensionen:
In der Hauptsaison (Juni bis Aug.) ist es ähnlich schwierig, Zimmer zu bekommen, wie im Hauptort Thira! Gilt sowohl für Pensionen, Hotels und Privatzimmer.

"Pension Perivolas" (A), an der Caldera in der Nähe von Oia Village gelegen. 5 Suites, ca. 12o DM ohne Frühstück.

"Hotel Fregatta" (D), am östlichen Ortsrand, an der Caldera. Mit der Bedienung waren wir persönlich nicht so zufrieden. Zimmer mit WC ca. 5o DM incl. Frühstück.

"Hotel Anemones" (E): Wunderschön am Krater gelegen. Zimmer einfach, aber mit WC. Keine Frühstücksmöglichkeit. Ca. 25- 35 DM, je nach Saison.

"Pension Laouda": Liegt beim Anfang des Treppenweges zum Hafen. Einfachste Zimmer, nur zwei haben WC. Große Terasse mit Kraterblick. Zimmer ohne Bad ca. 2o-37 DM, mit Bad ca. 27- 3o DM , nach Jahreszeit gestaffelt.

"Pension Nicoleta-Karra", im Ortsinnern hinterm Kraterrand. Sehr sauber, Gemeinschafts-WC, ca. 15 DM, allerdings nur 8 Zimmer und selbst in der Vor- und Nachsaison sehr schwierig, Unterkunft zu bekommen.

"Hotel Atlanis Villas" (B): ausgefallenes Hotel sowohl was Baustil als auch Lage angeht: mitten in einer Steilwand. Die früher als Wohnhäuser genutzten Appartements schmiegen sich an den Fels. Die komplett eingerichteten Räume haben einen gemütlichen Höhlencharakter. Vom in die Steilwand eingelassenen Swimming-Pool mit Liegeterasse, phantastischer Blick über den Krater. Vor- Nachsaison ca. 145 DM, Hochsaison ca. 18o DM.

Privatunterkünfte:
in den weißen Kykladenhäusern am Kraterrand. Teils großartiger Blick, die Zimmer in der Regel sehr sauber, aber Wassermangel. Viele der Häuser am Kraterrand sind nur über steile, verwinkelte Treppchen zu erreichen, - mit viel Gepäck ein gewisses Problem.

Preise je nach Saison und Blick ab ca. 2o DM/Zimmer rauf bis zu 4o DM in der HS. Vermittlung über "Karvounis Tours" in der Hauptgasse bei der Kirche. Auch mal in Tavernen fragen, - bzw. im Marinemuseums.

Jugendherberge:
"Youth-Hostel Oia", in Dorf Foinika, kurz vor Oia und direkt an der Straße. Nur ein Schlafsaal, keine Trennung von Mann und Frau mit 13 Doppelstockbetten. Die Bar morgens und abends geöffnet. Sitzgelegenheit nur im Freien. Ca. 5 DM pro Person. (Kein Jugendherb. Ausweis nötig)

RESTAURANTS

REST. "TOU KARRA" am Ortseingang, wo die Altstadt losgeht, links Schild, 1o m Berg runter. Der Koch bärtig mit Maurermütze am Grill auf der Terrasse, gute und ordentliche Portionen, schöner Kraterblick.

"PETROS" im Ortsinneren, abends Grill, gute Zukinis, relativ viel Auswahl, mittlere Preise. - Mehrere gemütliche Restaurant wie Adlernester am Kraterrand, - "Rest. KYKLOS", in einem kleinen Tonnengewölbe. Grillspezialiäten. - Bei "NEPTUN" sitzt man wunderschön auf der Caldera-Terrasse, mittlere Preise, Essen o.k., aber kleine Portionen.

Im "PANORAMA" nie große Auswahl, dafür billig, reichlich und gut. Zum Frühstück treffen sich viele in PETROS CAFÉ- BAR.

ARMENI (auch "Armenti" geschrieben) ist der Hafen von Oia, der außer von Kaikis gelegentlich von Kreuzfahrschiffen und wenigen Regionaldampfern der Kykladen angelaufen wird. Einige Lagerhäuser der Fischer und Kafenion.

Am Hafen stehen Mulis für den Gepäcktransport bereit. Den Aufstieg zum Ort Oia schafft man ohne Gepäck in circa 2o Min. Die Felsen heizen sich im Laufe des Tages erheblich auf, sodaß man selbst bei später Ankunft ins Schwitzen kommt.

Der steile Eselspfad führt an interessanten Gesteinsformationen u.a. Bimsstein- und Tuffwänden vorbei, die nur diese ungewöhnliche Vulkaninsel zu bieten hat.

Ebenso wie in Thira werden in Oia durch "Karvounis-Tours" organisierte Bootstouren vom Hafen Armeni zu den beiden Vulkaninseln Nea und Palea Kameni und nach Thirasia durchgeführt.

Es gibt auch eine Motorbootverbindung mit der INSEL THIRASIA. Der Hauptort Manolas auf der gegenüberliegenden Insel ist ähnlich wie Oia oben am Kraterrand gelegen.

Baden am Hafen Armeni ist möglich, jedoch sehr beengt zum größten Teil durch Felsen.

Im Nordwesten von Oia erreicht man über einen Treppenweg in 3o Min. AMMOUDI mit schöner Bucht, die besonders zum Schnorcheln und Tauchen geeignet.

NORDOSTKÜSTE: Von der Spitze des Kraterrandes Oia fällt die Insel in sanfter Neigung zum Meer ab. Eine Teerstraße führt von Oia 4 km zum Sandstrand MAVRROPETROU (Lava- und Bimsstein).

Hier endet die Asphaltstraße, - weiter per schlechter Schotterpiste entlang der Küste nach Ost. Der Kolumbus Strand, schwarzer Sand (in Inselkarten mit "Akro Kouloumbo" verzeichnet) ist zusammen mit dem Bakses-Strand ca. 1,5 km lang: Teils Baumschatten und zwei Tavernen, die allerdings außer Greek- Salad, Eintopf etc. kaum weiteres Angebot haben. Wird im Sommer von Badebussen angefahren.

Die weiteren Buchten im äußersten Nordosten der Insel meist sehr steinig; generelles Problem: wegen hoher Wellen oft Baden nicht möglich, bzw. recht gefährlich an Tagen mit viel Wind.

Gewissen NERVENKITZEL bringt die steilste Inselstraße Santorinis: Ab Dorf Imerovigli (ca. 1 km nörd. Hauptort Thira am Kraterrand) gehts per Asphalt, aber Gefälle 25 - 3o % (!) in Serpentinen runter zum Dorf VOURVOULOS. Oberhalb des Ortes die Appartementanlage "Santorini Villas", - ab Dorf dann Stichstraße ans Meer:

In einer engen Bucht mit rechts und links Truffsteinwänden ein schmaler, rund 2 m breiter Kiesstrand. Die Straße endet an einem Pier mit Fischerbooten. Ihre Utensilien (Netze etc.) haben die Fischer in Höhlen im Truffstein untergebracht. Wegen der offenen Ostlage hat der Strand nach stürmigem Wetter viel Plastikmüll Anschwemmung. Auch wird per Schildern vor herunterfallenden Truffsteinen gewarnt.

Von Vourvoulos Straßenverbindung zum kleinen Ort Kontochori, der unterhalb von Thira liegt. Eine Schotterstraße führt hier zum Strand nach Kanakaris.

INSEL - OSTSEITE:

Fällt sanft vom Kratersteilrand/Oia- Thira bis Prof. Ilias zur Ostküste runter. In diesem Bereich liegt der Internat. Santorini- AIRPORT (allerdings eher Provinzcharakter; erwacht zum Leben bei Landungen der Charterjets)- und die beiden wichtigsten Orte der Ostküste: KAMARI und PERISSA.

Sowie im Inland auf halber Vulkanhöhe die beiden Inselorte KATERADOS und MESSARIA, nützlich als Ausweichquartiere, wenn die Hauptorte voll sind.

★ Karterados

Ca. 1,5 km vom Hauptort Thira, gute Busverbindung und mehrere Hotels. Der Ort hat malerische Häuser, viele Kirchen und ist günstiges Ausweichquartier.

"Hotel Babis" (D): Neues Hotel, kurz vor Karterados noch an der Hauptstraße. Ein aus Kykladenwürfel zusammengesetztes Gebäude, der verwinkelte Frühstücksraum mit Terrasse, allerdings zur Starße hin. Es gibt einen kleinen TV-Raum, die Zimmer mit Kiefermöbeln und (ungewähnlich für Griechenland) die Duschen mit Plastikvorhang. Das Hotel kann empfohlen werden. Vorsaison ca. 35 DM, Hausptsaison ca. 4o DM.

"Santorin Tennisclub": Außerhalb des Ortes in einer Gartenanlage gelegen. Die verschachtelt, zwischen Weingärten angeordneten Appartements (2- 4 Pers) sind tief in den Felsen gebaut, deshalb im Sommer angenehm kühl. Komplett eingerichteter Wohn-Schlafraum, Küche, Dusche, WC. Gemütlicher, im Felsen gelegener Frühstücksraum mit Bar. Benützung der Tennisplätze für Hotelgäste frei. Vorsaison (2 Pers.) ca. 65 DM, Hauptsaison ca. 8o DM.

"Hotel The John" (E) (O Ghiannis): Im Ortszentrum an der Busumkehr gelegen, deshalb manchmal etwas lärmig. 8 einfache Zimmer, vom Preis her zu empfehlen, in der Vorsaison ca. 25 DM, Hochsaison ca. 3o DM.

"Hotel Olympia" (E): Abseits von der Hauptstraße, sehr ruhig zwischen Weingärten. Kleiner Frühstücksraum, die Zimmer mit WC und Telefon. Im Hotel werden auch Mopeds vermietet. Nebensaison ca. 3o DM, Hochsaison ca. 35 DM.

"Hotel Cyklades" (D): Der moderne Zweckbau liegt am Ortseingang an der Hauptstraße. Zimmer mit WC und teilweise Thira-Blick. Nebensaison ca. 3o DM, Hauptsaison ca. 35 DM.

Am Hauptplatz des Ortes im Bereich der Busumkehr gibt es zwei größere Reisebüros, die Touren vermitteln, sowie 3, abends gut frequentierte Tavernen.

★ Messaria

2,5 km ab Thira, - wichtigster Ort im Inselinneren. Die zentrale Lage hat Messaria zum Handelszentrum der Insel gemacht, und für Feriengäste ist es praktisches Ausweichquartier wegen seiner zentralen Lage, - wenn oben in Thira alles voll ist.

Um Messaria die wichtigste Weinanbauregion der Insel, der Ort selber mit vielen engen Gassen und hübsche, alte Häuser, Mäuerchen und Gärtchen. 2 Weinkellereien, in denen abends "getestet" werden kann; in der Weinkellerei "Lignos" neben Wein und Ouzo auch verschiedene Liköre...

Eine, im alten Teil des Ortes gelegene Bäckerei liefert herrliche, große Brotwecken, gewürzt mit Sesam. Unbedingt frisch aus dem Ofen essen! (Durchfragen, leider kein Hinweisschild). - Weitere Bäckerei an der Kreuzung/Hauptstraße, verkauft jedoch nur Weißbrot und Apfeltaschen.

ab Thira/Hauptort im Sommer tagsüber alle 1o bis 3o Min.
ab Hafen Athinos passiert der Bus rauf nach Thira die Straßenkreuzung nach Messaria -
Im Sommer häufig Strandbusse zur Ostküste (Kamari und Monolithos)

"Hotel Markissa" (C): Am Ortsrand an der Straße Vothonas-Messaria. 16 Zimmer mit WC, Tel., Balkon. Es gibt einen Frühstücksraum mit Bar und Terasse. Die Tochter des Hauses spricht fließend Englisch. Nebensaison ca. 3o DM, Hauptsaison ca. 4o DM.

"Hotel Loizos" (D), direkt an der Hauptstraße mit guter Parkmöglichkeit. Die Zimmer (mit WC) groß aber einfach möbliert. Neben dem nicht besonders ansprechenden Standardhotel steht ein Flüssiggastank. Die Preise erschienen uns im Vergleich überhöht: Nebensaison: ca. 32 DM, Hochsaison ca. 4o DM.

"Hotel Apollon" (D): An der Hauptstraße. 12 Zimmer mit WC und Tel. Manchmal etwas lärmig, da Bar, Frühstücksraum und Terrasse zur Straße liegen. Der freundl. Besitzer spricht Englisch, die Preise sind bei ca. 3o DM günstig: unser Tip für Messaria!

An der Hauptstraße nach Thira "Hotel Artemidoros" (C). Zimmer einfach, mit WC, sauber, die Sache bei unserem Check aber nicht optimal durchgelüftet... Großer Frühstücksraum, Bar und Süßwasser-Swimming-Pool. Das Personal spricht Englisch. Nebensaison ca. 32 DM, Hauptsaison ca. 4o DM.

"Hotel Anny" (C): Direkt an der Hauptstarße mit guter Parkmöglichkeit. 45 Zimmer mit WC, Tel, teilweise Balkon. Die Zimmer sehr einfach eingerichtet. Frühstücksraum, gemütliche Bar im Haus. Es wird Deutsch, Englisch und Französisch gesprochen. Nebensaison ca. ca. 45 DM, Hauptsaison ca. 55 DM. Gäste, die unseren Führer zeigen, erhalten April/Mai/Oktober (nicht in der Osterwoche) 2o% Rabatt auf die Nebensaisonpreise.

Direkt an der Kreuzung der Hauptstraße liegt das "Hotel Messaria" (E). Acht sehr einfach eingerichtete Zimmer, 5 mit Balkon. Zum Hotel gehört ein Kramerladen. Es wird keine Fremdsprache gesprochen. Als Notlösung o.k. Nebensaison ca. 18 DM, Hauptsaison ca. 3o DM.

An der Straßenkreuzung (Omnibus Haltestellte) die Taverne MARIO, fast immer voll. Verdient ebenso wie die gegenüberliegende Taverne NIKOS Lob. - Rest. JANNIS: eine weitere empfehlenswerteTaverne, in der Mitte des Ortes. - Mitten im Ort Bar "SANTIRO ", die zwischen alten Gemäuern in einem Garten liegt, am Abend bei Musik Ouzo und örtliche Weine.

Rund 1 km von Messaria entfernt, etwas abseits der Hauptstraße der kleine Ort VOTHONAS (3oo Einwohner) mit vielen Treppen und in die Bimssteinwände eingetriebene Höhlenwohnungen.

Am Ortsrand die Kapelle "Panagia Tripi" in die Bimssteinwand gegraben. Im Ort nach Schlüssel fragen. - 15 Min. vom Ort entfernt eine weitere, nur über eine steile Treppe erreichbare kleine Höhlenkirche "Panagia Tis Sergainas". In Kriegszeiten und bei Piratenüberfällen diente sie als Zuflucht für die Bevölkerung, wobei die unterhalb des Eingangs befindliche steile Treppe zur Tarnung entfernt wurde.

An der Straßenkreuzung Messaria zweigt von der Inselhauptstraße die Straße zum FLUGPLATZ ab, die weiter zum Strand von MONOLITHOS führt. Am kleinen Flughafengebäude viele Parkplätze. Jenseits der Landebahn liegt die kleine, weit sichtbare Klosterkirche Agios Joannis, die gerade renoviert wird.

✶ Monolithos

kein einladender Ort. Außer wenigen Häusern 2, in die Jahre gekommene Tomaten- Konservenfabriken, sowie ein fabrikähnliches Elektrizitätswerk.

Am Rande des Ortes und neben den "Fabrikgebäuden", in nicht gerade reizvoller Landschaft abseits des Strandes: "Bungalow-Hotel Kostas". 8 Zimmer mit WC, nur Juli und August geöffnet. Die einfachen Räume etwas renovierungsbedürftig. Der Besitzer berichtete, daß die Gegend früher das Landwirtschaftszentrum der Insel war. Durch den Tourismus wurde das Geschäft mit Zimmervermietung dann aber attraktiver als die mühselige Tomatenzucht...

Der Strand von Monolithos liegt ca. 5oo m von der Landebahn des Flughafens entfernt. Wenig schön, besonders wegen der häßlichen Fabriken im Hintergrund, jedoch viele Parkplätze. Der schwarze Sandstrand von Pinien abgeschirmt, Tendenz zu Dreck wegen offener Ostlage, unter den Bäumen Wildcamping. Im Sommer regelmäßig Busverkehr bis zum großen Parkplatz, dort 3 einfache Tavernen, aber relativ teuer.

Von Monolithos führt entlang der Küste eine neue Schotterstraße nordwärts nach Karterados. Hohe Tuffsteinwände wie Mondlandschaft, - rechts schmaler, aber sehr sauberer Sandstrand. Die Straße endet bei der Taverne "Exo Yialos O Panos".

✶ Pyrgos 5oo E.

Das höchste Bergdorf der Insel. Malerisch gelegen, besticht durch seine mittelalterliche Architektur, viele Kirchen und winklige Gässchen.Von der ehemaligen, venezianischen Festungsanlage kaum noch was erhalten. Kein Hotel, nur eine Handvoll Privatquartiere und Tavernen.

Pyrgos ist Ausgangspunkt für die Anfahrt bzw. Besteigung des Berges PROFITIS ILIAS (568 m). Oben Superrundblick über die Insel, Krater und am Horizont im Dunst die Nachbarinseln.

Bei klarem Wetter reicht der Blick bis Ios, Naxos, Paros im Norden, - Milos im Nordwesten, Astiphalea im Nordosten, - bei Glück sogar Kreta als Ministreifen am Horizont, - ein Radius von gut 25o km!

Fantastische Ruhe und angenehm frisch hier oben in knapp 6oo m Höhe (warme Sachen mitbringen und Sonnenschutz): wer frisch aus Mitteleuropa eingeflogen ist, holt sich wegen kühlender Winde, die die intensive Sonne kaum fühlen lassen, schnell massiven Sonnenbrand!)

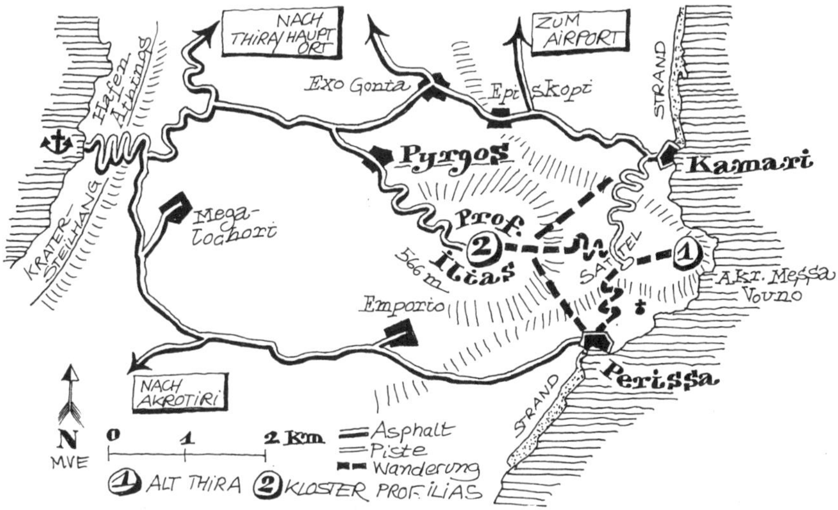

AUFSTIEG PROF. ILIAS: * ab Pyrgos am bequemsten, da der Ort per Bus erreicht werden kann und zudem bereits in rund 28o m Höhe liegt. Ab Ortsende führt eine Serpentinenpiste rauf zur Bergspitze, die der Wanderer auf einem Eselspfad abkürzen kann. Raufwärts ca. 45 Min. ab Pyrgos, je nach Kondition auch schneller.

Wanderung möglichst früh am Morgen beginnen: einmal ist dies die kühlere Tageszeit, - zum anderen sollte man den Gipfel am späten Vormittag erreichen, da gegen Mittag oft Wolken aufkommen (Aufheizung des Landes gegenüber Meer), zumindest aber die Fernsicht durch Dunst eingeschränkt wird.

KLOSTER ELIAS oben auf dem Gipfel des Prof. Ilias. Unverständlich, wieso man direkt an die Klostermauern den radarbestückten TV- Turm und

Militäranlagen baute; im Umkreis gibts genügend freiliegende Kuppen!!

Im Inneren des Klosters ein Volkskundemuseum mit alten Möbeln, Schriften und Werkzeugen. U.a. auch alte Kelterpresse, Ikonen aus dem 14. und 18. Jhd. (Derzeit geschlossen). - Großes Kirchenfest am 2o. Juli mit Wallfahrt auf den Gipfel.

Retour ab Gipfel entweder selben Weg nach Pyrgos zurück. Sehr lohnend jedoch runter nach Kamari oder Perissa an der Ostküste! Superblick während der Wanderung! Guter Sonnenschutz (breitkrempiger Hut und/oder Sonnencreme) sehr zu empfehlen: Beim ständigen Wind merkt man die intensive Sonneneinstrahlung kaum und holt sich schnell einen saftigen Sonnenbrand!

Es gibt mehrere Alternativen:

* direkt runter den Hang nach PERISSA (rechts vom Kap Akr. Messa Vouna halten, siehe Karte Vorseite, und als zweiter Vulkanauswurfberg (369 m) deutlich zu sehen! Dauert je nach Kondition bergab ca. 1 - 1 1/2 Std. bis Perissa.

* Ähnliche Wanderzeit im Direktabstieg runter nach KAMARI (links vom Kap Messa Vouno halten). -

* 3. Möglichkeit: direkt aufs Kap zuhalten. Zwischen Prof. Ilias und Cap Messa Vouno ein Bergsattel (Messavouno), siehe Karte Vorseite. Quer über den Sattel läuft die Piste Kamari - Perissa, die einen Abzweiger zur Ruinenstadt Alt Thira besitzt. Wer beim Abstieg ab Prof. Ilias noch den Besuch von Alt Thira einbaut, braucht an Extrazeit für den Umweg inkl. Besichtigung ca. 1 - 2 Std. mehr. Details zu Alt Thira Seite 208

Im Prinzip kann man die Wanderung auch in Gegenrichtung unternehmen, also ab Meer (Perissa bzw. Kamari) beginnen. Auch hier gilt: möglichst am Morgen mit der Wanderung beginnen. Wer einen Teil des Aufstieges sich sparen will, lässt sich bis zum Sattel rauffahren. Ab hier noch je nach Kondition noch rund 1 Std. zum Gipfel.

★Kamari

Wichtigster Badestrand der Insel. Ursprünglich standen hier nur eine Handvoll Fischerhäuser, - seit Fertigstellung des naheliegenden Airport boomt's in Kamari: der Ort besteht heute fast ausschließlich aus Ferienpensionen und kleineren Hotels, Supermarkt und Mopedverleihs.

Die gepflegte Strandpromenade mit ihren Tamarisken, Hotels und schilfüberdachten Tavernen dürfte die ansprechendste "Fassade" des Ortes sein, ansonsten ist Kamari etwas farblos. Dafür ist man schnell mit dem Inselbus oben im Hauptort Thira, 1o km. Fährt alle 3o - 6o Min., der letzte Bus allerdings gegen 21 Uhr. Mit intensivem Nachtleben oben in Thira läuft daher nichts, sofern man nicht über ein Mietmoped verfügt.

3 km Strand, teils Sand, meist aber feiner bis mittelgrobkörniger, schwarzer Lava-Kies. Wie bei schwarzem

Strand üblich: im Sommer heizt er sich bei Sonne so stark auf, daß Laufen mit nackten Füßen kaum noch möglich ist. Badeschuhe mitbringen und dickes Handtuch! Am Strand Verleih von Tretbooten, Surfbrettern etc.

Derzeit in Kamari an die 3o Hotels und Appartement-"Villas". Zur Saison (Ostern, sowie Anf. Juni bis Mitte September) sind sie fast komplett von Reiseveranstaltern und Pauschalreisenden ausgebucht. Zu dieser Zeit für Leute, die auf eigene Faust reisen und vor Ort individuell mieten wollen, kaum Chance: Das geringe Restvolumen (eventuell nicht pauschal vermieteter Zimmer) reicht dann bei weitem nicht aus!

Außerhalb der Saison stehen dagegen viele wegen Überkapazität leer (lässt sich gut um Preise handeln), - bzw. sind geschlossen. Hier eine Auswahl der wichtigsten 2o Hotels und Appartements:

"Hotel Kamari Beach", das derzeit größte Hotel, 1o4 Betten, - zugleich auch das älteste (eröffnet 1974, also noch vor Inbetriebnahme der internat. Santoriniflüge). Die Zimmer recht einfach eingerichtet, WC und Dusche. Das Hotel liegt direkt am Strand, Tamarisken, inkl. Süßwasser Swimmingpool, der nachts beleuchtet wird, Plastikstühlen und Selbstbedienungsrestaurant. DZ je Saison ca. 9o - 1o5 DM.

"Hotel Artemis" (C), an der, durch den Ort laufenden Hauptstraße. Die modernen, aber gemütlichen Zimmer mit Kiefernmöbel, WC und Radio, Telefon. Rund 15o m zum Strand, DZ ca. 5o - 7o DM.

"Hotel Zephyros" (C), direkt daneben, Zimmer mit WC, Tel., Radio und Balkon. Der Frühstücksraum und die Bar teils mit alten, teils neuen Möbeln gemixt, Rezeption mit Gummibaum und (bei unserem Check) etwas unfreundlichem Personal, DZ je nach Saison 45 - 8o DM.

"Belonia Villas" (A), Appartementhaus direkt am Strand, 1983 gebaut. Hübsche, 2 stöckige Häuser im Kykladenstil, komplett eingerichtet mit Küche etc. für 2 Personen. Da die Preise laufend wechseln, tel. Anfrage (Tel.: 31 138)

"Hotel Blue Sea" , liegt außerhalb, etwas oberhalb des Ortes. Zum Strand 15o m. Der Zugang zu den Zimmern erfolgt über Außentreppen, innen Standard- Möblierung ohne spezielles Ambiente, die meisten Zimmer mit Balkon. Schattiger Atrium-Innenhof, leider vollgeknallt mit Mietmopeds. Als Hotel einfach eingerichtet, so doch wegen relativ günstigem Preis (DZ ca. 3o - 45 DM je Saison) und ruhiger Lage zu empfehlen.

"Villa Irene", abseits vom Strand, voll eingerichtete Appartements, kleine Zimmer, DZ je Saison ca. 75 - 85 DM.

"Hotel Sunshine", 1983 gebaut, direkt an der Uferpromenade und Strand. 35 Zimmer mit Toilette und schmalem Balkon. Bar und Frühstücksraum einfach eingerichtet, jedoch große Terrasse mit angenehmen Sitzgelegenheiten und Strandblick. DZ je Saison ca. 3o - 4o DM.

"Hotel Posseidon", 1986 gebaut, direkt neben "Hotel Sunshine" am Strand. 2-stöckig, nur ein Teil der Zimmer geht vornraus (kleiner Balkon mit Strandblick), der Rest seitl. oder hinten mit weniger attraktivem Blick. Kein Schatten durch Tamarisken auf der Terrasse zum Strand. Der Besitzer arbeitet vorwiegend mit Reiseveranstaltern zusammen. Vermietung an Leute "auf eigene Faust" nur, wenn die Zimmer nicht voll wurden, DZ dicke ca. 7o DM!

"Hotel Akis", direkt an der Hauptstraße, 1oo m zum Strand. Im Hotel eine gut besuchte Cafeteria (gutes Eis!) mit großer Terrasse und Meeresblick. DZ je Saison zwischen ca. 45 und 6o DM, - für komplett eingerichtete Appartements ca. 13o DM.

"Hotel Golden Sun", 5o m vom Strand in einem schattigen Garten. 15 Zimmer, teils mit Terrassen. Obwohl ruhig gelegen störte uns bei unserem Check der reichlich intensive Küchengeruch (Friteuse?), der sich in allen Räumen ausgebreitet hatte. DZ ca. 3o DM.

"Hotel Villa Elli", ca. 8o m zum Strand, die Zimmer einfach eingerichtet, Sitzgelegenheit auf großer Blumenterrasse. DZ ca. 35 DM

"Hotel Preka Maria", neben "Villa Elli" gelegen. 1o Zimmer mit Toilette, nur wenige mit Balkon. Sehr gemütlicher Aufenthaltsraum, Blick vom Hotel auf Weingärten. Sehr zuvorkommender Besitzer. DZ je Saison ca. 3o - 45 DM. Günstig im Preis sind die, im benachbarten Haus liegenden Appartements: große Zimmer, voll eingerichtete Küche, DZ ca. 5o - 6o DM.

"Hotel Matina", an der Hauptstraße, 2oo m zum Strand. Die Zimmer mit Toilette, Standard- möbliert, je 2 Zimmer haben große gemeinsame Terrasse. Freundliche Besitzerin, die Deutsch, Französisch und Englisch spricht, apart eingerichteter Frühstücksraum. Als Hotel zu empfehlen. DZ ca. 3o - 4o DM.

"Hotel Orion", ruhig außerhalb des Ortes gelegen. 21 Zimmer, die meisten mit Seeblick. Rustikaler Frühstücksraum, sowie Aufenthaltsraum mit TV. Ist im Angebot des Pauschalveranstalters ISTS, München, Türkenstraße. Dort in Verbindung mit Santorini- Flug recht preiswert und Kamari- Tip, jedoch auch schnell ausgebucht!

Von Leuten, die nicht per Pauschalreise kommen, will der Besitzer des Orion satte 6o DM (sofern noch Zimmer frei). Unserer Ansicht nach etwas überhöht, gemäß dem doch recht einfachen und abseits gelegenen Hotel.

"Kallisti Villas", direkt am Strand. Die 1981 gebaute, im Kykladenstil ansprechend verschachtelte Anlage ist mit vielen Blumen und Sträuchern bewachsen, ebenso die atriumähnlichen Innenhöfe. Nur Appartements. Es gibt Appartements für 2 - 6 Personen, einfach- rustikal eingerichtet, inkl. Kochnische, teils WC bzw. Bad je Größe. Kamari- Tip, wer preiswerte Ferienwohnung sucht: im Angebot ISTS/München, Preise inkl. Retourflug ab München für 1 Woche je Saison zwischen ca. 8oo und 1.2oo DM/Person.

"Tropical", 1987 eröffnet, 2- stöckig im Zentrum von Kamari, direkt am Meer. Ordentlicher Frühstücksraum, die Zimmer sauber und modern mit Dusche und Privat WC, Balkon. Vorwiegend im Programm von Pauschalveranstaltern, dort preisliche Mittelklasse. Gilt auch für

"Syrigos", 1984 eröffnet, landein 15o m zum Strand, zum Ort ca. 1o Min. zu Fuß. Teils Zimmer mit eigener Kochgelegenheit.

"Sigallas", nördl. von Kamari Nähe Airport. Santorini- Tip, wer sich im Bereich Ostküste einquartieren will, allerdings Mietmoped empfehlenswert! Moderne zwei bis dreistöckige Häuser zwischen vielen Blumen und Sträuchern am Strand. Tamarisken, Openair Taverne mit guter Küche. Der Strand: schwarzer Lavakiesel.
56 Zimmer plus 14 Ferienappartements. Gibts preiswert im Angebot ISTS/München.

"Marakis", Familienpension im Angebot von Pauschalveranstaltern. Dort recht preiswert, zum Strand ca. 2oo m.

"Hotel Venus" im Ortszentrum mit 55 Zimmern. Das Gebäude 3 Stock, Balkon quer mit Abteilung zwischen den einzelnen Zimmern. Bei Pauschalveranstaltern preisliche Mittelklasse.

TIP: einige Griechenland- Reiseveranstalter bieten Santorini Flüge in Verbindung mit Hotelgutscheinen bzw. auch Kombis auf anderen Kykladeninseln an. Also z.B. 3 Tage Santorini plus Ios, Naxos, Paros etc. Keine schlechte Idee zur Hochsaison, sofern der Reiseveranstalter feste Hotel- Buchung auf den anderen Inseln garantiert.

Liegt preislich zur Hochsaison oft günstiger, als wenn man sich auf eigene Faust durchschlägt. Zudem kein Buchungsärger bei überfüllten Hotels zur HS wegen Vorreservierung. Im Angebot z.B. ISTS/München.

Um die Schiffsverbindungen von Santorini zu den betreffenden Nachbarinseln und retour muß man sich selber kümmern. Diese Kombis operieren auf Santorini vorwiegend mit Vertragshotels in Kamari.

Camping Kamari: An der Hauptstraße am Ortseingang gelegen. Zum Strand ca. 5oo m. Der Platz ist teilweise mit Pinien bepflanzt, sanitäre Anlagen o.K., Safebox, Minimarkt, Bar mit Terrasse.

Die Tavernen meist in den Hotels. Kamari als Retorten- Ort lebt vom Tourismus, analog die Küche. -

Schnellimbiß im Selbstbedienungsrestaurant Hotel Kamari am Strand, - "CHRISTOS" am Strand beim Busstop gut für Grillgerichte, - "DIONYSOS" direkt an der Strandpromenade an der Bushaltestelle mit schön überdachter Terrasse, griech. Küche, - "TAVERNA IRENE" an der südl. Strandpromenade Spezialist für Fischgerichte bei passablen Preisen, -

"IL MOEGRANO" Cafeteria-Creperie mit großer Sitzterrasse. Gut aber teuer. - "HOTEL AKIS", gute Cafeteria und Spezialist für Eis. -

DISCOS: "THE YELLOW DONKEY" am nördlichen Strandabschnitt gelegen. Kontrastreiches Mobiliar.- "SAIL IN" Coctail-Musikbar mit Garten. - Im "PUP BANANA MOON" heiße Musik.

Mopedvermietung: diverse im Ort. Preise liegen bei ca. 2o DM für einen Einsitzer und ca. 25 DM für Zweisitzer/Tag. - AUTOS: ca. 9o - 1oo DM/Tag.

★Kamari ⟶ Perissa:

Von Kamari führt eine 4 km Serpentinenpiste rauf auf den Messavouno Sattel, zwischen dem Hauptgipfel Prof Ilias (566 m) und dem weiteren, an der Küste gelegenen Gipfel Messavouno (369). Wer zu Fuß geht, braucht bis zum Sattel ca. 45 Min. Hier oben zweigt ein Fußpfad ab, zur antiken Ruinenstadt **ALT THIRA:**

An der Wagenumkehre Parkmöglichkeit. Weiter zu Fuß bis zur archäolog. Ausgrabung ca. 5 Min. Der Anstieg lohnt vorallem wegen der landschaftlich großartigen Lage.

Die Ausgrabungen der bis 8oo n. Chr. bewohnten Stadt jedoch bei weitem nicht so spektakulär wie die Ausgrabungen bei Akrotiri. Die Stadt hatte eine Ausdehnung von ca. 8oo m Länge und 15o m Breite. Ausgrabungen zwischen 1895 und 19o2 durch deutsche Archäologen unter Leitung Baron H.von Gärtingen.

ALT THIRA wurde ca. 9oo v. Chr. von den Dorern gegründet. Auch in den folgenden Epochen der hellenistischen und römischen Zeit war sie eine, nur über Steilhänge erreichbare Stadtfestung, - somit excellent strategisch geschützt. Wegen ihrer zentralen Lage in der Ägäis nahm sie eine Schlüsselstellung im Handelsverkehr der Ägäis ein, der Hafen unten nahe dem heutigem Kamari.

Aus der Zeit der Dorer sind kaum Gebäudereste erhalten, - aus der hellenistischen und römischen Epoche einige Reliefdarstellungen heiliger Tiere (Dephin, Löwe, Adler), sowie in die Kalksteinfelsen eingeritzte Namen der Götter. Entlang der "Heiligen Straße" Grundmauern und Säulenreste der Tempel Apollo, Dyonisos und ägyptischer Gottheiten.

Obwohl seinerzeit ebenfalls Wassermangel bestand (die Versorgung mit Wasser erfolgte über Zisternen) hatten die Römer auf ihre Thermen nicht verzichtet. Eine große Zisterne befand sich im Areal des Theaters. Kapellen und Mauern erinnern an die byzantinische Zeit.

Vorab die Öffnungszeiten in Kamari bzw. Perissa nachfragen! Es gab Jahre, wo selbst im Sommer gegen Mittag geschlossen wurde, teils So. zu, teils am Sonntag morgens offen.

Möglichkeit der Besteigung des Prof. Ilias (Details siehe Seite 2o3), - ab Sattel dann in vielen Serpentinen ein Fußpfad runter ans Meer. Eine der schönsten Stellen an der Ostküste.

★ Perissa

Liegt direkt an der Steilwand des Messavouno. Der lange Lavastrand ließ hier einen, in Aufbau befindlichen Badeort entstehen, dem derzeit noch etwas der Reiz fehlt.

"Hotel Thera Mare", Neu erbautes Hotel noch vor Perissa rechts an der Straße. 45 Zimmer in modernem Standard eingerichtet. Das Haus in Kykladenstil, zum Strand ca. 1 km. DZ 45- 6o DM nach Saison.

"Hotel Marousianna" (E), 6 Zimmer direkt an der Straße, 1oo m zum Strand, DZ ca. 3o DM.

"Hotel Santa Irini" (C), am Ortseingang, 4oo m zum Strand. Der junge, dynamische Besitzer hat sich zum Ziel gesetzt, bestes Hotel im Bereich Perissa zu werden (inkl. Swimming Pool, Tennisplätzen), und dies zu mäßigen Preisen. Derzeit liegt er bei ca. 5o DM.

"Hotel Boubis" , 1oo m zum Strand, alle Zimmer mit WC, ein Teil mit Balkon. Einfache Standard-Einrichtung. DZ ca. 35 DM, sowie 5 Studios mit komplett eingerichteter Küche, ca. 45 DM.

"Hotel San Antonio" (E) , ca 3oo m vom Strand. Weder das Gebäude noch der Frühstücksraum haben uns sehr begeistert, dafür aber recht billig. Besitzer spricht Deutsch, ist recht freundlich und vermietet Motorräder. Zielgruppe des "Hotels" sind vorwiegend Rucksacktouristen, die auf billige, einfache Übernachtung Wert legen. DZ je nach Saison ca. 2o- 25 DM. Erkennbar ist das Hotel an einem "Männeken-Piß" auf dem Vordach.

"Hotel Christiana" (D), 8o m vom Strand, 12 Zimmer mit WC und Balkon. Moderner Standard, nette Betreuung (deutsch, englisch). Eigenes Restaurant im Haus, mit einheimischen Spezialitäten. DZ ca. 35- 4o DM.

"Hotel Mairoula" (E). Direkt am Strand mit eigenem Restaurant, sehr einfache Zimmer, DZ ca. 2o- 3o DM. - ebenso "Hotel Rena" (E).

"Hotel Chrissi Akti" (B), neu erbautes Hotel, abseits der Straße, zum Strand 5o m. Zimmer mit WC, Kiefernmöbel, teils Strand- und Meeresblick. Wegen schöner Lage und angemessenen Preisen zu empfehlen: DZ ca. 3o DM.

"Hotel Meltemi", 2oo m zum Strand, das kleine, zweistöckige Haus nur mit wenigen Zimmern, die zugleich auch im Angebot von Reiseveranstaltern sind. Kleiner Frühstücksraum mit Bar, DZ ca. 3o - 4o DM.

"Hotel Zorzis", liegt direkt an der Straße, dadurch etwas laut. 2oo m zum Strand, DZ ca. 3o -4o DM. Zum Hotel gehört auch:

"Pension Evizorzia", in einer Gartenanlage außerhalb des Ortes vollständig ruhig am Fuß der Berge gelegen. 8 Zimmer mit WC, Gemeinschaftsküche mit Eisschrank. 3oo m vom Stand. Ca. 3o DM. Im selben Haus ein voll eingerichtetes Appartement, ca. 45- 6o DM.

"Hotel Artemi", am Ortsrand unter einer Felswand gelegen, völlig ruhig, 9 Zimmer mit WC. Kleiner Frühstücksraum mit Getränkeausschank DZ ca. 3o DM.

"Hotel Marianna", Abseits des Ortes unterhalb der am Ortsende gelegenen Felswand. Anfahrt über schlechten Schotterweg. 24 Zimmer mit Toilette, Balkon bzw. Terrasse. Einfach möbliert, freundlicher Besitzer und geräumiger Frühstücksraum. DZ. je Saison ca. 3o- 5o DM.

Jugendherberge Perissa: am Ortseingang von Perissa. Die Herberge hat 2 große Schlafräume mit je 18 Doppelstockbetten, nach Mann und Frau getrennt, genügend Toiletten und Duschen. Bar mit Frühstücksmöglichkeit, jedoch kein Restaurant (viele Tavernen in der Nähe der Jugendherb.). Pro Person ca. 5 DM.

Camping Perissa, am Ende der Hafenpromenade direkt am Strand. Sauber, insbesondere was die Sanitärs betrifft. Für Wertsachen Safebox gratis. Mit Mini-Markt, Self-Service-Restaurant und abends Stranddisco. Allerdings relativ wenig Schatten und steinharter Boden.

DISCOS: mehrere im Ort, z.B. "Florida" in einem Garten an der Hauptstraße, - TAVERNEN: jede Menge an der Strandpromenade, ganz gut "Restina" für Kalamari.

ähnlich wie in Kamari schwarzer Lavakies, der rund 4 km bis zur Südspitze Santorinis bei Exomytis reicht. Je weiter weg vom Ort, desto ruhiger. Durch seine schwarze Farbe heizt er sich im Sommer tagsüber stark auf; Badeschuhe und Handtuch empfehlenswert!

Der höchste Berg PROFITIS ILIAS mit 566 m bildet in Richtung Perissa eine fast senkrechte Wand, in deren halber Höhe die kleine Kapelle "Katefiani" errichtet ist. Auf einem, morgens im Schatten liegenden Felsenpfad ist diese Kapelle in 15 Minuten erreichbar. 2o Minuten weiter die Kapelle "Stavros". In weiteren ca. 15 Min. erreicht man Alt-Thira. Bis zum Gipfel des Profitis Ilias benötigt man insges. ca. 2 - 2 1/2 Std. je Kondition. Die Strecke kann man auch ab Perissa (Campingplatz) auf dem Eselsrücken zurücklegen, pro Person bis Alt Thira ca. 1o DM, 2 Std. retour.

INSEL- SÜDSEITE:

Der Südteil der Insel ist (ausgenommen der Bergdörfer südl. Prof. Ilias) kaum besiedelt. Höhepunkt im Süden die antike Ausgrabungsstätte AKROTIRI.

Die Inselhauptstraße von Thira in den Südteil der Insel verläuft nach Messaria zunächst äußerst kurvenreich durch Berglandschaften.

"Hotel Zorbas" (D). An der Hauptstraße zwischen Messaria und Abzweigung zum Hafen Athinios. Zimmer mit WC, Tel, einige mit Balkon. Es gibt einen Süßwasser-Swimmingpool und einen Tennisplatz, die Lage jedoch nicht so reizvoll. Kostenloser Hotelbusservice nach Thira und zum Perissastrand. Ca. 5o- 65 DM.

"Hotel Santorini Star" (C): in der Nähe der Abzweigung nach Megalochori gelegen. 17 Zimmer mit WC. Schöner Neubau, mit gemütlichem Frühstücks- und Aufenthaltsraum. Netter Wirt, der Englisch und Deutsch spricht. Gäste werden vom Airport Bzw. Hafen abgeholt. Ca. 3o- 35 DM

Von der Hauptstraße Abzweigung einer kleinen Nebenstraße zu dem Ort MEGALOCHORI (3oo Einwohner). Im Ort selber wird die Straße so eng, daß selbst ein kleiner PKW kaum durch die Gassen kommt, die vielfach von Glockentürmen überbrückt sind. Am anderen Ende des Ortes sieht man noch viele, vom ´56- Erdbeben zerstörte Häuser. Eine einsame Palme überragt Megalochori und seine Weingärten und Obstbäume.

Ca. 1 km südlich Megalochori zweigt rechts die Straße nach Akrotiri ab. - Weiter auf der Straße Richtung Perissa liegt links neben der Straße ein Kleinod der Insel, die Kapelle Agios Nikolas. Ursprünglich ein Tempel des 3. Jhds. v. Chr. mit Marmorquadern und Marmordach, der zu einer Kapelle umfunktioniert wurde.

Das gemütliche Dorf EMPRION (Eborion) am Südhang des Prof. Ilias, 1.o52 Einwohner ist der zweitgrößte Ort der Insel. Landwirtschaftliches Anbaugebiet für Gemüse, Wein und Getreide. 8 alte Windmühlen liegen am Rande des Ortes. Am 22. Oktober, beim Weinfest geht es hier lustig zu. Von der alten venezianischen Festung sind nur noch zwei Burgtore zu sehen. Der viereckige Turm Goulas stammt aus byzantinischer Zeit.

"Hotel Archea Elefasina" (D) (auch als Hotel Adenauer bezeichnet, weil er hier einmal abgestiegen war). Liegt an einer spitzwinkligen Abgabelung am Hauptplatz, gekennzeichnet durch 2 in Front liegende Rundbogenarkaden. Die Zimmer teilweise mit Gemeinschafts-WC. Überaus freundliche Besitzerin (spricht auch Englisch). Sehr sauber und vom Preis her zu empfehlen: ca. 2o- 3o DM, im Restaurant gute Pizzen.

In der kleinen Weinkellerei von Nikos Pregas kann man verschiedene Sorten probieren, bevor die 2 Literflasche gefüllt wird. Literpreise z.Zt. "Rose" (etwas sauer) 1,5o DM, - "Imiglykos" (halbtrocken) 2 DM teuerster Wein "Visato" 3,5o DM. Weitere Weinkellereien; "Canava" gilt als eine der besten der Insel.

In Emporio zweigt von der Straße nach Perissa rechts ein Schotterweg ab zur Südküste nach AGIOS GEORGIOS. Auf dem Weg dorthin passiert man viel brachliegendes Ackerland. Querverbindung (ebenfalls Schotter) von Ag. Georgios rüber nach EXOMYTIS, einem kleinen, an der Steilküste gelegenen Ort mit Steinstrand, Tavernen.

Da der Ort nur schwierig erreichbar ist und abseits liegt, - auch im Hochsommer wenig Rummel. Guter Sandstrand hinter der, 5oo m entfernten Farbik. Hier liegt auch das

"Hotel Vlychada" sehr gepflegt, im Steilhang fast wie eine Festung hineingebaut. Absolute Einsamkeit und Tip für Leute, die Ruhe suchen. Von der Hotelterrasse in bequemen gepolsterten Rohrsesseln schöner Meeresblick. Schwimmingpool. Unterhalb des Hotels nur felsige Steilküste (optimal für Tauchen und Schnorcheln!), - seitlich davon beginnt guter Sandstrand (allerdings Background die Fabrik).

18 Zimmer mit Bad und Dusche, davon 11 mit eigener Terrasse und Meeresblick. Die hauseigene Mineralquelle speist die Duschen. Flaschennachfüllanlage für Taucher, Surf- und Wasserskischule dem Hotel angeschlossen. Übernachtungspreise ca. 7o- 9o DM. (Tel.: 81 266, Telex: 216 831 heco gr)

Die zweite Möglichkeit, das Hotel zu erreichen, besteht, wenn man nach Abgang der Straße Richtung Akrotiri (Dorf Agios Nikitas) auf der Straße nach Emporio noch ca. 8oo m weiterfährt. Dann zweigt rechts eine Schotterpiste ab, die an ummauerten Weingärten und 7 Windmühlen vorbeiführt, bis sich die Straße schließlich dem Meer nähert. Nach 2,5 km erreicht man die alte Fabrik.

Der Küstenbereich zwischen Vlychada bis zum Hafen Akrotiris derzeit nicht durch Straßen erschlossen.

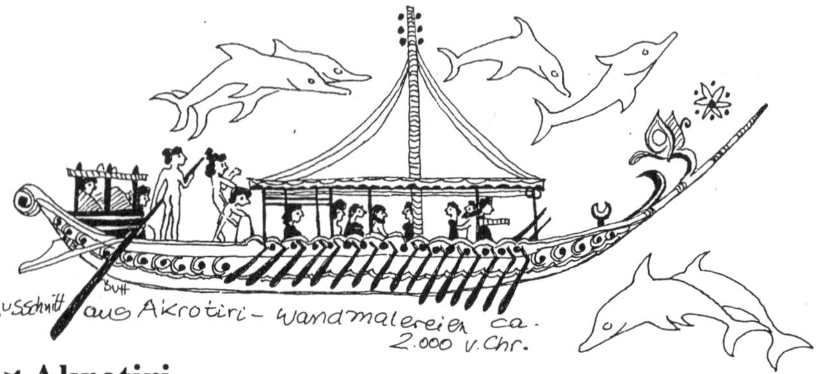
Ausschnitt aus Akrotiri-Wandmalereien ca. 2.000 v. Chr.

★Akrotiri

Beim Dorf Akrotiri (2oo E.) Ausgrabungen einer Siedlung, die der minoischen Kultur auf Kreta nahesteht und zu den spektakulärsten Funden der Ägäis zählt.

Unter einer bis zu 3o m dicken Schicht aus Asche, Lava und Bimssteintuff fanden die Archäologen perfekt erhaltene, bis zu 3 stöckige Häuser, mit komplett eingerichteten Werkstätten und Magazinen. Gleichzeitig Wohnungen mit Einrichtungsgegenständen, Schmuck und Keramik, - Bäder, Tempel und viele Wandmalereien, die denen minoischer Funde auf Kreta ähneln (z.B. Knossos). Alles praktisch "vakuumverpackt" für die Wissenschaftler, und in Dörnröschenschlaf seit ca. 3.5oo Jahren!

Ca. 1.52o v. Chr. kam es auf Santorini zu einer gewaltigen Vulkan- Explosion, die gewaltigste die Europa je erlebt hat: große Inselteile wurden in die Luft geschleudert, andere versanken ins Meer. Der Rest unter meterhohen Asche/Lavamassen begraben. Die Eruption war damals so stark, daß der Himmel von den Rauch- und Staubschwaden die benachbarten Gebiete in völlige Dunkelheit stürzte.

Diese Eruption wurde von einer gewaltigen seismischen Flutwelle begleitet, die weite Küstenstriche Kretas unter Wasser setzte. Hier lagen die

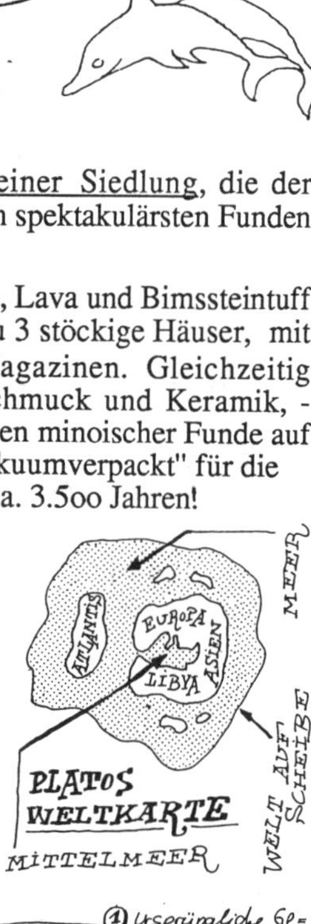

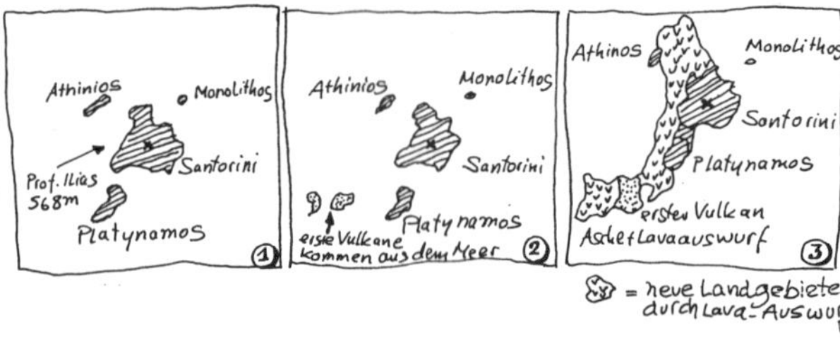

① Ursprüngliche Gestalt Santorinis 1500 v. Chr. – (Minoische Kultur)

② Der Vulkan wird tätig: er erscheint an der Wasseroberfläche als kleines Inselchen neben der Hauptinsel

③ Vulkantätigkeit: auf Grund von hefti=

wichtigen Häfen der Minoer. Angeblich soll sich diese Flut bis Ägypten fortgesetzt haben und somit die in der Bibel geschilderte Wanderung der Israeliten durchs Rote Meer ermöglicht haben. Eine Theorie des Wissenschaftlers an der USA- Uni/Baltimore, Hans Gödicke (1981), basierend auf 2o Jahre Forschung, die jedoch umstritten ist. Die meisten anderen Wissenschaftler setzten die biblische Wanderung durchs Rote Meer rund 2oo Jahre später an.

Ebenfalls umstritten, ob die Santorini- Vulkanexplosion das Ende der Minoischen Kultur verursachte. Gemäß heutiger Radiocarbon Messungen dürfte das Ende der Minoischen Kultur rund 5o Jahre später gelegen haben, - könnte aber durchaus seinen "Todesstoß" durch die seismische Flutwelle und Zerstörung seiner Küstenhäfen erfahren haben.

Die Akrotiri Ausgrabungen dokumentieren zugleich, daß die Bewohner zunächst (etwa 3 Jahre vorher) von Erdstößen gewarnt worden waren: Der Großteil der Bewohner hatte die Insel in organisiertem Aufbruch verlassen, als sich der Berg zu rühren begann und ein, in Relation zur Haupteruption, "kleineres" Vorbeben die halbe Stadt in Trümmer schüttelte.

Wenige Bewohner blieben - und hatten mit dieser Entscheidung nur noch wenige Jahre zu leben: Sie räumten nach dem Vor- Erdbeben erstmal die Stadt wieder auf. Die Archäologen fanden Spuren der Aufräumarbeiten: mit riesigen Steinhämmern, die an Seilen hingen (ähnlich unseren heutigen Hausabbruchmethoden) riß man die Mauern ein und reparierte schon in einigen Häusern die Risse. Man fand Fingerabdrücke von minoischen Maurern im Mörtel. Der Mörtel wurde in Tongefäßen angerührt. Dann erst kam die "große Explosion"...

Die Ausgrabungen auf Santorin haben die bereits im letzten Jahrhundert beginnenden Spekulationen über **ATLANTIS** und seine Lage wieder angekurbelt. Beweisen läßt sich nichts, da die Angaben im Plato-Text zu ungenau sind. Die Spekulationen erstrecken sich über die gesamte Welt, und die Beweisführung ist zum Teil recht bizarr. Bestseller- Autor Berlitz könnte sich z.B. durchaus vorstellen, daß Atlantis im berüchtigten Bermuda-Dreieck gelegen hätte. - Andere Spekulationen beinhalten selbst Funde von Unterwassermauern vor Bimini/Bahamas vor der US- Küste Floridas als "Relikte" Altantis....

Eventuell auch Bereich/ Vulkangebiet Azoren, welches heute wohl als ehest wahrscheinlicher Bereich von "Atlantis" vermutet werden kann.

Gemäß Plato (griech. Philosoph 427 - 347 v. Chr.) hätte es eine Landbrücke zwischen Europa und Afrika gegeben, dessen Zentrum "Atlantis" gewesen sei. Sichc og. Zeitangaben greift auch Plato in Bereiche mündlicher Überlieferungen, die rund 1.ooo Jahre vor seinem Bericht liegen:

Der Reichtum der Bewohner von Atlantis sei so groß gewesen, und deren Bewohner von Habsucht "vergiftet", daß der Göttervater Zeus hätte eingreifen müssen: es sei zu einer

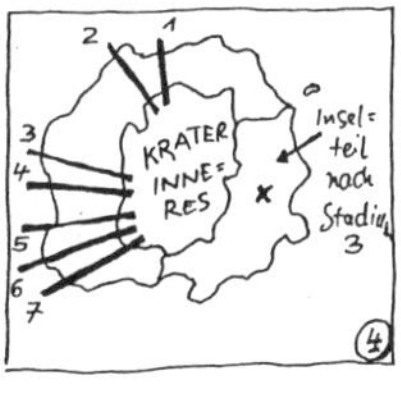

gem Lavaauswurf vergrößert sich die ursprüngliche Insel.

④ Zerstörung der minoischen Siedlungen. Der Vulkan steht als riesiger Kegel in der Ägäis mit nach innen abfallendem Kraterinneren. - Balken 1-7: Landabsenkungen unter Meereshöhe. Hier drang das Meer in das Innere des Vulkanes. -

⑤ Heutiger Zustand.

"Bestrafung" gekommen in Form von Erdbeben und Überschwemmung...
Kann für die nachweislich stattgefundene Santorini- Eruption gelten, - aber auch für jegliche andere Naturkatastrophen der vergangenen Jahrtausende...

Akrotiri Ausgrabungen: Bereits vor 1oo Jahren wurden in Akrotiri vom Regen freigewaschene Mauerteile entdeckt. Erste Grabungen Ende 19. Jhd. durch den deutschen Archäologen von Gärtingen und den Engländer Evans. Die Grabungen wurden jedoch bald wieder aufgegeben, da sie sich nicht zu lohnen schienen.

Beide Archäologen widmeten sich ihren Spezialgebieten, der Engländer Sir Arthur Evans den Ausgrabungen von KNOSSOS/ Kreta und der Erforschung der von ihm benannten Minoischen Kultur (ca. 2.6oo - 1.1oo v. Chr.), - von Gärtingen leitete die Ausgrabungen von Alt Thira /Messavouno Sattel, Santorini siehe dort!).

Umfassende Ausgrabungen von AKROTIRI erst 1967 durch den griech. Archäologen **Spyridon Marinatos**. Er hatte bereits vor dem 1. Weltkrieg auf Kreta gegraben und auf erste Zusammenhänge zwischen Kreta und Santorini hingewiesen. 1974 wurde Marinatos von einer umstürzenden Mauer erschlagen. Seither leitet der griech. Archäologe **Christos Doumas** die Grabungen.

BESICHTIGUNG AKROTIRI: Bei der Fülle perfekter "Rundum-Konservierung" des Lebens vor ca. 3.5oo Jahren sind die Grabungen und Forschungen bis heute nicht abgeschlossen. Die Grabungsstelle wurde durch ein Hallendach gegen Witterungseinflüsse geschützt.

Um falschen Erwartungen bei der Besichtigung vorzubeugen: nur ein kleiner Teil der Grabungen kann besichtigt werden. Zudem sind die wichtigsten Funde wie Amphoren, Werkzeuge, aber auch die meisten Fresken ins Nationalmuseum/ Athen geschafft worden. Bedeutet: leere Wand und Schild, welche Fresken hier gefunden wurden (Tip: Postkarte im Eingang kaufen, um sich die Sache vorstellen zu können)!

Der Reiz der Besichtigung dürfte eher darin liegen, mitten durch eine, in Ausgrabungsaktivitäten befindliche archäologische Stätte wandern zu können. Da auch die Beschilderung derzeit noch ungenügend ist, kann es sinnvoll sein, sich einer organisierten Tour mit Führer anzuhängen.

ZU SEHEN: mehrstöckige Häuser, die gemäß Christos Doumas Kapitänshäuser gewesen sein könnten wegen ihrer reichen Ausstattung und kosmopolitischen Themen ihrer Fresken:

Die **Akrotiri Fresken** gehören für die Archäologen mit zu den wichtigsten Funden, da sie umfassende Bilddokumente damaligen Lebens sind: so sieht man z.B. auf keinem, der abgebildeten Schiffe Krieger, welches auf friedliche Handelsbeziehungen Akrotiris zu schließen scheint.

Wie Grabungsleiter Doumas zugleich hinweist: derart reiche Ausstattung der Häuser und Fresken leisten sich nur Leute, die über entsprechenden Reichtum verfügen und weit in der Welt rumgekommen sind. Ein Reichtum, zu dem man entweder durch friedliche Handelsbeziehungen, - oder aber durch kriegerische Handlungen kommt...

Inwieweit Akrotiri das von Plato geschilderte Atlantis war, ist heute sehr umstritten. Gemäß Plato verfügte Atlantis über "1o.ooo Streitwagen und 1.1oo Krigsschiffe". In irgend einer Form hätte dies sicher in den Wandfresken erscheinen müssen.

Die Befürworter dieser Theorie verweisen jedoch darauf, daß Plato seinen Bericht 1.ooo Jahre nach der Satorini-Vulkanexplosion geschrieben hätte, sich also auf mündliche Überlieferung berufen mußte. Eventuell handele es sich bei der von Plato geschilderten "Streitmacht" um eine literarische Anleihe, um in Form einer Parabel zu zeigen, wie die Götter trotz "Machtarroganz der Bewohner" diese mit einer Naturkatastrophe zu zerstören wußten. (Anmerkung: kriegsschiffähnliche Darstellungen sollen zwischenzeitlich gefunden sein!)

Ähnlich wie bei minoischen Funden auf Kreta verfügt Aktrotiri über ein perfektes Wasser- Versorgungsnetz per Tonröhren; viele Häuser hatten eigene Bäder, die für damalige Verhältnisse luxuriös ausgestattet waren.

Dies ist weiteres Indiz für den hohen Reichtum der damaligen Stadt, der sicher nicht aus dem landwirtschaftlichen Umfeld einer Miniinsel resultierte, sondern aus reichen Handelskontakten.

Bei mehrstöckigen Häusern waren die einzelnen Hausetagen durch Steintreppen verbunden. Im unteren Stockwerke befanden sich häufig Magazine. Die Forscher fanden eine Vielzahl an Werkzeugen, die hohes technisches Know How dokumentieren. An Hand der, von der Lavaschicht perfekt konservierten Lebensmittel in den Tongefäßen, ließ sich zugleich die damalige Speisekarte der Akrotiribewohner vor 3.5oo Jahren rekonstruieren! Außerdem fand man an Amphoren, die unten eine Abflußhahn-ähnliche Öffnung besaßen und mit Kennzeichen versehen sind. Es könnte sich hier um Bezeichnungen handeln, was die einzelnen Gefäße an Lebensmitteln enthielten.

Abdrucke in dem Lavaasche-Tuffgemisch ließen zugleich die damaligen Möbel rekonstruieren: man fand die Existenz von 3-Beintischen, Betten, Hocker, Webstühle etc. -

Dagegen wurden keinerlei Schmuckgegenstände ebenso keinerlei Waffen oder menschliche Skelette entdeckt! Für die Forscher ist dies ein Indiz, daß die Akrotiri-Bewohner rechtzeitig durch Vorbeben gewarnt waren und die Stadt mit Wertgegenständen und Waffen in Schiffen verlassen hatten, - oder aber zumindest ihren Hafen erreicht hatten und gerade beim Einschiffen waren...

Die Hafenanlagen, die in jedem Fall bei einer Größe und Bedeutung der Stadt umfangreich gewesen sein mußten, - haben die Forscher bis heute noch nicht gefunden. Sie werden in der Nähe des heutigen Eingangs vermutet (durch den Vulkanauswurf wurde die Küstenlinie verschoben).

Sollten nun die Bewohner bereits im Hafen von den Gesteins-und Lavamassen überrascht worden sein, - stehen hochkarätige Ausgrabungen bevor. Durch die perfekte Lava-Konservierung wird man umfangreichste

Erkenntnisse zum Schiffsbau, aber auch Handelsverkehr zur Minoischen Zeit gewinnen können!

Die Grabungen von Akrotiri stehen absolut noch am Anfang: so haben jüngste Probegrabungen im 1oo m Abstand ergeben, daß die Stadt erheblich größer war als bisher angenommen. Abgesehen von den noch nicht entdeckten Hafenanlagen wurde auch der Stadtfriedhof bisher nicht gefunden, der bei der wirtschaftlichen Bedeutung der Stadt reiche Grabbeigaben enthalten könnte. - Die neueren Grabungen sind abseits der überdachten Haupthalle und für Publikumsverkehr gesperrt.

Im Sommer mehrmals tägl. zwischen Thera und Akrotiri/Ort
Im Winter (Okt. - April) ist Akrotiri geschlossen.

Kieselbadestrand (Red Beach), begrenzt durch Klippen. Am Strand in einer Felshöhle eine kleine Taverne, die von einem Fischer und seiner Frau betrieben wird. Gute Küche, speziell Fisch. Die Teerstraße führt von der Ausgrabungsstätte weiter bis zu einem kleinen Hafen mit bunten Fischerbooten.

Ungefähr 1 1/2 km westlich des kleinen Hafens liegt der einsame Sandstrand Kokkini Ammos, den man in 35 Minuten auf einem Weg, der westlich in der Ansiedlung Akrotiri beginnt, erreicht.

Fährt man auf der Hauptstraße aus Akrotiri Richtung Thira, dann zweigt beim Erreichen des Kraterrandes linkerhand im spitzen Winkel eine Fahrstraße auf die Halbinsel Messa Pigadia ab, die 5 km lang am Kap Akrotiri zu einem Leuchtturm führt.

Zu Fuß ist der Weg, der anfangs am Kraterrand, später durch flache Hügellandschaft verläuft, bis zum Leuchtturm in einer Stunde zu schaffen.

Ca. 1 1/2 km vor dem Kap geht links ein Weg zu dem schön gelegenen einsamen Strand Messa Pigadia ab. Der Fahrweg auf die Halbinsel ist besonders im Anfangsteil durch Auswaschungen sehr schlecht, eher eine Jeep Piste. Wir haben die Strecke unter Anwendung von Fahrkniffen mit unserem Golf geschafft, - nur Leuten mit Off Road Erfahrung zu empfehlen.

KYKLADENARCHITEKTUR:
Die reichhaltigste findet sich auf den Insel Ios, Mykonos, Naxos, speziell auch Santorini. Nicht ohne Grund ist letztgenannte Insel wichtiges Excusionsziel von Architekturstudenten. Es gibt umfangreiche Studien, beispielsweise Prof. Dr. Krämer, die leider bisher noch keine Verleger gefunden haben. Bei Interesse vermittelt unser Verlag gerne. Zugleich dürfte es ein interessantes Thema für einen Bildbandverlag darstellen, der sich vom Einerlei sonstiger "schöngeistiger" Pseudobildbände hinweg abheben möchte.

Insel Anafi

Felseneiland rund 35 km östlich der Insel Santorini, bisher kaum Tourismus. Die Insel hat nur rund 3oo Einwohner, - zur Zeit der Militär-Junta wurden hierhin politische Gefangene abgeschoben.

Fährverbindung ab Piräus im Sommer 1 -2 mal pro Woche, die Überfahrt ab Santorini dauert rund 1 1/2 Std. Im Sommer auch 1-Tagesausflüge mit Booten privater Reiseagenturen ab Santorini.

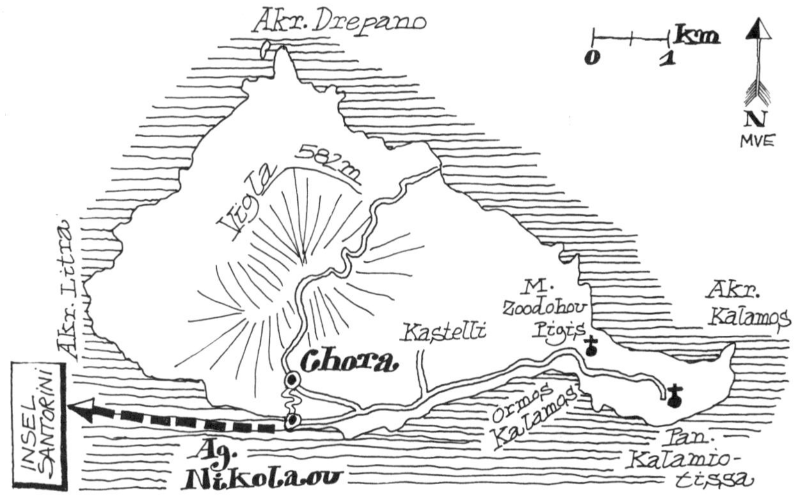

Bei der Ankunft erhebt sich die Insel wie ein riesiger Felsklotz im Meer. Obwohl in Nord-Südrichtung gerade 6 km "groß", steigt sie steil rauf in in 582 m des Inselgipfels VIGLA.

AG. NICOLAOU: Minihafennest, besteht aus nur wenigen Häusern, einem Kafenion. Von hier gehts steil rauf in knapp 3oo m, wo auf einer Bergnase die **CHORA** liegt: ein Kykladendorf mit engen Gassen.

UNTERKUNFT: Achtung, extrem limitiert! Derzeit keine Hotels, nur ganz wenige Privatzimmer!

Die griech. Regierung hat zwar in den vergangenen Jahren Touristen den Gratistransport auf der Fähre Santorini - Anafi eingeräumt, um die karge und unwirtliche Insel wirtschaftlich zu fördern. Dies hat allerdings wenig Sinn, wenn nicht parallel eine Infrastruktur in Übernachtungsmöglichkeit aber auch Tavernen geschaffen wird (zumindest in Sommerbetrieb!).

Zudem nur 1 - 2 mal/Woche im Sommer Schiffsverbindung. Wer nichts an Übernachtung findet, hängt fest. Was übrigens auch gilt, wenn die Fähre wegen Schlechtwetter ausfällt. Dann kann man nur auf einen Ausflugsdampfer ab Santorini hoffen, daß dieser einen retour als Freundschaftsdienst mitnimmt...

Derzeitige Situation: während 194o noch knapp 1.ooo Einwohner auf der Insel lebten, sind die meisten wegen der extrem kargen Lebensbedingungen ausgewandert. Auf dieser Insel Landwirtschaft zu betreiben ist zu hart, die Absatzmärkte zu weit weg und daher schlichtweg unprofitabel. Tourismus könnte der Insel ohne Frage Aufschwung bringen und hier weitgehend in positivem Sinne. Da aber zur Zeit zu wenig für geignete Übernachtungsmöglichkeiten getan wird, bilden sich am Strand wilde Schlafsack-Kolonien, die der Insel Müll, jedoch keinerlei Einkünfte bereiten!

★ BADEN: die Insel besitzt gute Sandstrände an der Südküste und wird deshalb gerne von Badebooten ab Santorini besucht. Aber Achtung: fahren nicht jeden Tag, nur nach Bedarf und bei guten Wetterbedingungen.

★ ESSEN: nur limitiertes Angebot im Mini-Geschäft, außerdem kaum Tavernen.

Die Insel verfügt nur über minimalstes Straßennetz. Transportmittel sind Schusters Rappen, der Esel und wenige Mopeds. Schöner Ausflug entlang der Südküste zu den Klöstern M. ZOODHOU PIGIS und PAN. KALAMIOTISSA oberhalb des steilen Ostkaps der Insel.

Vom 582 m hohen Vigla je nach Wetterlage Panoramablick nach Santorini, Amorgos und Astyphalea.

Insel Sikinos

Kleine unwegsame Insel zwischen Ios und Folegandros mit rauher, nicht reizloser Landschaft. Es gibt praktisch keine Straßen, nur wenige Pfade.

Die CHORA in fantastischer Lage oberhalb der 3oo m fast senkrecht aufsteigenden Nordküste. Schöne Wanderungen, jedoch nur wenige Bade-Buchten. Starke Winde verhindern oft das Landen der Fähre, nur wenige Privatquartiere.

Wer von der Bevölkerung nicht ausgewandert ist, arbeitet in der Landwirtschaft oder ist Fischer. Touristische Infrastruktur gibt es hier nur in sehr bescheidenem Umfang, wer nach Sikinos kommt muß improvisieren können.

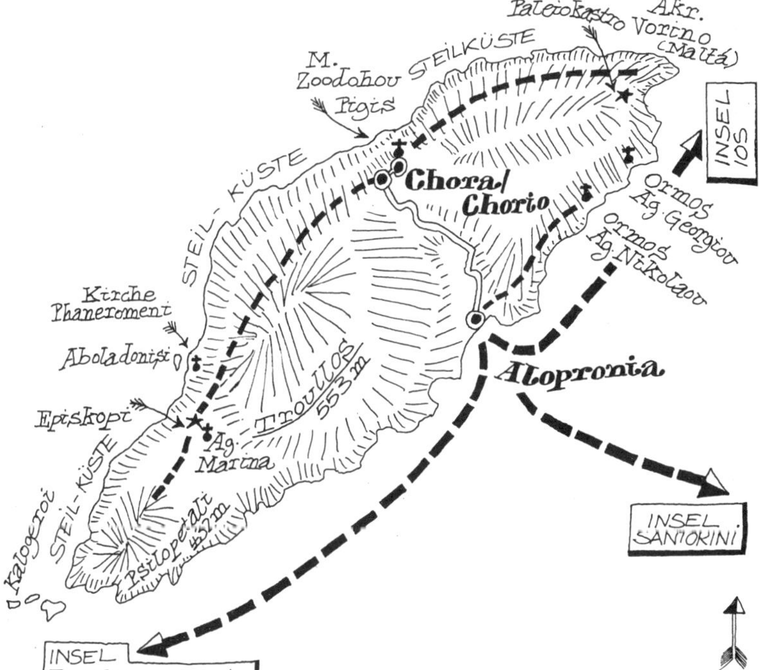

Schiff: im Sommer ca. 3-4 mal/Woche ab Ios, das Schiff fährt weiter nach Folegandros und je nach gerade gültigem Fahrplan entweder zurück nach Ios oder via Kimolos nach Milos. Achtung: die Route ist für starke Winde bekannt;

insbes. sind die Landebedingungen auf Sikinos schlecht, so daß es immer wieder passiert, daß das Schiff unverrichteter Dinge weiterfährt, Klartext: man also u.U. bis zu 1 Woche auf der Insel festhängt! Die Überfahrt Ios - Sikinos dauert rund 4o Min., weiter nach Folegandros knapp 1 Std.

Je nach gerade gültigen Schiffs-Fahrplänen im Sommer auch saisonale Personenverbindung Santorini - Sikinos- Folegandros. - Weiterhin: ab Ios Badekaikis im Sommer rüber nach Sikinos, die die Insel als 1- Tagesausflug besuchen.

Eigenes Auto nach Sikinos mitnehmen wäre Unsinn: es gibt praktisch keine Straßen!, nur einige Eselspfade.

SIKINOS ist ein riesiger, langgestreckter Bergrücken aus Marmor, der mit dem Troullos 553 m Höhe erreicht. Selbst an der Südwestspitze ist die Insel mit dem Psilopetali immer noch 432 m hoch, - dies in nur rund 5oo m Luftlinien-Entfernung zum Meer!

★ALOPRONIA: Hafen in kleiner Bucht. Als Ort von der Lage recht malerisch, obwohl er erst Ende der 6o-er Jahre entstand. Am Nordende ein kleiner Sand/Kiesstrand. Im Sommer bei Bedarf zusätzlich Badekaikis rauf zu den beiden Stränden Ag. Georgiou und Ag. Nikolaou. - Im Ort Alopronia gibts eine Handvoll Tavernen, die auch Privatzimmer vermieten, aber nur Ende Mai bis Mitte Okt. in Betrieb sind. Ein 5 km Weg führt nach:

★CHORA: (auch "Kastro" genannt) und **CHORIO**, die einzigen weiteren Siedlungen auf der Insel. Sie liegen wie zwei Adlernester rund 27o m oberhalb des Meeres auf dem Steilabfall der Insel-Nordküste. Das Kastro war die mittelalterliche Burgsiedlung der Insel und besitzt ohne Frage viel Flair mit seinen Gassen, den bis zu 4oo Jahre alten Häusern und dem schönen Hauptplatz. Die Hauptkirche stammt von 1787. Allerdings sind viele der Kastro- Häuser wegen der hohen Auswanderungsrate der Insel verlassen. - Das Kastro wird von einem heute ebenfalls verlassenen Marienkloster (M. Zoodohou Pigis) überragt. Bei stürmischer Ägäis ein windgepeitschter Ausguck mit Superpanoramablick rauf nach Paros, Antiparos, Naxos und Ios!

3oo m vom Kastro und westl. oberhalb auf einer Bergflanke liegt das jüngerer Zeit gebaute Dorf Chorio. Beide Orte haben zusammen rund 25o Einwohner, im Kastro (limitierte) Vermietung von Privatzimmern, es gibt Tavernen und Kafenions, einen Bäcker, Lebensmittelhändler, Arzt, sowie Post und OTE, die in Privathaus bzw. Lebensmittelgeschäft untergebracht sind (Lage in Tavernen fragen!).

WANDERN: ab Chorio/Kastro führen Eselspfade entlang der Steilküste sowohl rauf zur Nordspitze beim Kap Vorino (ca. 1 1/2 Std. pro Richtung) mit schönem Blick rüber nach Naxos, Ios, Paros. Vom, an der Nordspitze liegenden Palaiokastro, einer antiken Siedlung ist jedoch nichts mehr erhalten.

Ein weiterer Eselspfad ("monopati") beginnt rechts der Schule, die zwischen den beiden Orten Kastro und Chorio liegt - und führt entlang der Nordküste runter zur Südspitze. Der steinige Pfad verläuft immer hoch oberhalb des Meeres und ist teils durch Mäuerchen von Anbauterrassen begrenzt. Nach gut 45 Min. strammen Wanderns sieht man unterhalb und vis-a-vis der Miniinsel Aboladonisi das Kirchlein Phaneromini (alljährliches Kirchenfest, wenige Pilgerherbergen). Von diesem Blickpunkt sinds auf dem oberhalb der Steilküste verlaufenden Pfad noch gut 15 Min. bis EPISKOPI: hier lag in der Antike der Inselhauptort. Lage: rund 33o m oberhalb des Meeres. Zu sehen: Gräber, riesige Steinmauern, sowie ein Kirche (Grundriß ca. 1o x 7 m), die rechts und links des Eingangsportals 2 "antiker" Säulen im Mauerwerk integriert hat.

Der deutsche Archäologe Ludwig Ross vermutete bei seinem Besuch 1837, daß es sich hier ursprünglich um ein Apolloheiligtum handeln könnte, deren Säulen später in eine christl. Kirche integriert wurden. Neuere Forschungen in den 6o-er Jahren gehen jedoch davon aus, daß diese Säulen im 3. Jhd. nach Chr. von reichen Skinoten denen der Antike nachkopiert wurden und einem Grabmal aus dem 3. Jhd. n. Chr. dienten. Dies, da eine Vielzahl der in die Antike typischen Säulenausstattung fehlt.

In der spätbyzantinischen Zeit wurde das Gebäude in eine Kirche umgewandelt, im 17. Jhd. kamen Klostergebäude hinzu. Der Eingang zur Kirche ist wegen Baufälligkeit verbrettert, man kann jedoch durch die Bretterritzen reinschauen.

Oberhalb Episkopi liegt das Gipfelkirchlein Ag. MARINA mit fantastischem Blick. - Wer will, kann weiter zur Südpitze der Insel wandern: die Besteigung des Psilopetali ist jedoch eine harte, steinige Kraxellei und benötigt sehr frühzeitigen Aufbruch in Kastro/Chorio.

Für die Wanderung, egal ob Episkopi oder Psilopetali, genügend Trinkwasser und Essen mitnehmen: es geht in absolute Einsamkeit. Gutes Schuhwerk wie auch Sonnenschutz (Hut, Creme) ebenfalls nötig, da praktisch schattenlose Landschaft.

Wer einen Badeurlaub will ist auf Sikinos eher am falschen Platz: es gibt nur wenige Strände. Der Ortsstrand in der Hafenbucht Alopronia (Sand/ Kies) bringt zwar kühlendes Bad, ist jedoch schattenlos. -

Als bester Strand gilt die Bucht von Ag. Georgiou, nur per Kaiki ab Alopronia (3o Min.) und gutem Wetter zu erreichen. Grobkörniger Sand mit Stein und Kies, aber schön unterhalb der steilen Inselberge gelegen. Wegen schöner vielfarbiger Kiesel ist er Tip für Steinesammler! - Ca. 1o Bootsminuten vor dem Ag. Georgiou der Ag. Nicolaou- Strand: vorwiegend Kiesel, etwas Sand. Er ist auch in mühsamer Kraxellei zu Fuß ab Hafen Alopronia in ca. 1/2 Std. zu erreichen.

HINWEIS: keine Abwechslung auf der Insel. Wer High Life sucht und Badebetrieb, ist nicht nur auf der Insel falsch aufgehoben, sondern hängt u.U. noch tagelang fest, wenn das Schiff ausfällt.

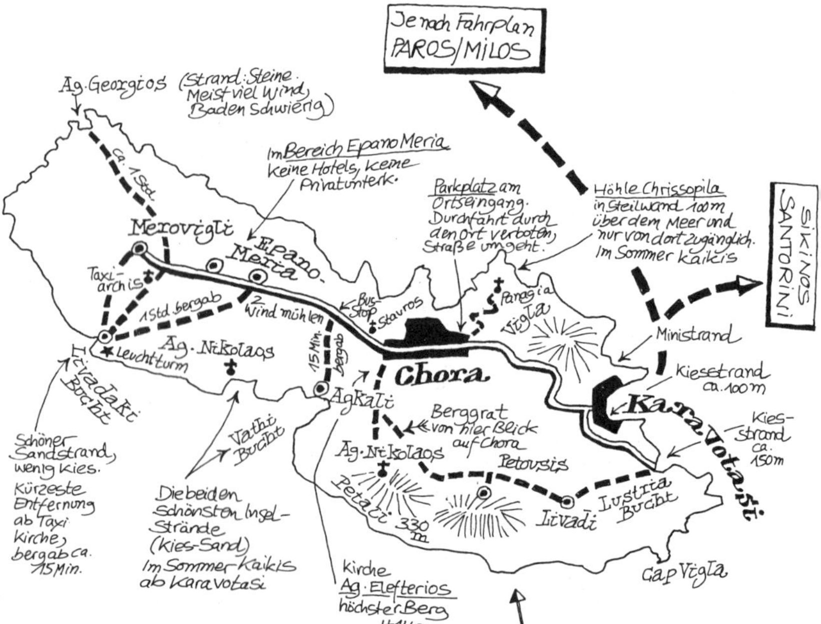

Insel Folegandros

Insel Folegandros

Eine der kleinsten bewohnten Inseln der Kykladen, Felsküste gut zum Schnorcheln. Nur wenig Unterkunftsmöglichkeit. Früher ein Geheimtip, aber inzwischen auch hier viel Tourismus, speziell Rucksackreisende.

Im NORDWESTEN der Insel keine Unterkunftsmöglichkeiten, Touristen sind in diesem Teil der Insel nicht gern gesehen.

Verbindungen

Schiff: im Sommer 3 - 4 mal/Woche ab Ios via Sikinos. Die Überfahrt dauert je nach Zwischenstop auf Sikinos gut 2 Std. Achtung: je nach Witterungsbedingungen/Ägäis besteht die Gefahr, daß man auf Folegandros mehrere Tage festhängt. Die Hafenbucht von Folegandros ist zwar etwas besser windgeschützt als die der Nachbarinsel Sikinos; bei schlechtem Wetter wird der Schiffsverkehr jedoch eingestellt!

Je nach gerade in der Ägäis gültigem Schiffsplan (wechselte auf dieser Route in den vergangenen Jahren häufig!) gibts im Sommer auch Schiffsverbindung Folegandros - Kimolos - Milos, bzw. nach Paros.

TRANSPORT AUF DER INSEL

Wenn das Schiff am Hafen ankommt, warten schon die beiden grünen Inselbusse (2 Busunternehmen). Ein Bus zum Bergdorf rauf nach Chora kostet ca. 1 DM.

Der 2.kleinere Bus fährt über Chora nach Epano Meria für 3 DM, ist aber nur zur Schiffsankunft im Hafen, sonst pendelt er zwischen Chora und Epano Meria für 2 DM. Bei Bedarf umsteigen!

In der HS stündlicher Busverkehr zwischen Chora und Karavostas 7-19 Uhr. In der VS ab Chora 7.2o-11-14.3o-17-19 Uhr und sofort zurück.

Es gibt kein Taxi und keinen Fahrzeugverleih auf der Insel!

Eigenes Auto ist auf der Insel in der HS eher lästig; nur 13,5 km befahrbare Autostraße. Kaum Ausweichstellen und Abstellmöglichkeiten fürs Auto! Alle Wanderabgänge zu den Stränden sind per Bus erreichbar; Bus stoppen! An den meisten Wegabgängen Wartehäuschen.

Die 14 km lange Insel wird von zahlreichen Erosionstälern durchzogen. Im allgemeinen unfruchtbar. Um die Dörfer TERRASSENFELDER. Anbau: Gerste, wenig Weizen und Wein (Eigenbedarf), Gemüse, bes. Bohnen.

U.a. Bienenzucht: In allen Farben gestrichene Holzkästen. Da hier viel Thymian wächst, wird dieser Honig in Griechenland besonders geschätzt. Ferner wächst Salbei. Der Tee wird von Einheimischen gegen Erkältung benutzt.

Im wesentlichen wird Viehzucht betrieben. Viele Ziegen und Schafe aber auch Kühe und Schweine.

Neben wenigen Olivenbäumen um die Ortschaften gibt es vor allem Feigenbäume. Die Feigen der Insel sind sehr beliebt.

SCHLANGEN - braun-grau gemustert von Daumendicke und etwa 1 m Länge gibt es überall auf der Insel. Ein Biß ruft eine unangenehme Entzündung hervor, soll aber nicht giftig sein.

★ Karavostasi

Hafenort der Insel an der Ostseite. In einer Bucht mit vorgelagerter kleiner Felseninsel. Fischerdorf mit weißgekalkten Häusern vor grau-grüner Berglandschaft. Höchste Erhebung 414 m.

Fischer flicken ihre gelben Netze an der von der Hafenmole ins Dorf führenden Straße. Mit Auto muß man drauf achten, daß man nicht drüber fährt. - Diese Fischer sorgen für den Fischbedarf der Insel.

"Hotel Eolos", derzeit bestes Inselhotel, am Ende der Hafenbucht am Weg zum Campingplatz. Großer Vorgarten mit 2 Pinien. Moderner Flachdachbau. Solarheizung. Das Hotel wird vom Besitzer als Hobby und nicht als Geschäft betrieben, sagt er zumindest. Ab 1.6. geöffnet. 2o Zi. mit Bad u. Balkon. DZ ca. 4o DM

Im benachbarten kleinen flachen Doppelhaus vermietet eine agile 85-jährige Frau zwei kleine saubere **Privatzimmer**. Toiletten-Duschhäuschen hinter dem Haus. Große Terrasse vor den Zimmern mit Grünpflanzen. 3 Stufen über der Straße. DZ ca. 2o DM.

Neben dem Hotel nichtssagendes Restaurant mit Terrasse "TO KATI ADDO". Blick über die Hafenbucht.

Taverne "KALIMNIOS" mit Minimarkt. Beste Taverne am Ort. Sehr schöne Außenterrasse mit Blick über die Bucht u. auf ankommende Fährschiffe. Bunte Lampenkette am Abend. Ideal zum Abendessen oder Frühstück vor Abgang einer Fähre. Ausgezeichnete preiswerte griech. Küche. Wir fanden Kalamari Spitze! Schnelle Bedienung. Äußerst freundl. Wirtsleute. - Geben auch Tips für Privatzimmer.

Weg zum **Campingplatz**: 1,3 km vom Hafen zur Lustria-Bucht mit 2oo m breiten Steine- Kieselstrand mit dahinterliegendem kleinen Thamariskenwäldchen. Ein Brunnen am

Rande. (Am Wege dorthin zwei kleine von der Straße nicht sichtbare Ministrände.)

Camping Livadi: Fahrweg vom Hafen 1,5 km endet am Campingplatz. Der Betonweg führt direkt zum Eingang, keine Autowendemöglichkeit, dies nur am 2oo m entfernten Strand möglich. Wenig Schattenplätze. Wellblech- überdachtes Restaurant/Bar mit kl. Minimarkt. Einfachste Toiletten. Wenig Freisitzbänke. Fast keine Autoabstellmöglichkeit. Ab Juni geöffnet.

Vom Campingplatz führt ein 3o Min. Fußpfad nach Livadi bergauf. Für die Rundwanderung (siehe Karte) via Petousis (nur wenige bewirtschaftete Bauernhöfe) und Berggrat zur Chora insges. ca. 2 Std. ab Loustria Bucht.

KARAVOSTASI ⋙→ CHORA

Eine schmale Betonpiste führt durchs Ödland rauf zum Dorf entlang einem ausgetrocknetem Flußbett. Kaum Ausweichmöglichkeit. Karge Vegetation, selbst der rote Klatschmohn (Mai) hat nur Zwergwuchs.

Von weitem sieht man zunächst nur 4 Kirchenkuppeln der Chora (im ganzen 5) und dominierend am Berghang die Panagia.

3oo m vor dem Ort, direkt an der Straße, "**Pablos Rooms to let**" Alleinstehendes Gebäude mit Schlafmöglichkeit im Schlafsack auf der Dachterrasse auf Steinboden. Preis hierfür aushandeln. Einfache Zimmer mit Gem. Toil. und Dusche um einen großen Innenhof (viel Grünpflanzen) mit überdachtem langen Tisch und Bänken beidseits), Einfache Zimmer im Kykladenstil; DZ ca. 25 DM.

★ Chora

Altes KASTROVIERTEL am Steilhang zum Meer: Fällt 2oo m fast senkrecht ins Wasser runter und die Häuser sitzen oben wie im Adlernest. Viele schöne alte Kykladenhäuser mit Treppen und Balkonen von hängenden Blumen umrankt, farbig gestrichene Geländer und Toilettenhäuschen, auf vielen mit Guck- bzw. Luftloch, Balkonen.

Abends bevölkern die Urlauber die Terrassen bzw. Plätze vor den Tavernen und Kafenions des kleinen Ortes.

U. E. schönste Sitzgelegenheit bietet die Stufen-Terrasse der abseits gelegenen Pizzeria und Pastelleria (Blick auf Terrassenfelder und Meer).

"Hotel Danassis": Am Ortsbeginn im alten Kastroviertel gelegen. Alter, direkt an der Steilwand zum Meer liegender,verschachtelter Kykladenbau. Wer Originalität liebt, ist hier richtig. 4 Zimmer haben tollen Blick durchs "Burgfenster" zum Meer. Primitiv eingerichtet ohne Waschbecken, ohne Tisch; aber ein Schrank mit Innenspiegel. Sauber.

Im EG gem. primitive Toilette und Dusche. 1.Stock über schmale Außentreppe erreichbar. Barraum im EG, ohne Besonderheiten. DZ ca. 3o DM, ohne Frühstück.

"Hotel Odysseas": Derzeit bestes Hotel in der Chora. Am Stadtrand. Neubau im imitierten Kykladenstil. 4 Loggia-Terrassen im EG. In ummauerter Gartenanlage. Keine

Anfahrmöglichkeit mit Auto. Die nach hinten gelegenen Zimmer über Außentreppe erreichbar. Mittelgroße Zimmer mit modernen Kiefernmöbeln. Gem. Eisschrank im Gang. DZ.ca. 3o-35 DM. Freundl. Wirtin, keine Fremdsprache. Zu empfehlen.

"Hotel Fani Vevis": Am Ortsende an der Straße nach Epano Maria gelegen. Blick über Chora und zur Panagia. Quadratischer Steinbau mit Balkon, umrahmt von altem verrostetem Eisengitter. 4 schmiedeeiserne Laternchen an der Hausfront. Erinnert an ehemaligen Herrensitz (italien. Einschlag). Schmaler verwahrloster Vorgarten. Hohe Räume mit Steinböden. Gem. Toil. Ab 1.6. geöffnet. DZ ca. 35 DM. Bar angebaut.

Am besten ißt man bei "O KRITIKOS". Die Taverne liegt an einem kleinen Platz. Hier sitzt man im Freien unter Bäumen gegenüber dem Grill und der Küche (die Kartoffelsäcke stehen vorm Haus;) man kann auch im Feigengarten etwas abseits sitzen. Souvlaki und Grillhühner sind das Hauptangebot.

OTE, kleines Privathaus. Hier nur telefonieren, wenn Post geschlossen.

Aufstieg zur Kirche PANAGIA etwa 15 Min., am Friedhof vorbei. Bequemer in Serpentinen verlaufender Steinplattenweg mit gekalkten Fugen, am Parkplatz bzw. Omnibusumkehr beginnend. Die Kirche liegt an einer steil aufsteigenden Bergnase hoch über dem Meer.

Vor der Kirche Glockenturm. Überdachter Eingang von alten Marmorfresken umrahmt. Kirche geschlossen. Byzantinischer Stil, weiß gekalkt. Vor der Kirche große Erdterrassen mit 5 alleinstehenden Bäumen. Von hier Blick über die Chora, das Inselinnere bis zur Hafenbucht. Die Kirche wurde im 19.Jhd. erbaut, antiker Säulenrest seitlich des Eingangs, Kirchenfest am 15.8.

Wer zum darüberliegenden 3oo m hohen Gipfel will, muß sich selbst den Weg suchen. Vorsicht stürmisch! Oben Mauerreste alter Gebäude und grandioser Ausblick.

CHORA → EPANO MERIA

Straße zieht großartig an der Steilküste entlang, links und rechts Kirchen und Windmühlen. Nach 3,4 km Abgang zum:

AGKALI-STRAND. Fußweg ab Bushäuschen (Busfahrer Bescheid geben!) in ca. 15 Min. steil bergab. Das Badevergnügen muß man sich in der Vorsaison erwandern, - im Sommer dagegen gibt´s Kaikis ab Hafen Karavostasi um die Südostspitze der Insel rum.

Der Agkali- Strand: eine enge, mit Felsen umgrenzte Bucht mit Kiesel-Sandstrand und ausgehöhlte Felsen. Oberhalb zahlreiche Sommerhäuser, auch wenig Privatunterkünfte. Im Sommer eine Taverne in Betrieb.

Der AG. NIKOLAOS- STRAND liegt westl. vom Agkali-Strand, Kiesstrand, ruhig. Im Sommer ebenfalls Kaikis ab Hafen Karavostasi.

Die Fahrstraße ab Chora führt weiter auf einen Kamm. Steile Terrassen beidseits zum Meer. Weitere Abgänge zu beiden Küstenseiten. Kurz vor Epano Meria die schönste Kirche der Gegend: AG. GEORGIOS.

EPANO MERIA (4oo Einw.) Auch Ano Meria oder Ano Mera genannt, - zieht sich hin bis in den Ortsteil Merovigli. Ein weitflächig angelegtes Straßendorf mit verstreut liegenden Häusern (1 Stunde zu Fuß, um den Ort zu passieren).

Landwirtschaftliches Inselzentrum. Am Busumkehrplatz die Taverne "Sunset", keine Unterkunftsmöglichkeit.

LIVADAKI BUCHT: Vom Dorf bei der Taxiarchis-Kirche in Richtung Aspropountas-Leuchtturm zu schönem Sandstrand. Es gibt mehrere Pfade: der kürzeste (siehe unsere Karte!) ab Taxiarchis Kirche an der Busumkehre und Sunset- Taverne. Bergab ca. 45 Min. - Ebenfalls möglich ab 2 Windmühlen (etwa Mitte des langgestreckten Ortes Epano Mera): bergab ca. 1 Std. - Der 3. Pfad beginnt im Ortsteil Merovigli bei der Kirche Anargiri (bergab 1 Std.).

1 Salzlagune von Alikes
2 Airport
3 Mavro Gremna
4 Hivadolimni
5 Loutra Provata
6 Patrikia
7 Rivari
8 Ebourios
9 Abourdechtaki
10 Ag. Dimitrios
11 Bobarda
12 Ag. Kostadinos
13 Papafraga
14 Katsiparos

Insel Milos

Südlichste Insel der westlichen Kykladenkette. MILOS ist ungemein reich an Bodenschätzen, die seit der Antike abgebaut werden. Auch heute leben rund die Hälfte der Inselbewohner von den Minen, die im Tagebau betrieben werden.

Speziell wer sich für Geologie interessiert: eine der interessantesten Inseln der Ägäis. Ansonsten: der Tourismus konzentriert sich im Inselhauptort ADÁMAS, da hier fast alle Unterkunftsmöglichkeiten liegen. Busverbindungen, aber auch Badeboote zu den wichtigsten Inselstränden. Vielfach Sand, sehr klares Wasser und schöne Felsformationen.

Der OSTTEIL der Insel flach bis bergig, - der WESTEN derzeit kaum erschlossen, hier auch die höchste Inselerhebung, der Prof. Ilias (751 m).

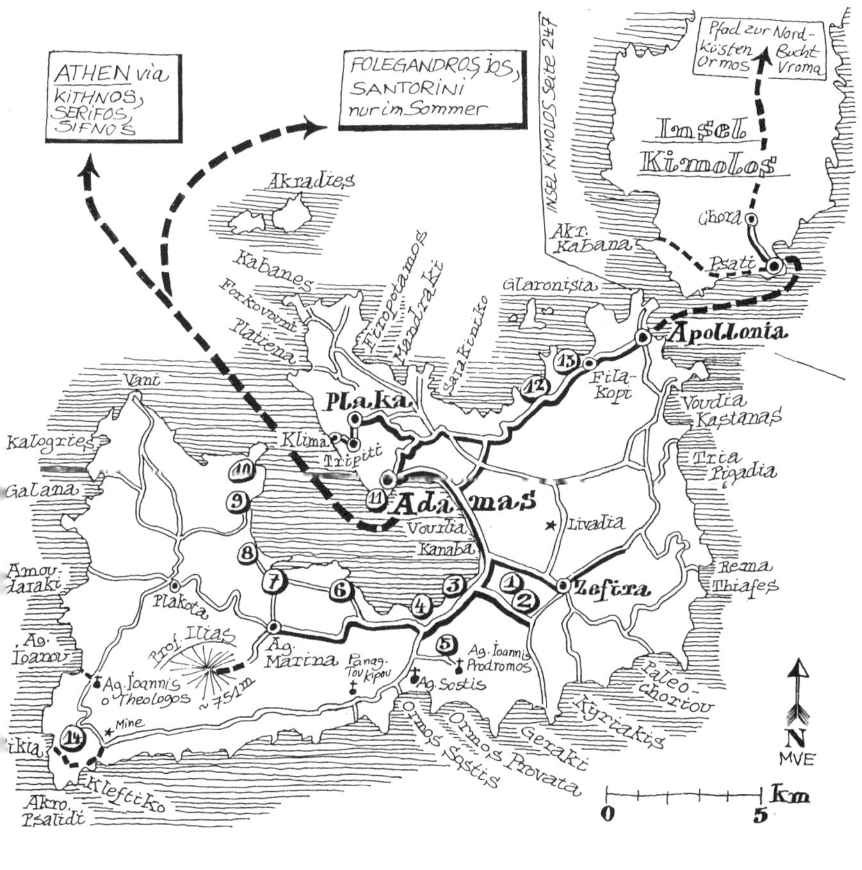

Milos ist gewiss in seinen Landschaften und Inselorten nicht so spektakulär wie z.B. Santorini oder auch Naxos. So doch eine durchaus lohnende Insel, sofern man flexibel genug ist, sich aus dem Standquartier (und etwas langweiligen) ADÁMAS rauszubewegen.

Verbindungen

Per **Schiff** mit Piräus etwa 5 - 7 x/Woche über Kithnos, Serifos und Sifnos. Weiter nach Kimolos und Syros. Einmal die Woche auch Verbindung mit Folegandros, Ios und Santorin. Daten für Sommer, ansonsten seltener. Die Überfahrt von Piräus bis Milos dauert rund 8 - 1o Std., je nachdem, wieviel Inseln unterwegs angelaufen werden und was sonst noch unterwegs alles passieren kann (schlechtes Wetter etc.). Wer einen Rückflug ab Athen gebucht hat, sollte mit den Anschlüssen nicht zu knapp kalkulieren!

Mit dem **Flugzeug** 2-4 täglich Verbindung mit Athen. Flugzeit knapp 1 Std., frühzeitig buchen!

Außerdem werden zur Saison Charterflüge von Wien aus (Lauda-Air) durchgeführt. Der Flughafen liegt bei Alikes (7 km von Adámas). Verbindung in den Hauptort Adamas per Olympic Bus, weiterhin Taxis vor dem Airport.

Mitnahme **eigenen PKWs** ist persönliche Entscheidungsfrage. Die wichtigsten Orte aber auch Strände werden von Inselbussen bzw. Badebooten bedient. Eigenes Auto kann nützlich sein, um abgelegene Gebiete bequemer und unabhängiger von Abfahrtszeiten zu erreichen. Gilt speziell, wer sich für Minen, Geologie, Höhlen etc. interessiert, siehe auch Kapitel "Geologie"!

Die Mitnahme des eigenen PKW´s ist allerdings auf der Milos Fähre teuer: ein Golf beispielsweise retour ab/bis Piräus ca. 13o DM, größere Fahrzeuge ca. 16o DM. Entscheidungsfrage, ob man hier nicht bequemer per Flugzeug nach Griechenland anreist und auf Milos sich einen Mitwagen oder ein Mietmoped nimmt.

Insel Transporte

Die **Busse** fahren ab der Plaka in Adámas etwa stündlich zu allen größeren Ortschaften der Insel (Plaka, Tripiti, Zefiria, Pollonia etc.). Genaue Zeiten am Busterminal in Adamas.

In Adamas gibt es eine Reihe von **Auto- und Motorrad-Verleihfirmen** direkt am Hafen: z. B. Vichos Tours, Milos Car Hire, Averikos Travel. Preise für einen Kleinwagen ca. 7o DM/Tag, Motorrad ca. 15/Tag.

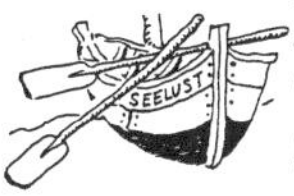

Badeboote: zur Saison ab Adámas quer über die Bucht zu den Stränden Ebourios und Rivari. Bei gutem Wetter auch zu Stränden an der Süd- und Westküste. Sehr lohnend sind Trips in Bade-Kaikis einmal um die Insel rum. Dauert 1 Tag mit diversen Stops an den Stränden. Zugleich guter Einblick in die sehr buchtenreiche Küste mit ihren reichen Mineralien. Fahrten nur bei gutem Wetter, Infos im Hafen Adámas.

Rüber zur nördl. gelegenen Nachbarinsel KIMOLOS: ab Hafen Apollonia, Details siehe Seite 247.

KARTEN: es gibt mehrere, die alle Vor- und Nachteile haben:

Die "MILOS/Edition Loukopoulos" dürfte derzeit die übersichtlichste sein. Ortsnamen zweisprachig, Straßen klar rausgearbeitet. Allerdings fehlen viele Feldwege sowie komplett die Inselpfade, wer Wanderungen vorhat. Für den Normalbedarf dürfte sie ausreichen und ist wegen ihrer Übersichtlichkeit momentan die beste Karte.-

Die "MILOS TOURIST MAP" 1: 3o.ooo bringt darüber hinaus fast jedes Haus sowie Pfade. Allerdings ist sie auf dem Datenstand 1982; einige Straßen fehlen, die zwischenzeitlich angelegt wurden. Die Ortsnamen teilweise nur in griech. Schrift. Diese Karte enthält zugleich die einzelnen Bodenschätze eingetragen.

Die "MILOS/Ed. Emanuel Drougas" ist in DIN A 3 Größe angenehm handlich, allerdings nur schwarz/weiß. Im Gegensatz zu den anderen beiden Karten enthält sie Hinweise auf die Milos- Höhlen und die Thermalbäder. Nur die Straßen sind eingetragen, hier nicht alle, außerdem keine Pfade und die Höhenlinien supergrob. Der Datenstand: 1974.

Verschiedene Namensschreibweise:

Auch auf MILOS ist die Schreibweise ein und des selben Ortes oft unterschiedlich (z.B. "Alikes" - "Alykis"), so doch zumindest noch so ähnlich, daß man in der Regel klarkommt. Beispiele:

Paleochoriou	Paleochori/Palaiokhori	Alikes	Alykis
Filakopi	Flakopi/Phylakopi	Kayiakis	Kiryakis/Kiriaki
Ebourios	Epourio	Apollónia	Pollónia

GESCHICHTE: Die ältesten Siedlungsfunde datieren von 6.ooo v. Chr. Zur Steinzeit war Milos eine der wichtigsten Inseln der Ägäis wegen seines Obsidianreichtums. Dies ist eine Gesteinsart, die durch Abspalten rasierklingenscharfe Kanten ergibt und Verwendung in Speerspitzen, Messern etc. fand. Gemäß heutiger Untersuchungen wurde Obsidian weit über den Kykladenraum hinaus exportiert. Bis zur Ankunft der Dorer war Filakopi die Hauptsiedlung der Insel. Um 11oo v.Chr. wurde Milos von Dorern besiedelt, die eine neue Hauptstadt bei Tripiti errichteten (die "antike Stadt", siehe bei Plaka).

Während des Peloponnesischen Krieges (416 v.Chr.) nahm Milos zuerst eine neutrale Haltung ein, schlug sich dann jedoch auf die Seite Spartas. Fast ein Jahr lang wurde Milos von den Athenern belagert, dann mußte man erschöpft aufgeben. Die Athener richteten ein Blutbad an: alle Männer wurden getötet, die Frauen und Kinder als Sklaven verkauft. Die wenigen überlebenden Melier konnten erst 1o Jahre später auf die Insel zurückkehren und die athenischen Siedler vertreiben.

Zum Schutz vor Piraten wurde im Mittelalter das Kastro gebaut, eine unzugängliche Festung auf einem Hügel. Um diese Festung herum entstanden dann im Lauf der Zeit Siedlungen, die sich im 17.Jh. zu der heutigen Hauptstadt Plaka zusammenschlossen.

WIRTSCHAFT: geprägt von der Antike bis heute durch den Mineralreichtum der Insel. In der Steinzeit Obsidiane siehe oben. - In der Antike: Bimsstein, Alaun (urspr. dkl. Tongestein, welches durch Verwitterung in Salz übergeht und Verwendung in der Medizin als blutstillendes Mittel findet, sowie in der Gerberei als Beizmittel und heute in der Papierfabrikation als Leimmittel) und schwefelhaltige Verbindungen, die in der Antike zur Desinfektion und Bleichen von Leder verwendet wurden.

Heute: vorwiegend Kaolin (wird u.a. benötigt zur Porzellanherstellung), Baryth (für spezielle Papiersorten, für Farben etc.), Perlit (dient als Isoliermaterial) und Bentonit (zum Entfärben tierische und pflanzl. Öle, als Dichtungsmittel z.B. bei Erdöl-Bohrungen und zur "Nachbesserung" von Wein und Bier). Abgebaut wird in offenem Tagebau, die Folge sind diverse Kraternarben auf der Insel.

GEOLOGIE: unter diesem Aspekt ist Milos sicher eine der interessantesten Inseln des Mittelmeers! Wie keine andere verfügt sie über eine derartige Vielfalt an Mineralien. Als Milos- Urlauber bekommt man in der Regel recht wenig von der Ausbeutung dieser Mineralien mit, da sie abseits von Tourismusgebieten und Stränden stattfindet.

Die Fördermengen sind beachtlich, an erster Stelle steht Kaolin. Beispielsweise soll der Rosenthal- Konzern (in Deutschland führend in Porzellanherstellung) seinen Kaolinbedarf fast ausschließlich von Milos beziehen. Details zu Minen siehe Milos-Karte 1: 3o.ooo, siehe oben!

Auch wenn vulkanische Eruptionen in "geschichtlicher" Zeit nicht bekannt sind, muß die Insel vor mehreren Mill. Jahren durch vulkanische Tätigkeit entstanden sein. Die Inselgipfel Prof. Ilias (781 m), der Gipfel der Plaka und andere sind Vulkangestein. Den Reichtum an Mineralien sieht man u.a. auch bei Kaikifahrten entlang der Küste. Das Gestein schimmert in allen Farben, und der geologisch Erfahrene weiß die einzelnen Gesteinsarten zu deuten. So sind beispielsweise die weißen Felsplatten der Sarakiniko Bucht (nördl. Adamas/Nordküste) durch Vulkanauswurf entstanden, der sich im Lauf der Jahrmillionen als schneeweiße Felsplatten verbunden hat.

Relativ knapp unterhalb der Insel (in ca. 8oo - 1.2oo m Tiefe) befinden sich heißflüssige Lavamassen. Dies führt an vielen Stellen der Insel zu Thermalquellen. Sie liegen teils im Küstenbereich im Meer, teils an Land. Die Temperaturen sind unterschiedlich, im Strandbereich teils so heiß, daß man aufpassen muß, sich die Füße nicht zu verbrennen!

* Loutra Lakkou an der Südseite der Adamas- Bucht: direkt neben der Straße liegt eine Höhle, die von der Gemeinde für Badebetrieb präpariert wurde. Temperatur ca. 39 Grad, allerdings nur ein dünnes Rinnsal an heißem Wasser.
* Loutra Marakinou: nördl. von Adamas, ein Brunnen mit 42 Grad. Das Wasser wird in Badewannen geleitet und dient gegen Rheuma. Diese Anlage wie auch Loutra

Lakkou sind in reichlich desolatem Zustand.

* Loutra Alykis: nördl. von Alikes/Flughafen. Eine Höhle, im Inneren ein kleines Becken mit 3o Grad warmem Wasser-Schlamm Gemisch. Wurde gegen Rheuma, Arthritis etc. genutzt, die Anlage ist nicht besonders gepflegt.
* Loutra Skinopis: liegt knapp südl. von Klima und unterhalb der Plaka, eine Meereshöhle, die in ihrem Inneren eine Quelle mit 4o Grad heißem Wasser besitzt. Anwendung gegen Rheuma.
* Loutra Provata: eine Höhle, die im Istmus zwischen Adamas-Bucht und Südküste auf einer Anhöhe liegt. Die Thermalquelle im Inneren der Höhle wurde bereits zur Zeit der Venezianer genutzt, Temperatur unterschiedlich bis ca. 4o Grad.

Es gibt viele weitere Stellen auf der Insel, wo Thermalpower zu beobachten ist. Beispielsweise nördl. des Cap Bombardia (nördl. Adámas), wo man bei ruhigem Meer Gasblasen beobachten kann, die aufsteigen, begleitet von Schwefel/Wasserstoff Geruch.

In Livadia (ca. 1,5 km nördl. Zephyra) wird hydrothermische Kraft, die hier in Dampf aufsteigt durch eine Bohrung und Elektrizitätskraftwerk genutzt, welches angeblich 1o Megawatt Leistung bringt.

Heiße Quellen, die das Meer erwärmen beispielsweise auch am Strand von Paleochoriou und dem west. daneben liegenden Kyriakis (beide Südküste), am Kanavas Strand (in der Bucht Nähe Airport) an der Kastanas/Voudia Bucht (Ostküste, knapp unterhalb von Apollonia) und weitere.

UNTERKUNFT: praktisch alle Insel HOTELS befinden sich in Adámas, mit Ausnahme eines kleineren Hotels im hübschen Ort Klima unterhalb der Plaka. Auf dem Rest der Insel muß man versuchen, in PRIVATZIMMERN unterzukommen. Derzeit nur wenige im Angebot, gibts zudem nur in wenigen Orten, z.B. in Apollonia an der Nordostspitze der Insel und am Strand von Paleochoriou, in Ebourios und in der Plaka. Derzeit kein Campingplatz, Wildcampen verboten.

✶ Adámas (ca. 9oo Einw.)

Heute wichtigster Ort der Insel, Hafen für die Fährschiffe, aber auch (ca. 2 km südl.) Kai für die Frachter und den Abtransport der Minen Ausbeute.

Ein relativ moderner Ort, dessen weiß gekalkten 1- 2 stöckigen Häuser sich um die Bucht ranken. Gegründet 1824 von Flüchtlingen aus Kreta, auch wenn aus dieser Periode praktisch nichts übrig geblieben ist. Der Ort "glänzt" durch Funktionalität; Banken, Post, sowie Busterminal für Inseltrips.

Praktisch alle Inselhotels befinden sich in Adámas, sowie der Großteil der Privatquartiere. Von daher konzentriert sich auch der Milos- Tourismus auf den Ort, der im Sommer überquillt. Die Ortsstrände sind passabel (mit Abstrichen!), - die wirklich guten Strände der Insel erreicht man jedoch nur per Drachmen sprich Badekaiki, Bus bzw. Mietmoped.

Tourist INFO Direkt bei der Fähranlegestelle mehrere private, sowie die Buchungsbüros für Kaiki- Fahrten zu Stränden

Einzige Sehenswürdigkeit ist die 1776 erbaute Kirche TRIAS. Sie unterscheidet sich von den anderen Kirchen auf Milos durch ihre Bauweise: drei Schiffe mit querstehender Kuppel. Über dem Eingang ein Arkadenturm. Die wertvollen Ikonen wurden von Kretern aus ihrer Heimat mitgebracht.

"Hotel Venus Village": am westl. Ortsrand und Lagada Strand gelegen: Sand und relativ viel Sonnenschutz durch Tamarisken. Das Hotel ist modern, fast 1oo Zimmer. Einzelne Hausgruppen bis zu 4 Stock, die Zimmer mit Privatbad und Balkon. Es gibt einen Süßwasser Swimmingpool, Basketball- und Tennisplatz, weiterhin Billard und Tischtennis. Das Venus Village ist derzeit das einzige Hotel im Ort für gehobene Ansprüche. Die meisten der Zimmer sind an Pauschalveranstalter vergeben.

Für individuell Buchende gibts nur ein ganz kleines Kontingent, abhängig von der Saison: Außerhalb der HS gute Chance und auch passable Preise. Zur HS (wenn überhaupt was frei) rauf bis ca. 1oo DM fürs Doppel, Frage ob dies dem Gebotenen entspricht.

"Appartementhaus Aphrodite of Milos": 1oo m abseits vom Lagada Strand und hinter Hotel Venus Village. Modernes, 3- stöckiges Gebäude mit Balkons, jedoch kein Meeresblick. 17 Appartements; im Angebot 1-Zimmerappartements (relativ klein), sowie teurere 2-Zimmer Appartements. Jeweils ausgestattet mit Toil. und eigener Küche. Der uns vorliegende Prospekt arbeitet vermutlich nicht ohne Grund mit extremem Weitwinkel. Preise je Größe und Saison von ca. 35 bis 75 DM.

"Hotel Delfini": 1oo m abseits vom Lagada Strand hinter Hotel Venus Village. Balkon aber kein Seeblick. 21 Zimmer, davon 16 mit Toilette, 5 Zimmer mit Gemeinschafts Toilette. Die Zimmer in der Regel recht geräumig. An der Rezeption gemütlicher Aufenthaltsraum, einfacher Frühstücksraum. DZ ca. 25- 35 DM je nach Saison, Frühstück extra.

"Hotel Corali": Mitten im Ort auf Anhöhe gelegen. Wegen vieler Einbahnstraßen ist die Auffahrt schwer zu finden. Tip: der Besitzer sollte Hinweisschilder aufstellen. Parkmöglichkeit vor dem Haus. 13 Zimmer mit Toil. und Tel. Durch seine Lage abseits des Hafens ist das Hotel ruhig. Vom Frühstücksraum im obersten Geschoß schöner Blick über den Ort und die Bucht. Außerdem hat der Architekt das Treppenhaus mit Buchtblick bedient, der jedoch den seitlich rausgehenden Zimmern fehlt! DZ ca. 4o-5o DM inkl. Frühstück.

"Hotel Chronis Bungalows": Abseits vom Hafen an der Straße nach Plaka. Schöne Anlage mit Blumen um die grauen Steinmauern. Verträge mit Reiseunternehmen, daher meist voll. Zimmer o.K., Spiegel mit Tisch, kleine Sitzgruppe, eigene Toil. und Tel. Sofern noch was zu haben ist, das DZ ca. 4o- 45 DM.

"Hotel Popi": Direkt an der Uferstraße. Enges Minihotel mit 6 kleinen aber gepflegten Zimmern, manche mit Blick zum Hafen. Kleiner Fernseh- und Frühstücksraum. DZ ca. 3o- 45 DM, Frühstück ca. 4 DM.

"Hotel Milos": Neubau hinter der Uferstraße. 18 Zimmer mit Toil. und Tel., 1o davon mit Seeblick. Die zur Hafenbucht gelegenen Zimmer haben Sitzterrassen bzw. Loggias. Kleiner Frühstücksraum sowie Restaurant. Die Zimmer klein aber sauber, mit dunklen Möbeln ausgestattet. Das ruhige Hotel, 2oo m vom Hafenzentrum, kann empfohlen werden. DZ ca. 3o-4o DM.

"Hotel Meltemi": Im Ort an der Hauptstraße zum Flughafen. Uns hat das Hotel in Bauweise und Ausstattung an ein internat. Ostblockhotel erinnert. Der Besitzer freundlich, spricht englisch. Zimmer mit Toil., Tel. und Balkon, geplant: Eisschränke. Besitzer freundlich und hilfsbereit, spricht Englisch. DZ ca. 25- 35 DM, Frühstück ca. 4 DM.

"Hotel Georgantas": Neben Hotel Meltemi (gleiches Management). Zimmer mit einfachem Standard, Toil., Tel., von einigen schöner Blick zum Hafen. Omnibusterminal vor dem Haus, was einerseits bequem ist, andererseits auch zu Geräuschbelastung führen kann. Im Erdgeschoß ein Selbstbedienungsrestaurant, wenig Speisenauswahl. DZ ca. 25- 35 DM.

"Hotel Semiramis": In einer kleinen Parallelstraße zur Hauptstraße nach Plaka. Die 16 Zimmer sind einfach möbliert, aber sauber, die meisten mit eigener Toilette. Bar und Frühstücksraum befinden sich in einem mit Weinlaub überdachten Garten. Im Sommer häufig Gartengrill mit Gitarrenmusik. Familienbetrieb. Der sehr entgegenkommende Sohn des Besitzers spricht Englisch. Das Hotel ist sehr zu empfehlen! DZ ca. 22- 25 DM, Frühstück ca. 3 DM.

Im Ort jede Menge an Privatquartieren. Vermittlung entweder über die Privat-Agenturen am Hafen oder direkt Ausschau halten ("rooms for Rent").

RESTAURANT MARIANNA: Bestes Restaurant am Platz. Man kann hier auch im 1.Stock sitzen.

TRAPATSELIS RESTAURANT: Etwas außerhalb an der Uferpromenade gelegen. Wird auch von Einheimischen sehr gelobt.

RESTAURANT AKROJALI: An der Straße zum Westteil der Insel, ca. 4 km außerhalb (nach der Abzweigung zum Flughafen). Kenner fahren am Abend in dieses renommierte Restaurant.

Im Hafenbereich gibt es zahlreiche Restaurants mit Massenabfertigung. Die hier ebenfalls gelegene PIZZERIA PEINIRILLI hatte bei unserem Check unfreundliche und überhebliche Bedienung und Kundendienst nicht nötig, da direkt am Anlegepier und dadurch viele Laufkunden.

Das RESTAURANT hinter der Buswende und dem Taxistand am Uferparkplatz: Teuer, Nepp!

Disco Milo: open-air Vergnügen am Lagada-Strand. Weitere an der Straße nach Plaka.

EINKAUFSTIPS: Gegenüber Hotel Georgantas ein kleines Geschäft, in dem man in der Nachsaison sehr günstig Schafwollpullover kaufen kann (ca. 35 DM).

Zwei Supermärkte, einer an der Uferpromenade neben Hotel Popi, der zweite, größere, außerhalb Richtung Flugplatz.

Der Ortsstrand selbst ist zwar nicht umwerfend, aber passabel: Kies-Sandgemisch, Tamarisken geben etwas Schatten. - Beim Hotel Venus der Lagada- Sandstrand mit warmen Thermalquellen im Meer, Länge des Strandes ca. 15o m, Breite 1o - 25 m, Sonnenschutz durch Tamarisken, das Wasser ist aber leider nicht ganz klar. Der Strand im Sommer reichlich voll von Leuten, die sich das Kaiki zu besseren Stränden sparen.

Bombarda- Strand: zu Fuß von Adamas aus am Meer Richtung Leuchtfeuer Bombarda (vergl. unsere Karte/11). Baumgruppe, dann Strand mit grobem Kies. Zwar nichts besonderes, aber akzeptabel für den, der nicht weit laufen will. Auf der anderen Seite des Leuchtfeuerhügels landschaftl. reizvollere Bucht, grober Kies/Geröll, daher Liegeunterlage mitnehmen. Am Ende dieser Bucht an der Felswand entlangwaten, tiefste Stelle ca. 1 m. Nach etwa 4o m kommt ein neuer Strand (Geroll), Liegeunterlage, landschaftl. nichts besonderes, so doch relativ ruhig. - Interessant: im Meer vor dem Leuchtfeuerhügel steigen Gasblasen im Wasser auf; die Umgebung duftet gewissermaßen nach faulen Eiern!

Vourla- und Kanavas Strand: rund 3 km südl. von Adamas an der Straße zum Airport. Im Wasser eine Thermalquelle. Wegen der Nähe der Frachterkais nördl. gibts gewisse Wasserverschmutzung.

Trotzdem ist Adámas als (zwangsläufiges) Standquartier o.k., sofern man übers Geld beispielsweise für BADE-KAIKIS verfügt. Zur HS fahren sie ab Hafen Adámas über die Bucht rüber zu den Stränden an der Westseite wie Ebourios, Chivadolimni, Rivari und Ag. Dimitrios, die durchaus Tip sind. - Außerdem BUS-VERBINDUNG zu weiteren Stränden der Ost- und Südküste. Alle Details siehe Inselbeschreibung!

Busverbindungen ab Adámas sternformig. Es gibt mehrere Linien, - die eine bedient die Strecke rauf nach Plaka - Tripiti. Eine weitere die Strecke ostwärts entl. Küste nach Apollonia.

Eine weitere verläuft südwärts ab Adámas via Zefira und im Sommer bis zum Paleochoriou Strand. Darüber hinaus gibt es einen Flughafenbus, der An-und Abflüge der Olympic ab Airport bedient.

★Plaka (ca. 9oo Einw.)

Die 6 km Asphaltstraße ab Adámas nach Plaka zieht sich zunächst in Serpentinen den Berg rauf. Nach 2 km Abzweigung rechts nach Apollonia, - links geht´s weiter nach Plaka. Der traditionelle Hauptort der Insel ist von mehreren anderen Orten umgeben, die fast alle ineinander übergehen (Tripiti, Pera, Triovasalos, Plakes).

Nach der antiken Hauptstadt PHYLAKOPI (bis ca. 1.1oo v. Chr.) wurde der neue Inselhauptort unterhalb der heutigen Plaka bei TRIPITI errichtet. Hier liegen auch das, aus der römischen Epoche stammende Amphitheater sowie Katakomben. Aus der venezianischen Epoche stammt das Kastro (13. Jhd.) auf dem Plaka- Berggipfel (heute außer Grundsteinen kaum etwas erhalten).

Im 16. Jhd. wurde die Inselhauptstadt nach PALÄA CHORA verlegt, ungefähr an der Stelle, wo heute das Dorf Zefiria liegt. Als Ende des 18. Jhds dieser Ort durch einen Erdbeben zerstört wurde und Seuchen auftraten, wurde als neue Inselhauptstadt die Lage unterhalb des Berggipfels und des ehemaligen venez. Kastros gewählt, das heutige PLAKA.

Der Ort mit seinen hübschen Gassen, die sich wie ein Labyrinth erstrecken, ist zur HS entsprechend von Ausflüglern besucht, besitzt jedoch noch viel Kykladenflair.

Im Gewirr der Gassen eine Post, Bäckerei, Pharmacias, Schreinerei und Krämerläden, - so wie es im früheren Griechenland und der Inseltradition der Inselorte üblich war. Immer wieder öffnen sich zwischen den Häusern grandiose Ausblicke zum Klimatal und auf die Bucht von Milos. Plaka hat keine Hotels, nur Privatquartiere, die ein kleines Büro im Ortsinneren vermittelt.

Die wichtigste Kirche von Plaka, KORPHIATISIA stammt aus dem 19. Jhd., besitzt jedoch Ikonen aus der byzantinischen Zeit.

Direkt daneben das VÖLKERKUNDE- MUSEUM mit Gebrauchsgegenständen der Inselbewohner: Webstube, alte Rauchfangküche mit Töpfen und Geschirr und vieles mehr. Geöffnet 9 - 13 Uhr und 18 - 21 Uhr, Mi. und So derzeit geschlossen.

ARCHÄOLOG. MUSEUM: unterhalb der Busumkehrstelle, Parkmöglichkeit. Zu sehen: bereits vor dem Museum einige Marmorstatuen; im Museum archäol. Fundstücke aus allen Epochen der Inselgeschichte. Die bedeutendsten sind jedoch ins Nat. Museum/Athen transferiert.
Im Vorraum ein Abguß der "Venus von Milo" (Original im Louvre/Paris), des weiteren Waffen und Werkzeuge aus Obsidian, Idole, minotische und mykenische Gefäße, Amphoren und viele Stücke aus der hellenistischen und römischen Epoche. Geöffnet 9 - 15 Uhr, außerhalb der Saison seltener, Öffnungszeiten vorab in Adámas erfragen!

Über einen steilen Fußweg erreicht man in ca. 15 Min. die Ruinen des venez. KASTRO (13. Jhd.) auf dem Berggipfel. Lohnt sich wegen Superpanoramablick über Plaka, weite Inselteile und den Hafen.

Von der venez. Festung ist jedoch kaum etwas erhalten. Letztlich im 19. Jhd. wurde das Steinmaterial für den Bau von Zisternen verwendet, die den Ort mit Trinkwasser versorgten. Damals baute man auf dem Gipfel die Mesa Panagia (Kirchenfest 15.8.), die zur Zeit der deutschen Wehrmacht im 2. Weltkrieg gesprengt wurde, um Platz für Geschütze zu schaffen. Sie wurde nach dem Krieg wieder aufgebaut.

Von Plaka aus erreicht man in ca. 3o Min. zu Fuß bzw. per Piste den nordwestlich in einer tief eingeschnittenen Felsenbucht gelegenen Sandstrand PLATIENA mit Blick auf die im Hintergrund gelegenen Akradies-Inseln. Der Sonnenuntergang ist hier besonders schön.

Von dem zum Platiena-Strand führenden Weg zweigt ca. 2o Min. nach Plaka ein Weg nach links zum FORKOVOUNI-Strand ab. Die hier durch den schmalen Sund in die Milos-Bucht einfahrenden Schiffe sorgen für Abwechslung und Wellen.

An der Nordostküste sind in ca. 1 Std. die kleinen und in Felsenbuchten gelegenen Strände von FIROPOTAMOS und MANDRAKIA zu erreichen, beides kleine Fischer- und Feriensiedlungen, mit Bootshäusern, die in die Felsformationen hineingebaut sind.

★ Tripiti

geht weitgehend mit Plaka als Ort ineinander über und liegt am Rande des Klima- Tals, das steil zum Meer runter führt. Im Ort Kafeneions. Zwei Windmühlen wurden zur Übernachtung ausgebaut, Vermietung über "Milos Tours"/Adamas.
Knapp unterhalb von Tripiti und am Steilhang des Klimatals liegt die

ANTIKE STADT von Milos. Bewohnt ab ca. 1.ooo v. Chr. bis hinein ins 6. Jhd. nach Chr.

★ In der Antike (ca. 6oo - 4oo v. Chr.) nicht nur Inselhauptstadt, rund 2o.ooo Menschen sollen hier gewohnt haben. Die Insel, überreich an Mineralien, prägte eigene Silbermünzen, die den Apfel zeigten (Apfel = altgriech. melos, daher auch der Inselname) und hatten hohe Tributzahlungen an Athen zu leisten, die in Höhe denen der wesentlich größeren Inseln Naxos und Andros entsprachen. Beides dokumentiert und belegt die damalige Bedeutung der Insel!

★ Eine 2. Blütezeit erlebte Milos und ihre Inselhauptstadt unterhalb des heutigen Tripiti zur Zeit der römischen Kolonialherrschaft ab ca. 3oo. v. Chr.: Zeugen dieser Periode sind das römische Amphitheater im Bereich der Ausgrabungsstätte und die Katakomben, die zu den größten der Region des heutigen Griechenlands zählen.

Insbesondere aber auch hochwertige Skulpturen: Die "Venus von Milo" gilt als bekannteste (heute im Louvre/Paris). Viele weitere, z.B. der "Asklepios- Kopf"/heute im Britischen Museum/London, sowie Werke und Funde, die im Archäol. Nationalmusem von Athen ausgestellt sind.

Der Besuch der "antiken Stadt" ist gewiss nicht so spektakulär, wie andere Kykladenfunde, z.B. Akrotiri/Insel Santorini. **Zu erreichen**: über eine enge Betonstraße ab Tripiti, die runter zum Küstenhafen Klima führt.
Bei der ersten scharfen Links-Serpentine führt rechts (ausgeschildert) ein Feldweg (2 Min.) zunächst vorbei am

* RÖMISCHEN THEATER: Zu sehen die ersten 5 - 7 Ränge. Der Weg geht weiter in den Bereich der Antiken Stadt, die von engl. Archäologen 1896 - 99 ausgegraben wurde.

* Zwischen den, am Hang verstreuten Mauerresten eine Hinweistafel (im

Gebüsch und am Steilhang auch schwer zu finden) auf die Fundstelle der VENUS VON MILO:

Ein Bauer, der hier seinen Acker umgrub, fand die Figur am 8.4.182o. Angeblich soll sie damals noch Arme gehabt haben, zumindest existieren Skizzen von Franzosen, die zu dieser Zeit auf der Insel waren und mit dem Bauern um Abkauf der Figur in Verhandlungen traten.

Die seitl. Abbildung entstammt einer Publikation von 1884 ("Göttersagen und Kultusformen", Verlag Otto Spamer, Leipzig) und zeigt die Figur mit Armen, allerdings ohne den Apfel, den sie in ihrer linken Hand gehalten haben soll.

In wieweit es sich hier um eine Originaldarstellung oder aber um künstlicherische Phantasie handelt, wird im Buch nicht erläutert. Heute zumindest fehlen die Arme.

Gemäß Darstellung der Inseleinwohner hätte sich die Sache wie folgt zugetragen: der Bauer sei sowohl mit den damaligen Inselbewohnern wegen Abkauf in Verhandlungen getreten. Diese wollten die Figur dem türkischen Gouverneur zum Geschenk machen, um sich dessen Gunst zu erwerben.

Die Franzosen, ebenfalls an der Figur interessiert, empfahlen den Ankauf ihrem Konsul, der seinerzeit dem franz. Botschafter in Konstantinopel berichtete. Dort fand die Sache Zustimmung und ein Gesandter der Botschaft segelte mit der gewünschten Ankaufsumme nach Milos. Dort mußten die Franzosen leider feststellen, daß die Venus bereits auf ein Schiff Richtung türk. Gouverneur verladen worden war.

Da Verhandlungen zu keinem Erfolg führten, sei die Figur kurzerhand von Franzosen geraubt worden. Angeblich seien dabei die Arme verloren gegangen, auch eine ausgesetzte Prämie zur Wiederbeschaffung der Arme hätte nicht zu Erfolg geführt.

Im Anschluß trat die Venus die Seereise nach Paris an, wo sie einen eigenen Saal im Louvre erhielt. Der Rest wurde auf diplomatischem Wege und mit Geld geregelt: Um politische Verwicklungen aus der Angelegenheit zu vermeiden, hätten der türkische Gouverneur sowie der Bauer im nachherein eine hohe Abfindungssumme erhalten. Soweit die Darstellung der Inselbewohner.

Man schätzt, daß die Figur ca. 32o v. Chr. gefertigt wurde. Die Arme wurden bis heute nicht gefunden, obwohl gelegentlich immer wieder Arme auftauchen, die bei genauerer Prüfung sich jedoch als Produktionen des 2o. Jhd. herausstellen.

* Auf einem Plateau westl. der FUNDSTELLE liegen Marmorsäulen und Sockelreste, teils auch mit Inschriften. Ein Taufbecken aus der Byzantinischen Zeit weist darauf hin, daß hier eine Basilika stand. Überall in der Umgebung liegen Reste von Tonscherben.

* Über einen Pfad, der in südl. Richtung abwärts führt, erreicht man die KATAKOMBEN. Sie dienten in frühchristl. Zeit als Grabstätte.In einem unterirdischen Gang von rund 19o m Länge sollen hier 7 bis 8.ooo Tote begraben worden sein. Wegen Einsturzgefahr geschlossen und mit

Eisen abgesichert. Dafür hat man aber von den Steinbänken, die beim Eingang stehen, einen schönen Blick über das zum Meer runterführende Tal!

Von den Katakomben führt ein Fußweg runter ans Meer zum Mininest **KLIMA**. Bis zum 6. Jhd. nach Chr. war es der Hafen der antiken Stadt. Eine geschützte Bucht, die man heute auch per Straße ab Tripiti erreichen kann. Achtung, wer mit eigenem Auto kommt: nur sehr beschränkter Parkraum! Zudem unbedingt das Auto am Ortseingang abstellen, später keine Umkehrmöglichkeit! Die Straße endet nach wenigen Metern am Wasser, und man kommt nur noch rückwärts wieder raus.

Am Ufer eine Handvoll zweistöckiger Häuser, der Ort ist heute praktisch nur in den Sommermonaten bewohnt. Die meisten Häuser dienen als Ferienwohnungen der Inselbewohnern aber auch Athenern, wobei das Erdgeschoß meist als Bootsschuppen genutzt wird. Ein kurzer Pfad führt vom Hafen rauf zum:

"Hotel Panorama": einziges Hotel außerhalb von Adamas. Von der Restaurant-Terrasse schöner Blick über die Bucht. Abends wegen Blick, speziell aber auch der excellenten Küche beliebter Treff der Ferienhaus- und Bootsbesitzer des Ortes. Hotel und Restaurant sind Familienbetrieb, der Chef kocht persönlich. Er war 9 Jahre lang Koch auf dem Kreuzfahrtschiff Stella Maris, welches für Luxustourismus speziell im Mittelmeer Raum und der Karibik operiert.

8 einfach möblierte Zimmer mit Toil., Tel. und Balkon mit Seeblick. Schlichtes Hotel, aber empfehlenswert, wer Ruhe sucht. DZ ca. 22 - 35 DM.

Die Felssteilküste bei Klima besitzt viele frühchristliche Höhlengräber.

INSEL- OSTTEIL:

Dichter bewohnt als der Inselwesten, gute Strände an der Nord- und Südküste. Teils sind sie per Bus erreichbar, teils muß man Schusters-Rappen bzw. ein Mietmoped bemühen .

Ab ADAMAS steigt die asphaltierte Straße in die Berge rauf und führt entlang der Nordküste rauf nach Apollonia. Busverbindung.

Die Strände der Nordspitze bei Plaka siehe dort. - Der nächste lohnende Strand Ri. Apollonia ist AG KOSTADINOS: über eine kurze Stichpiste von der Küstenstraße zu erreichen, Sand.

PAPAFRANGA/ FILAKOPI: ca. 3 km vor Apollonia. Der Papafranga mit Steilküste und Meereshöhlen. - Auch in unmittelbarer Nähe der Ruinenstadt Pilakopi befinden sich Grotten und Meereshöhlen mit natürlichen Felsbrücken. An einer Stelle besteht Abstiegsmöglichkeit über eine ungesicherte Felstreppe. Hier zu schwimmen ist gefährlich; bei kräftigem Wind ein eindrucksvolles Brecherschauspiel mit hochspritzender Gischt.

Antike Stadt FILAKOPI: hier lag bis Ankunft der Dorer ca. 1.1oo v. Chr. die erste Inselhauptstadt. Ausgrabungen durch engl. Archäologen in den Jahren 1896 -99. Weitere Grabungen 1974.

Es wurden 3 Schichten von übereinanderliegenden Städten gefunden: die unterste dokumentiert eine Siedlung ca. 2.4oo v. Chr. Gemäß Grabungsfunden dürfte dies zugleich die wichtigste frühbronzezeitliche Siedlung im Kykladenbereich gewesen sein.

Offenkundig wurde diese Stadt zerstört. Auf ihren Ruinen entstand (mittlere Schicht) eine neue und nunmehr befestigte Stadt, ca. 2.ooo v. Chr. Die Archäologen fanden Häuser mit Fresken, u.a. das berühmte Fresko der geflügelten Fische. Es wurden viele Ähnlichkeiten auch im Straßen- und Hausbau sowie in den Keramikfunden mit der minoischen Kultur auf Kreta festgestellt, so daß man annimmt, daß Filokapi und die Insel Milos in dieser Periode der minoischen Herschaft unterstand.

Auch diese Stadt wurde zerstört. Auf ihren Ruinen entstand (3. Schicht) eine neue Stadt ca. 1.5oo. v. Chr. Auch sie besitzt Stadtmauern, allerdings größer und stärker. Der parallel verlaufende 2 fache Mauerring besitzt eine Breite von 6 - 1o m. In vielen Funden (z.B. auch Bauweise des Megaron, Herrschaftspalast) besteht Ähnlichkeit zur mykenischen Kultur.

Bei den Grabungen 1974 fand man u.a. eine Tafel mit der Linear A-Schrift. Die meisten der Funde, speziell Keramik sind heute im nat. Museum Athen ausgestellt. Für den normalen Besucher bringt Filakopi nichts Spektakuläres, sondern ist vielmehr ein Haufen von Steinmauern. Für den Archäologen dagegen gehört die Grabungsstätte zu einer der wichtigsten im Verständnis der Kykladengeschichte.

Apollonia (ca. 2oo Einw.)

kleine Fischersiedlung im Südosten der Insel. Im Sommer 4x/Tag Busverbindung mit Adamas. Der Hafen und ein schöner Sandstrand sind von Thamarisken umsäumt. Mehrere Tavernen am Hafen, Hotels gibt es nicht, jedoch zahlreiche Privatzimmer, da der Ort speziell bei griech. Familien beliebt ist. Analog im Sommer Engpässe bei Privatquartieren. Rege Bautätigkeit, das Angebot an Quartieren wird von Jahr zu Jahr besser. Wer tanzen möchte: Disco M. I. Virchos.

Landschaftlich sehr schön ist die im Westen vorspringende Halbinsel PILEKOUDA mit der kleinen Kapelle Nicolaos. Hier gibt es eine kleine Pension:

"Haus Susanna": unweit der Küste, einige Mehrbettzimmer sowie 2 Appartements bis 5 Personen. DZ ca. 25 DM, App. für 2 Pers. ca. 4o DM.

Zum Baden am besten ab Apollonia mit dem Kaiki auf die Nachbarinsel Kimolos übersetzen (Details siehe Seite 247); der ortsnahe Voudia-Strand liegt an einem Industriegebiet, daher laut und die Umgebung schmutzig.

Im Sommer auch Kaikifahrten zu den (vor der Bucht von Filakopi gelegenen) GLARONISSA-INSELN: Bis zu 5o m aus dem Meer ragende Wände aus gebündelten Basaltsäulen, unterbrochen von Höhlen. Auf Hin- oder Rückfahrt werden die nahe gelegenen Meereshöhlen von Papafrangas besucht.

OSTKÜSTE: Eine 3 km Asphaltstraße (Hinweisschild "Voudia") führt zum gleichnamigem Strand. Das letzte Stück durch Minenabraumhalden, an der Bucht dann Fabrikanlage "Silver u. Baryte Ores Mining Co.". Der Strand nicht das Gelbe vom Ei.

Rechts (südwärts) zieht eine Asphaltstraße an der Steilküste entlang und endet erwartungsgemäß auf dem Tagebauplateau der Mine. Weitere Straßen ziehen sich landein südwärts und bedienen Tagebau-Minen. Auch der Rema Strand besitzt eine Fabrik und lädt zum Baden weniger ein.

SÜDKÜSTE: Hier liegt einer der schönsten Inselstrände: PALEOCHORIOU. Ab Adámas über die Küstenstraße, die zum Flughafen führt. Nach rund 4 km und kurz vor der Salszgewinnungsanlage der Alikes Lagune gehts rechts ab nach **ZEFIRA** (Busverb. mit Adámas), ca. 25o Ew.:

Hier befand sich früher die alte Hauptstadt Paläa Chora, gegründet 14oo n.Chr., aber zwischen 177o und 178o wieder verlassen, nachdem ein Erdbeben die Stadt zerstört hatte und giftige, aus der Erde strömende Gase, sowie auftretende Epidemien die Einwohner vertrieben. Die Kunstschätze aus der Kirche wurden nach Plaka in die dortigen Kirchen gebracht.

Im Laufe der Zeit siedelten in Zefiria wieder neue Bewohner, die die Steine der Ruinen für ihre Häuser verwendeten.

Heute ein unbedeutender Ort, aber ein empfehlenswertes Restaurant: MAMA LOULA'S: geführt von einer 7o jährigen Griechin, der noch viele gesunde Jahre gewünscht werden! Ihre Küche ist gut, reichhaltig und dabei preiswert. Spezialität: Käsespecktaschen. Ein einfaches Dorfrestaurant, mit origineller Wirtin und üppig kitschiger Einrichtung.

Obwohl in Zefiria selbst keine Thermalquellen besitzt, finden in geringer Tiefe hydrothermische Zirkulationsvorgänge statt. Genutzt wird dies im Thermalkraftwerk Livadia (ca. 2 km nördl. von Zefira). Funktion: Grundwasser sinkt durch das poröse Gestein ab und wird durch heiße Lavaschichten erhitzt. Bohrungen fassen den heißen Wasserdampf, der die Turbinen des Kraftwerks antreibt. - Auch an den südl. von Zefira gelegenen Stränden Kyriakis und Paleochoriou werden im Meer Erwärmungen bzw. Dampfaustritte beobachtet.

Tip der PALEOCHORIOU Strand. Ein ca. 5 km langer, gut befahrbarer Weg führt von Zefira bis zum Strand. Im Sommer Busverbindung ab Adámas via Zefira. Gut 6oo m lang, Sand/Feinkies, eingebettet in die steilen Felsen der Bucht. Tavernen. Am Westende des Strandes kann man durch eine große Grotte unter der Felswand (Wasser ca. 1 m tief) waten und kommt in eine kleine weitere Bucht. An ihrem Ende in den Felsen heiße Quellen.

Mehrere Schilder in Strandnähe weisen auf Privatzimmer hin, einfach den Schildern folgen. So vermietet z.B. vom 1.5 - 3o.9. Konstantinos Tsirigotakis einfache aber saubere Zimmer in einem Bungalow. Gepflegte Gartenanlage und von der Baum-beschatteten Terrasse schöner Buchtblick. DZ ca. 25 DM, Dreibettzimmer ca. 35 DM.

Eine weitere Stichpiste führt ab Zefira südl. zum KYRIAKIS Strand, hier sind derzeit die Wanderstiefel ab Busstop Zefira bzw. ein Mietmoped nötig. - Die Strände SOSTIS und KLEFTIKO siehe Folgekapitel.

INSEL- WESTTEIL:

Wilder und unberührter als der Ostteil. Hier liegt die höchste Inselerhebung Prof. Ilias (751 m) sowie die meisten der Badestrände.

Badekaikis bedienen im Sommer ab Adámas die Süd- und Westseite der gleichnamigen Bucht. Preise verglei-chen, u.U. ist man mit dem Mietmoped billiger. Aber die Fahrt über Bucht mit dem Kaiki macht Spaß. Je nach Bedarf werden folgende Strände angelaufen (vergl. auch Karte S. 229):

MAVRO GREMNA mit bizarren Felsgebilden und Felstoren.

HIVADOLIMNI (auch geschrieben "Chivadolimini"), heller und schöner Sandstrand, ca. 1 km lang. Teilweise besteht Sonnenschutz durch Tamarisken. Ins Wasser gehts sehr flach rein. Landein ein Süßwassersee (im Sommer oft ausgetrocknet). - Alternative zum Kaiki: Bus Ri. Zefira nehmen und sich beim Beginn der Salzlagune absetzen lassen. Dann noch rund 3o Min. zu Fuß entlang der Bucht, wobei man Mavro Gremna passiert.

RIVARI: eine Meereslagune, die durch eine langgestreckte und schmale Sanddüne vom Meer abgetrennt ist.

EBOURIOS (auch "Empourios" geschrieben): beliebter Anlaufpunkt der Kaikis. Die Bucht (Sand) besitzt teilweise Sonnenschutz sowie eine im Sommer betriebene Taverne mit guter Küche. Wenige Privatzimmer. Schöner Blick rüber auf den Plaka- Gipfel auf der anderen Buchtseite!

AG. DIMITRIOS: nördlichste der Adámas- Buchten. Tief eingeschnitten zwischen Hügelketten, 2 kleinere Sandstrände, die durch eine weißes Kirchlein auf Minifelskap getrennt sind. Rangiert durchaus als Tip, nur per Kaiki oder zu Fuß erreichbar.

Eine Straßenpiste überquert den Istmus, Abzweigung kurz vor dem Hivadolimni Strand, ausgeschildert mit "Provata Beach" und führt durch

Getreidefelder, Tomatenanbau und Weingärten rüber zur Südküste. Kurz nach besagter Abzweigung, links zum Kloster Ag. Prodomos. In der Nähe liegen in einer Grotte die Thermalquellen von LOUTRA PROVATA, eine primitive Höhle, die bereits von den Venezianern benutzt wurde und deshalb auch veneziianische Grotte heißt. Die sehr primitive Anlage hat nur zeitweise bis zu 4o° C heißen Dampf.

AG. SOSTIS (Provata Strand): schöner Sandstrand am Istmus/Südküste. Entlang der Küste führt der Weg zur Kapelle AG. SOSTIS mit Mönchszellen, von deren Terrasse die gesamte Strandbucht zu übersehen ist.

Der weitere Straßenverlauf entlang der Südküste bietet schöne Ausblicke auf wilde Steilküste. Bei Kipou die kleine Kirche PANAGIA TOU KIPOU, angeblich die älteste der Insel, mit Teilen eines griechischen Sarkophages. Nach den Karten endet der Weg hier, tatsächlich aber führt eine relativ gute Schotterstraße bis in die Gegend von Kleftiko, wo an einer Tagbaumine gearbeitet wird.

Ca. 1oo m vor dieser Mine liegt etwa 7o m tiefer der der Mini- Sandstrand von KLEFTIKO, eine der schönsten Badestellen auf ganz Milos! Weiße Klippen und Felsplatten runter ins Wasser sowie Minisandstrand. Vorgelagert im Wasser weiße, knapp 1o m hohe Felsen inkl. eines Felstores, durch das man durchschwimmen kann und einer Meersgrotte. Entsprechend voll kann´s hier zur HS von Mopedlern sein, die im 2-Takt mit Badeausrüstung rübertuckern, auch Betrieb durch Kaikiverbindung.

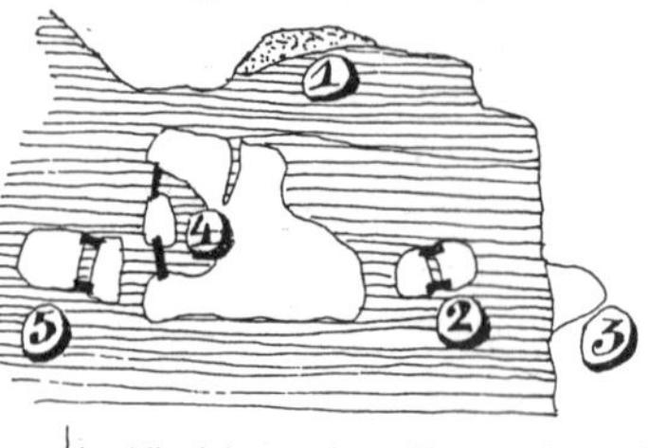

KLEFTIKO 0 10 20 30 m

1 Minisandstrand, links davon im Fels angebrachte Eisen zum Seilanbringen und Vertäuen der Boote aus der Piratenzeit
2 Fels mit Tunneldurchfahrt
3 Felshöhle mit Teich, im Sommer oft vertrocknet
4 Thalassiná Meteora, ein ca. 1o m hoher weißer Felsklotz, der in seinem Inneren, etwa wo sich die Zahl 4 befindet, eine Meeresgrotte besitzt.
5 Fels mit Torbogen zum Durchschwimmen

Im Mittelalter und zur Piratenzeit war Klefitiko beliebter Schlupfwinkel und Versteck, nicht ohne Grund! An Küsten- Szenerie eine der schönsten Stellen Griechenlands!

Von der Mine oberhalb Kleftiko gibt es eine neue Piste (in den Inselkarten derzeit ebenfalls noch nicht eingetragen), die zwischen dem Bergmassiv des Profitis Ilias und dem Katsiparos (592 m) nordwärts zum Kloster Ag. Ioannis o Theologos verbindet. Die Erdpiste ist allerdings in so schlechtem Zustand, daß man unbedingt ein geländegängiges Fahrzeug haben sollte; wer sich ein 2-Radfahrzeug mietet: keine Vespas etc.!

SIKIA: Westküste, nur zu Fuß ab Kleftiko zu erreichen, eine Meeresgrotte.Der Pfad führt südl. um den Katsiparos rum durch einsame Maccia- und Gesteinslandschaften. Die Höhle, auch "Smaragdgrotte" bezeichnet, besitzt als Eingang ein 5 m hohes und 2o m breites Felstor zum Meer und ist in ihrem Inneren ca. 11o x 7o m groß, maxim. Höhe 3o m. Der mittlere Teil der Höhlendecke ist eingestürzt und bietet Tageslicht.

Durch die Lichtreflexion im glasklaren Meerwasser der Grotte je nach Sonneneinstrahlung viele Farbspiegelungen an den Höhlenwänden, wobei smaragd dominiert. Im Sommer nach Bedarf Kaikiverbindung ab Adamas.

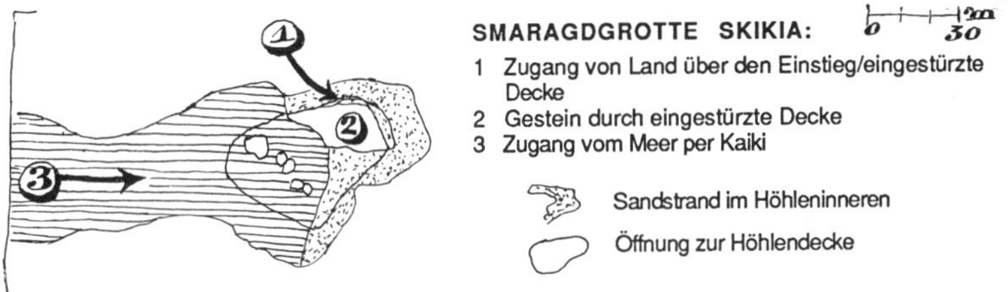

Auch die Smaragdgrotte war beliebter Schlupfwinkel von Piraten. Der 5 x 2o m breite Höhleneingang ließ zwar nicht die Einfahrt der Piratenschiffe zu (sie wurden in seitlichen Buchten versteckt), - wohl aber die Einfahrt der Beiboote. Zudem optimales Lager im Höhleninneren. Sogar mit Rauchöffnung nach oben fürs Lagerfeuer...

KLOSTER AG. IOANNIS O THEOLOGOS: (in Karten auch mit Ag Jannis Siderianos, Ag. Giannis verzeichnet) liegt oberhalb der Ag. Ioannis Bucht. In den Wintermonaten ist es geschlossen, wird jedoch in der Regel 1 Woche vor dem Kirchenfest am 25.9. für Pilger geöffnet. Mehrere Tage wird in dem großen Klosterhof mit Musik und Tanz gefeiert. Nach den Festtagen wird das Kloster verriegelt und erst am 8. Mai wieder geöffnet. Ein Pfad (1o Min.) führt zur Bucht von Ag. Ioanou.

Eine weitere Straße verbindet ab Adámas den Westteil der Insel: sie führt um die Bucht südl. herum und ist bis AG. MARINA (Kloster) asphaltiert.

Besteigung des Prof. Ilias: die Höhenangaben variieren in den einzelnen Inselkarten stark, das Mittel liegt bei ca. 751 m. In jedem Fall aber lohnend wegen grandiosem Insel-Panoramablick über die Adámas Bucht, sowie dem fast kompletten West- wie auch Ostteil der Insel!

Zunächst Feldweg ab Ag. Marina den Hang ansteigend, dann Fußpfad. Aufwärts insgesamt ca. 2 1/2 Std. Sonnenschutz und warme Sachen mitnehmen! Oben ein Inselkirchlein (Kirchenfest 19.7.). Gemäß Leserbriefen Tip: Badekaiki ab Adámas über die Bucht rüber nach Rivari und über den Feldweg rauf nach Ag. Marina. Weiter siehe oben!

Ab AG. MARINA durchziehen Pisten das Hügel- und Bergland der Westseite der Insel, die sich bei PLAKOTA gabeln: sowohl Piste in den Südwesten zum Kloster Ag. Ioannis, als auch westlich an den Strand von Amoudraki - und nordwestl. an den Galanastrand - sowie zur Nordspitze bei VANI.

Insel Kimolos

Nordöstlich der Insel Milos vorgelagert und durch eine schmale Meeres-Straße getrennt. Die gebirgige Insel besitzt schöne Badebuchten, die im Sommer per Badekaiki ab Apollonia/Insel Milos angefahren werden. Ansonsten nur zu Fuß; auf der Insel praktisch keine Straßen.

Wegen der Kargheit der Insel starke Landflucht. Die verbliebenen Inselbewohner sind jedoch kaum an Robinson Crusoe spielenden Wildcampern interessiert und holen ruck-zuck die Polizei von Milos. Wer erwischt wird: strenge Strafen und Landesverweis.

Die Insel verfügt kaum über touristische Infrastruktur. Wegen der Nähe zu Milos ist sie jedoch durchaus entdeckt und in ihrem Hauptbadestrand Ellinikon Bucht entsprechend besucht.

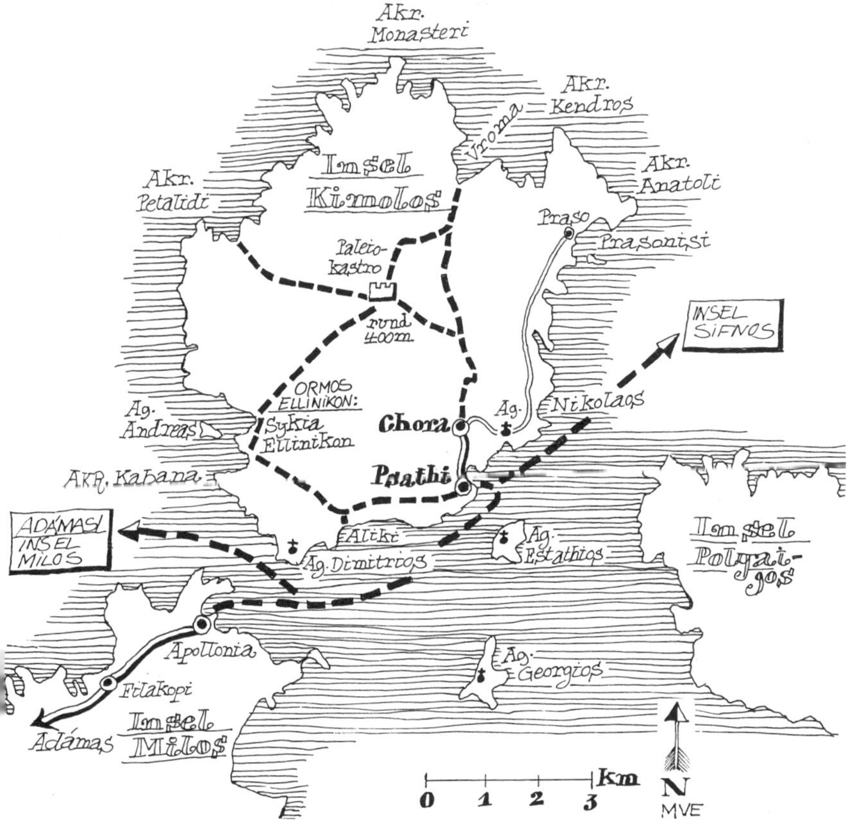

Verbindungen

Schiff: 5 - 7 mal/Woche ab Piräus nach Adámas/Insel Milos. Dort weiter mit dem Bus nach Apollonia an der Nordostspitze der Insel mit 2 - 3 mal tägl. Bootsverbindung nach Kimolos/Hafen. - Die Schiffe von Piräus nach Milos machen teilweise Zwischenstop in Kimolos/Hafen.

Zusätzlich gibts im Sommer Badekaikis ab Apollonia/Milos zum Sykia- und Ellinikon-Strand auf Kimolos.

Nächster **Flughafen**: Insel Milos. - **Auto**: Außer dem 1 km vom Hafen in die Chora gibts praktisch keine weiteren Straßen. Die Mitnahme eines Autos ist nicht nur sinnlos, sondern eine Unverschämtheit gegenüber den Inseleinwohnern, da man ihren Hafen blockiert.

PSATHI: der Hafen von Kimolos in einer kleinen Ostbucht. Als Ort mini, kein Geldwechsel, keine Hotels und nur ganz wenige Privatzimmer. Es gibt im Ort eine Post/Tel., zwei oder drei Kafenions. Eine 1 km - Betonstraße führt rauf in die

CHORA: schön oberhalb der Hafenbucht gelegen mit engen Gassen: Eine venezianische Burgsiedlung, die Anf. des 13. Jhds. gegründet wurde, als die Insel dem Großherzogtum Naxos (siehe dort!) angegliedert wurde. Später, zur Piratenzeit ca. 16. bis Ende 17. Jhds. diente sie als Fluchtburg der Inseleinwohner mit nur wenigen Eingängen ins Innere und befestigten Außenanlagen.

Nur noch wenige Leute leben in der Chora, und viele der Häuser verfallen. Ähnlich wie auf anderen griechischen Inseln, sind auch in der Kimolos Chora einige der alten Häuser von reichen Athenern aufgekauft und als Feriendomizil restauriert worden.

Der Ortsbadestrand von PSATHI ist Kies.- Ein Fußpfad führt ab Psathi oberhalb der Südküste zum ALIKI-Strand, ca. 1/2 Std., der aus Stein/Sand besteht und einige wenige Tamarisken besitzt. - Von hier ca. 3/4 Std. zwischen zwei Bergen westl. rüber zum ORMOS ELINIKON an der Westküste. Die Bucht durch eine Landspitze in den nördl. SYKIA- und den südl. ELLINIKON Strand aufgeteilt. Gilt als bester Badestrand der Insel, teils mit Sand. Wird im Sommer auch mit Badekaikis direkt ab Apollonia/ Nordostspitze Insel Milos angefahren.

Die Landzunge zwischen den beiden Buchten war vor rund 2.000 Jahren mit der vorgelagerten Insel AG. ANDREAS verbunden. Hier lag der damalige Inselort. Wer schnorchelt, kann sowohl der Landzunge vorgelagert, als auch östl. der Insel Ag. Andreas unter Wasser bei klarem und windstillem Wetter unter Wasser alte Hausmauern sehen.

PRASONISI: Bucht an der Nordostseite der Insel Kimolos. Besitzt Thermalquellen und ist zu Fuß ab Chora in etwas mehr als 1 Std. zu erreichen.

Inselpfade führen ab CHORA rauf zur Vroma-Bucht im Norden, sowie rauf zum rund 4oo m hohen Inselgipfel mit der Festungsruine Paleiokastro. Guter Panoramablick auf Kimolos, den Ostteil von Milos und benachbarte kleinere Inseln.

Die einzige Karte, die Kimolos "einigermaßen" passabel mit seinen Gebirgszügen und Trails abbildet, ist die im Milos- Teil erwähnte 1:5o.ooo "Milos"/Edition D&B Loukopoulos. Kann nur grob als Orientierung dienen; andererseits ist die Insel klein und kompakt.

ANTIMILOS (Eremomilos) 8 km^2 , 1o km von der Nordwestspitze von Milos entfernt. Die kleine und sehr steile Insel (643 m hoch) ist unbewohnt und nur schwer begehbar. Sie ist zum Naturschutzgebiet erklärt worden, da hier noch eine seltene Wildziegenart wohnt.

POLYAIGOS (Polyagos): südl. von Kimolos, kahl, unbewohnt. Die beiden Ankerplätze liegen an der windgeschützteren Westseite der Insel, höchste Inselerhebung 37o m.

1 Ehemalige Materialseilbahn und
Industriegleis Kamares - Ag. Sostis
2 Trail nach Ag. Sostis
3 Trail Ag. Symeon/Prof Elias Troul.
4 Trail zur Nordspitze
5 Besteigung Prof. Ilias
6 Trail Apollonia - Vathi
7 Trail Platis Gialos - Vathi/Küste.
8 Trail Platis Gialos - Vathi/Inland

Insel Sifnos

Landschaftlich abwechslungsreiche Insel mit hohen Bergketten (bis knapp 7oo m), fruchtbaren Tälern, guten Stränden und hübschen weißen Kykladendörfern. Auch für Wanderer gute Möglichkeiten.

SIFNOS ist keinesfalls unentdeckt: während es von Herbst bis ins Frühjahr hinein seinen Dornröschenschlaf träumt, bricht es zur Saison aus allen Nähten. Es sind vorwiegend Individualreisende der Gruppe Baden & Relaxen. Remmi-demmi a la Discokrach ist zum Glück noch die Seltenheit.

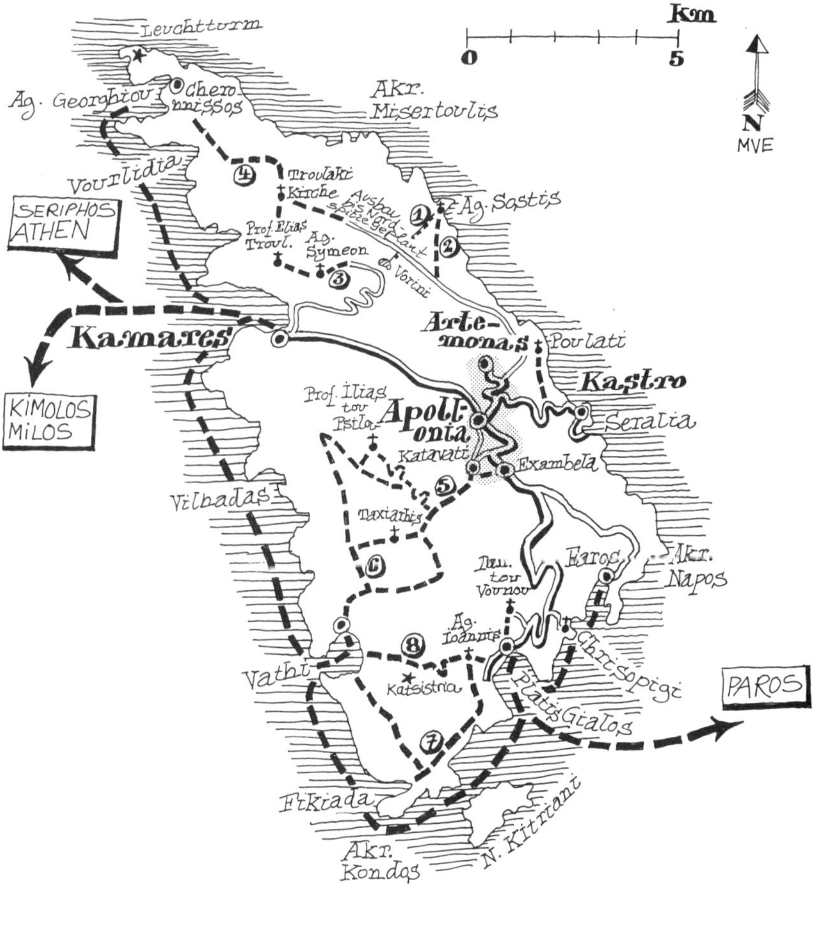

Verbindungen

Schiff im Sommer ab Piräus 1- 2x/Tag, Überfahrt ca. 5 bis 6 Std., ca. 25 DM, kleines Auto ca. 65 DM. Die Piräus-Fähre verbindet außerdem Kithnos, Milos und Kimolos.

Ab Rafina (Festland) im Sommer 1x/ Woche, Überfahrt ca. 5 Std., diese Fähre geht weiter nach Kimolos und Milos. Paros wird im Sommer tägl. von kleineren Schiffen angefahren, ca. 2 Std, ca. 15 DM.

Ab Ende Sept. bis Anf. April gibts nur noch 2 mal/Woche Schiffsverbindung mit Athen. - FÄHRHAFEN auf Sifnos ist Kamares für alle Verbindungen, außer dem Minischiff im Sommer nach Paros (fährt ab Plati Gialos). ACHTUNG: bei stürmischem Wetter besteht Gefahr für Stornierung der Schiffsverbindungen.

Viele Reisende hatten Probleme mit Charterfluganschlüssen in Athen, wenn Fähren bzw. Schiffe wegen stürmischem Wetter ausfielen. Daher Zeitverzögerung unbedingt mit einplanen! - Wenn alle Stricke reißen und insbes. der Arbeitsbeginn in der Heimat drängt: Superteuer- Notnagel: telefonisch über die Tourist Polizei einen Helikopter der Olympic Airways chartern, der für 3 Personen runde 7oo US $ kostet und einen innerhalb kürzester Zeit am Strand in Kamares abholt...

nächste Airports: PAROS und MILOS. Ersterer besitzt Charterflug ab Austria mit der "Lauda Airways". Zwar ist man ab Paros erheblich kürzer auf See als ab Athen. Ein Risiko ist es allemals, da die wesentlich kleineren Schiffe nach Paros auch entsprechend anfälliger für Schlechtwetter- Stornierungen sind.

Mitnahme eines eigenen PKWs: teuer im Fährtransport und erübrigt sich auf der Insel. Kaum Inselstraßen, zudem gute Busverbindungen. In den Inselhauptorten praktisch keine Parkmöglichkeit! Mitnahme eigenen Fahrzeuges daher eher Ballast!

Insel Transporte

Gute **Busverbindung** zwischen dem Hafen Kamares und Apollonia (5 km), den anderen Inselorten Artemonas und Kastro, sowie zu den Stränden Plati Gialos und Faros. Pendeln in den Sommermonaten Juni bis Sept. fast permanent, je nach Bedarf 8 - 24 Uhr. Außerdem etliche TAXIS.

Mofa und Motorradvermietung im Hafen Kamares bei SIFNOS CAR. Kleinere Maschinen (1 Person) ca. 15 DM/Tag, größere (2 Personen) ca. 25 - 3o DM/Tag. Dort auch **PKW- Verleih**, allerdings nur wenige Fahrzeuge, die zur HS schnell ausgebucht sind. Vorwiegend Jeeps, Kostenpunkt ca. 6o - 8o DM/ Tag bei unbegrenzten Km.

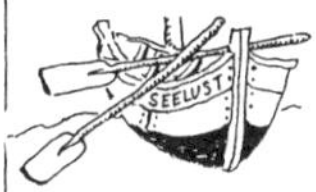

Kaikis: bedienen im Sommer Strände, die per Straße nicht erreichbar sind, sowie Querverbindungen. Z.B. ab Kamares entlang der Westküste runter nach Vathi und weiter um die Südspitze nach Plati Gialos und zum Chrisopigi Strand, weiter nach Faros. Wer sich noch nicht seinen Lieblingsstrand ausgewählt hat, pendelt mit dem Bus zwischen Kamares und Plati Gialos und setzt aufs Schiff entlang der Küste über!

KARTEN: gibts mehrere: Diejenige mit dem Amphorenfoto auf dem Umschlag (Karte nennt sich "Siphnos", leider keine Angabe zum Herausgeber!) bemüht sich, genau zu sein, reicht aber für Wanderungen auf der Insel absolut nicht aus. Als kleines Extra enthält sie einen Plan des Bereiches Apollonia bis Artemonas.

Für Wandern absolut beste Karte ist die ΣΙΦΝΟΣ SIFNOS herausgegeben von John Birkett-Smith. Vorzüglich mit Höhenlinien (absolute Rarität bei griech. Inselkarten!) und exaktem Verlauf der Trails! Für die Anfertigung der Karte hat der Autor ausführlich vor Ort recherchiert, - nicht nur was die Trails betrifft, sondern auch Kirchen, alte Wachtürme etc. Als kleines Extrabonbon ist in dieser Karte auch der Verlauf der ehemaligen Sifnos Eisenbahn Kamares - Ag. Sostis (Industriegleis und Seilbahn zum Abtransport des Eisenerzes) eingetragen, sowie die Lage der ehemaligen Minen. Erhältlich nur in Shops auf der Insel!

Verschiedene Namensschreibweise:

ähnlich wie auf anderen Kykladeninseln gibt es für ein und den selben Ort oft mehrere verschiedene Schreibweisen. Kleine Auswahl:

Platis Gialos	Platygialos, Plati Yialou	Fikada	Phykiada
Chrisopigi	Hrisopigi, Chryssopigi	Cheronnissos	Heronnisos/Kheronisos
Vilhadas	Vlychadas, Vlikahada	Troulaki	Troullakiou
Faros	Farou, Pharos	Kamares	Kamari

Geschichte:

Erste Siedlungsfunde 1.5oo v. Chr., nach Vertreibung der Ionier vom Festland um 1.1oo v. Chr. besiedelten diese die Kykladen, auch Sifnos.

In der Antike war Siphnos berühmt für seine **Gold- und Silberminen**, die Siphnos zur reichsten Insel der Kykladen machten. Die Minen lagen im Nordteil der Insel (bei Ag. Sostis, vergl. unsere Karte), damalige Inselhauptstadt an der Stelle des heutigen Kastro mit Hafen der darunter liegenden Soralia Bucht. Die Gewinne aus den Minen waren so groß, daß sich die Siphnoten 525 v. Chr. ein eigenes Schatzhaus im Heiligtum DELFI leisten konnten, welches mit funkelnden Gold und Silberschätzen die Macht und den Reichtum der Insel repräsentierte. Auch wurden Apollo alljährlich goldene Kugeln nach Delfi geschickt, "um sich seiner Gunst zu versichern".

Der Sage nach begann der Niedergang der Minen, als die Siphnoten versuchten, den Gott Apollo um seinen Gold-Anteil zu betrügen: Statt purem Gold hätten sie Kugeln geschickt, von denen nur noch die Hülle Gold war. Apollo hätte sauer reagiert und mit Wassereinbruch in den Minen diese unbrauchbar gemacht. Soweit die Sage.

Geschichtlich nachgewiesen ist, daß die Sifnos- Minen zu diesem Zeitraum versiegten, und zudem durch ein Erdbeben im 6. Jhd. v. Chr. zerstört wurden. Zu allem Unglück besetzten zu dieser Zeit auch die Samier (unter Polykrates) die Insel und erhoben schwere Tributforderungen. Sifnos verarmte und erlangte in den folgenden 1.4oo Jahren nie wieder die Bedeutung, die es zur Zeit der Minen besaß. In kurzem Abriß:

48o v. Chr. im Rahmen des Att. Del. Seebundes Teilnahme an der Schlacht von Salamis gegen die Perser. Ab 338 v. Chr. unter macedonischer Herrschaft, 146 v. Chr. - 324 n. Chr. unter römischer Herrschaft. Ein großes Problem stellten häufige Piratenangriffe dar; die Inselbewohner verschanzten sich in, hoch in den Inselbergen gelegenen Siedlungen.

Die **Vielzahl an Türmen**, vor allem im Nord und Nordostteil der Insel wurden vorwiegend zur römischen bis venezianischen Epoche angelegt: Sie dienten als Wach- und Signaltürme, um die Insel insbes. vor Piratenangriffen zu schützen. In der o.a. Siphnos Karte von John Birkett-Smith sind die heute bestehenden aufgelistet. Das System der Nachrichtenübermittlung funktionierte recht perfekt: tagsüber Rauchsignale, nachts Feuer.

In der Venezianischen Epoche kam Sifnos zunächst 12o7 unter die Herrschaft des Venezianers Sanudo, der ab Nachbarinsel Naxos regierte; der Inselhauptort KASTRO wurde mit seinen engen Gassen und nach außen fast fensterlosen Hauswänden ausgebaut. 13o7 wurde die Insel von spanischen Eroberern in Besitz genommen, später von Familien aus Bologna regiert, - 1834 Eingliederung in den neu gegründeten griechischen Staat.

Neuzeitliche Minen- Exploitation: abgesehen der reichen Gold- und Silberschätze der Antike verfügt die Insel über Eisenerz-Vorkommen. Seit Mittelalter für Eigenbedarf abgebaut, wurde im 19. Jhd. eine französische Firma tätig, die ab Hafen KAMARES ein Industriegleis rauf in die Berge des nördl. Inselinneren legte.

Absolutes Unikat: auf keiner anderen Insel der Ägäis (selbst auf dem riesigen KRETA) gibt es Gleise. Dort wo das Inselinnere von Sifnos zu steil wurde, wurden Material-Seilbahnen angelegt. Der Verlauf ist in der John Birkett-Smith Karte eingetragen. Heute stillgelegt wegen Unrentabilität, teils in der Landschaft jedoch noch zu sehen.

Wirtschaft, Inseleinkommen: seit Mitte des verg. Jhds. hohe Abwanderungszahlen. Dies, obwohl die Insel in ihrem Inneren und wegen ihrer hohen Berge recht fruchtbar ist. Wie kaum eine andere der Kykladen verfügt sie über intensiven Terrassen-Anbau, der vor Erosion der Böden schützt. Neben Oliven bringt das Land vor allem Wein, Mandeln, Feigen und Kapern. Speziell letztere sind so vorzüglich, daß die Insel "Geheimtip" unter Griechen ist, die die Kapern flaschenweise nach Hause nehmen.

Der Tourismusboom seit Mitte der 7o-er Jahre brachte Sifnos verstärkt Einnahme-Quellen und ist heute wichtigster Wirtschaftsfaktor.

UNTERKUNFT: bezüglich HOTELS gibts zur HS erhebliche Engpässe, zu wenig Betten für zu viele Besucher. Langfristige Vorausbuchung unbedingt zu empfehlen.

Ansonsten vermietet fast jedes Haus PRIVATZIMMER, so daß man auch zur HS in der Regel Unterkunft findet. Vermittlung über´s Touristbüro im Hafen von Kamares. Wenn Kamares voll ist, in Apollonia, Artemonas und Kastro probieren. Wegen der häufigen Busverbindungen auf dieser Achse kein Problem, wo man sich einquartiert. Gegebenenfalls nach ein paar Tagen das Zimmer wechseln, wenn man etwas besseres gefunden hat!

★ Kamares (2oo Einw.)

Hafen von Sifnos in tiefer Bucht, die einen rund 8oo m langen und 1o - 3o m breiten Sand/Feinkiesstrand besitzt. Nur teilweise Schatten durch Tamarisken. Verleih von Surfbrettern, im Sommer Badeboote entlang der Küste zu Buchten wie Vathi und Ag. Geroghiou. Der Strand von Kamares ist o.k., aber im Vergleich gibts auf der Insel besseres.

Hafenmole am Südufer der Bucht, wo sich auch die meisten Tavernen und Shops befinden, Lebensmittelgeschäfte und Schiffsagenturen. Im Souvenir- und Buchladen kann man sich nach Ankunft mit Inselkarten versorgen.

Kamares hat relativ wenig Häuser, moderne weiße Betonflachbauten. Am Hang Sommervillen reicher Athener Familien. Gleich dahinter beginnt das, im Sommer kahle und ausgedorrte Bergland des Inselinneren.

Tourist INFO direkt an der Anlegestelle, hier auch Zimmervermittlung.

"Hotel Kamari": Am Ortsausgang an der Hauptstraße Richtung Apollonia. Neues Haus mit modernen Möbeln. DZ ca. 25- 35 DM je nach Saison, Frühstück ca. 4 DM.

"Hotel Stavros": Direkt an der Uferpromenade, gleiche Leitung wie Hotel Kamari. Zimmer teilweise mit Toil., Terrassen, Meeresblick; einfache Möblierung. Im Haus Lebensmittelgeschäft. DZ ca. 2o- 25 DM o. Bad und ca. 25- 35 DM m. Bad, Frühstück ca. 4 DM.

"Appartementhaus Korakis": An der Straße nach Apollonia, Appartements in verschiedenen Größen, Preis auf Anfrage. Geöffnet von April bis Ende September.

Entlang der Bucht zudem Privatzimmer. Zimmervermittlung in der Touristinformation an der Anlegestelle.

Einige gute RESTAURANTS UND TAVERNEN rund um die Uferpromenade, empfehlenswert für Drinks die Delfin-Bar.

Von der Nordostecke der Kamares- Bucht führt ein Schotterweg in Serpentinen aufwärts zur Klosterkirche AG. SYMEON (1868). Der Weg zieht sich zunächst ostwärts am Hang rauf und ist fast nur für Geländewagen geeignet. In gut 35o m Höhe überquert die Piste den Bergrücken und knickt westl. ab, überall Überreste der alten Eisenerzbergwerke und Minen zu sehen.

Der Bereich Vorini (optisch wie eingestürzter Krater) entstand durch Aushöhlung des Berges durch Minen. Ebenso kann man (vergl. auch Karte, sowie Kapitel "Geschichte") die Stützpfeiler der ehemaligen Materialseilbahn rauf nach Ag. Sostis sehen, wo zur Antike die Silber- und Goldminen sich befanden, und im verg. Jhd. weitere Eisenerzminen. Das zu dieser Zeit angelegte Industriegleis runter an die Bucht von Kamares ist heute entfernt, die o.g. Piste folgt jedoch weitgehend der ehemaligen Gleis- Trasse.

Unterhalb des Ag. Symeon Gipfels endet die Piste, und ein Treppenweg führt in 25 Min. zu der 4oo m hoch liegenden Klosterkirche. Überwältigender Ausblick auf Hafen und Bucht von Kamares, landschaftlich einer der schönsten Ausflüge auf Sifnos! Die Kirche selbst hat nichts Besonderes, alljährlich am 1. Sept. findet jedoch hier oben ein Kirchenfest statt. - Wer die Strecke ab Kamares zu Fuß macht: der Pfad kürzt die Serpentinen der Piste ab, trotzdem gut 2 Std. einkalkulieren.

Die auf dem westl. benachbarten Gipfel gelegene Kirche PROF. ILIAS TOU TROULLAKIOU läßt sich ab Ag. Symeon in ca. 2o Min. über einen schlechten Pfad erreichen: liegt in 475 m Höhe und Superblick auf die Kamares Bucht sowie rauf bis zur Nordspitze der Insel. Die Kirche wurde 1953 renoviert, Kirchenfest am 2o. Juli.

Wer nicht den selben Weg zurückwandern will, hat die Möglichkeit, ab Prof. Ilias Tou Troullakiou via Troulaki Kirche auf einem 4 km Pfad rauf zur Nordspitze/Cheronnissos- Bucht zu wandern, die im Sommer von Badebooten ab Kamares erreicht wird. Vorher die Sache abklären, ob und wann die Boote fahren. Auch ist die eingangs erwähnte Sifnos Wanderkarte sinnvoll, solang die in Planung befindliche Piste Artemonas - Cheronnissos noch nicht fertig ist. Essen und Wasser mitnehmen, der Norden ist absolut kahl!

KAMARES NACH APOLLONIA: im Sommer häufige Busverbindung. Die Asphaltstraße zieht sich durch ein Tal anfangs gerade, später in Kurven aufwärts. Nach 2,5 km an einer Kurve liegt rechts unter Bäumen idyllisch die Kapelle ANARGYROI. Vom Innenraum führt seitlich eine Treppe runter in katakombenähnliche Höhle.

Entlang der Straße Gemüsegärten, Olivenhaine und weiß gekalkte, verzierte Taubentürme. Neben der Olivenölproduktion wird mit Wein, Mandeln, Honig, aber auch getrockneten Feigen und Kapern gehandelt. Insbesondere die Qualität der Sifnos- Kapern ist excellent, sie werden durch Bestreuen mit Salz konserviert.

✶ Apollonia (ca. 1.ooo Einw.)

Hauptort und Sitz der Inselverwaltung. Abgesehen vom Ortskern, der für Autos gesperrt ist, ziehen sich die weiß gekalkten und flachen Häuser an den umliegenden Hängen rauf, - verstreut zwischen Anbauterrassen (Schutz gegen Bodenerosion) und gehen in Nachbardörfer wie Exambela, Katavathi, Loukas und Artemonas über.

Alle Autostraßen umgehen den Ortskern von Apollonia, das Innere erreicht man nur über schmale Gassen und Treppenwege. Sehenswert die Kirche OURANOPHORA, die auf den Grundmauern eines antiken Tempels und mit dessen Stein- und Marmorstücken erbaut wurde.

An der Bushaltestelle am Hauptplatz: Kafenions, Restaurants, Bank und Apotheke, außerdem Postamt und Zeitschriftenladen. In der Ortsmitte gibt es auch Schiffsagenturen, Andenken-, Schmuck- und Keramik (=Pottery) Läden. Unterhalb der Hauptgasse eine kleine Bäckerei, in der als Spezialität mit Sesam bestreute Ringe aus süßem Brotteig hergestellt werden. - Im HEIMATMUSEUM (Hauptplatz): Waffen, Stickereien, Holzschnitzarbeiten und Keramik der Insel.

Zwei Tankstellen befinden sich jeweils an den Ausfahrtstraßen. Am Ortsrand gegenüber dem Hotel Apollonia ein **Motorradverleih**: für 1 Per. ca. 15 DM, für 2 Pers. ca. 22 DM/Tag.

Apollonia hat die meisten Hotels und Privatquartiere der Insel. Wer hier absteigt, muß allerdings ca. 2o Min. in jeder Richtung mit dem Bus zum nächsten Strand fahren.

"Hotel Sofia": In Ortsmitte an der Hauptstraße. Die 11 Zimmer über Außentreppe zu erreichen, einfach möbliert, mit Toilette. Im Erdheschoß einfache Taverne. Die Tochter des Besitzers spricht Englisch. DZ ca. 25 - 3o DM je nach Saison, Frühstück ca. 2,5o DM.

"Hotel Anthoussa": An der Straße nach Platis Gialos. Zugang zu den 14 Zimmern vom Innenhof. Sie sind einfachst möbliert, teils mit Aussicht zum Meer. Freundlicher Besitzer, im EG Coffe-Snackbar und Büro der öffentl. Telefonvermittlung. DZ ca. 25 - 3o DM je nach Saison, Frühstück ca. 3 DM.

"Hotel Sifnos": In Ortsmitte, nur zu Fuß über die Hauptgasse erreichbar. 9 Zimmer, mit eigener Toil. und Tel., sehr einfach eingerichtet. Das Hotel ist hübsch mit kleiner, mit Bäumen bepflanzter Terrasse; von den nach Nord gehenden Zimmern Meeresblick. Zuvorkommender Besitzer, spricht Englisch. Im Hotel eine Mini- Snackbar. Die 3-Bett Zimmer kosten je nach Saison ca. 22 bis 3o DM, Frühstück ca. 3 DM.

"Hotel Pension Apollonia": Am Ortsausgang/Straße nach Platis Gialos, noch vor der Tankstelle. 9 Zimmer mit Waschbecken und Balkon. Je 2 Zimmer haben eine Gemeinschaftstoilette und Dusche (heißes Wasser), für Männer und Frauen getrennt. Das sehr einfache, aber saubere Hotel hat von den Zimmern unverbaute Aussicht nach Artemonas und über die Hügellandschaft Richtung Kastro. DZ ca. 2o - 25 DM.

Privatzimmer: jede Menge, Vermittlung im Reisebüro/Hauptgasse.

"RESTAURANT CYPRUS": am Hauptplatz an der Bushaltestelle. Griechische Spezialitäten, große Portionen und preisgünstig.

"GRILL-RESTAURANT ALEXIS": im Ortszentrum ca. 5o m vom Hotel Sifnos entfernt, mit Hof-ähnlicher Sitzgelegenheit.

"RESTAURANT KREVATIN": gleich neben "Alexis". Nicht unsere Wahl.

Am Abend trifft man sich in der Hauptgasse in der Bar "ARGO".

Besteigung des PROFITIS ILIAS TOU PSILOU

Höchster Inselberg, in Karten unterschiedlich mit knapp 7oo m angegeben. Bei nur rund 2 km Luftlinie zur Westküste eine beachtliche Höhe: Die Besteigung ist nicht nur steil und anstrengend, zudem auch in Orientierung etwas schwierig, so doch wegen Rundblick bei klarem Wetter sehr lohnend. Dauer: knapp 1 Tag.

Der Weg beginnt im Ortsteil Exambelas bzw. Katavati. Die eingangs erwähnte Sifnos Karte mit ihren Höhenlinien sollte mit im Wandergepäck sein. Hier auch der Trailverlauf klar eingetragen. Früh am Morgen aufbrechen, wenns noch nicht so heiß ist, und genügend Trinkwasser, Essen, sowie Sonnenschutz mitnehemen!

Nach Passieren des Ortes Katavati (am besten dort nochmals fragen!) zieht sich der Pfad zunächst abwärts in schluchtartigem Tal runter. Der Pfad verläuft links eines (im Sommer ausgetrockneten) Bachbettes, nach ca. 1,3 km Überquerung des Bachbettes und am anderen Hang steil in Serpentinen rauf. Wer die Abzweigung (in Ermangelung mitgeführter Karte) verpasst, landet irgendwo an der Westküste, bei "Glück" in Vathi...

Je nach sportlicher Kondition benötigt man ab Bachbett und folgendem Anstieg/Serpentinen der ersten 25o Höhenmeter rund 3o Min. Hier Gabelung: rechten Pfad benutzen, der in weiteren Serpentinen und rund 45 Min. rauf zum Gipfel führt. Insgesamt ab Katavati somit je nach Kondition raufwärts gut 3 bis 3 1/2 Std.

Auf dem Gipfel das Kloster PROF. ILIAS TOU PSILOU, in groben Felsbrocken und Festungscharakter. Es wurde im 8. Jhd. n. Chr. errichtet, an der Stelle eines Wachturmes (nach anderen Berichten: 1145 n. Chr. auf den Grundmauern eines alten Apollotempels). Wie dem auch sei, der Rundblick bei klarem Wetter ist grandios: Südlich bis Milos, nördlich am Horizont Serifos, Kithnos, östlich Naxos bis Mykonos!

Im Inneren der dreischiffigen und durch Marmorsäulen gestützten Klosterkirche finden sich Jahreszahlen 1145 und 1779. Im Mittelalter sollen im Kloster 6o Mönche gelebt haben, unterhalb des Fußbodens gibts Geheimgänge, die als Versteck dienten. Heute ist das Kloster unbewohnt; Kirchenfest am 2o. Juli.

Wanderung von KATAVATI nach VATHI: schöne Rundtour (ab Vathi mit dem Bade- Kaiki retour nach Platis Gialos bzw. Kamares, allerdings vorab Verbindungen abcheken!). Benötigte Zeit ab Katavati bis Vathi ca. 3 - 4 Std., unbedingt o.g. Sifnos-Karte mitnehmen, Wasser, Essen und Sonnenschutz.

Erster Abschnitt wie Prof. Ilias-Besteigung, also ab Katavati links des Bachbettes im Tal abwärts. Jedoch dem Bachbett bis zur Talasohle folgen.

Hier teilt sich der Trail: links ansteigend in einem Tal und östlich um den knapp 600 m Bergklotz Platia Rakhi rum westlich zur Vathi Bucht. - Oder: rechts ansteigend zum Kloster Taxiarhis (Kirchenfest 6. Sept. und 8. Nov.) Beide Trails bis Vathi sind ohne ordentliche Karte mit Orientierungspunkten und Höhenlinien nur schwer zu finden, da es eine Fülle an Abzweigungen gibt und die Region unbewohnt ist! Die Gefahr, daß man sich verläuft, ist durchaus realistisch. WARNUNG: nur mit Karte, Kompass und Kenntnis der Benutzung beider laufen!!

★ Artemonas (ca. 800 Einw.)

Rund 1,5 km nördl. von Apollonias und höher gelegen. Auf halbem Weg zwischen den beiden Ortschaften ein größeres Lebensmittelgeschäft.

Am Ortsrand von Artemonas die Wendestelle für den Bus. Von hier führt links ein Treppenweg in den unteren Ortsteil und rechts eine Gasse zur sehenswerten Kirche AMMOU. Artemonas mit den beiden kleineren Ortsteilen Pano Petali und Aghios Loukas hat zahlreiche alte Herrenhäuser, Kirchen und auf dem Hügel alte Windmühlen.

"Hotel Artemon": Vor dem Ortsrand gelegen, Nähe Bushaltestelle. Ein moderner, 2-stöckiger Flachbau, 24 Zimmer mit Balkon, und Privatbad, einfach aber sauber eingerichtet. Frühstücksraum und Restaurant im Tiefparterre mit großer Außenterrasse. Restaurant gut, vor allem Fischspezialitäten. DZ relativ teuer, ca. 45- 55 DM, inkl. Frühstück.

Im Ort eine Reihe von **Privatzimmern**, Vermittlung über Ortstavernen Artemonas bzw. Reisebüro in der Hauptgasse von Apollonia.

"RESTAURANT MAGANAS": an der Buswende. Sehr kleines, einfaches Restaurant, Küche war bei unserem Check o.K. Unter gleicher Leitung mitten im Ort:

"TAVERNE LIOTRIVI": wo man zwischen antikem Mobiliar sitzt. Vor dem Eingang große Fruchtpresse. Der Besitzer beider Tavernen stellt ausgezeichneten Retsina her.- Als besondere Spezialität in Artemonas gilt der in Retsina eingelegte "Manouri" (Käse), sonntags Kichererbsen.

"HOTEL ARTEMON": bei unseren Recherchen die beste Küche im Ort.

ARTEMONAS wird zwar zur HS ebenfalls mehrmals tägl. vom Inselbus bedient, liegt jedoch mehr abseits vom Schuß zu den Stränden. Für viele ist es daher Ausweichquartier, wenn alles im Bereich Apollonia an Quartieren voll ist.

INSEL- NORDTEIL: ausgenommen der Minisiedlung CHERONNISSOS knapp unterhalb der Nordspitze unbewohnt. Ein äußerst karges und stark bergiges Land. Geplant ist eine Pistenverbindung von Artemonias nach Cheronnissos: bereits fertiggestellt ist der erste Abschnitt. Beginnt kurz vor der Buswende/Artemonias und umfährt in Bogen den Ort zunächst als Asphaltstraße. Oben bei den Windmühlen Abzweigung einer Schotterpiste vergl. Karte.

Die Piste kreuzt die ehemalige Trasse des Industriegleises 19. Jhd. und Eisenerzabbau der Region Vorini (siehe Kapitel Kamares). Wer gerne wandert, kann den Trail nach AG. SOSTIS rauflaufen. Hier lagen in der Antike die Silber- und Goldminen, die durch ein Erdbeben im 6. Jhd. n. Chr. zerstört wurden.

Im Bereich der Halbinsel liegen auch Eisenerzminen der Periode 19. Jhd. Was die Minen aus dieser Zeit betrifft (mehrere bis Region AG. SILVESTROS und VORINI), wird jedoch vor Erforschung auf eigene Faust gewarnt! Die Eingänge sind nicht immer abgesperrt, und es besteht hohe Einsturzgefahr!!

CHERONNISSOS an der Nordspitze besteht aus einer Handvoll Fischerhütten, hat eine im Sommer betriebene Taverne und gute Strände. Zur HS Kaikiverbindung entlang der Westküste ab Kamares.

★Kastro (ca. 2oo Einw.)

Die ehemalige Inselhauptstadt (bis 1833) liegt rund 4 km östl. von Apollonia auf einer Bergkuppe 1oo m über dem Meer. Nicht ohne Grund sind die Kastro- Privatquartiere heute die begehrtesten der Insel, Kastro steht unter Denkmalschutz und wurde liebevoll restauriert. Angelegt im 12. und 13. Jhd. besteht der Ort aus malerischen, engen Gassen, Kirchlein und Herrschaftshäusern vergangener Jahrhunderte.

Zu den interessantesten Kirchen im Kastro zählt die PANAG. ELEUOSSA mit sehenswerten Ikonen. An ihrer Stelle stand früher eine Basilika, die Kirche wurde 1653 wiederaufgebaut. - Im ARCHÄOLOGISCHEN MUSEUM Ausgrabungsstücke aus den verschiedenen Epochen der Stadtgeschichte, u.a. ein Löwenkopf aus dem 6.Jh.v.Chr., schade nur, daß die Exponate derart "muffig" präsentiert werden!

Am höchsten Punkt der Bergkuppe die Mauern des ehemaligen venezianischen KASTELLS, schöner Panoramablick.

RESTAURANTS

Zwei Tavernen mit hübschen Terrassen: über dem Parkplatz die Snackbar "THE STAR", gleichzeitig auch Lebensmittelladen, mit schattigen Sitzplätzen unter Bäumen. Etwas höher in der Hauptgasse die "TAVERNE ZORBAS".

Kurz vor Kastro zweigt ein, mit kapernbüschen gesäumter Pfad ab, der in ca. 2o Min. runter zur POULATI- BUCHT mit der Kirche Panag. Poulati (1871) führt. Von der Kirche aus hat man guten Blick rüber nach Paros, Syros und Mykonos.

SERALIA BUCHT: ab Kastro über eine Ashaltstraße zu erreichen, bzw. Abkürzungspfad bergab in ca. 15 Min. zu Fuß. Der kleine Fischerhafen war im 13. bis 19. Jhd. der Haupthafen der Insel. Heute eine handvoll Häuser, die über eine steile Treppe erreicht werden und Taverne, die bei unserem Check durch Unfreundlichkeit und Unsauberkeit "glänzte". Baden möglich, so doch gewiss nicht Topstrand.

★ Faros:

durch eine 8 km Asphaltstraße ab Apollonia (Abzweig. südl. Nachbardorf Exambela) verbunden, viele Serpentinen, im Sommer häufige Busverbindung. Der Strand, eine tiefe Bucht besitzt 2 Sandstrände je ca. 2oo m lang, 2o m breit. Im kleinen Fischerhafen gibt es mehrere Restaurants und Tavernen, sowie zahlreiche Privatzimmer ("Rooms to let").

Zu Fuß in ca. 2o - 3o Min. bzw. mit dem Badeboot kommt man rüber in die westl. benachbarte Bucht **CHRYSSOPIGI**. Mit dem Auto ist diese Bucht nur ab Apollonia - Platis Gialos Straße zu erreichen: kurz vor Pl. Gialos Abzweigung links in Serpentinen runter ans Meer/Chryssopigi, asphaltiert, schöner Blick auf die Kirche PANAGHIA CHRYSSOPIGI. Sie wurde 165o auf der Felsenhalbinsel errichtet. Nach einer Legende rettete die Jungfrau Maria drei Frauen, die von Piraten verfolgt wurden, das Leben, indem sie das Kap von der Insel abtrennte und den Piraten so den Weg abschnitt. Man erreicht das Kloster über eine kleine Brücke. Direkt vor dem Kloster Parkplatz, im Sommer Vermietung von ehemaligen Mönchszellen.

Noch vor Erreichen der Klosterkirche führt ein kleiner Schotterweg links an der Steilküste entlang, 2oo m zu einem Strand (Sand mit Steinen durchsetzt) und der Taverne Apollo (gute Fischspezialitäten) mit schönem Garten und Tamarisken, die auch den gesamten Strand säumen.

★ Platis Gialos:

wichtigster Strand an der Südküste, eine weit geschwungene 2 km Bucht mit Sandstrand. Ab Apollonia durch eine Asphaltstraße verbunden, im Sommer häufige Busverbindung, Fahrzeit ca. 2o Min.

> Die Straße Apollonia nach Platis Gialos führt an dem kleinen Ort Exambela vorbei, in dessen Nähe (15 Min. zu Fuß) das KLOSTER VRISSI aus dem 17.Jh. liegt. Das Kloster ist noch von Mönchen bewohnt und enthält wertvolle Ikonen und ein Museum für sakrale Kunst. Kirchenfeiertag ist der 9. September.

Platis Gialos ist eine moderne Ansiedlung, relativ klein, die Häuser weitgehend entlang des Strandes. Dahinter Gartenlandschaft mit Bäumen durchsetzt. Am Ortsende findet man noch 2 Keramikbrennöfen am Strand.

Am Busterminal mitten im Ort können die Wartenden im Café an der Theke zwischen vielen Süßigkeiten wählen. Sitzgelegenheit gibts auf einer schmalen Außenterrasse direkt an der Hauptstraße oder im Innenraum an mehreren Tischen.

Strand: Sand, 2 km lang, 5 - 2o m breit, Wasserqualität mittel, kaum Sonnenschutz. Im Sommer gibt es Badeboote rüber nach Chrissopigi, Faros und nach Vathi, Kamares.

"Hotel Panorama": Direkt am Strand und Hauptstraße in Ortsmitte gelegen. 3o einfache Zimmer mit Toil., teils mit Balkon. DZ ca. 35- 45 DM, kein Frühstück.

"Hotel Platis Yalos" (früher Xenia): Am Ende der Uferstraße und Westende der Bucht, direkt am Strand. Vorn raus schöner Blick auf die Bucht, 21 Zimmer mit Toil., Tel., Balkon oder Terrasse, sowie eine "Suite". Typisches Strandhotel ohne Restaurant, wurde 1987 renoviert, DZ ca. 45- 55 DM inkl. Frühstück.

Eine Reihe der Häuser im Ort vermieten **Privatquartiere**.

Ein erhöht gelegener Campingplatz etwa 3oo m abseits vom Strand, mit recht schönem Bucht- und Meerblick. Zu erreichen über eine Piste ab Hotel Platis Yalos. Der Platz ist noch ziemlich neu, junge Baumpflanzungen, daher wenig Schatten. Überdachte Sitzplätze neben der Rezeption.

Im selben Gebäude wie das Hotel Panorama, das Restaurant "CYCLADES BEACH" von Nikos Venakis, wo ebenfalls Zimmer mit Toilette vermietet werden. Das Restaurant hat eine Terrasse direkt am Strand und bietet typisch griechische Küche. Offen vom 1.4.-3o.9. DZ ca. 3o DM. - Am Strand gibt es ein weiteres Restaurant "THE WAVES", daneben kleiner Minimarkt, - weitere Tavernen.

Nördl. hinter dem Ort, am Berg über einen steilen Fußweg zu erreichen, liegt die PANAGIA TOU VOUNOU, die im Jahre 1813 erbaut wurde und wertvolle Reliquien und Ikonen besitzt. Das angeschlossene Kloster ist nicht mehr von Mönchen bewohnt, im Sommer Zimmervermietung. Von der Terrasse vor der Kirche sehr schöner Blick über die Bucht von Platis Gialos.

Das Kloster erreicht man auch über eine Schotterstraße, die von der Hauptstraße Platis Gialos- Apollonia links abzweigt, kurz nachdem die Straße die Bucht verlassen hat.

★ Vathi:

Gilt als schönster Strand der Insel, eine weit geschwungene Bucht zwischen hohen Bergen an der Westküste. Nur eine Handvoll Häuser, der

schöne Sandstrand (1 km lang, 1o - 15 m breit besitzt teils Sonnenschutz durch Bäume. Hübsches Kirchlein direkt an der kleinen Hafenmole. Tavernen.

Vathi kann nur per Boot erreicht werden, keine Straßenverbindung. Im Sommer häufige Kaiki- Verbindungen auf der Strecke Kamares - Vathi - Platis Gialos.

Viele der Häuser vermieten Privatzimmer, wegen der Größe des Ortes und seiner schönen Lage sind diese aber zur Saison schnell ausgebucht, teils durch "repeater", die Jahr für Jahr wieder kommen und sich schon im Vorjahr das Zimmer reservieren lassen.

Es gibt einen Pfad ab Platis Gialos nach Vathi, benötigte Zeit gut 1/2 Tag, guter Sonnenschutz, Schuhwerk, Wasser und Essen, sowie die eingangs erwähnte Sifnos- Wanderkarte. Der Pfad beginnt in der Westecke der Gialos- Bucht, ca. 35o m landein beim Kirchlein Ag. Ioannis und führt dort parallel zur Bucht südwärts am Hang rauf, wobei das Kap überquert wird und anschließend der Trail in die nächste Bucht runtersteigt.

Anschließend wird die Felshalbinsel des Akr. Kondos in Abkürzung zur Fikiada Bucht überquert. Gut 3oo m vor Errreichen der Bucht geht es links in die Berge rauf, rüber nach Vathi.

Oder: ab Gialos Bucht und Kirchlein Ag. Ioannis (siehe oben!) senkrecht über die Bergkette immer westwärts, rauf in gut 35o m Höhe und nördl. die Bergkuppe Katsistria umrunden, runter zur Vathi Bucht. Details siehe Vathi- Wanderkarte, benötigte Zeit je nach Kondition ca. 4 Std.

Oder: Vathi - Apollonia: siehe Seite 259

Insel Serifos

Eine gebirgige und karge Insel mit teils schönen Sandbuchten. Die wichtigsten Orte sind der Hafen LIVADI und die darüberliegende CHORA. Der Rest der Insel ist weitgehend unerschlossen. Lohnende Ziele u.a. das Taxiarchis-Kloster im Norden sowie das Kloster Moni Evangelistrias im Südwesten.

Wegen stark gebirgigem Charakter und schöner Ausblicke ist die Insel speziell auch für Wanderungen interessant.

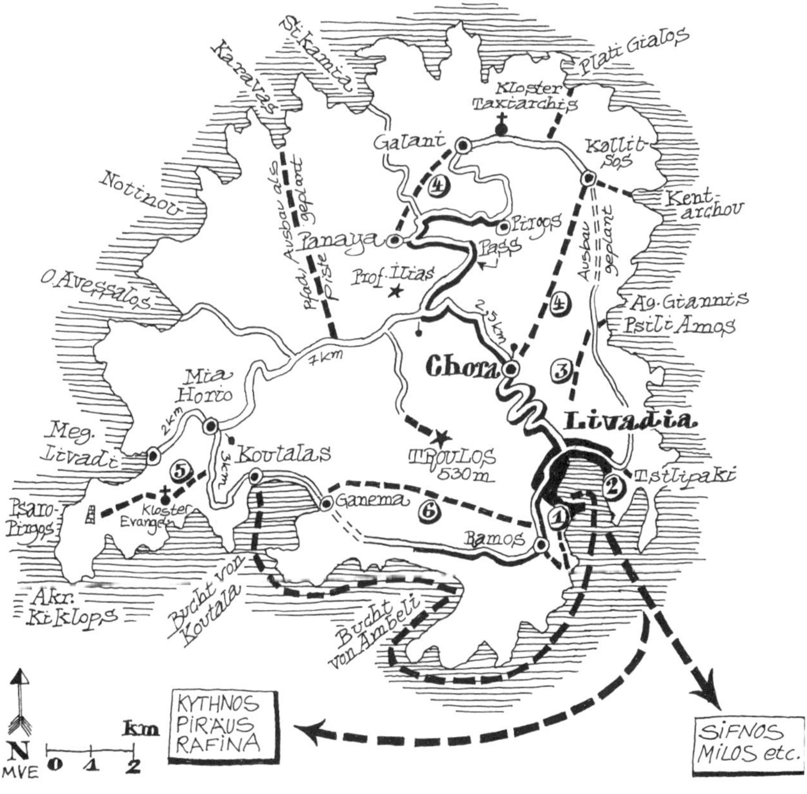

1 Hafenkai und Weg zu den südl. Badebuchten
2 Badebuchten Ostseite der Bucht
3 Wanderung Livadi zur Psili Amos- Bucht
4 Wanderung Chora - Inselnordteil
5 Wanderung zum Psaro Pirgos
6 Wanderung Koutalas nach Livadia

Verbindungen

Mit dem **Schiff** von Piräus 1-3 Abfahrten tägl., Dauer ca. 5 1/2 Std., ca. 2o DM. Die Piräus Fähre geht weiter nach Sifnos, Kythnos, Milos, Kimolos, fallweise auch nach Ios und Santorin.

Mit Rafina (Festland) 1x/Woche Verbindung, Dauer gut 4 Std.

Nächster **Airport**: Athen und Milos. Anschlüsse nicht zu knapp planen, bei den Fähren häufig Verspätungen!

Mitnahme eigener PKW: bei der Kleinräumigkeit der Insel und nur weniger Straßen- Km kaum sinnvoll. Die Chora mit häufiger Busverbindung, für Erkundung der Insel Mietmoped.

Insel Transporte

Nur eine **Busverbindung** zwischen Livadi und Chora, in der HS stündlich, sonst alle 2 Std. In der Zeit von 14-18 Uhr geht gar nichts: Siesta. Gilt meist auch für die Taxis.

Taxi nur wenige, die zudem recht exakt die Siestazeiten pflegen. Für Inseltrips, beispielsweise zu abgelegenen Stränden vorab Preis vereinbaren. Für die asphaltierten 5 km rauf in die Chora stellen sich die Taxifahrer ca. 8 DM/ Fahrzeug vor, - Schotterpisten analog mehr.

Motorräder können schräg gegenüber der Tourist-Information/Livadia gemietet werden, ca. 3o DM/Tag, **PKW** ca. 9o DM/Tag.

KARTEN: die derzeit im Handel befindliche "Serifos Road Touristic Map" befriedigt nicht. Sie ist in der Straßenführung ungenau und unkomplett.

GESCHICHTE: Serifos wurde wie die anderen Kykladeninseln ca. 1.ooo v. Chr. von den Ioniern besiedelt. In der Antike galt sie als arme Insel, analog waren die Tributleistungen im Rahmen des Att. Seebundes recht gering. Zur Zeit der Römer war die Insel Verbannungsort von Strafgefangenen.

Eisenerz wurde bereits in der Antike abgebaut, verstärkt im 19. Jhd. und Inselregion Mia Horio, von wo ein Industriegleis an die Mega Livadi Bucht im Westen der Insel führte. Heute sind die Eisenerzminen verlassen. Haupteinkünfte heute: Kapern, Oliven und andere landwirtschaftl. Produkte; zur HS Tourismus.

UNTERKUNFT: konzentriert sich derzeit fast ausschließlich auf den Hafenort Livadia. Außerhalb der Saison keine Probleme, - zur HS reichen die wenigen HOTELBETTEN jedoch kaum dem Ansturm aus.

Folge können zur HS überhöhte Preise sein, z.B. 5o oder 7o DM für ein DZ, welches in Gebotenem vielfach in keiner Relation steht, was man sonst in Griechenland dafür bezahlt.

Oder aber, daß sich die Hoteliers nach Ausbuchung ihrer Betten in der Vermittlung von PRIVATQUARTIEREN betätigen, die sie zu reichlich satten Tarifen weitergeben. Abhilfe: Leute direkt fragen, das Angebot ist relativ groß. Bei Direktkontakt braucht der Besitzer eines Privatquartieres zudem keine Provision an den Vermittler zu zahlen. Faire HS- Tarife für Privatquartiere und bei Direktkontakt liegen bei ca. 25 DM fürs DZ.

★ Livadi

Hafen von Serifos in weiter Bucht an der Südküste. Der Ort ist klein, modern mit weiß gekalkten Betonhäusern und insgesamt recht angenehm. Allerdings konzentriert sich zur HS fast der komplette Serifos- Tourismus auf den Hafenort Livadia.

Rund um die Bucht Hotels, Restaurants, Bäckerei, Eisdiele, Supermarkt, - anschließend Gartenlandschaft mit Bäumen, eingerahmt von den Inselbergen.

Privat, im Hotel Domatia an der Auffahrtsstraße zur Chora. Vermittlung von Zimmern, aber auch für Inselausflüge und Badeboote.

"Hotel Areti": zweistöckig mit Balkons direkt oberhalb der Fähranlegestelle. Ein schmaler steiler Fahrweg führt rauf zum Hotel, das vom Hafen klar zu sehen ist. Angenehme Zimmer, die einfach und rustikal eingerichtet sind, gefließtes Privatbad, vom Balkon raus vorne schöner Buchtblick, teils gehen die Zimmer auch seitlich raus. Im Erdgeschoß Frühstücksraum. Insgesamt sehr zu empfehlen, allerdings ins Ortszentrum gut 5oo m, unterhalb des Hotels Minibadestrand. 12 Zimmer, das DZ je nach Saison ca. 35 - 45 DM.

"Hotel Domatia": im Ortszentrum am Beginn der Straße rauf zur Chora. Dem Haus angegliedert eine Bäckerei. Zugang zu den Zimmern im 1. Stock über enge Steintreppe, Muschelsammlung. Die Zimmer selber sind sehr einfach eingerichtet, Bettgestelle, keine Waschbecken im Zimmer. Gemeinschaftstoiletten auf dem Gang, dafür aber recht preiswert (und zur HS in der Regel ausgebucht!): die 12 Zimmer fürs DZ ca. 25 - 3o DM, wer außerhalb der Saison kommt, kann bei Buchung 1 Woche ca. 2o DM/Nacht aushandeln. Vorwiegend bei Rucksacklern beliebt.

Der Besitzer vermittelt in seiner, im selben Haus befindlichen privaten Tourist-Info auch Privatquartiere im Ort. Diese allerdings reichlich teuer!

"Hotel Serifos-Beach": zentral zum Ortszentrum zugleich Nähe Hauptstrand. Das

Hotel ist etwas versteckt hinter Schilf und Bäumen gelegen (Hinweisschild ab Uferstraße). 3-stöckiges Gebäude, rundum schmale Balkons. Ob einem die Zimmer mit ihren Schleiflackmöbeln, rosa Wänden und rotem Teppichboden liegen, ist Geschmacksfrage. Sie besitzen jeweils Privattoilette, Dusche und Tel., im Monat Juli/August ist Halbpension Pflicht. 33 Zimmer, das DZ je nach Saison 4o - 5o DM, Besitzer spricht deutsch und ist mit einer Deutschen verheiratet.

"Hotel Cavo D'Oro": Kurz vor dem Serifos-Beach Hotel. Schuhschachtel-Architektur, aber innen gemütlich. Hohe Räume mit Kiefernmöbeln, ausreichend große, geflieste Bäder. 7 DZ, je nach Saison ca. 35- 4o DM. Im Erdgeschoß unter gleicher Leitung Selfservice-Restaurant: Zwar kein Flair, so doch in Auswahl und Preis o.K., sehr sauber.

"Hotel Perseus": Nähe "Hotel Cavo DÓro" am Strand mit Tamarisken. Flachbau, in der Rezeption TV und Wandgemälde mit Netze flickendem Fischer. Die Zimmer mittelgroß, 2 mit eigenem Bad, die restl. 8 mit Gemeinschaftsbad/Toilette. Preise DZ mit eigenem Bad 35 - 55 DM je nach Saison, ohne ca. 25 - 4o DM. Zum Hotel gehört ein Restaurant mit überdachter Terrasse. Wer Wein bestellt, sollte vorher die Preise prüfen!

"Hotel Maistrali": liegt im Hauptbereich des Livadi- Badestrandes (Sand). Das Hotel ist ein etwas "farbloser" 5- stöckiger Kasten zwischen Tamarisken, aufgepäppelt mit Rundbögen vor den Balkons. 33 Zimmer, Wandschrank, Sitzgelegenheit auf den Balkons und gekacheltes Privatbad. Pluspunkte sind Strand vor der Haustür und bei den teureren Zimmern Buchtblick. Die Preise DZ allerdings je Saison und Blick ca. 55 - 75 DM.

"Hotel Cyclades": Nähe Maistrali am Strand. Im Erdgeschoß eine Pizzeria, die raufduftet, oben die Zimmer. Nur Juli/Aug. geöffnet, Athener Besitzer, DZ rund 5o DM!

Privatzimmer werden sowohl vom Hotel Domatia (siehe oben) vermittelt, als auch von Tavernen entlang der Bucht. Sofern man die Wahl hat, Preise und Leistung persönlich in Augenschein nehmen! Teils für griech. Verhältnisse recht überteuert.

TAVERNE FOULA: im Ortszentrum, man sitzt schön auf einer Außenterrasse unter Bäumen an der Uferpromenade. Gute griechische Küche bei angemessenen Preisen. Wohl die beste und frequentierteste Taverne der Insel.

TAVERNE mit Schweizer Koch, direkt neben "Foula", gute Küche. Die Taverne organisiert zugleich Inseltrips.

"1oo PIPERS" am Ortsrand und Straße Ri. Chora.Unter Bäumen, Musik vom Tape. - "FROGGIES PUB": Popmusik.

Weitere: MOKKA, TELIS, - das HOTEL CAVO D´ORO mit Selvservice, sowie Eisdiele und Cafeteria Medusa im Ort.

Weit geschwungene Sandbucht in LIVADI, gut 1,5 km, teils mit kleinen Steinen gemischt. Der beste Teil liegt an der Ostseite der Bucht (vergl. unsere Karte: Nr. 2), hier . 4oo m lang, 1o - 25 m breit, relativ viel Sonnenschutz durch marisken. Es gibt Tavernen, Hotels, Tretbootverleih.

MOS: südlich des Ortes Livadi liegen zwei weitere Badebuchten. Man erreicht sie entweder per 15 - 2o Min. Fußweg ab Livadi/Hafenmole oder Straße zum Weiler Ramos, der oberhalb des Meeres liegt und zu Fuß an den Strand. Beide Badebuchten mit gutem Sandstrand und Sonnenschutz durch Tamarisken, die erste Bucht (Λειβαδακια) ca. 6oo m lang, die zweite Bucht (Καραβι) ca. 3oo m lang, mit Taverne.

TSILIPAKI: Bucht zwischen den beiden West- Halbinselfingern und ab Livadi Bucht zu Fuß in ca. 15 Min. zu erreichen (siehe unsere Inselkarte)

PSILI AMOS/AG. GIANNIS: gilt als einer der schönsten Strände der Insel. Zu erreichen ab Livadi zu Fuß ca. 25 Min., bzw. über Fahrweg. Ein kürzerer Steinstrand sowie ein gut 6oo m Sandstrand, Taverne.

KENTARCHOU: Ostküste, unterhalb des Ortes Kallistos. Ab Dorf Kallistos gehts im Tal eines ausgetrockneten Bachbettes steil an die Bucht runter, dort ca. 3oo m Steinstrand.

BUCHT VON KOUTALA: an der Südküste. Zu erreichen per Straße, bzw. ab Livadia im Sommer per Badeboot. Die Bucht besitzt gut 7oo m Sandstrand, weitere Details siehe auch "Inseltrips"!

Zur Saison fahren BADEBOOTE je nach Bedarf, aber auch Wetterbedingungen ab Livadi entlang der Ostküste (mit Zwischenstop Psili Amos) rauf zu den Stränden in Buchten an der Nordküste, z.B. Plati Gialos, Sikamia und Karavas. Infos über Abfahrten am Hafen/Livadi.

★ Chora

(auch Serifos genannt) liegt auf einer Bergkuppe, rund 25o m oberhalb des Hafens. Hübsche Lage und enge Gassen mit weiß gekalkten Häusern.

Bereits zur Zeit der Venezianer (13.Jhd.) lag hier oben die Inselhauptstadt. Die meisten Häuser hinter der Bergkuppe versteckt, sodaß sie von eventuellen Angreifern (Piraten etc.) nicht gesehen werden konnten. Allerdings ist von der damaligen Bausubstanz nur noch wenig erhalten. Die meisten Häuser, aber auch Kirchen wurden auf den Grundmauern früherer und in moderner Betonskelett- Bauweise errichtet, wie sie in heutiger griech. Architektur üblich ist.

Der Besuch der Chora lohnt sich daher vorwiegend wegen schönem Ausblick. Zugleich ist sie Startpunkt für Inselwanderungen.

VERBINDUNGEN: ab Livadi im Sommer häufig Busse die sehr serpentinenreiche 5 km Asphaltstraße rauf in die Chora. - Taxifahrer stellen sich für die Kurzstrecke 8 DM/ Fahrzeug vor. - Wer zu Fuß rauflaufen will, benutzt den alten Eselspfad, der die Serpentinen abkürzt.

Das Bergnest hat am Hauptplatz 3 Tavernen, hier hält auch der Bus. Über einen Treppenweg zum Burgfelsen auf der Spitze der Bergkuppe mit großartigem Panoramablick über den Südteil der Insel (besonders schön bei Sonnenuntergang!). Von der hier gelegenen venez. Festung ist nichts mehr erhalten. Auf der Bergspitze, teils in den Berg reingebaut die Theologos Kirche, schönes Segelschiff Relief über dem Eingang.

TAVERNE PETROS: am Hauptplatz. Sehr einfach, man sitzt in einem kleinen Raum an eng aneinanderstehenden Tischen und hat nur wenig Speisenauswahl. Aber trotzdem zu empfehlen, speziell Gegrilltes gibt es in guter Qualität zu niedrigen Preisen. - TAVERNE STAWROS, einfache, gute Gerichte.

★ Inseltrips Serifos

Das Inselinnere ist extrem karg, die wenigen Straßen schlängeln sich an steilen Berghängen entlang und bieten häufig großartigen Panoramablick.

Das Problem ist der **Transport**: hinter dem Bergnest der Chora ist in der Regel Schluß für den BUS, - nur seltene und unregelmäßige Abfahrten rauf in den Norden (Galani, Kloster Taxiarchis) und in den Südwesten (Mega Livadi, Koutalas).

Man ist daher in der Regel auf ein Mietmoped angewiesen, bzw. organisierte Ausflugstrips ab Livadi. Zugleich wegen seiner Landschaften und Kleinräumigkeit der Insel sehr lohnend für Wanderungen!

1 NORDTEIL DER INSEL

Ab Chora windet sich die Straße (Asphalt) durch die Bergwelt des Inselinneren 2,5 km bis zur ABZWEIGUNG:

* links gehts in den Westteil der Insel (siehe Folgekapitel!)
* rechts gehts rauf in den Norden der Insel:

ABZWEIG. RECHTS: nach weiteren 1,5 km ist ein PASS erreicht (Blick auf Chora und darunter liegender Hafenbucht Livadi). In Folge gehts abwärts in Serpentinen in Bergtal runter. Seitl. der Straße Ginster und Blick auf den, an Buchten reichen Nordteil der Insel.

Ca. 4oo m nach Pass linker Hand das Dorf PANAYA, unterhalb der Straße und am Hang gelegen. Heute nur noch ca. 1oo Ew., im Ort die gleichnamige Kirche, älteste der Insel mit alten Fresken aus dem 14. Jhd. Uralter Olivenbaum am Platz vor der Kirche. Kirchenfest 15. Aug., Schlüssel für die Kirche im Kafeneion am Dorfhauptplatz erfragen.

Nach weiteren ca. 4oo m links Abzweigung einer Schotterpiste an die Bucht von SIKAMIA: eine extrem steile und schmale Serpentinenstrecke (4 km) . Unten in der Bucht 5oo m langer und 3o m breiter Sand/Steine/ Kiesel- Strand vor kleiner und fruchtbaren Schwemmebene. Vereinzelte Bauernhöfe, Sommerhäuschen und eine Taverne. Mit Schilf bewachsene Dünen hinter dem Strand, der selber kaum Sonnenschutz besitzt.

Ab o.g. Abzw./Sikamia führt die Straße weiter via PIRGOS, einem heute verlassenes Dorf im Bergland oberhalb der Nordküste, - nach:

GALANI (ca. 60 Ew.), wichtigstes Dorf im Norden der Insel. Es liegt rund 200 m oberhalb des Meeres. Fußpfade führen zu unterhalb gelegenen Buchten der Nordküste. Im Kafeneion am Dorfplatz herrlich klares Quellwasser zum griech. Kaffee. - Weitere 500 m bis zum KLOSTER TAXIARCHIS, gilt als wichtigste Sehenswürdigkeit des Nordens der Insel Serifos.

Taxiarchis wurde gemäß Aufzeichnungen bzw. Legenden Ende des 16. Jhds. gegründet: Zypriotische Seeleute seien mit einer Ikone des Erzengels in der Kentarchou Bucht an Land gekommen. Wie bei vielen anderen Klostergründungslegenden, war diese Ikone angeblich der Anstoß gewesen, ein Kloster zu gründen.

Es liegt ca. 150 m über dem Meer, - von außen umschlossen von einer 10 m hohen Festungsmauer, direkt neben der Fahrstraße. Die Verwaltung hat ein Mönch übernommen, der außerhalb der Siesta-Zeiten, und wenn er sich nicht mit seinem Jeep anderweitig auf der Insel befindet, durchs Kloster führt. Wie generell in Griechenland ist bei Klosterführung eine Spende in die Kirchenkasse Ehrenpflicht; sie dient zur Erhaltung des Gebäudes.

Von der Klosterpforte gehts über Stufen runter ins Innere. Das Kloster verfügt über 60 Mönchszellen, was seine frühere Bedeutung dokumentiert. Zum alljährlichen Fest 8. Nov. stehen die Zellen Pilgern zur Übernachtung zu Verfügung. Nach außen verfügt die Festungsmaer nur über Schießscharten. Der heutige Eingang existierte damals nicht; ins Kloster kam man per Leiter, die über die Mauern runtergeklappt wurde.

Da dies unbequem war, wurde später ein schmaler Eingang zwischen den Mauern installiert und darüber die üblichen Pechnasen. Der Reichtum des Taxiarchisklosters war offenkundig auch in Piratenkreisen bekannt; es wurden von diesen mehrfach geplündert.

Heute zu sehen: hochwertige Ikonen, Marmorfußböden, Holzschnitzereien und Intarsienarbeiten. Weiterhin teils erhaltene Fresken und wertvolle silberne Lampen.

Die winzige Insel Serfopoula (10 km nördl.) gehört ebenfalls zum Besitz des Klosters Taxiarchis. Sie ist an einen Landwirt aus Livadia verpachtet, der Schafe und Ziegen dort hin gebracht hat.

Ab Taxiarchis geht die Straße in ca. 1,2 km rüber nach KALLITSOS (ca. 70 Ew.), gilt wegen seiner Lage oberhalb des Meeres als schönstes Dorf der Insel. Umgeben ist der Ort von Weinstöcken, Ölbäumen und Zitrus. Ein Fußpfad führt steil runter in die KENTACHROU BUCHT mit 300 m Steinstrand, der im Sommer teils auch mit Bade-Kaikis ab Livadi angefahren wird.

Ab Kallitsos ist der Ausbau einer Straße oberhalb der Küste nach Livadi geplant. Geht via Psili Amos, größtenteils bereits fertig.

Chora - Taxiarchon: Schöne Wanderung auf dem ursprünglichen Inselpfad, der die Chora mit Kallitsos verbindet. Benötigte Zeit ca. 1 1/2 Std., guten Sonnenschutz (Hut etc.) mitnehmen!

Wer will, läuft ab Livadia zu Fuß rauf in die Chora (45 Min.), bzw. nimmt den Bus. In der Chora Leute nach dem Pfadbeginn fragen: "pros Kallitsos/ προσ Καλλιτσοσ". Wer Glück hat, kann für den Retourweg ab der Bucht Plati Gialos bzw. Kentarchou das Bade-Kaiki nehmen (vorher in Livadia fragen, ob am betreffenden Tag eines rauffährt!). -

Andere Möglichkeit: ab Taxiarchis weiter nach Galani und dort den Abkürzungspfad nach Panaya ("προσ Παναγι α"), gesamte Wanderdauer Taxiarchis - Galani - Panaya - Chora ca. 3 1/2 Std. besonders ab Pass dann Superblick auf die Chora, Ostküste und Livadia.

② WESTTEIL DER INSEL

Weitgehend unbesiedelt. Zur Jhd.-Wende lagen im Südwesten wichtige Kupfer und Eisenerzminen (Region Mega Livadi/Mia Horio/Koutalas).

Der Abbau fand in (für damalige Verhältnisse) größerem Stil statt, zwischen 188o und ca. 192o. Allerdings ist der Eisengehalt im Gestein der Serifos Minen relativ gering. Im Rahmen der Perfektionierung des Schiffbaus in der ersten Hälfte dieses Jhds. wurden Fernimporte (z.B. aus afrik. Minen) immer lukrativer. Dies drückte die Preise, und die Serifos Minen wurden unrentabel. Trotzdem wurden einige der Minen noch bis 1964 betrieben. Wer sich für Industrie - "Archäologie" interessiert, findet jede Menge an verrosteten Anlagen!

Ab CHORA zunächst die Asphaltstraße 2,5 km bis zur Abzweigung. Hier links fahren. Rund 4oo m nach Abzweigung und bei einem Wasserreservoir biegt links ein Schotterweg ab, rauf bis fast zum Gipfel des TROULOS (53o m, in anderen Karten 58o m sowie 5o2 m). Ab Ende der Piste noch gut 15 m zu Fuß bis auf den Gipfel mit Superrundblick über die Südküste.

MIA HORIO (auch "Mega Chorió" geschrieben): war Zentrum des Eisenbergbaus. Heute ca. 2o Einwohner. Hier Straßenabzweigung:

rechts gehts in 2 km über eine schlechte Schotterpiste steil runter an die Bucht von MEGA LIVADI: zur Zeit des Serifos- Eisenerzbergbaus war dies der Hauptverschiffungshafen. Heute ein reichlich häßlicher Ort mit verfallenen Häusern und Verladeanlagen. Die früheren Prachtvillen der Ingenieure vergammeln hinter Palmen. Gleichzeitig gibts 2 kleine Tavernen, in denen man recht gut ißt. Im Buchtbereich ebenfalls neuere, private Ferienhäuser.

links gehts in 3 km über einen Halbinselsporn und breite Schotterstraße runter an die Bucht von KOUTALAS. Ebenfalls als Straße recht steil bergab und zunächst an einer verlassenen Mine vorbei: etliche Rutschen und Höhlen im Berg, alte, kaputte Verladerampe, alles verrottet inkl. Lastwagen und verlassenen Häusern am Wegrand.

Zur Jhd.- Wende lebten in Koutalas rund 3oo Leute, Anfang der 7o-er wurde das letzte Kafeneion (gemäß seinerzeit erschienenen Reiseführers) im Ort geschlossen.

Da die Bucht zugleich über gute Badestrände verfügt, expandiert seit Mitte der 8o-er Jahre der Sommerbetrieb für Urlauber mit Tavernen. Die Fertigstellung der Südküsten- Straßenverbindung (Livadi - Ramos - Koutalas) dürfte den Bau von Hotels nach sich ziehen.

KOUTALAS: grober Sand/Kies, - besser der am östl. Buchtrand gelegene Strand von GANEMA: ca. 3oo m Sandstrand, Taverne, allerdings kein Schatten. Von dieser Bucht führt ein Pfad rüber zu einer 2. und rund 2oo m langen Sandbucht mit Baumgruppe.

Kloster MONI EVANGELISTRIAS: Vor dem Ortseingangsschild "Megalo Horio" weist ein Schild zum Kloster, das über einen 2 km langen Jeeproad zu erreichen ist. Das Kloster wurde erst vor 2o Jahren erbaut und wird von 2 aufgeschlossenen Nonnen und einer weltlichen Hilfsperson bewohnt. Beide Nonnen waren verheiratet und die Tochter der einen hat Malerei studiert und die Klosterkirche farbenfroh ausgemalt.

2o Min. Fußweg vom Kloster zur Ruine eines alten mykenischen Kastellturmes (Psaro Pirgos).

AVESSALOS- BUCHT: an der Westküste, 5oo m baumloser Sandstrand, zu erreichen über Schotterweg, siehe Karte.

in eigener Sache:

Es liegt in der Natur der Dinge, daß bei der Fülle an konkreter Information, die dieses Buch enthält, sich im Laufe eines Jahres einiges ändern kann.

Deshalb bitten wir um Mitteilung von Abweichungen. Wer uns ansonsten irgendwelche ausgefallenen Tips wie neue Routen, schöne Hotels mit viel Atmosphäre oder ähnliches schickt, wird bei der Neuausgabe dieses Buches namentlich zitiert.

Bitte schreibt uns, wir freuen uns über jeden brauchbaren Tip, weil wir es wichtig finden, daß man nicht irgend ein blödes Laberbuch, wie leider viele Reiseführer, mit sich schleppt, sondern etwas, was wirklich nützlich und hilfreich ist.

Griechenland-Redaktion
VERLAG
MARTIN
VELBINGER
Bahnhofstr. 1o6
8o32 Gräfelfing/München

Insel Kythnos

Die Insel mit Erhebungen bis ca. 3oo m besitzt keine großartigen Sehenswürdigkeiten. Sie wird gerne von Griechen (speziell Athenern) besucht, bisher jedoch nur wenige mitteleuropäische Urlauber.

Einige gute Strände, der Hafen Merichas mit modernen Zweckbauten, in Loutra Thermalquellen, die bereits von den Römern benutzt wurden. Die alte Inselhauptstadt Chora liegt in den Bergen: hübsche Gassen, jedoch nicht der typische Kykladenflair wie z.B. Ios, Santorini, Naxos etc.

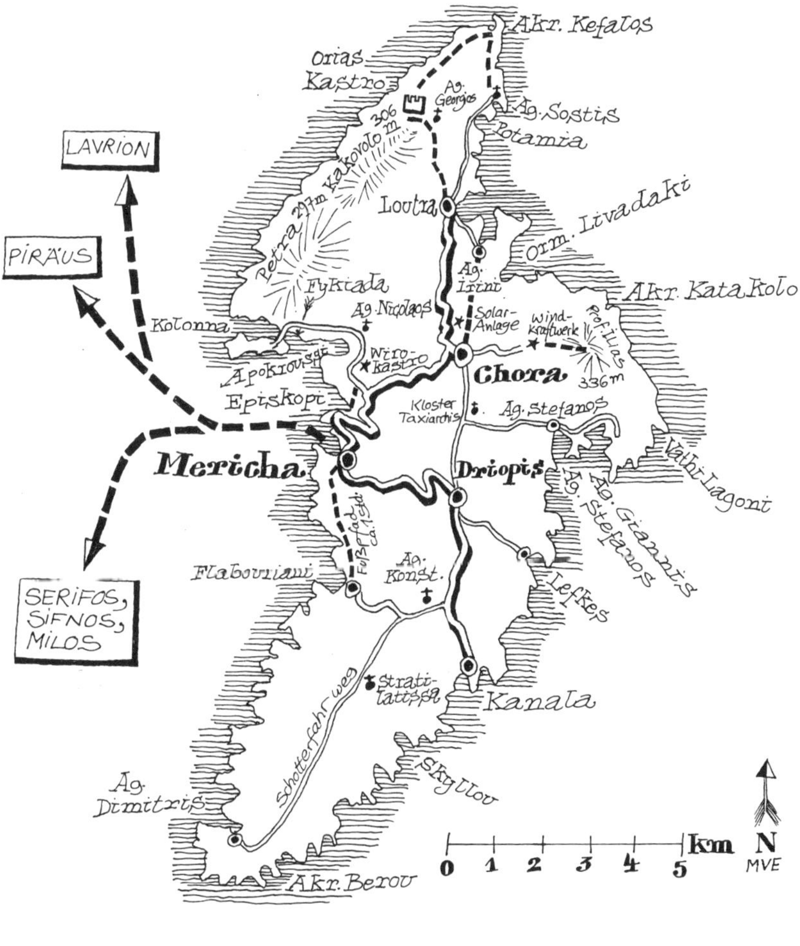

Verbindungen

Schiff: ab Piräus ca. 5- 6x/Woche, Überfahrt 3 1/2 Std. Person ca. 2o DM, kleiner PKW ca. 45 DM. Weitere Stationen der Fähre sind Serifos, Sifnos, Milos, an manchen Tagen auch Ios, Santorin, Syros.

Ab Lavrion weitere Fährverbindung ca. 3x/Woche nach Kythnos, Überfahrt 2 1/2 Std., pro Person ca. 15 DM, kleiner PKW ca. 35 DM.

Derzeit keine Direktverbindung zwischen den beiden Nachbarinseln Kythnos und Kea! Das Schiff pendelt Lavrion - Kythnos - Lavrion - Kea - Lavrion. Klartext: inkl. der Wartezeit im Hafen Lavrion ist man gut 5 Std. und mehr unterwegs trotz Sichtweite zwischen beiden Inseln. Motorrad und PKW können zwar in Lavrion an Bord bleiben, selber muß man jedoch zum Tickethäuschen am Uferkai und sich ein neues Ticket kaufen.

Eigenes Auto: bei rund 3o km Inselstraße und existierender Busse zwar nicht nötig. Wegen der Nähe zum Festland sind die Überfahrtskosten jedoch noch einigermaßen preiswert, und man ist auf der Insel flexibler. Achtung: für Überfahrten am Wochenende mit PKW unbedingt vorbuchen!

Insel-Transporte

Busverbindungen: Von Merichas mehrmals tägl. nach Chora - Loutra, sowie nach Driopis - Kanala. Außerhalb der Saison reduziert auf ca. 2 mal/Tag.

Rent a Motorbike, Stelios Nicolaou: Suzuki Trial ca. 3o DM/Tag; Honda Scooter ca. 25 DM. - Es gibt (wenige) **Taxis** auf der Insel, die im Hafen zu Ankunft und Abfahrt der Fähren bereitstehen, ansonsten per Telefon durch die Hotelrezeption oder Tavernen besorgt werden können.

Geschichte: an der Bucht von Loutra fanden Archäologen eine Steinzeitsiedlung mit Werkzeuge aus Obsidian (vergl. Milos!), aber auch Feuerstellen mit Nahrungsresten (Muschelschalen), die aus der Zeit 7.5oo bis 6.5oo v. Chr. datieren und als älteste Funde des Ägäisraumes gelten.

Im 5. Jhd. v. Chr. zur Zeit des Attischen Seebundes, zu dem auch die Kykladen gehörten, mußte die Insel relativ hohen jährlichen Tribut leisten, was auf Reichtum der Inselbewohner schließen lässt. Da die Insel (zusammen mit Kea) den östlichen Eingang zur Bucht von Athen kontrolliert, besaß sie zugleich strategischen Wert.

146 v. Chr. wurde sie dem Römischen Reich angegliedert, - in der Venezianischen Zeit unterstand sie ab 12o7 den von Naxos regierenden Adelsfamilien Sanudo, später Castelli dann Gosadini, die im Inselinneren eine befestigte Stadtsiedlung errichteten.

1617 Eroberung durch die Türken, Zahlung der Steuern direkt an den Sultan und relative religiöse Freiheit. Eine Pestepedemie 1823 überlebten nur wenige Inselbewohner.

Wirtschaft: Landwirtschaft dominiert, parallel Einkünfte durch vorwiegend innergriechische Urlauber. Ähnlich wie auf anderen Ägäisinseln hohe Auswanderungsrate: besser bezahlte Jobs in der nahegelegenen Metropole Athen verlocken ebenso wie Gastarbeiterjobs in Mitteleuropa.

KARTEN: derzeit beste die "Tobis KYTHNOS", Maßstab 1 : 4o.ooo, die grob den Höhenverlauf der Inselberge verzeichnet und im Straßenverlauf fast perfekt ist. Ebenso sind die wichtigsten Badestrände eingetragen. Erhältlich nur auf Kythnos.

✶ Merichas (ca. 1oo Einw.)

Hafen von Kythnos. Seit Ende der 7o-er Jahre die neue Hafenmole in Betrieb genommen wurde, expandiert der Ort in modernen Zweckbauten. Der Ort ist trotz des großen Posseidonhotels ansonsten gemütlich, da abseits des Touristenstroms.

Tourist INFO

Privates Touristbüro an der Fähranlegestelle.

Bank und eine Apotheke.

"Hotel Possidonion": Der 6-stöckige, kaum zu übersehende, sterilmoderne Kasten wirkt wie die Faust aufs Auge, sprich Ortsbild. Innen etwas verwohnt und renovierungsbedürftig. Bei unserem Check wollte der Lift nicht da halten, wo er sollte, Fummelei an den Türschlössern, die sterilmodernen Möbel tragen auch nicht gerade zu Gemütlichkeit bei. Vorwiegend griechische Gäste. Die Zimmer relativ groß, o8/15 möbliert, mit Privatbad und Balkon. Der Frühstücksraum mit Selbstbedienungstheke.

Zum Hotel gehört ein Swimmingpool, der etwas trist hinter dem Gebäude liegt, eine Poolbar und ein (durch Glasscheibe abgetrennter) Spielraum mit Tischtennis, Billard und Fußballspielen. Am Strand Wasserski und Windsurfschule. Ausflugsfahrten mit Badekaikis zu den umliegenden Inselstränden. 8o Zimmer, das DZ je nach Saison (auch Weekend) ca. 4o - 55 DM.

"Hotel Kythnos": oberhalb der Fähranlege an der Auffahrtsstraße zur Chora. Das Gebäude mit Arkaden vor der Kaffeebar und Pastilleria im Untergeschoß. Markisen über den Balkons. Kleine, aber saubere Zimmer mit Kiefernmöbeln, blanke Glühbirne von der Decke und kahle Wände. Privatbad (teils mit Fenster zur Nachbartoilette). 12 Zimmer, das DZ ca. 25 - 3o DM.

Privatzimmer übers private Touristbüro am Hafen.

"RESTAURANT YALOS": Direkt an der Uferstraße. Man sitzt entweder auf einer Terrasse vor dem Haus oder über der Straße am Wasser. Exzellente Fischspezialitäten, lobenswerter Kaffee. Das beste Inselrestaurant.

"TAVERNE KATERINA": Liegt am kleinen Platz. Einfache Taverne, mit Außenterrasse unter Markise. Gute griechische Küche.

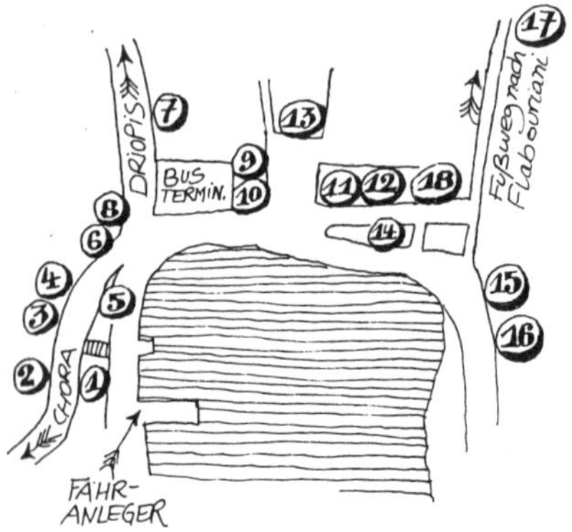

Mericha:

1 Hafencafe
2 Hotel Kythnos
3 Apotheke
4 Disco Cavos
5 TOURIST BÜRO
6 Restaurant
7 Tankstelle
8 Ticket Büro
9 Mopedverleih S. Nicolaos
1o Supermarkt
11 Cafe Byzantino, Bar
12 Supermarkt
13 Taverne
14 Rest. Yalos
15 Pub Sunshine
16 Hotel Possidonion
17 Open air Disco
18 Bank

Disco Cavos an der Straße nach Kythnos und eine Open air Disco am Fußweg nach Flabouriani. Der Pub Sunshine an der Hafenmole vor dem Possidonion.

Trotz des nicht ganz sauberen Wassers wird am ORTSSTRAND von Merichas, vor dem Possidonion Hotel gebadet.

BESSER: die Sandbuchten nördl. von Mericha, an der Straße nach Chora: die erste direkt am Ortsausgang von Mericha, Stufen führen runter zum 7o m langen Strand.

Die 2. Bucht EPISKOPI ca. 1 km nach Mericha und unterhalb der Straße zur Chora: Bäume für Schatten, sowie ein kleines Kafenion und Kirche. Der Strand gut 1oo m Sand, vor einem kleinen, fruchtbaren Schwemmland mit Feigen, Oliven und Weinreben.

Über eine ca. 4 km Schotterpiste (siehe unsere Inselkarte) wird der Istmus der Halbinsel Loukas erreicht mit den Stränden FYKIADA und KOLONNA: ein doppelseitiger schöner Sandstrand, der sich in der Bucht zum Festland fortsetzt, kein Baumbewuchs. - Bäume und kleine Taverne jedoch am ca. 25o m langen Sandstrand von APOKROUSSIS bei der Kirche Ag. Nicolaos, der auf der Fahrt zum Istmus passiert wird.

Alle 3 Strände werden im Sommer von Badekaikis ab Mericha bedient. Bzw. Bus Richtung Chora nehmen und ab Abzweigung/Schotterpiste zu Fuß ca. 1 Std.

WIRÓKASTRO: antike Stadt, aus der römischen Inselepoche stammen Agora und Tempel. Heute jedoch praktisch nur Spuren zu sehen und in der Landschaft schwer auszumachen. Liegt links der Schotterpiste nach Apokroussi (siehe Karte), kurz bevor man diesen Strand erreicht.

FLABOURIANI: ein Pfad ab Mericha führt südl. entlang der Küste zum Strand (Beginn in Mericha siehe Mericha- Karte). Der ca. 300 m lange und 20 m breite Stein-Strand kann auch über eine Piste ab Driopis erreicht werden, siehe Karte: Ein Jeep-Road, schwer mit PKW zu befahren. In vielen Serpentinen gehts steil runter an die Bucht. Kurz vor dem Strand (ca. 50 m) und am Autoabstellplatz eine Quelle.

Die Straße **MERICHA ⟶ CHORA** durch baumlose, hügelige Landschaft. Inseleinwärts durch ausgetrocknete Erosionstäler mit Oleander, vereinzelt Zypressen, Buschwerk und Ginster. 7,5 km nach:

★ Kythnos (Chora) (800 Einw.)

Die Inselhauptstadt wurde im 17. Jahrhundert von Venezianern gegründet und liegt auf einem Hügel in ca. 160 m Höhe. Ein enges Gassengewirr, für Autos gesperrt.

In der Hauptgasse (siehe Karte) befinden sich die meisten Geschäfte, sowie OTE und Post. Zwischen den weißen Plattenfugen sind auf dem Boden immer wieder Blumen mit Kalkfarben aufgemalt, die alljährlich für den Osterfestzug aufgefrischt werden.

Mehrere Kafenions und Tavernen. Die bessere in der Nähe des Gemeindehauses (siehe Karte), mit einfachem, aber gutem Essen.

Die älteste Kirche von Kythnos/Chora (insg. 20) ist die AGIA TRIADA, interessant auch die AGIA SAVAS am Ortsende, mit einem venezianischen Wappen mit der Jahreszahl 1613 (Kirchenfest am 5.Dezember).

Nicht weit von der Kirche führt ein Weg zu dem jetzt verlassenen Kloster JOANNIS PRODROMOS, das man oberhalb des Ortes auf einem Hügel liegen sieht. Die aus dem 17.Jh. stammende Altarschranke ist so wertvoll, daß die Kirche nicht zugängig ist.

Oberhalb der Chora befindet sich eine der modernsten ENERGIEVERSORGUNGSANLAGEN Griechenlands. Neben einem Windkraftwerk (5 kleine Growiane, von einer Münchner Firma gebaut) ist hier auch ein Solar-Kraftwerk zu sehen (an Ortsausgang Richtung Loutra).

Die Anlage wurde 1982 bei einer Finanzierung jeweils 50 % durch das deutsche Forschungsministerium und

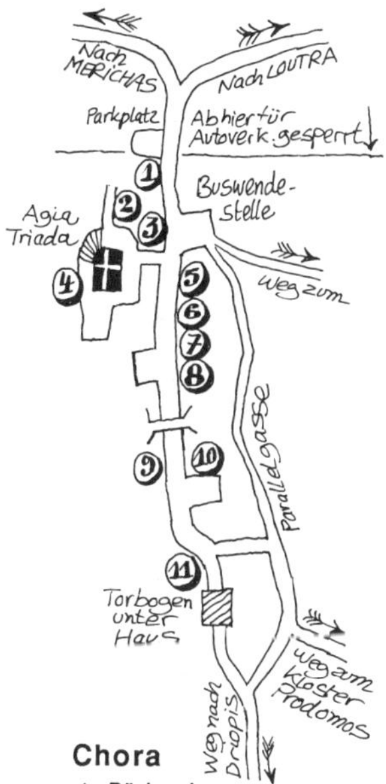

Chora

1 Bäckerei
2 OTE
3 Gemeindehaus mit Turmuhr
4 Taverne
5 Post
6 Kafenion
7 Textilladen, Postkarten
8 Metzgerei
9 Taverne
10 Kafenion und schöner Platz mit Bäumen
11 Lebensmittel, Gemüse

den griech. Staat installiert. Das Windkraftwerk liefert bis zu 1oo KW pro Stunde und deckt je nach Tageszeit, Wind und Saison täglich zwischen 25 % bis 1oo % des Inselstromverbrauches. Teilweise sogar Überproduktion. Dies bei Minitürmen und Rotorendurchmesser von nur 12 m! Fakten, die definitiv für sich sprechen, zumal die Insel sich allein durch diese Minianlage oberhalb der Chora an die 1oo.ooo Liter Erdöl/Jahr spart, die ansonsten durch Stromgeneratoren verpulvert würden! Die Solaranlage von Kythnos liefert ähnlich gute Effizienz.

Unklar ist, warum sich derartige Anlagen nicht zumindest schnell in Griechenland durchsetzen, da sie Milliarden Dollar im Ankauf von Erdöl zur Stromerzeugung sparen helfen. Darüber hinaus sind bekanntlich fossile Brennstoffe auf der Welt limitiert, und wir besitzen eine Verantwortung gegenüber späteren Generationen!

Dies gilt insbesondere auch für unsere eigene Heimat BRD, Schweiz, Österreich:
Es ist schlichtweg eine Verfälschung der Tatsachen, daß die Stromerzeugung durch Atomkraft billiger sei als beispielsweise die Stromerzeugung in den windreichen Küstengegenden Norddeutschlands durch Windkraftwerke! Ebenso gilt es als erwiesen, daß selbst in den weniger sonnenreichen Regionen Mitteleuropas der Einsatz von Sonnenkollektoren sinnvoll ist und zu einer Reduzierung bisheriger Stromerzeugung durch Atomkraft und Kohleverbrennung führen könnte.

Insbesondere ist auch zu berücksichtigen, daß Entschwefelungsanlagen in stromerzeugenden Kohlekraftwerken extrem teuer sind. Diese Kraftwerke blasen beim Verbrennungsprozess jede Menge an umweltbelastender Stoffe in die Luft und sind mitverantwortlich für das Waldsterben. Die Problematik der Stromerzeugung durch Atomkraft ist hinreichend bekannt.

Die Stromerzeugung durch Windkraft oder Solarenergie ist dagegen eine natürliche und verursacht keinerlei Umweltschäden. Auch verbraucht sie keine wertvollen und auf der Welt nur limitiert vorhandene Bodenschätze wie Erdöl und Kohle. Sie greift auf das zurück, was wir auf der Welt ohne Limits besitzen: Sonne und Wind. Umdenken ist daher dringend nötig.

Eine junge Technologie, die sich noch in Entwicklung befindet, langfristig aber speziell bei privaten Haushalten einen Großteil des Strombedarfes abdecken könnte. Dem engagierten bundesdeutschen Forschungsministerium bleibt zu wünschen übrig, daß hier nicht nur Gelder für Forschungsprojekte freigestellt werden, - sondern parallel auch eine Gesetzgebung stattfindet, die die Installation von Solaranlagen (und je nach Region Windgeneratoren) fördert.

Vom Windkraftwerk noch knapp 1 Std.auf den östl. gelegenen PROF. ILIAS, mit 336 m höhster Inselberg und bei klarem Wetter Rundblick rüber nach Syros, Andros und Tinos, sowie zu südl. gelegenen Inseln.

CHORA ⋙→ LOUTRA: 5 km Asphaltstraße zunächst über eine Hochebene mit Getreidefeldern, dann in Serpentinen runter nach:

★ Loutra

Der in einer Bucht gelegene Ort enttäuscht, wenn man sich ihm nähert. Gleich am Ortsanfang der langgestreckte, hässliche Bau des Xenia-Hotels und davor ein großer staubiger Autoabstellplatz bis zum Meer.

Die Besonderheit von Loutra sind die THERMALQUELLEN, die schon von den Römern genutzt wurden. Zugängig sind sie allerdings nur über das Badehaus des Xenia-Hotels. Kythnos wird wegen dieser Quellen volkstümlich auch "Thermia" genannt. Den beiden Quellen (37° und 55°C) wird eine Heilwirkung bei rheumatischen Krankheiten und Gicht nachgesagt. Das Bad selbst ist eher primitiv, aber in den 14 Boxen sind antike Badewannen aus Marmor eingelassen.

"**Hotel Xenia Anagenissis**": Einfaches 2- 3 stöckiges Hotel mit riesigem unpersönlichen Restaurant (aber große Portionen). Das Hauptgebäude stammt von 184o und wurde im Auftrag des Königs Otto von Bayern durch den Deutschen Chiller errichtet. Seitlich schließt sich ein modernsteriler Bau aus dem 2o. Jhd, an: 46 recht spartanische Zimmer, vom 1. und 2. Stock vornraus Meerblick, vorwiegend griechische Gäste. DZ ca. 45 DM. Geöffnet nur vom 15.5.-3o.9.

Im Ort wenige **Privatquartiere**, vermittlung über die Taverne Akrogiali.

TAVERNE AKROGIALI: direkt am Hafenstrand. Die Tische stehen unter Thamarisken und Mattendach, von Fischernetzen mit getrocknetem Meeresgetier umspannt. Beliebtes Speiselokal mit Fischspezialitäten.

Die Strände von Loutra selbst sind nicht besonders ein ladend. Besser eine kleine Wanderung (25 Min.) nordwärts zur Potamia-Bucht, wo sich ein verhältnismäßig sauberer Sandstrand befindet. -

Die Irini-Bucht südöstl. von Loutra, über eine 1,5 km Piste zu erreichen und war der traditionelle Inselhafen der Chora in früheren Jahrhunderten. Heute wenige, teils verlassene Häuser an der betonierten Uferpartie. Es geht steil runter, der etwas verwahrloste Uferabschnitt und Strand läd nicht unbedingt zum Baden ein. - Die Irini Bucht kann auch über den ehemaligen Verbindungspfad ab Chora in ca. 1 1/4 Std. zu Fuß erreicht werden.

KASTRO ORIAS: im Mittelalter lag hier die Inselhauptstadt (bevor es im 17. Jhd. die heutige Chora wurde). Zu sehen ist außer Mauerresten relativ wenig, davor aber schöne Lage in 3oo m oberhalb des Meeres.

Zu erreichen über einen Eselspfad ab Loutra (Beginn von Einheimischen zeigen lassen), pro Richtung ca. 1 1/2 Std. Kurz vor dem Kloster Ag. Georgios zweigt ein Pfad links ab westwärts zum den hoch über dem Meer gelegenen Mauerresten des venezianischen Kastro. Der von stacheligen Disteln begrenzte Pfad endet an den Fundamentresten von Häusern, einer Turmruine sowie 2 Kirchenruinen. -

Vom Kastro führt ein weiterer Pfad nordwärts zum Leutturm an der Nordspitze von Kythnos. Retour entlang der Ostküste erreicht man die o.g. Bucht von Ag. Sostis.

Der INSEL- SÜDEN:

Eine weitere Buslinie bedient ab HAFEN MERICHA über eine knapp 15 km Asphaltstraße die südöstliche Bucht von KANALA.

Anfangs gehts durch ein fruchtbares Tal, in Serpentinen zwischen Ginster steigt die Straße in 4,5 km ab Hafen rauf zum Inseldorf **DRIOPIS** (in Karten auch Driopida), in 19o m Höhe, ca. 7oo Einwohner. Die Häuser, ungewöhnlich für die Kykladen mit Ziegeldächern. Oberhalb des Ortes Windmühlen, teils noch in Betrieb. Eine Stichpiste führt runter an die Bucht von LEFKES, zu Fuß ca. 45 Min., mit Steinstrand.

Ab Driopis führt (7 km) die Asphaltstraße zunächst entlang eines Höhenzuges mit Inselblick und steigt dann runter an die Bucht von:

KANALA: am Ortseingang eine Taverne, von der Aussichtsterrasse schöner Buchtblick, gute Küche. Im Ort selber die Wallfahrtskapelle "Panagia Kanala" mit Marienikone. Kirchenfest 15. August, dann ist Kanala überfüllt mit Pilgern, viele Souflakistände bedienen weltliche Bedürfnisse.

Ansonsten ist Kanala eine friedliche Feriensiedlung mit Sommerhäusern auf dem Felsvorsprung der Bucht. 2 Sandbuchten mit klarem Wasser.

Zur Südspitze der Insel Kythnos führt eine Jeep-Piste, ca. 1o km zur Westbucht Ag. Dimitrios. Zu Fuß ca. 3 Std.

Insel Kea

Die nur 2o km vom Cap Sunion entfernte Insel erinnert landschaftlich und ihren Siedlungen eher an Attika als an die Kykladen. Wegen der Nähe zum Festland wird sie vorwiegend von Athenern als Ferien- und Wochenendaufenthaltsort besucht.

Eine relativ fruchtbare und wasserreiche Insel (von daher auch ihr Name "Hydrussa" in der Antike). Ein von Tälern durchzogener Granitblock mit Höhen bis zu 57o m. Der Inselhauptort Ioulis liegt hübsch in den Bergen. Strände existieren, in dem Sinne jedoch keine typische Badeinsel.

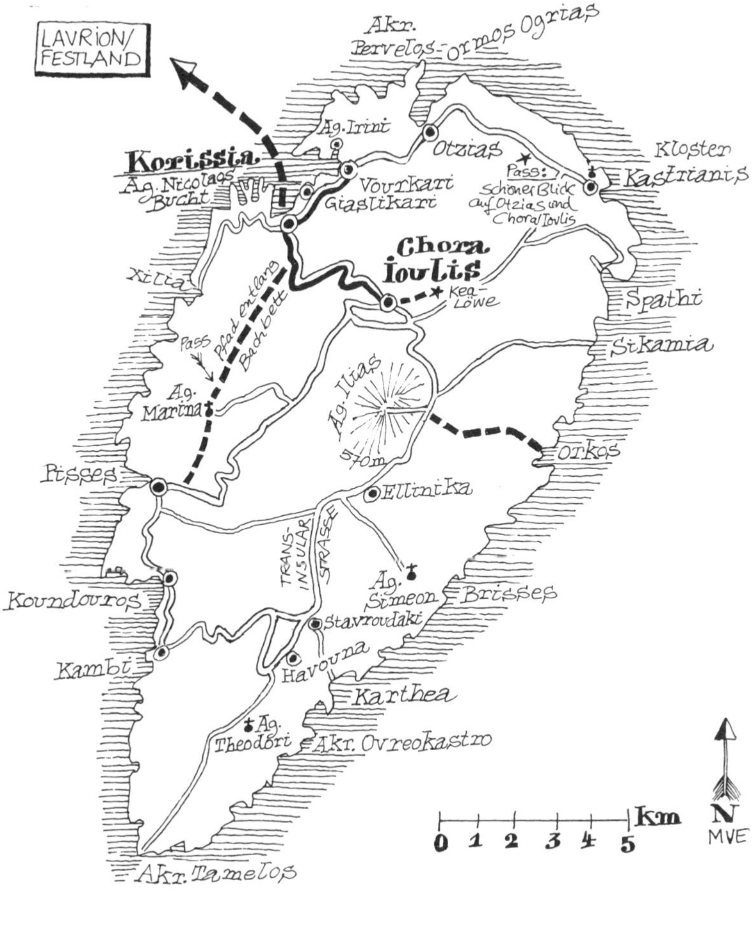

Verbindungen

Schiff: Kea wird ausschließlich vom nahegelegenen Lavrion/Attica bedient (Busverbindung mit Athen). Die Fährüberfahrt dauert ca. 1 1/2 Std., mehrmals tägl., pro Person ca. 1o DM, mittleres Auto ca. 25 DM.

Mitnahme eigenen Autos: kann wegen der Nähe zum Festland und einigermaßen billiger Fährpreise sinnvoll sein; zumindest ist man auf der Insel flexibler.

Insel-Transporte

Bus: Korissia - Ioulis 1o x täglich zwischen 9.15 und 23 Uhr; am Wochenende bis 24 Uhr. Bus-Stop in Korissia an der Fähranlegestelle und Straßengabelung Vourkari - Toulis. (Bus steht an jeder Fähre). Preis ca. 1 DM.

Korissia - Vourkari - Otzias 1o x täglich bis 22 Uhr; am Wochenende fährt der letzter Bus nur bis Vourkari. Preis ca. 1 DM.

Im Sommer und an Wochenenden zusätzlicher Bus: Korissia - Ioulis - Pisses - Koundouros. Preis ca. 5 DM.

Taxis: fahren in alle Inselgegenden bei durchaus zivilen Preisen , aber Preis unbedingt vorher aushandeln.

Kein Autoverleih. **Mopeds** vermietet "Moto -Kea George Magriplis" in Vourkari. Derselbe Verleiher hat auch **Fahrräder** in Korissia im Angebot.

Geschichte: erste Siedlungsspuren ca. 3.ooo v. Chr. Ähnlich wie die anderen umliegenden Inseln wurde Kea ca. 1.1oo v. Chr. von den Ioniern besiedelt. Die Insel hatte in der Antike 4 Städte (eine bei Korissia, - eine im (heute gleichnamigen) Ioulis, - eine in Karthea (Südostküste) und die 4. in Poiessa, der heutigen Bucht von Pisses). Ihren Reichtum bezog sie durch Eisenocker (benötigt für Herstellung hochwertiger Keramik), speziell aber auch durch den Handelsverkehr. So führte u.a. die Schiffsroute Athen zur Insel Delos zwischen den Inseln Kea und Kythnos hindurch.

12o7 wurde Kea von den Venezianern erobert, die die in den Bergen gelegene Inselhauptstadt Ioulis weiter befestigten. Zur Piratenzeit ab ca. 14. Jhd. war Kea beliebter Schlupfwinkel wegen seiner geschützten Buchten; auch die Einwohner selber sollen sich an der Piraterie beteiligt haben. Besonders nützlich war dabei auch die günstige Lage der Insel am Eingang und Zufahrtsweg zur Bucht von Athen.

Wirtschaft: durchzogen von fruchtbaren Tälern und Hügeln, wurde die Insel im wesentlichen landwirtschaftlich genutzt. Ein Haupterzeugnis war die Gewinnung von Gerbstoffen aus Steineichen, die als kleine immergrüne Bäume, bzw. Sträucher in den Höhen der Südinsel wachsen. Mit der Entwicklung der chemischen Gerbstoffe versiegte diese Einnahmequelle. Die Steineichen dienen heute nur noch der Schweinezucht (Eicheln gelten bei Schweinen als Leckerbissen!).

Ziegen, Schafe u. vor allem Kühe dienen der Herstellung von Milchprodukten. Der Thymianhonig der Insel ist begeht und wird unter anderem zur Herstellung der Inselspezialität: "Pasteli" verwendet, ein Gebäck aus Sesam und Honig.

KARTEN: "Tourist Map of Kea" mit sehr grober Andeutung der Höhenzüge. Zweisprachige Beschriftung, Straßen und Strände.

Verschiedene Namensschreibweise: wie auch auf anderen Inseln wird ein und der selbe Ortsname oft unterschiedlich geschrieben. Beispiele:

Vourkári	Wukári, Bourkárion	Otziás	Odsiás	Kastri	Kastrianis
Ioulis	Julis, Kea	Giaslikari	Yialiskari	Korissia	Korisia

★ Korissia (35o Einw.)

Ruhiger Hafenort ohne Flair. Am Wochenende strömen die Athener von den Fähren (für die Fähre retour Sonntagabend unbedingt vorab für den PKW reservieren!). Nicht gerade hübsch ist der alte Fabrikschornstein einer stillgelegten Emaillefabrik im Ortshintergrund.

Tourist INFO Am Hafen Nähe Fähranlegestelle, vergl. Ortsplan Nr. 6, Vermittlung auch von Privatquartieren.

Die weißen, modernen Häuser reihen sich ab Fähranlegestelle am südlichen Buchtrand entlang bis zum mehrstöckigen Hotel Karthea. Hier

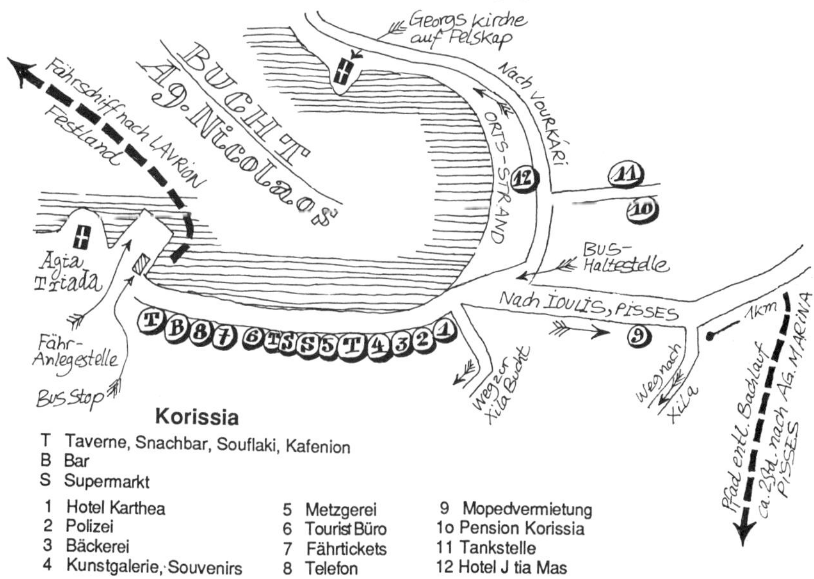

Abzweigung der asphaltierten Inselstraße rauf in die Chora/Ioulis. Der Ort hat nichts Spezielles, was für längeres Bleiben verlockt. Auch mit Tavernen dürfte man im 2,5 km nördl. in der Bucht gelegenen Yachthafen VOURKARI besser bedient sein.

Der ORTSSTRAND von Karissia ca. 3oo m Sand mit Kiefernwäldchen, nicht gerade sauber. Besser:

Der 1 km nödl. an der Bucht und Straße Ri. Vourkari gelegene GIASLIKARI- Strand: gilt als einer der besten der Insel, gut 2oo m lang, ausreichend Sonnenschutz durch Tamarisken, Taverne (nur Sommerbetrieb). Weitere schöne Inselstrände am Ormos Ogrias und Pisses siehe Inselbeschreibung!

Derzeit einzige Inseltankstelle in Korissia siehe Karte/Nr. 11

"Hotel Karthea": 4-stöckiges Hafenhotel an der Uferstraße. Guter Supermarkt im Haus. Nüchterner Frühstücksraum. Kein Lift. Hohe, geräumige Zimmer mit großem Wandschrank, PVC- Böden und Blümchenlampe von der Decke. Große Wannenbäder und rundums Haus: Balkon für jedes Zimmer; besonders kühl sind die Eckzimmer, da sie 2 Türen zum Balkon besitzen. Service ist o.K., Bettwäsche wird regelmäßig gewechselt, und zuvorkommende Wirtin. DZ ca. 3o - 4o DM je nach Saison. Als Hotel und Inselstützpunkt insgesamt zu empfehlen!

"Pension Korissia": schräg gegenüber der Tankstelle liegt der 2-stöckige moderne Kykladenbau. Am Eingang überdachte Sitzterrasse. Im 1.Stock über dem Eingang große mattenüberdachte Terrasse. Gute Parkmöglichkeit. Zimmer klein, Kiefernmöbel, Marmorboden, Wandschrank. Bad gefliest mit Dusche und Vorhang, allerdings WC-Becken mit eingeschlossen, beim Duschen gewisse "Engpässe". DZ immerhin ca. 4o DM.

"Motel I Tzia Mas": An der Ausfahrtstraße nach Vourkari und am Ortsbadestrand. Bei unserem Check enttäuschend wegen Müll und Gerümpel ums Hotel, die Zimmer verwohnt, primitiv und muffelnd, ebenso die Bäder. Fürs DZ immerhin 4o - 45 DM!

KORISSIA → IOULIS: 6 km Asphaltstraße rauf in die Chora. Es geht vorbei an Zitronen- und Olivenbäumen, für Kykladeninseln relativ viel Baumbestand. Die Strecke wird von Bussen bedient.

★Ioulis (Chora) (7oo Einw.)

Der eine Teil des Ortes am Berghang, der andere oben auf dem Kastro-Hügel. Nicht so romantisch wie andere Chora-Dörfer, dennoch sehr hübsch, mit engen Gassen und Treppenwegen.

"Hotel Ioulis": An der Spitze des Kastrohügels, über Treppen in 1o Minuten zu erreichen. Keine Anfahrmöglichkeit für Gepäck. Zimmer sind groß, mit Wandschrank, große Terrassen. Von den Frontzimmern Ausblick übers Tal. DZ ohne Bad ca. 3o-35 DM, mit Bad ca. 35-4o DM. Von der Lage her eines der schönsten Inselhotels, allerdings nur wenige Zimmer und zur HS meist ausgebucht.

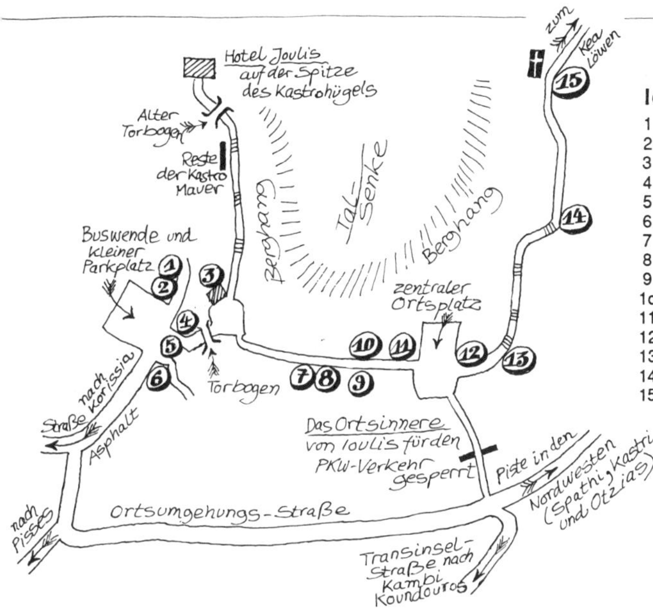

Ioulis/Chora

1 Post
2 Arzt
3 Taverne
4 Kafenion
5 Supermarkt
6 Apotheke
7 OTE
8 Archäol. Museum
9 zwei Metzgereien
1o Bäckerei
11 Kafenion und Rathaus
12 Rest. Argiris
13 Lebensmittel
14 Hotel Filoxenia
15 Taverne To Oteki

"**Hotel Filoxenia**": Mitten in der Chora oberhalb des kleinen Platzes und über Treppenweg Richtung "Leon" erreichbar. Die Zimmer äußerst sauber und groß, unterschiedlich möbliert, von 2-5 Betten. Wer keine großen Ansprüche stellt wird sich wohlfühlen. DZ ca. 25-3o DM, 3-Bettzi. ca. 3o-35 DM.

Vermietung von **Privatzimmern**, Kontakte über Tavernen im Ort.

"TAVERNE TO OTEKI": Am Ortsausgang Richtung Friedhof und Löwe gegenüber der Kirche. Mit Außensitzterrasse auf der gegenüberliegenden Gassenseite. Derzeit bestes Lokal der Chora, Wein vom Fass, Musik, erst abends geöffn.

"RESTAURANT ARGIRIS": Am Platz gegenüber des Rathauses mit kleinem, einfachen Innenraum. Im Sommer sitzt man relaxing auf dem Platz, einfache griechische Küche.

Gleich an der Busumkehr durch den Torbogen links eine kleine Taverne ohne große Speiseauswahl, mit Außensitzplätzen im Schatten der eng stehenden Häuser. Wein vom Faß.

IOULIS ist komplett für Autoverkehr gesperrt, ein insgesamt angenehmer Ort mit weißen Häusern und roten Ziegeldächern, die weitgehend in diesem Jhd. gebaut wurden. Um den Ort an den Hängen Terrassenanbau mit Strauchwerk und kleinen Bäumen.

Vom ehemaligen venezianischen Kastro (13. Jhd.) sind nur noch Mauerreste zu sehen, weiterhin Reste der Stadtmauer aus dem 3. Jhd. n. Chr. Damals größter Inselort, durch die Lage zwischen den Bergen aber auch Befestigung einer Stadtmauer vor Piratenangriffen geschützt. Ausgrabungsfunde, auch Münzen, die die Insel zur hellenistischen Epoche prägte im Museum der Chora.

Ab der Chora führten verschiedene Eselspfade zu Inselhäfen wie Siedlungen, vielfach Mitte unseres Jhds. als befahrbare Pisten ausgebaut. Noch Ende des 19. Jhds. wohnten in der Chora rund 2.5oo Einwohner. Obwohl Kea fruchtbarer als viele andere Kykladen-Inseln ist, bedeutet der Terrassenanbau harte und wenig profitable Arbeit. Die nahe Metropole ATHEN mit Industrie und einer Vielfalt anderer, besser dotierter Jobs lockt und führte zu ständiger Abnahme der Einwohnerzahl der Chora. Zugleich Auswanderung nach USA, Kanada, Australien, bzw. Gastarbeiterjobs in Mitteleuropa.

Kleines ARCH. MUSEUM in der Chora, siehe Karte. Direkt bei der Buswende die Post, sowie im Ort neben dem Museum die OTE.

Sehenswert ist der LÖWE VON KEA, zu Fuß ab Chora ca. 15 Min., Beginn des Weges siehe unsere Ioulis- Karte! Länge 6,4 m, Höhe bis knapp 3 m. Das Opus datiert aus dem 6. Jhd. v. Chr., Künstler unbekannt.

Im Gegensatz zu verschiedenen Reiseführern (die offenkundig voneinander abgeschrieben haben!) blickt er nicht nach Ioulis, sondern zeigt der Stadt sein Hinterteil.

Diverse Legenden ranken sich um den Leo: die eine berichtet, daß er den Mut der Inselbewohner symbolisiert. Nach anderen Überlieferungen seien die Inselbewohner von Nymphen bedroht worden, die ihre Frauen abspenstig gemacht hätten. Man sei daher auf die Idee gekommen, die Nymphen durch den König der Tiere und mit freundlichem Lächeln zu vertreiben. Konträr steht hierzu allerdings die Lage des Leo und sein Hinterteil Richtung Chora...

Legenden hin wie her: zumindest eine schöne Wanderung, die Einblick in die Agrarlandschaften um die Inselhauptstadt bietet mit ihren Mandel- Feigen- und Pistazienbäumen; zudem schöner Blick auf die Lage der Chora!

INSEL - NORDTEIL:

Hier liegen einige der besten Inselstrände. Eine zunächst asphaltierte Straße führt ab Hafen KORISSIA nördl. zur Bucht von OTIZIA. Jeep- Pisten bedienen Buchten der Nordostküste und führen retour zur Chora/Ioulis.

Ab Korissia/Hafen ca. 2,5 km entlang der Ag. Nicolaos Bucht, -in der Regel glattes, da windgeschütztes Meer - zum Nordende der Bucht, nach

Voukari

Der ehemalige Fischerhafen ist heute beliebter Ankerplatz von Yachten reicher Athener aber auch Urlaubern. Unterkunft derzeit nur eine Handvoll Privatzimmer, Busverbindung ab Korissia.

Der Badestrand (schmales Sandband) ist passabel, hauptsächliche Attraktion des Mininestes jedoch seine Tavernen:

Der Treffpunkt am Abend ist "ARISTOS" - "World Famous Greek Tavern", laut einer goldenen Plakette am Haus. Eine einfache Dorftaverne an der Uferpromenade, innen gehts zur HS hektisch zu; kaum Chance für "Topfgucken", duftet aber gut; Sitzplätze nur draußen. Derzeit die beste Taverne der Insel. Spezialität: Lobster und fast alles was eine gute griech. Küche zu bieten hat. Fisch und Lobster bei entsprechend hohen Preisen, da in der Regel aus Israel etc. eingeflogen. Der Rest der Gerichte etwas billiger, jedoch der Klientel (zur HS u.a. auch viele Amis) und deren Geldbeutel angepasst. Excellent u.a. Joghurt mit Honig.

Nebenan Supermarkt- Taverne: der Wirt bemüht sich, indem er "lebende Lobster" den Gästen präsentiert, bzw. wie bei unserem Check auf den Tisch setzt.

Fast Food: bei "THASSOS", am Uferkai. - Richtung Otzias: Taverne "EYNTRIBANI". - Am Ortseingang, von Korissia kommend: "TOMAS BAR".

Nördlich von Voukari, bei Ag. Irini wurde eine bronzezeitliche Siedlung gefunden. Ausgrabungen seit 1960 durch die Universität von Cincinnati/USA, in Zusammenarbeit mit Griechen. Die aus der Zeit 3.000 v. Chr. stammende Stadt weist Spuren späterer Besiedlung aus der mykenischen und minoischen Epoche auf; insbesondere auch zahlreiche Keramikfunde. Zudem auch Funde mit Tafeln der Linear A Schrift. Das für Archäologen wichtige Grabungsgebiet ist mit Drahtzaun abgesperrt: über den Zaun zu sehen hüfthohe Steinmauern.

Ein Teil der Funde, speziell Keramik sind im Museum von Ioulis, bzw. im Nation. Museum Athen ausgestellt.

Von VOURKARI überquert eine Schotterstraße nordwärts einen Bergsattel und führt in Serpentinen runter zur Bucht von

OTZIAS (Origas): bester Strand der Nordküste von Kea. In der engen Felsbucht rund 200 m Sand, kleine Häusergruppe am rechten Buchtrand, Taverne und viel Sonnenschutz durch Tamarisken. Landein ein kleines Schwemmland mit landwirtschaftlicher Nutzung. Zur HS Bus ab Korissia bis Otzias Bucht; die anschließenden Pisten ohne Bus, allenfalls Taxi. Verlangt wegen schlechtem Pistenzustand allerdings Aufpreis. Vorab aushandeln!

Eine 5 km Piste ab Otzias Bucht führt weiter via Nordküste zum **KLOSTER KASTRIANIS**. Auf steilem Felsplateau gelegen, und Superpanorama zu den Nachbarinseln. Das Kloster wurde im 18. Jhd. gegründet.

Mitte der 80-er Jahre unseres Jhd. komplett renoviert und 7 einfach eingerichtete Doppelzimmer für Gäste. Schöner Klosterinnenhof, - Tip für Leute, die Einsamkeit suchen. Äußerst gemütliche Klosterschänke: lange Tische und Bänke, Kristalleuchter, Heiligenbilder und Blick zum Meer. Maria kocht excellent, Übernachtung ca. 25 DM/ DZ, bewirtschaftet Ostern bis Ende September. Analog sind die wenigen Zimmer zur HS in der Regel ausgebucht, - jedoch geplant, weitere Zimmer für Feriengäste auszubauen. Von der Lage unbedingter Kea Tip! Keine Busverbindung ab Hafen Korissia, das Taxi kostet ca. 25 DM pro Richtung.

Richtung SÜDEN ab Kastrianis schlechte Erdpisten: zunächst die Straße ab Kastrianis retour ca. 1 km fahren, hier Abzweigung einer 7 km Piste zur Chora/Ioulis. Auf dieser Piste nach ca. 2,5 km Abzweigung zur SPATHI- Bucht/ Ostküste. Sandstrand; wegen der abgelegenen Lage, insbesondere auch sehr schlechten Piste ist der Strand relativ wenig besucht.

INSEL - SÜDTEIL:

Ähnlich dünn besiedelt wie der Norden. Gute Strände sowohl an der Ost- wie Westseite der Insel, allerdings teils keine Busverbindung. Nur Taxi oder Mietmoped.

XILA- BUCHT: Westküste, nur über eineschmale Küsten- Piste ab Hafen Korissia zu erreichen. Beginn siehe unsere Korissia Karte, zu Fuß knapp 2 Std. pro Richtung, der Strand passabel.

Zur PISSES- BUCHT zunächst ab Korissia die Straße rauf in die Chora, dort vor Ortseingang Abzweigung einer Straße südwärts. Insgesamt bis Pisses asphaltiert, 13 km ab Korissia. Zur HS Busse ab Korissia bis Pisses, teils weiter bis zur Koundouros Bucht.

Gut 4,5 km ab Chora/Ioulis rechts eine Abzweigung (beschildert) zum Kloster AG. MARINA, ca. 1,2 km. Direkt an einem 2o m hohen Stein- Wachturm aus der hellenistischen Zeit (angeblich früher 8o m hoch?) liegt eine kleine, weißgekalkte Kapelle. Auch wenn gelegentlich in einigen Reiseführern "hochbewertet", bringt der Besuch nichts Spektakuläres.

PISSES mit gut 2oo m langem und 2o m breiten Sandstrand in seiner Bucht, die durch fruchtbares Schwemmland landein begrenzt ist. Anbau Mandeln, Zitronen, Aprikosen, auch Wein, Bananen und Gemüse. Am Ufer eine Taverne, auch Vermietung weniger Privatzimmer.

Im Anschluß überquert die Piste in rund 5 km den Küstenbereich bis

KOUNDOUROS: der rund 2oo m lange Stein/Sandstrand besitzt Sonnenschutz durch Tamarisken, ansonsten absolut kahle Berglandschaft. Exakt hier, auf der Felshalbinsel plaziert sich das größte Hotel der Insel:

"Kea-Beach-Hotel": ein für die Region gigantischer Halbrundbau mit ca. 15o Betten in einsamer Natur. Um die Gäste ranzukarren fungiert unten eine Yachtanlege, sowie ein Hotelbus nach Korissia. Im Service: Süßwasser Swimmingpool, Tennisplatz und Kinderspielplatz. Weiterhin Disco, Pianobar mit offenem Kamin etc.

Die Zimmer in Rauhputzstyling, Stühle und Betten bei unserem Check etwas wacklig. Breite Zimmerterrassen mit Meeresblick, das DZ je nach Saison ca. 15o - 2oo DM!

Hinter dem Hotel ehemalige Windmühlen, die von wohlhabenden Athenern zu Wohnungen ausgebaut wurden, hübsche Gärten. Besitzer u.a. des größten Athener Supermarktes, griechische Schauspieler und Regierungsangehörige. Limitiertes High- Life, wobei sicher auch die Nähe zu Athen für Yachten Ausschlag gab. Im Ort selbst jedoch keinerlei analoge Infrastruktur: Die Natur mit steiniger Küste dominiert.

In der Taverne von Manos VillasVermietung von Ferienwohnungen.

KAMBI: 2,5 km südlich der Koundouros Bucht. Ein Strand mit Sand-Steinen und Felsplatten, ca. 1oo m ohne Baumschatten.

TRANSINSULAR- STRASSE: verbindet ab Kambi via Inland rauf zur Chora/Ioulis. Derzeit keine Busverbindung, solides Auto nötig, da teils wilde Erd/Schotterpiste.

Ab KAMBI gehts landein über Serpentinen die Berge rauf. Schöner Buchtblick und insges. ca. 6 km bis zum weiler HAVOUNA, wo ein Pfad zur Südspitze/Kap Tamelos abzweigt, ca. 7 km. Dort Steilküste und Leuchtturm.

Nordwärts ab Havouna rund 2 km bis zum Weiler STAVROUDAKI in einer Talsenke mit Getreideanbau auf Terrassenfeldern.

Unterhalb in der gleichnamigen Ostküstenbucht liegt das antike KARTHEA. Gegründet im 2. Jahrtausend v. Chr. fanden erste Grabungen durch Dänen 1811 Reste eines Tempels, spätere Grabungen 1962 durch griech. Archäologen. Gemäß Untersuchungen muß es sich um eine relativ große Stadt gehandelt haben, die auch zur Zeit der Ionier und später 5. Jhd. v. Chr. hellenistischen Epoche genutzt wurde. Der Athena Tempel hatte immerhin Ausmaße von 12 x 24 m, auf die damalige Bedeutung der Stadt weist auch ein großes Amphieteater hin. Heute zu sehen sind jedoch insgesamt nur noch spärlichste Grundmauer-Reste.

Weiter auf der Transinsularstraße, am Ortsausgang von Ellinika ein rohrgefasster Quellwasserbrunnen. Immer wieder schöner Ausblick; viele Steineichen, auch lila Disteln. Die Straße führt rechts am PROF. ILIAS vorbei. Mit 57o m höchster Inselgipfel; eine Piste führt zum Gipfel und dort liegender OTE- Funkstation.

In einer Strecke von ca. 2o km ab Havouna wird die CHORA wieder erreicht, Abzweigung von Pisten rauf in den Norden zum Kloster Kastriani sowie runter an die Ostküste/Sikamia Bucht.

INSEL MAKRONISOS: die langgestreckte und nur 18 qkm große Insel ist direkt dem Festland von Attika und Hafen LAVRION vorgelagert. Zur Zeit der Militärdiktatur bis 1974 diente Makronisos als Gefängnisinsel für Politische Strafgefangenen. Heute wird sie von den Bauern der Insel Kea als Weideland genutzt und gehört auch verwaltungsmäßig zu Kea.

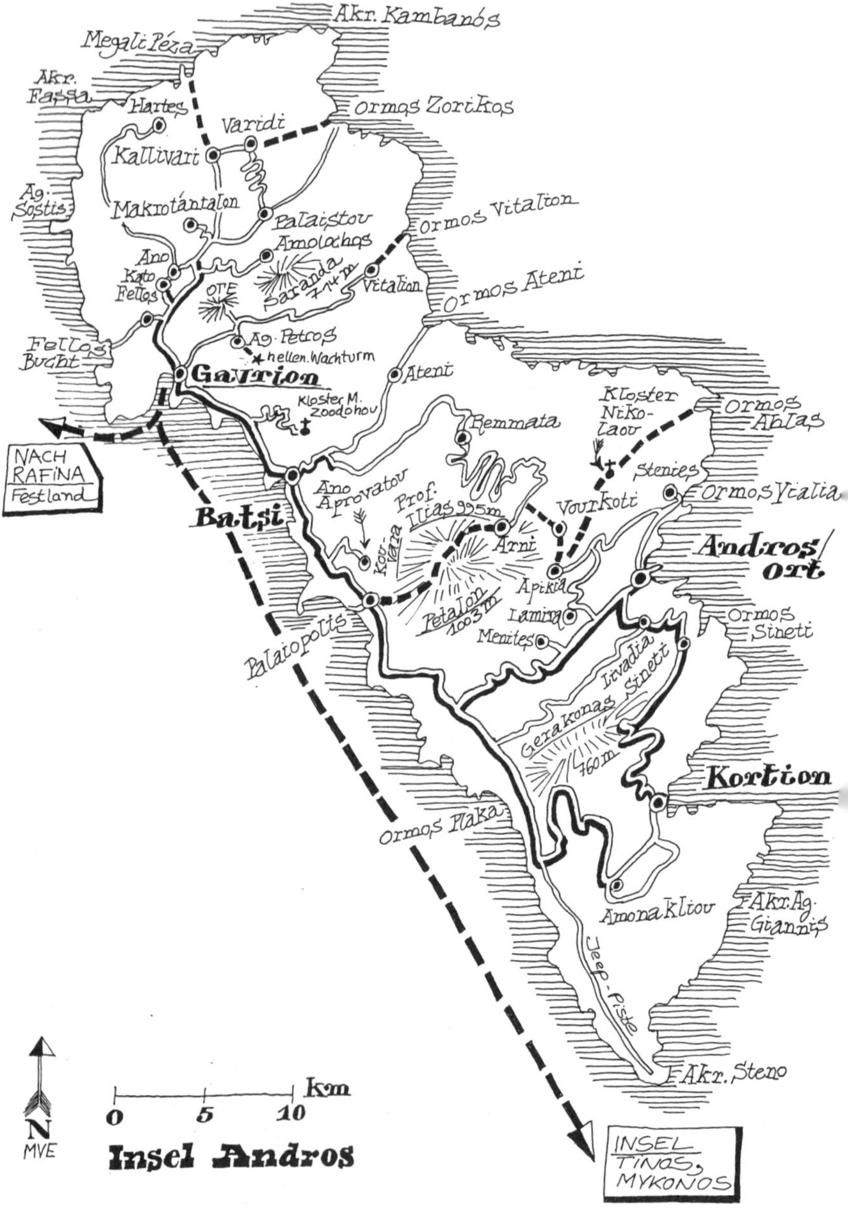
Akr. Kambanós
Megali Péza
Akr. Fassa
Hartes
Varidi
Ormos Zorikos
Kallivari
Ag. Sostis
Makrotántalon
Palaistov
Ormos Vitalion
Amolochos
Ano
Kato
Fellos
OTE
Saranda 714 m
Vitalion
Ormos Ateni
Fellos Bucht
Ag. Petros
hellen. Wachturm
Gavrion
Ateni
Kloster M. Zoodohou
Kloster Niko-laov
Ormos Ahlas
Remmata
NACH RAFINA Festland
Ano Aprovatov
Stenies
Ormos Ytalia
Prof. Ilias 995 m
Vourkoti
Batsi
Kou-vara
Arni
Andros/ ort
Apikia
Petalon 1003 m
Lamira
Ormos Sinetti
Palaiopolis
Menites
Livadia
Sinetti
Gerakonas
760 m
Kortion
Ormos Plaka
Amonaklitov
Akr. Ag. Giannis
Jeep-Piste
Akr. Steno
km
0 5 10
N
MVE
Insel Andros
INSEL TINOS, MYKONOS

Insel Andros

Andros ist die zweitgrößte Kykladeninsel und zugleich die nördlichste. Der Tourismus spielt sich vor allem in Batsi an der Westküste und in Andros/Ort ab, weite Teile der Insel sind noch unberührt. Landschaftlich gibt es viele Kontraste, sanfte Täler mit Olivenbäumen, Orangen- und Zitronenplantagen wechseln mit Weinbergen an den Hängen. Gleichzeitig hohe Bergketten (bis 1.ooo m), durch die einsame Pisten zu Bergdörfern führen.

Eine ausgesprochen schöne und fruchtbare Insel mit guten Stränden, die jedoch nicht den typischen Kykladenflair eines Paros, Naxos oder Mykonos besitzt. Einer der Gründe, warum sie zur Hochsaison noch nicht so überlaufen ist.

Andros war und ist die Insel der Seefahrer, die günstige Lage zwischen Euböa und Kleinasien förderte die Entstehung einer Handels-Seemacht. Noch heute wohnen viele reiche Reeder hier oder haben zumindest einen Sommersitz. Besonders schön der Inselhauptort ANDROS mit vielen klassizistischen Herrenhäusern.

Verbindungen

Schiff: Fährhafen auf Andros ist GAVRION im Nordwesten der Insel. Andros wird nicht von Piräus aus angefahren, sondern von Rafina (östlich von Athen): Täglich 2-3 mal Verbindung auf der Strecke Rafina-Andros-Tinos-Syros-Mykonos. Fahrzeit bis Andros ca. 2 1/2 Std., Person ca. 12 DM, kl. Auto ca. 45 DM. Von Athen nach Rafina ausgezeichnete Busverbindung.

Zur Nachbarinsel Tinos und weiter nach Mykonos gibt es eine tägliche Verbindung (außer Sonntag). Andros-Tinos: ca. 2 1/2 Std., pro Person ca. 1o DM, kl. Auto ca. 3o DM. - Weiter ab Tinos nach Mykonos ca. 1 Std., extra gehen die jeweiligen Aufenthaltszeiten im Hafen. Zwischenstop auf den einzelnen Inseln ist möglich; dafür muß aber jeweils für die betreffende Strecke ein neues Ticket gekauft werden.

Derzeit keine Direktfähre rüber zur nördl. sich anschließenden Insel EUBÖA. Nur via Rafina/Festland zu erreichen, und das kostet Zeit!

Wegen Größe der Insel kann sich Mitnahme eines **eigenen Fahrzeuges** lohnen, insbesondere um abgelegene Regionen des Inselinneren zu besuchen. Die Hauptverbindungen jedoch mit genügend häufigem Busverkehr; außerdem gibt Auto- und Mopedverleih in Batsi, Gavrion und Andros/Ort.

Nächster **Airport**: Athen und Mykonos. Als Vorteil bietet ATHEN die häufigeren Flugverbindungen, - auch im Charterbereich. Weiterer Vorteil, daß man noch den Besuch der Stadt, z.B. Nationalmuseum, Plaka etc. einbauen kann. Im Anschluß Bus nach Rafina und relativ problemlos, vor allem schnell rüber zur Insel Andros.

MYKONOS hat weniger internat. Flugverbindungen, die zudem zur HS meist ausgebucht sind. Darüber hinaus bekommt man bei Ankunft in Athen immer noch irgendwie ein Zimmer, wenn man rechtzeitig am Nachmittag in der Metropole eintrifft. Auf Mykonos dagegen zur HS erhebliche Engpässe. Vorteil von Mykonos: als Kykladeneinstieg und Ort ungemein hübsch, allerdings auch entsprechend überlaufen. Wer früh auf Mykonos eintrifft, erwischt event. Anschlußschiff via Tinos nach Andros.

Insel-Transporte

Auf der Insel **Busse**, die die wichtigsten Orte miteinander verbinden. Die Hauptstrecke Gavrion-Batsi-Andros/Ort wird 3-5x/Tag befahren, die Abfahrtszeiten orientieren sich an der Ankunft der Fähren. Die Strecke Andros/Ort-Korthion wird 3x/Tag befahren. Die anderen Dörfer haben 2-4x/Tag Verbindung mit Andros/Ort.

Auto- und **Motorradverleih** in Batsi, Gavrion und Andros/Ort.

Geschichte: früheste Funde aus der mykenischen Zeit ca. 1.5oo v. Chr. - Ab ca. 1.ooo v. Chr. unter Einfluß der Insel Euböa, welches auf Andros mehrere Kolonien gründete. Der Rest grob wie auf anderen Kykladeninseln: Mitglied des Att. Delischen Seebundes, später zur Römerzeit dem Reich einverleibt, ab 12o7 unter Venezianischen Herren, von 1566 - 1833 türkisch.

Seit griechischer Staatsgründung 1833 entwickelte sich die Insel zu einer der wichtigsten Reederinseln, die hier ihre Ferienvillen besitzen. Durch die entsprechenden Steuereinnahmen aber auch Stiftungen der hier ansäßigen Reeder ist Andros im Prinzip eine reiche Insel.

Wirtschaft: von der Oberklasse und Reeder mit ihren Ferienvillen abgesehen, lebt die Bevölkerung vorwiegend von Landwirtschaft. Auch wenn es auf Andros häufiger als auf anderen Kykladeninseln regnet, so ist das Leben doch sehr hart, und in den Fabriken von Athen lässts sich besser verdienen: Folge hohe Abwanderungsraten.

KARTEN: alle haben Mängel, die "NISSOS ANDROS", Edition Demetrius N. Kyriakós bringt neben den Inselstraßen auch die Höhenlinien. Beide sind jedoch in der Karte rot in fast selber Strichstärke eingetragen. Das macht das Lesen der Karte äußerst unbequem. Weiterhin keine Unterscheidung zwischen Asphalt- und Erdstraßen. Darüber hinaus fehlen eine Reihe existierender Straßenverbindungen, z.B. Apikia - Arni.

Die Karte "ANDROS ISLAND", Edition D & B Loukopoulos ist in jedem Fall übersichtlicher gestaltet: Straßen kommen klar raus, zudem in Asphalt- und Schotterpiste unterschieden. Weiterhin: Ortsnamen zweisprachig, was im Inselinneren nützlich werden kann. Die Karte ist weitgehend update, weist aber in Pisten (z.B. im Norden von Andros) einige Fehler auf!

Die rundum optimale Andos Karte steht noch aus. - Für den Normalurlaub dürfte die Loukopoulos Karte derzeit der bessere Kompromiss sein, da erheblich übersichtlicher. - Wer dagegen Trips auf abgelegenen Bergpisten ins Inselinnere plant, sollte sich beide Karten zulegen. Ergänzend dazu unsere Andros- Karte, die bezüglich Insel-Straßen weitgehend von unserem Recherchteam abgefahren wurde.

✶ Gavrion (4oo Einw.)

Der Hafen von Andros, liegt am Ende einer engen Bucht. Ein moderner, funktionaler Ort, der sich vorwiegend als Stützpunkt für Trips in den äußersten Inselnorden anbietet. Als Urlaubsquartier dürfte jedoch Batsi, speziell aber Andros/Ort schöner sein. In Gavrion mehrere Supermärkte, eine Bank, Post, Tel. und Fährbüros (vergl. auch Karte nächste Seite!).

"Hotel Galaxias": Direkt am Hafen oberhalb der Fähranlegestelle. Das schmale, 3- stöckige Haus in griech. Betonarchitektur mit kleinem Balkon pro Etage vornraus, die Rezeption über Treppe auf einer Empore überm Restaurant im Erdgeschoß. Traditionelles Hafenhotel, die 22 Zimmer etwas mufflig, klein, einfach möbliert, mit Wandschrank, ausreichend großes Privatbad. Von den wenigen Zimmern, die vornraus führen: Hafenblick. DZ ca. 3o - 35 DM.

"Hotel Aphrodite": Oberhalb der Straße nach Batsi am Ortsrand gelegen und über kleine Auffahrtstraße erreichbar, beschränkte Parkmöglichkeit. Modernes Gebäude, vorwiegend von Griechen besucht. 24 relativ kleine Zimmer mit Terrazoböden, niedrige Betten, Bad mit Badewanne sowie großer Balkon. DZ ca. 25 - 3o DM.

"Hotel Gavrion Beach": Am westlichen Ende des Hafenkais, wo der Ortstrand beginnt. Derzeit das wohl beste Hotel des Ortes, BJ 1979, mit Einschränkungen. Insgesamt 25 Zimmer, von denen 6 schönen Blick vom Balkon auf den Hafenbereich besitzen, allerdings im 2. Stock von einer quer vorbeiführenden Hochspannungsleitung gestört. Frühstücksraum mit großer Bartheke, die Zimmer mittelgroß, schmucklose weiße Wände, Jalousie- Schiebetür zum Balkon. In den Bädern gehts teils eng zu, da das Waschbecken zu nah am Duschbezirk plaziert ist. DZ je nach Saison 4o - 45 DM, wer diesen Führer vorzeigt, bekommt zur VS/NS 2o % - zur HS 5 % Rabatt auf Übernachtung.

"Hotel Perrakis": rund 2 km östl. von Gavrion an der Straße nach Batsi. Ein modernes, 2 stöckiges Hotel mit Balkons vornraus zum guten und sauberen Sandstrand. Es liegt leicht oberhalb des Meeres in ansonsten kahler mediterraner Landschaft. Durchaus Tip, auch ohne eigenes Auto bequem per Taxi bzw. Inselbus (Gavrion- Batsi) zu erreichen. Das vor rund 5 Jahren gebaute Hotel wird von sympathischem Ehepaar ge-

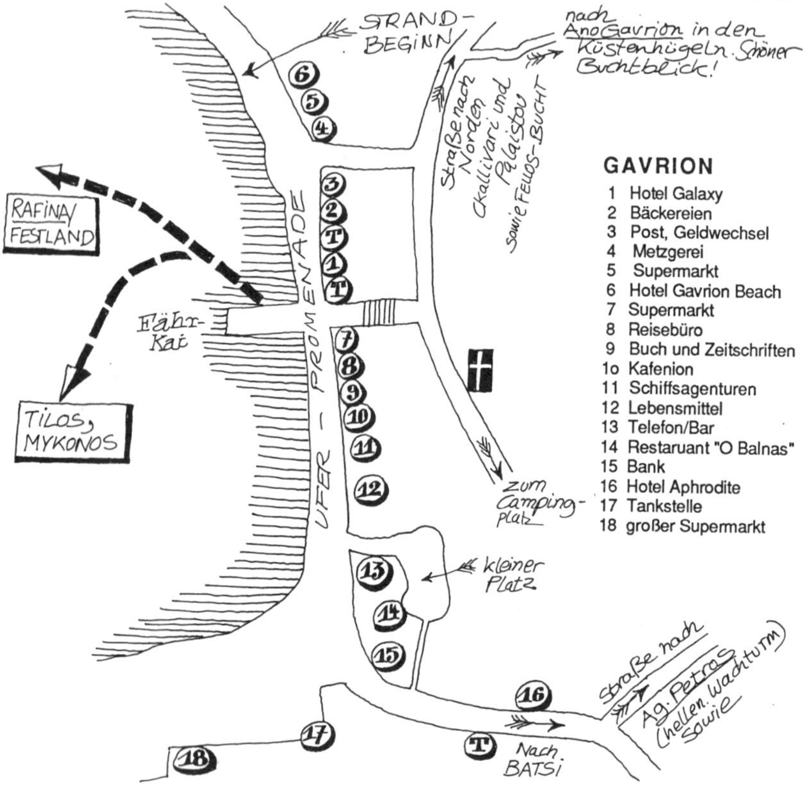

leitet, die dem Hotel familiäre Atmosphäre verleihen. Der Besitzer spricht fließend Deutsch.

Großer Salon im Erdgeschoß neben der Rezeption mit Holzdecke, große Fensterfront zum Meer. Die Zimmer groß mit dunklen Möbeln, Marmorböden und gefließten Bädern. Alle Zimmer mit Seeblick! Bei unserer Recherche war es das angenehmste Inselhotel in Sachen Komfort, Atmosphäre und Niveau. DZ je nach Saison ca. 45 - 65 DM, wer dieses Buch vorzeigt, erhält in VS und HS aufs Zimmer 2o % Rabatt, im Rest. 1o %.

Camping Andros: Am Ortsrand von Gavrion, ca. 35o m ab Fähranlegestelle (siehe Ortsskizze). Viele Plätze, schattig unter Olivenbäumen. 12 Toil. mit Dusche und 4 Toil. an den Außenseiten. Küche für Campinggas, Minimarkt. Gemütliche, kleine Taverne mit überdachter Terrasse: bestes Restaurant in Gavrion, auch preisgünstig. Besitzer sprechen englisch. Nicht nur für Campinggäste.

TAVERNE O BALNAS: Einfache Dorftaverne an kleinem Platz. Schöne ruhige Sitzgelegenheit unter Bäumen, Fischspezialitäten. Gilt derzeit (neben der Taverne im Campingplatz) als beste Stelle für Essen im Ort. - Self Service Restaurant im Erdgeschoß des Hotel Galaxy direkt bei der Fähranlege, - weitere siehe Ortsskizze.

Der ORTSSTRAND von Gavrion schließt sich direkt westl. an den Hafenkai an. Sonnenschutz durch Tamarisken, aber nicht allzu sauber. - Weitere Strände im Westteil der Gavrion Bucht.

FELLOS- BUCHT: zunächst über die Asphaltstraße ab Gavrion nordwärts bis Vassamia, dort über einen schlechten 3 km Schotterweg zur Bucht: gut 2oo m relativ sauberer Sandstrand, allerdings kein Sonnenschutz. Der südlich gelegene Strogylo Strand (2oo m) ist nur zu Fuß oder mit dem Moped zu erreichen.

BUCHT BEIM PERRAKIS- HOTEL: beste Badestelle im Umkreis von Gavrion (ca. 2 km, an der Straße nach Batsi). Zunächst: ca. 1 km ab Gavrion ein kleiner Sand/Kiesstrand, Länge 75 m von Felsen umrahmt und direkt von der Straße aus zu erreichen, über der Straße Vermietung von Privatquartieren. - Dann ca. 2km ab Gavrion der Strand des Perrakis Hotels: ca. 6oo m lang, 2o m breiter Sandstrand.

✶ INSEL- NORDTEIL:

Relativ unerschlossen, Hügel bis Gebirgsland auf 714 m (Oros Saránda).

Die Straße nordwärts ab GAVRION passiert zunächst Vassamia (Abzweigung zu den Stränden der Fellos-Bucht) und endet asphaltiert beim Dorf Kato/Ano Fellos. Weiterer Verlauf als Erd-Schotterpiste die Berge rauf, nach ca. 1 km PASS mit schönem Ausblick auf die Nachbarinsel Euböa. Kurz danach Straßenabzweigung: links ins Bergdorf Makrotántalon, geradeaus nach ca. 6oo weitere Abzweigung:

* links ins Nordküsten Dorf KALLIVÁRI, welches ca. 24o m oberhalb des Meeres liegt. Ein Fußpfad runter an den Ormos Megali Péza (Bucht mit Steinstrand), auch mit geländegängigem Mietmoped zu erreichen.

* rechts durch ein grünes Flußtal 4 km runter nach PALAISTOÚ. Von hier führt ein Schotterweg 3,5 km in engsten und supersteilen Serpentinen rauf zum Bergdorf VARIDI, von wo ein Weg runter zur Zorikos Bucht (Nordostküste) führt. Auch mit geleändegängigen Mopeds über eine Piste ab Palaistou zu erreichen. Die Bucht selber mit Steinstrand.

Eine weitere Erdpiste zweigt bei Ano Fellos ab in Serpentinen zum Bergdorf AMOLOCHOS unterhalb des höchsten Insel- Nordgipfels, des

SARANDA (714 m): vom Gipfel bei klarem Wetter Superrundblick über die Südspitze Euböas und den Ostteil Attikas!

Änhnlich wie andere Inseln der Ägäis, aber auch im Ionischen Meer (z.B. Insel Ithaki) besaß Andros zur hellenistischen Zeit ein Netz von

Wachtürmen

Sie wurden an exponierten und mit guter Fernsicht höhergelegenen Inselgebieten errichtet.

Einer der besterhaltensten steht rund 1,5 km nordöstlich von Gavrion im anschließenden Hügelland nahe der Ortschaft Ag. Petros. Erbaut aus Schiefersteinen (es wurde kein Mörtel verwendet!), besitzt er eine Höhe von 2o m und Umfang 21 m. Im Inneren 5 Stock.

Funktion: Ausspähen von Angreifern, sowie Nachrichtenübermittlung zu weiteren Posten der Insel auf anderen Türmen. Speziell zur Piratenzeit ab ca. 12oo eine äußerst nützliche Einrichtung zur Vorwarnung und Schutz der Inselsiedlungen.

Zu erreichen über eine, in Gavrion kurz nach dem Hotel Aphrodite abzweigende Asphaltstraße (vergl. Gavrion Karte!), die sich gut ausgebaut in die Küstenhügel raufzieht. Kurz bevor die Straße vom südl. Hang rüber auf die nördl. Seite eines Bergrückens verläuft, zweigt in der Kurve ein Eselspfad ab.

Man erreicht den Turm auch vom Ort Agios Petros (35 Einw.), bzw. von der Küstenstraße Gavrion-Batsi aus, wenn man dem Hinweisschild "Sofia-Bungalows" folgt und durch das dortige Tal zum Tower über Eselspfad aufsteigt.

Hinter Agios Petros geht der Weg in eine Schotterstraße über, die an dem, nördlich auf einer Bergspitze (585 m) liegenden OTE-Turm vorbei nach Vitalion weiterläuft. In der Nähe des abzweigenden Fahrweges zum OTE-Turm hat man nach Süden schönen Ausblick zum Kloster Moni Zoodohou Pigis (siehe bei Batsi).

✶ INSEL- WESTKÜSTE:

Zwischen GAVRION und BATSI schöne Küstenstraße oberhalb des Meers, einige gute Sandbuchten, allerdings nur kaum Vegetation.

BATSI Zentrum des Westküsten- Sommertourismus, - auch südlich bis zur Straßen- Abzweigung Ri. Korthion gute Strände.

Rund 1 km nach Gavrion Steinsandstrand, danach guter Sandstrand beim Perrakis Hotel (siehe Gavrion/Hotel - Baden).

KLOSTER M. ZOODOHOU: zu erreichen über einen Schotterweg, der knapp 1 km südl. vom Perrakis-Hotel links in die Küstenberge abzweigt, kein Hinweisschild, 6 km. Wegen der einsamen Lage insbesondere aber auch schlechten Piste mit Spurrillenauswaschung, die jeden normalen PKW ramponieren, - kommen nur wenige Besucher rauf.

Oberhalb der Küste in steiniger Berglandschaft mit Bodenstrauchwerk und Gestrüpp ein langgestreckter Steinbau, der sich in seinem Inneren mit verputzten Mauern wie eine Mini- Chora entfaltet. Nur noch wenige Nonnen, schöner Blick vom Kloster auf den Küstenverlauf, insbes. die Gavrion Bucht.

Batsi (45o Einw.)

Das Kapital des Ortes sind seine Strände. So entwickelte sich in den letzten Jahren aus dem früheren Fischerhafen in geschützter Bucht ein zur HS entsprechend frequentierter Urlaubsort, der zwischenzeitlich auch Eingang in die gängigen Griechenland- Veranstalterprospekte gefunden hat.

Gäste speziell aus Deutschland und England. Ein kleiner, so doch recht hübscher Ort. Die Häuser ziehen sich am Hang rauf. Im Ort Kino, Diskos, Cafes und Tavernen. 2 Reiseagenturen am Hafen vermitteln Inseltrips.

"Hotel Avra": In der Hafenbucht an einem kleinen Platz, siehe Karte. Älteres typisches Hafenhotel, 3-stöckig. Im Erdgeschoß eine Taverne, über eine enge und knärzende Holztreppe gehts rauf zu den 15 Zimmern, einfach eingerichtet, mit Waschbecken. Pro Stockwerk 2 Gemeinschaftstoiletten. Die wenigen Zimmer, die vornraus gehen mit schönem Hafenblick: im ersten Stock mit schmalem Balkon, im 2. Stock größere Dachterrasse, die sich 2 Zimmer teilen. DZ ca. 25 - 3o DM.

"Hotel Krinos": Um 188o erbaut, diente es früher als Schule, seit 4o Jahren Hotel in Familienbesitz. Wie die Besitzerin berichtet, sei es das älteste Hotel der Kykladen. Lage: auf dem Felsen oberhalb der Hafenbucht und Hotel Avra.

Im Frühstücksraum stehen viele Grünpflanzen, ein großer Eisschrank zur allg. Benutzung. Aus Muscheln hergestellte Blumenbilder schmücken die Wände. Im Hintergrund die Küche mit uraltem Kochherd, fast in englischem Stil. Unterschiedlich große Räume mit Waschbecken u. Schleiflackmöbeln. Sehr sauber. Die Zimmer vornraus schöner

Buchtblick, eines der Zimmer mit Balkon. Viele deutsche und englische Stammgäste, für einfache Ansprüche sehr zu empfehlen! 14 DZ ca. 2o - 25 DM.

"**Hotel Chryssi Akti**": 1969 eröffnet, 1985 renoviert. Ein langgestrecktes, 2-stöckiges Hotel, direkt dort wo der Ortsstrand beginnt. Die Zimmer mit Längsbalkons, teils vornraus zum Strand, die meisten aber seitlich. Große Zimmer, Tel., Privatbad und mit Stilleben- Gemälden geschmückt, über den Geschmack lässt sich streiten. Markisenüberdachte Sitzterrasse vor dem Frühstücksraum mit großer Fensterfront und hochlehnigen Stühlen. Insgesamt recht angenehmes Strandhotel. 61 Zimmer, das DZ ca. 4o- 5o DM.

"**Hotel Karanassos**": Vom Strand etwas zurückgelegen. Modernes 2- stöckiges Hotel, 22 kleine Zimmer, Balkons, Steinfußboden, einfach möbliert. Kleines Restaurant, Bar, beides holzverkleidet. DZ ca. 4o- 5o DM.

"**Hotel Skouna**": Direkt an der Uferstraße hinter dem Sandstrand, schattige Thamarisken. Im Erdgeschoß Snackbar mit Terrasse unter Mattendach. Große Zimmer mit Balkon und Strandblick. Bäder mit abgetrennten Duschkabinen. Oft durch Reisegesellschaften ausgebucht. DZ ca. 3o - 4o DM.

"**Aneroussa Beach Hotel**": Von Batsi 1 km nach Süden über schlechte Schotterstraße erreichbar. Oberhalb einer schönen Sand/Kieselbucht gelegen, über Treppen zum Strand. Parkmöglichkeiten. Verschachtelte zweistöckige Häuser durch Balkongänge und Treppen miteinander verbunden. Frühstücksraum liegt unter der Reception, über breite Marmortreppe erreichbar. Außenterrassen teils überdacht, teils offen. 37 Zimmer mit Tel., Toil. und Balkons. DZ ca. 7o-8o DM, auch im Angebot vieler Reiseveranstalter ab BRD.

Privatzimmer: Batsi hat nicht nur das größte Bettenangebot der Insel im Sektor Hotels, sondern auch bei Privatzimmern. Vermittlung über Tavernen oder den Reisebüros am Hafen.

Die im Hafenbereich gelegenen Restaurants sind infolge des Touristenansturms alle mehr oder weniger schlecht und teuer. Ganz passabel die oberhalb des Ortes an der Hauptstraße gelegenen Tavernen RAINBOW und OASIS.

"Rent A Car Andros" hat 4-5 Autos zu vermieten. Meist ausgebucht. Kleines Auto ca. 8o DM/Tag.

"Rent A Bike Moto Cross Express" : Moped ca. 2o DM, Vespa ca. 27 DM, 5o ccm Maschinen ca. 27 DM, größere ca. 3o - 35 DM.

"Rent A Bike George" : 5o ccm Maschinen ca. 2o DM, 1oo ccm ca. 35 DM, Vespa 125 ccm ca. 35 DM, 25o ccm ca. 45 DM/Tag.

Batsi hat schöne Ortsstrände: der eine schließt sich direkt an die Hafenbucht an (siehe Karte!), ca. 4oo m mit Sand und Tamarisken als Sonnenschutz. - Ein weiterer beim Hotel Aneroussa Beach, praktisch kein Sonnenschutz: zwei Buchten rechts und links eines Felskaps, Sand/Kies.

ORGANISIERTE TOUREN werden in Batsi angeboten von Andros Travel und von Dolfin Hellas. Möglich sind u.a. Inselumrundungen, Fahrten nach Mykonos/Delos, Bar-B-Q's auf dem Schiff oder ein 1-2 Tagestrip nach Athen.

ABSTECHER OSTKÜSTE: ab BATSI (Abzw. siehe Karte!) führt eine Straße in die Küstenberge rauf: nach ca. 1,5 km wird ein Pass erreicht. Rechts Abzw. nach Arni (siehe nachfolgendes Kapitel), - links rüber nach Aténi und weiter zur gleichnamigen Ostküstenbucht: Seitlich Oleanderbüsche, sonst recht baumlose Gegend. Der Weiler ATÉNI mit Anbauterrassen für Getreide, Wein, Feigen und Obst. Ab hier eine 2,5 km Piste runter an den Ormos Aténi. 4oo m Sandstrand.

BATSI - ARNI - ANDROS/STADT: selbe Straße wie oben bis Pass. Dort rechts. Batsi bis ARNI ca. 12,5 km. Die Straße steigt ab Weiler Rémmata steil in Serpentinen den Berg rauf nach ARNI (ca. 5o EW.), welches in rund 7oo m Höhe über dem Meer der Ostküste liegt. Großartiger Rundblick über weite Teile der Ostküste von Andros.

Ab ARNI kürzester Anstieg auf den PROF. ILIAS (995 m). Ein Höhenwanderweg führt weiter über die Nachbargipfel Kouvara (975 m) und Petalon (1.oo3 m) mit anschließendem "Querfeldein- Abstieg" (keinerlei Markierung) an die Westküste.

Ebenso kommt man ab Arni entlang des Osthanges des Prof. Ilias rüber zum Bergdorf Apikia, das oberhalb von Andros/Ort liegt. Der Pfad beginnt rund 7oo m vor Arni an der Straße bei einer Kapelle. Leute nach "pros Vourkoti/Apikia" fragen. Nach der neueren Andros Karte soll er zwischenzeitlich als Piste ausgebaut sein, selber nicht gewandert, benötigte Wanderzeit Arni- Apikia ca. 4 Std. (Apikia und Umgebung siehe auch Seite 308).

Weiter entlang der **WESTKÜSTE**: Die Küstenstraße ab Batsi verläuft hoch über der Küste. Viel Ginster, in den Ortschaften Zypressen. Nach ca. 7 km Abzweigung einer ca. 3,5 km Straße rauf in die Berge nach ANO APROVÁTOU: Eine weit verstreute Bergsiedlung mit schönem Blick bei klarem Wetter auf die Nachbarinseln und Berggipfel von Kea, Kythnos und Syros am Horizont.

PALAIOPOLIS, an der Küste und ca.5 km nach Abzweig Aprovatou. Hier eine gut besuchte Taverne an der Straße, 1 Kafenion. Umliegend Olivenbäume, Zypressen. Tief unter der Hauptstraße der Strand von Paleiopolis, der über eine Betonstraße bzw. zu Fuß über Treppen zu erreichen ist. Von den Ausgrabungen der antiken Inselhauptstadt nicht mehr viel zu sehen, überwuchert. Durch Landsenkung liegen Teile der rund 2.5oo Jahre alten Stadt unter Wasser. Viele der Fundstücke jetzt im Archäologischen Museum in Andros.

6 km weiter durch kahle Landschaft bis zur Straßenabzweigung ANDROS/Ort, Details siehe Kapitel "Ostküste". Die Westküstenstraße verläuft noch gut weitere 6 km weit oberhalb der Steilküste, um dann über einen Pass und durch weiteres Tal nach KORTHION/Ostküste zu führen. Ab dieser Abzweigung eine Jeep- Piste runter zur Südspitze der Insel Andros, die durch einen schmalen Meereskanal von Tinos getrennt ist.

★ INSEL - OSTKÜSTE:

Vielfach Steilküste mit Buchten; die beiden größten sind die von ANDROS/ORT und KORTHION. Insbesondere Andros/Ort sehr schön mit Gassen und alten Kapitäns- und Reederhäusern. Baden möglich, im Sommer aber vielfach starken Winden aus Nordost ausgesetzt.

Während der Inselnorden recht kahl ist, schließen sich an diese beiden Orte jeweils sehr fruchtbare Täler an.

Dichte und häufige Verbindung: einmal auf den rund 35 km GAVRION/Hafen - BATSI - ANDROS/Ort: ca. 4 - 5 mal am Tag. - Weiterhin auf der sehr serpentinenreichen Asphalt

Straße ANDROS/Ort - KORTHION: 3 mal/Tag außer Sa./So. - Die Dörfer oberhalb von ANDROS/Ort : Apikia - Menites, sowie Strapurgies 4 mal/ Tag, am Wochenende seltener.

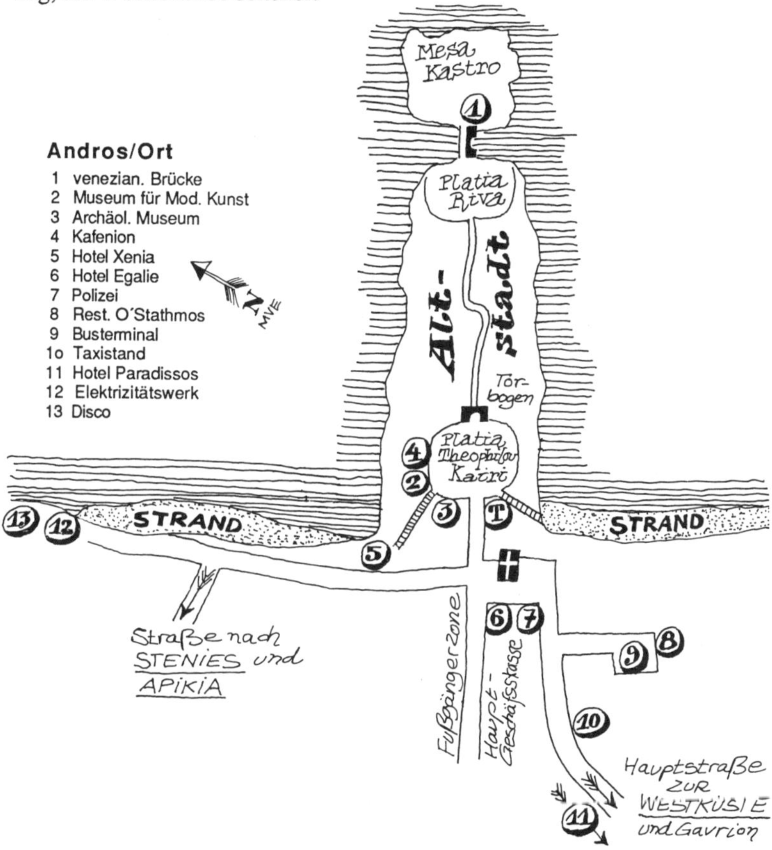

Andros/Ort

(ca.1.8oo Einw.)

Inselhauptort und sicher schönster der Insel! Sie geht auf eine Gründung der Venezianer Beginn des 13. Jhds. zurück, im 18. und 19. Jhd. war sie neben Hydra und Mykonos eines der wichtigsten Zentren von Reedern und Schiffskapitänen, die hier ihre Häuser errichteten.

Die ALTSTADT liegt auf einer schmalen und langgestreckten Schiefer-Felsnase, die sich weit ins Meer rauszieht. Durchzogen von winkligen Gassen und Treppenwegen, teils mit Torbogen. In ihr liegt auch die Marienkirche Palatani (älteste Bischofskirche der Insel).

Eingang zur Altstadt ist die Platia Theophilou Kairi. Zwei Treppenwege führen rechts und links zu den Stränden runter. An der Platia liegen die beiden zwar kleinen, so doch sehenswerten Museen:

* ARCHÄOL. MUSEUM und * MUSEUM für MOD. KUNST.

Sie wurden von Basil und Eliza Goulandris gestiftet, einer der wichtigsten Reederfamilien der Insel. Das Archäolog. Museum beinhaltet Funde der Insel, speziell der Grabungsstätte von Paleiopolis/Westküste, wo 600 v. Chr. - 133 n. Chr. sich die Inselhauptstadt befand. Didaktisch in Präsentation der Exponate dürfte es eines der modernsten Griechenlands sein.

1980 kam das Museum für Mod. Kunst hinzu, welches Künstlern der Insel aber auch moderner Kunst anderer Regionen Griechenlands Raum gibt.

An der äußersten Spitze der Altstadt die Platia Riva mit Denkmal des unbekannten Matrosen, der grüßt und seinen Seemannssack geschultert hat. Über eine schmale und äußerst steile venezianische Steinbrücke (kein Geländer!) kann man rüberkraxeln zum

MESA KASTRO: auf dem kleinen, vorgelagerte Felsplateau hatten die Venezianer zu Beginn des 13. Jhds. ihre Festung errichtet, von der außer einem Wachturm nur noch Mauerreste erhalten sind.

Südwestl. an die Platia Theophilou Kairi schließen sich das "neuere" Stadtviertel an, teils schöne Kapitäns- und Reeder- Häuser aus dem 19. Jhd. Auch hier die Hauptgasse für den Autoverkehr gesperrt, in der sich die meisten Geschäfte, aber auch Post und Banken befinden.

ANDROS/ORT besitzt heute keine Fährverbindung mehr. Im 19. Jhd. und zur Zeit der Segelschiffe war die windreiche Ostküste optimal, um mit Winden schnell von der Küste "ablegen" zu können. Im heutigen Zeitalter der Motorschiffe ist selbstverständlich das windgeschütztere Gavrion an der Westküste als Hafen optimaler. In gewisser Weise Unikat auf griechischen Inseln, daß der traditionelle Haupthafen aus 19. Jhd. - und heute noch Hauptort der Insel - nicht mehr als Hauptfährhafen der Insel fungiert!

Nähe Hotel Paradissos (siehe Karte) interessanter Friedhof mit reich ausgestatteten Gräbern früherer Andros Reeder.

"Hotel Paradissos": Von Korthion kommend am Ortseingang von Andros/Ort an der Hauptstraße in wenig schöner Kurve gelegen. Moderner, über Eck gebauter weißer Flachdachbau, mit Längsbalkonen. Restaurant-Anbau mit Fensterfront nach drei Seiten, dient heute nur noch als Frühstücksraum. Hat Seeblick und ist auf Massenbetrieb eingerichtet. 40 große Zimmer mit Teppichböden, Wandschränken, Telefon und großem Privatbad mit Bidet und Badewanne. Viel Grün ums Hotel. Bar und Salon neben der Reception. Fürs DZ zahlt man je nach Saison insbesondere auch Blick: Ohne Blick (Hinterhof) ca. 50-55 DM, Bergblick ca. 50-60 DM, Seeblick ca. 55-65 DM.

"Hotel Aegli (Egli)": Tip, wer einigermaßen preiswert und vorallem zentral im Ort übernachten will, allerdings zur HS meist ausgebucht! Liegt Nähe Busstation direkt am Eck zur Fußgängerzone und Platia Kairi (siehe Karte!).

Ein rund 100 Jahre altes Altstadtgebäude mit grünen Fensterläden. Über eine

Rundbogentreppe mit "Gips-Bengelchen" in den Wandnischen gehts rauf in den 1. Stock zur Rezeption. Dort befindet sich auch ein gemeinschaftlich benutzbarer Eisschrank. Über steile, knärzende Holztreppe ein Stock rauf zu schummriger Bar und Frühstücksraum. 15 Zimmer, 4 davon mit Privatbad (nachträgl. installierte Kabinenhäuschen). Das DZ mit Bad ca. 3o - 4o DM, ohne d.h. Gemeinschaftsbad ca. 25 - 28 DM je nach Saison.

Besitzer spricht Englisch und vermietet auch **Autos** ca. 7o DM/Tag, zur Saison allerdings meist ebenfalls ausgebucht. Außerhalb der Saison lässt sich über den Preis verhandeln.

"Hotel Xenia": Direkt am Wasser neben einem alten, fotogenen Taubenturm gelegen. Hat uns weder von äußerem, noch innerem Erscheinungsbild überzeugt: reichlich steril. Die Zimmer in alter Pracht, Tip u.a.: mal wieder Vorhänge waschen! Das DZ satte 5o - 6o DM!

Privatzimmer: im Ort gibts ca. 3oo Betten. **WARNUNG!** Weder die wenigen Hotelzimmer, noch die Privatbetten reichen zur **HS** aus! Zwar bleiben die meisten Gäste nur 1 - 2 Tage im Ort (der von Flair sich sicher lohnt, jedoch nicht das Angebot wie Batsi oder selbst Gavrion bietet).

Man sollte sich daher bei Ankunft der Fähre in GAVRION in jedem Fall dort einquartieren (ACHTUNG: selbst dort zur HS Engpässe, daher Morgenfähre nehmen!) und ANDROS/ORT am frühen Morgen des nächsten Tag als Busausflug realisieren. Wenn dort Zimmer frei sind: o.K., andernfalls am Nachmittag retour nach Gavrion.

Sehr schön sitzt man auf der Außenterrasse der TAVERNE am Platai Theophilou Kairi mit Blick auf den südlichen Stadtstrand. Am Platz auch ein vielbesuchtes Cafenion (Stühle unter Bäumen).

Gut ißt man im Restaurant "O STATHMOS", beim Busterminals.

In Andros 2 **ORTSSTRÄNDE** rechts und links der Halbinsel- Nase:

rechts ca. 5oo m, Breite bis zu 5o m, Sand und trotz Ortsnähe einigermaßen sauber. Die Felsnase der Andros- Altstadt schützt einigermaßen vor Schwemmwerk a la Plastiktüten, Flaschen etc. Allerdings kein Sonnenschutz, dahinter Dünen, dann Tamarisken.

links: und ans Xenia anschließend. Offener zu den von Nordost kommenden Winden, die je nach Stärke den Müll von Schiffen aber auch anderen Inseln rantreiben.

Ausflüge ab Andros/Ort

Das fruchtbare Tal ab Andros/Ort ersteckt sich westwärts, Terrassenanbau. Sowohl unterhalb des PETALON (mit 1.oo3 m höchster Inselgipfel) - als auch südlich am GEAKONAS (76o m), - den beiden Talrändern gibts eine Reihe von Bergdörfern, die per Schotterpisten mit eigenem Fahrzeug, teils auch per Bus ab Andros/Ort erreicht werden können.

* Zu der Mineralquelle in APIKIA (4oo Einw.): Eine Erdpiste, werktags 4 mal/Tag Busverbindung, führt vom nördl. Androsstrand zunächst in Serpentinen aufwärts, dann über eine baumlose Höhenstraße in den Ort.

  Tavernen, sowie limitierte Unterkunftsmöglichkeit bei Privat. Einige der bisher bestehenden Minihotels im Ort wurden geschlossen, neuere sind jedoch im Bau bzw. bereits eröffnet. So das "Hotel Karastamati" (8 Zimmer). Direkt neben dem Hotel die Sariza- Mineralquelle, die die ganze Insel versorgt. Die Abfüllanlage ca. 1oo m entfernt.

  Herrlich klare Luft hier oben in 35o m Höhe und schöner Blick! Der Ort ist in jedem Fall Tip zum Relaxen, insbes. auch schöne Wanderungen im Umkreis. Unten in Andros/Ort nach der derzeitigen Übernachtungssituation in Apikia erkundigen!

  Eine 1 Std. Wanderung (pro Richtung) führt ab Apikia zum KLOSTER AG. NIKOLAOU, das an den Ausläufern des Petalon und Prof. Ilias ostwärts oberhalb des Meeres liegt. Eines der wichtigsten Inselklöster, 174o gebaut auf der Basis eines Klosters aus dem 12. Jhd., das bei einem Piratenüberfall zerstört wurde. An der Klosterpforte ein Marmorbrunnen mit frischem Quellwasser. Gegen (in Griechenland allgemeinübliche) Klosterspende zeigt der einzige, hier noch lebende Mönch Ikonen und andere Klosterschätze.

  Ab Kloster ein Pfad steil runter zur traditionellen Hafenbucht des Klosters, dem ORMOS AHLAS. Eine perfekt durch steile Felsklippen geschützte Bucht.

  Ein weiterer Wanderweg führt ab Apikia ostwärts um die Ausläufer des Prof. Ilias via Bergdorf Vourkoti nach ARNI (4 Std.) mit Straße über die Berge runter an die Westküste nach Batsi.

* **LAMIRA**: zu erreichen ab Andros/Ort, sowie eine 3,5 km Schotter-Querpiste ab Apikia. Einer der schönsten sonnengeschützten Insel-Rastplätze mit frischer Quelle, Steinsitzbänken und Tischen unter alten Bäumen.

* Schön auch das Dorf **MENITES**, an den Ausläufern des Petalon, werktags 4 mal/tägl. Busverbindung ab Andros/Ort.

* **MESSARIA**, an der Hauptstraße nach Gavrion (3 km von Andros). Hier die byzantinische Kirche TAXIARCHIS aus dem 12. Jhd., 1775 renoviert. Hinter Mesaria führt eine Abzweigung zum KLOSTER PANACHRANTOS, das hoch oben auf dem Gerakondas liegt. Das festungsartige Gebäude wurde wahrscheinlich zwischen 959-963 erbaut. Im Innenhof eine byzant. Kapelle und zwei weitere, allerdings neueren Datums. Einige Reliquien diverser Heiliger zu sehen und eine Marien-Ikone.

* STENIES (6oo Einw.), ein Ort nördlich von Andros, Westküste. Wird auch der "Ort ohne Männer" genannt, da viele der Männer Seefahrer sind und daher selten zu Hause. Stenies hat einen sauberen schönen Kiesstrand Ormos Yialia, ca. 2oo m lang.

Korthion/Ormos (4oo Einw.)

an der größten Ostküsten- Bucht. Zu erreichen entweder

* über die Asphaltstraße entlang der Insel- Westküste, die etwa auf Höhe Korthion in endlosen Serpentinen die Inselbergkette überquert und runter ins fruchtbare Tal von Korthion führt.
  Ab Talbeginn beim Dorf Amonakliou kann man auch die Seitenpiste, links fahren, die sich am südlichen Talhang entlang zieht und die dortigen Dörfer berührt. Insbesondere im letzten Abschnitt schöner Buchtblick auf KORTHION.

* Oder: via ANDROS/ORT und endloser Serpentinen via Ostküste, Details siehe unten. beide Strecken besitzen Busverbindung, benötigen jedoch Zeit. Entsprechend ist KORTHION noch relativ wenig von Urlaubern auch zur HS besucht.

Tankstelle am Ortseingang, enge Ortsdurchfahrt durch den alten Fischerort, der als regionales Handels- und Verwaltungszentrum der umliegenden Dörfer des fruchtbaren Inlandtales fungiert.

Eine Umgehungsstraße wurde an der Uferseite gebaut und mit Steinwall geschützt (hier auch Parkmöglichkeit)!

Im Ort Postamt, 3 x wöchentlich Geldwechsel, kleine Geschäfte, einige Tavernen und Kafenions. Taverne KALOGRIDIS (Fischspezialitäten), Taverne CYKLADES und Pizzeria BLUE OCEAN.

"Hotel Korthion": Am Ortseingang an der Uferseite, BJ. 1938. Zum Meer durchgehende, unterteilte Balkons, einfach eingerichtete und enge 15 Zimmer mit Linoleumböden, Privatbad. Im Frühstücksraum dominiert ein großes altes Buffet, an den Wänden Segelschiffbilder in Öl. Alles aber bei ca. 3o DM recht billig.

Unweit des Hotels 3oo m langer Sand-Steine-Strand.

Von KORTHION führt eine gut ausgebaute, jedoch extrem "serpentinige" Asphaltstraße entlang der Ausläufer des GERAKONAS nach ANDROS/ Ort.

Werktags 3 mal tägl. BUS, der für die Strecke mit diversen Zwischenstops in den Dörfern entsprechend Zeit benötigt.

Man durchfährt den kl. Ort Paleokastro, überragt von einer Kirche gleichen Namens. Vom Abzweig Kochylou an in weitem Bogen am Talrand entlang bergab. Wildzerklüftete Berglandschaft, tief eingeschnittenes Tal. Schöner Blick zur Ostküste.

Am Talausgang der Ort Sileti. Hier gute Taverne "Golden Hearts". Vereinzelte Taubentürme. Blick auf Andros/Chora. Man glaubt, Andros greifbar nahe zu sein, muß aber noch jede Menge Kurven fahren um schließlich im großem Halbbogen über den Ort Livadia ans Ziel zu gelangen.

Insel Tinos

Per Dekret des griech. Staates "HEILIGE INSEL" der Kykladen: Jedes Jahr am 25. März und am 15. August kommen Tausende von Pilgern nach Tinos wegen einer "wundertätigen" Marienstatue. Das griechische "Lourdes" platzt dann aus allen Nähten, auf 9.ooo Inselbewohner kommen etwa 25.ooo Fremde!

Landschaftlich eine ausgesprochen schöne Insel mit einer Vielzahl an einsamen Badebuchten inmitten wild zerklüfteter Felslandschaften. Quer zur

Insel zieht sich eine bis zu 7oo m hohe Bergkette, an der entlang sich die rund 3o Bergdörfer reihen.

Auf TINOS mehr als 3oo Kirchen und Kapellen, sowie die charakteristischen Taubentürme. Schöne Wandermöglichkeiten. Eine durchaus von Urlaubern "entdeckte" Insel, - jedoch nicht in dem Maße wie Mykonos, Paros oder z.B. Santorini.

Verbindungen

Schiff: ab Piräus ca. 3 x/Tag, Überfahrt ca. 5 1/2 Std., ca. 25 DM, kleiner PKW ca. 8o DM einfach bis Tinos. Strecke: Piräus - Syros - Tinos, das Schiff fährt weiter nach Mykonos.

Ab Rafina/Festland: 2 - 3 mal/Tag, Überfahrt (da kürzere Strecke) nur ca. 4 1/4 Std., ca. 22 DM, kleiner PKW ca. 7o DM einfach bis Tinos. Strecke: Rafina - Andros - Tinos - (Syros) - Mykonos.

Nach Syros ca. 1 Std., ca. 5 DM, kl. Auto ca. 25 DM. Tinos-Andros ca. 1 3/4 Std., ca. 8 DM, kl. Auto ca. 3o DM (ähnlich Tinos- Mykonos).

Ausflugschiff: nach Mykonos/Delos ca. 25 DM.
nach Syros ca. 25 DM.

Nächste **Airports**: Insel MYKONOS mit Charterflugverbindungen ab Mitteleuropa. Per Schiff ab Mykonos, siehe oben ca. 1 3/4 Std. (plus Anschluß ab Airport bis Hafen und Warterei auf den nächsten Dampfer). - Ansonsten ATHEN.

Die Mitnahme eines eigenen Fahrzeuges ist auf der Fähre teuer und auf der Insel wegen bestehender Inselbusverbindungen nicht unbedingt nötig. Außerdem gibt es auf der Insel Mietmopedverleih.

Insel-Transporte

Busverbindung auf Tinos mit allen wichtigen Orten (Pyrgos, Steni, Kampos, Porto, Kalloni etc.). Preise gering, für Tinos-Pyrgos z.B. ca. 4,5o DM.

Ausflugs-Rundfahrten mit dem Bus ab Mitte Juni, für ca. 2o DM.

Eine **Taxi**-Tagestour beträgt etwa 13o DM. Tinos/Ort-Pyrgos hin u. zurück mit kurzer Ortsbesichtigung etwa 4o DM. Die Taxifahrer sprechen kein Englisch (oder wollen nicht) und versuchen, sich vor einer genauen Preisangabe zu drücken. Deshalb darauf drängen, daß der Preis vor der Fahrt ausgemacht wird.

Auto- und Motorradverleih gibt es mehrere in Tinos/Ort: Vidalis, Jason Rent, Takis Wheels, Moto Mike.

Preise für einen Kleinwagen ca. 8o DM pro Tag, eine Vespa (7o ccm) ca. 22 DM eine Geländemaschine (125 ccm) ca. 4o DM.

KARTEN: am übersichtlichsten dürfte die Karte "TINOS" Maßstab 1 : 56.ooo von Toubis sein: Berge angedeutet, Straßen, Strände und Ortschaften klar herausgearbeitet. Erhältlich in Souvenirshops/Tinos-Ort.

GESCHICHTE: die ca. 1.1oo v. Chr. von den Ioniern besiedelte Insel hieß "Ophiousa" bzw. "Tenos", was soviel wie "große Schlange" bedeutet. Mit einem Poseidon geweihten Tempel (beim Dorf Kionia, Küste ca. 3 km nordwestl. vom heutigen Hafenort) wurde dem Gott des Meeres gehuldigt; die Sage erzählt, daß Poseidon "als Gegenleistung" sich um die Schlangenplage gekümmert und diese ausgerottet hätte.

Zur Zeit der Perserkriege wurde die Insel erobert und die Einwohner kämpften zunächst (48o v. Chr. und durch Xerxes gezwungen) auf der Seite der Perser gegen die Griechen, schlossen sich dann aber bei der Schlacht von Salamis den Athenern an und gehörten ab 476 v. Chr. zum Attisch-Delischen Seebund. Zur Byzantinischen Zeit litt die Insel unter häufigen Besuchen von Piraten (Sarazenen), nicht ohne Grund liegen viele der Dörfer hoch über dem Meer in den Bergen der Insel.

Zur Zeit der Venezianischen Herrschaft (ab 12o7) unterstand Tinos zunächst bis 139o dem Herzogtum Naxos (Details siehe dort!), später anderen venezianischen Herren. Wegen der perfekten Inselfestung Exobourgo (oberhalb heutigem Hafen beim Ort Koumaros) konnten sich die Türken in den folgenden Jahrhunderten nur jeweils kurzzeitig auf der Insel festsetzen und wurden schnell wieder vertrieben. So z.B. 1537 durch venezianisch-kretische Streitkräfte, um erst 1715 - 1771 wieder auf der Insel Fuß zu fassen. 1771 - 1775 unterstand Tinos russischer Herrschaft, anschließend wieder den Türken bis zu den Befreiungskriegen 1821.

Bedeutender Meilenstein in der Neuzeit der Inselgeschichte war 1822/23 die Entdeckung einer wundertätigen Ikone oberhalb des heutigen Hafenortes Tinos. Ihr wird die Fähigkeit zugeschrieben, Krankheiten heilen zu können, aber auch in anderen Lebenslagen bei Problemen zu helfen, weswegen die gesamte Insel Tinos 1971 vom Staat zum Nationalheiligtum erklärt wurde.

WIRTSCHAFT: im Bereich der Kykladen eine relativ fruchtbare Insel. Durch zahlreiche Anbauterrassen wurde das Land kultiviert und beliefert die Metropole Athen mit Gemüse, Fleisch (Viehzucht), Käse etc. Ein nicht zu unterschätzender Wirtschaftsfaktor sind die bis zu 25.ooo Pilger. Bade-Tourismus ist im Kommen, spielt derzeit zwar nicht untergeordnete, so doch mittlere Rolle. An Bodenschätzen besitzt die Insel (insbes. im Norden) grünen und weißen Marmor, der in rund 1o Steinbrüchen abgebaut wird.

UNTERKUNFT: unbedingt zu meiden sind die Termine der Pilgeraktivitäten um den 25. März und 15. Aug. Zwar großartige Szenerie mit weihrauchgeschwängerten Straßen, aber Null- Chance für Unterkunft!

Wer Tinos zum Zeitpunkt der Wallfahrt miterleben möchte, - dürfte mit der Morgenfähre ab Piräus/Rafina und retour abends sicher am besten bedient sein. Oder per Zelt auf dem riesigen Ortscamping!

✶ Tinos/Ort (ca. 3.000 Einw.)

In der ALTSTADT, die sich von Hafen aus nach Norden ausdehnt, befindet sich die Haupteinkaufsgasse. Viele Souvenirläden und offene Verkaufsstände bieten Textilien und Lederwaren, meist auch religiösen Ramsch (Wallfahrtsort!) unter anderem mannshohe Kerzen an.

Am Hafenbeginn eine große mit verführerischen Leckereien angefüllte Konditorei. Dort gibts auch die verschiedenen Loukoumi- Erzeugnisse der Nachbarinsel Syros

Die Apotheke befindet sich im ehemaligen Hotel Flisvos. Im Juwelierladen "Sirene" gegenüber dem Taxistand kann man schönen Schmuck und Keramikartikel kaufen. Der Besitzer spricht Deutsch.

In der näheren Nachbarschaft die Orte Kionia (Poseidon-Heiligtum) und Porto (schöner Strand), siehe unter AUSFLÜGE.

Die Hauptsehenswürdigkeit in Tinos ist ohne Frage die marmorne **PANAGIA EVANGELISTRIA**. Jedes Jahr am 25. März und 15. August kommen bis zu 25.000 Pilger. In dieser Zeit ist auf Tinos und auf den Nachbarinseln Syros, Mykonos und Andros jedes Bett belegt und keine Unterkunft zu finden. Selbst der riesige, für diesen Zweck angelegte Ortscampingplatz quillt über und sieht aus wie ein gigantisches Feldlager!

Vom Hafen führt eine breite Prozessions-Allee (ca. 5 Min. zu Fuß) rauf zur Kirche. Eine zweite geht parallel hierzu und eng durch die Altstadt: Jedem Menge an kleineren Geschäften, wo es von Kerzen bis Heiligenbildern alles gibt, was für´s Gelingen der Wallfahrt nötig ist, bzw. als Souvenir mit nach Hause genommen werden kann.

Das Heiligtum ist von Palmen und Zypressen umgeben. Ein roter Teppich liegt zur Wallfahrtszeit auf der Haupttreppe, die viele Hunderte Pilger mühsam auf Knien hinaufrutschen. Unter der Kirche befindet sich noch eine kleine Kapelle, die der Entdeckung der Muttergottes-Ikone geweiht ist.

Die KIRCHE mit ihren drei Längsschiffen ist überladen an Opfergaben von Heilung suchenden Kranken oder besorgten Seefahrern. Die IKONE steht links vom Eingang in einem Goldrahmen, über dem vor einem Kreuz 2 Engel knien. Überall wertvolle Diamanten und das Ganze umrahmt von Blumendekoren.

Eine eigene Schatzkammer dient der Aufbewahrung der Opfergaben, die

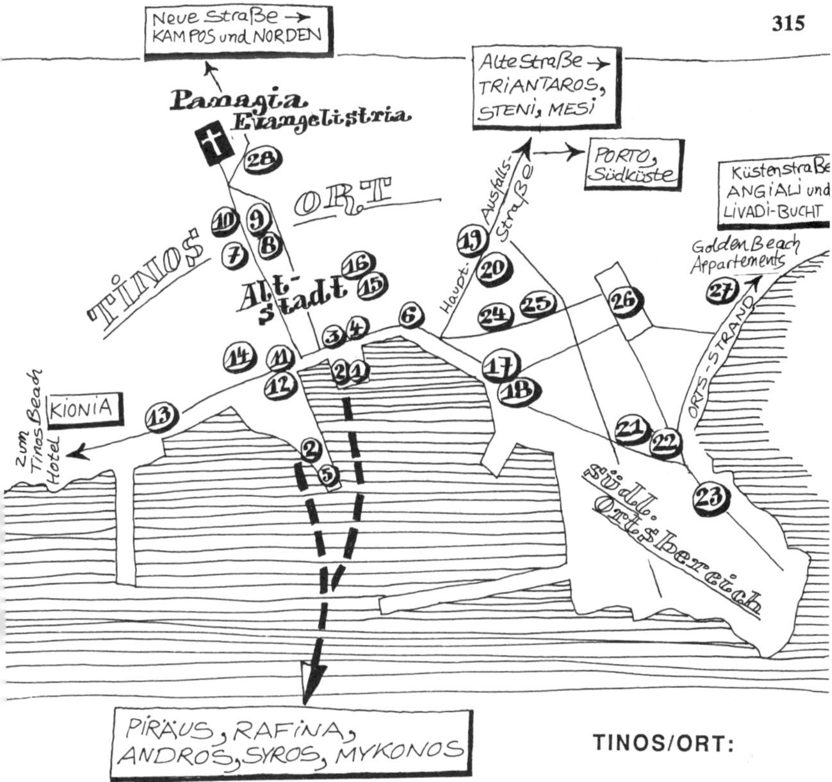

TINOS/ORT:

1 **BUSTERMINAL**
2 Fahranlegestelle
3 Hotel Poseidonion
4 Hotel Delfinia
5 Leuchturm
6 Hotel Avra
7 Hotel Theoxenia
8 Hotel Meltemi
9 OTE/POST
10 Archäologisches Museum
11 Hotel Aegli
12 Hotel Lito
13 Hotel Asteria
14 Taverne Fanaria
15 Restaurant Pantelis
16 Hotel Eleana
17 Hotel Oceanis
18 Restaurant Milos
19 Hotel Favie Souzane
20 Hotel Byzantion
21 Hotel Afroditi
22 Aeolos Bay Hotel
23 Hotel Argo
24 Hotel Tinion
25 Apartments Rafaelos
26 Camping Platz
27 Golden Beach App. Hotel
28 Hotel Oasis

von einem eigens dafür eingerichteten Büro verwaltet werden. Das Museum der Kirche enthält insgesamt 6 Sammlungsabteilungen; in Sachen Votivgaben die umfangreichste Sammlung Griechenlands!

Die <u>Vorgeschichte</u> geht auf einen Traum zurück, den die Nonne "Pelagia" im 9 km entfernten Kloster Kechrovouniou im Juni 1822 gehabt haben soll. Damals erschien ihr die Muttergottes und erteilte ihr den Auftrag, auf der Farm Doxoras, dem Ort wo heute die Wallfahrtskirche steht, nach einer Marienikone zu graben.

Nach monatelangen Grabungsarbeiten, die vom damaligen Bischof veranlaßt waren, fand man die Reste einer byzantinischen Kirche und am 3o. 1. 1883 die über 8oo Jahre alte Ikone. In den folgenden 8 Jahren wurde dann aus dem Marmor der Insel und Marmor-

Schenkungen von Naxos und Mykonos die Wallfahrtskirche gebaut. Im Jahre 1971 wird die Nonne schließlich heiliggesprochen und Tinos zur "Heiligen Insel" erklärt.

Ähnlich wie in Lourdes/Frankreich erhoffen sich auf Tinos die Gläubigen die **Heilung** jeglicher Krankheiten von Migräne bis Multiple Sklerose. Es ist zwar richtig, daß der psychische Wille eines Kranken zur Heilung (wie er im festen Glauben an irgendeine "wundertätige" Ikone etc. entstehen kann), - versteckte Kräfte im Körper mobilisiert. Dies kann z.B. bei schwereren Operationen unterstützend helfen. In Sachen wie Krebs, so schöns wäre, dürfte die Ikone jedoch nicht helfen...

Ein anderer Bereich ist die "Hilfe der Ikone in allen Lebenslagen": So sei beispielsweise 1 Jahr nach Errichtung der Kirche eine engl. Fregatte in der Ägäis in Sturm geraten. Der Kapitän gelobte eine größere Summe an die Kirche, sofern er von Schiffbruch errettet würde, worauf der Sturm sich legte. Da der Kapitän dies auf die wundertätige Ikone zurückführte, erhielt die Kirche die ausgelobte Summe überwiesen.

Die zahlreichen **Geldgaben** seit Kirchengründung verwaltet ein Gremium und setzt sie, wie die offizielle Publikation berichtet, - für verschiedene Zwecke ein: Im Nationalen Bereich z.B. für den Ausbau der Universität Athen, für Flüchtlinge, Erdbebenopfer, für Opfer bei Naturkatastrophen etc. - Im Kulturellen Bereich z.B. für die Einrichtung von Schulen, für die Kunstschule wie z.B. im Dorf Panormos/Insel Tinos, - im Sozialen Bereich für Krankenhäuser, Altersheime und Waisenhäuser etc., - im Kirchlichen Bereich für Öllampen, sonstiges Kirchengerät, aber auch Personal.

Man kann sich vorstellen, daß hier bei rund 25.ooo Gläubigen pro Termin erhebliche Beträge alljährlich zusammenkommen. Beträge, die die Kirche für ihre Arbeit sicher nicht missen möchte. In gewisser Weise ein "Zwiespalt": In Lourdes zumindest soll sich die Katholische Kirche von Heilungserwartungen in Sachen Krebs etc. distanziert haben.

ARCHÄOL. MUSEUM (siehe unsere Karte: Nr. 1o). Täglich offen. Interessant die Amphoren aus der geometrischen und archaischen Zeit mit Reliefdarstellungen. Viele Fundstücke vom Poseidon-Heiligtum (s. Ausflüge).

Wegen der Bedeutung als Pilgerort (und gepilgert wird das ganze Jahr über, wenn auch nicht in dem Ausmaß wie zu den Hauptterminen!) - gibt es ungewöhnlich viele Hotels. Außerhalb der Haupt-Pilgertermine dürfte man daher auch zur HS mit Unterkunft klarkommen.

Im Angebot vielfach Hotels der unteren Mittelklasse, die trotzdem ca. 4o - 5o DM fürs DZ verlangen. In Ausstattung nicht selten recht simpel. Der Pilger kommt, strapaziert die Möbel und geht, - wobei der Drachmen rollt und die nächste Renovierung auf sich warten lässt... Zu den Hauptpilgerterminen 25.3. und 15.8. entspechende Aufschläge auf die unten angegebenen Preise.
Bezüglich Lage der Hotels: siehe unser Tinos- Struktur-Stadtplan.

Hotels im Hafenbereich:

"Hotel Oceanis": Etwas abseits des Hafentrubels an der Uferstraße, noch am Hafenbecken. 5-stöckiges Haus mit Längsbalkonen, oben große Leuchtschrift. Kein Restaurant, nur Frühstücksraum mit großer Fensterfront zum Hafen (dafür direkt nebenan Rest. Milos). Barraum mit Fernseher. Kleine Zimmer, etwas verwohnt, Bäder weiß gefliest. Von den Balkonen schöner Hafenblick, wegen der Lage Tip, sofern man ein Zimmer vornraus bekommt. 47 DZ, ca. 45 DM.

"Hotel Thalia": Altes Haus in rückwärtiger Gasse hinter Hotel Oceanis. Typisches Hafenhotel mit Innengarten. Meist Gem.-Toil, Zimmer mit Waschbecken. Manche Zimmer haben kein Fenster! 9 DZ, ca. 25 DM.

"Hotel Tinion": Nähe Hafen, Seitenstraße. Das 1922 gebaute Hotel mit Arkadenterrasse, großem TV- Raum, gefließter Frühstücksraum. Die Zimmer einfach möbliert, hohe Räume mit kleinen Privatbädern. Nur wenige besitzen Hafenblick, 24 DZ und nach unserem Geschmack für Gebotenes mit ca. 55 DM etwas teuer.

"Appartements Raphaellos": Nähe Hotel Tinion und Richtung Campingplatz. Schmuckloses Gebäude mit Längsbalkons. Alle Appartements einfach eingerichtet, so doch mit Küche (Gaskocher), Eisschrank und Geschirr. Besitzer spricht Englisch, das 2-Pers.Appartement ca. 35- 5o DM, 4 Pers. ca. 65- 8o DM.

"Hotel Byzantio": direkt an der Ausfallstraße Richtung Inselinneres (relativ laut). Bar- und Frühstücksraum mit offenem Kamin, Marmorboden. Zimmer klein, teils mit Bad, kleine Balkone. 3o DZ, ohne Bad ca. 35 DM, mit Bad ca. 45- 5o DM. Das Hotel vermietet auch "Privatzimmer", ca. 3o DM/DZ.

"Hotel Favie Souzane": 5 Min vom Hafen in Seitengasse. Das 4- stöckige Haus ist modern und (derzeit) freistehend, Balkons. Mit dem Lift sind die oberen Stockwerke erreichbar. Die Zimmer mittelgroß mit Privattoil., jeder Raum anders gestaltet und möbliert. TV-Raum und Frühstücksraum. Freundliche Besitzer. 26 DZ, ca. 35- 45 DM. Wer dieses Buch vorzeigt, bekommt in VS 2o % und in HS 1o % Rabatt.

"Hotel Avra": Direkt an der Uferstraße am Hafenbecken, gehört zu Hotel Favie Souzane. Älterer Längsbau mit seitlichem Eingang. Kleine, einfach möblierte Zimmer mit Naßzellen. Von den Zimmern vornraus Hafenblick. Innenhof mit Gartenanlage. 17 DZ ca. 35- 45 DM. Wer dieses Buch vorzeigt: in VS 2o % u. in HS 1o %.

"Hotel Poseidonion": Am Hafen direkt gegenüber Fähr- und Omnibusterminal. Von außen recht repräsentativer weißer und schmucker Bau mit Arkadenbalkons. Im EG Travelagency und Restaurant mit Außenterrasse. Das Hotel trotz schöner Fassade innen einfach, etwas verwohnt. Zimmer mittelgroß, gr. Bäder, weißgefliest, DZ ca. 5o DM.

"Hotel Delfinia": direkt neben Hotel Poseidonion. Im EG: Grillraum, 1.Stock; großer TV- und Frühstücksraum mit schönem Hafenblick. Die Zimmer in Größe unterschiedlich, vornraus große Balkons. Typisches Hafenhotel, etwas verwohnt. 38 DZ mit Privattoil. und Tel., ca. 4o- 5o DM.

"Hotel Aegli": Handtuch-schmales Haus direkt am Fähranleger. Die Zimmer vornraus (2 Stück pro Stock) mit Hafenblick und kleinem Balkon, die meisten Zimmer gehen jedoch seitlich raus. Einfach möbliert, sehr klein,- teils Privatbad: DZ ca. 35 - 5o DM je nach Saison, teils Gemeinschaftsbad: DZ ca. 25 - 4o DM.

"Hotel Lito": direkt daneben und etwas breiter. Im Erdgeschoß Restaurant mit Markise zum Hafen. Die Zimmer mittelgroß,Tel., Radio, ausr. große Bäder. Vornraus im 2. und 3. Stock mit Balkon und schönem Hafenblick! Besitzer spricht Englisch. 2o DZ, ca. 45 DM, ab 4 Pers. außerhalb der Saison 25 % Discount.

"Hotel Eleana": Im Zentrum mitten in der Altstadt idyllisch gelegen. Offene Frühstücksterrasse, sehr nette lebhafte Besitzerin. Kleine, einfach möblierte Zimmer mit schmalen Balkonen, große Bäder. 17 Zimmer, ca. 25- 35 DM. Zu empfehlen.

"Hotel Asteria": An der nordwestl. Küstenstraße Richtung Kiona am Ortsrand. Moderner Stil mit Balkons und innen reichlich zweckeingerichtet. Bar, Frühstücksraum. 5o DZ und vom Preis her Tip: VS ca. 28 DM, in der HS allerdings ca. 45 DM.

"Hotel Oasis": Direkt an der Wallfahrtskirche. Im Erdgeschoß kirchliche Requisitenläden, umrahmt mit T-Shirts und luftigen Sommerkleidern. Bar- und Frühstücksraum. Die Zimmer sind einfach eingerichtet, Blümchentapete, teils (bei unserem Check) zerschlissene Teppiche. Die Zimmer vornraus zum Kirchplatz, nach hinten zu Windmühlen. Eine Pilgerherberge mit 23 Zimmern, ganzjährig DZ ca. 4o DM.

"Hotel Theoxenia": an der Pilgerallee auf halber Strecke zwischen Hafen und Kirche. Das relativ moderne Gebäude besitzt 31 etwas verwohnte Zimmer mit Terazzoböden, Wandschrank, Waschbecken, teils Bad und gr. Balkon. Zur Straße laut. DZ ohne eigenes Bad ca. 35- 45 DM, mit Bad werden ca. 5o- 6o DM gewünscht.

"Hotel Meltemi": In einer Seitenstraße hinter der Post. Überdachte Balkone mit braunen Geländern und Fensterläden. Im EG Snackbar u. Aufenthaltsraum mit breiter Fensterfront. Gemütlicher Bar- und Frühstücksraum mit Bildern von Inselmotiven. Kleine Zimmer mit Teppichböden, Möbel in dunklem Holz, große Sitzbalkone. 43 DZ ca. 35- 4o DM, zu empfehlen.

Hotels im südlichen Strandbereich:

"Hotel Argo": rund 15 Min. zum Fuß vom Hafen auf Halbinsel. Über eine kleine Treppe gehts runter zu Ministrand an felsigem Ufer. Das Hotel 4- Stock, modern, Zimmer mit Balkons und Bädern. Schöner Buchtblick, freundlicher, ehemaliger Kapitän als Besitzer. 14 DZ je nach Saison ca. 45 - 5o DM und in dieser Preisklasse Tip.

"Hotel Afrodite": im selben Eck wie "Argo", ein weißes 3-stöckiges Haus mit Balkons und hübscher, rustikaler Inneneinrichtung. Bar- und Frühstücksraum mit vielen Grünpflanzen, Natursteinen. Kleine Zimmer, aber schön eingerichtet mit Kiefernmöbeln, kleine Privatbäder. Nur wenige DZ, ca. 35- 5o DM, Tip.

"Hotel Aelos Bay": Beim Beginn des Orts-Badestrandes. Modern, 4 Stock und im L-Winkel gebaut. Großer Barraum mit Polstermöbeln, offenem Kamin und breiter, überdachte Terrasse. Kleiner Swimmingpool. Lift rauf zu den Zimmern, diese mittelgroß mit dunklen Möbeln, Privatbad und Jalousietür zum Balkon. Besitzer spricht fließend Englisch, 34 Zimmer, das DZ ca. 5o - 7o DM je Saison.

Hotels außerhalb:

"Appartement Golden Beach": Über die südöstliche Uferstraße nach 2 km zu erreichen. Die Bungalowanlage mit zweistöckigen, zu einander versetzten Häusern am Strand (Sand-Kiesel). Bei der Rezeption eine Kaffeebar, Wein-überrankte Terrasse. Die Appartements mit Küche, Geschirr, Kochplatte, Eisschrank. 2 Personen-Appart. ca. 5o - 65 DM, rauf zu ca. 1oo DM/Nacht für ein 5- Pers. Appartement je nach Saison.

"Hotel Alonia": An der Straße Richtung Porto, etwa 2 km von Tinos/Ort. Modernes Hotel in L- Winkel oberhalb des Meeres. Zum Strand ca. 1 km, bzw. 1o Min. zu Fuß. Der Frühstücksraum mit Kachelboden, die Zimmer mit Kiefernmöbeln, Wollvorhängen, Privatbad, Tel. und vom Balkon Meeresblick. Swimming Pool. 34 DZ, je nach Saison ca. 4o - 75 DM.

"Tinos Beach Hotel": in Kionia (4 km ab Tinos/Ort). Das größte Hotel der Insel, ein rund 375 Betten- Palast am Strand (allerdings nur teils Bäume), mit Swimming Pool, Tischtennis, Minigolf etc. Die Zimmer funktional mit braunem Teppich, grünen Wänden, Privatbad und Balkon. DZ je nach Saison ca. 85 - 16o DM mit Frühstück. Daneben verschachtelte Bungalowanlage.

★ **Privatzimmer in Tinos/Ort:** breites Angebot, die Preise beginnen bei ca. 25 DM, liegen oft aber bei ca. 3o DM fürs DZ, zu den Pilgerterminen 25.3. und 15.8. erhebliche Aufschläge. Die Zimmer werden teils von ihren Besitzern bei der Ankunft der Fähren im Hafen angeboten, - teils aber auch von den Reisebüros im Hafenbereich weitervermittelt.

Camping Tinos: 5oo m vom Hafen am südöstl. Ortsrand. Schöne Gartenanlage von hoher Mauer umgeben. Die Plätze unter Bäumen (Pistazien, Oleander u.a.), teils auch Sonnenschutz durch Schilfmarkisen. Zur Zeit der Pilgerhaupttermine ein riesiger Meetingplatz; die beachtlichen 4o Toiletten des Campingplatzes dokumentieren die Bedeutung und Größe der Anlage.

Selfservice-Restaurant schön unter Pistazien, Minimarkt, Campinggasküche für Selbstverpflegung. Zum Orts-Badestrand ca. 15o m.

Entlang des Hafens breite Palette: REST. LITO direkt an der Fähranlegestelle im gleichn. Hotel mit großer Außenterrasse. Gute griech. Küche.

TAVERNE MILOS: Tip für griech. Küche und Fischspezialitäten. Hafenbereich neben Hotel Oceanis.

TAVERNE FANARIA: hinter Hotel Lito mit Außenterrasse unter blauer Markise. Gut besucht. Leckere Fischgerichte und gute griech. Küche, vor allem Moussaka.

TAVERNE O PANTELIS: Gartenrestaurant mit sehr guter Küche, speziell Grillspezialitäten, Nähe Taxistand (siehe Orts-Skizze). "TAV. LEFTERIS", beim Taxistand, - Am Fischmarkt: "TAV. PLACO", - "TAV. PALLADA" und "TAV. MARINELLI".

TAVERNE TSAMPIA: 1 km vor Tinos Beach neben Ausgrabungsstätte (Kionia) etwas erhöht gelegen. Terrassenförmige Restaurant-Gartenanlage, speziell von den Gästen des Tinos Beach frequentiert.

Der ORTSSTRAND im Südosten von Tinos/Ort. Beginnt beim "Aelos Bay Hotel" und setzt sich als rund 1 km lange ANGALIBUCHT fort: Sand, teils auch Kiesel. Teilweise Sonnenschutz durch Bäume. Dahinter flach ansteigendes Gartenland. Bei der Flußmündung kleinere Landausbuchtung ins Meer, dahinter eine weitere 1 km Bucht (AG. PHOKAS) mit Sand/Kiesel und den "Golden Beach Appartements". (Details siehe auch Unterkunft/Tinos-Ort!). Beide Buchten sind über eine Straße, die direkt Nähe Meer entlangführt zu erreichen, im Sommer mehrmals tägl. Busverbindung. - Anschließend die langgestreckte LIVADI- Bucht, die zum Meer hin östl. von den Bergausläufern des Inselinneren begrenzt wird. Weitere Strände Richtung Porto siehe dort!

★PORTO: 1o km östl. von Tinos/Ort, zu erreichen über eine Asphaltstraße, die landein durch Hügellandschaft führt: Getreideterrassenfelder, Ziegen knabbern zwischen Steinmauern am Gras bzw. Strauchwerk. Oliven- und Feigenbäume, bei den Gehöften auch Gemüsenanbau.

In der Bucht von Porto (auch "Ag. Ioannis Porto" genannt) rund 25o m Sandstrand, allerdings Seetang. Schöner Blick rüber nach Mykonos! Der Ort besteht aus einer Reihe von Fischerhäusern, Tavernen (z.B.: Antonis, Xanthakis, Apergis) und den:

"Bungalows Porto Raphael": Über der Bucht in einer kleinen Gartenanlage. Die Bungalows haben Sitzterrassen bzw. Loggiabalkone. Kleine Zimmer mit Wandschrank, großen Bädern und voll eingerichteter Küche, in der sogar an Dunstabzug gedacht wurde. Von der Terrasse schöner Buchtblick! 16 Appartements, ca. 55 DM für 2 Personen bzw. 65 DM für ein 3-Personen Appartement.

Im Sommer 4 - 6 x tägl. Busverbindung mit Tinos/Ort. - Auch wenn der Ortsstrand von Porto nicht übermäßig gut ist, so kommt man doch zu Fuß über die westl. Felshalbinsel rüber zu einer schönen 1,5 km Sandbucht, dort auch Vemietung von Privatzimmern. Diese Bucht, ebenso wie die sich daran anschließende Bucht von AG. SOSTIS kann auch über eine Erdpiste erreicht werden, die von der Tinos- Porto Straße südl. abzweigt.

★KIONIA: rund 4 km nördl. des Tinos-Hafens, eine rund 4oo m Sandbucht, anfangs mit Kiefern bewachsen, im Bereich des "Tinos Beach Hotels" jedoch weitgehend baumlos. Sportangebot z.B. Windsurfen durchs Hotel.

Poseidon Heiligtum bei Kionia: liegt an der Straße rund 5o m vom Meer und nahe dem "Tinos Beach Hotel". Ausgrabungen ab 19o2. Gemäß einer Inschrift, die die Archäologen fanden, soll hier bereits im 7. Jh. v. Chr. eine Kultstätte gelegen haben, die Poseidon, den Gott des Meeres verehrte.

Zur hellenistischen Zeit, speziell aber zur römischen Epoche (ab ca. 3oo v. Chr.) war Kionia wichtige Wallfahrtsstätte: durch Opfergaben hoffte man auf Heilung von Krankheiten. Und die Seeleute glaubten, durch Opfergaben sich die Gunst des Meeresgottes bei ihren Fahrten über die stürmische Ägäis einkaufen zu können.

Ähnlich wie auf der Insel Delos (vergl. dort!) folgten den Pilgern die Kaufleute, die hier ihre Handelswaren auf den Märkten anboten und der Insel somit auch wirtschaftlichen Aufschwung brachten.

Trotz christlicher Lehre soll sich diese heidnische Wallfahrts- und Kultstätte noch bis hinein ins 4. Jhd. nach Chr. gehalten haben. Zu sehen ist heute allerdings nur wenig: spärliche Mauerreste, der Stufenunterbau des Tempels, Marmorblöcke sowie die halbkreisförmige "Exédra": sie diente mit ihren Marmorsitzbänken einer reichen Familie, von hier das Geschehen zu beobachten.

Von Kionia führt ein Wanderpfad in ca. 1 Std. nördl. zur Bucht von AG. ROMANOS mit 1oo m Sandstrand.

✶ INSELINNERES:

Bergland, das ab Küste bereits in rund 5 km Luftlinie auf 5oo Höhenmeter aufsteigt. Hier oben liegen die meisten Inseldörfer, zugleich aber auch jede Mengen an Taubentürmen und weißgekalkten Kapellen.

Serpentinenstraßen schlängeln sich entlang der, meist durch Terrassen kultivierten Hänge. Höchster Inselgipfel der TSIKNIAS (729 m) im Osten mit Superblick rüber nach Mykonos!

Kaum bis keine Unterkunftsmöglichkeiten; daher gut die Buspläne abstimmen bzw. Mietmoped!

Rund 7 mal/Tag die Rundtour: Tinos/Hafen - Triantaros - Mesi - Steni - Myrsini - (bzw. Flatados) - Tinos/Hafen. Der erste Bus recht früh ca. 7 Uhr am Morgen. Allerdings prüfen, wann der letzte Bus retour geht: kann je nach Jahreszeit und Fahrplan bereits 15 Uhr sein!

Rund 4 mal/Tag die Strecke: Tinos/ Hafen - Agapi (Ausgangspunkt z.B. zum Vourniotissa Kloster oberhalb der Nordküste) - Komi - Region Bergdörfer um Kalloni (Ausgangspunkt für die Wanderung rauf zum Inselnordtteil/Pyrgos). Auch hier der erste Bus sehr früh am Morgen,- prüfen wann der letzte retour geht!

(Da es einen Abendbus ab Pyrgos nach Tinos/Hafen gibt, dürfte die Wanderung in Richtung Süd nach Pyrgos plus Bus retour die bessere Wahl sein!)

Busse entlang der Westküsten- Panoramastraße (Tinos/Hafen nach Pyrgos) siehe Kapitel "Inselnorden"!

Mit eigenem Fahrzeug bzw. Mietmoped: es gibt ab Hafen ins Inselinnere 2 Straßen:

Die alte Straße ab Tinos/Hafen führt am "Hotel Byzantino" vorbei (vergl. Tinos- Plan) aus der Stadt raus. Nach rund 1 km Abzweigung: geradeaus Richtung Ost die Asphaltstraße nach Porto, - links und in die Berge rauf. Eine Serpentinenpiste, die nach Triantaros sowie Mesi, Steni etc. führt.

Die neue Straße geht an der Panagia Evangelistra senkrecht nordwärts in die Berge Richtung Kampos. Sie ist die kürzeste Verbindung für den Inselnorden z.B. Panoramastraße und Pyrgos.

Achtung: vorab tanken! Später im Inselinneren stehts mit Tankstellen schlecht. Die 3 Tankstellen von Tinos/Hafen befinden sich an der alten Straße und Ortsausgang, die neue Straße hat derzeit keine Tankstellen!

Die alte Straße (siehe Kasten) ab Tinos Hafen in vielen Kurven die Berge rauf, rund 5 km bis TRIANTAROS. Am Ortseingang breite Treppe rauf zur Kirche, gleich daneben Bäckerei mit deutschem Backofen "Winkler". Neben Brot und Zwieback kommt hier auch leckeres Kleingebäck aus dem Ofen. Am Ortsende unter schattigen Bäumen Taverne.

Die Straße steigt weiter den Berg rauf zum Dorf DYO CHORIO mit schönem Blick auf den Hafen Tinos. Weitere 1,5 km zum Dorf Anados, rund 2oo m nach Ortsende das:

KLOSTER KECHROVOUNIOU: Von außen wie eine Festung am Berg, innen mit seinen gewundenen Gassen und Treppchen wie ein Minidorf.

Die Gründungslegende berichtet von einer Muttergotteserscheinung, die 3 Nonnen im naheliegenden Dorf gehabt hätten und ihnen die Klostergründung anwiesen. Zu Beginn des 19. Jhds. lebte hier die Nonne Pelagria, die ebenfalls per Muttergottesanweisung die wundertätige Marienfigur fand, die heute in Tinos/Hafen und Panag. Evangelistra den Grund für den reichen Pilgerstrom darstellt.

Die Klause der Nonne Pelagria kann besichtigt werden (und gilt als Extraprogramm der Tinos- Pilger). Im Untergeschoß einer der Klosterkapellen befinden sich rund 6o Totenschädel früherer Klosterbewohner, sauber archiviert mit Name. Dazwischen und an den Seitenwänden gut 8o kleine Truhen und Kisten mit Gebeinen und Schädeln.

Gemäß der Bedeutung des Klosters steht in den Busfahrplänen ab Tinos/Hafen nicht "Dyo Choria" oder "Kechrovouniou" - sondern schlichtweg "Μοναστηρι" (=Kloster). Es ist übrigens eines der wenigen Klöster Griechenlands, welches noch quantitativ mit einer Fülle an Nonnen bewohnt ist. Eine Taverne beim Kloster bedient die Besucher.

Die Inselstraße führt weiter nordwärts, ca. 1,5 km zum Dorf MESI mit Straßenkreuzung:

* östl. in ca. 1 km nach STENI und weiter über eine, bis MYRSINI als Asphaltstraße ausgebaute Verbindung, wo auch die Busverbindung ab Tinos/Hafen endet. Weiter über eine 7 km Erd-Schotterpiste im Tal runter (der letzte Teil in engen Serpentinen) zur Bucht von LIVADA: Ein 1oo m Stein-Kieselstrand zwischen Felsen. Per rumschwimmen um einen Felsvorsprung kommt man an einen weiteren Ministrand mit glattgeschliffenen Felsen.

  Bei klarem Wetter lohnend die Besteigung des 729 m TSIKANIAS.

* nördl. ab Mesi eine ca. 1 km Asphaltstraße zum Dorf FALATADOS, Busverbindung ab Tinos/Hafen und schöne Wanderung in 2 1/2 Std rauf zum Kloster Vourniotissa, retour nach Agapi (Details siehe dort).

* westl. ab Mesi: geht die Straße nördlich um den Burgberg Exobourgo weiter Richtung KOUMAROS:

Es geht durch Felslandschaft, tolle Steinkugeln wie hingeworfen. Dazwischen gelegentlich Gärten, Ginsterbüsche und Agaven. Ca. 1,5 km nach Mesi das KLOSTER ELEOUSA, wo eine orthodoxe und eine christliche Kirche einträchtig nebeneinanderstehen. Vom Kloster an ist die

Besteigung des BURGBERGES EXOBOURGO (54o m) möglich. Über einen Pfad, teilweise mit Stufen gehts steil rauf, allerdings etwas mühsam und im Sommer schweißtreibend. Unbedingt den Frühbus ab Tinos/Hafen gegen 7 Uhr nehmen und genau prüfen, ob er die Strecke hinten um den Berg rum fährt. Der Aufstieg (ca. 1 Std.) lohnt in jedem Fall wegen wildromantischem Blick über Insel und Hafen. Oben auf der Spitze die Überreste der alten Burg und venezianischen Festungsanlagen, die 12o7 gebaut wurden.

Der riesige Gneisklotz des Exobourgo,- der Richtung Tinos/Hafen steil abfällt, - diente von prähistorischer Zeit bis hinein ins 18. Jhd. als wichtiger strategischer Punkt. Als die Venezianer 12o7 die Insel Tinos ihrem Großherzugtum Naxos einverleibten (siehe dort!), wurden die am Berg bestehenden Mauern zu einer Bergfestung ausgebaut:

Richtung Südwest war der Berg wegen seiner steilen Felswände uneinehmbar, - die 3 anderen Seiten erhielten doppelte, 5 m hohe Wehrmauern sowie Wachtürme. In ihrem Inneren lebten rund 8oo Einwohner, zusätzlich der Soldaten. Auch der Bischof hatte hier seinen Amtssitz, es gab Kirchen - insbesondere aber auch riesige Zisternen und mehr als 1oo Getreidemühlen, da die Burg in Zeiten feindlicher Angriffe bis zu 8.ooo Menschen der umliegenden Dörfer aufnehmen konnte.

EXOBOURGO in zeitgenössischer Darstellung. Leicht "überspitzt" gezeichnet, dokumentiert sie die Uneinnehmbarkeit der Festung.

Exobourgo galt über Jahrhunderte als uneinnehmbar. Die Venezianer errichteten nicht nur ein perfektes Festungswerk, - in deren Schutz kamen viele Italiener nach Tinos und mit ihnen der römisch-katholische Glaube. Aus diesem Grund bestehen heute beide Glaubensrichtungen auf der Insel friedlich nebeneinander. Tinos war die venezianisch beherrschte Insel, die sich am längsten gegen die Angriffe der Türken zur Wehr setzen konnte. Erst 1714 kapitulierte der Oberbefehlshaber auf Tinos gegen ein 25.ooo Mann starkes türkisches Aufgebot - gegen den Willen der Bevölkerung, die nur rund 15.ooo Köpfe zählte! Die Türken zerstörten die Burg daraufhin sofort.

Ab Kloster Eleousa (Ausgangspunkt für den Exobourgo siehe oben) führt die Straße weiter nördl. um den Berg nach KROKOS (hier schönes Gartenlokal mit gutem Essen, auch einige Zimmer zu vermieten). Im Ort Abzweigung:

* südlich führt die Straße am Berghang des Exobourgo entlang retour nach Tinos/Hafen und passiert die Dörfer Loutra (Jesuitenkloster) und Xinara (römisch-kath. Bischofssitz). Rund 7oo m nach Dorfende Abzweigung: rechts rauf in den Inselnorden, - geradeaus retour nach Tinos/Hafen.

* nördl. ab Krokos eine Asphaltstraße entlang des Tales bergab nach KOMI: hier Erdpiste runter an die Nordbucht von Kolympithra, sowie Asphaltstraße rauf in die Bergdörfer um Kalloni (Ausgangspunkt für eine schöne Wanderung rauf in den Inselnorden nach Pyrgos):

Die BUCHT VON **KOLYMPITHRA** ist in Komi ausgeschildert, eine schlechte Schotterstraße (3 km) führt durch eine Talebene hinunter. Hier ist das reichhaltigste Anbaugebiet der ganzen Insel: Gemüse, Kartoffeln, Weizen. Bambusanpflanzungen schützen die Felder vor den Winden.

Die Bucht besitzt die beiden besten Sandstrände der Insel. Der erste nach links gehende ist ca. 1km lang und 3o m breit. Eine steile Treppe führt von der Straße an den Strand. Die zweite Sandbucht ca. 1oo m lang und 3o m breit, kleine Taverne. Wegen der Nordlage der Bucht sind nach stürmigen Tagen jedoch Quallen im Wasser möglich.

Über der Bucht führt eine kleine abgehende Straße zu einer weiteren Taverne mit leckerem Essen. Direkt an die Taverne anschließend stufenweise den Hang raufgebautes Haus mit Zimmervermietung:

[1o große, einfach möblierte **Zimmer** mit Kleidernische hinter Vorhang, große Bäder. Überall einfacher Steinfußboden, aber alles blitzsauber. DZ ca. 25 - 3o DM]

KLOSTER VOURNIOTISSA: liegt am Berghang oberhalb der Kolymphira-Bucht/Nordküste. Zwar sind Kloster und Nebengebäude geschlossen, der Besuch lohnt sich jedoch wegen schönem Blick über die Bucht und die im Meer vorgelagerte Insel Drakonisi.

Mit eigenem Fahrzeug nimmt man die Asphaltstraße nach AGAPI (bis hierhin Asphalt, bzw. 2 mal am Tag Busverbindung ab Tinos/Hafen). Das Dorf Agapi liegt eingebettet in einem Hochtal. Von hier Schotterstraße bergauf: Nach ca. 2 km oben auf Hanghöhe eine kleine Kapelle mit schönem Blick über die Nordküste. Weiter als Höhenweg, vorbei an altem Schöpfbrunnen, das letzte Stück zum Kloster bergab. Insgesamt ab Agapi ca. 3,5 km.

Da Weg Agapi bis Vourniotissa praktisch keinen Verkehr besitzt: schöne Wanderung und wegen Höhenlage vielfach Superblick! Morgenbus ab Tinos Hafen gegen 6.3o Uhr rüber nach Agapi. An der Buswende beim Ortseingang Agapi die o.g. Schotterstraße zum Kloster.

Um nicht den kompletten Weg zurücklaufen zu müssen, kann man die Wanderung rüber zum Dorf FALATADOS ausdehnen: Ab Vournioutissa-Kloster zunächst selben Weg ca. 1,5 km retour bis zu besagter Kapelle oberhalb des Hochtalkessels von Agapi. Hier zweigt links ein Höhenweg ab, der oberhalb des Agapi- Hochtalkessels am Hang und beständig in Südrichtung nach Falatados führt. Nach rund 4 km Überquerung einer Bergkette und runter nach Fatalados. Insgesamt ab Kloster Vourniotissa bis Falatados ca. 2 - 2 1/2 Std.

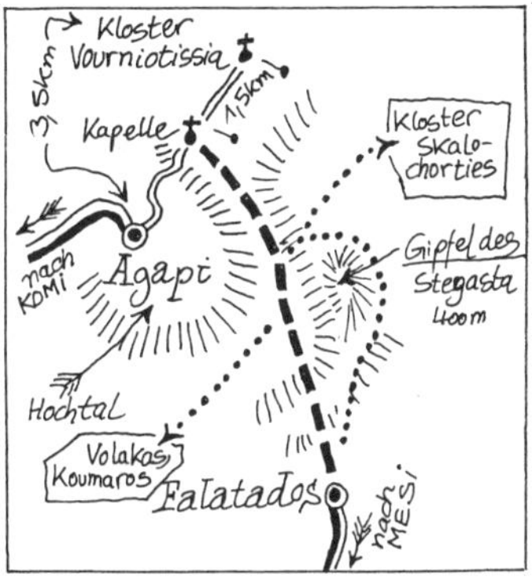

In Falatados 2 Tavernen ("Marcos" mit schönem Garten und "Lefkes" an der Bushaltestelle). Vorab in Tinos/Hafen prüfen, wann der letzte Bus ab Falatados retour fährt; kann bereits 12 Uhr Mittags bzw. 15 Uhr sein!

Achtung, daß man nicht auf den (siehe Skizze gepunkteten) Trail zum Kloster Skalochorties landet, führt in spitzem Winkel nordwärts!

Problem bei Wanderungen auf Tinos sind die fehlenden Detailkarten. Die "Toubis-Tinos-Karte" zeigt zwar den Verlauf der o.g. Strecke an und bringt grobe Orientierungspunkte wie Berggipfel. Sie ist jedoch ebensowenig ausreichend wie die "Map of Tinos", die zwar im Farbkasten kräftiger die Berge anmalt, insgesamt aber kaum besser ist.

Schöne Wanderung am PYRGOS KORIS entlang in den Norden. Mit dem Frühbus ab Tinos/Ort über Loutra, Agapi, Komi, Richtung Kalloni. An der Kreuzung nach Kato Klisma aussteigen. Von hier dann nach Aetofolia, am Ende des Ortes die alte Schotterstraße benützen, die zunächst aufwärts, dann durch ein Tal und schließlich wieder bergan am Pyrgos Koris entlang zieht. Rechts am Berg sind 5 Kirchen zu sehen.

Der Weg verläuft dann abwärts in der Nähe des Ormos Vathi vorbei und wieder aufwärts zum Pass bei Isternia, wo eine Reihe alter Windmühlen stehen. Hier bietet sich einem ein herrlicher Blick über die Insel-Nordseite.

Dauer etwa 3-4 Std., es wird keine Ansiedlung gestreift. Ab Isternia Busse um ca. 12 u. 15 Uhr zurück nach Tinos.

★ NORDWESTEN DER INSEL:

Erschlossen durch eine 33 km Panoramastraße, die sich an den Berghängen oberhalb der Westküste rauf nach PYRGOS/PANORMOS zieht. Als Ausflug in jedem Fall lohnend, derzeit jedoch praktisch keine touristische Infrastruktur an Hotels.

Tinos/Hafen - Kampos - Kardiani - Isternia - Pyrgos (=Panormos): 3 - 5 mal am Tag. Eine der schönsten Busstrecken auf der Insel! Wer Ri. Pyrgos fährt: links sitzen!

Die neue Inselstraße verlässt Tinos/Ort bei der Ag. Evangelistra und führt in die Inselberge rauf, vorbei am Dorf KTIKADOS.

Schöne Wanderung: mit dem 14 oder 16 Uhr Bus ab Tinos rauf nach Ktikados. Von hier den steilen Bergweg abwärts nach KIONIA zum "Tinos Beach Hotel" am Meer und weiter auf der Straße nach Tinos/Hafen (im Sommer Busse zw. Kionia und Tinos). Lohnt sich wegen schönem Blick auf den Hafen und Meer. Sicher in dieser Richtung besser, als ab Kionia bergauf nach Ktikados.

Ab KTIKADOS verläuft die Straße vorbei an Terrassenfeldern zum Abzweiger KAMPOS: Abstecher über Kampos nach Tarampados lohnt: in diesem Winkel die meisten und sicher auch schönsten TAUBENTÜRME!

Tinos-Taubentürme

Tinos- Taubentürme:

Gibts zwar im Bereich der Kykladen auch vereinzelt auf Nachbarinseln wie Syros; die meisten - rund 3oo jedoch auf TINOS.

Im Untergeschoß dienen sie als Speicher für Getreide und Feldfrüchte, als Aufbewahrungsort für landwirtschaftliche Geräte - teils auch als Schlafstelle für Hirten und Bauern.

Im Inneren der größeren Türme gelangt man über eine Stein- bzw. Holztreppe zu den Nistplätzen der Tauben, die an Festtagen und zu Hochzeiten den Speisezettel der Tinos Bauern bereichern.

Zur windgeschützten Seite sind die Taubentürme ab Obergeschoß mit reichen geometrischen Mustern verziert. In diese integriert die Anfluglöcher, - zugleich quer verlaufende Simse, die den Tauben als Sitzplatz sowie zum Turteln dienen.

Eingeführt wurden die Taubentürme auf Tinos von den Venezianern, die diese Architektur in Ägypten gesehen hatten. Die geometrischen Muster besitzen teils Bedeutung (z.B. achtstrahlig = Sonnensymbol), - vielfach ging es jedoch um eine rein ästhetische Dekoration, - wobei die Bauherrn wetteiferten, wer den schönsten und repräsentativsten Taubenturm besitzt.

Zur Zeit der türkischen Besatzung war die Tinos- Taube wichtiger Exportartikel auf den Märkten z.B. Istanbuls. Bei unseren Inselrecherchen war sie jedoch auf keiner Speisekarte der Inseltavernen zu finden (offenkundig wird sie nur intern verspeist). Die Tinos-Tauben erfüllen einen weiteren, sehr nützlichen Zweck: ihre Exkremente sind begehrter gratis- Naturdünger der Felder! (Nix mit Chemie - es geht auch so!)

Nächstes "größeres" Dorf an der Straße Richtung Norden ist KARDIANI (19o Einw.) und einmalig schön oben am Berghang des 67o m hohen Pateles gelegen. In der Nähe Marmorbrüche. Auch in der Architektur des Dorfes dominiert Marmor: bei Bau der Häusern, Treppen und Brunnen. Nicht ohne Grund wird Kardiani auch das "Marmordorf" genannt. Eine (erst Mitte der 8o-er Jahre angelegte) Schotterpiste führt steil runter ans Meer zum Fischernest Kalyvia mit Badebucht.

ISTERNIA (2oo Einw.) liegt ähnlich malerisch weit oben am Berghang in ca. 35o m Höhe. Tief unten der Fischerhafen AG. NIKITAS, der über eine 5 km Schotterpiste in endlosen Serpentinen erreicht wird. Zu Fuß kann man die "Direktissima" nehmen, ein Pfad, der ab Straße senkrecht zwischen den Terrassen-Anbaufeldern runter zur Buchtmitte führt. In Ag. Nikitas 2 Tavernen und das einzige Hotel im Küstenbereich des Insel-Nordwesten:

"Hotel Acroyali": das 4-stöckige Hotel direkt an der Hafenmole mit schönem Blick aufs Meer. Allerdings einfachst möbliert, wobei die feuchte Luft dem Mobiliar mit Rost etc. zu schaffen macht. Auch die Einrichtung der Hotelküche hat bessere Zeiten erlebt. 16 Zimmer mit eigenem Bad, das DZ ca. 3o DM.

Der Strand von Ag. Nikitas ist relativ klein, ca. 75 m mit Sand/Kies, dahinter Bäume. Die nur knapp 1 km breite U-förmige Bucht ist rechts und links von Felsküste begrenzt.

Während Ag. Nikitas ein Dorf der Fischer und Bauern ist (im Juni - Aug.auch Fremdenverkehr), leben oben in Isternia viele Steinmetze, die das Jahr über in Athen arbeiten und in Isternia ihre Ferienhäuser besitzen: Von der Lage super mit weitem Blick rüber zur Nachbarinsel Syros.

Ab Isternia schlängelt sich die Straße landein und über einen Pass mit vielen Windmühlen rüber nach

★ Pyrgos (auch: Panormos) (52o Einw.)

Der größte Ort im Norden der Insel und Verwaltungszentrum der Region Panormos. Ein malerischer und blitzblanker Ort mit Windmühlreihe im Hintergrund in einer Senke. Die Häuser sind eng aneinandergeschmiegt, grüne und blaue Fensterläden, Marmorportale, vielfach auch die Gassen mit Marmor gepflastert, alles überragt von der Kirche.

Da Pyrgos in der Marmorregion liegt, existiert hier eine lange Künstlertradition. Vor allem Bänke, Sitze und Figuren für Kirchen wurden und werden in Pyrgos hergestellt. In der ganzen Umgebung Marmorbrüche.

Sehenswert sind nicht nur die Orts-Kirchen mit reichen Marmor-Reliefs, sondern auch die Bildhauerschule am oberen Ortsrand, die mit Spenden der Ag. Evangelistra- Pilger (Tinos/Hafen) eingerichtet wurde, - das Museum Tiniotischer Künstler (die Insel besitzt lange Tradtion auch im Bereich der Malerei), - sowie das Museum Gianoulis Chalepa (am Ortseingang): einer der bedeutendsten Bildhauer der Insel, der speziell im Athener Friedhof für bedeutende Personen Griechenlands die Sarkophage fertigte. Zu sehen: sein Wohnhaus, in dem der Küstler den Großteil seines Lebens verbrachte. Einrichtung, Photographien, aber auch Replikas sowie Originale seiner Werke.

In der Hauptgasse **OTE**, **Post** (Geldwechsel) und einige kleine **Läden**. In den Gassen sowie am Hauptplatz mehere **Kafenions** und **Tavernen**. besonders schon die Taverne am Hauptplatz unter riesiger Platane!

Unterkunft: derzeit kein Hotel, jedoch eine Reihe Privatquartiere; in Tavernen fragen!

Bus: 5 mal/Tag nach Tinos/Hafen via Kampos, Ktikados.

Der äußerste **INSEL- NORDEN** ist beherrscht vom Bergmassiv des 391 m PROFITIS ILIAS. In diesem Bereich viele Marmorbrüche. Als Hafen dient (neben LKW- Transport nach Tinos/Hafen) auch die

PANORMOS BUCHT, die über eine asphaltierte 4 km Straße ab Pyrgos erreicht wird. Kleines Hafennest mit modernen Häusern. Insgesamt als Ort sauber. Ein durchgehend betonierter Kai "verziert" das Ufer, mehrere Tavernen, Unterkunft nur Privat.

der Ortsstrand (ca. 1oo m, Sand/Kies, Kiefern) leider recht dreckig. Alternativ: 15 Min. zu Fuß nördl. eine 1oo m- Sandbucht. Kurz danach weiterer Minisandstrand. - Bzw. über einen Schotterweg südöstl. in ca. 1o Min. zu Fuß eine 2oo m Sand/Kiesbucht. Wegen der Nordlage sind die Strände bei starken Winden müllbelastet, Plastikflaschen u.ä.

Eine zunächst gut ausgebaute Asphaltstraße führt von PYRGOS nördl. zur Dorfgruppe MAMADOS/ISMAI. Hier ist Schluß mit dem Asphalt: eine Jeep-Piste rauf zur Nordspitze beim Akr. Eyra Myti. Schwierig zu befahren, viele Gefällstrecken mit steilen Serpentinen. Absolut kahles Bergland, und das letzte Stück bis zur Nordspitze zu Fuß: Die Nachbarinsel Andros zum Greifen nah und durch Kanal getrennt. Eine Starkstromleitung führt rüber.

Bzw. ab Mamados/Ismail Piste via MARLAS: Marmorsteinbrüche, setzt sich als Piste bis zur Kaki Rachi Bucht fort, 2 - 3 Häuser in verlassener Gesteinslandschaft, Kiesstrand.

Insel MYKONOS

Total auf Tourismus eingestellt. Vorwiegend junge Leute, - vom Jet Set bis zum Rucksackler. Jegliche Unterhaltungs- und Vergüngungsmöglichkeiten.

Landschaftlich gehört Mykonos zu den schönsten griechischen Inseln! Weiße Kykladenarchitektur auf schwarzgrauem Granithügel im strahlenden Licht der Ägäis. Windmühlen, kleine verschachtelte Kirchlein, und rund um das tiefblaue Meer mit Blick zu den Nachbarinseln Paros, Naxos, Syros und Tinos.

Eine Touristeninsel, die in der Zeit Mai bis Oktober aus allen Nähten quillt. Die griechischen Moralvorstellungen haben bei diesem Massenansturm entsprechend gelitten, geben Touristen viel Freiraum. Am Abend lärmende

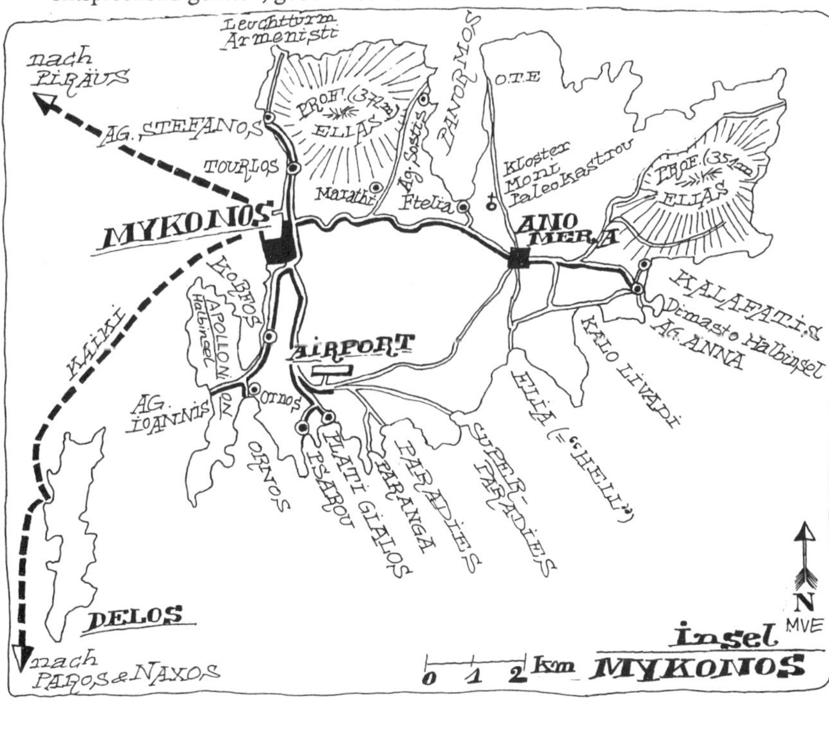

Discos, zutrauliche Pelikane und Schwule an der Hafenpromenade. Letztere auf ihre Art, mit gepflücktem Blumenstrauß auf der Suche nach ihrem Apollon. In der Mehrzahl jedoch Heteros, im begehrenswerten Alter zwischen 2o und 3o.

Die typische Kykladenarchitektur mit ihren verschachtelten, kubischen Häusern wirkt gemütlich. Sie gehört im Hauptort Mykonos zum Schönsten, was die Kykladen zu bieten haben!

Verbindungen von/nach Mykonos

zur Hauptsaison ab Piräus mehrmals täglich. Überfahrt dauert ca. 6 - 7 Std. Ein Teil der Schiffe fahren direkt nach Mykonos, andere über Syros, Tinos, Paros, Naxos (dann entsprechend längere Fahrzeiten!).

Von Rafina (liegt 3o km östl. von Athen) im Sommer tägl. Autofähre, zugleich die kürzeste und schnellste Verbindung, Überfahrt ca. 5 1/2 Std.

Ab Mykonos auch Personen- und PKW Fähren nach Ikaria- Samos, nach Patmos, nach Leros, Kalymnos, Kos, - nach Paros- Naxos - Ios - Santorini.

Die Ankunft der Fähre oder des Passagierschiffes auf Mykonos ist ein einmaliges Erlebnis, - besonders wenn man von Paros oder Naxos kommt! In diesem Falle passiert das Schiff zunächst die Durchfahrt zwischen der Ostküste von Delos und den Prassionissia - Inseln (Leuchtfeuer) und fährt anschließend an der Westküste von Mykonos, der Halbinsel Apolonnia (Anavoloussa/Diakofti) entlang, wo die kleine, am Wasser und Strand gelegene Kapelle Ajios Joannis herübergrüßt.

Das Schiff passiert schließlich noch die Felseninsel Baou mit der kleinen Kapelle Agia Georgious, um dann die Kavuras - Inselgruppe zu umfahren. Und nun liegt plötzlich vor dem Bug des Schiffes die gesamte Hafenfront von Mykonos. Traumhaft schön: die Rundung des Hafens mit seinen vielen bunten Fischerbooten, umgeben von meist roten, aber auch blauen Kirchenkuppeln, umrahmt von zahlreichen Windmühlen!

Mitnahme eines eigenen Fahrzeuges: lohnt sich nicht! Der Hafenort besitzt häufige Busverbindung, sowie ab Platis Gialos zur Badesaison/HS laufend Kaikis zu den Stränden.

Das eigene Fahrzeug ist eher Balast am Bein: in Mykonos Ort muß weitab vom Zentrum geparkt werden, da für den privaten PKW- Verkehr gesperrt. Die Peripherie des Hafenortes ist zur HS voll von Urlauber- Blech. (Warum sie trotzdem ihre Kisten mitnehmen, kann nur mit Pseudowerten wie Sozialprestige erklärt werden). -

Der Mykonos Airport ist der am dichtesten frequentierte der Kykladen. Neben jeder Menge tägl. Charterflüge aus Mittel- und Nordeuropa zur Saison gibts an die 15 tägl. Inlandsflüge von Athen, sowie viele Flugmöglichkeiten von und nach Santorini, Rhodos, Kreta, Samos und Chios.

Der Airport liegt rund 2 km östl. des Inselhauptortes. Das Büro der Olympic Airways befindet sich am Anfang des Alten Hafens; der Bus der Airline bringt seine Fluggäste vom Hafen zum Airport (ca. 1 DM). Wegen der Häufigkeit der Olympic Inlandsflüge kann man in der Regel (bei geringfügiger Wartezeit) auch als Charterpassagier preiswert den Olympic Bus in den Ort nutzen.

UNTERKUNFT: bei Ankunft des Schiffes, das am Kai des Neuen Hafens anlegt, sollte man umgehend eine Zimmeragentur an der Hafenpromenade (ca. 1o - 15 Min. zu Fuß) aufsuchen. Kommt das Schiff an So.- und Feiertagen an, bzw. nachts, warten Zimmervermittler am Kai.Trotz der ungeheuren Masse an **PRIVATZIMMERN** sind diese auch in der Vor- und Nachsaison schnell vergeben.

Warnung vor **NEPP**: Die Tourist Polizei kontrolliert zwar, trotzdem werden aber immer wieder Rattenlöcher in der Hochsaison zum Preis von 3o DM/Person und mehr verkauft, Zimmer mit Abmessung 2 x 3 m und Wellblechdach drüber... Andere Form von Nepp: es wird zunächst ein Zimmerpreis/Doppel genannt, der sich "vor Ort", sprich im Quartier dann durch eine Reihe von Extras in die Höhe addiert. Z.B. Extras für Wasserbenutzung etc., die teils zunächst nicht genannt werden, dann aber bei Abreise auf der Rechnung erscheinen.

Abhilfe: vorab alle Details vereinbaren! Wer genötigt wird, vorab das Zimmer zu zahlen, sollte sich hierfür eine Quittung geben lassen, die nicht nur den gezahlten Preis ausweist, sondern auch die Details (Anzahl der Personen, Übernachtungszeitraum etc.)

Bei Ärgernissen hilft die **TOURIST POLICE**, befindet sich am alten Hafen, am Kai der nach Delos abgehenden Schiffe.

Derartiger Nepp kann sein, muß aber nicht: Wer Glück hat, erwischt auch Privatzimmer mit Superblick auf Hafen und Ort! Faire Zimmerpreise für ein Privatquartier und Doppelzimmer dürften in der VS bei ca. 25 DM (Verhandlungssache) und zur HS bei ca. 3o - 4o DM liegen, sofern Zimmerausstattung o.k. und Lage/Blick gut ist.

TIP: nach Möglichkeit nicht in der absoluten Hochsaison (Juni, Juli, August) Mykonos besuchen! Dann wirds eng, und man hat im Sektor Privatzimmer wenig Wahlmöglichkeiten.

Trotzdem ist auch zur HS das Privatquartier in Mykonos/ Hafen die billigste Übernachtungsvariante. Vorteil, daß man mitten im Geschehen ist (die Hotels des Hafenortes liegen fast ausschließlich an der Ortsumgehungsstraße). Wer zur HS Mykonos besucht, sollte jedoch früh auf der Insel eintreffen, um für Zimmersuche Zeit zu haben.

HOTELS: es gibt auf Mykonos mehr als 50 Hotels, eine beachtliche Zahl bei einer Inselgröße von nur knapp 1o km! Die meisten liegen im Bereich des Hauptortes. Der Rest über die Insel verteilt, meist in Strandbereich. Im folgenden Details zu rund 45 Mykonos-Hotels.

Die Hotel- Preise auf Mykonos zählen zu den höchsten Griechenlands. Sie beginnen in der VS und sehr einfach eingerichteten Quartieren bei rund 3o DM. Zur HS liegen sie in der Regel ab 4o DM rauf bis ca. 1oo DM/ Nacht DZ. Wer in der Zeit Anfang Juni bis Ende Aug. kommt, hat bei Hotels praktisch keine Chance ohne Vorbuchung!

EINQUARTIEREN in Mykonos/Ort hat den Vorteil, daß man ein Hotel hat, welches nahe des abendlichen Betriebs von Tavernen/Bars und Discos sich befindet. Diese zu 9o % im Haupt/Hafenort. - Bei den guten Busverbindungen z.B. ab Pl. Gialos im Sommer bis in die Nacht rein in den Hafenort ist derartiger Standort jedoch kein echter Nachteil.

✶ MYKONOS/ORT:

"Hotel Koeni", Nähe Klein Venedig. 2o Zimmer mit Toil. und Tel. Trotz enger Gassen hat das Hotel Terrasse und einfache Gartenanlage. Das Haus etwas älter, Zimmer einfach eingerichtet. Die Zimmer zur Gartenseite mit Balkon. VS: das DZ ca. 6o DM, HS ca. 75 DM.

"Hotel Elena", an der Umgehungsstraße in der Nähe der Kunstakademie mit steiler Zufahrt abwärts, Parkplatz. 24 Zimmer mit Toilette und kleinem Balkon. Die Zi. mit hellen Kiefernmöbeln. Familiäres Hotel mit Blick über das davorliegende Freilichttheater und den Ort. Hafen in 1o Min. zu Fuß erreichbar. Außensitzgelegenheit unter Oleander, DZ in der VS ca. 38 DM und Tip, in der HS ca. 7o DM.

"Hotel Kalypso" und **"Hotel Kyma"**, liegen abseits der Umgehungsstraße und nebeneinander, gemeinsame Rezeption. Gebaut sind beide Häuser im Kykladenstil mit blauen Fensterrahmen und Balkongittern. 62 Zimmer mit Toil., Balkon, Tel. und Radio. Liegt hoch über dem Ort und hat unserer Ansicht nach den schönsten Blick über Ort und Hafen. Eine offene, überdachte Taverne, in der man a la Carte essen kann, mit Terrasse am Salzwasser- Swimmingpool, schön in die Anlage integriert, geschmackvoll eingerichtete Zimmer, auch Tennisplatz. DZ in der VS rund 7o DM, zur HS knapp 1oo DM. Unter gleichem Management, allerdings in Lage nicht ganz so schön: **"Hotel Kohili"** und **"Hotel Korali"**, die Sportanlagen einschl. SW-Pool o.g. Hotels können mitbenutzt werden. Zusammen ca. 55 Zimmer, DZ VS ca. 45 DM, zur HS ca. 9o DM. Die Gesamtanlage aller 4 Hotels großzügig ausgebaut. Besitzer ist die Daktililedes Enterprises Hotel Company.

"Hotel Rohari", an der Ortsumgehungsstraße oberhalb des Ortes. Größere Anlage in mehrstöckigen Hauswürfeln, 44 Zimmer mit Privat Toil. Die meisten mit Balkon bzw. Terrasse und Blick über den Ort. Bushaltestelle vor dem Hotel, im Sommer ca. alle 1o Min. Bus in den Ort bzw. zu den südl. Stränden. VS: ca. 45 DM, HS ca. 1oo DM.

"Hotel Posseidon", an der Ortsumgehungsstraße. 41 Zimmer mit Toil., Balkon, Tel., Radio. Gebaut im Kykl. Stil. Vornraus ausgesprochen schöner Blick über den Ort, Achtung, einige gehen jedoch in kleinen Innenhof! Die Zimmer freundlich mit Kiefernmöbeln und heller Holzdecke. DZ zur VS ca. 55 DM, zur HS ca. 1oo DM.

"Hotel Mykonos", Ortsumgehungsstraße, 28 Zimmer mit Toil. und Balkon. Das Hotel hat nur seitlichen Meeresblick. Zimmer mit dunklen Holzmöbeln, DZ in der VS ca. 55 DM, zur HS ca. 7o DM. "Hotel Adonis", direkt daneben, gleicher Besitzer. Zimmer bequem, Meeresblick, DZ VS ca. 65 DM, zur HS ca. 1oo DM.

"Hotel Ilio Maris", Umgehungsstraße südl. des Ortes, 18 Zimmer, Toil., Tel, Radio. Vornraus kleine Balkons bzw. Terrassen mit schönem Mykonos-Blick. Hintenraus Blick auf Parkplatz. Dunkle Holzmöbel, auch Suites, Preise ca. 15o DM/Nacht.

"Hotel Petassos Town", Ortsumgehungsstraße, 16 Zimmer, davon 14 mit Balkon. Das Hotel liegt auf einer Anhöhe mit schönem Blick über den Hafen. Preise zwischen ca. 45 und 8o DM je nach Saison.

"Hotel Olympia", am Ortsrand direkt an der Hauptstraße gelegen. 11 Zimmer mit Toil. und Balkon. Von den Zimmern schöner Blick, die Zimmer selbst jedoch recht einfach möbliert, dafür aber noch passabel im Preis, VS ca. 27 DM, HS ca. 35 DM.

"Hotel Carrop Tree", Stadtrand, Umgehungsstraße. 8 Zimmer mit Toil. sowie 8 Zimmer mit Gemeinschaftstoil. Alle Zimmer mit Meeresblick, je nach Ausstattung und Saison ca. 25 bis 35 DM.

"Hotel Belou", oberhalb des Megali Amnos Strand am südl. Ortsrand gelegen. 8 Zimmer mit Toil. und langer, gemeinsamer Veranda. Frühstück wird auf hübschem Freisitz serviert, schöner Blick über Steilküste. Auch wenn der Megali Amnos Strand wegen Verschmutzung nicht beste Badequalität besitzt, so sind doch ab Hotel andere Strände recht gut erreichbar. Insges. ist das Hotel von Lage und Preis zu empfehlen, allerdings beim Nachteil nur weniger Zimmer. DZ je nach Saison ca. 35 - 55 DM.

"Hotel Drafaki", am Stadtrand an der Straße gelegen. 18 Zimmer, davon 1o mit eigener Toil., der Rest mit Gemeinschaftsdusche/Toil. Schöner Hafenblick, allerdings älteres Familienbetriebs- Hotel , dessen Preis DZ mit Privatbad ca. 45 DM zur HS uns etwas hoch erschien.

"Hotel Mariana", am Stadtrand Ri. Airport. 23 Zimmer mit eigener Toil., Balkon. Günstigster Strand ist der Platis Gialos mit (zur Saison) mehrmals stündl. Busverbindung. Die einfach möblierten Zimmer haben teilweise schöne Aussicht über die Hafenbucht, Preise liegen bei ca. 35 bis 6o DM je Saison recht hoch.

"Hotel Megas", direkt an der Ortsumgehung und wegen des Busverkehrs nicht unbedingt ruhig. 19 Zimmer mit Toil. und Balkon. Der Schildkrötenpanzer über der Bar hat uns nicht gefallen! Ansonsten Kykladenstil, bepflanzter Innenhof. Von den Zimmern (sauber) kein Hafenblick. DZ je nach Saison ca. 4o - 55 DM.

"Hotel Madoupas" am Stadtrand, Umgehungsstraße, 16 Zimmer mit eigener Toil., wegen der Lage direkt an der Straße unruhig. DZ je nach Saison ca. 3o - 4o DM.

"Hotel Eolos", Ortsrand, Straße. 27 Zimmer mit Toil., Tel., Radio. Die meisten Zimmer gehen zu schön angelegtem Garten, kein Meeresblick. Zimmereinrichtung ist Standardausführung. DZ je Saison ca. 4o - 55 DM.

✶ Vom ARCHÄOL. MUSEUM (nördlicher Ortsrand) führt parallel zur Uferstraße und Ri. Neuer Hafenkai eine enge Teerstraße bergaufwärts. Entlang mehrere Hotels:

"Hotel Mantalena", 2o Zi. mit Toil., Tel., Hotel hat eigenen Bus zum rund 1 km entfernten Troulos Beach. DZ je Saison ca. 3o - 5o DM.

"**Hotel Spanelis**", 11 Zi., Toil., schöne Lage oberhalb der Bucht. DZ je Saison ca. 55 - 6o DM. Oberhalb und zur selben Hotelanlage gehörig das "**Hotel Tagu**", 15 Zi., einfach möbliert mit Toil., einige haben Balkon mit Hafenblick. SW- Pool mit Snackbar und Lautsprecher. Beide Hotels sind weitgehend in der Hand Schweizer Reiseveranstalter. Auf eigene Faust ca. 55 - 6o DM.

"**Pens. Margarita**", oberhalb Tagu, Zimmer einfach eingerichtet, schöner Blick über die Troulos Bucht. Angenehme Wirtin, die Zimmer (2o, davon 1o mit Gemeinschaftsbad) preiswert: je nach Saison ca. 3o - 35 DM und Tip.

✦ Die o.g. Straße führt weiter bergauf zur Chondros Gremnos Anhöhe. Hier in rund 2 km Entfernung einsam in baumloser Landschaft:

"**Hotel Thomas**", 31 Zimmer mit Toil., Tel. Es gibt einen kleineren SW- Pool. Vom Hotel Blick über die Hochebene, nicht jedoch zur Küste. Wegen der abgelegenen Lage für Leute mit eigenem Fahrzeug ratsam. Preise je nach Saison ca. 55 bis rauf ca. 1oo DM!

✦ Bereich TROULOS/ AG. STEFANOS (nördl. vom Hauptort), laufend Busverbindung, teils auch schöner Blick rüber zur Insel Tinos:

"**Hotel Cavo Tagoo**", direkt an der Straße, 35 Zi., Toil., Bad, Tel. Vor dem mehrstöckigen Haus in Kykladenstil über die Straße Steilküste. Die Hälfte der komfortablen Zimmer mit Holzdecke, teils Kamin und Seeblick. In der Lobby gelegentlich Gemäldeausstellungen, es gibt einen SW- Pool. Zum Strand ca. 5 Min. DZ inkl. Halbpension ca. 1oo - 12o DM je nach Saison, meist jedoch von Attikareisen München ausgebucht.

"**Hotel Alex**", 1oo m oberhalb der Straße an Felswand. 1o Zimmer mit Toil. und Balkon. Ausgesprochen schöner Blick über die Bucht, jedoch bei ca. 7o DM recht teuer.

"**Hotel Sunset**", direkt an Straße, von der Terrasse schöner Meeresblick. 1o kleine und einfach eingerichtete Zimmer. DZ je nach Saison 25 - 35 DM.

"**Hotel Olia**", Gartenanlage, die Häuser im Kykl. Stil, direkt vis-a-vis der Straße Sandstrand. Die Zimmer mit Betten, die in gemauerte Podeste eingelassen sind, Preise ab ca. 7o DM in der VS rauf zu ca. 12o DM HS.

"**Rhenia Bungalows**", am Ende des Troulos Strandes. In der Bar dient ein Fischerboot als Ausschank. Von Lage o.K., ältere Möbel, DZ ca. 5o - 6o DM.

"**Hotel Artemis**" am Ag Stefanosstrand direkt beim Busstop und daher tagsüber etwas laut. 21 Zimmer sehr einfach eingerichtet, alle mit Toil., Balkon, Tel. DZ 35 - 45 DM.

"**Hotel Ag. Stefanos**", liegt hoch am Hang über der Bucht, 15 Zimmer, 7 davon mit schönem Blick bis Mykonos Ort. Familiäre Atmosphäre, zivile Preise bei 35 - 4o DM .

✦ ORNOS- BUCHT und AG. IOANNIS-STRAND südl. Hauptort:

"**Hotel Mykonos Beach**", 3o kleine Doppelbungalows mit Toil., Tel. und jeweils eigener Terrasse bzw. Balkon mit Blick über die Sandbucht. Zum Hotel gehörig ein rustikal eingerichteter und gemütlicher Frühstücksraum. Wegen Lage durchaus Tip. DZ-Bungalow je nach Saison ca. 35 DM in VS, allerdings rauf zu ca. 7o DM in der HS.

"**Hotel Anixi**", das Hotel liegt 5 Min. abseits der Hauptstraße und des Strandes am

Ornos Beach. 12 Zimmer mit Toil., teils mit Balkon. Vom Frühstücksraum schöner Buchtblick, abends TV. Wegen freundlichem Besitzer und Sauberkeit zu empfehlen, Sohn spricht etwas Englisch, DZ je nach Saison ca. 25 - 45 DM inkl. Frühstück.

"**Hotel Yiannaki**", weiße Häuser am Hang, 2oo m oberhalb der Ornos Bucht. 29 Zi. mit Toil., Tel., Radio und Balkon. Kiefernmöbel dominieren im kleinen Frühstücksraum und den Zimmern. Reich bestückte Bar, DZ ca. 33 bis 6o DM je Saison.

"**Hotel Ornos Beach**", 3- stöckiges Gebäude am Ornos Strand. 27 Zi. mit Toil., meist Balkon bzw. Terrasse. Ordentlich, allerdings bereits in der VS ca. 7o DM, zur HS runde 1oo DM; erscheint uns etwas überbezahlt! - Im selben Management das "**Ornos Bay**", 15 Zimmer, ähnliche Preise.

"**Hotel Asteri**", ca. 1oo m vom Ornos Strand, 13 Zi. mit Toil., Balkon. Sauber, DZ je nach Saison 4o - 45 DM. -

Auf der Apollonia- Halbinsel anschließend 3 Hotels, die nach unserem Check nicht weiterempfohlen werden. Tip ist dagegen das

"**Hotel Manoulas Beach**" in Ag. Ioannis: 3o Zimmer, die Hälfte vornraus mit sehr schönem Meeresblick. Das weiße, leicht verschachtelte Haus liegt knapp oberhalb des Strandes. Die Zimmer freundlich mit Kiefernmöbeln, sauber. DZ in der VS rund 45 DM, HS allerdings ca. 7o DM. - Im Ort Ag. Ioannis auch wenige **Privatzimmer**.

✱ PLATIS GIALOS, Sandstrand und Drehscheibe der Badeboote entlang der Südküste. Laufende Busverb. mit Mykonos/Ort.

Die Preise liegen hier bei ca. 45 DM in der VS rauf zu ca. 6o DM in HS. Im Geschäft die "Petinos Gruppe" mit "**Hotel Petinos**", - "**Hotel Acti**", - "**Hotel Argo**" und "**Hotel Nissaki**", zusammen ca. 6o Zimmer, Toil., teils Balkon. Insges. was Zimmereinrichtung betrifft, in der Regel o.K. - Weitere ca. 8o Zimmer in anderen Hotels, die vorwiegend an Reiseveranstalter verbucht sind.

"**Hotel Psarou Beach**" am gleichnamigen Nachbarstrand. 25 Zimmer, freundlich möbliert, in Vorsaison Tip (ca. 35 DM), - zur HS jedoch weitgehend an Reiseveranstalter verbucht. Nicht zufrieden waren wir bei unseren Recherchen mit dem Frühstück (bei unserem Check ranzige Butter, dünn aufgelöste Pulvermilch). Besteht zu hoffen, daß die Mängel zwischenzeitl. abgestellt sind! Angeschlossen ein Tauchclub.

✱ PARAGA STRAND (östl. Platis Gialos):

"**Hotel Zephyros**", BJ. 1986 in schöner Strandlage, 3o Zi. mit Meeresblick, Toil., Balkon. Tip, allerdings keine Busverb. mit Mykonos Hafen: rüberlaufen nach Platis Gialos oder Taxi. Preise in VS ca. 5o DM, HS rauf zu ca. 9o DM.

HOTELS im östl. Inselbereich (Kalo Livadi, Ag. Anna Strand, Kalafatis- Strand) siehe dort! Im Bereich der nördl. Inselbuchten (z.B. Panormosbucht) keine Unterkunft.

FAZIT: die Hotelpreise auf Mykonos haben sich auf gehobenes griech. Niveau eingependelt. Die Hotelmaschine auf der Insel ist eingespielt, das Geld regiert. Weder gibt es "Schnäppchen" besonders günstiger Zimmer, - warum auch bei der Fülle an Urlaubern, - noch besteht Anreiz für Außergewöhnliches.

In der Regel regiert das Mittelmaß, - sprich saubere Zimmer und in qm profitabel konzipiert. Zur HS ist man mit Pauschalangeboten von Reiseveranstaltern (Hotel + Flug) oft billiger bedient, als per eigener Faust. -

Oder aber auf eines der vielen Privatquartiere im Hafenort zurückgreifen...

Insel Transport

Sehr dichtes Busnetz, im Sommer teils bis 1 Uhr Nachts Betrieb! Abfahrt: für Ag. Stefanos, Ano Mera und Kalafati vor dem Hotel Lito (siehe Karte A). - Abfahrt der Busse nach Plati Gialos (siehe Karte B), Weg ist ab Rathaus ausgeschildert.

Die Badeboote (Kaikis) zu den Stränden an der Südküste der Insel fahren zur Saison ab Alter Hafen (siehe Karte Nr. 13) zwischen ca. 9 und 1o Uhr los. Der Reihe nach werden alle Strände von Ag. Ioannis bis Elia (="Hell") angelaufen.

Wer im Ort Mykonos mit seinem Frühtück später als 1o Uhr fertig wird, kann einen Bus nach PLATI GIALOS nehmen. Ab hier den ganzen Tag über laufend Kaikis, die die einzelnen Badebuchten entlang der Südküste verbinden.

Tägl. 9 Uhr Ausflugsboote ab Alter Hafen rüber nach DELOS, retour gegen Mittag. Weitere Details siehe "Delos".

PKW kostet pro Tag satte 8o - 1oo DM. Mehrere Vermieter im Hauptort, sowie im Airport.

MOTORRAD- VERMIETUNG: im Hauptort an der Fähranlegestelle, sowie bei der Busabfahrt. - 2 Firmen, die außerhalb des Hauptortes liegen: "Joachim Theocharis", im Ort Ornos (Tel.: 23 313) und "Mathew" (Tel: 22 344 und 22 675).

KARTEN: derzeit beste ist die "Toubis"- Mykonos Karte. Die Insel mit Höhenzügen abgebildet, auch in Straßennetz update. Inklusiv eines Übersichtsplanes der archäolog. Stätte von Delos und eines Planes vom Hauptort Mykonos. Maßstab 1 : 46.ooo. Erhältlich derzeit nur in Griechenland (z.B. Athen), vorwiegend aber in Mykonos Souvenirshops.

★ Mykonos Ort: (ca. 3.ooo E.)

In seiner Architektur schönste Siedlung der Kykladen! "VENETIA" (Alefkandra) ist der älteste Teil des Ortes. Auf der kleinen Halbinsel wurde im 13. Jhd. von den Venezianern das Kastell "Ghizi" gebaut. Um das Kastell entstand der Ortsteil SKARPA. Wegen der Lage am Wasser, wo die Wellen in Gischt gegen die Grundmauern der Häuser schlagen und seiner überhängenden Balkons wird es vielfach auch "Klein Venedig" genannt. Enge Gassen, Tavernen und kleine Kunsthandwerksläden.

Hier liegt die schönste Kapelle der Kykladen: PARAPORTINE (1): - wie eine Kinderburg aus Schnee! Die asymmetrisch verschachtelte Architektur entstand im Laufe der Jahrhunderte durch eine Reihe von An- und Umbauten. Über die ursprünglichen 4 kleinen, im Erdgeschoß liegenden Kirchen (16. Jh.) wurde versetzt die kleine Hauptkirche (17. Jh.) mit

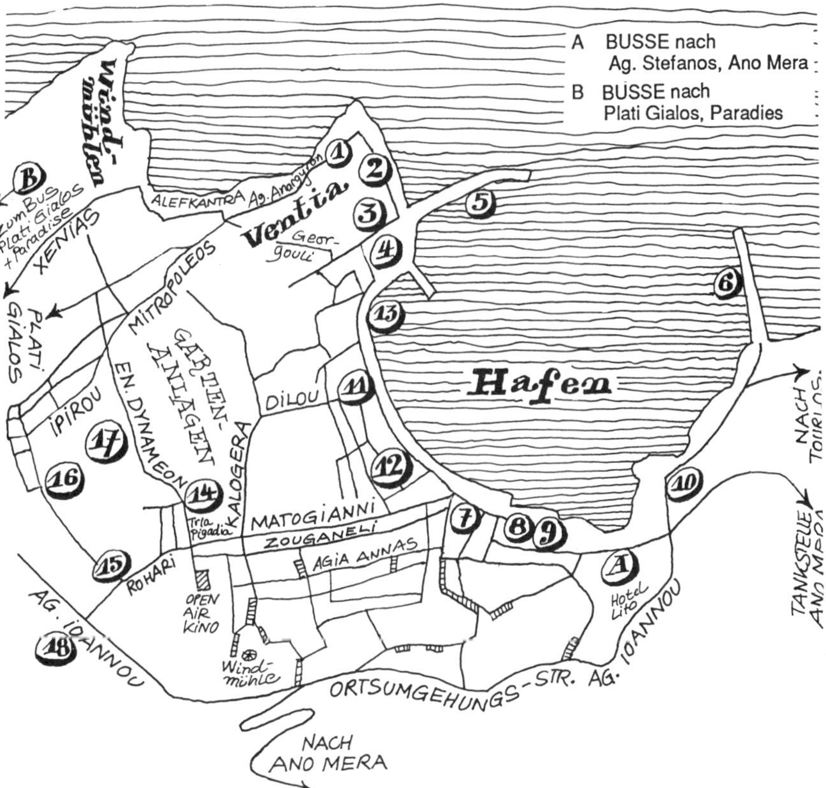

MYKONOS ORT

1 Paraportine Kirche
2 Folkl. Museum
3 Telefon, Tourist Police
4 Fährtickets, Rathaus
5 Abfahrt Boote Delos
6 Fährschiffe nach Piräus und Nachbarinseln
7 Taxi, Busstop
8 Olympic Airways und Abfahrt der Airport Busse
9 Post
1o Archäol. Museum
11 National Bank
12 Commercial Bank
13 Badeboote zu den Stränden
14 Nautisches Museum
15 Amphie Theater
16 Ártemis Kino
17 Schule
18 Akademie der bild. Künste

flacher Kuppel errichtet. Der Oberstock wird über eine Außentreppe erreicht.

Nur wenige Meter von der Paraportine entfernt an der Wasserfront in einem alten Kapitänshaus das FOLKLORE MUSEUM (2): Neben Mobiliar, Haushaltsgegenständen und Schiffsutensilien sind alte Inseltrachten und Kunsthandwerk zu sehen: Webarbeiten, Strickereien, Bilder und Keramik. Geöffnet zur Saison tägl. 16 - 2o Uhr.

Der in diesem Ortsteil liegende Strand ALEFKANDRA ist heute wegen Verschmutzung durch Abwässer zum Baden nicht mehr geeignet (obwohl immer wieder Leute reingehen). In früheren Jahrhunderten war er Waschplatz der Frauen von Mykonos. Am Ende des Strandes die Mykonos Windmühlen, Wahrzeichen der Insel und das kleine Restaurant SPIROS mit Superblick auf Klein Venedig!

Ebenfalls Insel Wahrzeichen ist der Mykonos Pelikan Petros: während seines rund 3o-jährigen Aufenthaltes auf der Insel wurde er nicht nur von den Tavernenbesitzern liebevoll gepflegt, sondern "schnabbulierte" auch den Feriengästen vom Teller, sofern er sich nicht gleich dekorativ auf den Tisch für Fototermine plazierte...

Zwischenzeitlich hat er leider das Zeitliche gesegnet. Man hat sich aber rechtzeitig um "Nachschub" gekümmert, gleich mehrfach. Unter anderem wurde auch ein Pelikan von einem großen Münchner Reiseveranstalter gespendet. Die Pelikan- Nachfolger sind ähnlich frech- zutraulich und haben sich glänzend ins Inselbild (sprich Kommerz und Promotion) integriert.

RATHAUS (4): eines der ältesten Gebäude des Inselhauptortes. Markant: einziges Haus an der Hafenfront mit rotem Ziegeldach. Es wurde 1772 vom russischen Konsul auf Mykonos, Graf Ioannis Voidovik gebaut. Unten Geschäfte und Fährbüros.

ARCHÄOLOGISCHES MUSEUM (1o): Nähe Fähranlegestelle, zu sehen Ausgrabungsfunde der Insel Delos, - sowie als wichtigste Fundstücke der Insel Mykonos: eine Herkules Statue aus Paros Marmor und ein ca. 1,3 m hohes, aus Bruchstücken ausgezeichnet renoviertes Tongefäß. Es zeigt in Reliefbildern Krieger aus dem Trojanischen Krieg, u.a. auch zu sehen das Trojanische Pferd!

NAUTISCHES MUSEUM (14): sehenswert, in einem alten Kapitänshaus mit schönem Garten. Nautische Instrumente, Werkzeuge und Münzen, alte Stiche und Landkarten aus der Zeit des Mykonos der Kapitäne und Seefahrer.

Geschichte: geschichtliche Informationen aus der Frühzeit über Mykonos sind spärlich, warscheinlich dadurch bedingt, daß die Insel ein Schattendasein gegenüber ihrer Nachbarinsel DELOS führte (siehe dort)

12o7 kam Mykonos in den Besitz der venezianische Familie GHIZI, die auf der Halbinsel der heutigen Windmühlen eine kleine Siedlung anlegte inkl. einer Festung. Die zentrale und strategisch günstige Lage war natürlich attraktiv für Türken: 1537 übernahm der Barbarossa die Insel, die zu einem wichtigen Piratenstützpunkt ausgebaut wurde.

Bis 177o wechselte Mykonos vielfach den Besitzer, wobei seine Bewohner sich beachtliche seemännische Kenntnisse aneigneten und schwunghaften Handel betrieben. Zu Beginn des Dampfschiff Zeitalters (Mitte 19. Jhd.) verfügte Mykonos über eine große Handelsflotte, die ihren Kapitänen erheblichen Reichtum brachte (siehe diverse Kapitänshäuser in den oberen = besseren Lagen des Ortes).

Erster Inseltourismus ab ca. 193o, als "Archäologie- Tourismus" Mode wurde, und Mykonos als Sprungbrett für die Insel Delos diente. 1933 besuchten Mykonos 2.15o (!) Touristen, die sogar schon ohne Geschlechtertrennung baden durften.

Nostalgie in Ehren, - das heutige MYKONOS lebt fast ausschließlich vom Tourimus, rund 7oo.ooo pro Saison! Nach Kreta und Rhodos ist es die meistbesuchte Insel der Ägäis.

EINKAUFEN:

Das enge, verwinkelte Gassengewirr ist ein einziger riesiger Markt. Das Angebot reicht von Kitsch bis Kunstgewerbe, - von billig bis teuer.

Juweliershops, Bildergalerien, Kleider, Webarbeiten, Pullis, aber auch "Nützliches" wie der Dauerbrenner "1o cm hohe Windmühlen" und anderer Nippes.

Anspruchsvolle Geschäfte sind teilweise im Ortsteil "Venetia" zu finden, seit jeher beliebtes Quartier der Künstler. Gute Sachen (z.B. Schmuck) haben auch in Griechenland ihren Preis. Dies um so mehr in Hochburgen zahlungskräftiger Urlauber wie auf Mykonos.

In Anbetracht der vielen Motive des malerischen Venetia- Viertels wird die Insel auch gerne von Künstlern aufgesucht.Es wundert daher nicht, daß die "Akademie der Bildenden Künste/Athen" seit Jahrzehnten eine Zweigstelle an der Umgehungsstraße Ag. Ioannou (siehe unsere Karte Nr.18) eingerichtet hat, die auch ausländischen Künstlern Aufenthaltsmöglichkeit bieten (Tel.: o289 - 22289).

In den Mittelklasse Restaurants ißt man besser als auf manch anderer Insel (schmackhaft gewürzt!).

Auch die Auswahl an Gerichten (speziell bei Teuer-Fischen wie Scampi, Lobster etc.) ist größer als sonst in griech. Restaurants. Was mit den vielfach sehr zahlungskräftigen Mykonos Gästen zusammenhängt.

"SPIROS" direkt am Wasser (bei den Windmühlen) mit schönem Blick auf Klein Venedig. Das Restaurant ist auf Fisch spezialisiert, dies bei passablen Preisen. Tip. - Schräg gegenüber liegt "ALEFKANDRA": gute Grillspeisen von Fleisch und Fisch. Zwei große, völlig mit Holz verkleidete Räume, sowie viele schattige Tische vor der katholischen Kirche Panagia Rodario. -

"PHILIPPI" in der Nähe der En. Dynameon Gasse (Naut. Museum) mit schöner Gartenanlage und ausgezeichneter Küche zu mittleren Preisen. - "EDEM", am Zusammentreffen der Kalogera mit der Dilou Gasse mit guten Fisch- und Fleischspezialitäten. Sitzplätze gemütlich unter Weinlaub, abends schwierig Platz zu bekommen, gehobene Preise. - "CHEZ CATRIN" am Zusammentreffen Drakopoulou mit Dilou Gasse, wird meist von Franzosen besucht, da neben griechischer Küche auch französische im Angebot.

"YANNI" am Kastro neben Rathaus und Tourist Polizei. Gutes und preiswertes Essen. - "EVA´s RESTAURANT" am Rande der Kalogera, wo diese zur Treppengasse wird. Man sitzt in einem Garten mit hohen weiß gekalkten Mauern. - "EL GRECO": hübsche Sitzplätze im Garten unter Eukalyptusbäumen. En. Dynameon Gasse. -

"PARAPORTIANI", liegt zwischen Tourist Police und Paraportiani Kirche mit Sitzgelegenheit im Freien. Griech. Küche, Preise mittel. - "YACHT CLUB" an der Uferpromenade bei der Anlegestelle für die Fährschiffe. Ein zweistöckiges Haus in Kykladenarchitektur, derzeit das einzige 24 Std.- Restaurant (mit Musik).-

"RENDEZVOUS" an der Kalogera Gasse. Spaghetti und Pizzas zu günstigen Preisen. - "MYKONOS": in der Nikola Kirche mit Sitzplätzen an der Hafenpromenade. Man sitzt am Abend schön, ißt aber teuer. - "SUNDOWN" in Kleinvenedig direkt am Wasser. Wie der Name schon andeutet: besonders schön, um den Sonnenuntergang zu genießen. Spezialität ist lecker gewürzter Oktopus, der auf der Leine getrocknet wird.

"NIKO" Nähe Tourist Polizei, excellente griech. Küche (große Steaks und Koteletts). Viel Betrieb, angemessene Preise. - "ALBATROSS" neben dem Archäologischen Museum, Terrasse mit schönem Hafenblick, angemessene Preise. - "ANTONINI": am Hauptplatz/Uferpromenade neben dem Taxistand. Bekannt für urwüchsige griech. Küche. - "BURNT OUT CORNER" Nähe Hafenpromenade direkt an der Kyriaki Kirche. Traditionelle griechische Speisen bis tief in die Nacht, Preise mittel. - "MARCO POLO" Nähe des Parks, etwa in der Mitte zwischen Mitropoleos und Kalogera. Stark frequentiert, gute griechische Küche, mittlere Preise.

NACHTLEBEN:

Bei den rund 15.ooo Besuchern, die sich zur gleichen Zeit in den Inselbetten räkeln, geben die rund 3o Bars und Discotheken genügend Abendfülle. Auch der weiterentwickelte Musikliebhaber braucht keinerlei Kompromisse zu schließen.

Für Besondere gibt es "PIERROS- BAR" , um schneller warm zu werden (in der Matogianni Gasse, direkt beim Taxistand, siehe unsere Karte Nr. 7). Die wohl berühmteste Gay Bar und Disko von Mykonos (Zutritt für Jedermann/ - Frau oder wie dem auch immer), abends u.a. Drag Shows. Drinks allerdings recht teuer.

Man findet diese, wie auch viele andere Bars leicht um den Hafen rum, sowie im Bereich der beiden wichtigsten Mykonos Gassen: MITROPLEOS und MATOGIANNI: Nur dem Schall auf der Spur bleiben, wenn auch die Vielseitigkeit der verschiedenen Schallquellen etwas verwirrend sein könnte, Auswahl:

"IRISH BAR" schräg gegenüber "Pierros", speziell für Drinks der Kontaktklasse. Musik: irische und griechische.

"KASTRO", im Ortsteil Venetia bei der Paraportine Kirche. Hübsch mit Meeresblick und Sitzbänken, um den Sonnenuntergang im Westen über dem Wasser zu genießen. Dies geschieht bei klassischer Musik.

"PIGGEON": neben Archäol. Museum Nähe Fähranleger: Disco für alle Kategorien, - schräg gegenüber "REMEZZO".

WINDMILL DISCO: neben Rathaus in einer restaurierten ehemaligen Windmühle. Programm aus internationaler Popmusik mit griechischer Sirtaki Folklore gemischt. Drinks relativ preiswert. Daneben:

"CITY DISCO": mit "Pierro´s" in vielen Punkten vergleichbar.

"MAD CLUB" for mad dogs and neon- people, Lage Taxistandplatz (unsere Karte Nr. 7)

"SKANDINAVIEN BAR" zunächst fürs Zielpublikum Skandinavier gegründet, zwischenzeitlich auch in weiteren Kreisen des Typs "Bierglas festhalten" bis hin "Bierglas & Kommunikation" beliebt. Mit die billigsten Bierpreise im Ort. Nähe "Windmill".

"MONPARNASSE- BAR": schöne Lage am Wasser, Klein Venedig. Die klassische Musik verbindet sich mit dem Hochgenuß des Sonnenuntergangs bei mittleren Drink- Preisen.

Bei den Mykonos Bars und Discos schließen die Pforten in der Regel gegen 3 Uhr früh: Wenn alle Stricke reißen: rund um die Uhr hat offen der YACHT CLUB (beim Fähranleger) mit seinem bezeichneter Weise benannten "Last Chance Saloon".

Das Leben spielt sich auf Mykonos nach einem festgelegten Rhythmus ab, worauf Tavernen, Discos, Shops, Kaikis etc. abgestimmt sind:

1.) Aufstehen gegen 9 oder 1/2 1o Uhr, Frühstück nicht im Hotel, sondern in einem Cafe im Ort. Dann:

2.) Per Kaiki raus an den Strand. Braunwerden, Braten, Schwimmen und (Amore) bis ca. 17.oo oder 18.oo Uhr. Mit Kaiki retour.

3.) Im Ort rumbummeln, Shopping tätigen, mit Leuten quatschen.

4.) Abendessen gegen 21 oder 22 Uhr, anschließend in einer Bar einen heben gehen und damit dann in die Disko.

Soll nicht heißen, daß sich jeder an diesen Rhythmus hält, so ist doch eine generelle Tendenz festzustellen. Auf dieser Route trifft man Leute wieder, die man gerne kennenlernen möchte, - auch da man bald seine Stammkneipen gefunden hat, die geschmacklich auch auf einer Linie liegen.

Die besten Strände liegen nördl. von Mykonos/Ort, sowie in den Buchten der Südküste. Sie sind per Bus und/oder Badeboote zu erreichen (siehe "Inseltransport").

* MYKONOS HILTON, nicht zu empfehlen, da ziemlich verschmutzt von den Schiffen, die nach Mykonos kommen und von Ortsabwässern. Der ehemalige Stadtbadestrand von Mykonos, liegt direkt bei der Post und heißt offiziell Ag. Anna Strand.

Ebenfalls nicht empfehlenswert die kleine Sandbucht bei den Windmühlen, Ortsteil Klein Venedig/Alefkandra.

STRÄNDE AN DER WESTKÜSTE:

Meist offen zur Ägäis; nach windreichen Tagen kann es zu Anschwemmungen (Strandgut) kommen, die jedoch in der Regel von den Einheimischen schnell wieder beseitigt sind.

* AGIOS STEFANOS: ca. 3 km nördlich von Mykonos/Ort. Ein rund 15o m langer Sandstrand. Mehr oder weniger sauber, was auch mit der offenen Lage zum Meer, Wind und angeschwemmtem Abfall zusammenhängt. Griechen reinigen, da mehrere Hotels bzw. Pensionen hier oben. Wasserski, Tretbootverleih sowie mehrere Tavernen. Zur Saison etwa stündl. Busverbindung mit Mykonos Ort.

* MEGALI AMNOS: am südl. Ortsrand von Mykonos. Eine rund 2oo m lange Sandbucht, kaum Schatten, von Fels eingerahmt. Im Sommer wegen Ortsnähe entsprechend knallvoll ist. Zu Fuß ab Ortszentrum ca. 15 Min.

* KORFOS: auf dem Weg zur Südküste, jedoch noch Westseite der Insel. Hotels und mehrere Tavernen. Grobkörniger Sand, ca. 1oo m lang

* ORNOS BUCHT: an der Landzunge zwischen Hauptinsel und Apollonion Halbinsel. Eine rund 25o m stark gebogene Bucht mit grobkörnigem Sandstrand. Dort wo die Anlegemole für die Kaikis ist, zu schmal und meist mit Fischerbooten belegt,- ansonsten ca. 25 - 3o m breit, Tavernen. Bis Mykonos/Ort ca. 2,5 km, Bus- und Kaikiverbindung.

* AG. IOANNIS: der wohl schönste Strand an der Westküste, heller Sandstrand mit Blick gegenüber auf Delos! Klares Wasser, es geht mittel

steil rein. Am Ufer Tavernen und das kleine empfehlenswerte Hotel "Manoulas Beach". Rund 4 km vom Ortszentrum Mykonos, zur Saison Busse und Badeboote.

STRÄNDE AN DER SÜDKÜSTE:

Hier liegen die beliebtesten Stränden, an denen sich tagsüber rund 9o % der Inselgäste tummeln. Excellente Infrastruktur an Bus und Badebooten.

* **PLATI GIALOS:** Badebucht an der Südküste mit grobem bis feinem Sand. Geht per Felsvorsprung in die PSAROU Bucht über. Die Hauptbucht ist ca. 2oo m lang und die wohl am stärksten frequentierte Badestelle der Insel! Rund 1o Hotels, eine Reihe von Tavernen, Sonnenschirmverleih, Tretboote etc. Ins Wasser gehts relativ flach rein.

PLATI GIALOS fungiert zugleich als eine Art **Verkehrsknotenpunkt** in Sachen Badeverkehr:

Badeboote: zur Saison mehrmals tägl. von Mykonos Ort (um die Apollonion Halbinsel rum/Ag. Ioannis) nach Plati Gialos

Busverbindung mit Mykonos/Ort zur Saison alle 1o - 2o Min. bis ca. 22 Uhr, danach stündlich bis 1 Uhr nachts!

Badeboote: zur Saison laufender Pendelverkehr zwischen Plati Gialos und allen östl. sich anschließenden Badebuchten. Zivile Preise um 1- 2 DM je nach Entfernung.

* **PSAROU BUCHT**: durch eine Felsnase vom Plati Gialos getrennt, man kann rüberlaufen. Per Straße erreicht man die Bucht über eine Zufahrt, die ca. 5oo m vor dem Plati Gialos abzweigt und in Serpentinen runterführt. Unten gut 2oo m Sandstrand, allerdings relativ schmal. Gleich dahinter Hotels, Tavernen, Surfschule etc.; im Hotel "Psarou Beach" Tauchschule.

* **PARANGA**: östl. vom Plati Gialos, ca. 2oo m Sandstrand, es geht mittelsteil ins Wasser, FKK. Am Ufer Tavernen. Ab Plati Gialos Kaikis, bzw. Fußpfad. Ansonsten Piste ab Airport.

* **PARADISE**: nackte Bucht, von Felsen eingerahmt. In der Talsohle hat man das Schilf gerodet um Platz für "Paradies- Camping", Taverne (Tanz bis tief in die Nacht!) und Badegäste zu schaffen. Die Kapazität im Campingplatz ca. 2oo Leute, daher zur HS schwierig, Platz zu finden.

Im ausgezeichneten Selbstbedienungsrestaurant des Campingplatzes (große Auswahl, relativ preiswert) sitzt man schön auf einer großen und luftigen Terrasse. Am Strand (ca. 35o m lang, bis zu 4o m breit - grober Sand) gibts u.a. Tretboot- und Kanuverleih, FKK wird geduldet, Wildcampen (wie überall auf Mykonos) verboten.

PARADISE kann man ab Plati Gialos in ca. 3o Min. zu Fuß über einen schönen Pfad erreichen, der zunächst eine kleine Peninsula abkürzt und dann halb oberhalb des Meeres entlangführt. - Per Auto/Moped ist er über eine Straßenzufahrt ab Airport zu erreichen, die zunächst südöstlich führt, nach ca. 1 km rechts ausgeschilderte Abzweigung. - Der bequemste Weg ist natürlich das KAIKI ab Plati Gialos.

* **SUPER PARADIES**: nächste Bucht, ebenfalls wieder von Felsen eingerahmt. Sauberer Sandstrand, Länge ca. 15o m, 2o m breit, Eingang ins Wasser mittelsteil.

Es wird prinzipiell nackt gebadet. Nachdem die Homosexuellen eine Zeitlang lieber den Elias Strand bevorzugten, sind sie wieder an ihren Superparadies zurückgezogen. Kleines Restaurant mit überdachter Sitzmöglichkeit am Strand. Neben Homos aber auch viele Heteros.

Zu erreichen: am bequemsten per Kaiki ab Plati Gialos via Paradies. Fährt weiter zum Elias Strand. - Per Auto/Moped: Piste ab Airport, schlechter Zustand und daher zeitaufwendig.

* **ELIA BEACH**: auch "The Hell" genannt. Mehrere Tavernen, Jet Set-Schickeria aus Pöseldorf, Düsendorf und Rottmannshausen. Wasserski ("Jani", der auch eine Taverne hat), Tretbootverleih, FKK.

Der grob- bis feinkörnige Sandstrand ist ca. 3oo m lang. Es geht relativ flach rein, bei entsprechenden Winden kann dies Quallen bedeuten, Vorsicht!

Zu erreichen: Kaiki ab Plati Gialos, bzw. Straße via Ano Mera zum Strand. Zur Saison über diese Straßenverbindung auch Badebusse ab Mykonos/Ort.

STRÄNDE AN DER SÜDOST- KÜSTE:

Ab Mykonos/Ort am bequemsten über die Inselstraße und Ortschaft Ano Mera zu erreichen, die auch über eine Reihe an Unterkunftsmöglichkeiten im Ort sowie Umkreis verfügt.

* **KALO LIVADI**: weite Sandbucht, jedoch definitiv schattenlos. Daher auch zur Hochsaison bei Weitem nicht so überlaufen. Das kleine Hotel "Karlo Livadi" (1o Zimmer, das DZ in der Hauptsaison ca. 35 DM) liegt oberhalb des Strandes, jedes Zimmer mit eigener Terrasse und Buchtblick. Gute Taverne!

Zu erreichen ist die Bucht über eine knapp 2 km lange Schotterstraße, die anschließend weiter nach Ag. Anna und Kalafatis führt:

* **AG. ANNA- STRAND**: liegt an der Dimasto Halbinsel (absolut kahle 2 Felshügel). Grobkörniger weißer Strand, klares Wasser. Oberhalb "Anastasia Bungalows" (zur HS pro Bungalow ca. 7o DM). Eine Land-

zunge trennt den Ag. Anna Strand vom:

* KALAFATIS- STRAND: der östlichste Strand von Mykonos. Breiter Sandstrand, Länge ca. 1/2 km. Direkt unten am Wasser gute Strandtaverne mit breiter Pergola und Tretboot Verleih.

Am nördl. Ende der Kalafatis Bucht liegt zugleich die schönste und gepflegteste Hotelanlage der Insel: "Hotel Aphroditi". Kykladenstil mit Arkaden, in Terrassen den Hang raufgebaut, einmalig schöne Lage! Es gibt Boutiquen, Tennisplätze, Sw-Pool, Disco, Tauch- und Windsurfschule. 15o Zimmer mit Privatbad, Eisschrank, Tel., Preise je nach Saison ca. 14o DM fürs Doppel.

Dieser Strandteil mit Tamarisken, Busverbindung Mykonos/Ort- Kalafatis.

STRÄNDE AN DER NORDKÜSTE:

Der Norden der Insel wird durch die beiden, gleichnamigen Gipfel PROF. ELIAS beherscht (der westliche 372 m, - der östliche 351 m). Dazwischen liegt die tief eingeschnittene Bucht PANORMOS: wegen ihren Winden ist sie Paradies speziell für Windsurfer!

* FTELIA: Zentrum des Mykonos- Windsurfens. Guter Sandstrand und schöne Landschaften mit Hügelkuppen. Zu erreichen ab Inselhauptstraße Mykonos - Ano Mera, kurz vor diesem Ort Abzweigung an den Strand runter.

* AG. SOSTIS: fast am nördlichen Ende der Panormos Bucht. Zu erreichen: ab Mykonos/Ort nach ca. 2,5 km: Abzweigung. Ab hier eine Schotterstraße, die via schönem Bauerndorf Marathi rauf bis Ag. Sostis führt. Derzeit weder für Ftelia, noch Ag. Sostis öffentlicher Bustransport.

Man ist also aufs Taxi oder Mietmoped angewiesen. Zu Fuß benötigt man für Ag. Sostis ab Abzweigung ca. 1 1/2 - 2 Std. pro Richtung.

Besteigung Prof. Elias: Superrundblick über Mykonos und viele seiner Nachbarinseln. Möglichst früh am Tag beginnen, später wirds knallheiß. Mit dem Taxis bis Ag. Sostis (kurz noch erfrischendes Bad), dann via Gipfel rüber nach Ag. Stefanos. Die Strecke Fels, fast absolut kahl, da auf Mykonos zwischen April und November praktisch kein Regen fällt. Gutes Schuhwerk, sowie Sonnenschutz, Verpflegung und Trinkwasser mitzunehmen per se klar!

Ano Mera:

Die Insel Mykonos, ca. 4.ooo Einwohner (ohne Feriengäste) besteht aus dem Hauptort Mykonos an der Westküste, sowie der kleineren Streusiedlung ANO MERA im Inselzentrum.

Schöner Dorfplatz mit Tavernen und das noch von Mönchen bewohnte Kloster TOURLIANI (16. Jhd.), dreistöckiger Glockenturm mit weit erkennbarem roten Dach und Kuppel. Es enthält viele Holzschnitzereien und Ikonen und kann bei ordentlicher Kleidung, sprich lange Hosen, Rock etc. besichtigt werden. Bitte Spende nicht vergessen!

TAVERNEN- TIP sind "Pedro": liegt (von Mykonos/Ort kommend) am Ortseingang von Ano Mera. Der humorvolle Küchenchef serviert mit weißer Kochmütze excellenten und leckeren Lammbraten vom Grill. - Sowie: "Grill Restaurant Stavros", originell eingerichtet, Grillfleischgerichte.

1 km nördlich des Ortes liegt das ehemalige Frauenkloster PALEOKASTROU (17. Jhd.), das man zu Fuß in ca. 2o Min. erreicht. Rote Kuppel und festungsartige Ummauerung. Bei etwas Glück ist Besichtigung möglich. Vom Kloster aus erreicht man über einen Pfad die unweit auf einem Hügel liegenden Reste eines venzianischen Kastells.

Alle von ANO MERA nach Nordost führenden Schotterstraßen enden in völlig einsamen Inselregionen, in der es keine leicht erreichbaren Strände mehr gibt: Steilküste, eher für Taucher interessant.

✶ Insel Delos

Wichtigste und zugleich an Fläche größte archäologische Ausgrabungsstätte im Bereich der Kykladen.

Das westl. von Mykonos liegende Miniinselchen, - nur 5 km lang , mit Sträuchern und wilden Blumen bewachsen, - war im Altertum über mehr als 6oo Jahre zusammen mit Delfi das bedeutendste Apollon- Heiligtum, - in der hellenistischen und römischen Zeit war die Insel einer der wichtigsten Handelshäfen der Ägäis.

Auch wenn heute relativ wenig erhalten ist, lohnt sich der Besuch. Höhepunkt sind die, aus weißem Naxos Marmor gefertigten Delos-Löwen, reichhaltige Mosaikböden in Häusern des Wohnviertels und Superblick vom 112 m hohen Inselgipfel Kythnos.

Abfahrt der Kaikis ab Mykonos/Hafen gegen 9 Uhr, teils schon 8.3o Uhr, - Rückkehr gegen 14 Uhr. Die Überfahrt dauert rund 3o - 45 Min. und kann je nach Wind recht bewegt sein. (Ca. 5 DM). Man hat somit auf Delos nur rund 3 Std. Wem das zu knapp ist, verteilt sich den Besuch auf 2 Vormittage.

Achtung: guten Sonnenschutz (breitkrempiger Hut etc.) mitbringen, Sonnencreme: die Insel ist absolut schattenlos! Vorab auf Mykonos fragen, ob der Inselkiosk mit Getränken wieder geöffnet ist!

Geführte Touren: mit "Meridian Tours"/Mykonos in der Zeit 15.4. - 31.1o., ca. 12 DM/Person. - Auf der Insel zu übernachten (z.B. Schlafsack) ist verboten; das Xenia- Hotel auf der Insel ist derzeit geschlossen. - Schönste Jahreszeit für den Besuch: Frühjahr, wenn überall, auch zwischen den Ruinen der wilde Mohn blüht! -

GESCHICHTE

Der Sage nach sei der Göttervater ZEUS der Nymphe Asteria nachgestiegen. Diese sei geflüchtet, indem sie sich als Insel verkleidet hätte und unerkannt davonschwamm. Daraufhin schwängerte Zeus ihre Schwester LETO, was verständlicherweise die Frau von Zeus sehr erzürnte.

Leto flüchtete um den halben Erdball und fand dann Aufnahme bei Asteria, die (wie gesagt als Insel verkleidet) ihre Beine in den Meeresboden stemmte, bis sie Wurzeln schlugen, 4 Säulen hoben sie aus dem Meer empor und Zeus machte sie für alle sichtbar "delén epoisen". Hier am Fuße des Berges KYTNON gebar Leto gleich 2 Kinder: APOLLON, den Gott des Lichtes und der Musik, sowie seine Zwillingsschwester Artemis (Göttin der Natur).

Eine schöne Geschichte, die viel vom Phantasiereichtum der damaligen Menschen bezeugt. Daß an dieser Stelle ein Apollonheiligtum errichtet werden mußte, lag aus "mythologischer Sicht"auf der Hand.

HELLENISTISCHE EPOCHE: Geschichtlich nachgewiesen ist, daß ca. 1.1oo v. Chr. die IONIER nach ihrer Vertreibung vom Festland die Kykladen besiedelten. Sie brachten den Leto- Kult mit und errichteten ca. 1.ooo v. Chr. auf der Insel Delos ein APOLLON- HEILIGTUM.

In den folgenden Jahrhunderten entwickelte sich DELOS nicht nur zu einem der wichtigsten kulturellen Zentren der Antike, sondern erfuhr durch Handel zunehmende wirtschaftliche Bedeutung. Sein Apollonheiligtum war neben Delfi das wichtigste in der panhellenistischen Welt: So berichtet der griech. Geschichtsschreiber Thukydides, daß das alljährliche Apollonfest zur Blütezeit der Insel von mehr als 1.ooo Pilgern besucht wurde. Für damalige Zeiten eine gigantische Zahl! Die Pilger kamen nicht nur aus allen Teilen der Ägäis nach Delos, sondern brachten zugleich auch viel Geld auf die Insel. Parallel abgehaltene Handelsmessen sorgten für zusätzliche Umsätze, somit für wirtschaftlichen Aufschwung und Reichtum der Insel.

Im 7. Jhd. (dem Beginn der Blütezeit von Delos) war die Bedeutung der Insel bereits so groß, daß die Insel NAXOS (zu diesem Zeitpunkt die mächtigste im kykladischen Inselbund) dem Heiligtum als Weihgaben riesige Marmorfiguren schenkte (die Kouri - siehe unser Naxos Text und die Delos- Marmorlöwen), sowie einen riesigen Tempel.

In den folgenden Jahrhunderten repräsentierten sich auch die anderen Inseln, insbesondere aber Athen mit großen Weihgeschenken auf der Insel (insbes. Tempelbauten). Delos als Bühne der Machtrepräsentation, frei nach dem Motto: je größer und teurer der Tempel, desto mächtiger der Spender!

Die Zeit bis ca. 55o v. Chr. gilt als Blütezeit der Insel Delos in Sachen Eigenständigkeit der Insel und seiner ersten Epoche als Heiligtum und Handelshafen.

Allerdings wird der Einfluß von Athen auf Delos immer stärker: 54o v. Chr. Baubeginn eines 1oo x 4o m großen Tempels als "Weihgeschenk". Gleichzeitig befiehlt der Athener Tyrann Peisistrathos die "Reinigung der Insel" (Katharsis): per Dekret durfte niemand mehr auf Delos sterben, bereits bestehende Gräber im Umkreis des Apollontempels wurden auf die Nachbarinsel Rhenia gebracht. Athen wollte durch dieses Dekret Delos von seiner Bedeutung als Handelshafen abnabeln und in Regionen eines reinen Heiligtums abdrängen, was auch bis 59o v. Chr. gelang, als Athen in die Perserkriege verwickelt wurde.

Mit Gründung des Attisch- Delischen Seebundes 477 v. Chr. kam dessen Beratungssitz, sowie die Bündniskasse zunächst nach Delos. In die Kasse (die im Poros Tempel im Apollon Heiligtum untergebracht war) hatten diejenigen Bündnispartner einzuzahlen, die über keine Kriegsschiffe verfügten, bzw. zum Bau derartiger nicht im Stande waren.
Durch eine 2. Katharsis (426/425 v. Chr.) wurde zugleich verboten, daß Kinder auf

Delos geboren werden durften. Gleichzeitig wurde ein neuer Tempel gebaut und zusätzliche Spiele (alljährliche Wettkämpfe) aber auch zusätzliche religiöse Feste begründet. Durch diese Aktivitäten hatte Delos kaum noch wirtschaftliche Macht und war vollständig in die Abhängigkeit der Athener geraten.

★**ROMISCHE EPOCHE:** Erst 314 v. Chr. (Ende der Seemacht Athens) erstarkte die Insel wieder: Die griechischen Städte waren unter die Herrschaft MACEDONIENS gekommen, welches Delos zur freien und weitgehend unabhängigen Insel erklärte.

Wgen seiner zentralen Lage in der Ägäis wird Delos zu einem der Hauptumschlagplätze für jegliche Art von Gütern, auch Sklaven. Der Handel reicht bis Ägypten und Syrien. Auf der Insel Delos werden auch Götter dieser Kulturkreise verehrt (vergl. Tempelanlagen unterhalb des Kythnos!), - in friedlicher Koexistenz mit den bisherigen Göttern und Tempelanlagen.

Als ROM den letzten macedonischen König Perseus 168 v. Chr. besiegt, wird Delos zum römischen Freihafen. Dies führt zu einem ungeheuren wirtschaftlichen Aufschwung. Neben Handel mit Getreide und sonstigen Gütern gilt Delos als Hauptumschlagsplatz für Sklaven im östl. Mittelmeer.

Diese Epoche war die wirtschaftliche Blütezeit von Delos, rund 1oo v. Chr. lebten ca. 25.ooo Menschen in der florierenden Stadt. Es entstanden großzügige Hafenanlagen und Wohngebäude für einflußreiche Kaufleute und Reeder. Als dann der Hauptkonkurrent Korinth von Rom erobert wurde, stand der positiven Entwicklung der Insel scheinbar nichts mehr im Wege...

Der anfängliche Siegeszug des Mithridates VI. von Pontos gegen die Römer machte aber auch vor Delos nicht halt: im Jahre 88 v. Chr. kam es zu verheerenden Überfällen, Plünderungen und Morden. Rom beschließt den Bau einer Stadtmauer (siehe unsere Karte Nr. 13), wobei zerstörte Tempel als Steinmaterial dienen. Weitere Überfälle 69 v. Chr. zerstörten das ehemals blühende Handelsheiligtum fast komplett.

Eine kleinere, wiederaufgebaute Siedlung konnte sich noch bis in die frühchristliche Zeit halten, ab 6. Jhd. nach Chr. dürfte Delos unbewohnt sein.

Dank der Ausgrabungen von 1873 und seit 1877-1894 durch das Franz. Archäol. Institut in Athen ist die Insel heute eine der wichtigsten archäol. Attraktionen der Ägäis.

RUNDGANG:

Das Kaiki von Mykonos macht an einer Landzunge fest, die durch Landhebung erst 19o7 entstand. Nördlich befanden sich die ersten Anlagen des ANTIKEN HAFENS (siehe unsere Karte: (1) "Heiliger Hafen"). Dieser war durch einen Wellenbrecher von 15o m Länge geschützt, bei klarem, ruhigen Meer kann man noch Granitblöcke unter Wasser sehen. Heute ist dieser Bereich versandet.

3oo v. Chr., als Delos zu einem der wichtigsten Handelshäfen in der Ägäis wurde, reichte dieses Hafenbecken bei der Menge der Schiffe, die hier anlegten, allein nicht mehr aus. Gemäß Chronisten sollen an manchen Tagen "bis zu 1o.ooo Sklaven entladen worden sein", abgesehen von der Menge sonstiger Waren . Der Hafen wurde südlich (siehe Karte 3 - 5) durch 3 weitere, gemauerte Hafenbecken ergänzt, ein 4. Hafenbecken wurde nördlich (siehe Karte 2) errichtet.

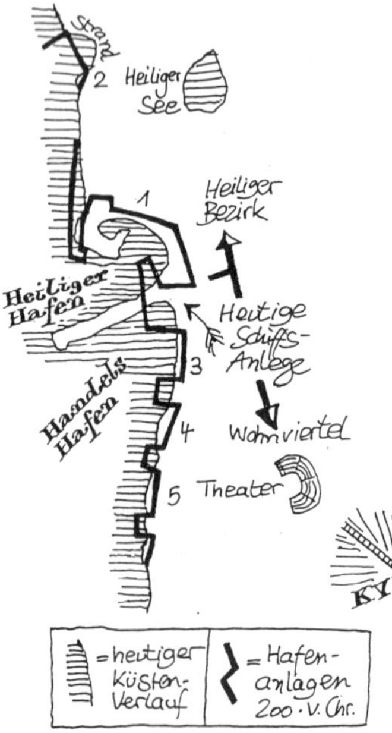

DELOS: frühere Hafenanlagen
1 Heiliger Hafen, ca. 7oo v. Chr.
2 - 5 gemauerte Hafenbecken ab ca. 3oo v. Chr.

Auch hier sind Steinreste (jedoch keine kompletten Mauern) unter Wasser zu sehen, Bereich 3, 4. Die Mauerreste an Land gehören ehemaligen Lagerhäusern.

Im KIOSK (direkt beim Kaikianleger) sind 2 DM Eintritt fällig. Der Bereich

* nördl./links umfasst den HEILIGEN BEZIRK
* südl/rechts: Siedlungsbereich aus der Zeit RÖMISCHE EPOCHE

Wenn man die Insel Delos am frühen Morgen betritt, könnte man sie fast für einen verlassenen Steinbruch halten: über die ganze Insel verstreute Säulen- und Mauerreste.

Es empfiehlt sich, zunächst den Berghügel KYTHNOS (112 m) zu besteigen, um einen ersten Überblick zu bekommen. Abgesehen davon sind die Morgenstunden noch einigermaßen frisch, später am Tag lastet brütende Hitze über der Insel.

Von oben kann man gut die einzelnen Bezirke ausmachen: die Löwenallee, die heilige Straße und den Bezirk der früheren Tempel und Gebäude, die fast komplett zerstört sind, - aber auch die Mauerreste und (von oben) Andeutung der Straßenzüge des DELOS aus der macedonischen und römischen Zeit.

HEILIGES VIERTEL: (Nummern siehe Delos- Karte, Seite 593)

Links, nördl. des Anlegers. Zunächst die (3) AGORA DER COMPITALISTEN, Versammlungsplatz der Sklaven und Freigelassenen.

(4) Säulenhalle STOA PHILLIPS V. , eine Spende von Phillip V. aus Macedonien aus der Zeit 21o v. Chr. Im Inneren der Säulenwandelhalle waren Geschäfte untergebracht, Weihinschrift am Architrav. Von dem Gebäude 84 x 12 m steht heute nur die Grundmauern und Säulenreste.

(5) SÜDSTOA (gebaut 3. Jhd. v. Chr.), gemäß Inschrift an den Fundamenten für die Säulen wurde sie von den Pergamon Königen aus Kleinasien gebaut und enthielt ebenfalls eine Reihe von Geschäften. Heute nur Säulenstümpfe sowie die Grundmauern der Geschäfte.

(6) AGORA DER DELIER, der große Marktplatz der Delier. Zur hellenistischen Zeit hatte sie freien Zugang zum Meer. Zur macedonischen und römischen Zeit (ab 314 v. Chr.) war sie das Zentrum der blühenden Handelsstadt Delos, die damals rund 25.ooo Einwohner hatte. Die Händler und Reeder, die ihr Geschäft in den Säulenhallen hatten, die die Agora umgrenzten, konnten sich glücklich schätzen: es war die beste Adresse der Stadt.

Zwischen der Phillip-(4) und der Südstoa (5) führt ein breiter, mit Steinplatten gedeckter Weg nordwärts zu einer 3-stufigen Marmortreppe: Hier befand sich in der Antike der Eingang ins APOLLON HEILIGTUM.

Direkt rechts an die Treppe anschließend das (8) HAUS DER NAXIER, einer der ältesten Tempel des Heiligtums (7. - 6. Jhd. v. Chr., nur noch schwarze Granitgrundmauern erhalten). An seiner Nordseite das Fundament der 9 m hohen Kolossalstatue des Apollon von Naxos.

Die Statue (7. Jhd. v. Chr.) war Weihgeschenk der Naxier: einer der berühmten "Kouri" (Jünglingsfiguren), siehe unser Naxos Kapitel. Sie war (beachte!) aus einem Stück gefertigt, für damalige Zeiten eine beachtliche Leistung, sowohl was Bildhauerei, wie auch Transport per Schiff und Aufstellung betrifft. Das Fundament trägt in archaischer Schrift (7.Jhd.) den Hinweis: "ich bin aus dem selben Marmor, Statue und Basis"), sowie diverse Graffiti- Inschriften späterer Delos Besucher (Venezianer und Reisende aus dem 17. Jhd.).

Der griech. Schriftsteller Plutarch berichtet, daß 412 v. Chr. Nikias zusammen mit einer Athener Festgesandtschaft Delos besucht und als Weihgeschenk eine riesige Bronzepalme mitgebracht hätte. Diese wurde neben der Apollonstatue aufgestellt, sei

APOLLON VON NAXOS im Zustand, wie ihn S. de Fries 1673 auf Delos vorfand

jedoch durch eine Windboe umgefallen und hätte dadurch die Marmorfigur umgerissen.

Zwar hat man die Statue anschließend wieder aufgerichtet, indem man ihre Einzelteile mit Zapfen verband. Eine Technik, die man in der Antike auch bei Tempelsäulen anwandt. Im 13. Jhd. n. Chr. versuchten die Venezianer, die Statue wegzuschleppen, was aber wegen dem hohen Gewicht aufgegeben wurde.

Heute stehen Rumpf und Oberkörper (reichlich verwittert) östlich der Antigoneos Stoa (11), eine der beiden Hände ist im Delos-Museum ausgestellt, Kopf fehlt, und einer der beiden Füße befindet sich in London/ Britisches Museum.

(9) APOLLON- TEMPEL: 3 hintereinander. Der Bau des südlichsten und größten der 3 Tempel (29,5 x 13,5 m) wurde 477 v. Chr. begonnen, also bei Gründung des Attisch-Delischen Seebundes. Als die Athener dann die Finanzkasse des Bundes 546 v. Chr. nach Athen verlegten, um mit dem Geld ihre Akropolis zu renovieren, war Baustop. Vollendung erst zur römischen Epoche, 3. Jhd. v. Chr.

Der mittlere der 3 Tempel ist ein Bauwerk der Athener (425 - 417 v. Chr.), Größe 17,84 x 11,43 m, er hatte an seiner Frontseite 6 dorische Säulen.

Der nördlichste Tempel (Poros Tempel, 15,7 x 1o m) wurde Ende des 6 Jhds. gebaut und fertiggestellt. In diesem Tempel war die Kasse des Attisch-Delischen Seebundes untergebracht. Von allen 3 Tempeln nur noch Grundmauern und Säulenreste erhalten.Gilt auch für die

(19) STOA DER NAXIER: von der, in L- Winkel gebauten Säulenhalle aus der Zeit 55o v. Chr. sind nur noch Grundmauern, Bodensteinplatten und einige Säulenstümpfe erhalten. In der Südwestecke des Platzes befindet sich ein zylinderförmiges Loch mit 1 m- Ummauerung, das die Inschrift "Nikias" trägt. Hier soll letztlich die bronzene Palme des Nikias (siehe Vorseite) aufgestellt worden sein, ein Weihgeschenkt der Athener von 412 v. Chr.

Die (1o) "SCHATZHÄUSER" genannten Gebäude stammen aus der Zeit 6. Jhd. und dienten der Aufbewahrung kleiner Weihgeschenke, teils vermutlich auch als Übernachtungshäuser für Pilger.

(11) STOA DES ANTIGONOS, König von Macedonien. Längste Stoa von Delos (rund 12o m), sie hatte zugleich die meisten Säulen: an ihrer Südfront 47, sowie im Inneren 19 weitere. 25o v. Chr. gebaut diente sie der Verherrlichung des Königs und der Aufnahme von Weihgeschenken.

An ihrem Ostende das DIONYSIOS HEILIGTUM: auf Säulen zwei abgebrochene Phallus- Symbole.

Nördlich der Antigonos- Stoa schließt sich die (12) AGORA DER ITALIKER an: sie war der größte Markt- und Versammlungsplatz der Stadt und wurde von römischen Kaufleuten und Reedern 11o vor Chr. angelegt. Der trapezförmige Platz von ca. 5o x 7o m Größe war rundum mit 2- stöckigen Gebäuden umbaut, die unten Säulengänge, Geschäfte, aufwiesen, aber auch Bäder enthielten. Statuen stellten römische

Persönlichkeiten dar, weiterhin fanden die Archäologen schöne Mosaike.

(14) LÖWEN- ALLEE: beliebtestes Fotomotiv auf Delos. Eine Weihgabe der Insel Naxos aus dem 7. Jhd. vor Chr. Von den ursprünglich 9 jungen Löwen aus weißem Marmor sind nur noch 5 erhalten und diese in den verflossenen 1.6oo Jahren reichlich verwittert, teils mit Eisen gestützt. Ein 6. Löwe wurde von Venedig importiert.

"Diese Löwenallee", wie uns ein Leserbrief hinwies, "ist die einzig bekannte, plastische Reihenschau wilder Tiere in ganz Griechenland." Sie sind aufgestellt in Blickrichtung:

(13) HEILIGER SEE: der Sage nach soll hier Apollon auf einer Insel unter einer Palme geboren worden sein. In der Antike schwammen heilige Schwäne und Gänse auf dem See. Im Lauf der Jahrhunderte versumpfte der See; als er zu Beginn dieses Jhds. zur Brutstätte der Malariamücke wurde, hat man ihn 1926 kurzerhand mit einer Mauer umgeben und zugeschüttet.

(16) HAUS DER POSEIDONISTEN: diente einer Vereinigung syrischer Kaufleute und Reeder als Niederlassungsgebäude (2. Jhd. v. Chr.). Zu erkennen an den 4 komplett erhaltenen Säulen.

(15) SEE- und GRANIT- PALAISTRA: die Gebäude dienten der sportlichen Ertüchtigung, aber auch der Erholung und Disskussion, worauf Steinbänkchen hindeuten. Die Palaistras enthielten in ihrer Mitte ein Badebecken und stammen aus der röm. Epoche ca. 17o v. Chr.

STADTMAUER (13): wurde im letzten Jhd. vor Christus unter dem röm. Legaten Triarius gebaut, um die Stadt vor Piraten- Angriffen zu schützen. Die Mauer verlief von der Granitpalaistra zur Agora der Italiker, wurde aber von Archäologen 1925 - 26 abgetragen, die u.a. den kleinen Anios- Tempel fanden.

(7) die HALLE DER "STIERE" ("Schiffshalle"). Die 67 m lange und nur 8,85 m breite Säulenhalle erhielt ihren Namen wegen Stier- Ornamenten, die die Archäologen fanden. Absolut ungewöhnlich ist ihr extrem schmaler Grundriss.

Deswegen, aber auch wegen Inschriften und einer Marmorvertiefung im Inneren der Halle vermutet man, daß sie der Aufbewahrung eines Schiffes gedient haben könnte, das von Antigonos, dem König Macedoniens nach erfolgreicher Seeschlacht dem Heiligtum gestiftet wurde. Es handelt sich hier um eine Theorie der Archäologen, die jedoch noch nicht gesichert ist.

Von der Halle sind heute nur noch Fundamente, Säulenreste und Marmorboden zu sehen.

HANDELSSTADT und THEATERVIERTEL:

Das ausgedehnte Viertel, das sich rauf zum Amphitheater erstreckt, lohnt sich insbesondere wegen schöner Mosaiken in einigen Häusern.

Die ansteigende Straße, die ab Anlegestelle raufführt (von den Archäologen "Theaterstraße" genannt), ist gepflastert und weist rechts und links Kanäle zum Abfluß von Regenwasser auf. Bezügl. der Nischen, die in die Hauswände eingelassen waren, vermutet man, daß sie der Aufnahme von Lampen dienten. Also recht viel Komfort: auch Straßenbeleuchtung gab es in diesem Viertel, deren Häuser aus der Zeit 3oo - 1oo v. Chr. stammen.

Das DELOS - HAUS: war in der Regel, sofern es sich um reichere Häuser handelt, um einen Innenhof gebaut. Kaum Fenster nach außen; die Zimmer bezogen ihr Licht vom Innenhof. Dies schaffte zugleich Kühle in den Zimmern, da der Innenhof fast den ganzen Tag über (ausgenommen mittags bei senkrechter Sonne) Schatten hatte. Diejenigen Häuser mit Fenstern zur Straße waren meist Geschäfte oder Häuser von Handwerkern.

Toiletten waren bei reicheren Häusern ebenso Standard wie Bäder. Die Wasserleitungen führten unterhalb der Boden-Steinplatten. Die Wände waren verputzt, als Baumaterial wurde meist Gneis verwandt, teils aber auch Granit, seltener Porosstein oder Lehmziegel.

Die Häuser waren meist 1-stöckig gebaut, es gab aber auch 2- und mehrstöckige (z.B. das Hermes Haus). Einige enthalten Mosaiken, die im Stil denen von Pompei (bei Neapel) vergleichbar sind.

Die reiche Ausstattung der direkt an der Straße liegenden Häuser dokumentiert, daß dies damals die Hauptstraße der Stadt gewesen sein dürfte:

(2o) DIONYSIOS HAUS: nachträglich von Archäologen bis Kopfhöhe wieder "aufgemauert" und im Inneren Marmorsäulen aufgestellt. Das berühmte Fußboden- Mosaik zeigt einen geflügelten Dionysios, der auf einem Panther reitet, in großartiger Farbnuance (es wurden besonders kleine Mosaiksteinchen verwendet!). Schade, daß ein Teil des Boden-Mosaiks zerstört ist.

(21) DREIZACKHAUS: enthält Mosaiken mit Motiven aus der Seefahrt: Anker mit Delfin, Dreizack, aber auch Amphore mit Getreidehalm als Symbol des Handels der Stadt mit Getreide, sowie ein Mosaik mit geometrischem Muster wie ein Bodenteppich (komplett erhalten).

(22) HAUS DER KLEOPATRA: die Athener Besitzer, Kleopatra und Dioskourides ließen sich in Marmorstatuen verewigen, heute leider ohne Köpfe...

(23) AMPHITHEATER: wie es sich für eine florierende Handelsstadt gehört, besaß auch Delos ein Theater. Gebaut 25o v. Chr. fasste es 5.5oo Personen. Von den oberen Rängen schöner Blick über Delos und Nachbarinseln. Insgesamt ist das Theater relativ schlecht erhalten und dürfte als Steinbruch für Baumaterial in späteren Jahrhunderten gedient haben. Nähe Bühne eine Zisterne mit 9, durch Rundbögen abgeteilte Becken.

(24) MASKENHAUS: Mosaike von Gesichtern wie Theatermasken. Ob es Theaterspielern, die auf der Insel gastierten als Herberge gedient hat (eine der Theorien), ist nicht gesichert.

(25) DELFINHAUS: Mosaikdarstellung von spielenden Delfinen. Die Mosaike beider Häuser (24 und 25) wurden restauriert.

(27) KYTHNOS HÖHLE: rechts, nahe dem Beginn des Treppenaufstiegs zum Kythnos. Der Eingang besitzt ein Dach aus Steinplatten, die sich V-förmig abstützen.

(26) TERRASSE der syrischen und ägyptischen Götter: im 2. Jhd. vor Chr., also zur römischen Epoche hatten sich auch Händler aus diesen Gebieten auf Delos niedergelassen, die ihre heimische Götterverehrung mitbrachten und am Nordhang des Kythnos Tempel errichteten. Auch ein kleineres Theater für ca. 5oo Leute liegt hier oben, sowie das HERMES HAUS (zu erkennen an seinen 4 kompletten Säulen).

Mit einem Besuch des MUSEUMS (Di. geschlossen) kann man den Aufenthalt abschließen. Zu sehen klassische und archaische Skulpturen sowie viele Gebrauchsgegenstände (Vasen, Schalen, Schmuck etc.).

✶ Insel Rheneia

(auch "Rinia" und "Rhinia" geschrieben), liegt 1 km westl. von Delos. Die baumlose, hügelige Insel (höchste Erhebung rund 13o m) dient für die Bewohner von Mykonos als landwirtschaftliches Anbaugebiet (Weizen, Gerste) und Weideland (Kühe, Ziegen, Schafe). Wegen ihrer vielen, kleinen Buchten war die Insel im 16. - 18.Jhd. beliebter Piratenschlupfwinkel.

Schöne Sandstrände, die im Sommer mit Badebooten ab Mykonos angelaufen werden, Überfahrt nur bei ruhigem Wetter möglich. Dauert ca. 1 Std. pro Richtung, die Trips teils auch in Kombination mit Delos.

✶ Insel Dragonissi

Miniinsel vor der Ostspitze der Insel Mykonos. Wird von den Fischern gerne wegen Polypen angelaufen. Auf der 185 m hohen Bergspitze ein Leuchtturm.

In den Felshöhlen der Steilküste nisten Mönchsrobben. Auch wenn es ab Mykonos Ausflugsboote gibt: bitte auf diese Trips verzichten!! Die Mönchsrobben befinden sich im Aussterben und werden durch die Ausflugsboote empfindlich gestört!

Vielen Dank für Tips und Hilfe
zur vorliegenden Ausgabe

Peter Backes
Josef Daimer
Regina Daler
Ursula Ehring
Isa Franke
Heidi Gerhardinger
Roland Göttel
Rudolf Gruber
Stefan Hartmann
Hartmut und Maria Clara Heil
Josef Helm
Marco und Barbara Innocente
Andreas Jäger
Franz Kellner
Barbara Knauf
Ingo Maier
Gerd Malinouski
Martin Matter
Ralf Nestmeyer
Thomas Rav
Karin Seeling
Annette Siama
Erich Stark
Klaus Stein
Hans Storm
Franz Süß
Anton Thoma und Angelika
Anna Walter

in eigener Sache:

Es liegt in der Natur der Dinge, daß bei der Fülle an konkreter Information, die dieses Buch enthält, sich im Laufe eines Jahres einiges ändern kann.

Deshalb bitten wir um Mitteilung von Abweichungen. Wer uns ansonsten irgendwelche ausgefallenen Tips wie neue Routen, schöne Hotels mit viel Atmosphäre oder ähnliches schickt, wird bei der Neuausgabe dieses Buches namentlich zitiert.

Bitte schreibt uns, wir freuen uns über jeden brauchbaren Tip, weil wir es wichtig finden, daß man nicht irgend ein blödes Laberbuch, wie leider viele Reiseführer, mit sich schleppt, sondern etwas, was wirklich nützlich und hilfreich ist.

Griechenland-Redaktion
VERLAG
MARTIN
VELBINGER
Bahnhofstr. 1o6
8o32 Gräfelfing/München

Griechisches Alphabet

Zwischenzeitlich findet man ZWEI-SPRACHIGE BESCHILDERUNG (griech. Schrift - plus: die uns gewohnte lateinische) in allen Tourismusgebieten, auf den Wegweisern fast aller wichtigen Landstraßen, sowie im Zentrum von Athen und seinen wichtigen Straßen.

Wer abseits der ausgetretenen Routen reist, kommt jedoch immer wieder in die Situation, Schilder rein in Griechischer Schrift zu lesen: kann ein Wegweiser für eine Seitenpiste sein, Straßennamen in Provinznestern etc.

Griech.		entspricht Aussprache	Griech.		entspricht Aussprache
Α	α	= a (kurz wie "an")	Ν	ν	= n
Β	β	= w	Ξ	ξ	= x wie "Xylophon
Γ	γ	= g (vor a, o, u)	Ο	ο	= offenes "o" wie "Ofen"
		= j (vor e,i)	Π	π	= p
Δ	δ	= weiches engl. "th" wie "those"	Ρ	ρ	= r *
Ε	ε	= e (kurz, offen wie "Eck")	Σ	σ	= s wie "fassen"
Ζ	ζ	= s (weich wie "Hase")	Τ	τ	= t
Η	η	= i (hart wie "Tinte")	Φ	φ	= f
Θ	θ	= hartes engl. "th" wie "thing"	Χ	χ	= ch wie "Kirche"
Ι	ι	= j wie "jeder"	Ψ	ψ	= ps wie "Kapsel"
Κ	κ	= k	Ω	ω	= langes "o" wie "oben"
Λ	λ	= l	ΟΥ	ου	= ou
Μ	μ	= m			

* kein rauchiges, hinten im Rachen gesprochenes "r" wie im Hochdeutsch, - sondern ein "r" wie es im Bayrischen- oder Fränkischen Dialekt, bzw. im Spanischen vorn am Ansatz der Schneidezähne gerollt wird.

AKZENTE sind auf die griech. Schreibweise gesetzt, die die Betonungsstelle angeben. WICHTIG: genau an der Stelle betonen, wo der Akzent angebracht ist!

Im Gegensatz zum Deutschen, wo man allenfalls blöd angesehen wird, wenn man "Schlafánzug" statt "Schláfanzug" sagt, - ist es im Griechischen absolut wichtig, an der richtigen Stelle zu betonen. Sonst sind die Chancen, verstanden zu werden gleich Null.

Telefon - Buchstabierungs - Kode:

Α Aléxandros	Η Iraklis	Ν Nikólaos	Τ Timoléon
Β Vasílios	Θ Theódoros	Ξ Xenofón	Υ Ypsílantis
Γ Geórgios	Ι Ioánnis	Ο Odisséfs	Φ Fótios
Δ Dimítrios	Κ Konstantínos	Π Periklís	Χ Chrístos
Ε Eléni	Λ Leonídas	Ρ Ródos	Ψ Psáltis
Ζ Zoí	Μ Menélaos	Σ Sotírios	Ω Oméga

Kleiner Wortschatz

(mit Lautschrift!) & Betonung (für den Anfänger)

ORIENTIERUNG

Archäolog. Stätte	archäótitäs tis äládos
Ausgang	éxodos
Badestrand	plas
Berg	wunó
Botschaft	presvia
Boulevard	leofóros
Dorf	chorjó
dort	eki
Eingang	ísodos
Fluß	potamós
Geschäft	magasí
Haus	spíti
hier	edo
Insel	nisí
Kino	sinemá
Kirche	eklisía
Kreuzung	djastáwrosis
Landkarte	chartis
links	aristerá
Museum	musíon
oben	epano
Platz	platía
rechts	dhexiá
Restaurant	estiatório
Stadtplan	schedjoghráfima tis póläos
Stadt	póli
Stockwerk	pátoma
Straße	dhrómos
die nächste Straße	o prótos dhrómos
..... zweite Straße	... dhéfteros dhromos
Tempel	naós

Türe	porta
unten	kato
wie erreicht man...?	apo pu pai kanis stis...?
wieviel km sind es nach	pósa chiliómetra íne os to ...?
wie weit ist es zu Fuß nach ...?	pósi óra tha páme me ta pódia os ...?
wo ist?	pu íne?

ORIENTIERUNG

Auskunft

gibt es hier ...?	ipárchi ädó ...?
ist dieser Platz frei?	ínä äläftäri aftí i thási?
wann?	póte
wann beginnt die Vorstellung?	ti óra archísi i parástasi?
wann ist geöffnet?	pótä ínä anichtó?
warum?	giati?
wie heißt das auf deutsch (griechisch)?	pos lájätä aftó järmaniká (äliniká)?
wie spricht man dieses Wort aus?	pos profáratä aftí i láksi?
wie lange wird es dauern?	póso keró tha diarkéssi?

Im Hotel ....

ich möchte ein billiges (gutes) Hotel	télo éna fthinó (kaló) xenodochío
ich reise heute abend (morgen früh) ab	tha fígho apópse (áwrio to proí)
kann ich das Zimmer sehen?	boró na do to domátio?
wecken Sie mich um 8	tha me xipnísete stis ochtó
wie ist der Preis?	piá íne i timí?
Einzelbettzimmer	dhomátion me éna krewáti
Doppelbettzimmer	dhomátio me dhió krewátia

Im Hotel

Frühstück	proinó
Gepäck	aposkevés
Hotel	xenodhochío
mit Bad	me lutro
Pension	pansión
die Rechnung !	to logariasmó!
heißes Wasser	zesto nero
Zimmer	domátio
haben Sie Zimmer?	échete dhomátia?
hat dieses Zimmer fließendes Wasser?	échi to domátio tre-chúmeno neró?
ich bleibe 1 Nacht	tha míno mía nichta
ich möchte ein anderes Zimmer	télo álo dhomátio

TRANSPORT

TRANSPORT

Abfahrt	anachórisis
Ankunft	áfixis
Bahnhof	stathmós
Boot	
Bus	leoforío
Endstation	térma
Fähre	porthmío
Fahrkarte	isitírjo
Fahrkartenschalter	thirída
Fahrplan	dromolójio
Flughafen	aerodrómio
Flugzeug	aeropláno
Gepäck	aposkevés
Gepäckaufbewahrung	apothíki aposkewón
Hafen	limáni
Haltestelle	stásis
Moped	motopodílato
Motorrad	motosikléta
Reisebüro	ghrafíon taxidíon
Rückfahrkarte	isitírjo me epistrofí
Schiff	plío
Zug	tréno
wann fährt ...?	póte févgi ...?
was ist die beste Ver-bindung nach ...?	pjá íne i kalíteri singi-nonía ja ...?
wohin fährt dieser Zug?	ja pu pái aftó to tréno?
wo muß ich umsteigen?	pu prépi nalákso tréno?

★: Siehe auch die Kapitel "Essen in Griechenland" & "Kafenion" (unter Allg. Tips)!!

Im Restaurant★

Gastwirtschaft	estjatórjo
gebacken	tighanitós
gebraten	psiméno
gekocht	wraßtós
geröstet	tis skáras
geschmort	tis kazarólas
Kellner	garsóni
Messer	majchéri
Teller	pjáto
bitte zahlen!	télo na pliróso!
bringen Sie mir bitte	férte mu parakaló
Herr Ober, die Speisekarte bitte	garsón, tongatá logho parakaló
ist dieser Tisch noch frei?	íne eléfthero aftó to trapési
wo kann man gut und billig essen?	pu borí na fái kanís kalá kje ftiná?

★ Trinken

Bier	bíra
Flasche	botílja
Glas	potíri
Kaffee	kafes
Kognak	koniák
Limonade	lemonáda
Milch	ghála
Mineralwasser	metallikón
Ouzo	úso
Raki	rakí
Tee	tzái
Trinkwasser	pósimo neró
Wasser	neró
Wein	krasí
........rot	máwro krasí
........weiß	áspro krasí
........geharzt	rezína

★ Essen

Baklawa	baklawás
Beefsteak	biftáki
Blätterteig	buréki
Bohnen	gigántes
Braten	psitó
Brot	psomí
Butter	wútiro
Eier	awghá
Eis	paghotó
Fisch	psári
Fischsuppe	psarósupa
Fleischklößchen	sudsukákia
Fleischspieße	suwlákia
Garnelen	garídes
gemischer Salat	saláta mıktí
Gemüse	lachaniká
griechischer Salat	choriatikí saláta
Gulasch	kokinistó
Hackfleisch	kimás
Hammelfleisch	arní
Hammelragout	patsás
Huhn	kóta
Käse	tirí
Kartoffeln	patátäs
Kebab (geröstet)	käbáb
Kotelett	brisóla
Krebse	karawídes

Essen

Kuchen	pásta
Musaka	musaká
Obst	frúta
Oliven	äljás
Pommes frites	patátäs tighanitás
Pudding	putínga
Reis	rísi
Rindfleisch	wodinó kráas
Salz	aláti
Schafskäse	féta
Schweinefleisch	chirinó kráas
Spaghetti	spajáti
Tintenfischchen	kalamarákia
Würstchen	loukánika
Wurst	salámi
Yoghurt (+ Knofel)	tzatzíki
Zucker	sáchari

KOMMVNIKATION:

Auf Wiedersehen	chére (chérete)
bitte	parakaló
danke	efcharistó
Frau (Anrede)	kiría
guten Tag	kalí méra
guten Abend	kalí spéra
gute Nacht	kalí níchta
gute Reise	kaló taxídhi
Hallo	ghiá su
Herr (Anrede)	kírie
prost!	ghiá su ↑ s.o.
schönes Wetter	kalokeriá*
schlechtes Wetter	kakokeriá

Regen	wrochí
Sonne	ílios
Verzeihung!	me sinchoríte
ich	egó
du	essí
er, sie, es	aftós, -tí, -tó
wir	emís
ihr, Sie	esís
sie	aftí, -tés, -tá
helfen Sie mir!	wojthíste me!
ich bin Deutscher	íme jermanós
.... Österreicher	...... aftriakós
.... Schweizer	...... etwetós

ich spreche nicht griechisch ★	dhe miló eliniká
ich verstehe Sie nicht	dhe sas katalawéno
sprechen Sie deutsch?	miláte jermaniká?
.... englisch	.... angliká
sprechen Sie langsam	milísete sigá
verstehen Sie?	katalawénete?
wie geht es Ihnen?	ti kanete?
.... Dir	.. kanis

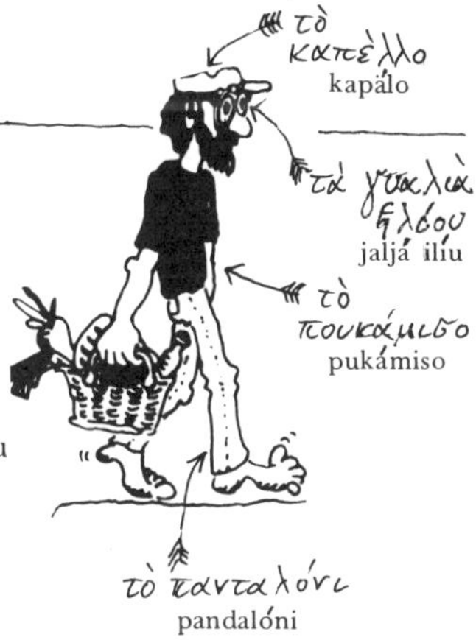

EINKAUFEN

Badeanzug	majó
Badehose	majó
Farbfilm	ánchromo film
Haarwaschmittel	sambuán
Handtuch	pätsáta
Hautcreme	kráma tu prosópu
Hemd	pukámiso
Hose	pandalóni
Hut	kapálo
Kamm	chtáni
Kasse	tamíon
Kleid	fórä ma
Klopapier	chartí ijías
Pullover	pulówär
Schmuck	kósmima
Schuhe	papúzja
Seife	sapúni
Sonnenöl	ládi ja ton íljo
Sonnenbrille	jaljá ilíu
Streichhölzer	spírta
Tabak	kapnó
Zeitung	efemerída
Zigaretten	tsigára

1oo Gramm	äkató ghramárja
1 (1/2) Kilo	(misó) kiló
1 (1/2) Liter	(misó) lítro
das gefällt mir	aftó mu arέssi
das gefällt mir nicht	aftó dhe mu arέssi
das ist zu teuer	aftó íne polí akriwó
geben Sie mir bitte	dóstä mu parakaló
haben Sie ...?	ä́jchätä ...?
ich brauche	chriásomä
ich möchte	thélo
wieviel kostet das?	póso káni?

Griechische GESCHÄFTE:

– Lebensmittel — ΠΑΝΤΟΠΩΛΕΙΟΝ — pandopolíon

– Metzger — ΚΡΕΩΠΩΛΕΙΟΝ — kräopolíon

– Bäcker — ΑΡΤΟΠΩΛΕΙΟΝ — artopolíon

– Obst & Gemüse — ΛΑΧΑΝΟΠΩΛΕΙΟΝ — lachanopolíon

– Reinigung — ΚΑΘΑΡΙΣΤΗΡΙΟΝ — katharistírjon

– Schuster — ΥΠΟΔΗΜΑΤΟΠΟΙΕΙΟΝ — ipodimatopiíon

– Buchhandlung — ΒΙΒΛΙΟΠΩΛΕΙΟΝ — wiwljopolíon

(von oben nach unten)

GELD + POST + BEHÖRDEN

Bank	trápäsa
Brief	ghráma
Briefmarken	ghramatósima
Devisen	sinalaghma
Ferngespräch	ipärastikó tiläfónima
Geld	chrímata
Hauptpostamt	kendrikón tachidhromíon
Karte	kárta
Kleingeld	psila
Luftpost	aeroporikós
Paket	dhéma
Pass	dhiawatírio
Polizist	astifílax
Polzeirevier	astinomikó tmíma
Post	tachidhromíon
postlagernd	post- restánd
Reisescheck	tzäk taxidíu
Scheck	epitagí
Telefongespräch	tilefónima
Telefonzelle	tilefonikós thálamos
Telegramm	tilegráfima
Visum	thäórisis

ich möchte ein Gespräch nach... anmelden	télo na angílo éna tilefónima ja...
ist Post für mich da?	írthe tachidromío ja ména?
können Sie wechseln?	boríte na chalássete?
nichts zu verzollen?	típota na dhilósete?
wo ist die Post?	pu íne to tachidhromío?

ARZTBESUCH

ich habe hier Schmerzen	écho pónus edó
ich habe Kopfweh	écho ponokéfalo
ich habe Fieber	écho piretós
wann hat der Arzt Sprechstunde?	póte déchete o jatrós?
was fehlt Ihnen?	ti échete?

Apotheke	farmakío	Krankenhaus	nosokomíon
Arm, Hand	chéri	Magenschmerzen	stomachóponos
Arzt	jiatrós	Medikament	fármako
Aspirin	aspiríni	Mund	stóma
Auge	máti	Nase	míti
Bauch	kiliá	Ohr	aftí
Blut	éma	Schlafmittel	ipnotikó
Durchfall	diárja	Sonnenbrand	égavma
Erkältung	kriolójima	Tablette	diskíon
Hals	lemós	Thermometer	thermómetro
Halsschmerzen	ponólemos	Tropfen	staghónes
Herz	kardhiá	Verband	epídesis
Infektion	mólinsis	Verstopfung	diskiljótita
Kopf	kefáli	Zahn	dhóndi
Kopfschmerzwn	ponokéfalos	Zahnarzt	odhontíatros
Klinik	klinikí	Zahnschmerzen	ponódhontos

ARZTBESUCH

Motor	motér
Motoröl	ládi michanís
Parkplatz	chóroß ßtasmáfßäoß aftokiníton
Reifen	lásticho
Super	súper
Werkstatt	ergastírion
Windschutzscheibe	parbrís
..... Liter Benzin	..... lítra vensíni

Auspuff	exátmissi
Autoschlüssel	klidiá aftokinítu
Batterie	bataría
Benzin	venzíni
Bremse	fréno
Diesel	petrélio
Ersatzteil	andalaktikón
Führerschein	ádhia odhigú
Keilriemen	imándas
Kühler	psijíon
Kupplung	simbléktis
Licht	fos
Lichtmaschine	dhinamomichaní
Luftdruck	píessi aéros

Auto

mein Auto ist kaputt	to aftkínitó íne chalasménos
wie teuer wird die Reparatur sein?	póso tha stichísi i episkewí?
wo ist die nächste Tankstelle (Werkstatt)?	pu íne to plisiésteron pratírion vensínis (sinergíon)?

Toilette	tualéta
"Damen"	jinekón
"Herren"	andrón
"besetzt"	katiliménon
"frei"	eléftheron

"Raucher"	kapnistón
"Nichtraucher"	mi kapnistón

"offen"	aniktó
"geschlossen"	klísto

gut	kaló
schlecht	kakó

der, die, das	o, i, to
die (Plural)	i, i, ta

ja	ne, malista (stärker)
nein	ochi
nicht	dhen

gelb	kítrino
grün	prásino
blau	ble
rot	kókino
weiß	áspro
schwarz	máwro

Deutschland	jermanía
Österreich	afstría
Schweiz	elwetía

Dolmetscher	djermiéfs
Eintrittskarte	isitírjo
Führer	odighós

Morgen	proí
Mittag	messiméri
Nachmittag	apógewma
Abend	wrádhi
heute	símera
gestern	chtés
morgen	áwrio

Januar	januárjos
Februar	fäwruárjos
März	mártjos
April	apríljos
Mai	májos
Juni	júnjos
Juli	júljos
August	áwghußjos
September	säptámwrjos
Oktober	októwrjos
November	noámwrjos
Dezember	däkámwrjos

★

es ist 1 Uhr	íne mía
in 3 Tagen	sä tris máräs
um 12 Uhr 3o	stis dódäka kjä triánda
um Viertel vor (nach) 12	stis dódäka pará (kjä) tätarto
wie spät ist es?	ti óra íne?

Montag	dheftéra
Dienstag	tríti
Mittwoch	tetárti
Donnerstag	pémpti
Freitag	paraskewí
Samstag	sáwato
Sonntag	kiriakí
Woche	ewdhomádha
Monat	mínas
Jahr	chrónos

ZAHLEN

1	éna
2	dhío
3	tría
4	tésara
5	pénde
6	éxi
7	eftá
8	ochtó
9	enjá
10	déka
11	éndeka
12	dódeka
13	dekatría
14	dekaésara
15	dekapénde
16	dekaéxi
17	dekaeftá
18	dekaochtó
19	dekaenjá
20	íkosi
21	íkosi éna
22	íkosi dío
30	triánda
40	saránda
50	penínda
60	exínda
70	ewdomínda
80	oghdónda
90	enenínda
100	ekató
200	diakósja
300	triakósja
1000	chílja
2000	dío chiljádes

ένα
ena

δύο
dio

τρία
tria

INDEX:

VERLAGS PROGRAMM

Reihe unkonventioneller Reiseführer im Verlag Martin Velbinger, München. Mit vielen Tips vollgepackt, – alles, was man zur Planung und für unterwegs braucht. Die Fülle hilfreicher Details und Infos zu – Hotels – Restaurants – Verbindungen – Sport – Stränden etc. bestticht, der locker- lebendige Stil macht Freude zum Lesen und motiviert zum Selbstentdecken und Ausprobieren. – "Eine Reihe von ungemein hohem Gebrauchswert" –

"ein oder zwei TIPS können schon den Kaufpreis des Buches wieder einsparen!"

VERLAG MARTIN VELBINGER

Bahnhofstr. 1o6 – 8o32 Gräfelfing/München
TEL (o89) – 85 1o 19 TELEX 52 14 86o

Südamerika FÜHRER

Band 3: Zentralamerika/Mexico

Mexico, Guatemala, Honduras, Nicaragua, San Salvador, Costa Rica und Panama

Rund 4oo Seiten 39,8o DM

in Vorbereitung

VELBINGER-VERLAG

Band 1: Südamerika

Guyana, Surinam, Franz. Guyana, Kolumbien, Venezuela, Ecuador, Peru, Bolivien, Brasilien, Paraguay, Uruguay, Argentinien, Chile, Osterinseln und Galapagos.

Völlig überarbeitete Neuausgabe.

1.584 Seiten 68,— DM

VELBINGER-VERLAG

Band 2: Südliche Karibik

Detaillierte Konkretinfos zu den schönsten Inseln der Karibik: Guadeloupe, Les Saintes, Marie Galante, Desirade, Dominica, Martinique, Barbados, St. Lucia, St. Vincent, Grenadinen, Grenada, Trinidad, Tobago

512 Seiten 39,8o DM

VELBINGER-VERLAG

Nord-Europa
FÜHRER

Band 19: Norwegen/Süd-Mitte

Detailliert recherchierte Tips zu Anreise, Wintersport, Wandern, Unterkunft, den schönsten Fjorden...

Unser Handbuch für eine der faszinierendsten Landschaften Europas.

672 Seiten 36,- DM

VELBINGER-VERLAG

Band 18: Schweden

Im bewährten Velbinger-Stil: Alles zu Kanuabenteuer, Wandern und Unterkunfts- und Essensmöglichkeiten.

Jede Menge "Natur-pur": Elche, Bären, Rentiere, Lachse ... Unentbehrlich für jeden Individual-Reisenden.

528 Seiten 36,-- DM

VELBINGER-VERLAG

Band 28: Skandinavien-Nord

Detaillierte Konkretinfos zu Nord-Norwegen, Nordschweden und Nordfinnland.

Mit ausführlichem Anreisekapitel und jeder Menge Tips zu den schönsten Routen durch die Wildnis Lapplands.

Ca. 45o Seiten 32,-- DM

VELBINGER-VERLAG

Süd/West-Europa FÜHRER

Band 5: Portugal

Nützliche Reise-Infos zu Nordportugal, Algarve, Lissabon, Landesinnerem und den Azoren. Viele Ausgehinfos: echte Fado-Kneipen, Restaurants, Strände, Sport etc.

336 Seiten 29,8o DM

VELBINGER-VERLAG

Band 25: Bretagne/Normandie

Alle nützlichen Infos zu Camping, Unterkunft, Ausgehen. Viele hilfreiche Details zu Sport (Surfen, Reiten, Baden, Tennis). Routen zu Hinkelsteinen und Kalvarienbergen, selbstverständlich alles direkt vor Ort recherchiert.

48o Seiten 32,-- DM

VELBINGER-VERLAG

Band 26: Fr. Atlantikküste/Loire

Alles über Baden, Surfen, Segeln, Wetter, Camping, Hotels. Nützliche Tips für Essen, Einkaufen und Savoir-Vivre. Ausführliche Infos über die Loireschlösser, Anreise, Kanu- und Ausflugsfahrten auf eigene Faust.

272 Seiten 24,8o DM

VELBINGER-VERLAG